裁判員裁判時代の
刑事裁判

Criminal Trial of the Saiban-in Era in Japan

安廣 文夫 編著
Fumio Yasuhiro

成文堂

　　　　　　　　は し が き

　裁判員制度は、2009年5月に施行されてから既に6年近くが経過し、法曹三者の献身的な努力や国民の熱心な協力等により、安定的に定着してきているところである。裁判員制度は、比較的少数ではあるが重大な事件を対象とするものであり、その定着は、圧倒的多数である非対象事件の審理の在り方にも好影響を及ぼすべきことが望まれるのであって、我が刑事司法は、まさしく裁判員裁判時代を迎えているのである。裁判員裁判については、従来の裁判官裁判とは異なる視点からの検討が必要であることは、施行前から強調されてきたことであるが、この間に様々な問題点が浮き彫りになってきてもいる。本書は、執筆者一同がこれまでの裁判員制度の運用の経験やその研究を踏まえ、現在の刑事裁判における手続法上及び実体法上の諸問題を、法曹を目指す学生にも理解できるように解説し、司法修習生・法曹・研究者にも有用な参考書になることを目標として、編まれたものである。

　本書の企画・編集の経緯はあとがきに譲るが、2012年6月に朝山芳史判事ほか4名の方々から、私が2014年8月に古稀に達するのを記念して、敬愛する先輩の木谷明さん編著の『刑事事実認定の基本問題』（初版2008年2月・第2版2010年5月、成文堂）のような形式の本の出版を計画していると伺い、有り難くお受けすることにした。執筆者は、余り多くするわけにはいかないので、共に合議体を構成するなど密接な関係にあった後輩裁判官の中の有志と、かなりの期間教壇に立った東京都立大学（現首都大学東京）法学部及び中央大学法科大学院の親しい研究者（後者は代表者2名のみ）に絞ることとした。寄せられた各論考からは、ここ数年裁判実務を離れている私も得るものが多いが、本書が読者諸賢にも有益で、刑事裁判実務にも役立つことを願っている。

　最後に、執筆者諸兄のご厚意と、本書の企画段階からご尽力いただいた各位、とりわけ朝山判事、中里智美判事、只木誠教授、成文堂の田中伸治氏に、深甚の謝意を表する次第である。

　　　　　　　　　　　　　　　　　　2015年4月
　　　　　　　　　　　　　　　　　　　　安廣　文夫

目　次

はしがき ……………………………………………………………… i
目　次 ………………………………………………………………… iii
凡　例 ………………………………………………………………… xiv

第1部　手続法・裁判員裁判運用上の諸問題

刑事裁判の歴史と展望あれこれ──自分の歩みと重ねつつ── 　安廣　文夫

　Ⅰ　はじめに　3／Ⅱ　旧刑訴法の制定に至るまでの西欧法の継受　5／Ⅲ　旧旧刑訴法及び旧刑訴法下における審理状況　6／Ⅳ　現行刑訴法の制定過程及び初期の運用状況　7／Ⅴ　メーデー事件・東大事件・連続企業爆破事件等の集団的公安事件 9／Ⅵ　精密司法といわれる我が国の刑事裁判実務の実情等　14／Ⅶ　平成の司法制度改革──裁判員制度・公判前整理手続等の導入──　21／Ⅷ　今後の課題・展望　22

裁判員裁判の現状と課題──施行5年の総括── 　……………　椎橋　隆幸

　Ⅰ　はじめに　27／Ⅱ　裁判員裁判の現状　28／Ⅲ　裁判所の対応　30／Ⅳ　法務省の取組み　40／Ⅴ　裁判員法の改正案　44

裁判員裁判における公判前整理手続の運用　………………　朝山　芳史

　Ⅰ　はじめに　55／Ⅱ　公判前整理手続の概観　56／Ⅲ　公判前整理手続の合理的な進行　60／Ⅳ　争点整理・証拠整理の在り方　66／Ⅴ　結語　72

裁判員裁判における証人尋問・被告人質問の在り方　…………　三好　幹夫

　Ⅰ　はじめに　73／Ⅱ　証人尋問等の活性化のために必要なものは何か　74／Ⅲ　何のための証人尋問か　76／Ⅳ　何のための被

目　次

　　告人質問か　79／Ⅴ　証人尋問のルールについて　84／　Ⅵ　結び
　　にかえて　87

裁判員裁判の公判審理段階での証拠調べ請求と証拠能力の判断　　地引　　広
　　Ⅰ　はじめに　89／Ⅱ　公判前整理手続及び手続終了後の立証制限
　　90／Ⅲ　「やむを得ない事由」　93／Ⅳ　証拠の種類による制限　97
　　Ⅴ　終わりに　103

裁判員裁判と責任能力　　　　　　　　　　　　　　　　　山口　雅髙
　　Ⅰ　はじめに　105／Ⅱ　可知論と不可知論　106／Ⅲ　精神障害と人
　　格障害　107／Ⅳ　裁判例の検討　109／Ⅴ　裁判例の分析　115／Ⅵ
　　結論　119

裁判員裁判と客観的併合　　　　　　　　　　　　　　　　平塚　浩司
　　Ⅰ　弁論の併合　123／Ⅱ　客観的併合と裁判員裁判　124／Ⅲ　区分
　　審理制度　127／　Ⅳ　手続の選択　130／Ⅴ　関連する問題　137
　　Ⅵ　まとめ　139

共犯事件の裁判員裁判
――主観的併合の在り方と共犯者の刑の均衡について――
　　　　　　　　　　　　　　　　　　　　　　　　　　　　山田　敏彦
　　Ⅰ　はじめに　143／Ⅱ　裁判員裁判と主観的併合の在り方　144／Ⅲ
　　裁判員裁判と共犯者間の刑の均衡　150／Ⅳ　おわりに　157

裁判員裁判における被害者をめぐる諸問題　　　　　　　　西川　篤志
　　Ⅰ　はじめに　159／Ⅱ　裁判員等選任手続における問題について　160
　　Ⅲ　証拠調べ上の問題について　164／Ⅳ　被害者参加における問題
　　について　167／Ⅴ　終わりに　174

目　次

評議と評決の在り方 …………………………………………… 大谷　吉史
　Ⅰ　はじめに　175／Ⅱ　評議の準則　176／Ⅲ　評決の在り方　181

供述証拠の証明力の評価の在り方 ……………………… 小森田恵樹
　Ⅰ　はじめに　189／Ⅱ　供述証拠の証拠能力　190／Ⅲ　供述証拠の証明力　191／Ⅳ　供述証拠の信用性　192／Ⅴ　最後に　211

同種前科・類似事実による立証 …………………………… 野口　佳子
　Ⅰ　はじめに　213／Ⅱ　同種前科・類似事実による立証の概括　214／Ⅲ　平成24年判決　216／Ⅳ　平成25年決定　217／Ⅴ　同種前科・類似事実が犯人性の証拠として許容される基準　220／Ⅵ　基準の具体的適用　222／Ⅶ　情状立証について　227／Ⅷ　おわりに　228

裁判員裁判と量刑 …………………………………………… 前田　雅英
　Ⅰ　裁判員裁判の量刑の現状　231／Ⅱ　最近の最高裁死刑関連判例　233／Ⅲ　平成25年に裁判員裁判の死刑を覆した高裁判例　234／Ⅳ　1人殺害の場合と死刑の適用　238／Ⅴ　二つの東京高裁判決　240／Ⅵ　裁判員裁判と量刑　243

裁判員裁判における判決書の在り方 ……………………… 中里　智美
　Ⅰ　はじめに　245／Ⅱ　「罪となるべき事実」及び「量刑の理由」について　247／Ⅲ　「事実認定の補足説明」について　255／Ⅳ　おわりに　259

裁判員裁判事件における控訴審の審理の在り方 ………… 小西　秀宣
　Ⅰ　はじめに　261／Ⅱ　控訴制度の在り方　263／Ⅲ　裁判員制度の下での控訴審の在り方／269／Ⅳ　裁判員制度の下での控訴審の運用　273／Ⅴ　おわりに　282

目　次

控訴審における事実誤認の審査について——裁判員制度との関連で——
　　　　　　　　　　　　　　　　　　　　　　　　　　　　　　中谷雄二郎
　　Ⅰ　はじめに　289／Ⅱ　従来の事実誤認の意義に関する考え方　290
　　Ⅲ　最近の最高裁判例の動向　292／Ⅳ　最近の最高裁判例を踏まえて
　　みた事実誤認の意義ないし審査の方法　311／Ⅴ　残された課題　315

控訴審が原判決を破棄した場合の問題点　　　　　　　　　　　金谷　　暁
　　Ⅰ　裁判員制度の導入と控訴審における原判決破棄の実情　323／Ⅱ
　　差戻しか自判か　326／Ⅲ　差戻し又は移送後の第1審の審理について
　　330

少年事件の裁判員裁判　　　　　　　　　　　　　　　　　　髙麗　邦彦
　　Ⅰ　はじめに——在るべき裁判員裁判と少年事件——　341／Ⅱ　家庭
　　裁判所における審理　342／Ⅲ　少年の裁判員裁判における争点
　　整理及び評議について　343／Ⅳ　少年の裁判員裁判における審理
　　（証拠調べ）について　348／Ⅴ　論告・求刑，弁論　352

裁判員裁判非対象件の審理の在り方　　　　　　　　　　　　松尾　昭一
　　Ⅰ　はじめに　355／Ⅱ　第1審の公判審理　356／Ⅲ　控訴審の在り
　　方　373／Ⅳ　結び　378

第2部　実体法上の諸問題

因果関係
——被害者が死亡するという結果が発生した事例（傷害致死被告事件等）で，被害者の健康状態が影響を及ぼした場合や，被害者自身の行為又は第三者の行為が介在した場合における因果関係の有無——
　　　　　　　　　　　　　　　　　　　　　　　　　　　　　　平木　正洋
　　Ⅰはじめに　381／Ⅱ　因果関係の判断方法——相当因果関係説
　　（客観説と折衷説）——　　　383／Ⅲ　相当因果関係説（客観説と折衷説）

目　次

の問題点　384／Ⅳ　因果関係の判断方法——最高裁判例——387／Ⅴ
裁判員に対する説明の在り方　395

覚せい剤輸入罪の故意の認定について　　　　　　　　安東　　章
Ⅰ　はじめに　399／Ⅱ　覚せい剤輸入罪の故意の実体的要件　400
Ⅲ　知情性の立証の特殊性　400／Ⅳ　知情性に関する間接事実の
推認力　402

精神障害と責任能力について　　　　　　　　　　　前澤久美子
Ⅰ　はじめに——刑事責任の本質と責任能力について——　417／Ⅱ　「精神
の障害」の概念について　418／Ⅲ　責任能力の判断方法について
421／Ⅳ　パーソナリティ障害（人格障害）について　427／Ⅴ　アス
ペルガー障害等広汎生発達障害について　　429

共謀共同正犯に関する覚書　　　　　　　　　　　　亀井源太郎
Ⅰ　はじめに　433／Ⅱ　共謀共同正犯の成立要件と主観的要素　434
Ⅲ　共謀の概念　438／Ⅳ　まとめにかえて　445

罪数論・競合論・明示機能・量刑規範　　　　　　　只木　　誠
Ⅰ　罪数論・競合論　449／Ⅱ　二重評価・明示機能・量刑規範　456
Ⅲ　競合論と量刑規範　464／Ⅳ　おわりに　468

危険運転致死傷罪の要件解釈のあり方と立法の動向　　星　周一郎
Ⅰ　はじめに　469／Ⅱ　制御困難型の危険運転致死傷罪　470／Ⅲ
アルコール等の影響による「正常な運転が困難」の意義　471／Ⅳ
「進行を制御することが困難な高速度」の意義　475／Ⅴ　要件解
釈と現在の立法形式の限界　478／Ⅵ　まとめに代えて——交通
事犯に対する適正な刑事制裁規定のあり方——　482

強盗罪・強姦罪をめぐる諸問題——反抗抑圧について——　木村　光江

vii

目　次

　　Ⅰ　問題の所在　485／Ⅱ　強盗罪における暴行・脅迫について　488
　　Ⅲ　強姦罪における暴行・脅迫について　492／Ⅳ　まとめにかえて　499

事項索引 ………………………………………………………… 501
判例索引 ………………………………………………………… 508
あとがき ………………………………………………………… 516

凡　　例

1　法　　令
　　法令名の略語、通称は、各年版の六法全書（岩波書店、三省堂、有斐閣）又は大方の慣用に従う。

2　判　　例
　　判例集・判例収録誌の略称は，次の例によるほか、一般の慣例に従う。

例）最（一小）判平成24・2・13刑集66巻4号482頁：最高裁判所第一小法廷判決平成24年2月13日最高裁判所刑事判例集第66巻第4号482頁以下

最大判	最高裁判所大法廷判決
最（一小）判（決）	最高裁判所第一小法廷判決（決定）
最（二小）判（決）	最高裁判所第二小法廷判決（決定）
最（三小）判（決）	最高裁判所第三小法廷判決（決定）
高判	高等裁判所判決
地判	地方裁判所判決
支判	支部判決
刑録	大審院刑事判決録
刑集	最高裁判所刑事判例集
裁判集刑	最高裁判所裁判集刑事
高刑集	高等裁判所刑事判例集
刑月	刑事裁判月報,
家月	家庭裁判月報
東高刑時報	東京高等裁判所判決時報
高検速報	高等裁判所刑事裁判速報
判時	判例時報
判タ	判例タイムズ

3　雑　　誌

凡　例

刑雑：刑法雑誌
刑ジャ：刑事法ジャーナル
刑弁：季刊刑事弁護
警論：警察学論集
現刑：現代刑事法
司研：司法研修所論集
自正：自由と正義
ジュリ：ジュリスト
曹時：法曹時報
ひろば：法律のひろば
法教：法学教室
法時：法律時報
法セミ：法学セミナー
論究ジュリ：論究ジュリスト

4　司法研究等

検証報告書：最高裁判所事務総局「裁判員裁判実施状況の検証報告書」（2012年12月）
　　http://www.saibanin.courts.go.jp/topics/09_12_05-10jissi_jyoukyou.html
司法研究・改正少年法の運用：長岡哲次＝入江猛＝溝國禎久＝大森直子『改正少年法の運用に関する研究』〔司法研究報告書第58輯第1号〕（2006年，法曹会）
司法研究・量刑に関する国民と裁判官の意識：前田雅英＝合田悦三＝井上豊＝野原俊郎『量刑に関する国民と裁判官の意識についての研究——殺人罪の事案を素材として——』〔司法研究報告書第57輯第1号〕（2007年，法曹会）
司法研究・大型否認事件の審理：角田正紀＝和田真＝平木正洋＝永瀬敬昭＝井下田英樹『裁判員制度の下における大型否認事件の審理の在り方』〔司法研究報告書第60輯第1号〕（2008年，法曹会）
司法研究・第一審の判決書及び控訴審：大澤裕＝田中康郎＝中川博之＝髙橋康明『裁判員裁判における第一審の判決書及び控訴審の在り方』〔司法研究報告書第61輯第2号〕（2009年，法曹会）

司法研究・難解な法律概念：佐伯仁志＝酒巻匡＝村瀬均＝河本雅也＝三村三緒＝駒田秀和『難解な法律概念と裁判員裁判』〔司法研究報告書第61輯第1号〕（2009年，法曹会）

司法研究・量刑評議の在り方：井田良＝大島隆明＝園原敏彦＝辛島明『裁判員裁判における量刑評議の在り方について』〔司法研究報告第63輯第3号〕（2012年，法曹会）

司法研究・少年審判の傍聴制度の運用：髙麗邦彦＝岡﨑忠之＝内田曉『少年審判の傍聴制度の運用に関する研究』〔司法研究報告書第64輯第1号〕（2012年，法曹会）

司法研究・科学的証拠：黒﨑久仁彦＝岡田雄一＝遠藤邦彦＝前田巌『科学的証拠とこれを用いた裁判の在り方』〔司法研究報告第64輯第2号〕（2013年，法曹会）

東京高裁部総括研究会ペーパー：東京高等裁判所刑事部部総括裁判官研究会「控訴審における裁判員裁判の審査の在り方」判タ1296号（2009年）

東京高裁つばさ会ペーパー：東京高等裁判所刑事部陪席裁判官研究会［つばさ会］「裁判員制度の下における控訴審の在り方について」判タ1288号（2009年）

5 注釈書，講座，判例解説・判例研究、論文集等

最判解刑昭和（平成）○年度：最高裁判所調査官室編『最高裁判所判例解説 刑事篇 昭和29年度～』（1955年～，法曹会）

刑事法講座(6)：日本刑法学会編『刑事法講座 第6巻 刑事訴訟法（Ⅱ）』（1953年，有斐閣）

刑訴法講座(1)：日本刑法学会編『刑事訴訟法講座 第1巻 訴訟の主体・捜査』（1963年，有斐閣）

実務講座(1)：団藤重光責任編集『法律実務講座 刑事編 第1巻 総則』（1953年，有斐閣）

実務講座(5)：団藤重光責任編集『法律実務講座 刑事編 第5巻 第一審公判(1)』（1954年，有斐閣）

実務講座(6)：団藤重光責任編集『法律実務講座 刑事編 第6巻 第一審公判(2)』（1955年，有斐閣）

大コンメ刑法［2版］(1)～(13)：大塚仁＝河上和雄＝佐藤文哉＝古田佑紀編『大コンメンタール刑法［第2版］第1巻～第13巻』（1999年～2006年，青林書院）

大コンメ刑法［3版］(4)：大塚仁＝河上和雄＝中山善房＝古田佑紀編『大コンメンタール刑法［第3版］第4巻』（2013年，青林書院）

大コンメ刑訴法［2版］(1)～(10)：河上和雄＝中山善房＝古田佑紀＝原田國男＝河村博＝渡

凡　　例

辺咲子編『大コンメンタール刑事訴訟法［第2版］第1巻～第10巻』(2010年～2013年，青林書院)

注釈刑訴［3版］(7)：河上和雄＝小林充＝植村立郎＝河村博編『注釈 刑事訴訟法［第3版］第7巻』(2012年，立花書房)

新版注釈刑訴(1)～(7)：伊藤栄樹＝亀山継夫＝小林充＝香城敏麿＝佐々木史朗＝増井清彦著者代表『註釈刑事訴訟法［新版］第1巻～第7巻』(1996年～2000年，立花書房)

条解刑訴［4版］：松尾浩也監修・松本時夫＝土本武司＝池田修＝酒巻匡編集代表『条解刑事訴訟法［第4版］』(2009年，弘文堂)

刑事手続（上），（下）：刑事手続（上），（下）：三井誠＝中山善房＝河上和雄＝田邨正義編『刑事手続 上，下』(1988年，筑摩書房)

新刑事手続Ⅰ～Ⅲ：三井誠＝馬場義宣＝佐藤博史＝植村立郎編『新刑事手続Ⅰ～Ⅲ』(2002年，悠々社)

新実例刑訴Ⅱ：平野龍一＝松尾浩也編『新実例刑事訴訟法Ⅱ 公訴の提起及び公判』(1998年，青林書院)

新実例刑訴Ⅲ：平野龍一＝松尾浩也編『新実例刑事訴訟法Ⅲ 証拠・裁判・上訴』(1998年，青林書院)

実例刑訴Ⅱ：松尾浩也＝岩瀬徹編『実例刑事訴訟法Ⅱ 公訴の提起・公判』(2012年，青林書院)

刑事事実認定（上），（下）：小林充＝香城敏麿編『刑事事実認定－裁判例の総合的研究（上），（下）』(1994年，判例タイムズ社)

刑事事実認定50選（上），（下）［2版］：小林充＝植村立郎編『刑事事実認定重要判決50選 上，下［第2版］』(2013年，立花書房)

量刑実務大系(1)：大阪刑事実務研究会編著『量刑実務大系 第1巻 量刑総論』(2011年，判例タイムズ社)

刑法百選［6版］：西田典之＝山口厚＝佐伯仁志編『刑法判例百選Ⅰ総論［第6版］』(2008年，有斐閣)

刑訴百選［9版］：井上正仁＝大澤裕＝川出敏裕編『刑事訴訟法判例百選［第9版］』(2011年，有斐閣)

新刑訴争点：井上正仁＝酒巻匡編『刑事訴訟法の争点』(2013年，有斐閣)

池田・解説裁判員法：池田修『解説 裁判員法——法立法の経緯と課題［第2版］』（2009年，弘文堂）

石井・刑事控訴審：石井一正『刑事控訴審の理論と実務』（2010年，判例タイムズ社）

原田・量刑判断の実際：『量刑判断の実際［第3版］』（2008年，立花書房）

原田・裁判員裁判と量刑法：原田國男『裁判員裁判と量刑法』（2011年，成文堂）

6 祝賀・記念・退官論文集

岩井古稀：町野朔＝岩瀬徹＝日髙義博＝安部哲夫＝山本輝之＝渡邊一弘編・岩井宜子先生古稀祝賀論文集『刑法・刑事政策と福祉』（2011年，尚学社）

植村退官(1)：「植村立郎判事退官記念論文集」編集委員会編『植村立郎判事退官記念論文集 現代刑事法の諸問題 第一巻 第1編 理論編・少年法編』（2011年，立花書房）

植村退官(2)：「植村立郎判事退官記念論文集」編集委員会編『植村立郎判事退官記念論文集 現代刑事法の諸問題 第二巻 第2編 実践編』（2011年，立花書房）

植村退官(3)：「植村立郎判事退官記念論文集」編集委員会編『植村立郎判事退官記念論文集 現代刑事法の諸問題 第三巻 第3編 公判前整理手続及び裁判員裁判編』（2011年，立花書房）

宮澤古稀(3)：宮澤浩一先生古稀祝賀論文集編集委員会編『宮澤浩一先生古稀祝賀論文集 第3巻 現代社会と刑事法』（2000年，成文堂）

曽根・田口古稀（上），（下）：高橋則夫＝川上拓一＝寺崎嘉博＝甲斐克則＝松原芳博＝小川佳樹編『曽根威彦先生・田口守一先生古稀祝賀論文集 上巻，下巻』（2013年，成文堂）

小林・佐藤古稀（上），（下）：小林充先生・佐藤文哉先生古稀祝賀刑事裁判論集刊行会編・小林充先生・佐藤文哉先生古稀祝賀『刑事裁判論集 上巻，下巻』（2006年，判例タイムズ社）

田宮追悼（上），（下）：廣瀬健二＝多田辰也編『田宮裕博士追悼論集上巻，下巻』（2003年，信山社）

団藤古稀(4)：平場安治＝平野龍一＝高田卓爾＝福田＝大塚仁＝香川達夫＝内藤謙＝松尾浩也編『団藤重光博士古稀祝賀論文 第四巻』（1985年，有斐閣）

原田退官：原田國男判事退官記念論文集刊行会編・原田國男判事退官記念論文集『新しい時代の刑事裁判』（2010年，判例タイムズ社）

凡　例

町野古稀（上），（下）：岩瀬徹＝中森喜彦＝西田典之編・町野朔先生古稀記念『刑事法・医事法の新たな展開 上巻，下巻』（2014年，信山社）

松尾古稀（上），（下）：芝原邦爾＝西田典之＝井上正仁編『松尾浩也先生古稀祝賀論文集 上巻，下巻』（1998年，有斐閣）

村井古稀：浅田和茂＝石塚伸一＝葛野尋之＝後藤昭＝福島至編・村井敏邦先生古稀記念論文集『人権の刑事法学』（2011年，日本評論社）

第 1 部

手続法・裁判員裁判運用上の諸問題

刑事裁判の歴史と展望あれこれ
―― 自分の歩みと重ねつつ ――

中央大学法科大学院フェロー・元東京高等裁判所判事　安廣　文夫

Ⅰ　はじめに
Ⅱ　旧刑訴法の制定に至るまでの西欧法の継受
Ⅲ　旧旧刑訴法及び旧刑訴法下における審理状況
Ⅳ　現行刑訴法の制定過程及び初期の運用状況
Ⅴ　メーデー事件・東大事件・連続企業爆破事件等の集団的公安事件
Ⅵ　精密司法といわれる我が国の刑事裁判実務の実情等
Ⅶ　平成の司法制度改革
　　――裁判員制度・公判前整理手続等の導入――
Ⅷ　今後の課題・展望

Ⅰ　はじめに

　裁判員制度が定着しつつある現時点において，我が国の刑事裁判の歴史を振り返ると，大きな節目は三つある。第1は，明治初期の西欧法の継受であり，第2は，第二次世界大戦の敗戦後の現行刑訴法におけるアメリカ法（米国法）の強い影響であり，第3は，裁判員制度の導入を中心とする平成の司法制度改革である。本稿においては，これらの全般を論述するのではなく，無事に古稀を迎えた私の歩みと重ねつつ，随想風に歴史を振り返り[1]，今後

の我が刑事裁判制度における課題等を展望してみるにすぎない。

　私は，昭和19年に福岡市で生まれ，小学２年時に大分県中津市に移り，昭和38年に中津北高校を卒業して，東京大学（法学部）に進学し，司法修習(21期)を経て，昭和44年４月判事補に任官し，平成21年８月東京高裁判事（部総括）で定年退官し，その後は中央大学法科大学院で教職につき現在に至っている。

　郷里中津は福澤諭吉の出身地であり，父親に勧められ，小学５年頃から「福翁自伝」「学問のすすめ」等を愛読するようになり，明治時代の我が国の近代化の過程に持続的に関心を抱くようになった（小中高の校歌にも福翁の名前やその言葉が歌い込まれていた）。そのためか，大学で法学を学び始めてからも，明治時代の西欧法継受の過程に興味を持つ[2]，また，大学で刑訴法の勉強を始めた時，現行刑訴法の法典と平野龍一博士の著書[3]を読み比べて，法典の編成の分かりにくさに辟易し，法典を理解するには，旧刑訴法を勉強するほかないと思い至り，判事補の初期までにかなりの文献を集めて読み耽ったことがあるし，その頃，旧刑訴法下における訴訟の実際をも記した三宅正太郎『裁判の書』[4]を愛読しており，「刑事訴訟が數多の點に於て改訂されても，事件に對して裁判官の持たねばならぬ根本精神には，いさゝかの變りがある筈はない。それは，あくまでも正義の顯現に外ならないのである。」との角川文庫の解説（福井盛太〈検事総長等を歴任〉223頁）に共感しつつ，影の部分が強調されることの多い旧刑訴法の光の部分に関心を抱いてきた（影の部分を否定するわけではない）。さらに，判事補任官後，まもなくメーデー事件の記録を閲読する機会に恵まれたこともあって，現行刑訴法施行後間もない時期における刑事裁判実務の状況にも関心を寄せてきたものである[5]。

（１）　本書の執筆者各位にも馴染みが薄いであろう古い時代をやや詳しく記した。
（２）　北川善太郎『日本法学の歴史と理論』(1968年，日本評論社)等を愛読してきた。なお，福翁の法律に関する著述については，安西敏三＝岩谷十朗＝森征一 編著『福澤諭吉の法思想』(2002年，慶應義塾大学出版会)参照。
（３）　平野龍一『刑事訴訟法』〔法律学全集43〕(1958年，有斐閣)。
（４）　1942年，牧野書店（1955年，角川書店）。

Ⅱ　旧刑訴法の制定に至るまでの西欧法の継受

　　1　徳川幕府が開国に際して諸外国と締結した修好通商条約は，日本に関税自主権がなく，在日外国人に治外法権を認めるという不平等条約であり，これを平等な条約に改正することは，明治初期における国家的中心課題であった。欧米諸国は，自分たちと同じような近代的な法律・裁判制度を有している国でないと対等扱いしないという態度を崩さなかったので，明治政府は，急いで欧米諸国に見劣りしないような法律・裁判制度を造り上げねばならず，はじめは，フランスが最も立派な法典を整備していると判断して，ボアソナードら第一級の法学者を高給で招き，日本の法律の起草を依頼した。その結果，明治13年にボアソナードの草案に基づき，フランス法を継受した刑法（旧刑法）及び治罪法が制定され，これらは明治15年から施行された（ただし，治罪法からは，その草案にあった陪審制度は削除されている）。明治23年に大日本帝国憲法（明治憲法）及び裁判所構成法が施行されるに伴い，治罪法も改正されて「刑事訴訟法」（旧旧刑訴法）になったが，内容的にはほぼ同様のものであった。しかし，その間，普仏戦争でプロイセン（ドイツ）がフランスに勝ち，ドイツが勢いを増して，法典を整備し，法律学にもめざましい進歩を見せ，ドイツへの留学派遣が活発化し，明治憲法以下のほとんどの基本法がドイツ法を手本として作られるようになった。明治40年にはドイツ法の影響を強く受けた新しい刑法（現行刑法）が制定され（明治41年施行），大正11年にやはりドイツ法の影響を強く受けた新しい刑事訴訟法（旧刑訴法）が制定される（大正13年施行）に至った（大正12年制定の陪審法に関する説明は割愛する）。

　　治罪法及び旧旧刑訴法については，日本人にとっては，立法の過程とフラ

（5）　以下，我妻栄編集代表『日本政治裁判史録 全5巻（明治前，明治後，大正，昭和前，昭和後）』及び田中二郎＝佐藤功＝野村二郎編『戦後政治裁判史録 全5巻（①〜⑤）』（1968年〜1980年，第一法規）に掲載されている事件については，その概要の記載を省略し，「史録」と略して該当の巻・頁を示すにとどめる。

ンス法の学習の過程が重なっていたというほかないのに対し，旧刑訴法については，日本人がドイツ法を十分に咀嚼した上で，これを範としつつ，しかも，ドイツの起訴法定主義に対し，起訴便宜主義を採用するなどの改変を加え，自主的に制定した，いわば手作りの法典ともいえる。

2　以上のような法典の整備に先立ちあるいは並行して，西欧法を教授する教育機関が設立されて（司法省明法寮，司法省法学校，東京大学，私立法律学校），司法官が養成され，司法機構も整備されていった[6]。しかし，明治初期には，西欧法の知識がない者が多数判事，検事に任官していたところ，その後，法学の教育機関や試験制度が整備されてきたため，明治26年頃からは，法学教育を受けていない司法官の淘汰が開始され，明治32年までに多数の退職者を出した[7]。余談であるが，私は，法科大学院発足後，その教育が充実の度を深め，その教育効果の持続性が定評となれば，旧司法試験で資格を得た法曹は，見劣りするようになり，そのうちに淘汰されることになるかもしれないよなどと，司法修習生や若手裁判官に話してきたが，最近は予備試験制度が人気を博するようになり，そのような心配は全くの杞憂に帰したようである。

Ⅲ　旧旧刑訴法及び旧刑訴法下における審理状況

1　旧旧刑訴法の下では，刑事裁判は総じて迅速に行われており，足尾鉱山暴動事件（史録・明治後424頁）は，兇徒聚衆罪で38名が公判に付されたが，事件発生から第1審判決まで7か月であり，日糖事件（史録・明治後486頁）は，衆議院議員20余名の収賄事件であるが，強制捜査の開始から第1審

---

(6)　明治時代の法律家については，岩谷十郎『明治日本の法解釈と法律家』（2012年，慶應義塾大学出版会），小林俊三『私の会った明治の名法曹物語』（1973年，日本評論社）等参照。
(7)　荒井勉＝蕪山嚴＝小柳春一郎『ブリッジブック近代日本司法制度史』（2011年，信山社）182頁以下〔小柳春一郎〕，加太邦憲『自歴譜』（1982年，岩波書店）170頁以下参照。

判決まで3か月余りであり、公判は週2回以上で連日開廷も珍しくなかったようである。大正期に入ると、開廷間隔が1、2週間の事件も現れるようになり、そのため、旧刑訴法に開廷間隔が15日以上になった場合には公判手続の更新を要するとの規定（353条）が設けられた[8]。

2　旧刑訴法の下では、予審及び第1審公判の期間が長期化する傾向がみられ、例えば、帝人事件（史録・昭和後52頁）は、政財官界の大物ら16名が贈収賄等で起訴された大型事件（弁護人も多数）であり、予審に約1年を要した後、2年半の間に、265回の公判を重ねて、全員無罪の第1審判決が言い渡されている[9]。判決は、起訴を「水中ニ月影ヲ掬セントスルノ類」と痛烈に批判したが、検察官控訴はなく確定した[10]。当時は被告人らに対する苛烈な取調べとともに、裁判の長期化も批判されているが、予審を含めて3年半余りで第1審判決に至っており、現行法下における長期裁判と比較すれば、むしろ極めて迅速な裁判であったと感じられる[11][12]。

Ⅳ　現行刑訴法の制定過程及び初期の運用状況

1　第二次世界大戦後の連合国による占領下において、旧刑訴法は全面改正の対象となり、日本国憲法施行に伴う応急措置法を経て、現行刑訴法が昭和23年7月10日に制定され（法案は5月27日国会に提出。一部修正）、昭和24年1月1日から施行されるに至ったが（刑訴規則も同日施行）、その過程において、ＧＨＱの方針により米国法の影響が強く及び、起訴状一本主義、訴因

---

(8)　松尾浩也『刑事訴訟の理論』（2012年、有斐閣）174頁。
(9)　松尾・前掲注(8)457頁。
(10)　後に最高裁長官となる石田和外判事が左陪席として判決を起草したのであるが、私はこのことを想起しつつ、石田長官から判事補の辞令交付を受けた。
(11)　公判前整理手続導入前の現行刑訴法の下では、第1審判決までに10年以上を要したであろう。
(12)　なお、明治から戦前までの法曹等については、拙稿「『自歴譜』『東西両京の大学』『司法権の独立とその擁護者』」法曹626号24頁にも記した。

制度，伝聞法則の採用，予審制度の廃止，捜査機関への強制捜査権限付与等が実現したが，日本人にとっては，立法の過程と米国法の学習の過程は重なっていたというほかない。戦前の文献を調査しても，職権主義を基調とした旧刑訴法を英米流の当事者主義に近付けるべきであるとの有力な議論は見当たらず，ＧＨＱの意向がなければ，予審制度の廃止と捜査機関への強制捜査権限付与はともかくとして，起訴状一本主義等の採用はありえなかったように思われる（なお，西ドイツは当事者主義化を拒絶している）。

　刑訴法は，予審制度を廃止したのに，職権主義的な総則規定を旧刑訴法から引き継いでいるし，起訴状一本主義を採用したのに，職権尋問を原則とする304条は残されたままであり（交互尋問方式のルールは，昭和32年に刑訴規則に定められた），当然に必要になる証拠開示に関する規定や，審理計画を立てるための手続規定を欠いているのである（「捜査」に関する規定が「第２編第１審」の「第１章」として置かれているのも，極めて不体裁である）。刑訴法は，このままでは重大な欠陥を有する不完全な法典であり，占領の終了後国力の回復を待って，全面改正されるべきことが当然の前提とされていた[13]。

　2　刑訴法が施行され，検察官が法壇から降りて，弁護人と同じ高さの席に座るようになったことは，弁護人にとって大歓迎であった。しかし，起訴状一本主義が採用され，しかも証拠開示に関する規定が設けられなかったため，捜査段階で収集された証拠は，検察官が独占することになった。旧刑訴法下においては，捜査記録は，裁判所に引き継がれており，予審記録とともに，いわば裁判所，検察官，弁護人が共有するものであったが，これと著しく状況が変わったのである。通常の刑事事件について，検察官による広汎な証拠開示の姿勢が定着するまで，弁護人の困惑・戸惑いは大きかったよ

---

(13)　渡辺咲子「制定過程から見た現行刑事訴訟法の意義と問題点」ジュリ1370号35頁参照。井上正仁＝渡辺咲子＝田中開編『刑事訴訟法制定資料全集　昭和刑事訴訟法編』（2001年～，信山社）は現在８巻まで刊行されているが，起訴状一本主義等の導入が決められた昭和23年３月～５月の資料の整理・刊行が切望される。

うである。第1審の裁判官についてみると,「じつにありがたい改正であった。公判開廷前に厖大な記録を読むわずらわしさから完全に解放されたうえに,常に新鮮な気持ちで公判にのぞむことができたからである。」との受け止め方がある[14]反面,複雑困難な事件,公安労働事件等では,早期に終局を見越した審理計画を立てることがほぼ不可能になったことへの困惑・戸惑いも大きかったようである。また何よりも,刑訴法は当事者主義を基調とするものであるとして,当事者の主張・立証活動が公判手続の大半を占め,裁判所の職権活動は補充的なものにとどめるべきことが強調されたが,そうだとすると,検察官・弁護人の力量・熱意の高低によって,同じ事案であっても,有罪・無罪や量刑の結論は異なって当然であるはずなのに(凡庸な弁護人がついたのであれば有罪になったであろう事件でも,無罪請負人などと呼ばれる腕っこきの弁護人が付けば無罪になり得る),判決の結論については,主として裁判官(特に裁判長)がその責任を負うべきであるとの観念に余り変化はなかったようである(この点は裁判員制度の導入まで余り変わらなかった)。

　昭和32年頃までの刑訴法の運用状況については,刑事実務研究室「〈座談会〉岐路に立つ刑事裁判」[15]が,昭和40年頃までのそれについては,刑事裁判実務研究会「〈座談会〉日本の法廷——その理想と現実——」[16]があり,現在読み返しても感慨深い(出席者の裁判官には,後にその謦咳に接した方が多い)。

V　メーデー事件・東大事件・連続企業爆破事件等の集団的公安事件

1　私は,司法修習時代には横川敏雄判事(配属部の総括)や小野慶二判事(刑裁教官)等の薫陶を受け,東京地裁刑事部での新任判事補時代は,昭

---

(14)　鈴木忠五『一裁判官の追想』(1984年,谷沢書房) 322頁。著者は三鷹事件(史録・戦後①393頁) の裁判長として著名。
(15)　判タ46号,48号,49号,52号,53号,61号,69号,72号,73号に9回に分けて掲載。
(16)　判タ164号,165号,169号,170号,173号～175号,179号に8回に分けて掲載。

和44年4月熊谷弘裁判長（12部）の下でスタートした[17]。その頃までには，横川判事もその推進者の一人である集中審理方式が，一般の刑事事件ではほぼ定着していたが，任官した頃は，600名余りが起訴された東大事件（史録・戦後⑤23頁）の公判の開始時期，すなわち「荒れる法廷」が最盛期を迎えつつある時期であった。私は同年8月新関雅夫裁判長[18]の下に移り，東大事件等の集団的公安事件を多数担当したが，昭和46年1月にメーデー事件の残務を終えた11部を新関裁判長とともに引き継ぐことになった。裁判官室を移動した同年3月までの約1年半は，大部屋に熊谷裁判長と新関裁判長の2つの合議体が同居し，私にとっては，大いに勉強になる日々であった[19]。東大事件は，単独審理を希望する者を除く450名余りの被告人が37グループに分けられて16か部に配点され，審理が開始されたが，このように同種事件を抱えている裁判官には，他の部の状況を速やかに把握したいとの要望が強く，これに応えるために部内速報を作成することになり，21期の判事補5名（金築誠志・竹﨑博允・原田國男・本井文夫と私）が取材等の下働きを担当し，各部の法廷や裁判官室を訪れる日々を送った（手持ち資料では，昭和46年1月の第30号が最終）。裁判長毎に訴訟指揮等は異なるが，それぞれに持ち味を生かして，審理を軌道に乗せるように大変な努力をしておられ，被告人らの真摯な主張には耳を傾けようとしていた点では，一致していた[20]。

2　上記のとおりメーデー事件担当部を引き継ぐことになる前後から，その担当裁判官と接する機会が増え，刑事補償請求事件の処理の関係で，訴訟記録を閲覧する機会もあったので，メーデー事件（史録・戦後②191頁）について，若干記しておく。

同事件では，1,200名余りが逮捕され，260名余りが騒擾罪（現在は騒乱罪。

---

[17]　熊谷判事には『真実一路』（1982年，日本評論社）という自伝的著書がある。
[18]　12部の2係。新関判事は改訂を重ねている『令状基本問題』（一粒社→判例時報社）の編著者の一人である。
[19]　熊谷裁判長の陪席をされた金谷利廣判事（後の最高裁判事）にはこの頃からご指導を仰いでいる。
[20]　その一例が熊谷・前掲注[17]129頁以下に詳述されている。

V　メーデー事件・東大事件・連続企業爆破事件等の集団的公安事件

以下「騒乱罪」という）等で起訴された。統一公判を要求する被告人・弁護人に対し，裁判所が8グループに分け，8か部で審理する案を示すと，被告人らは「我々を八つ裂きにするのか」と反発し，拘置所で暴力を振るったり，裸になったりして抵抗したため，各部の公判期日に被告人らを出廷させることが不可能になり，公判開廷ができない事態が続出し，結局，裁判所も統一公判要求を呑まざるをえず，全被告人を1か部（11部）で審理することとなった。

このメーデー事件が主たる契機になって，昭和28年に刑訴286条の2が新設され，この種の出廷拒否戦術がとられても，裁判所は被告人不出廷のまま公判審理（及び判決）ができることとなった。この規定がなかったとすれば，東大事件等でも統一公判要求への対応は困難を極めたであろうと思われる。

メーデー事件は補充裁判官3名を含む6名の裁判官で審理されたが，弁護人側の提案により6組に分けられ，総論立証段階では，各組が交替で出廷し（各組の代表者1名ずつは全期日に出廷），各論立証段階では各組をそれぞれ一人の裁判官が担当することとなった。この審理方式では，公判に欠席した被告人が，出席被告人の公判調書等に同意するという約束が前提になるところ，被告人側は審理途中で紛議が起きると，この同意協定の破棄を宣言したり，これをほのめかすなどして，裁判所の妥協を引き出している。公判は紛議での中断期を除けば，月に12回前後も開廷されているが，それでも審理は昭和28年2月4日の第1回から昭和41年3月1日の結審まで13年余りかかっており（罪状認否までに60開廷，論告に38開廷，弁論等に59開廷を要している），判決（237名に対する一部有罪・一部無罪）は昭和45年1月28日[21]及びそれ以降5月6日までに宣告されている[22]。審理においては，証人尋問中の異議を巡る応酬やその決定に時間が費やされ，総論立証の初期段階で，デモ隊の

---

(21)　東京地判昭和45・1・28判時579号86頁。
(22)　藤木英雄＝竹村照雄＝上田誠吉＝渥美克彦「座談会・メーデー事件判決」ジュリ446号20頁以下参照。

弁当のおかずが梅干しであったか卵焼きであったかなどが争われ，かなりの時間が費やされている。

メーデー事件を担当した最も若手の裁判官は，勝俣利夫判事（補）[23]であり，同事件終了後，通常の刑事事件を担当するためのリハビリが必要ということになり，私がその担当者とされ，通常事件数件の裁判長を同判事が務め，私が陪席の一人として，訴訟進行のシナリオ・マニュアルを作成し，横から声を掛けるなどして補佐し，合議の進め方，判決書の書き方等をお話した（同判事からは後々まで先生扱いされる光栄に浴した）。余談ながら，メーデー事件の教訓と刑訴法286条の2の新設がなかったとすれば，私が東大事件に20年ほど貼り付けになり，後輩からリハビリを受けることになったかもしれない，などと想うこの頃である。

刑事補償請求事件については，一部無罪確定・一部有罪未確定の場合につき，消極説（一括請求説）を採用し[24]，後に私が調査を担当した最（一小）決昭和59・11・30刑集38巻11号3008頁でも同様の結論となり，判例解説において往時の勉強を生かすことができた。

メーデー事件については，一部有罪の被告人102名が控訴し，昭和45年12月末に訴訟記録が東京高裁に送付された。東京高裁（6部）は極めて迅速に記録を精査し，事実取調の範囲を限定して23回の公判で結審し，昭和47年11月21日，騒乱罪は全面不成立とし，84名につき原判決破棄・無罪，騒乱罪以外で有罪の7名につき控訴棄却，騒乱罪と他の罪で有罪の9名につき，原判決破棄・騒乱罪無罪・他の罪有罪の判決を宣告した[25]。荒川正三郎裁判長（後に名古屋高裁長官），谷口正孝判事（後に最高裁判事），柳瀬隆次判事（後に司法研修所長）のご努力には頭が下がる（3判事とはいずれも後にご縁ができ，当時のお話を伺っている）。

この事件の第1審は，誰が裁判官であっても，さほど審理期間は短縮できなかったであろうと思われるが（もっとも結審後判決宣告までの期間は別であ

---

(23) 司法省司法研修所で昭和22年3月修習終了。後に東京地裁所長。
(24) 東京地決昭47・10・6判タ285号242頁。
(25) 東京高判昭和47・11・21高刑集25巻5号479頁（上告なく確定）。

Ⅴ　メーデー事件・東大事件・連続企業爆破事件等の集団的公安事件

る），控訴審は裁判官次第では大幅に長期化した可能性があったと思う。

　3　私は，新関裁判長の下で，東大事件ほか数グループの集団公安事件の審理・判決に関与した上，共産同赤軍派による大菩薩峠事件[26]の統一公判要求者（18名）の審理を開始していた。昭和47年4月に鬼塚賢太郎裁判長[27]が新関裁判長の後任として着任されたが，大菩薩峠事件だけは司研教官に転じた新関判事が引き続いて担当され，私も主にこの事件の関係で東京地裁に残留し，昭和49年6月10日に被告人16名に対する判決[28]を終えた。私は同年7月から1年間米国に滞在し，昭和50年7月に徳島地家裁に転勤したが，東京地裁時代には，令状部（14部）にも断続的に相当長期間勤務し，集団的公安事件の大量勾留に何度も関与し，荒れる勾留理由開示法廷も100回以上経験している。

　4　私にとっては，かなり後のことになるが，最高裁調査官（刑事）を務めた際，連続企業爆破事件[29]の調査に関与し，記録を精読する機会を持った。被疑者段階で自殺した者，起訴後クアラルンプール事件及びダッカ日航機ハイジャック事件で海外に逃亡した者もあり，第1審判決[30]を受けた被告人は4名であり（死刑2名，無期懲役1名，懲役8年1名），その4名が控訴審判決[31]を経て上告審に係属していた[32]。様々な論点を含む興味深い事件であったが，特に指摘しておきたいのは，第1審の審理経過であり，裁判長の公判期日の指定を不満として弁護人（私選）が不出頭・辞任戦術に出

---

(26)　昭和44年11月5日に鉄パイプ爆弾等を所持して大菩薩峠に集結していた赤軍派53名が一斉逮捕された事件。
(27)　鬼塚判事は直前まで最高裁調査官であり，その仕事の話も沢山して下さり，後年大いに役立った。
(28)　東京地判昭和49・6・10刑月6巻6号651頁。
(29)　昭和49年8月30日の三菱重工ビル爆破事件は8名の死者と165名の重軽傷者を出したが，この事件を中心とする一連（16件）の爆破事件。起訴は昭和50年6月・7月。
(30)　東京地判昭和54・11・12刑月11巻11号1383頁。
(31)　東京高判昭和57・10・29高刑集35巻3号194頁（各控訴棄却）。
(32)　最（三小）判昭和62・3・24裁判集刑245号745号，判時1228号22頁（上告棄却判決）。

た上，東京３弁護士会からは国選弁護人の推薦がなされなかったため，裁判所は旧私選弁護人の要求（月２回の開廷ペース）を呑まざるをえなくなっている。しかし，このような弁護活動に対し厳しい批判の目が向けられるようになり，昭和53年３月「刑事事件の開廷についての暫定的特例を定める法律案」が国会に上程され，その影響もあって，弁護人も訴訟進行に協力的となり，事件の規模・証拠の分量からすると比較的早期に第１審判決に至ったといってよい。昭和51年７月から判決に至る間の簑原茂廣裁判長の訴訟促進に向けた粘り強い姿勢には敬服するほかない[33]。

5　このように，私は集団的公安事件に関する実務経験は豊富であり，荒れる法廷に対処するための様々なノウハウを収集・蓄積し，若干は開発もしてきたものである。しかし，その後，このような経験やノウハウを伝承する機会がなかったのは，やや残念な気もするが，私にとっても後輩裁判官にとっても幸運なことであったと思っている。

Ⅵ　精密司法といわれる我が国の刑事裁判実務の実情等

1　司法修習時代にはミランダ判決を，新任判事補時代にはマコーミック証拠法（伝聞証拠部分）を，輪読するなど，米国法にかなり興味を持っていたし，その頃，田宮裕教授等により，ウオーレンコートの諸判決が好意的に紹介されており，実務家にも強い影響を与えていた。しかし，昭和45年頃からは，当事者主義化への懐疑論も出始め，米国法の実務への影響は弱まってきたように感じられた[34]。米国の刑事司法の実際を直接見聞して，学ぶべき点とむしろ反面教師とすべき点を見極めたいとの思いから，米国での在外

---

[33]　また，上記法律案については，石島泰＝金谷利廣＝杉野修平＝藤永幸治＝松尾浩也「〈座談会〉刑事事件公判開廷暫定的特例法案」ジュリ664号102頁以下があり，金谷利廣判事の発言は，この種事件に悩まされる多くの刑事裁判官の気持ちを適確に代弁するものとして感動的であり，また論争の手本ともいうべきものと今でも思っている（法曹三者間の合意や法律案廃案の経緯は省略）。
[34]　石井一正『刑事訴訟の諸問題』（2014年，判例タイムズ社）83頁と同感である。

Ⅵ　精密司法といわれる我が国の刑事裁判実務の実情等

研究を希望し，前述の昭和49・50年の在米期間中，主としてデトロイトの裁判所で刑事裁判の傍聴をし，米国の裁判官・検察官・弁護士と接する機会を多く持つようにした。そして，我が国の刑事司法と米国の刑事司法とは全く異質なものであって，刑事司法全体としては，答弁取引により大多数の事件が処理されている米国よりも，我が国の方が遥かに優れているように感じられた。もっとも，私のような外国人傍聴者にも分かり易い，陪審裁判（特にその連日的開廷と検察官・弁護人の法廷技術）には学ぶべき点が少なくないと思った。また，米国の法律家と付き合ってみると，その主たる関心は手続上の権利の尊重であり，「事案の真相」解明への熱意は乏しいように感じられた[35]。ある高名な弁護士は，被疑者との最初の面会で，「真実を語るな。一番聞きたくないのは真実なんだよ。真実を知ってしまうと，弁護の妨げになるかもしれない。自分が知りたいのは，真実ではなくて，むしろ君が陪審に信じてほしいと思う物語だ。十五分ほど休憩をとるから，そのあいだに君が信じてほしいと思う物語をじっくり考えなさい。私が戻ったら，その話を聞かせてくれ。」と言うことにしているそうであるが[36]，このような弁護士は例外的ではないと感じている。要するに日本の法律家と米国の法律家では，事実観や裁判観が大いに異なるようである[37][38]。

　2　米国から帰国後，徳島地家裁時代（昭和50年7月～昭和53年3月）は，本庁で民事・家事・少年を担当したが，週1回阿南支部を填補して，民事・家事とともに，刑事を担当し，毎週6件前後の単独事件を処理した。国選弁護人も同支部係属事件は全件一人の弁護士が推薦されるので，毎週約6

---

(35)　被告人の手続上の権利が十分に保障されている法廷で，陪審により下された結論は受け入れるしかないとの考えが支配的。
(36)　ダニエル・H・フット「日米比較刑事法の講義を振り返って」ジュリ1148号168頁。
(37)　米国では，ＤＮＡ鑑定が無実を証明する事例が続出しており，The Innocence ProjectのＨＰによると，2014年12月現在，その人数は325人である。我が国では，足利事件が衝撃的であったが，そのような事例が100件以上も出現すれば，刑事裁判に対する国民の信頼は崩壊するであろう。
(38)　なお，私の米国での見聞は座談会「諸外国の刑事法廷」法の支配28号6頁以下で報告している。

件の新件を約40分で同意書証の取調べまで審理し，翌週に約80分でこれらの事件の証人尋問・被告人質問等を終え，原則として即日判決を宣告する，というプラクティスを考案・実践していた。その日に，私は民事・家事事件も多数処理しなければならず，国選弁護人は新件の身柄被告人との接見をしなければならない，という事情もあったからである。第1回公判期日では，書証の要旨告知は極めて簡略に済ませ，その後速やかに記録を精読して，国選弁護人と第2回公判期日の時間配分等を協議し，法廷の時間を効率的に使用するように努め，米国で学んだ速戦即決の精神を応用したつもりであった。

那覇地家裁時代（昭和53年4月～昭和55年3月）は，主として刑事事件を担当した。米軍人による事件も多かったが，自白事件では，弁護人が我が国流の情状立証・弁論をし，米軍法務官も好意的に見てくれていた。書証の要旨も通訳を介して丁寧に行い，第1回公判での即決も少なくなかった。また，平良支部（宮古島）や石垣支部（石垣島）の法廷合議事件は，本庁から二人の裁判官が填補し，なるべく1日で審理を終え，翌朝判決を宣告するという裁判員裁判並みのスケジュールであり，ある殺人の否認事件では，3日間連続して開廷し，十数名の証人尋問と被告人質問を行い，判決（無罪）はもう一度出張して宣告した。

3 さて，私が精密司法あるいは「詳密な審理及び判決」[39]にどっぷりと潰かるようになったのは，昭和55年4月に再び東京地裁勤務となってからである。まず，小野幹雄裁判長（後に最高裁判事）の右陪席として，日石土田邸事件（分離組・被告人1名）の審理に関与することとなった。その被告人は土田邸事件[40]のみで起訴されたが，証拠上，日石事件[41]と密接に関連するため，日石事件関係の証拠調べ等も不可欠であった。共犯者やその取

---

[39] 石井・前掲注(34)9頁。
[40] 昭和46年12月18日警視庁警務部長土田氏宅で小包爆弾が爆発し，同氏の妻が死亡し，四男が重傷を負った事件。
[41] 昭和46年10月18日新橋の日本石油ビル地下の郵便局で小包爆弾が爆発し，局員1名が重傷を負った事件。

調べ捜査官の証人尋問が，一人につき全一日で平均7，8開廷を要するという詳密さで審理が進められ，しかも，裁判官の交替毎に公判手続の更新で数開廷を要していたが，私が関与した頃は，審理は終盤に差し掛かっており，着任早々から膨大な記録読みに没頭した。小野裁判長が，このまま裁判所の構成を変えないで判決をするつもりであるから，審理促進に協力を願う旨当事者に言明した直後の昭和56年2月に最高裁刑事局長への転出を余儀なくされ，早川義郎裁判長が引き継ぐことになり，日夜記録読みに没頭されることとなった[42]。早川裁判長は，私の転勤予定時期である昭和58年3月までの判決宣告を予定し，それから逆算して審理計画を立て，当事者の協力を求め，記録及び証拠物を精査する過程で気付いた疑問点を，検察官及び弁護人に説明し，補充的な立証を促すなどして，昭和58年3月24日に無罪判決[43]を言い渡した。膨大な判決書からも，裁判所の「事案の真相」の解明に対する情熱を感じ取ることができるであろう。なお，若干問題はあるにせよ，被告人・共犯者の自白調書の証拠能力は否定せず，信用性を徹底的に検討して，白に近い無罪の結論を導いている。このことが，統一公判組の控訴審判決[44]にも影響を及ぼしたようである[45]。

　この日石土田邸事件の弁護人（特に後藤昌次郎）が繰り返し，松川事件[46]や青梅事件[47]を教訓にするように力説したこともあって，これらの事件について，各審級の判決書のほか評釈・研究書・回想録等[48]を参酌してみた。多数共犯者間における自白の伝播過程など，驚くほど共通の議論がなされており，判決起案において大いに参考になった。なお，松川事件において

---

(42)　その間，若干ゆとりができた私は，同年4月から1年間，東京都立大学で非常勤講師（夜間）として刑訴法を講義した。
(43)　東京地判昭和58・3・24判時1098号3頁（検察官控訴はなく確定）。
(44)　東京高判昭和60・12・13刑月17巻12号1208頁。その第1審判決〈東京地判昭和58・5・19判時1098号211頁〉は多くの自白調書の証拠能力を否定した上で無罪としたもの。
(45)　小林充『裁判官の歳月』（2006年，判例タイムズ社）59頁以下参照。
(46)　史録・戦後①415頁，第2次上告審判決は最（一小）判昭和38・9・12刑集17巻6号661頁。
(47)　史録・戦後②25頁，第2次控訴審判決は東京高判昭和43・3・30判時515号30頁。
(48)　特に，広津和郎『松川裁判（上），（中），（下）』（1976年，中央公論新社）。

は，第１次上告審で，「諏訪メモ」が最高裁大法廷の提出命令により顕出され，第２次控訴審で，検察官から捜査段階の供述調書等1,600余通が提出されているところ，思うに，第１審裁判所にこれらの証拠が提出されていたとすれば，初めから誰に対しても有罪判決は宣告されなかったのではなかろうか。証拠開示規定の不備が裁判の長期化及び途中における死刑等の判決宣告の根本原因になっているように思われる（旧刑訴法下では，このような事態は起こり得なかったであろう）。

5　昭和58年４月以降も東京地裁に残り，単独事件を審理しつつ，日石土田邸事件の判決書の完成に努め（当時は判決原稿は未だ手書きであり，大部のものは印刷を外注していた），同年７月に最高裁調査官を拝命した。調査官時代は，複雑な事件については，精密司法下における詳細な１，２審判決を，上告趣意書が指摘する点を中心に，厚い記録を読みつつ，これまた詳密に検討するという作業を重ねていたが，特筆すべきはロッキード事件（史録・戦後⑤345頁）である。丸紅ルートの田中角栄元総理大臣ほか３名からの上告事件が，昭和62年秋に最高裁に係属し，私は全日空ルートも併せてその調査を担当することとなり，通常よりは長く調査官にとどまって，昭和63年の後半から平成元年初めまでその記録読みに追われたが（途中約４か月はこれに専念），裁判官による検討にはなお相当期間を要する見込みとなったので，同年４月に調査を途中で他の調査官に引き継ぎ，大阪高裁に転出することとなった。多数の文献のある著名事件であるから，詳細は省くが，１，２審ともに，まさしく精密司法の極致ともいうべき詳密極まる審理（１審は月４回の開廷ペース）及び判決であったとの感を深くしている。全日空ルートは最（三小）判平成４・６・25刑集46巻４号51頁（その判例解説末尾に私の名前も付記）で，丸紅ルートは最大判平成７・２・22刑集49巻２号１頁で，上告が棄却された（各ルートとも被告人の一部は上告審係属中に死亡）。

　私が調査を担当して，事実誤認等により原判決破棄に至った事例としては，最（三小）判昭和59・４・24刑集38巻６号2196頁（波谷事件），最（二小）判昭和63・１・29刑集42巻１号38頁（鳴海事件），最（二小）判平成元・４・

Ⅵ 精密司法といわれる我が国の刑事裁判実務の実情等

21裁判集刑251号697頁，判時1319号39頁（新潟轢き逃げ事件），最（一小）判平成元・10・26裁判集刑253号167頁，判時1331号145頁（板橋強制わいせつ事件）等があるが，いずれも相当詳細な上告審判決となっている。

6 私は平成5年6月から平成10年3月まで，東京地裁（刑事8部。租税事件専門部であるが，一般事件も担当）で部総括を担当した。着任当時，巨額脱税事件（金丸信元自民党副総裁の事件等）や大型経済事犯が相当数係属していたが，すでに長期間審理していて結審が間近に迫っている事件もあり，早速それらの記録読みに追われた。このような終盤での引継ぎ事件については，判決までの日程の目安を立てつつ，証拠関係を整理し，当事者に補充的な立証を促し，詳細な判決が書けるように準備するという緻密な作業の連続であり，それなりに充実感を覚えていた。問題は，審理半ばで引き継いだ事件であり，重要証人毎に数開廷ないし十数開廷を費やしての長時間の証人尋問が続いており，検察官・弁護人ともに多くの供述調書類を前提にして微に入り細を穿った尋問をしているが，供述調書類を見ていない裁判所としては尋問の制限は困難であり，審理はいつ終わるのか予測がつかない事件もあった。公判期日の前後に検察官・弁護人と打合せを重ねるなどして，審理の促進に努めたが，それでも歯痒い思いをすることが多かった。また，複雑困難な新件も続々と係属したが，初期段階では詳細な審理計画を立てることができず，いつ頃判決できるのかの見通しが立たないまま，証人尋問等を進めるということも少なくなかった（速戦即決とはほど遠い，このような審理が続くのは，もう勘弁してもらいたい，とも思っていた）。なお，審理途中で，検察官に対し証拠開示を強く勧告することもあり，応じてもらったことも少なくない（開示された証拠を無罪判決に援用したこともある）。想い出に残る著名事件の審理・判決や無罪判決も少なくないが，割愛する[49]。

7 私は，平成元年4月から平成4年3月まで（大阪高裁。吉田治正・重富

---

(49) この間の平成8年4月から平成10年3月まで，東京都立大学で非常勤講師（土曜午後）として，大学院生に刑法判例の研究会的な特殊講義を担当した。

純和各裁判長)，同年4月から平成5年6月まで（東京高裁。近藤和義裁判長）及び平成10年4月から同年6月まで（東京高裁。松本時夫裁判長），陪席裁判官として，平成12年1月から平成21年8月まで，東京高裁（2刑）で部総括として，いずれも刑事控訴事件等を担当した。

　ごく大摑みに，控訴審担当時を通じての私のスタンスを振り返ってみると，量刑については，原審の量刑が適正な幅の範囲内にあると認められる限り，原審の判断を尊重するが，事実認定については，いわゆる真相解明型であり，記録を検討して疑問が残る場合には，検察官や弁護人に立証を促すなどして，その解明に努めてきたつもりであるし，上記の各裁判長もほぼ同様のスタンスであったように感じていた。また，検察官に対する証拠開示の勧告にも積極的で，控訴審段階では，検察官も柔軟に対応してくれることが多かった。すなわち，最高裁では，証人尋問等は不可能であって，控訴審が証拠調べに関しては最終審であるから，審理を尽くしておくべきであるとの感覚があったのである（平成18年以降の原審で公判前整理手続を経た事件は，別論である）。そして，かなり多数の著名事件判決や逆転無罪判決のほか，比較的少数の逆転有罪判決に関与しているが，詳細は割愛する。

　控訴審においては，複雑困難な事件でかなりの事実取調べが相当と思われる事件でも，第1回公判期日前に，判決までの審理計画は立てられるのであり，この点は第1審とは大いに異なる[50]。

8　振り返ってみると，私は証拠開示や争点整理の手続が未整備の時代に，刑事裁判を担当してきたのであり，関与した多数の有罪判決の中には，検察官が重要な証拠を開示しないままであったかもしれない，という懸念が残るものも少なくない。

---

(50)　なお，平成18年9月から定年退官までは，中央大学法科大学院の非常勤講師として，土曜日に刑訴実務基礎・刑事法総合Ⅲを担当し，相当忙しい日々を送った。

Ⅶ 平成の司法制度改革——裁判員制度・公判前整理手続等の導入——

　冒頭に記載した第3の節目である平成の司法制度改革は，平成11年7月に内閣に司法制度改革審議会が設置され，平成12年11月の中間報告[51]を経て，平成13年6月に意見書[52]がまとめられたことに端を発する。その意見書における提言を踏まえて，刑事司法の関係では，平成16年5月に裁判員法（略称）の制定及び公判前整理手続等を導入する刑訴法改正がなされるに至った[53]。私は松山家裁所長時代（平成10年7月～平成12年1月）から，以上のような審議や立法の動向に注目し，裁判所部内の多くの検討会・研究会等にも加わって検討を続けてきた。裁判員制度の導入は，司法界内部の多数意見によるのではなく，政治・行政部門のリードにより，実現したと評すべきであり，裁判所内部でも当初は消極的意見や懐疑論も有力であったが，徐々に消極的受容論が一般化していき，裁判員法がほぼ全会一致で成立した後は，法曹三者の無理解・非協力により，裁判員制度を頓挫させてはならない，国会で決められた以上は，裁判員制度の良い面を育てていくよう，努力していくほかない，という気運が高まっていった。法曹三者の献身的な普及活動，全国各地での多数回にわたる模擬裁判の実施（その反省会・検討会も含む），法曹三者それぞれの立場からの熱心な研究の積み重ね等の準備が進められた。私は，陪審制ではなく，参審制に近い裁判員制度が採用されたことは，幸いであったと思うし，何よりも，その前提として，証拠開示の法整備を伴う公判前整理手続が導入されたことは，現行刑訴法の当初からの重大な欠陥を相当程度是正するものとして，歓迎する気持ちが強かった。また，重大事件で裁判員

---

(51) 「司法制度改革と国民参加——司法制度改革審議会中間報告をめぐって——」ジュリ1198号参照。
(52) 「〈特集〉司法制度改革審議会意見書をめぐって」ジュリ1208号参照。
(53) その間の経緯，起訴強制を導入した検察審査会法の改正，被疑者国選弁護・被害者参加に関する刑訴法改正等の説明は省略。

裁判による徹底した集中審理が実施されることにより，刑事裁判に対する法曹三者の意識改革が進み，裁判官裁判でも従前のような極めて長時間にわたる証人尋問等が姿を消していくことを期待したものである。私は裁判員裁判の開始後まもなく定年退官したので，その控訴審さえも経験できず，退官後はその行く末を見守ってきたにすぎない。裁判員制度は，この約5年間，順調に滑り出し，若干の問題点を抱えつつも，安定的定着傾向にあるといえよう。これは，我が国民の知的水準とモラルの高さの賜物であろうが，その間の法曹（特に裁判官）の努力を含めた実情については，本書の各稿を参酌されたい。

Ⅷ 今後の課題・展望

以上のとおり，我が国の刑事裁判は，明治初期以来現在に至るまで多くの変遷を辿っているが，私が任官した頃と現在でも著しく様相を異にしているし，現在も変動の過程にある[54]。以下，限られた経験と知見に基づいて，私が今後の課題・展望として考えていることのうち，他の人があまり触れないであろうことを選んで記しておく。

1 現行刑訴法の制定過程及びその欠陥等は，前記Ⅳ1のとおりであるが，GHQの意向と摺り合わせつつ制定された俄普請ともいうべき法典は，部分改正を重ねつつ施行後65年を経過している。早急な実現が困難であることは十分承知しているが，裁判員制度の更なる定着を踏まえて，分かり易い（大多数の教科書の記述順序にしたがった）新法典の制定が切望される。ちなみに，治罪法は9年間，旧旧刑訴法は33年間，旧刑訴法は25年間（昭和18年まででは20年間）施行されたにすぎない。

なお，裁判所法施行後現在までの67年間，司研裁判教官及び最高裁調査官

---

[54] 第1及び第2の節目は我が国が外部から強制された面が強く，第3の節目は司法界が政治部門等に強制された面が強いが，いずれも幸運であったように思われる。

には例外なく現職の裁判官が当てられているのに，そのような人事は「当分の間，特に必要があるとき」に限るとの附則（3項）が存置されたままである。我が国では現実と乖離した法文を存置し続けることに抵抗感は乏しいようである。

2 証拠開示の規定が，現行法のまま（あるいはこれに若干の手直しをする程度）でよいのかの検討も必要であろう。近年は検挙された刑法犯の半数以上が少年によって犯されているという状況が続いており，そのほとんどは少年保護事件として処理されているところ，捜査等の記録は家裁に送付され，審判開始決定後は，付添人には閲覧（少年審判規則7条2項）及び謄写（許可が通常）が認められている。私は少年事件を合計4年余り担当したが，否認事件で，全証拠が開示されていることから，これらと矛盾しないような弁解を構えられて困ったなどという経験はしていないし，また，そのような経験を他の裁判官から聞いたこともない。また，旧刑訴法時代に，捜査及び予審記録に弁護人がアクセスできることの弊害があったのであろうかも，気になるところである[55]。刑訴法を全面改正するのであれば，その点も含めて検討してよいように思われる。

3 勾留中の被疑者が同一事実で起訴されれば，裁判官の審査なしに自動的に2か月間の被告人勾留が始まるという規定（刑訴法60条2項，208条）の運用状況には，理論的にも実務的にも多くの問題があることは，かつて指摘したことがあるが[56]，旧刑訴法下のように捜査記録が裁判所に引き継がれないのに，旧刑訴法113条と同旨の規定を置いたことに根本原因があるように思われる。受訴裁判所によるアクセスの可否等については，慎重な検討が必要であるが，少年事件のように，捜査記録（その謄本）はすべて裁判所に

---

(55) もっとも，これらの手続では，捜査等の記録を裁判所が保管し，裁判官も見ることができる。当事者間における証拠開示とは様相を異にする。
(56) 最判解刑昭和59年度465頁参照。

送付され，裁判所が保管することとする（弁護人のアクセスも認める。捜査の進展があれば，関係書類を追送させる）ことも一案であろう。なお，刑訴法60条2項によれば，起訴後の勾留は原則として2か月以内であって，「特に継続の必要がある場合」「具体的にその理由を附した決定で」1か月毎に更新できると規定されているが，複数回（多数回）の更新は常態化しており，決定には定型書式の簡略なものが常用されている[57]。これも現実と甚だしく乖離した規定である。

4 郵便不正（村木厚子氏無罪）事件での検察官によるＦＤ改ざんの発覚以来，検察に対する批判は強まり，平成22年11月から12月にかけて，最高検も同事件を検証し，私もそのアドバイザーを務めたが，それ以降も，検察改革は急ピッチで進められてきた。しかし，検察に完璧を求めることは，有罪率を限りなく100％に近付けるべきだということにつながりかねない。私は，検察官は有罪の確信がなければ起訴すべきでないという慎重な起訴の在り方は，（検察審査会の起訴強制制度導入後も）基本的には維持されるべきであるが，証明不十分による無罪判決を過度に恐れるのも問題であり，裁判所が無罪判決をする余地は現在より若干拡大した方がよいと思っている。前記事件についてさえ，被告人には気の毒であったが，検察官が起訴したからこそ，弁護人及び裁判所は立派な仕事ができたともいえよう。たまには無罪とすべき事件に遭遇するというのが，裁判官や裁判員の仕事の遣り甲斐を大きくするのである。ちなみに，無罪率は，旧旧刑訴法時代が最も高く，旧刑訴法時代は相当低くなり，現行刑訴法施行後しばらくしてからは，更に大幅に低くなっているようである[58]。

5 裁判員裁判においては，精密司法から核心司法への移行は当然のこと

---

[57] 344条も60条2項但書の適用を外すだけであるから，控訴審・上告審でも2項本文の適用はある。
[58] 佐伯千仭「刑事訴訟法の40年と無罪率の減少」ジュリ930号16頁以下参照。

として，裁判所は真相解明型審理から評価型審理に移行せざるをえないであろう。弁護人の力量・熱意によって，有罪・無罪の結論が左右されることもありうるのである[59]。また，直接主義・口頭主義が強調される法廷では，検察官・弁護人の尋問技術の巧拙や証人・被告人の性格・心身の状態によっても，判決の結論が左右されて当然なのである。事案の真相を重視する我が国の法曹・国民が，このような裁判の在り方を末永く支持し続けるのであろうか，不安でもある。これと関連して，裁判員裁判による有罪の確定判決に対する再審の在り方は，従前と同様でよいのであろうか。再審請求審で，公判前整理手続で行うことが可能であった証拠開示請求がなされた場合，検察官はこれに応じてよいのか，確定審は証人尋問や被告人質問のみで終えているのに，開示されていたその証人や被告人の供述調書を新証拠として提出できるのであろうか，等の問題があろう。これらを緩やかに認めるのであれば，裁判員裁判は一体何であったのかということになり，その在り方にも影響するであろう。

6 裁判員裁判に対する控訴審の在り方も，控訴審裁判官がすべて裁判員裁判経験者で占められる時代になると，かなり変わってくるのではないかと予測している。裁判官は，控訴審を担当するときも，目の前の被告人に対して，自分が適正妥当だと確信できる判断をしたいと切に思うものであり，これが健全な職業意識であることに変わりはないであろう。なお，従来は，東京高裁のベテラン裁判長が司法研修所で若手裁判官に対し自己の体験等について講話することが慣例化していて，私の手許にも講話録が相当数たまっていて，よく参考にしていたが，記録の精査に基づく真相解明型審理の体験談が数多く含まれている。私もそんな機会に恵まれたならばということで，若干の準備はしていたが，時代の変わり目でお呼びではなくなった。将来，裁判員裁判やその控訴審を長年担当した高裁裁判長が，若手裁判官に対し，そ

---

(59) 公判前整理手続においては，証拠内容を知ることができない裁判所の後見的役割には大きな限界があるし，公判のスケジュールはそこで決まってしまうのである。

の仕事の醍醐味等につきどのような講話をされるであろうか，楽しみにしている。

　他にも触れたい点は少なくないが，この辺で稿を閉じたい。法曹を目指す学生や若手法曹には，歴史的視点を持って，本書を繙かれることを希望する。

（やすひろ・ふみお）

裁判員裁判の現状と課題
——施行5年の総括——

中央大学法科大学院教授　椎　橋　隆　幸

Ⅰ　は じ め に
Ⅱ　裁判員裁判の現状
Ⅲ　裁判所の対応
Ⅳ　法務省の取組み
Ⅴ　裁判員法の改正案

Ⅰ　は じ め に

　裁判員法が施行された平成21年5月から五年余が経過した。最高裁判所は，裁判員法附則9条の趣旨を考慮して，施行3年後に，裁判員制度の実施状況を，実証的なデータを中心に検証した報告書を作成した。これが『裁判員裁判実施状況の検証報告書』[1]（最高裁判所事務総局，平成24年12月。以下，「検証報告書」という）である。

　また，法務省は，同法附則9条に基づき，幅広く国民の意見を反映する観点を踏まえて，裁判員制度の実施状況を検討するために平成21年9月に「裁

---

(1)　検証報告書については，裁判所ウェブサイトを参照。http://www.saibanin.courts.go.jp/topics/pdf/kensyo_houkokusho/hyousi_honbun.pdf

判員制度に関する検討会」を設け，3年余にわたり同制度の実施状況を把握すると同時に同制度の法制，運用の両面につき幅広く意見交換を行い，平成25年6月に『「裁判員制度に関する検討会」取りまとめ報告書』を公表した[2]（以下，「取りまとめ報告書」という）。その後，法務省は取りまとめ報告書が法制上の措置を採るべきとした項目につき，適正な措置を取るべく，裁判員法の一部改正案を作成し，これを受けた政府は平成26年10月24日，同改正案を閣議決定した。

　本稿は，検証報告書と取りまとめ報告書の内容を前提に，施行5年を経過した時点での裁判員裁判の現状と課題につき若干の考察を試みるものである。裁判実務との関係では，裁判員裁判の現状を簡単に紹介した後，施行後に浮かび上った課題に対して裁判所を始めとする法曹はそれにいかに取り組んでいるのかという法運用上の問題を考察し，また，立法上の課題については，取りまとめ報告書の議論状況を紹介した後，法制審議会の答申とそれを受けて法務省が提案した裁判員法の一部改正案につき検討を試みたい。

II　裁判員裁判の現状

　裁判員制度施行時（平成21年5月）から5年を経過した時点（平成26年5月末）で6,682件が終局判決を迎えた[3]。検証報告書，取りまとめ報告書いずれによっても，裁判員制度は施行以後おおむね順調に運用されていると評価されている。マスコミや学術論文等においても同じような評価が与えられているといってよいであろう[4]。なお，検証報告書，取りまとめ報告書は制度施

（2）　取りまとめ報告書については，法務省ウェブサイトを参照。http://www.moj.go.jp/content/000112006.pdf
（3）　施行5年の現状については,「制度施行後5年の裁判員裁判の実施状況について」（裁判所ウェブサイト）を参照。www.courts.go.jp/saikosai/vcms_lf/80826003.pdf。
（4）　裁判員制度の特集号として，「特集・裁判員制度3年の軌跡と展望」論ジュリ2号,「特集・裁判員裁判の審理方法」刑雑51巻3号,「特集・裁判員裁判と国民参与裁判」刑ジャ32号,「特集・裁判員裁判の課題と展望」刑ジャ36号,「特集・裁判員制度施行5年を迎えて」ひろば67巻4号,「特集・裁判員制度見直し論の検討」刑ジャ39号等を参照。

行後3年間のデータを基に実施状況を検証したものであるが，施行5年後の状況は，両報告書で示された実施状況と基本的な傾向としては大きな変化はないといってよいであろう。以下に裁判員裁判の実施状況の一端を示してみたい。

1　選任手続等の実情と課題

　裁判員候補者の裁判員選任手続への出席率は，辞退の判断が柔軟に行われていることもあって，施行5年の平均は77.1％と高率を維持している。選任された裁判員の構成は年令構成別，職業構成別ともに国勢調査に対応したバランスのとれたものになっており，男女比についても若干男性比率が高いが，おおむねバランスのとれた構成となっている。これは，国民の常（良）識を裁判に反映するという意味で，各階層から多様でバランスのとれた裁判体を構成することが望ましいとの理念に合致している。そして，選任された裁判員が，各法曹別の評価には差があるものの，全体としては，「分かりやすかった」(66.6％) と「普通」(29.4％) を合計すると96％となり，概ね審理内容の理解に問題が無い状況で審理を受け止め，また，「話しやすい雰囲気」〔76.4％〕これに「普通」〔21.0％〕を含めると97.4％）で評議に臨み，評議においては，「十分に評議ができた」(74.0％) に示される議論の充実度を実感している環境で審理・評議に臨んでいることが窺える。この経験によるものか，裁判員に選ばれる前は積極的参加意向が33.8％（「積極的にやってみたい」〔9.0％〕と「やってみたい」〔24.8％〕を合わせた数）という数値であったのに，裁判員裁判終了後の感想として良い経験（「非常に良い経験と感じた」〔56.9％〕と「よい経験と感じた」〔38.3％〕）と感じた者が95.2％となり，ほとんど全ての裁判員経験者が肯定的に評価する結果となっている[5]。このように，国民の各階層の人々がバランスよく裁判員に選任され，その裁判員が分かりやすい審理を見て聴いて，話しやすい雰囲気の中で，十分な評議をして，その結

（5）　これらの数値は裁判員経験者に対するアンケート調査報告結果報告書（平成25年度）（平成26年3月，最高裁判所）に拠った。

果，よい経験をしたと感じていることが，裁判員制度が概ね順調に運営されていると評価される有力な根拠となっている。

他方で，この間，僅かな数値であるが，出席率の低下，辞退率の上昇の傾向が続いている。出席率の経年変化をみると，平成21年（83.9％），同22年（80.6％），同23年（78.3％），同24年（76.0％），同25年（74.0％），同26年（5月末まで）（71.4％）と低下傾向にある。また，辞退率の経年変化をみると，平成21年（53.1％），同22年（53.0％），同23年（59.1％），同24年（61.6％），同25年（63.3％），同26年（5月末まで）（64.5％）と高くなる傾向にある[6]。

選任手続への出席率は制度施行当初において極めて高い数値であったために，それが若干低下したとしても直ちに心配する事態ではない，すなわち70％代でも十分に高い出席率であるともいえよう。とはいえ，低下傾向がどこで止まるかは注意をしておく必要があるであろう。また，辞退率が高くなる傾向については，辞退を柔軟に認める運用には合理性があるものの上昇傾向が一定の限界を超えるとまず，より多くの裁判員候補者を選定しなければならなくなる。また，出席率の低下や辞退率の上昇が制度の運用に影響を及ぼす事態にならないように，その原因を探って適切な対応をしなければならない。選任手続関係について，現在考えられている対応として，裁判所においては広報活動等の充実であり，法務省においては著しく長期間を要する事件を対象事件から除外したり，大災害の被災者には辞退事由があること等を内容とする法改正の動きがある。

III 裁判所の対応

1 公判前整理手続・公判審理の課題への取組み

(1) 公判前整理手続の合理化，短縮化への試み

施行5年時の裁判員裁判の平均審理期間（起訴から終局まで）は8.7月であり，裁判官時代（平成18年〜20年）の6.6月よりも長期化している。裁判員裁

---

(6) 前掲注(5)図表5。

III 裁判所の対応

判の平均審理期間（8.7月）のうち公判前整理手続期間は6.4月と相当に長い。第1回公判期日が始まると連日的開廷による集中審理がなされるので（平均審理期間は6.7日），第1回公判期日の前の段階で一定の準備期間が必要なことは当然であるとしても，公判前整理手続に要する期間が6.4月というのは長すぎないだろうか。そもそも，裁判員裁判は，人証を中心とした目で見て耳で聴いて分かる直接主義・口頭主義による裁判の実現を狙いとするものであった。この狙いは，裁判員経験者のアンケート調査から判断しても，調書に比べて証人尋問による方が裁判員の記憶・印象に残ることが多いこともあって，目で見て耳で聴いて分かる裁判であるとの肯定的評価を与えることが許されるであろうし，また，刑訴法が当初狙いとしていた筈の当事者主義の内容と合致するものでもあった。しかし，事件から相当の期間が経過すると関係人の記憶が減退し，人証中心の審理の実現や迅速な裁判の要請の観点からも問題となるし，また，被告人の身柄拘束期間が長期化するという結果にもなりかねない。そこで，裁判所は，検察官，弁護士の協力を得て公判前整理手続期間の合理化・短縮化への努力を重ねている。

　検証報告書は，自白事件について，①検察官の証明予定事実記載書面の提出は2週間程度に短縮され，改善されてきているが，②弁護人の予定主張記載書面の提出は30～40日を要し，長きに過ぎ，実際の必要性の観点からの検証が必要である，③公判期日の指定から第1回公判までに60日前後を要している，ことを問題として指摘していた（10～15頁）。裁判所は，基本的方針として「核心司法，公判中心主義，直接主義」を実現するため，起訴後の早期の打合せと公判期日の仮置き（仮予約）を試みているという。起訴後の早期の打合せは，起訴後1週間程度の段階で法曹三者間で最初の打合せを行い，裁判所から，公判審理の基本的な考え方や公判前整理手続のスケジュール感を説明するとともに，可能な場合には，弁護人の対応方針の方向性を聴取し，検察官に対しては，関連証拠の任意開示を促したり，証明予定事実記載書面に争点に関する主張を盛り込むように要請したりしているとのことである[7]。また，公判期日の仮置きは，両当事者が事件の進め方の方向性が定まり，予定される証人の数や公判に必要な日数が最大何日程度かの検討がつい

た時点で，事情が変更したら仮置きを柔軟に取り消すとの約束を前提に，公判期日を仮予約するものである[8]。この早期の打合せと公判期日の仮置きにより，検察官が証拠の任意開示を広く行うようになったり，弁護人が早い段階から暫定的な応訴方針を明らかにする例が増加してきている等一定の成果をあげているといわれる[9]。

さらに，その後必要に応じて2週間程度の間隔で打合せ期日を設けて，主張整理と証拠整理を行う例が多いという。その際，裁判所は，証明予定事実記載書面が詳細すぎる場合は，不必要な部分の削除・撤回を求めたり，当該事件における犯罪事実の認定や量刑判断との関係で真に必要な部分の中で争いがある点のみを争点として整理する等の調整をしているようである[10]。何をもって争点とすべきかは重要な問題であり，後の最高裁判例の評価の部分でさらに触れることにする。

(2) 公判審理の充実化

裁判員裁判の実現は公判中心の直接主義・口頭主義に基づいた人証による立証が中心の審理が想定されていた。しかし，日程の観点からも裁判員の負担が過重にならないようにとの配慮を背景に，被告人の供述調書の採否を留保して被告人質問を先行させ，できる限り公判供述に拠る立証を促すという実践はしていたものの，被告人以外の者の供述調書は抄本化して調べることが多かったという。裁判所は，分かりやすさと時間短縮のため，抄本化された供述調書による立証を多用し，自白事件でも重要なポイントはまず証人尋問によって立証すべきという意識が徹底していなかったといわれる[11]。しかし，このような立証方法は法曹三者にとっては分かりやすく，時間短縮に

---

(7) 合田悦三「公判前手続の長期化」刑ジャ36号37頁以下，吉村典晃＝小川新二＝岡慎一＝川出敏裕＝椎橋隆幸《座談会》裁判員裁判の課題と展望」刑ジャ36号20～21頁〔吉村典晃発言〕，安東章「裁判員裁判のこれから――裁判官の視点」ひろば67巻4号27頁以下，池田公博「裁判員制度の運用状況」ひろば67巻4号4頁以下等を参照
(8) 前掲注(7)参照。
(9) 前掲注(7)参照。
(10) 合田・前掲注(7)42頁
(11) 齊藤啓昭「公判中心主義からみた裁判員裁判の運用」刑ジャ36号45頁以下を参照。

III 裁判所の対応

はなっても，裁判員にとっては分かりやすいとは必ずしもいえないことがアンケート等によって判明してきた[12]。供述調書を読むことに慣れていない裁判員には，直接に証人を見てその話を聴き，疑問があれば質問をして確かめるという方法が分かりやすく，記憶にも残るので，より的確な心証をとれるのではないかとの印象を裁判官は抱いているのである[13]。そこで，年を追う毎に裁判所はより多く人証を活用するようにしており，犯情や重要な量刑事情に関わり，事件の実体を明らかにするための証人については，大半の自白事件において証人尋問を実施しているという[14]。同時に，当然のことながら，二次被害が懸念される性犯罪被害者の証人尋問は証人の意向や負担を慎重に配慮しているほか，証人の年齢や健康状態，遠隔地に居住等の事情も，真相の解明や適正な裁判の実現の必要性とのバランスを考えて証人尋問するか否かを決定しているという[15]。もちろん，口頭の説明よりも証拠の内容が理解しやすいといった性質のもの，例えば，図面や写真が入っている実況見分調書，薬物の鑑定書，戸籍や前科等公的証明に係わるもの，出入国や航空機発着の履歴等前提事実を記載したもの等は，客観的事実を分かりやすく的確に立証できるものであるので利用されてしかるべきである。要は，公判中心主義，直接主義・口頭主義の理念を踏まえた上で，どの立証事項にはどの立証方法が適切であるのか，分かりやすく的確な立証ができるか否かの観点に立ってそれぞれに相応しい立証方法を採るべきである。

ところで，検証報告書を参考にしつつ，判決中の事実認定や量刑の理由は「重要な争点にポイントを絞った平易かつ簡潔なもの」とすべきというのが一般的な考え方になっているという[16]。公判中心の審理が充実したものとなるためには，公判前整理手続の段階で争点が犯罪事実の認定や量刑判断との関係で真に必要な部分の中で争いがある点に絞られていなければならな

---
(12) 検証報告書19頁，図表41，42を参照。
(13) 齊藤・前掲注(11)46～47頁，安東・前掲注(7)29～30頁，また，青木孝之「公判手続・公判前整理手続」刑ジャ39号16頁を参照。
(14) 齊藤・前掲注(11)47頁。
(15) 齊藤・前掲注(11)47頁。
(16) 検証報告書23頁，安東・前掲注(7)31頁。

い。単に，当事者双方の言い分が違うとかだけでは争点とすべきではない[17]。この点を明確に示した判例として最（三小）判平成26・4・22刑集68巻4号730頁がある。この判例を素材に若干の検討をしてみたい。

(3) **最（三小）判平成26・4・22刑集68巻4号730頁，判時2227号127頁，判タ1402号64頁**

ア　事実の概要

被告人は，過去に離婚事件の相手方に就いた知人弁護士の被害者を恨み，その拉致・殺害の目的で被害者方に侵入した上，その拉致・殺害の目的で被害者方に侵入した上，被害者に対し，殺意をもって，刃物を突き出して心損傷等を生じさせ，よって，左胸腔内出血により死亡させて殺害したほか，その際，けん銃を適合実包と共に携帯所持し，さらに，銃砲刀剣類所持等取締法違反の事実により第1審で有罪認定された。

原判決は，職権で，第1審判決が「罪となるべき事実」において，公訴事実に記載されていなかった「被告人は，被害者の拉致を断念し，被害者を殺害しようとして向けていた拳銃の引き金を2回引いた。ところが事前の操作を誤っていたため弾が発射されず」という事実を認定した点（以下「本件判示部分」という。また，本件判示部分に係わる事業を「本件未発射事実」という。）を取り上げ，第1審判決は，本件判示部分につき，訴因変更手続を経ることなく訴因を認定し，あるいは，争点として提示するなどの措置（以下「争点顕在化措置」という。）を採ることなく訴因類似の重要事実を認定したものであって，訴訟手続の法令違反があるとして第1審判決を破棄し，事件を第1審裁判所である秋田地裁に差し戻した。これに対して検察が上告した。

イ　判決要旨

破棄差戻し。

「第1審判決は，……『量刑の理由』に本件判示部分が訴因外の犯罪事実として認定されたものであるかのような疑念を抱かせかねない表現があると

---

(17) 合田・前掲注(7)39頁，齊藤藤・前掲注(11)48頁，吉村＝小川＝岡＝川出＝椎橋・前掲注(7)15〜16頁〔吉村発言〕等を参照。

はいえ，そのような認定をしたものではなく，本件判示部分を住居侵入後の殺害行為に至る経過として認定したものと解される。したがって，第1審判決が，本件公訴事実に記載されていない本件判示部分を，訴因変更手続を経ずに認定した点に違法があったとは認められない。」

「第1審の公判前整理手続において，本件未発射事実については，その客観的事実について争いはなく，けん銃の引き金を引いた時点の確定的殺意の有無に関する主張が対立点として議論されたのであるから，その手続を終了するに当たり確認した争点の項目に，上記経過に関するものに止まるこの主張上の対立点が明示的に掲げられなかったからといって，公判前整理手続において争点とされなかったと解すべき理由はない。加えて，第1審の公判手続の経過は，検察官が本件未発射事実の存在を主張したのに対し，特段これに対する異議が出されず，証拠調べでは，被告人質問において上記確定的殺意を否認する供述がなされ，被告人の供述調書抄本の取調べ請求に対し「不同意」等の意見が述べられ，第1審判決中に検察官の主張に沿って本件判示部分が認定されたというものであるから，この主張上の対立点について，主張立証のいずれの面からも実質的な攻撃防御を経ており，公判において争点とされなかったと解すべき理由もない。そうすると，第1審判決が本件判示部分を認定するに当たり，この主張上の対立点を争点として提示する措置をとらなかったことに違法があったとは認められない。

原審の訴訟手続を見ても，検察官はもとより被告人も，訴訟手続の法令違反を理由には控訴を申し立てておらず，控訴理由中においても本件判示部分を問題視するような主張をしていないところである。」

ウ　若干の考察

（ⅰ）　本件判示部分（被告人はけん銃の引き金を2回引いたが，事前の操作を誤っていたため弾が発射されなかった事実を認定した点）につき，第1審判決は，訴因変更手続を経ることなく訴因を認定した違法があるか。

有罪を言い渡す判決書には，罪となるべき事実のほか，事案に応じて犯行の経過・情状に関わる事実を記載する例があるという（匿名解説・判タ1042号65頁）。殺人，放火等の重大犯罪の場合に犯行の経緯等が記載されること

が多いという（条解刑訴［4版］934頁）。また，犯罪事実の認定か単なる経過又は情状の認定かは，基本的に判文に照らして判断されるという（匿名解説・判タ1402号65頁，最（一小）判昭和41・11・10裁判集刑161号325頁等）。第1審は，本件の争点を，①住居侵入の目的，②被害者に2カ所の傷ができた経緯，③被告人の行為と被害者の死亡との間の因果関係と捉えた上で，犯罪事実の認定をしている（刑集68条4号758～763頁，特に759頁）。そして，本件判示部分については，量刑の理由の部分で，本件未発射行為を量刑の重要な一要素として判断している（刑集68巻4号174頁）。これに対して，原判決は，第1審が刃物による刺突行為を殺人の訴因としていることは明確であるが，未発射行為は刃物による殺害行為とはいえない，としているものの，しかしながら，量刑の理由において，未発射行為を，「犯行に際して」としている点を，「殺害行為の一部として評価した」と解釈し，これを「極めて危険性の高い行為」として，殺人未遂の実行行為あるいはこれと同等の訴因類似の重要事実として評価している」のだと解釈するのである[18]。

その上で，本件未発射行為は，犯行に至る過程として記載したものと解することはできず，訴因あるいは訴因類似の重要事実として認定し，「罪となるべき事実」第1に記載したものと解するほかないとし，そうすると，本件未発射行為は訴因として提示していないので，同事実を認定するためには訴因変更手続が必要であったとするのである（刑集68巻4号178～179頁）。

これに対して，本判決（最高裁）は，第1審が「本件未発射事実を住居侵入に及んだ後から被害者に本件刃物で心損傷を負わせるまでの間の一連の事実の中に記載しているなどの判文全体を通覧すると，……訴因外の犯罪事実として……認定したものではなく，住居侵入後の殺害行為に至る経過として

---

[18] 検察官の上告趣旨によれば，第1審の未発射行為の記載は，殺人未遂の訴因としてでなく，殺人の犯行に至る過程の事実を記載したものと理解できるという。その理由は，殺人未遂の訴因であれば，それに不可欠の「殺意をもって」「殺害の目的を遂げなかった」が欠けているので，これを殺人未遂の実行行為の記載と理解するのは不適切であるという（刑集68巻4号754～755頁）。また，未発射行為を第1審は争点④の量刑判断の一要素として評価しているのに，その文脈を考慮せずに「犯行に際し」という言葉のみを殊更重視する点で誤っているとする（刑集68巻4号756頁）。

認定したものと解」した（刑集68巻4号735頁）。最高裁の解釈は自然で無理がないといえよう。

（ⅱ）本件未発射行為は，公判前整理手続においても，公判手続においても争点とされていないが，被告人は引き金を2回引いたこと自体は認めるものの，殺意を否定しており，未発射行為を争っているので，同事実を認定するためには，被告人に防御の機会を与えるため，裁判所において争点顕在化措置をとるべきであったのに，それをせずに同事実を認定したことは訴因類似の重要事実を認定したもので訴訟手続の法令違反に当たると原判決はいう。確かに，公判前整理手続において，本件未発射行為の時点で確定的殺意があったか否かが議論された際，検察官が確実的殺意の有無を争点の細目として加えるよう主張したが，弁護人が，「事実ごとに分解して争点を裁判員に示すことはかえって全体像が理解しづらいのではないかと懸念している」との意見を述べ，結局，この細目は加えられなかった。公判手続においても，被告人から未発射事実自体（の存在）につては異議が出されなかった。さらに，原審の訴訟手続においても，検察官・被告人共に訴訟手続の法令違反を理由には控訴を申し立てておらず，控訴理由中において本件判示部分を問題視する主張をしていない。これらの事実は何を意味するのか。次の二点を指摘しておきたい。

第一点は，公判前（期日間）整理手続において，いかなる主張を争点として整理すべきかである。公判前整理手続は争点と証拠を整理して明確な審理計画を策定して，充実した公判審理を実現するために行われる。そのためには，当事者の主張が対立する場合にその全てを争点とするのではなく，犯罪事実の認定や量刑判断との関係で真に必要な部分の中で争いがある点[19]，

---

(19) 合田・前掲注(7)42頁。また，小川検事は，やや文脈は違うかもしれないが「……経過的な事実は，本来立証の必要はないし，これを証明予定事実として公判前整理に持ち込むことによって，その部分が争点になってしまい，公判前整理手続の遅延の要因になることがあるかも知れません。その意味で，事実の確認にあたって必要のない経過的事実は公判前整理に持ち込むべきではないと思います……」と述べているのも参考になる（吉村＝小川＝岡＝川出＝椎橋・前掲注(7)14頁〔小川発言〕）。

言葉を換えれば，公判審理の枠組みを提示するための確信的な主張上の対立点（判夕1402号65頁）を争点とすべきなのである。この点，第1審は本件未発射行為につて，争点として整理しなかった。その理由は恐らく，本件未発射事実については客観的な事実として当事者間に争いはなく，刺突による殺害行為に至る経過と考えていたからであると推測され，本判決（最高裁）も，第1審が本件未発射行為を住居侵入後の殺害行為に至る経過と認定したものと解釈している。事実関係に争いのない経過的事実を争点として公判前整理手続に持ち込むと争点の拡散，遅延の原因となるおそれがあるため，そうすべきではないことを本判決も確認していると解釈される。

　第二点は，本件未発射行為が争点として整理されなかった場合，当事者が事実上その点を争いたい意見を出していたのに，その点を顕在化する措置をとらないで事実認定をしたとき，不意打ちの違法があると言えるのかの問題がある。判例は，裁判所が争点顕在化措置を採らずに事実認定をした場合に不意打の違法があるとされ得ることを認めている（最（三小）判昭和58・12・13刑集37巻10号1581頁）。しかし，この58年判決の事案と本判決の事案とは異なる。58年判決は，3月12日から14日までの謀議への関与を理由にハイジャックの共謀共同正犯として起訴された被告人につき，第1審は，13日夜の謀議への関与を重視しその刑責を肯定したが，控訴審は，13日夜の被告人のアリバイの成立を認めながら，第1審判決が認定せず控訴審において被告人側が何らの防御を行っていない12日夜の謀議の存否を争点として顕在化させる措置を採ることなく，卒然として，謀議の日を12日夜であると認めてこれに対する被告人の関与を肯定したが，この控訴審の訴訟手続は，被告人に不意打ちを与え違法であるとした。この58年判決は，訴因逸脱認定と紙一重の事案であったともいわれ，訴因逸脱認定とはならないが不意打ちの事実認定として違法とされる場合はあるとの立場に立っているものと解される。58年判決は，13日夜の謀議の存否が最大の争点であり被告人側は，13日夜のアリバイ主張等を行って，13日夜の謀議への被告人の関与を争っていたのである。このような訴訟の経緯に照らすと，控訴審が12日夜の謀議の存否の点を争点として顕在化させることなく，12日夜の謀議の存在を認定したことは，両当

事者の全く予想しないことであり,また,被告人側には防御を尽くす上で難きを強いる結果になると最高裁は判断したものと思われる[20]。

　これに対して,本件の場合,本件未発射事実について争いはなく,けん銃の引き金を引いた時点の確定的殺意の有無に関する主張が対立点として議論されている。この点について主張上の対立があったことは間違いない。本判決が認定したように「第1審の公判手続の経過は,検察官が本件未発射事実の存在を主張したのに対し,特段これに対する異議が出されず,証拠調べでは,被告人質問において上記確定的殺意を否認する供述がなされ,被告人の供述調書抄本の取調べ請求に対し『不同意』等の意見が述べられ,第1審判決中に検察官の主張に沿って本件判示部分が認定されたというものであるから,この主張上の対立点について,主張立証のいずれの面からも実質的な攻撃防御を経ており,公判において争点とされなかったと解すべき理由もない」。さらに,検察官・被告人双方が訴訟手続の法令違反を理由に控訴を申し立てておらず,控訴理由中においても本件判示部分を問題視するような主張をしていない。

　以上の訴訟経緯に照らすと,本件未発射行為は,住居侵入後の殺害行為に至る経過として認定されたものであるから,犯罪事実と量刑に重要な核心的な「争点」として位置づけられてはいないが,他方で,訴訟の各段階において,主張上の対立点として攻撃・防御の対象になっていたことは明らかであるので,この主張上の対立点を争点として提示する措置をとらなかったからといって,そのことが被告人に予想外の不意打ちを与え,その防御権を侵害する違法があったということにはならない。

2　最高裁の広報活動等の充実策

　最高裁は,裁判員制度に対する国民の意識を把握し,今後の施策の参考とするため同制度の運用に関する意識調査を毎年実施し,その結果を公表している。そのアンケート項目に一項目を加えることを決定した[21]。それは,

---

(20)　判タ516号86頁,木谷明・最判解刑昭和58年度472頁以下参照。

国民の裁判員裁判への関心を高め，参加意欲を向上させるために必要なことは何だと思いますか，当てはまるものを，この中から全て挙げて下さい，との質問で，選択肢として，(a)裁判所等による広報やキャンペーン等の啓発活動，(b)勤務先における休暇制度の充実や職場の理解，(c)一時保育・介護サービスの充実，(d)審理日数や評議日数の短縮化，(e)その他，が掲げられている。これは，国民が裁判員に選任されることを阻害する要因を突き止め，参加意欲を高めるためには何が必要かを把握することの参考にするための項目と推測される。

また，最高裁は，制度創設の際は，最高裁をはじめ法曹三者が裁判員裁判を理解して，協力して貰うために厖大なエネルギーを割いて順調なスタートを切ったことを振り返り，今後も，同制度を安定的に運用し着実に根付かせるためには，裁判所が引き続き国民の理解と支持を得ることが必要で，そのためには，各裁判所が，それぞれの地域社会との関係を深めるとともに，地域社会の実情や住民の生活実態に触れ，そこで得た知識や情報を選任手続など今後の裁判員裁判の制度運営に生かしていく息の長い取組をしていくことが重要と考え，その旨を各裁判所に通達を出したのである。このような広報活動等の取組みは，裁判の迅速化・適正化・充実化の取組みと並んで国民の理解と支持を得るために必要な活動として理解できる。

IV　法務省の取組み

1　法務省の法改正への動向

制度創設当初は自白事件が多く，公判期日も短く終了したが，次第に否認事件や複雑困難な事件が増加してくると，事案によっては裁判が長期化することがある。そして，公判期日数が多く，長期にわたるほど選任手続への出席率は低下する傾向がある。また，長い日数がかかる裁判事例では辞退率が高くなる傾向がある。例えば，「首都圏連続不審死事件」（さいたま地判平

---

(21)　最高裁の広報活動等の充実等については裁判所ウェブサイトを参照。

成24・4・13判例集未登載）は職務従事期間が100日，「鳥取連続不審死事件」（鳥取地判平成24・12・4判例集未登載）では75日を要した。裁判員候補者のうち，さいたま地裁の例で77%，鳥取地裁の例で87%が辞退した。これらの事案では，選任された裁判員は忍耐強く，真摯に職務を遂行したが，複数の殺人等から成り，被告人が全面的に否認しているような複雑困難な事件等はこれらの事案より相当長期の審理が予想される。オウム真理教の松本智津夫被告人の裁判のような事案では100日よりはるかに長期の裁判が予想され，裁判員の職務従事期間も間違いなく極端に長くなるが，このような大きな負担を国民に課すことが適当であるかは疑問である。このように裁判が著しく長期に及ぶ事態に際し，国民に裁判員になって貰うことが裁判員法の趣旨から許容されるか自体が問題であると同時に，仮に裁判員裁判で事案を取り扱うこととした場合に，万一呼び出す裁判員候補者が足りなくなったり，辞退が相次ぎ裁判員を確保できない事態になったとすれば裁判員制度の基盤を揺るがしかねないこととなろう。

そこで，裁判員となる国民の負担が過重なものとなるような事態を避けるために，審判に著しい長期間を要する事件等を裁判員制度の対象から除外することを可能とする制度の導入が必要かを中心とした検討が始められた。

2　検討会の審議経過

法務省が設置した「裁判員制度に関する検討会」は，論点整理の後，次の8つの論点について検討を行った。①対象事件の範囲等について，②裁判員等の選任手続について，③公判・公判前整理手続について，④評議，評決について，⑤被害者等に対する配慮のため措置について，⑥上訴について，⑦裁判員等の義務・負担に関わる措置等について，⑧その他について。

これらの論点について3年半余の議論を重ねた結果，検討会は，以下のような結論を出した[22]。順不同に検討内容をみてみよう。

③については，(ア) 迅速かつ充実した分かりやすい審理に関する運用上の

---

(22)　前掲注(2)参照。また，論究ジュリ6号184頁以下参照。

問題について，主張及び証拠の整理等の在り方，審理の長期化防止のための運用上の工夫，公判手続の更新の方法等につき，現状の運用状況につき深刻な問題があるわけではなく，今後もさらに工夫を重ね，適切に対処していく必要があるとの共通認識が得られたほか，(イ)刑事裁判の基本的なルールに関して，冒頭陳述後及び被告人の最終陳述後に説明することを義務づける法改正をするべきとの意見があったが，そのような立法事実は見出し難いとの意見が多かった。また，(ウ)少年が被告人の裁判員裁判においては，公開の停止，被告人の一時退廷を認める規定を設けたり，科学主義の理念を明記すべきとの意見があったが，支持を得られなかった。

④については，裁判員に遠慮なく意見を述べてもらうように，裁判員同士意見を交換し検討を深めたり，裁判官が裁判員と会話の機会を多く持つようにして話し易い雰囲気を作ったり，発言の順序，発言を促す方法等にも配慮をしたり，量刑検索システムの利用の仕方等様々な工夫がなされている運用状況が説明され，この点については特段の問題がないとの共通認識が得られている。

また，被告人に不利な判断をするための評決要件として，裁判員の過半数と裁判官の過半数を求めるべきとの意見が出されたが，それは，裁判所法とは異なる評決要件を定める合理的理由がない，裁判員法の立法案当時否定された考えである，裁判員裁判のみ評決要件が加重されるのは不合理であるとの意見が大勢を占めた。さらに，死刑の言い渡しは全員一致か少なくとも3分の2の特別多数決を必要とすべきとの意見が出されたが，全員一致の要件を課すことは一人の構成員に死刑につき拒否権を与えることになり不合理であり，また，他の事件との関係で裁判の公平性が損なわれる，特別多数決は立案の過程で否定された考え方であり，現時点で立法事実があるかも疑問である等の理由で現行法の評決要件を変更すべきでないとの意見が多数であった。

⑦については，裁判員の負担を軽減するために，常時連絡を受け付けられる連絡先を記載したカードを交付したり，審理，評議の過程で，裁判官が個々の裁判員の様子に目を配り，声がけをしたりして，負担を感じたら申し

出てもらうよう留意したり，裁判終了後，他の裁判員経験者の連絡先を知りたいとの申出があった場合，相手方の了解を得た上で，連絡先を教示したり等運用上の配慮をきめ細かく行っている実情が紹介され，法改正を行うべきとの意見はなかった。

また，裁判員等の負担への対応の在り方に関連して，「メンタルヘルスサポート窓口」の活動内容の説明があり，さらに，その内容につき引き続き，裁判員等に対する周知徹底に努めることが確認された。加えて，裁判員に対する精神的負担を軽減するために，せい惨と思われる証拠の請求があった場合，その証拠が立証上必ず必要なのか，裁判所は両当事者の意見を十分聴いて当該証拠の採否を決め，採用する場合はその取調べの際の配慮の方法を決めていくとの説明がなされた。具体的には，せい惨な写真等を示す場合，裁判員等に事前の注意喚起に努める，カラー写真の代わりに白黒写真，イラスト，CG等を用いるなど裁判員の精神的負担を軽減する工夫が法曹三者によって取組みがなされており，この運用はより一層の努力が求められるとの認識で一致している。

検討会が法制上の措置が必要であるとした項目は以下の通りである。

3　検討会の提言

(1)　対象事件の範囲[23]

公判審理の期間が極めて長期間に及ぶ事案につき，裁判員の負担が過重なものとなる辞退を避ける等の観点から，例外的に裁判官のみに拠る裁判を実施することができることとする制度を導入すべきである。

(2)　裁判員等選任手続

辞退の申出自体が著しく困難である場合，裁判所において，例外的に，そのような候補者に対して呼出状を送付しないという取扱いを可能にする根拠

---

(23)　対象事件の範囲については，渡辺修「裁判員裁判対象事件」刑ジャ39号4頁以下を参照。論者は，裁判員制度は順調に運用され，司法の場に溶け込んでいるとし，裁判員裁判の正常な運用が見込まれない希有の事態に備えて除外事由を立法化すべきとして，取りまとめ報告書の姿勢を妥当と評価している。

規定を設けるとともに，非常事態にあるがために出頭が困難であるといった内容の辞退事由を独立した新しい辞退事由の類型として規定するという法制上の措置を採るべきである。

(3) **被害者等に対する配慮のための措置**

選任手続における被害者等に対する配慮義務を定めるような規定を新設することが望ましい。

4 諮問97号と法制審議会の検討

検討会議の提言を受けて，法務大臣は平成25年10月15日，法制審議会に対して，裁判員の参加する刑事裁判に関する法律の一部改正に関する諮問97号を発した。法制審議会は第170回会議において，この諮問について，刑事法(裁判員制度関係)部会を設けることを決定した。刑事法部会は平成25年12月24日に開催された第1回会議から平成26年6月26日の第5回会議にかけて諮問97号について検討し，要綱(骨子)を決定し，法制審議会に報告することとし，法制審議会は平成26年7月，後記4点につき裁判員法の改正を法務大臣に答申した[24]。

V 裁判員法の改正案

1 裁判員法の改正案の趣旨

裁判員法の改正提案理由は，(1)審判に著しい長期間を要する事件等を裁判員制度の対象事件から除外することを可能とする制度を導入するほか，(2)裁判員等選任手続において犯罪被害者の氏名等の情報を保護するための規定を整備することなどである。改正案の要点は以下の4点である[25]。①審判に要すると見込まれる期間が著しく長期にわたる事件について，例外的に，裁

---

(24) 法制審議会刑事法部会(裁判員制度関係)の審議経過《議事録》については法務省ウェブサイトを参照。http://www.moj.go.jp/shingi1/shingi03500020.html
(25) 「裁判員の参加する刑事裁判に関する法律の一部を改正する法律案関係資料」(法務省)を参照。

判員制度の対象事件から除外し，裁判官だけの合議体で審判を行い得ることとする。②重大な災害により生活基盤に著しい被害を受け，その生活の再建のための用務を行う必要がある裁判員候補者は，裁判員となることについて辞退の申立てをすることができることとする。③著しく異常かつ激甚な非常災害により交通が途絶するなどした地域に住所を有する裁判員候補者又は選任予定裁判員については，裁判員等選任手続への呼出しをしないことができることとする。④裁判官等は，裁判員候補者に対し，正当な理由がなく，被害者特定事項を明らかにしてはならないこととするとともに，裁判員候補者又は裁判員候補者であった者は，裁判員等選任手続において知った被害者特定事項を公にしてはならないこととする。

2 著しく長期にわたる審判を要する事件等の対象事件からの除外

(1) 除外決定の手続の趣旨

審判の期間が著しく長期にわたる事案等においては裁判員の負担が過重となり，また，一般の国民が幅広く裁判員となることが困難となり，さらに，裁判員候補者が相次いで辞退するなどして裁判員等の選任が困難に陥る場合には被告人の迅速な裁判を受ける利益を損なうことにもなり，この事態は裁判員制度の趣旨にも反することになるので，審判に要する期間が著しく長期にわたる事案では，例外的に，裁判官のみの合議体で審判を行うことを可能とする規定を設けるものである。

改正案要綱によれば，地方裁判所は，後記のいずれかに該当するときは，両当事者の請求により又は職権で，裁判員対象事件を裁判官の合議体で扱う決定をしなければならない（第一の一）。また，対象事件を裁判官の合議体で審判するか否かの決定（除外決定又は除外請求を却下する決定）は，合議体の構成に関わる重大な決定であるため，合議体でしなければならず，また，当該事件の審判に関与している裁判官が裁判員の関与を回避したのではないかとの疑念を避けるため，その裁判官は決定に関与することができない（第一の二）。さらに，当該決定に当たっては，予め両当事者の意見を聴かなければならず（第一の三），また，公判前整理手続における争点及び証拠の整

理の状況や公判審理の経過を熟知している受訴裁判所の裁判長の意見を聴くことを義務づけている（第一の四）。加えて，当該決定に関しては刑事訴訟法上の事実の取調べに関する規定などが準用され，また，当該決定に対しては即時抗告をすることができる（第一の五, 六）。

(2) **除外決定される場合**

対象事件が裁判員裁判から除外される要件は，まず，「公判前整理手続による当該事件の争点及び証拠の整理を経た場合であって，審理に要すると見込まれる期間が著しく長期にわたること又は裁判員が出頭しなければならないと見込まれる公判期日若しくは公判準備が著しく多数に上ることを回避することができないときにおいて，他の事件における裁判員の選任又は解任又は解任の状況，第二十七条第一項に規定する裁判員等選任手続の経過その他の事情を考慮し，裁判員の選任が困難であり又は審判に要すると見込まれる期間の終了に至るまで裁判員の職務の遂行を確保することが困難であると認めるとき」に該当する場合である。

(3) **立法の必要性（立法事実はあるのか）**

改正案に対して寄せられた疑問・批判はまず，改正案には立法事実があるのか，立法措置をするだけの必要性があるのかであり，又，除外決定をする前に，他に様々な努力をして審理期間の短縮を図るべきではないかとの意見であった[26]。すなわち，さいたま地裁の殺人等被告事件では，職務従事期間100日，公判期日36回，また，鳥取地裁の強盗殺人等被告事件では，職務従事期間75日，公判期日20回などの長期かつ多数回の審理が予定される事件については，①公判前整理手続で争点と証拠を整理する，②区分審理制度を活用する，③弁論を併合しないことや弁論の分離を検討する，④量刑結果に差がない場合には検察官の訴追裁量で訴因を絞る，などの手段を採って審理期間の短縮を図るべきで，それらの手段を採る前に除外決定をすることは適当ではないというのである。

これらの意見は傾聴に値するものである。しかし，法制審刑事法部会は，

---

[26] 例えば，第２回会議議事録７〜９頁〔香川徹也委員発言〕等を参照。

V 裁判員法の改正案

これらの意見を相当に取り入れつつも，改正案を採用するとの結論に至ったのである。すなわち，公判前整理手続において争点と証拠を厳選するという努力は現にしており，また，今後も一層その努力をしなければならないとの認識は共有しつつ，必要最小限に厳選された証拠だけでも厖大なものとなり，長期又は多数の審理とならざるを得ない場合があり得る。また，区分審理の活用も，犯罪の証明に支障を生じたり，被告人の防御に不利益を生ずるおそれがある場合などには区分審理決定ができない（裁判員法71条1項但書）との限界がある[27]。さらに，量刑結果にほとんど差異がないという理由で，被害者が多数に上る大量殺人事件において，検察官の訴追裁量により一部の被害者についてのみ訴追するということは，真相の解明義務や被害者遺族の心情の観点からは妥当でない等との反論があるが[28]，それらの見解には説得力があるといえよう。

　また，前述のさいたま地裁の100日裁判や鳥取地裁の75日裁判が裁判員の職務への誠実さ・熱心さで支障なく終了したことは事実であるが，将来それらの事件を大きく超える審理期間を要する事案が発生する可能性を否定することはできない。松本サリン事件，地下鉄サリン事件を含むオウム真理教の信者が犯した大量の殺傷事件は現実に発生した事件であり，その主犯格である松本智津男被告人等の裁判を考えた場合，その予想される審理の期間は100日裁判を遙かに凌ぐことは間違いなく，裁判員裁判で終結にまで至ることは裁判員には耐えがたいであろう。その他，テロによる大量殺傷事件が発生する可能性もないとは断言できない。稀有であろうが，そのような事件が万一発生した場合に，裁判員の選任ができない，あるいは，当初は選任できたが審理の途中で裁判員の員数が不足し，補充もできず，結局，審理が不可能になったという事態が発生することは刑事司法制度として許されないことである[29]。その様な場合，超法規的措置として法に規定のない方法を採っ

---
(27)　第2回会議議事録1～5頁〔東山太郎幹事発言〕参照。また，大澤裕，小木曽綾各委員，佐藤隆之幹事等の発言参照。
(28)　第2回議事録9頁〔大谷晃大委員発言〕などを参照。

て裁判を行うことも許されることではない。稀有な事案であっても可能性のある事態に備えて立法による措置を講じておくことは法の支配の下にある国家としては必要かつ根拠のある責務であるといえよう。

そこで，100日裁判を滞りなく実施したという実績を持ち，また，現に相当長期の審理を要する事件を間近に控えているという現状の中では，そのことを踏まえた上での規定が求められるのである。

除外決定の要件について，改正案の要綱の文言との関係でみてみよう。迅速な裁判を行うための諸方策を尽くしたけれども，やむを得ず著しく長期・多数回の審理を行わざるを得なくなった場合に，言葉を換えれば，合理的な範囲で選任手続を行っても必要な員数の裁判官等の選任ができなかったときに除外決定がなされる。その意味を法文上は「公判前整理手続における当該事件の争点及び証拠の整理を経た場合であって」（第一の一の1），また，長期・多数回の審判となることを「回避することができない」（第一の一の1及び2），と表現している（第4回議事録2頁）。公判前整理手続が終了することまでは必要ないが，予定される審理期間等が概ね明らかとなったことを前提に審理予定が策定された段階で除外決定が可能となると考えられている。

次に，裁判員等の選任は可能で公判は開始できても，判決に至るまで職務を遂行することが困難なことが見込まれる場合にも除外決定は可能である。当該事件とは別の長期に及んだ過去の事件において，裁判員の解任が相次いだ事件と解任の理由が相当に共通すると予想されるような場合が考えられ，これを改正案では「審判に要すると見込まれる期間の終了に至るまで裁判員の職務の遂行を確保することが困難であると認めるとき」と表現している。

他方，およそ裁判員の選任又は職務の遂行を確保することが困難であることが予め十分に予測される場合には，過去の裁判員の選任又は解任の状況に照らし，裁判員等選任手続を行わずに，除外決定をすることが可能である。

---

(29) 審理が著しく長期に及ぶ事案について，例外的に裁判官のみによる裁判を認めてよいとする意見には，万一の場合に備えた安全装置として規定しておくのだという考え方で，この考え方は多くの委員に共有されている。例えば，第1回議事録19頁〔大澤委員発言〕，第5回議事録2頁〔小木曽委員発言〕等。

V 裁判員法の改正案

しかし，およそ裁判員の選任又は職務の執行の確保が困難であるとの判断には至らない場合に，必要な裁判員等の選任ができたときは，その後の職務の執行が遂行できなくなるかもしれないとの見込がある程度では除外決定を行うことは想定されていない（第4回議事録3頁〔東山幹事発言〕）。75日裁判，100日裁判を支障なく終了したという実績を尊重して，裁判員等選任手続を行わず除外決定をすることに慎重さを求めた趣旨である。

「著しく長期にわたる」とはどの位の期間であろうか。まず，75日裁判や100日裁判と同程度の長期・多数の審理期日を要する事件がこれに該らないことは検討会・法制審刑事法部会を通じて共通した認識であった。検討会では「複数の殺人等から成り，被告人が全面的に否認しているような一層複雑困難な事案」，「訴訟関係人が手段を尽くしても，著しく長い公判審理期間が見込まれる事件」，「数年に一度あるかどうかというレベルで，裁判員がどのように頑張っても裁判に関与し続けることが無理な事案」等が例示され，法制審刑事法部会では，除外対象として想定される一例として，特定の団体の主宰者である被告人が配下の共犯者等に命じて，無差別の大量殺傷事件を起こし，関与した共犯者やその関与形態がそれぞれ異なる事案で，審理に1年，評議に4ヶ月，公判期日が200回必要となる仮定の事案が紹介されている（第2回議事録2頁以下〔東山幹事発言〕）。また，事務当局から三つのシミュレーションが提供され議論がされた。一つの考え方は，さいたま地裁の事案（公判期日が36日，実審理期間が95日，職務従事期間が100日）を超える事案（公判期日が概ね50回程度，審判に要する期間が120日程度（約4ヶ月以上，内訳は審理期間が3ヶ月，評議期間が1ヶ月程度）を著しく長期の事件とする。その理由は，さいたま地裁の事件では，出席率が18.5％，辞退率が77.3％また，鳥取地裁の事件では，出席率が7.9％，辞退率が86.6％であったところから，職務従事期間が100日や75日に及ぶ事案は，国民にとって負担という観点からは限界であったのではないというのである。第二の考え方は，審判に要する期間を半年とする（審理期間が4ヶ月，評議期間が2ヶ月程度，60～70回程度の公判期日）。その理由は，さらなる負担の増加により出席率は更に低下し，辞退率は更に高くなることが予想され，また，半年の中には繁忙期が存

在することが多いと思われ，さらに，検察審査員の任期も半年とされていることなどである。第三の考え方は，審判に要する期間を1年以上とする（審理期間が8ヶ月，評議期間が4ヶ月程度，概ね百数十回程度の公判期日）。その理由は，国民の多くに繁忙期が必ずあるなど1年を通じて裁判員等としての職務を全うすることが通常困難であること，また，辞退者が多く予想されるだけでなく，選任後，当初予想できなかった事情を理由に辞任に至る場合も多くなると予想されること，さらに，1年ごとに調整する裁判員候補者名簿を1年以上先の状況を見通して作成するのは困難であることが掲げられている（第3回議事録17～20頁〔東山幹事発言〕）。

　これらの三つの考え方につき，刑事法部会において議論がなされたが，特に第三の考え方に対しては反論はなかったと思われる。問題は，実績のある100日裁判と1年（第三の考え方）との間のどの辺を「著しく長期」と考えるかであった（第4回議事録25頁〔井上正仁座長発言〕）。ただ，三つの考え方に現れた客観的な数字は国民の負担を考える場合にはイメージし易く，「著しく長期」の判断をする上でも参考となる有益な資料であるが，極端な事例を除いては，この数字（期間）だけで具体的な基準を示すことは困難と思われた。そこで，考えられる「著しく長期」の判断の運用としては，裁判員制度の施行後，現在までに生じたことがない審理期間や公判期日等の回数を要するもので（100日以上，36回以上），裁判員裁判で審理することが現実に極めて困難であると判断された事案を除外決定するという方式すなわち，大まかな審理期間・公判回数を一応の目安としつつ，個別の事案に即して除外判断するということになるものと思われる。

　なお，「著しく長期な」裁判から裁判員を除外することは，裁判員の過重負担を回避することになり，また，著しく長期な審理が見込まれる事件で除外決定をしなかった場合に，当然見込まれる長期・多数回の審理に加えて，出席率の極度の低下，辞退の繰り返し，更新手続に長期を要すること等により，迅速な裁判が実現しない事態になることを避けることができる。さらに，辞退を繰り返した後残った裁判員に構成の偏りがあることの可能性を防止することもできる。もちろん，現在でも深刻な人種問題を抱えるアメリカ

V 裁判員法の改正案

合衆国においては，陪審が国民の各階層から公正に選出された構成になっていなければならないとの要請が重要であるのに対して，わが国においては，長期の裁判のため選出される裁判員に偏りが生じ，それが公平な裁判を受ける権利の内容である裁判体の公正さの要請に違反するとの事態になることは当面は想像しがたい。しかし，国民の各階層からバランスよく選出された裁判員が裁判体を構成することは望ましい在り方であるので，著しく長期の裁判となるため，例えば，職業を持っている一定の年齢層の候補者等の辞退が極端に多くなるような事態は避けるべきであろう。

3 災害時における辞退事由の追加と呼出しをしない措置
(1) 重大な災害時における辞退事由の追加

辞退事由を規定する裁判員法第16条8号には「その他政令で定めるやむを得ない事由」があり，この規定により，重大な災害に遭った者が，「裁判員の職務を行うこと又は裁判員候補者として裁判員等選任手続期日に出頭することが困難な者」として，現行法上も辞退の申立をすることはでき，その申立は当然に認められよう。しかし，東日本大震災の経験に照らせば，重大な災害により生活基盤に著しい被害を受け，その生活の再建のための用務を行う必要がある者については，そのこと自体を根拠に辞退が認められるのが相当である。そこで，裁判員法第16条の8に，重大な災害の被災者が裁判員となることを辞退できる事由として明文をもって追加することとしたものである。被災者に過重な負担を掛けないために必要な措置と考えられる。

(2) 非常災害時における呼出をしない措置

裁判所は，原則として，裁判員等選任手続期日に裁判員候補者を呼び出さなければならない（27条）。しかし，著しく異常かつ激甚な非常災害により，郵便物の配達若しくは収集が極めて困難である地域又は交通が途絶し若しくは交通が遮断された地域に住所を有する者は，裁判の職務を行ったり，裁判員等選任手続期日に出頭することが明らかに困難であるだけでなく，辞退の申立てを行うこと自体も困難である。東日本大震災の経験に照らせば以上のことは明らかであり，このような者に呼出しの措置（過料の制裁を伴う出頭

義務がある）を採ることは問題であり，被災者に過度の負担を強いるものである。裁判所も，仙台地裁本庁，福島地裁本庁，福島地裁郡山支部，盛岡地裁本庁の裁判体において，東日本大震災の被災地域の候補者に過重な負担を回避させるとの配慮の下，呼出状の送達又は質問票の返送が困難，あるいは選任期日に出頭することが困難と認められる地域の裁判員候補者には呼出状を送らない措置を採った。ところが，被災地の弁護士会の中から，呼出状を送らない措置を採ることは法律上の根拠がない，また，参加可能な候補者が裁判員となる機会を失うとの懸念が示された[30]。さらに，検討会や法制審刑事法部会でも同趣旨の意見があったほかに，裁判員となることは義務でもあるが権利でもあるので，権利を行使せずに辞退するか否かは候補者に任せるべきであるという見解も出された[31]。しかし，制度創設の経緯に照らすと，裁判員の職務を果たすことは権利ではなく，制度の要請する義務と捉えられていた。また，激甚な災害を受け，郵便の集配も困難で，交通も遮断された地域の住民に呼出しをすること自体が制度への不信や反感を生む結果となるおそれがあり，適切とは思われない。また，裁判員法は欠格事由等がある者以外の裁判員候補者には原則として呼出しをしなければならないとの規定振りであるので，明文をもって呼出しをしないこととする必要がある。従って，著しく異常かつ激甚な非常災害で交通が途絶するなどした地域に住所を有する裁判員候補者には呼出しをしないことができる規定を設けることは合理的かつ適切である。

4　裁判員等選任手続での被害者特定事項の保護[32]

　裁判員法改正案は，裁判員選任手続においても被害者特定事項の決定がされた事件における被害者等の身体・財産の安全とプライバシーを保護するこ

---

(30)　読売新聞2011年4月16日朝刊，日本経済新聞2011年5月21日朝刊等。
(31)　第3回会議議事録2頁〔前田裕司委員発言〕。もっとも，前田委員は改正案には賛成している。
(32)　宇藤崇「被害者等に対する配慮のための措置について」刑ジャ39号18頁以下，駒田秀和「被害者特定事項秘匿決定がなされた事件に関する裁判員等選任手続についての若干の覚書」植村退官(3)73頁以下等参照。

V　裁判員法の改正案

とを目的に33条の2を新設するものである。要綱案によれば，裁判官，検察官，被告人及び弁護人は，刑訴法290条の2第1項又は第3項の決定があった事件の裁判員等選任手続においては，裁判員候補者に対し，正当な理由がなく，被害者特定事項（氏名及び住所その他の当該事件の被害者を特定させることとなる事項）を明らかにしてはならない（第四の一）。また，裁判長は第四の一の裁判員等選任手続において裁判員候補者に対して被害者特定事項が明らかにされた場合には，当該裁判員候補者に対し，当該被害者特定事項を公にしてはならない旨を告知する（第四の二）。更に，この告知を受けた裁判員候補者又は当該裁判員候補者であった者は，裁判員等選任手続において知った被害者特定事項を公にしてはならない（第四の三）。なお，これらの規定に違反した場合について罰則は設けられていない。

　裁判員候補者等に義務が課せられる対象事件は被害者特定事項の秘匿決定がなされた事件（刑訴法290条の2第1項，3項）に限定されている。同条項によれば，裁判所は，性犯罪に係わる事件の他，犯行の態様，被害状況その他の事情により被害者やその親族を加害・畏怖・困惑させるおそれがある事件において，検察官及び被告人又は弁護人の意見を聴き，相当と認めるときは，被害者特定事項を公開の法廷で明らかにしない旨の決定をすることができる。この規定により，被害者の氏名等が公開の法廷で明らかにされることを防止し，被害者の名誉やプライバシーが保護されることを確実にしている。しかし，この規定は裁判員等選任手続には適用されないため，同手続において被害者等を保護する明文の法的根拠は存在しないのが現状である。

　一方で，裁判員等選任手続においては，裁判員候補が不適格事由に該当するか不公平な裁判をするおそれがないか等を判断するために，被害者特定事項を明らかにしなければならない場合があることが法律上予定されている。裁判員候補者は被害者特定事項を知る可能性があるのである。

　この点，裁判実務は，被害者の特定事項が分からないような慎重な運用をしてきており，氏名が出るようなことはまずなく，氏名以外の特定事項についても大きな支障なく5年間運用されてきたといわれている（第1回議事録19〜21頁〔今崎幸彦委員発言〕，第4回議事録12〜13頁〔合田悦三委員発言〕等）。

53

そして，今後もこのような被害者のプライバシーを配慮した慎重な運用を裁判所はとり続けるものと思われる。とはいえ，裁判員等選任手続において被害者特定事項がおよそ出てこないとは誰も断言できない。被害者特定事項が出てくる可能性は理論的にも事実上も可能性としては存在するのである。慎重な実務の運用を尊重しつつ，考え得る可能な場合に備えて，運用に明文で法律上の根拠と指針を与えるとともに統一的な法運用を保障することにもなるという観点から（第3回議事録3頁〔東山幹事発言〕）改正案は支持できよう[33]。なお，罰則付きの守秘義務が課されている裁判員及び補充裁判員は，宣誓の上，審理・評議に参加し，非常勤の裁判所職員の地位を有している。これに対して，裁判員候補者は裁判員等選任期日に出頭する義務のみ課されている。両者の役割・任務の内容・程度の違いに照らせば，裁判員候補者が被害者特定事項を公にしてはならない義務に違反した場合に罰則規定を設けないことには合理性がある。

（しいばし・たかゆき）

---

[33] この論点については，理由は少しずつ異なるものの，賛成意見が多数を占めた。例えば，第3回議事録4～5頁〔和氣みち子委員発言〕，第3回議事録5頁〔露木康浩幹事発言〕，第3回議事録5～6頁〔大谷委員発言〕，第3回議事録7頁〔大澤委員発言，佐藤幹事発言〕，第4回議事録12頁〔小木曽委員発言〕等。

裁判員裁判における
公判前整理手続の運用

高知地方・家庭裁判所長・判事　朝山　芳史

Ⅰ　はじめに
Ⅱ　公判前整理手続の概観
Ⅲ　公判前整理手続の合理的な進行
Ⅳ　争点整理・証拠整理の在り方
Ⅴ　結　語

Ⅰ　はじめに

　裁判員裁判において，事件は，必要的に公判前整理手続に付される（裁判員法49条）。これは，国民の中から選ばれた裁判員が審理・判決に参加するためには，その負担を可及的に少なくし，審理を理解しやすいものとする必要があることから，整理された争点について，厳選された証拠の取調べを行い，充実した審理を計画的かつ連日的に行う必要があるという要請に基づくものである。

　裁判員裁判は，一般に，起訴後直ちに公判前整理手続に付され，数回の整理手続期日を経て，それが終結すると，数週間後には，裁判員の選任手続期日が行われ，連日的に公判期日が開かれて結審した後，評議を経て，日を置かずに判決が言い渡される。したがって，第1回公判期日後判決までの期間

が極めて短く，起訴後の審理期間の大半は，公判前整理手続に費やされる。このように，公判前整理手続の期間の長短が審理期間を左右するばかりでなく，公判でどのような争点をめぐって審理が行われ，どのような証拠が取り調べられるかは，公判前整理手続において決定されるので，公判前整理手続は，裁判員裁判の公判審理のみならず，評議の帰趨をも左右する極めて重要な意義を有している。

　裁判員裁判は，実施後5年間を経て，様々な課題が顕在化しているが，とりわけそれが集中しているのが，公判前整理手続である。本稿では，裁判員裁判における公判前整理手続を概観した上，現在提起されている諸問題のうち，手続の合理的な進行と，争点整理及び証拠整理の在り方を中心に，実務上の課題に検討を加えたい[1]。

II　公判前整理手続の概観

1　被告事件が公判前整理手続に付されると，概ね以下のとおり進行する。①検察官は，期限内に証明予定事実記載書面を裁判所に提出し，弁護人に送付する（刑訴法316条の13第1項）。②検察官は，証拠調べの請求をする（同条2項）とともに，請求証拠を弁護人に開示する（刑訴法316条の14）。③弁護人は，検察官の請求証拠の信用性を判断するため，類型証拠の開示を請求し，検察官は，これに該当する証拠を弁護人に開示する（刑訴法316条の15）。④弁護人は，検察官の請求証拠に対する意見を明らかにする（刑訴法316条の16）。⑤弁護人は，裁判所及び検察官に対し，公判で予定している事実上及び法律上の主張を明らかにする（刑訴法316条の17第1項）。⑥弁護人は，証拠調べの請求をし（刑訴法316条の17第2項），これを検察官に開示する（刑訴法316条の18）。⑦検察官は，これに対する意見を明らかにする（刑訴法316条の19）。⑧弁護人は，予定主張に関連する証拠について，検察官に

（1）　本稿全般に関するテーマを扱った論考として，杉田宗久「裁判員裁判の公判前整理手続に関する今日的課題」（杉田・理論と実践55頁以下所収）参照。

開示を請求し，検察官は，これに該当する証拠を弁護人に開示する（刑訴法316条の20）。⑨検察官は，証明予定事実の追加又は変更をする必要が生じたときは，その旨の証明予定事実の記載書面を裁判所に提出し，弁護人に送付する（刑訴法316条の21第1項）。⑩弁護人も，予定主張の追加又は変更をする必要が生じたときは，その旨の予定主張を，裁判所及び検察官に対し明らかにする（刑訴法316条の22第1項）。⑪裁判所は，公判前整理手続を終了するに当たり，検察官及び弁護人との間で，事件の争点及び証拠整理の結果を確認する（刑訴法316条の24）。

このように，公判前整理手続は，当事者の主張に，証拠調べ請求及びこれに対する意見，証拠開示が組み合わされ，段階的，発展的に進行する点に特徴がある。

2 被告人・弁護人の主張明示義務（刑訴法316条の17第1項）については，被告人の黙秘権を侵害し，違憲であるとの見解もあった。しかし，主張明示義務は，被告人又は弁護人に公判で予定する主張があるときには，公判前整理手続において明らかにし，証拠の取調べを請求するよう義務付けたにすぎず，被告人に対し自己に不利益な供述を強要するものではないから，憲法38条1項違反の主張は前提を欠くという判例が出され[2]，この問題は，実務上決着した。

3 公判前整理手続の導入に当たり，弁護士の間から要望の強かった検察官の手持ち証拠の全面開示は，採用されなかったが，請求証拠，類型証拠，主張関連証拠という3段階の証拠開示の制度が設けられた。これにより，従来の訴訟指揮権に基づく証拠開示命令[3]の運用と比べて，弁護人に開示される検察官の手持ち証拠の量は，飛躍的に増大した。弁護人は，これらの証拠開示手続を活用すれば，弁護活動上必要な証拠をほとんど入手することが可

（2） 最（一小）決平成25・3・18刑集67巻3号325頁。
（3） 最（二小）決昭和44・4・25刑集23巻4号248頁参照。

能になったといえよう[4]。

4　公判前整理手続に付された事件においては，整理手続の終結後は，やむを得ない事由がない限り，新たな証拠調べの請求ができない（刑訴法316条の32第1項）。この規定は，公判前整理手続における証拠整理の実効性を確保するため，設けられたものである。公判前整理手続が導入される前は，争点整理及び証拠整理のために準備手続の制度（平成17年最高裁規則10号による改正前の刑訴規194条以下）があり，証拠開示の制度を除き，ほぼ現在の期日間整理手続に相当する手続が定められていた。しかし，主張の変更や証拠調べ請求を制限する規定がなかったため，準備手続の終了後も，主張の変更や新たな証拠調べ請求が制限されず，証拠整理等の実効性が担保されなかった。このため，準備手続は，租税事件等一部の事件を除き，活用されなかった。このような準備手続制度の失敗に鑑み，公判前整理手続には，証拠調べ請求の制限が設けられている。もっとも，公判前整理手続を経た事件においても，その後の主張の変更は制限されていない。これは，被告人が公判前整理手続においてしなかった主張を，公判段階でし始めたような場合に，これを制限するのが適当でないことから，制限を設けなかったもので[5]，被告人・弁護人が公判で主張を変更しても，新たな証拠調べの請求が制限されることから，変更後の主張は，証拠の裏付けを欠くものとならざるを得ない。したがって，やむを得ない事由がない限り，主張の変更も，事実上制限されることになる。

5　整理手続期日に検察官及び弁護人の出席は必要的であるが（刑訴法316条の7），被告人の出席は必要ではない。これは，公判前整理手続が基本

---

(4)　公判前整理手続の導入後の証拠開示の判例の動向については，紙数の関係で割愛せざるを得ない。酒巻匡編著『刑事証拠開示の理論と実務』（2009年，判例タイムズ社）を参照されたい。
(5)　辻裕教「刑事訴訟法等の一部を改正する法律（平成16年法律第62号）について(2)」曹時57巻8号114頁。

的に法曹三者による意見交換を通じて争点整理及び証拠整理を行う手続であることによるものである。もっとも，被告人は，刑事手続の当事者であるから，整理手続期日への出席の権利が認められている（刑訴法316条の8第1項）。被告人の整理手続期日への出席の当否は，被告人の意向や被告人と弁護人との信頼関係に応じて，個別に判断されるべきである。しかし，公判前整理手続の終了に至るまで被告人が一度も整理手続期日に出席しないと，被告人の関与しないところで公判審理の内容が決められることになるので，手続的保障の点で問題があろう。したがって，裁判所としては，少なくとも，事件の争点及び証拠の整理の結果を確認する整理手続期日には，被告人の出頭を求め（同条2項），整理の結果に異議がないか，被告人の意思を確認するのが相当である。特に，弁護人が公訴事実を争っていない場合には，その必要性が高いと思われる。

6 証拠能力に争いのある証拠の採否については，公判前整理手続において決定すべきであるという見解[6]と，公判で決定すべきであるという見解[7]との対立がある。前者は，裁判員が証拠能力のない証拠から心証を形成するのを阻止しようとするものであり，後者は，公判中心主義を根拠とするものである。実況見分調書等の伝聞例外の証拠能力が争われた場合に，公判前整理手続で作成者の証人尋問を行って採否を決定し得ることに異論はないが，この種の書面について作成の真正のみが争われるということは，ほとんど考え難いから，結局，内容の信用性をめぐって，公判で作成者の証人尋問を行わざるを得ないであろう。他方，任意性に争いのある自白等の採否は，ほとんどの場合，公判で決定されていると思われる。これは，任意性の判断の資料となる事情が信用性の判断の資料ともなり得ることを根拠とするものである。前者の見解が危惧する点は，多くの場合，裁判官が裁判員に説明することにより回避し得るものと思われる。なお，科学的証拠については，公判前

（6） 後藤昭「公判前整理手続と公判審理の関係」刑雑51巻3号341頁。
（7） 杉田・前掲注(1)77頁。

整理手続において採否を決定すべきであるとする見解もある[8]。

III 公判前整理手続の合理的な進行

1 公判前整理手続は，前述のとおり段階的に進行する手続であり，主として，租税事件や経済事件等の争点が複雑で証拠の量が膨大な事件を念頭に置いて，制度設計されたものといえる。しかし，裁判員裁判の対象事件は，必ずしも複雑困難な事件ばかりでなく，一過性の強制わいせつ致傷や強盗致傷等，比較的単純な事案も少なくない。これらの事案は，争点が多岐にわたることは想定し難く，上記のような重装備の公判前整理手続をそのまま適用することには違和感がある。あえて言えば，この種の事案では，手続をショートカットする運用上の工夫が求められよう。

以下，主として自白事件を念頭に置いて，公判前整理手続の合理的な進行を図るための運用上の方策について検討する。

2 最高裁が裁判員裁判の施行後3年間の実施状況をまとめた検証報告書によれば，自白事件，否認事件を問わず，公判前整理手続期間が裁判官裁判の時代と比べ，長期化しているとされる[9]。すなわち,自白事件については,裁判官裁判の時代（平成18年から平成20年までの公判前整理手続に付された裁判員裁判対象事件の統計）には,平均審理期間が5.3月,平均公判前整理手続期間が2.4月であったのに対し，裁判員裁判の施行後の3年間では，平均審理期間が7.2月，平均公判前整理手続期間が4.7月[10]となっている。上記の自白事件のうち，鑑定や追起訴等の長期化の要因のある事件を除き，審理日数が4日以内の事件をみると，審理期間が120日以下の事件が16.2％にとどま

---

(8) 成瀬剛「科学的証拠の許容性（5・完）」法協130巻5号29頁。
(9) 検証報告書10頁。
(10) ちなみに，平成26年1月末までの速報値による累計では，平均審理期間が7.2月，平均公判前整理手続期間が5.0月と，3年間の累計とほとんど変化が見られない（裁判所ウェブサイトによる。）。

Ⅲ 公判前整理手続の合理的な進行

るのに対し，181日以上の事件が29.4％に上っている[11]。

　裁判員裁判の対象事件で，追起訴等のない自白事件は，公判前整理手続の施行前は，一般的に，3か月以内か，遅くとも4か月以内には判決が言い渡されていたと思われる。裁判員裁判の施行後は，呼出状の発送から選任手続期日までに6週間を置く必要がある（裁判員規19条）ことや，連日的開廷を確保する必要があることなどを考慮しても，自白事件では，起訴後4か月以内に終局することが可能であり，これを目標とすべきであろう。しかしながら，実際にこの目標をクリアしたのは，上記のとおり，全体の2割を下回っている。他方，長期化の要因のない自白事件の3割近くが審理に半年以上を要している事態は，改善を要するといえよう。

　検証報告書によると，鑑定や追起訴等を含む事件を除き，審理日数が4日以内の自白事件について，公判前整理手続の段階ごとに，裁判員裁判の施行後3年間の平均をみると，(a)起訴から検察官の証明予定事実の提出・証拠調べ請求までの期間が19.4日，(b)その後弁護人の予定主張の明示までの期間が36.7日，(c)その後公判期日の指定までの期間が40.5日，(d)その後第1回公判期日までの期間が62.1日となっている。手続の迅速化を目指す余り，当事者が準備不足に陥ったり，当事者との信頼関係が損なわれたりすることは，避けなければならないが，公判前整理手続の各段階の手続が合理的な期間内に行われることが肝要である。もっとも，整理手続期間がトータルとして合理的な範囲に収まっていれば，各段階の期間の長短には，それほど神経質になる必要はないと思われる。

3　(a)の検察官の証明予定事実等の提出までの期間は，2週間程度とする運用がほぼ定着しており，複雑な事案においては，3週間程度とする例も見受けられる。

　この期間内に，裁判所，検察官及び弁護人が打合せを行うという運用も広く行われている。これは，正式の整理手続期日ではなく，一種の事前準備と

---

(11)　検証報告書図表24参照。

しての打合せ（刑訴規則178条の10）に相当するものである。この席では，①国選弁護人が１人の場合に，複数の国選弁護人の選任の上申，②検察官に対し，請求証拠と併せて被告人の供述調書等，類型証拠に該当することが明らかな書面（以下，「主要な類型証拠」という。）を任意に開示するよう促すこと，③後述の人証化について，当事者に協力を求めることなどが行われている。さらに，裁判員裁判対象事件では，弁護人が被疑者段階から選任されている場合が多いので，弁護人からおおよその弁護方針を聴取することも行われている。この段階では，検察官の証明予定事実の提出も，請求証拠の開示も行われていないので，弁護人に予定主張を先取りした形で弁護方針を尋ねることは適当でないが，公訴事実に争いがあるのかどうか，争う場合には，どのあたりが争点となるのか，といった程度の見通しを聴くことは許されよう[12]。この程度の情報交換によっても，検察官は，証明予定事実でどの点に力を入れるべきか，請求証拠や任意に開示する類型証拠をどの範囲にすべきかの見通しを得ることができる。また，裁判所と当事者が意見交換をすることにより，事件に対する見方やスケジュール観を共有できるので，その後の手続の円滑な進行を図る上でも有益である。

　4　(b)の弁護人の予定主張までの期間は，平均36.7日を要しているが，これは，短縮することが可能であり，現に短縮の傾向にあると思われる。裁判員裁判の施行当初は，弁護人から活発に証拠開示の請求が行われ，検察官が証拠開示に関し厳格な姿勢を取っていたため，裁定請求（刑訴法316条の26）に持ち込まれるケースが少なくなかった。他方，法が予定している類型証拠の開示手続をそのまま実践すると，両当事者には多大な労力と時間が掛かることが避けられない。しかし，このような手続によるまでもなく，検察官が請求証拠の開示と併せて主要な類型証拠を任意に開示し，弁護人が不足していると考える類型証拠の任意開示を検察官に求めれば，そのような労力と時間を掛けることなく，目的を達成することができる。このため，現在では，

---

(12)　杉田・前掲注(1)59頁参照。

III 公判前整理手続の合理的な進行

上記のような任意開示の運用が定着しており，類型証拠の開示をめぐる紛議は大幅に減少している。

　裁判員裁判の施行当初，弁護人の中には，大量の類型証拠の開示請求をし，刑訴法316条の17第1項の規定を根拠に，この問題が決着するまでは，予定主張や検察官の請求証拠に対する意見を一切明らかにしないという方針を採る者が少なからずいた。自白事件であっても，弁護人がこのような方針を貫くと，公判前整理手続の段階的構造が災いして，手続が停滞することは避けられない。こうした事態が，時間の経過による証人の記憶の減退や被告人の未決勾留の長期化をもたらし，適正で迅速な裁判の実現を妨げることは明らかであろう。さすがに，現在では，このような硬直化した方針を採る弁護人は少なくなっており，この問題はほぼ解消しつつあるといえよう。裁判員裁判の公判前整理手続においては，両当事者の信頼関係に基づく協働作業が不可欠であって（刑訴法316条の3第2項参照），両当事者の疑心暗鬼に基づく過剰な攻撃防御は，手続の停滞を招き，不毛な結果をもたらす以外の何物でもない。

　公判前整理手続の進行に伴って当事者が主張を変更ないし補充することは，前述のとおり，法が予定しているから，弁護人は，最初から変更の余地のない予定主張を提出することは求められていない。弁護人の中には，公判前整理手続において主張を変更することが，主張に一貫性がないとして，被告人に不利に働くのではないかと懸念する者もいるようである。しかし，公判前整理手続の目的からして，裁判所は，そのような取り扱いをすべきではなく，上記の懸念は無用というべきである。類型証拠の開示請求には時期的な制限がない（刑訴法316条の15参照）から，弁護人は，予定主張や請求証拠に対する意見を明らかにした後でも，類型証拠の開示を請求でき，一部の請求証拠に対する意見を留保したまま予定主張を明示し，更なる類型証拠の開示を待って，留保した証拠に対する意見を述べることも可能である。

　弁護人の中には，被告人の言い分の信用性を判断するため，自白事件であっても，類型証拠の開示を受け，これを検討した上でないと，請求証拠に対する意見や予定主張を述べられないという立場を採る者もいる。確かに，こ

の立場も,理解し得ないではないが,現在では,ほとんどの裁判員裁判対象事件で,被疑者段階から弁護人が選任され,接見を通じて被疑者の言い分に接しているから,証拠の任意開示の運用を前提とすれば,弁護人は,開示された証拠の検討により,被告人の言い分の信用性を判断することが十分可能であろう。したがって,弁護人は,請求証拠及び主要な類型証拠を検討するのに必要な期間を置けば,予定主張及び請求証拠に対する意見を明らかにすることが可能なはずである。弁護人としては,類型証拠を精査することも重要であるが,時には,手続の進行に見通しを付けた上,その前であっても,予定主張等を述べるという方針を採ってよいと思われる。更に類型証拠の開示を受けて,予定主張を変更する必要が生じた場合には,これを変更するまでのことである。

5 (c)の法曹三者による打合せの期間は,平均40.5日を要しているが,これには,短縮の余地があると思われる。すなわち,自白事件においては,量刑が争点であるから,主張整理に時間を要するという事態は,基本的に想定し難い。また,この段階で,検察官が請求した書証を統合することが多いが[13],これは,何週間も要する作業ではない。また,自白事件においても,直接主義の観点から,主要な事件関係者について,証人尋問を実施する運用(いわゆる人証化)の下では,被害者等の関係者に対し,証人出廷の可否を確認し,出廷に向けた説得が必要であるが,これには前もって対処することが可能であって,遅延を正当化する理由とはならないであろう。

なお,公判審理と評議に要する日数が定まれば,公判前整理手続を終結していなくても,公判期日の指定が可能である(裁判員法26条1項)から,公判期日を指定した後であっても,第1回公判期日までの期間を利用して,更

---

[13] 裁判員裁判の施行前は,刑訴法327条の合意書面の活用を勧める見解も主張されたが(杉田宗久「合意書面を活用した『動かし難い事実』の形成」小林・佐藤古稀(下)661頁以下参照),合意書面に何を書くかをめぐって,検察官と弁護人との間で対立が激しく,合意に達するのに時間と労力がかかることから,裁判員裁判の施行後は,合意書面が活用されず,これに代えて,検察官が複数の捜査報告書や実況見分調書を統合するという運用が広く行われている。

に主張整理や証拠整理を行うことが可能である。このため，現在では，公判前整理手続の終結前に公判期日を指定するという運用が広く行われている。

さらに，現在では，公判前整理手続の進捗状況に加え，裁判所と検察官，弁護人の都合等を勘案して，公判期日を仮予約するという運用も行われている。これにより，当事者には，公判前整理手続のゴールが設定されるので，準備が促進されるという事実上の効果も期待できる。公判期日の仮予約は，弁護人が予定主張を明らかにした後に行われることが多いが，それ以前であっても，例えば，初回の打合せ等において，弁護人が公訴事実を争わない予定であると表明したときにも，行うことが可能である。ただし，このような運用を採るとしても，当事者の主張や立証方針の変更，証人の都合等の事情の変更が生じた場合には，柔軟に対応し，仮予約した日程に固執すべきではない。

6 検証報告書によれば，否認事件においては，裁判官裁判の時代には，平均審理期間が8.3月，平均公判前整理手続期間が3.7月であったのに対し，裁判員裁判の施行後3年間では，平均審理期間が10.4月，平均公判前整理手続期間が7.7月となっている[14]。

否認事件においても，鑑定や追起訴等を含む事件を除き，審理日数が7日以内の事件について，裁判員裁判の施行後3年間でみると，審理期間が180日以下の事件は31.5％にとどまっている[15]。否認事件の場合，様々な遅延の要因があり得るが，時間の経過による証人の記憶の減退や身柄の長期化を考えると，一般に，起訴後6か月以内に判決に至ることを目標とすべきであろう。特に，否認事件では，(b)の弁護人の予定主張までの期間が平均50.0日間，(c)の法曹三者による打合せの期間が平均96.5日間を要しており，この2つの段階を合理的な期間内に収める必要があると思われる。

---

(14) 検証報告書11頁以下，図表18参照。ちなみに，平成26年1月末までの速報値による累計では，平均審理期間が10.8月，平均公判前整理手続期間が8.2月と，自白事件と同様，事態の改善が見られない（裁判所ウェブサイトによる。）。
(15) 検証報告書図表27参照。

Ⅳ　争点整理・証拠整理の在り方

　1　公判前整理手続における争点整理及び証拠整理の目的は，裁判員裁判の目標から遡及的に設定されるべきである。すなわち，裁判員裁判においては，事実認定上及び量刑上の争点に焦点を当てた評議が行われ，これに基づいて判決が言い渡されなければならないが，このことを念頭に置いて，争点中心の分かりやすい審理が行われなければならない。具体的には，当事者の事実上及び量刑上の主張が明解で，争点の対立軸がかみ合っていること，争点について厳選された証拠により過不足のない立証が行われることが必要である。したがって，公判前整理手続は，当事者双方がこのような主張及び立証を準備するとともに，合理的な期間内に公判審理を行う計画を立てることを目指して行われるべきである。他方，判決で取り上げるべきでない事項に関する主張及び立証は，公判前整理手続において整理される必要がある。

　2　検察官は，証明予定事実において，事件の全体像を明らかにすべきであるが，これは，事件のアウトライン，社会的類型を示す具体的な事実を簡潔に記載したもので足りる。証明予定事実の中には，従来の冒頭陳述と同様，詳細な経緯，動機を記載した例もみられるが，そのような記載は必要でないばかりか，争点整理にとっては有害な場合すらある。この段階で証明予定事実に詳細な経緯や動機が記載されると，弁護人も，勢い予定主張において詳細な認否や主張をしがちになり，いたずらに細かい点が争点化されて，公判前整理手続が長引く懸念がある。同様に，この段階で，細かな間接事実や補助事実に関する主張も，記載すべきではない。もっとも，初回の打合せにおいて，弁護人から応訴方針が示された場合には，これに応じて，検察官が主張を明らかにすることが望ましい。例えば，弁護人が正当防衛の主張を予定している場合には，検察官が急迫不正の侵害の存在を争うのか，あるい

---

(15)　検証報告書図表27参照。

は，これを争わず，防衛行為の相当性を争うのかについて，証明予定事実において，具体的に主張するのが相当である。

3 次に，弁護人の予定主張においては，公訴事実に対する認否を明らかにする必要はあるが，検察官の証明予定事実に対して逐一認否をする必要はない。また，弁護人に事実上の主張（例えば，アリバイ），法律上の主張（例えば，正当防衛，心神喪失）がある場合には，これを裏付ける具体的事実を簡潔に記載すべきである。公判前整理手続において類型証拠が開示されると，弁護人は，検察官の請求証拠以外の被告人及び関係者の供述調書等，相当広範な証拠に接することができる。弁護人は，検察官の請求証拠と類型証拠との細かな相違点を発見しても，争点との関連性が乏しい場合には，これにとらわれることなく，裁判員裁判において審理の対象とすべき事実は何か，真に被告人のために主張すべき点は何かという観点から，主張を構成することが望まれる。

弁護人の予定主張及び冒頭陳述においては，ケース・セオリーを書くべきであるという見解が，有力に主張されている[16]。否認事件はもとより，自白事件においても，被告人の視点からの事件の見方があるはずであり，これを提示した方が，単に公訴事実を認め，あるいは否認するだけの主張よりも，裁判員に対する説得力を増す場合があろう。自白事件においては，往々にして，公訴事実を認め，一般情状のみを主張するという弁護方針で臨む弁護人が少なくないが，検察官の証明予定事実は，多くの場合，被害者等の供述に基づいて構成されているから，そのような場合には，被告人の立場からの事件の見方を提示する必要が高いといえよう。もっとも，被告人の弁解は，必ずしも首尾一貫しているとは限らず，不合理な内容を含んでいることもあるから，弁護人として，どこまで被告人の弁解を取り入れるかは，証拠の全体像を把握した上，慎重に判断すべきである。また，主張の一貫性を追

---

(16) 後藤貞人＝河津博史「裁判員裁判におけるケース・セオリー」自と正59巻8号102頁以下等。

求する余り，被告人の弁解や証拠関係を離れて予定主張を組み立てることも，避けなければならない。

4　弁護人の事実上又は法律上の主張に対して，検察官は，必要な範囲で反論の証明予定事実を提出する必要がある。公訴事実に争いがある場合，違法性阻却事由や責任阻却事由の存否及び程度に争いがある場合には，裁判所として，争点整理の中で，当事者の主張をかみ合わせる必要が生じる。もっとも，間接事実の積み重ねにより犯人性を立証するような事案では，間接事実や補助事実のすべてについて当事者の主張をかみ合わせようとすると，争点整理が煩瑣になり，手続が遅滞するおそれがある。このような場合には，主要な間接事実や補助事実について，当事者間で主張の対立点を明らかにすれば足りるであろう。

5　裁判所が争点整理において，当事者が主張していない事項について，求釈明をすべきかという問題がある。例えば，弁護人が正当防衛の主張をするのに対し，検察官が急迫不正の侵害がないと主張する場合，裁判所が弁護人に対し，予備的に過剰防衛の主張をする予定がないのかと求釈明することは許されよう。この場合は，弁護人の主張の中に予備的主張の契機が含まれており，実際の公判審理の中で，争点として浮上することが予想されるからである。

　これに対し，弁護人が被告人の犯人性を争っている場合に，裁判所が被告人の責任能力に疑問をもち，この点に関する主張をすることを求釈明することが許されるであろうか。かつては，裁判所の後見的立場を強調し，実体的真実を追究するため，当事者が主張していない事実であっても，裁判所が積極的に解明すべきであるという見解が有力であった。このような立場は，誤判防止の見地から，それなりに意味はあったが，当事者追行主義の建前からは，疑問がある。こうした見解は，裁判官が記録を精査することを前提としており，いわば精密司法と一体となる考え方といえよう。裁判員裁判の下では，裁判官も，裁判員と同様，公判廷で心証を形成しなければならないか

ら，このような立場を採ることは，実際上困難であり，避けるべきである。そもそも，当事者追行主義の建前からいっても，上記のような主張をするかどうかは，訴訟戦術の根幹に関わる問題であるから，当事者の選択に委ねられるべきである[17]。したがって，当事者が主張をしない以上，裁判所は，争点として取り上げるべきではない[18]。このように，裁判員裁判においては，従来よりも，当事者追行主義が前面に出て，裁判所の後見的役割は背後に退くことになろう。

6 否認事件の争点整理において，どの範囲の間接事実を取り上げて，当事者に立証を許すかは，往々にして判断の難しい問題である。検察官は，証拠を厳選して請求しなければならないが（刑訴規則189条の2），公判前整理手続の終結後は証拠調べ請求が制限されるので，ともすると，手厚い立証を指向し，細かな間接事実や補助事実まで立証しようとする傾向にある。これに対し，裁判所は，当事者の主張書面や証拠調べ請求書を読んだだけでは，間接事実の推認力を判断し，証拠の採否の決定を下すことが難しい場合が少なくない。

この点に関し，裁判員裁判の施行前には，両当事者及び裁判所の間で，各間接事実の位置付けや推認力についての共通認識を形成し，これに基づいて必要な範囲の間接事実を取り調べるべきであるとする見解[19]と，間接事実の推認力の評価は，各当事者が行うもので，公判前整理手続において法曹三者で議論して間接事実を絞り込むべきではないとする見解[20]との対立があった。しかしながら，両者の見解は，実際上は，それほど大きな隔たりがないと思われる。すなわち，前者の見解においても，裁判所は，公判前整理

---

(17) 平木正洋「公判前整理手続の運営」実例刑訴Ⅱ95頁。
(18) 最（二小）判平成21・10・16刑集63巻8号937頁は，当事者追行主義に基づき，被告人の検察官調書の立証趣旨の求釈明をせず，任意性立証の機会を与えなかった第1審裁判所の手続が，合理的裁量の範囲内にあるとした。
(19) 司法研究・大型否認事件の審理51頁。
(20) 神山啓史＝岡慎一「裁判員裁判と『当事者主義の重視』」判タ1274号46頁。酒巻匡「裁判員制度と公判手続」ジュリ1370号152頁。

手続において，証拠の中身を見ることができないから，これを見ている検察官，弁護人と対等な議論はできない。裁判所は，あくまでも，当該間接事実が立証できたとして，それが当事者の立証命題にとっていかなる意味をもつのかという仮定的な議論をするほかなく，それ以上に証拠の証明力に踏み込んだ議論をすべきではない。他方，後者の見解においても，裁判所が公判前整理手続において証拠の採否を決定する際に，必要性の判断についての裁量を一切否定する趣旨ではないであろうから，裁判所が，判決や評議を見据えて，当事者との間で求釈明－釈明という形で議論をしながら，間接事実の立証の要否を判断することはできよう。これを評議の先取りととらえるのは，相当でない。特に，間接事実の積み重ねにより犯人性を立証するような事案では，どの間接事実が高い推認力を有しているのかを，裁判所と当事者との間で議論する必要性が高いと思われる[21]。

7 上記のように，否認事件における証拠の採否は，当事者の主張を基に，裁判所が当事者との意見交換により，決定することになるが，「訴訟は生き物」といわれるように，証拠調べの進行により，裁判所や当事者の予想しなかった証言等が現れ，その後の展開が変化することも珍しくない。このため，検察官が，証人Aの証言で犯行状況を立証し得ると考えるが，Aが明確に供述しない場合に備えて，これに代替する趣旨で，証人Bの請求をすることはあり得る。このような場合，裁判所は，公判前整理手続において証人の必要性の判断が難しければ，Aのみを採用して，Bの採否を留保しておき，Aの証言を聴いてから，Bの採否を決定するという運用が考えられる。また，Bの召喚が必要な場合には，公判前整理手続の段階ではA・B両名を採用しておき，証人Aで十分立証できた場合には，Bの採用を取り消すとい

---

[21] 最（三小）判平成22・4・27刑集64巻3号233頁は，情況証拠による犯罪事実の認定について，「情況証拠によって認められる間接事実中に，被告人が犯人でないとしたならば合理的に説明することができない（あるいは，少なくとも説明が極めて困難である）事実関係が含まれていることを要する」と判示した。この判例の読み方については，見解が分かれているが，上記の判示は，公判前整理手続における争点整理の際に，どの間接事実が高い推認力を有するかを議論する上で，有効な手掛かりを与えると思われる。

う運用もあり得る。このように，公判前整理手続において，当事者は，基本的に証拠調べ請求を出し尽くす必要があるが，裁判所は，必ずしも証拠の採否の判断をし尽くす必要はなく，公判段階に判断を持ち越すことも許される。裁判所は，審理日程にゆとりを持たせることも，時には必要であろう。

8 重要な情状事実が公判前整理手続における議論の対象となるかについても，議論がある[22]。何が重要な情状事実であるかについて，裁判所と当事者が議論することは，評議の先取りとなりかねないので，慎重に行うべきであろう。この点も，基本的には，当事者の訴訟戦術の問題として，その選択に委ねられるべきである。もっとも，弁護人の中には，裁判員がどの情状事実に共感するのか予想できないとして，被告人に有利と考えられるあらゆる情状を主張する者も見受けられる。しかし，裁判所は，量刑の評議において，一般に，行為責任主義の考え方，すなわち，行為の違法性，責任等の犯情に関わる諸事実によって，量刑の大枠が決まり，その枠内で一般情状に応じて，具体的な量刑が決定されるという考え方を採用しており[23]，量刑判断を大きく左右するような情状に関する事実は，それほど多くないのが通常である。それゆえ，当事者も，このような量刑の評議の在り方を踏まえた主張をすることが望ましい。

情状事実に関しては，必ずしも，事実上又は法律上の主張のように，両当事者の主張をかみ合わせる必要はないが，犯情（例えば，殺人事件等で被害者に落ち度があるかないか，計画的犯行か否か）に争いがある場合には，当事者双方の犯情に関する主張の対立点を明らかにするのが相当である。これに対し，検察官が犯情の悪質さや結果の重大性を主張するのに対し，弁護人はこれを争わず，専ら一般情状を主張するような場合には，強いて当事者双方の主張をかみ合わせる必要はないと思われる。もっとも，公判前整理手続を終結するに当たり，「争点は情状である。」とまとめるだけで，当事者の主張を

---

(22) 神山＝岡・前掲注(16)46頁。
(23) 原田・裁判員裁判と量刑法87頁。

放置するやり方は，情状に関する審理，評議の焦点が定まらず，相当でないであろう。

V　結　　語

　裁判員裁判における公判前整理手続については，これまで様々な運用上の工夫が重ねられており，本稿は，その一端を紹介するものにすぎない。裁判所としてよりよい裁判員裁判を行うためには，運用の改善に向けて不断の地道な努力を重ねる必要があり，今後も，当事者と協力して，公判前整理手続の運用に一層の改善を加えることが期待される。

（あさやま・よしふみ）

裁判員裁判における証人尋問・被告人質問の在り方

上智大学法科大学院教授 三好 幹夫

Ⅰ　はじめに
Ⅱ　証人尋問等の活性化のために必要なものは何か
Ⅲ　何のための証人尋問か
Ⅳ　何のための被告人質問か
Ⅴ　証人尋問のルールについて
Ⅵ　結びにかえて

Ⅰ　はじめに

　米国の人気ドラマ「ロー&オーダー」が一挙に放映されている。心臓の鼓動を伝えるような独特の効果音と共に、ドラマ前半で事件発生から一気に逮捕まで進み、後半で起訴から陪審員の評決に至る刑事ものである。小気味の良いテンポで物語が進行し、ぼんやり見ていると、あらすじを追うことができなくなるほどだが、集中すれば、ポイントが浮き彫りになるように工夫されている。わずか45分ほどのドラマなのに、見終わると、事実の経過から法廷審理までの全てを見せられたという充足感がある。短い時間に事件の実態を余すところなく、しかも印象的に描き切る技法は、見事で確かなものであ

る。叙情的でゆるゆるとした我が国の法廷ドラマと比べると、身に染み付いた文化の相違ということをつくづく思う。

　振り返って、我が裁判員法廷である。ゆったりと時間をかければそれだけ審理が充実するというものではない。それぞれの事案には、そこだけは裁判員によくよく考えて結論を出してほしいテーマ、真に理解して意見を述べてほしいポイント、そこをどう見るかで結論が別れる判断の分岐点がある。それらに照準を合わせた審理であれば、裁判員の関心がそこに集中し、参加した裁判員がこの点は徹底的に審理し議論したのだから、裁判員裁判に確かに「参加した」と胸を張ることができるのである。法曹三者は、裁判員の注意力がその要点に集中されるよう一層の知恵を絞り、法廷技術を磨かなければならない。

　裁判員裁判は、国民の理解と協力を得て一定の実績を確保し、それなりの評価を得ているが、遅延がなかなか解消しない公判前整理手続、捜査書類に依存する審理、裁判員が参加した実質の十分に感じられない判決書等々の未解決の問題が少なくない。特に捜査書類に依存する審理が解決困難な問題として立ちはだかっているが、これを克服して証人尋問を活性化させ、法廷を中心とする分かりやすい審理を実現することが、刑事裁判全体の課題である。裁判員法廷を緊張感に満ちた魅力ある場とすることを念じながら、改めて、証人尋問、被告人質問の在り方を考えてみたい[1]。

II　証人尋問等の活性化のために必要なものは何か

1　立証方針の確立と尋問技術

　証人尋問を活性化させ、生き生きとした審理を実現していくためには、ま

---

(1)　現状との比較において、刑訴法の運用が開始されて間がない頃の実務家の考え方を知ることが有益である。岸盛一「刑事訴訟法の基本原理」実務講座(1)1頁、荻野錐一郎「法廷技術――検察官の立場から――」実務講座(5)1063頁、環昌一「法廷技術――弁護人の立場から――」実務講座(5)1141頁、田中和夫『新版 証拠法［増補版］』(1965年,有斐閣)』330頁以下など。

Ⅱ　証人尋問等の活性化のために必要なものは何か

ず，事案における証拠の全体構造をよく理解して当該証人の位置付けを的確に行い，当該証人によって何を立証しようとするのか，どこに重点を置いて尋問すべきかを十分に吟味しておくことが先決である。裁判員法廷でも，目的意識の不明な場当たり的な尋問が続き，果たして立証方針が十分に検討されているのかと疑問に思うことが少なくない。当たり前のことではあるが，この実体面の問題こそが最も重要であり，この立証方針の確立がなければ，いかなる尋問も意味を持たない。

　そして，尋問技術である。法廷を中心とする分かりやすい審理を実現するには，法曹の鍛え抜かれた尋問技術が不可欠である。我が国では，尋問技術はこれまで重視されず，法曹全体としていまだ未熟なものといわざるを得ないのが実情のようである[2]。しかし，この技術を高める努力をしなければ，いつまで経っても我が国の刑事裁判における口頭主義への傾斜はないであろう。法曹全体の課題として尋問技術を向上させる本格的な取組みを始めるべき時期にあるように思われる[3]。

　裁判員法廷において，大海を漂流するようなのんびりとした尋問が繰り返されているのを目の当たりにすると，そもそも法廷における尋問が簡潔でなければならないという意識があるのであろうかと疑うような気持ちになるこ

（2）　髙野隆「裁判員裁判と法廷弁護技術」日本弁護士連合会編『法廷弁護技術［第2版］』（2009年，日本評論社）5頁は，そもそも現代の日本で法廷弁護技術を教えることのできる実務家がいったい何人いるだろうか，と疑問を投げかける。
（3）　弁護士会における尋問技術の向上のための取組みがなかなか進捗しない現状に鑑みると，裁判所としてもそのような取組みを奨励し，できる範囲でバックアップしていく必要があると思われる。平成23年5月から平成24年11月まで筆者が在籍した前橋地方裁判所では，新65期司法修習生の分野別修習における民事刑事共通プログラムとして「尋問技術演習」が設定され，司法研修所から白表紙の提供を受け，司法研修所におけるかつての「公判演習」の要領で，異議の出し方，裁定の仕方，法廷マナー等の実演が行われた。さらに，群馬弁護士会と協力して，刑事弁護委員会所属の若手弁護士が尋問を実演し，熟練弁護士と裁判官がその結果を論評・指導する尋問技術研究会が月に1回開催された。裁判員制度の準備作業を行った当時の協力関係を維持する上でも，各地の弁護士の尋問技術の底上げという意味でも，このような研究会が各地で実施されることは有益と思われる。なお，札幌地方裁判所の研究会において，実際の事例を基にあるべき証人尋問について検討された結果が報告されている。井戸俊一「刑事裁判における証人尋問の在り方について」判時2203号3頁。

とがある。法廷における尋問が簡潔かつ明瞭なものであることは，市民参加を持続的に確保していく上で，制度の生命線にも等しい。万が一にも，尋問が内容に乏しい上に，冗長に流れるようなことがあるとすれば，裁判員裁判に対する国民の理解を甚だしく損なうことになる。当事者である法曹と法廷を主宰する裁判所の責任にはこの点で誠に重いものがある。

2 平易な表現

法廷における言葉遣いにも意を用いることが必要である。裁判員法廷でも，法曹の閉ざされた世界の言葉遣いから脱却できず，普通の人が聞いても容易に理解できないような言葉に出会うことがある[4]。法律の専門用語も同じである。法の概念には難解なものもあるが，市民に理解不能な概念などなく，市民が理解できないとすれば，概念のどこかに無駄なものや不完全なものがあり，そのために概念が硬くて未熟なものとなっているからに違いない。その無駄なものを取り除き，不完全なものを補って説明をする責任は挙げて法曹の側にある。法曹は，事案に即した説明を自らの頭で考え，その結果を市民の言葉で伝えるべきである。その努力をしなければ，知らず知らずのうちに市民と法曹との間に見えない壁を作ってしまうことになる。市民参加が現実のものとなった今こそ，法曹は，市民の言葉で法を語るべきであり[5]，その訓練に取り掛かる必要がある。

III 何のための証人尋問か

1 何のために

そもそも何のために証人尋問をするのか。判断者である裁判員と裁判官に，証人の知覚等の結果をありのままに伝えるためである。同じことを書面

---

(4) 裁判員に選任されたばかりの法廷で，いきなり「ハンコウヲヨクアツ」したとか，「ゴウシュ」したなどと言われても，それが「反抗を抑圧」し，「強取」したとすぐに理解できる裁判員ばかりであるはずがなく，この時代にふさわしい表現とはほど遠い。

III 何のための証人尋問か

で伝えようとすると，書面作成者の主観を排除することができない。目撃者が話したことを警察官が書面に書き取る場合には，目撃者の勘違い，伝える言葉の間違い，警察官の聞き違え，伝えた言葉と意味の異なる表現で書き取る等々の誤りが避け難い。そこで，書面ではなく，その目撃者の話を直接法廷で聞くことが必要となる。判断者の面前で，検察官の質問に答え，相手方である弁護人の質問にも耐えるというプロセスが重要なのである。

裁判員にとってみれば，事実の認定に参加したという実質が確保されるには，事実を体験した証人による生の供述に触れることが最もよくその趣旨に沿うこととなる。法律専門家の手で加工され，耳触りのよい言葉にアレンジされた情報だけでは，裁判員にとって，社会に現実に生起した事実の実体に触れたという実感がなかなか得られないであろう。

2 本来の自然な姿

証人の供述が行きつ戻りつすることも少なくなく，証人尋問には手間と時間がかかることは確かである。しかし，裁判員裁判の下では，そのような整序されない供述を自然な当たり前のものと受け止め，そういう供述の中から真実を発見する姿勢が求められることになる。これを裁判員と共に判断作業に従事する裁判官の立場でみれば，言うなれば，従来は外国小説を読むに際し，読みやすい翻訳物で済ませてきたが，これからは意を決して原書で読

（5） 刑事裁判において，かつて判決書の平易化が提言されたことがある（最高裁判所事務総局刑事局監修『刑事判決書に関する執務資料—分かりやすい裁判をめざして—』(1993年，司法協会)，判例タイムズ755号10頁，766号6頁，777号8頁，796号6頁，ジュリスト994号34頁)。例えば，一文をできるだけ短くする，懲役刑の「六か月」をあえて「ロクゲツ」などと言わない，「……旨申し向けて誤信させ，即時同所で金員百万円を騙取した」という事実の記載が，端的に「……とうそを言って信用させ，その場で百万円をだまし取った」に，「こもごも手拳で殴打」は「かわるがわる，こぶしで殴りつけ」にと，だれが聞いても分かるように表現を改めるよう呼び掛けたものである。この提言は，実務を一変させることにはならなかったが，先例の型に従う傾向の強かった判決書について，平易化のため現場でも種々の工夫をすべきだという合意が形成され，その趣旨は裁判所内に徐々に浸透し，判決文はある程度短文化され，平易化にも少しずつ配慮されるようになってきた。ここで提言されたのと同じ配慮が，審理評議を通じて，特に裁判員法廷では望まれる。

むということ，外国映画を見る際に，日本語に吹き替えたものではなく，原語版で見るように努めるということである。これまでと比較して多少分かりにくいところがあるとしても，それこそが生の真実に最も近い本物なのである。裁判員裁判において人証化に努めるということは，分かりやすさのためではなく，それが本来の自然な姿であるからである。証人尋問は，捜査段階の供述を録取した書類の内容を再び供述に引き戻すためにするのではない。事実を経験した者のありのままの記憶をその場で明らかにするためにするのである。

3 生の言葉で伝える

　裁判と無縁の知人を案内して，調書の朗読が1通について1時間くらい実施された裁判員裁判を傍聴したことがある。朗読した若い検察官は，とてもよく練習しており，朗々とした声でゆっくりと時間をかけて供述調書を読み上げていた。しかし，さながら紙芝居のようで，印象が記憶に深く刻み込まれるようなものではないと思われた。事件関係者の生の言葉が伝わらないと，裁判員にとって，証拠に触れたという実感がしないのではないかと思ったが，知人も同様の感想をもらしていた。裁判員に，法律専門家からほどよく調理した結果を与えられたとする不全感を抱かせたのでは，制度本来の趣旨に添わないことになる。

4 相反する供述

　証人が公判で検察官調書とは異なる供述をした場合が特に問題である。検察官が公判で証人に真実を供述させるために可能な限りの努力をしたが，それが果たせなかった場合に限って，刑訴法321条1項2号書面の要件の立証に入ることが許される。相反供述がなされるとすぐに取調状況を聞き，検察官調書の採用を求めるような運用は，裁判員制度の下では決してあってはならない。検察官が公判で証人に真実を語らせるために適切な尋問をしていけば，裁判員は，捜査段階における供述の内容，証人が供述を変遷させた理由を理解し，検察官調書の特信性についても十分に心証を形成することができ

るのである。

Ⅳ 何のための被告人質問か

1 そもそも被告人質問とは何か

　実務では,「被告人質問」と呼ばれるが, 旧刑訴法が「被告人訊問」(第10章, 133条から139条まで) としてその存在を明確にし, また, 現行刑訴法が「証人尋問」(刑訴法第11章) の規定を置くのと異なり, 現行の刑訴法には制度としての「被告人質問」というものは本来存在しない。被告人の任意にした供述が結果として証拠になるにすぎない。被告人は, 公訴を提起された者であると同時に, 公訴提起された犯罪事実の存否を経験したはずの者でもあることから, その言い分を, 単なる主張ではなく証拠として明らかにするために行うのが被告人質問である。英米であれば, 宣誓した証人として言い分を述べるが, 我が国では, 刑訴法311条2項, 3項により, 被告人の地位のまま, 供述拒否権を確保した状態でその言い分を述べるという法制をとることになった[6]。たとえ虚偽を述べたとしても, そのことを理由に刑罰を受けることはなく, その意味では真実性の担保はない。その一方で, 立証責任の関係から, その供述が虚偽と認定できない限り, その事実は存在したものと認定される構造にある。

2 被告人質問の存在理由

　被告人質問は, このように, 見方によれば, 被告人にとっては都合のよい仕組みであるが, その存在理由は, 次のようなところにあると考えられる。
　真実は常に一つであるが, 真実の見え方は一つとは限らない。ガラスコップを上から見れば丸い円であるが, 真横から見れば長方形である。どちらから見ても, コップである真実には変わりがない。そこで, 被告人の側から見た真実が, 被害者から見た真実と厳密には一致しないこともあり得る。被告人質問の本質は, 公訴を提起された一方当事者である被告人に対し, 弁解と意見を十分に尽くさせようとする点にある。被告人に偽証罪のような制裁の

威嚇なく自由に発言させるという法制の理由はここにあると考えられる。そして，その中から珠玉のごとき真実を探り当てるのが判断者の作業である。

3 被告人質問の機能

共同被告人の事件で，被告人の供述を他の被告人の事件の証拠とするために行われる場合があるが[7]，裁判員事件の場合には併合審理されることが割合に少ないので，事例としては多くない。それ以外の事件で，被告人が事実関係を認めている自白事件では，動機，犯行態様などを自らの言葉で明らかにし，被害者やそれを含む社会に対して自己が行った行為を説明する機能があり，情状酌量すべき事情を中心に述べる。否認事件では，その言い分を明らかにし，自己の正当性を説明することになる。

（6） 法制審議会・新時代の刑事司法制度特別部会において，供述調書への過度の依存を改めつつ，公判に顕出される証拠が真正なものであることを担保するための方策の一つとして，公判における被告人の虚偽供述に対する制裁を設けることが議題となり，被告人に証人適格を認めるべきかどうかが議論された（法務省のウェブページ参照）。故田宮裕教授は，いち早く現行刑訴法においても被告人の証人適格は否定されていないという解釈を採り（田宮裕「被告人・被疑者の黙秘権」刑訴法講座(1)75頁），その後，現行法では証人適格を予定していないと解さざるを得ないが，捜査が弾劾化して自白の採取が制限され，その分公判の比重が増すというのが法のあるべき姿だとすれば，むしろ将来に向けては，一つの立法課題であるとされた（田宮裕『刑事訴訟法〔新版〕』〈1996年，有斐閣〉316頁）。他方，松尾浩也「被告人には証人適格があるか」松尾浩也＝田宮裕『刑事訴訟法の基礎知識〔質問と解答〕』(1966年，有斐閣) 138頁は，証人適格を認める法改正は，英米では被告人の地位を高める意味があったものの，日本では被告人の地位を悪化する方が目立つとして，立法論としても反対されていた。前記部会における議論について，学説と弁護実務家からは，証人適格を認めることに強い反対論（門野博「公判廷に顕出される証拠が真正なものであることを担保するための方策等（司法の機能を妨害する行為への対処）――『被告人の虚偽供述に対する制裁』（案）を考える――」刑ジャ37号38頁，五十嵐二葉「反対すべき『被告人の証人化』」自正64巻10号106頁）や疑問（後藤昭「被疑者・被告人の法的地位」新刑訴争点42頁）が提出されたが，賛成論に立つ有力な弁護士もあった（髙野隆「証言する権利」自正64巻10号98頁）。裁判員の非対象事件を含めて，公判の在り方を抜本的に変える提案であるだけに注目されたが，その後，同部会第26回会議で配布された事務局試案では，証人適格を認める部分は削除され，単に，被告人は虚偽の事実の供述をしてはならないこと，冒頭手続等の黙秘権告知の際に，併せて，虚偽の事実の陳述をしてはならない旨の告知を裁判長に義務付ける条項を加えることが提案されるにとどまった。

（7） 石井一正『刑事実務証拠法〔第5版〕』(2011年，判例タイムズ社) 402頁。

IV 何のための被告人質問か

4　被告人質問の現状

　裁判員法廷における被告人質問の実際は，簡潔とは言い難く，要を得ていないことも少なくない。質問の目的がはっきりせず，ただ時系列に従って，長々と質問していき，あとはご自由に判断してくださいと言わんばかりのものさえなくはない。そうであれば，聞かされる側の裁判員にとってみれば，なぜ被告人の長々とした話を聞かせられるのか理解ができないことにもなる。裁判員がなるほどそれを言いたいのかと分かるような質問であることが最低限の要請であろう。自白事件における被告人質問の現状が，多くの裁判員の目に，あってもなくても変わりがないものと映るようであれば，改善する必要がある。

5　被告人質問が先行されるようになった理由

　裁判員制度の準備過程において，現場から，被告人質問先行，すなわち被告人の捜査官に対する供述調書を調べるよりも前に被告人質問をするという実務が生じた。公判中心主義，口頭主義からすれば，被告人が捜査段階でどのように供述したかよりも，まず，裁判員の前で被告人が直接訴えるところを聞くという方向を考えるべきであり，被告人の供述調書，すなわち，被告人が捜査官の前でああ言った，こう言ったなどは，二次的な問題にすぎない，被告人の過去の発言を問題とする立証は，いかにも後ろ向きであって，裁判員裁判にふさわしくない，被告人が捜査機関に対してどう供述したかを振り返ることよりも，被告人が裁判員の前で犯罪事実の存否についてどう供述するのか，裁判員がその供述を信用できるものと受け止めるか，それとも単なる弁解と見て取るかが重要であり，審理の重点はそこに置かれるべきである。被告人質問先行の動きは，こういった感覚に支えられて，裁判員制度施行前の刑事裁判実務の現場から出てきたのである[8]。

---

(8)　東京地方裁判所の部総括裁判官が集結した平成19年における会合の中で本文のようなことが議論され，次第に実践に移されるようになって，今日に至っている。

6　被告人質問先行の方式

このようにして，被告人の捜査段階の供述調書はひとまず脇に置いて，被告人から公判で直接にその語るところを聞く運用が始まった。その結果として，乙号証が不要と判断され，裁判所が検察官の乙号証の取調請求を必要がないとして却下することが多くなり，やがて，被告人質問の終了後に，裁判所が乙号証の請求を維持するかどうかを問うと，検察官が取調請求を撤回することもしばしば見られるようになった。この方式について，まず検察官立証があり，その終了後，弁護人立証をするという段階を踏むことを定めている刑訴規則199条に違反するという意見もあったが，同条の趣旨は，公訴事実を立証する責任のある検察官よりも前に，弁護人が立証を強制されないことを定めたものであり，被告人質問よりも先に乙号証の取調べを求める権利を検察官に保障したものではないから，このような運用が同規則に抵触することはない。

7　被告人の捜査段階と異なる供述

被告人質問において，捜査段階で事実を認めていた被告人が調書と異なる内容を言い出すことがある。そうした場合，弁護人が，なぜ調書では違うことを述べたのか，と聞いていくことになる。被告人としては，こうだと言ったが捜査官に聞いてもらえないため，やむを得ず捜査官に言われるまま意に沿わない調書に署名した，などと弁明する。検察官の質問に変わると，暴力や威嚇もなく，弁護人とも接見していたのに，なぜ捜査官の前でこう言ったのか，などと追及する。そのような質問の結果，被告人の言い分に理があるかどうかは，最終的に裁判員と裁判官が判断することになる。

裁判所は，被告人質問の終了後，検察官に被告人の捜査段階における供述調書の取調請求を維持するかどうかを確認する。検察官は，供述調書との相反部分を証拠とする必要があると考える場合は，その相反部分を特定し，かつ，その供述部分が検察官の立証において重要である根拠を明らかにして，刑訴法322条1項による採用を求める。裁判所は，当該供述部分の相反性と

重要性が肯定できない場合には，その取調請求を却下することになる。相反性と重要性が肯定できる場合，供述調書に任意性があり証拠能力を備えてさえいれば採用する考え方と，更に供述調書を取り調べる必要性を検討し，他に証拠があるなどの理由で積極的な必要性が肯定できなければ却下する考え方がある。被告人の捜査段階の供述と公判における供述の双方が被告人質問の中に十分に出されたと判断され，乙号証は不要とされることも少なくない。もちろん，捜査段階と同趣旨の供述であれば，捜査段階の調書は不要である。

8 被告人質問先行の方式と検察官調書の在り方

被告人質問先行の方式は，捜査段階の供述調書，特に検察官調書の在り方と深く関係している。簡にして要を得た検察官調書が1通だけ出てくるような運用となれば，被告人質問を先行させることなく，その調書を調べるという方向に進むこともあり得たであろう。そういう検察官調書が出てくることが期待され，その機運も見られたが，検察官の努力にもかかわらず，結局その方向に進むことはなかった。そうとすれば，今後，被告人質問先行の方式は更に一般化していくことになるであろう。

9 被告人質問先行の方式における主尋問

被告人質問先行の場合の主質問は，被告人を擁護する立場にある弁護人が行うことが多い。弁護人が消極的である場合など，検察官から行うこともあるが，検察官がその立証のために相手方当事者の口を開かせるという点に原理的な違和感がある。検察官から行う場合，乙号証をなぞるような尋問は避けるべきであり，裁判所としても，争いのない事実については適宜誘導尋問を活用して効率的に尋問するよう促す必要がある。検察官が反対質問を行う場合，供述調書と相反し，あるいは後退した部分を中心に弾劾のための質問を行い，更に必要に応じて，目的とする供述を得るために質問をすることになる。特に経験の乏しい検察官は，乙号証が却下される場合に備えて，乙号証の内容を全て公判供述に引き直そうとすることが多い。裁判所は，検察官

がそのような安易な姿勢に堕することがないよう，その質問の必要性を逐次吟味し，訴訟指揮権を適切に行使しなければならない。

V 証人尋問のルールについて

1 規定の性質

交互尋問についての刑訴規則199条の2から7まで，証人尋問の一般的方法についての同条の8から13までの規定が尋問のルールを比較的詳細に定めている。刑訴法の運用が開始されて間がない頃，交互尋問を実務に定着させるため，これらの規則の厳格な遵守が要請されたこともあり[9]，実務においては，これらを刑訴法における伝聞法則のように弾力性のないものと捉える傾向が強いように思われる。もちろん，これらの規則は，証人尋問の基本をなすものであるから，しっかりと身に付けなければならないが，証人尋問についての規制は，最終的には刑訴法294条の裁判長の訴訟指揮権に委ねられるべき性質のものであり，規則の定めも，刑訴法295条1項の定める裁判長の裁量のための原則的な基準を設定したものであって，絶対的なものではあり得ないことに注意を要する[10]。

2 異議の申立て

証人尋問等の実際においては，学生公安事件は別として，異議の申立て（刑訴法309条）がなされることは少ない。公判を活性化させるとともに，尋問技術の向上を図るためには，現状よりも活発に異議が出される方が望まし

---

(9) 横川敏雄「刑事訴訟規則の一部改正（証人の尋問方法等に関する改正）について」曹時9巻2号4頁は，昭和32年の刑訴規則の改正に当たって問題となった根本的なことの一つとして，規定を極めて簡単にして裁判長の裁量権を広くすべきか，それとも裁判長の裁量の余地を残しつつも，相当詳細な規定を設けて尋問の範囲，方法等の基準を明らかにすべきか，ということがあったが，当時の運用を改善し，正しい軌道に乗せるためには，ある程度詳細な規定を設けなければ意味がないとされた，とのことである。いずれにしても，裁判長に裁量の余地があることを前提としていることに注目すべきである。

(10) 条解刑訴［4版］657頁。

い。裁判員にとっても、眠気を覚えるような法廷よりも、適切な異議の申立てがあり、緊張感にあふれる法廷の方が歓迎であろう。

異議の申立てが最も多いのは、誘導尋問[11]の異議である。誤導尋問[12]は、あってはならないが、誘導尋問は、主尋問においても許される場合があり、特に裁判員法廷においては、もう少し活用すべきであろう。弁護実務家の間では、主尋問は一切誘導をせず、反対尋問は全て誘導せよといった尋問の仕方が推奨されており[13]、戦略として理解できないわけではないが、争いのない点についてまで誘導尋問を避けるのは、裁判所の立場からみれば、決して合理的とはいえず、弾力的な運用が望まれるところである。

尋問における異議の裁定は、証拠決定に対する異議などと異なり、余り神経質にならないで、ある程度の裁量の幅をもって判断してよいと思われる。しかし、誘導尋問の異議などは、それに該当する範囲がかなり広いから、異議が乱発されると尋問の流れが中断されることになる。そのような濫用的な場合は、裁判所としては、刑訴法309条の異議ではなく、裁判長の訴訟指揮権の発動を求める趣旨の申立てと理解し[14]、意見を聞くことなく、「誘導と

---

(11) 誘導尋問は、尋問者が希望し、又は期待している答えを暗示する質問である法曹会編『刑事訴訟規則逐条説明——第2編第3章——〔公判〕』〔1989年、法曹会〕97頁)。実務の実際上は、誘導尋問はかなり緩やかに許容されている。争いのない事実は誘導することができるから(刑訴規則199条の3第3項2号)、自白事件では大いに活用すべきであり、例えば、検察官の主尋問で、警察官の経歴(同項1号)を一つ一つ尋問するようなことはすべきではない。審理が進んで争いがないことが分かっているときは、裁判所の方から「誘導してください」ということもある。しかし、逆に、実務でも、争いがある場面では、裁判所は、誘導尋問を厳しく制限し、当事者から異議が出ないでも、「そこは誘導しないで聞いてください」などと言って、制限することもある。誘導尋問について、異議が出ないことの方が多いが、異議があれば認めることも多い。一方当事者がやめてくれというのだからそれを尊重するという考えによるものである。適性証人については、刑訴規則199条の3第3項の5号(証言を避けようとする事項)、6号(相反事項)に該当すれば、誘導尋問が原則的に許される。
(12) 誤導尋問は、争いのある事実又はいまだ供述に現われていない事実を存在するものと前提して行う尋問である(法曹会編・前掲注(11)98頁)。殺意を争っているのに、「なぜ殺そうという気になったのですか」などと聞く尋問などがそれに当たる。そのほか、前提を誤認した尋問、要約の不相当な尋問(「包丁で刺そうと思った」と供述しているのに、「ナイフで殺そうと思ったということでしたが……」など)もこれに当たると解されている。上垣猛「誤導尋問について」自正48巻5号62頁参照。
(13) 髙野・前掲注(2)121頁

はいえないでしょう」とさらっと述べて却下してもよいであろう。逆に，検察官，弁護人の異議を待つまでもなく，不相当な誘導であることが明らかな尋問について，すぐに質問を変えさせることもある（刑訴法295条1項，規則199条の3の5項，同条の4の4項）。その場合，相手が応じないときは，裁判長の処分に対する異議（刑訴法309条2項）を出させ，これを正式の異議と扱って判断すればよく，このようにして，訴訟に流れを付けていくということもある。この運用によれば，裁判長において理由がないと考えるものだけが正式の異議として扱われることになる。

3　被告人質問における準用の有無

ところで，被告人質問において刑訴規則199条の2以下の適用ないし準用はあるか，という点については，規定上は必ずしも明確ではない。証人尋問の例に従うのが実務の運用であるが，本来，厳密には，同規則が前提とする主尋問，反対尋問の区別があるわけではないから，説明が必要となる。被告人質問において，尋問等が相当でないときには，刑訴法295条1項により規制することができるから，その相当性の判断において，刑訴規則199条の2以下の一定のものが参考とされると解すればよいであろう。

4　書面を示した尋問

当事者が書面を示して尋問[15]をしようとする際に審理が紛糾することが多いように見受けられる。公判前整理手続の導入による証拠開示の拡大に伴い，捜査書類（供述調書）の利用により捜査の矛盾を突き，検察官立証を破

---

(14)　上垣猛「証拠調べと刑訴法309条の異議等」新実例刑訴Ⅱ366頁。
(15)　長岡哲次「書面を示しての尋問」判タ676号4頁。書面の朗読は，刑訴規則199条の3第4項に許されない誘導の方法として例示されているが，書面の朗読が絶対にできないものではなく，当該情況の下における書面の朗読の持つ危険の有無，大小とその利益ないし必要性の大きさを考量した上，むしろ書面の朗読を許す方が適当と認められる場合には，書面の朗読を許すことがある（条解刑訴［4版］657頁）。供述録取書についても，特別の必要がある場合には，裁判長がその裁量により，一覧表や図面等のほか調書の本文であっても証人に示すことを許すことがある。閲覧させながら尋問することもできるが，不当な影響を与えないように注意する必要がある（条解刑訴［4版］660頁）。

綻させるという弁護の手法が目に付くようになったが，検察官請求の証人に自己矛盾供述である警察官調書等を示すのは，刑訴規則199条の10によるのか，同条の11によるのかという解釈上の争点が生じている。弁護実務家から，このような場合，刑訴規則199条の10を根拠に，証人に警察官調書等の当該部分を示す，あるいは，その部分を証人に朗読させるという方式が提案され[16]，この提案に従って実践に移す事例が多々生じている。裁判実務家はこれに反対し，刑訴規則199条の11に従って，裁判長の許可を受けてなすべきであるとする者が多いようである[17]。結局のところ，警察官調書等を示すことについて，裁判長の許可を要するかどうかに帰着するが，当該警察官調書を示して尋問する必要性は高いであろうから，許可されない場合は実際上多くないと思われる上，最終的には刑訴法294条の裁判長の訴訟指揮権に委ねられるべき性質のものであるところからすれば，それほど実益のある議論ではないともいえる。弁護人が刑訴規則199条の10を根拠に，戦略として間髪を入れずに示して尋問したいというのであれば，その見解が成り立たないとして頭から否定するまでの理由があるようにも思えない。ただし，その目的を達成するとともに，法廷における紛争を避けるためには，事前にそのような見解に立つことを裁判所に申し出ておくことが現実的であろう。

Ⅵ 結びにかえて

裁判員法廷を生き生きとした真相解明の場とする，これが制度発足前からの課題である。法廷は，検察官と弁護人の対決の場であり，証人から有利な

---

(16) 髙野隆「証人尋問における書面や物の利用」前掲注(2)178頁，ダイヤモンドルール研究会ワーキンググループ編著『実践！ 刑事証人尋問技術——事例から学ぶダイヤモンドルール』(2009年，現代人文社) 91頁。
(17) 田中伸一「証人に検察官調書を示す尋問」判タ1322号30頁，栗原正史「自己矛盾供述について——その存在の立証方法等を中心とした一考察——」植村退官(2)176頁，楡井英夫「証人尋問における書面の提示」実例刑訴Ⅲ96頁。これと異なり，大島隆明「裁判員裁判における証拠調べのプラクティスに関する二, 三の問題」原田退官287頁は，同一性立証に準じてよいとする。

証言を引き出し，あるいは不利な証言を突き崩すというせめぎ合いの中で，証人に真実を語らせ，事案の真相に迫る場でなければならない。
　裁判員法廷をそのような緊張感のある活気に満ちた場とするため，法曹には，一層の尽力が求められている。

（みよし・みきお）

裁判員裁判の公判審理段階での証拠調べ請求と証拠能力の判断

東京家庭・地方裁判所立川支部判事　地　引　　　広

I　はじめに
II　公判前整理手続及び手続終了後の立証制限
III　「やむを得ない事由」
IV　証拠の種類による制限
V　終わりに

I　はじめに

　裁判員裁判対象事件については，第1回公判期日前に，これを公判前整理手続に付さなければならず（裁判員法49条），公判前整理手続に付された事件については，やむを得ない事由によって同手続において請求することができなかったものを除き，当該公判前整理手続が終了した後に証拠調べを請求することはできない（刑訴法316条の32第1項）。
　このように裁判員裁判の公判審理段階での証拠調べ請求は制限されていることから，上記「やむを得ない事由」の意義等が問題となるが，証拠の種類によっては，それに加えて個別に検討すべき問題がある。

II　公判前整理手続及び手続終了後の立証制限

1　趣　　　旨

　公判前整理手続は平成16年の法改正により創設された制度である。この手続の目的は充実した公判の審理を継続的，計画的かつ迅速に行うことができるようにすることにある（刑訴法316条の2，同3）が，裁判員裁判対象事件については，これを公判前整理手続に付すことが義務付けられている。これは，裁判員裁判では，裁判員となる一般国民の負担を軽減するために，裁判にかかる期間を必要最小限のものとしなければならないこと，裁判員となる一般国民に対して職務に従事する見込み期間を明らかにするとともに，やむを得ない事由がない限り，計画どおりに審理が進められるようにする必要があること，裁判員が審理に実質的に関与して的確に心証形成ができるようにするためにも争点及び証拠を適切に整理する必要があることを考慮したものと考えられる[1]。

　事件が公判前整理手続に付されると，所定の手続（刑訴法316条の13以下）を通じて事件の争点及び証拠の整理がなされるが，その中で，検察官は常に（刑訴法316条の13），被告人側はその証明予定事実その他の公判期日においてすることを予定している事実上及び法律上の主張がある場合に（刑訴法316条の17），主張明示義務及び証拠調べ請求義務を負っている。

　ところで，当事者がこの義務を果たさない場合に，公判前整理手続の終了後に新たな証拠調べ請求をすることを許容すると，同手続における争点整理，証拠整理の実効性が損なわれ，同手続の目的が達成されず，裁判員裁判においては，審理計画の変更を余儀なくされて裁判員に過重な負担を強いることになったり，裁判員が審理に実質的に関与して的確に心証形成をすることが困難になったりするおそれがある。

（1）　落合義和＝辻裕教＝稲田雅洋＝髙橋康明＝伊藤雅人＝駒田秀和＝河原俊也＝森健二『刑事訴訟法の一部を改正する法律（平成16年法律第62号）及び刑事訴訟規則等の一部を改正する規則の解説』（2010年，法曹会）（以下，「刑訴法等の一部改正」という）58頁。

もっとも、当事者が上記各義務を果たしても、公判前整理手続終了後に証拠関係が変化するなどして、新たな証拠調べ請求の必要が生じる可能性はあり、そのような場合にも新たな証拠調べ請求を認めないとすると、事案に即した審理を行えなくなったり、公判前整理手続で過剰な証拠調べ請求がなされたりするなどの弊害が生じるおそれがある。

　そこで、刑訴法316条の32第1項は、当事者の主張明示義務及び証拠調べ請求義務を担保するため、公判前整理手続に付された事件については、原則として、当該公判前整理手続が終了した後に証拠調べを請求することはできないとする一方で、「やむを得ない事由」によって公判前整理手続において請求することができなかったものについては新たな証拠調べ請求を許している。当事者の主張明示義務及び証拠調べ請求義務とこの立証制限とは、表裏一体の関係になると考えられる[2]。

　なお、この規定は当事者が「証拠調べを請求すること」を制限するものであるから、当事者の証拠調べ請求によらずに行われる被告人質問は制限の対象とならない[3]。

2　職権証拠調べ

　刑訴法316条の32第1項の立証制限が当事者の主張明示義務及び証拠調べ請求義務を担保するためのものであることからすると、裁判所が、必要と認めるときに、職権で証拠調べをすることは妨げられないことになる。同条2項は、この趣旨を確認的に規定したものであると解される[4]。

　当事者追行主義を後退させたり、公判前整理手続における争点及び証拠整

---

(2)　刑訴法等の一部改正200頁。
(3)　広島高岡山支判平成20・4・16高刑速平成20年193頁。ただし、この裁判例は、弁護人が、公判前整理手続終了後に「合理的な理由なく追加・変更した主張に関して被告人に供述を求めることは、公判前整理手続の規定を設けて……充実した公判審理を実現しようとした法の趣旨を没却するものであって相当でないから、刑事訴訟法295条1項により、裁判長は、訴訟関係人の本質的な権利を害しない限り、このような被告人質問を制限し得るものと解すべきである」とする。
(4)　刑訴法等の一部改正208頁。

理の実効性を損なわせたりしないため，職権証拠調べの実施については慎重かつ謙抑的な運用が求められるが，裁判所が適正な判断をするために重要性・必要性の高い証拠については職権証拠調べをすることができると考えられる[5]。

　公判前整理手続終了後に取調べを請求された証拠を採用した第一審の判断について，刑訴法316条の32第1項の「やむを得ない事由」があるとは認められないものの，裁判所は真実発見の見地等から職権で証拠調べをすることができ，本件の具体的経緯や特殊事情に鑑みて違法とはいえないとした控訴審の裁判例として，東京高判平成21・3・19東高刑時報60巻41頁がある。

　この裁判例からも明らかなように，刑訴法316条の32第2項の存在は，第1項の「やむを得ない事由」の有無に関する第一審の判断を控訴審で争う場合にも影響する。すなわち，①「やむを得ない事由」があるとして証拠を取り調べた第一審の判断を控訴審で争う場合には，「やむを得ない事由」がないだけでなく，職権証拠調べもすべきでなかったと主張することになり，②「やむを得ない事由」がないとして証拠を取り調べなかった第一審の判断を控訴審で争う場合には，「やむを得ない事由」があり証拠調べをすべきであったと主張するか，それがないとしても職権証拠調べをすべきであったと主張することになろう[6]。

3　証拠調べの必要性・相当性

　当事者の請求によるか職権によるかを問わず，裁判所が当該証拠調べの必要性（証拠の実質的価値の程度）・相当性（証拠調べに伴う弊害の程度）[7]を考慮して証拠決定すべきことは，公判前整理手続を経ていない場合と同様であるが，同手続を経ている場合には，当該証拠を取り調べることによる審理計画

（5）　司法研究・第一審の判決書及び控訴審124頁。
（6）　刑訴法393条1項に関する論述ではあるが，安廣文夫・最判解刑昭和59年度390頁を参照。
（7）　証拠調べの必要性・相当性の意義・用語法については，司法研究・科学的証拠37頁以下を参照。

への影響の有無・大小等をも考慮することになろう[8]。

Ⅲ 「やむを得ない事由」

1 意　義

　立証制限の趣旨が前記のようなものであることからすると,「やむを得ない事由」の有無を判断する際には,新たな証拠調べ請求をしようとする当事者が公判前整理手続において主張明示義務及び証拠調べ請求義務を果たしたかどうかが主要な考慮要素となろう[9]。

　「やむを得ない事由」があったといえる場合の具体例として立案担当者が挙げるのは,①証拠は存在していたが,これを知らなかったことがやむを得なかったといえる場合,②証人の所在不明等の理由により証拠調べ請求ができなかった場合等,証拠の存在は知っていたが,物理的にその取調べ請求が不可能であった場合,③証拠の存在は知っており,証拠調べ請求も可能であったが,公判前整理手続等における相手方の主張や証拠関係等から,証拠調べ請求をする必要がないと考え,そのように判断することについて十分な理由があったと考えられる場合である[10]が,これらは当事者が上記各義務を果たした場合といえる。また,公判前整理手続中は示談交渉中だったものの,同手続終了後に示談が成立したという場合の示談書や嘆願書,示談の成立を受けて被害者から示談状況等につき聴取した電話聴取書[11]について

（8）　条解刑訴［4版］789頁は,刑訴法316条の32第1項の「やむを得ない事由」に関して,「新たな証拠を請求するに至った経緯,新たな証拠請求が相手方当事者に及ぼす影響や審理予定に与える影響の大小,その証拠が証明しようとする事実が事件の帰すうに与える影響の大小,そして事案の重大性等」を総合的に考慮して判断することになるであろうと指摘する。しかし,「やむを得ない事由」の有無は公判前整理手続で証拠請求をしなかった事情（「新たな証拠を請求するに至った経緯」はここに含まれる。）により判断し,「新たな証拠請求が相手方当事者に及ぼす影響や審理予定に与える影響の大小」等の要素は,証拠調べの必要性・相当性に関する考慮要素として整理する方が適当ではないか。岡慎一「公判前整理手続後の証拠調べ請求」刑訴百選［9版］126頁参照。
（9）　宮田祥次・大コンメ刑訴法［2版］(7)217頁は,「単なるかけひきや後出しではなく,公判前整理手続等で提出できなかった合理的な理由を指す」とする。
（10）　刑訴法等の一部改正202頁。

も，当事者が上記各義務を果たした場合であり，公判審理段階で証拠調べ請求ができるであろう。

2　主張の変更や新たな主張がある場合
(1)　主張の変更等を行った当事者からの証拠調べ請求

公判前整理手続終了後に主張を変更することや新たな主張をすることについては，これらを制限する明文の規定はない。しかし，十分な争点整理，証拠整理を行うという公判前整理手続の趣旨・目的や，その実効性担保のための主張明示義務，証拠調べ請求義務，さらに立証制限の制度が設けられたことに鑑みると，同手続終了後の主張の変更等は本来許されないことであり，ただ被告人が公判廷における被告人質問において新たな主張を始めたときに，その発言を禁止して主張をやめさせるというのは適当ではないことから，主張制限の制度は設けられず，立証制限の制度だけが設けられたと考えられる[12]。

このような趣旨に照らすと，当事者が本来許されない主張の変更等を行う場合，その当事者がそれに伴う新たな証拠調べ請求を行うことには「やむを得ない事由」があるとはいえないと解される。

公判前整理手続において被告人の責任能力を争わなかった弁護人が，公判期日に責任能力を争うと主張し始めるとともに行った鑑定請求について，「やむを得ない事由」が認められないとして却下した第一審の判断を是認した控訴審の裁判例として東京高判平成23・12・26東高刑時報62巻155頁がある。

(2)　主張の変更等を行った当事者の相手方からの証拠調べ請求

しかし，一方当事者が（本来許されない場合であるとしても）主張の変更

---

(11)　酒井邦彦「公判前整理手続の実施状況」判タ1229号38頁。一般化すると，証拠が存在せず，存在しなかったことがやむを得なかった場合といえようか。なお，公判前整理手続中に示談交渉が行われていれば，それに関する立証を事実上組み込んで審理計画を策定するのが通常であろう。
(12)　刑訴法等の一部改正200頁。

等を行う場合，他方当事者がそれに対応するための立証を行おうとすることは，主張明示義務及び証拠調べ請求義務に違反するとはいえず，「やむを得ない事由」があると認められる場合もあると考えられる（前記1③に該当する。）。

　例えば，公判前整理手続では自白していた被告人が公判手続で否認した場合や，公判前整理手続ではなされていなかったアリバイ主張が公判手続でなされた場合[13]には，検察官に「やむを得ない事由」があるといえる。また，公判前整理手続終了後に検察官の訴因変更請求が許可されるのは限定的な場合と考えられるが[14]，これが許可されたときには被告人側に「やむを得ない事由」があるといえる場合もあろう。

　公判前整理手続で明示的にはされていなかった新たな主張が公判審理でなされ，相手方が追加の証拠調べを請求した場合につき，「やむを得ない事由」が肯定された裁判例として東京高判平成24・1・30判タ1404号360頁が，否定された裁判例として東京高判平成22・9・30東高刑時報61巻220頁があるが，公判前整理手続における主張・証拠調べ請求の状況に照らして，その段階で相手方がそのような証拠調べ請求をする必要性がないと考えたことにつき合理的な理由があるかどうかにより判断が分かれたものといえる。

3　立証が失敗した場合の代替立証

　証人の公判期日における供述の概要は当事者にとって予想できるもの（刑訴法316条の14第2号，316条の18第2号により，当該証人が公判期日において供述すると思料される内容が公判前整理手続の段階で相手方にも明らかにされている。）といえるが，公判供述が捜査段階の供述調書等に記載された供述と一言一句異ならないということは考えられず，当事者はある程度のずれが生じ得ることを想定して主尋問・反対尋問を準備すべきであるから，そのずれが小さい場合はどちらの当事者にとっても「やむを得ない事由」があるとはい

---

(13)　刑訴法等の一部改正203頁，司法研究・第一審の判決書及び控訴審121頁。
(14)　東京高判平成20・11・18高刑集61巻4号6頁，東京高判平成21・8・6東高刑時報60巻119頁。

えないことになろう。

　問題は，そのずれが大きく，当事者が立証に失敗した場合，その当事者に代替となる新たな証拠（ただし，いわゆる2号書面については後に検討する。）の取調べの請求を許すような「やむを得ない事由」があるといえるかである。前記のような公判前整理手続の趣旨に照らすと，同手続において，当事者は自己の主張する事実を立証するのに必要な証拠を全て請求する義務を負い，二の矢を温存するような請求は許されないと考えられるから，基本的には立証に失敗した当事者に新たな証拠調べ請求を許すような「やむを得ない事由」はないと解される[15]。なお，このように考えると，当事者が公判前整理手続において2名の証人の取調べを請求することを認め，公判期日に最初の証人で立証に成功した場合には次の証人の取調べが不要になるという事態を認めざるを得ないが，審理計画の変更に伴う影響をできるだけ抑えるためにはやむを得ないのではなかろうか。

　控訴審の裁判例であるが，控訴を申し立てた検察官からの証拠調べ請求について，刑訴法382条の2第1項の「やむを得ない事由」の有無の判断に当たり，原審の公判前整理手続において証拠調べ請求がなされていないことを考慮したものとして，東京高判平成20・3・26判タ1272号329頁の前提となる証拠決定（判タ同号338頁）があり，これは実質的には前記のような解釈を踏まえたものと考えられる[16]。

4　当事者に異議がない場合

　公判前整理手続終了後に当事者が新たな証拠調べを請求したのに対し，相手方が反論・反証の必要がないか，反論・反証にさほどの時間や労力を要しないなどと考えて「やむを得ない事由」の有無を問題にしない場合，裁判所も「やむを得ない事由」の有無を問題にせずに当該請求を認めることができるか。「やむを得ない事由」がないとして当該請求を却下した上，裁判所が

---

(15)　今崎幸彦「裁判員裁判における複雑困難事件の審理についての一試論」小林・佐藤古稀(下)654頁，司法研究・第一審の判決書及び控訴審121頁。

職権により取り調べている事例もあるようであるが，前記のような立証制限の趣旨に照らすと，裁判所において，証拠調べの必要性・相当性を検討した上，当該請求を認めることも許されないとまではいえないのではないか。

Ⅳ 証拠の種類による制限

1 弾劾証拠

弾劾証拠に関して，刑訴法328条は「第三百二十一条乃至第三百二十四条の規定により証拠とすることができない書面又は供述であつても，公判準備又は公判期日における被告人，証人その他の者の供述の証明力を争うためには，これを証拠とすることができる。」としている。同条により証拠能力が認められる証拠の範囲については，それが自己矛盾供述に限定されるかどうかをめぐり判例・学説が対立していたところ，最（三小）決平成18・11・7刑集60巻9号561頁は「刑訴法328条により許容される証拠は，信用性を争う供述をした者のそれと矛盾する内容の供述が，同人の供述書，供述を録取した書面（刑訴法が定める要件を満たすものに限る。），同人の供述を聞いたとする者の公判期日の供述又はこれらと同視し得る証拠の中に現れている部分に限られる。」とし，限定説を採用した[17]。以下では，自己矛盾供述とそれ以外の弾劾証拠とに分けて検討する。

---

(16) なお，本文の裁判例とは事情の異なる事案の裁判例として東京高判平成21・4・28東高刑時報60巻48頁がある。これは，原審の公判前整理手続で，被告人の責任能力が問題となってはいたものの，被告人に犯行時の記憶がほとんどないということは想定されておらず，被告人の捜査段階における供述調書等が同意書証として採用されていたが，公判審理の段階で採用された鑑定人が，被告人には犯行時の記憶がほとんどないなどとする鑑定書等を作成し，弁護人においてその証拠請求をしたことから，検察官において，その直後に，犯行から5日後の被告人の記憶内容等を立証趣旨として被告人作成の上申書の証拠請求をし，原審では裁判所が必要性なしとの理由でこれを却下し，一部無罪（責任無能力）の判断をしたのに対し，控訴審では裁判所が刑訴法316条の32の「やむを得ない事由」を認めてその上申書を採用し，上記無罪部分を破棄したものである。この事案は，検察官立証の失敗のためというより，公判前整理手続における想定と鑑定人の判断との間にずれがあったため，検察官の新たな証拠調べ請求を認めたものといえる。

(1) 自己矛盾供述

　前記のとおり証人の公判期日における供述の概要は当事者にとって予想できるものであり，被告人の供述についても同様であることからすると，公判前整理手続において，当事者はその予想に基づいて自己矛盾供述の取調べを請求する義務を負い，同手続終了後はその取調べを請求する「やむを得ない事由」がないとも考えられる[18]。

　しかし，刑訴法328条により証明力を争う対象が「公判準備又は公判期日における被告人，証人その他の者の供述」とされていることに照らすと，当該供述者が公判期日に供述することが予定されている場合，同条に基づく請求はその公判期日での供述後になされることが想定されているものと解される。

　また，供述については，当該供述者に対する公判期日での尋問を通じてその信用性の検討をしていくことが直接主義・口頭主義の要請に合致し，裁判官・裁判員の心証形成にも資する方法といえる。当事者としては，予想される公判供述と矛盾する捜査段階の供述がある場合でも，最初から刑訴法328条により取調べ請求することを考えるのではなく，まずは公判期日で当該供述者に自己矛盾供述についての記憶の確認や，その存在の指摘等[19]をした上，矛盾する供述をした理由等を尋問し，公判供述が信用できるものであるかどうかを明らかにするように努めるべきである[20]。

　そうすると，当事者が公判前整理手続において刑訴法328条により当該供述者の供述調書の取調べ請求をしなかったとしても，それには「やむを得ない事由」があると解するべきである[21]。これを肯定する裁判例として，名古屋高金沢支判平成20・6・5判タ1275号342頁，広島高判平成20・12・9

---

(17) 従前の判例・学説及び平成18年判例の意義については，芦澤政治・最判解刑平成18年度398頁，小倉哲浩「弾劾証拠」実例刑訴Ⅲ66頁を参照。
(18) 酒井・前掲注(11)38頁，刑訴法等の一部改正447頁。
(19) 供述者に対して自己矛盾供述があることを指摘するにとどまらず，その供述調書を示して尋問することができるかどうかについては，田中伸一「大阪刑事実務研究会・証人尋問，被告人質問に関する諸問題5・証人の検察官調書を示す尋問」判タ1322号30頁，楡井英夫「証人尋問における書面の提示」実例刑訴Ⅲ96頁を参照。

刑集63巻8号1012頁がある。

　もっとも，だからといって刑訴法328条に基づく供述調書等の取調べ請求が公判審理段階で幅広く認められることにはならない。前記のとおり，公判期日において，当該供述者に対し，供述の変遷の点を含めて十分な尋問がなされた場合には，それにより公判供述の信用性を判断できることになり，もはや自己矛盾供述の記載のある供述調書等を取り調べる必要はなくなることが多いと考えられ，その取調べの必要性が認められるのは，供述者が公判廷で言を左右にして，自己矛盾供述の存在自体を曖昧にしているような場合等に限られることになるはずである[22]。

　逆に，上記の尋問が十分になされなかった場合には，供述の信用性の適切な評価が困難になることなどに照らして，刑訴法328条により自己矛盾供述を証拠とするのは相当ではない[23]。

　結局，必要性・相当性の観点から，自己矛盾供述が公判審理段階で証拠として取り調べられる余地は小さいことになる[24]。

(2) 自己矛盾供述以外の弾劾証拠

　前記のとおり公判前整理手続の段階でも証人及び被告人の公判期日におけ

---

(20) 自己矛盾供述の存在自体が公判供述の信用性を低下させるというのが一般的な説明であり，そのような面があることは否定できないが，実際は，自己矛盾供述の存在だけで直ちに公判供述の信用性が否定されるのではなく，その矛盾の生じた原因等も考慮して，公判供述の信用性が判断されているのではなかろうか。そうだとすると，公判供述の信用性判断のためには，単に自己矛盾供述の存在が確認されるだけでは不十分であり，その矛盾の原因を明らかにするための尋問が必要であろう。最（二小）判昭和43・10・25刑集22巻11号961頁は，公判準備期日における証人の尋問終了後に作成された同人の検察官調書を，その証人の証言の証明力を争う証拠として採証しても，必ずしも刑訴法328条に違反するものではないとし，自己矛盾の供述がなされた事情について相手方に反対尋問の機会を与えることを必須のものとしてはいないが，運用としては，できるだけその機会を与える方が妥当であろうという趣旨の指摘が当時からなされている（木梨節夫＝船田三雄・最判解刑昭和43年度340頁以下）。ただし，信用性を争うために，捜査段階の供述の変遷を逐一聞く尋問方法が妥当でないことについては，司法研究・大型否認事件の審理37頁を参照。

(21) 小倉・前掲注(17)83頁，宮田・前掲注(9)222頁。なお，公判前整理手続において刑訴法328条に基づく請求が行われることを予定している刑訴規217条の14第1項11号は，供述調書に対する弾劾の場合などを想定していると解されることについて，小倉・前掲注(17)84頁。

る供述の概要を予想ができる以上，公判前整理手続の中でその信用性を弾劾するための証拠の取調べを請求することも可能である。また，弾劾証拠の取調べ請求があった場合，それに対する相手方からの意見聴取，証拠採否の決定，採用された証拠の取調べ時間の確保，相手方への反論・反証の機会の付与等を行うことになるが，その整理は公判前整理手続の中で行うのがふさわしく，これを公判審理段階で行おうとすると公判前整理手続における争点整理及び証拠整理の実効性が損なわれるおそれがある。そうすると，自己矛盾供述以外の弾劾証拠については公判前整理手続で取調べ請求義務があり，それが弾劾証拠であるというだけでは公判前整理手続において請求できなかった「やむを得ない事由」があるとはいえないことになろう。

これに対して，弾劾証拠一般につき「やむを得ない事由」があることを認める見解[25]もある。これは，事前に弾劾証拠を請求すると反対尋問の実効性が失われるという観点[26]から，相手方請求証人の供述の信用性を弾劾する事実について公判前整理手続における主張明示義務及び証拠調べ請求義務を否定するものであるが[27]，上記の点から賛成できない。

なお，私見のように解すると，自己矛盾供述とそれ以外の弾劾証拠とで「やむを得ない事由」の有無の判断が異なることになるが，これは，供述者に対する公判期日での尋問を通じてその信用性の検討していくことが直接主義・口頭主義の要請に合致し，裁判官・裁判員の心証形成にも資するという供述証拠の性質に基づく差異といえる[28]。

---

(22) 司法研究・大型否認事件35頁，大島隆明「裁判員裁判における証拠調べのプラクティスに関する二，三の問題」原田退官284頁，大野市太郎・大コンメ刑訴法［2版］(7) 2版776頁。なお，前記名古屋高金沢支判平成20・6・5も必要性について厳格な吟味を要するものとするが，当該事件への当てはめとしては，公判期日における当事者の尋問や証人の供述状況がどのように考慮されているか不明であり，重要事項に関する明らかな自己矛盾供述であるという理由だけで必要性を認めているようにも見受けられ，私見とは異なるように思われる。
(23) 岡・前掲注(8)127頁，小倉・前掲注(17)83頁参照。
(24) 司法研究・大型否認事件の審理34頁は，裁判員裁判においては，刑訴法328条による書証の請求はできるだけ避けるべき手法であるとする。もっとも，本文で論じたことは裁判員裁判以外の裁判においても妥当するように思われる。

2　いわゆる2号書面

　公判前整理手続中に証人が捜査段階の供述を覆すことが予想された場合には，その段階で当該証人の検察官調書の取調べが請求され（当初から請求されている場合にはその請求が維持され），刑訴法321条1項2号後段の書面（以下「2号書面」という。）としての採否の判断に必要な手続を組み込んだ審理計画が策定されるか，別の立証方法が検討されることになるから，「やむを得ない事由」の有無は問題とならない。しかし，検察官請求の証人が，予想に反し，公判期日で捜査段階と異なる供述をしたような場合には，公判前整理手続終了後に2号書面の取調べが請求されることになり，「やむを得ない事由」の有無が問題となる。

　このような場合，公判前整理手続においては，検察官は当該証人の公判期日における証言によって証明予定事実が証明されることを予想しており，その証人と重複して捜査段階の供述調書の取調べを請求する必要がない上，捜査段階の供述調書による立証よりも公判期日での尋問を通じて証人から供述を得る立証の方が直接主義・口頭主義の要請に合致し，裁判官・裁判員の心証形成にも資するから，捜査段階の供述調書が証拠調べ請求されていなかったとしても「やむを得ない事由」があると解される[29]。

　もっとも，2号書面に証拠能力が認められるためには，供述者が公判期

---

(25) 坂根真也「『やむを得ない事由』と弾劾証拠」刑弁60号32頁以下，渕野貴生・新コンメ刑訴法784頁。
(26) このような見解は弁護人側から示されることが多いが，真に弾劾の効果のある証拠であれば公判前整理手続で取調べを請求しても弾劾の効果はあるのではないか，公判前整理手続を経ているにもかかわらず，公判期日でいきなり証拠調べを請求する行為は，相手方や裁判官・裁判員の不信感を招くおそれがあるのではないかとも考えられる。
(27) 刑訴法317条の17により被告人側が補助事実についても主張明示義務，証拠調べ請求義務を負うことについては，刑訴法等の一部改正153頁以下，小坂俊幸・大コンメ刑訴法［2版］(7) 2版137頁以下。
(28) 弾劾証拠と「やむを得ない事由」との関係について，従前は自己矛盾供述とそれ以外の弾劾証拠とを明確に区別せずに議論されていたようであるが，本稿は本文記載のとおりこれを区別して検討することを試みたものである。なお，自己矛盾供述以外の弾劾証拠は様々なものがあり，更に個別的に検討する必要があるように思われるので，今後の実務・議論の集積を待ちたい。

日において前の供述と相反するか，実質的に異なった供述をしたこと（相反性），及び，公判期日における供述よりも前の供述を信用すべき特別の情況が存すること（特信性）が必要である。そして，自己矛盾供述について述べたとおり，供述の信用性に争いがあるのであれば，当該供述者に対する公判期日での尋問を通じてその信用性の検討するのが適切な方法といえる。したがって，当事者としては，公判供述が捜査段階の供述と相反する場合，まずは当該証人に相反供述についての記憶の確認や，その存在の指摘等をした上，相反する供述をした理由を尋ねるなどして，特信性の有無を明らかにしていくべきである[30]。

　このような尋問を通じて，証人が捜査段階の供述の方が正しいと供述するに至った場合には，相反性がなくなった，又は，2号書面を採用する必要性がなくなったということになる。

　相反性・特信性が立証され，2号書面を採用する必要性も認められる場合には，これを採用することになる。2号書面の採否は証拠能力の判断であるから，裁判官の権限に属する事項である。しかし，その採否は事実認定に大きな影響を及ぼす可能性があること，特信性を基礎付ける具体的事情は信用性判断の一要素にもなることに照らすと，裁判官は裁判員とも十分議論した上で，その採否を判断すべきである[31]。

　採用できる範囲が相反部分に限定されるかどうかについては議論のあるところであるが，充実した証人尋問がなされていれば，相反部分だけを採用すれば足りるであろうし，その内容の要旨は証人尋問の中に現れているであろ

---

(29)　実務上，検察官が捜査段階の供述調書の取調べを請求し，被告人側が不同意の意見を述べると，検察官が当該供述者を証人として取り調べることを請求し，当該証人の採用決定がなされた後も，当該証人が供述を変遷させる可能性の有無を問わず，当初の供述調書の取調べ請求を維持し，裁判所もその請求を却下せず，公判期日での当該証人の供述が予想されたとおりのものであれば，尋問終了後に供述調書の取調べ請求が撤回されるという取扱いが多いようである。しかし，本文のように解すると，このような取扱いにこだわる必要はないと思われる。

(30)　2号書面が問題となる場合の証人尋問の在り方については，司法研究・大型否認事件の審理90頁以下，伊藤雅人「刑訴法321条1項2号書面の請求と訴訟活動」実例刑訴Ⅲ44頁以下を参照。

うから，取調べは簡略な方法で足りるであろう[32]。

以上によると，相反性・特信性の要件や必要性の点から，2号書面が採用される場合や，採用される範囲は限定的なものになる[33]。

V 終わりに

前記のとおり，公判前整理手続終了後の立証制限は，同手続における争点整理，証拠整理の実効性を確保するための制度である。当事者は「やむを得ない事由」に当たることを期待して主張や証拠の後出しをするようなことがあってはならず，充実した公判の審理を継続的，計画的かつ迅速に行うことができるよう，公判前整理手続において主張明示義務，証拠調べ請求義務を果たすことが重要であり，裁判所は，そのような公判審理の実現及びそのための公判前整理手続における十分な準備に尽力することが重要である。

また，公判審理での証人等の供述が公判前整理手続段階での予想と異なる場合でも，直ちに「やむを得ない事由」があるとして供述調書等の取調べを考えるのではなく，まずは当該供述者に対する充実した尋問を行い，その中で問題を解決することを試みるべきである。

(ぢびき・ひろし)

---

(31) 司法研究・大型否認事件の審理95頁。
(32) 司法研究・大型否認事件の審理92頁，伊藤・前掲注(30)53頁。
(33) 伊藤・前掲注(30)55頁は，刑訴法321条1項2号は，公判で証人に対する十分な尋問がなされた上でなお必要があると認められる場合に限って用いられるべき，最後の手段であることを強調する。

裁判員裁判と責任能力

松山地方裁判所長・判事　山 口　雅 髙

Ⅰ　は じ め に
Ⅱ　可知論と不可知論
Ⅲ　精神障害と人格障害
Ⅳ　裁判例の検討
Ⅴ　裁判例の分析
Ⅵ　結　　論

Ⅰ　は じ め に

　裁判員制度の導入が決まった当初から，裁判官の間において，裁判員制度の下で，責任能力による刑の減免をどのように説明し運用するのかについて，多くの議論がされた。裁判員対象事件のような重大犯罪について，実際にそれを実行していながら，精神疾患等の理由から，刑事責任が軽減され，あるいは免除されることが，果たして裁判員の方々に理解していただけるか不安があったからにほかならない。

　責任能力による刑の減免は，刑法において定められており，民主国家においては，このような法律制度は国民の代表で構成される国会で定立されているから，一般市民に理解できない法律制度というのは背理というほかない。刑法は，ドイツの制度に倣って明治時代に定立されたものであるが，繰り返して改正がされ，口語化されるに際しては，全面的な改正がされているから，その内容全般が国民の代表からなる国会で是認されたものということが

できる。裁判員に理解されないのではないかという危惧を抱くのは，裁判官自身が責任能力について十分に理解をしておらず，あるいは間違った理解をしていることから，裁判員の方々に理解できる説明ができないということなのかもしれない。実際の刑事裁判においては，責任能力が深刻に争われた場合，裁判官は，精神科の専門医が作成した被告人の責任能力に関する鑑定書自体に合理性があり，鑑定書の前提とされた事実関係が証拠と矛盾しなければ，その鑑定結果を受け入れ，それに従った判断をしてきたのである。

ところが，裁判員との評議によって判断をしなければならなくなると，鑑定書で示された見解に対する批判について，合理的な説明ができなければならなくなる。そのためには，責任能力に対する正しい理解ができていなければならない上，犯罪と精神障害の関係について，鑑定をした精神科医の言葉を借りて説明できるのでは，到底十分な対応ができるものではない。裁判官が，自分の理解に基づき，自身の言葉で正確な説明ができて初めて，裁判員から示される様々な意見に正しく応答できるようになり，正当な結論に向けた裁判員との評議が可能になる。

要するに，裁判官は，刑事責任が軽減され，免除される根拠の観点から，精神障害が犯罪に与えた影響について，合理的な説明ができるだけの見識を備えなければならなくなったのである。

II 可知論と不可知論

精神科医の間では，従前は，統合失調症，うつ病，てんかん（癲癇）等の重大な精神病に罹患している場合には，それらの精神障害が犯罪に与えた影響を度外視して，これらの精神病に罹患していること，それ自体から，責任能力が否定されるという，いわゆる不可知論が主流であった。この立場は，精神障害者を合理性のない社会的な批判や制裁から保護することに主眼を置いたものであったと考えられるが，その背景には，これらの精神病が発症する原因や機序が不明であり，これらの精神病の症状を正しく把握できないため，これらの精神病による精神症状と犯罪の関係を解明することは困難であ

るということが前提にあったように思われる。

　ところが，近年は，精神障害の犯罪に対する影響を具体的に把握して，それに基づいて責任能力の有無や減退の程度を判断する，いわゆる可知論が主流になってきた。可知論が主流になってきたのは，依然として精神病や精神障害の発症する原因や機序は明らかになっていないものの，精神障害の症状については，症例の集積からある程度は解明することができるようになり，解明が可能になった精神障害の症状に加えて，そのような精神障害者の一般的な行動傾向から，精神障害が犯罪に与えた影響を分析し評価することができるようになってきたためと考えられる。

　例えば統合失調症の場合，不可知論の下では，統合失調症に罹患していたこと自体で，責任能力が否定される可能性が高かったのに比して，可知論の下では，統合失調症がどのように当該犯罪に影響したかによって，責任能力が判断されることになる。近年，可知論が台頭してきたためか，統合失調症に罹患していながら，責任能力が肯定される事例が散見されるようになってきたように思われる。もっとも，従前でも，統合失調症で責任能力が否定されるのは，幻覚妄想等の陽性症状が活発な時期にあった場合であり，寛解期にあって通常人とそれほど変わらない行動をとっていた場合には，責任能力が否定されることはなかったといえるのではないか。そうすると，精神医学の思潮が不可知論から可知論へと移行しても，裁判実務における実際の判断に影響が現れたのは，症状とその犯罪への影響が明確ではない限界事例であったのかもしれない。

III　精神障害と人格障害

　責任能力が減退し，喪失したと評価される根拠としては，行為者本人に帰責できない病気によって精神障害が発症し，その精神障害の影響の下に犯罪が行われたという説明が考えられる。行為者本人の偏った性格傾向が原因となって，その影響の下に犯罪が行われた場合には，偏った性格に基づく行動は，行為者本人に帰責事由があるから，責任能力の減退，喪失は認められな

いことになる。

　旧来の精神医学の見解では，うつ病に罹患して，その精神的な影響の下に，実子を道連れに自殺をしようとしたような場合には，実子に対する殺人について，責任能力による刑の減免が認められる可能性があったが，病気に罹患していたわけではなく，抑うつ状態の下で，将来を悲観して実子等を道連れに自殺をしようとした場合には，そのことが量刑上有利に考慮されることはあっても，責任能力による刑の減免につながるとは考えられていなかった。要するに，責任能力を判定するための重要な要素は，病気かどうかにあるということができた。

　しかし，このような考え方は正当であろうか。病気ではなくとも，私生活の上で精神的に追い詰められることが多く，そのために抑うつ状態に陥っていたとすれば，その経緯によっては，うつ病に罹患したことと同様に，行為者本人に帰責できない事情と考えられる場合があるのではないだろうか。他方で，生来暴力的な性格傾向があり，日常的に粗暴な行動を繰り返していた者が，被害者とケンカをして，過度の暴力を執ように繰り返して被害者を死亡させたような事案では，行為者の人格傾向が当該犯罪に影響しているといっても，行為者は粗暴な人格傾向を改めるべきであったといえるから，そのことが責任能力に影響するはずはない。アルコール依存症のため，怒って激し易い易怒的な性格傾向が強く，ささいなことで被害者に激怒して強度な暴行を振るったような場合にも，同様のことがいえるであろう。

　実際の裁判例をみても，人格障害の影響の下で犯罪に及んだ場合，責任能力が肯定された事例ばかりではないのである。人格障害と責任能力の関係を検討することは，責任能力の制度が設けられている本質を理解することに資するものと考えられる。そこで，人格障害と責任能力の関係を検討して，それに基づいて，責任能力の減退あるいは喪失により刑が減免されることの本質をとらえながら，裁判員に向けた分かり易い責任能力の説明方法を考えてみたい。

Ⅳ　裁判例の検討

　人格障害が責任能力に影響を与えたと判断したものとしては，昭和57年から平成23年まで7つの裁判例があった（これらの裁判例はいずれも判例秘書に登載されている）。そのうち，責任無能力と判断されたものはなかったが，限定責任能力の判断がされたものが3例あり，責任能力の減退は認めながら，その程度は著しいものではないとして，完全責任能力の判断がされたものが4例あった。

1　限定責任能力の判断がされた裁判例
　限定責任能力の判断がされた裁判例は，次のとおりである。
　ア　広島高松江支判平成18・9・25判タ1233号344頁は，被告人が妄想性人格障害の影響による心神耗弱の状態の下で母親を殺害した旨認定した第1審判決を維持して，次のように判断している。
　まず，母親を殺害した動機について，被告人は，母親をその宗教的活動等の理由で憎悪していた時期があったが，祖母が死亡した後は，母親が経験した苦労等を認識し，母親との関係を修復したと供述しており，その後，被告人は，近所の人が自分の責任で死んだと思い込み，自責の念を深め，自殺を決意して，自殺した後高齢でうつ病に罹患している母親を1人で残すことは不憫であると考え，母親の殺害を決意した旨認定している。
　次に，被告人の妄想について，近所の人たちの死亡が自己の責任であると思い込んだのは，被告人の本来の人格と一定の繋がりがあったことは否定できないとしても，一般人にとって了解が不能であることは疑うことができないのであり，妄想の本件犯行に対する支配力は極めて大きいものであったといわざるを得ないとしている。さらに，被告人が母親を殺害するに至った経緯については，母親を1人で残すのは不憫であると考えて殺害を決意し，母親の姿を30分間見詰めながら，結局翻意せずに犯行に及び，犯行途中から母親に名前を呼ばれて，犯行をやめようと思ったものの，ここまで来たら殺す

しかないと思い，母親を殺害するに至っていると認定している。その上で，このような経緯に照らすと，妄想は容易に訂正不可能なものであり，犯行を抑止することが極めて困難な程度にまで判断能力が低下しており，是非善悪の判断能力及びこれに従った行為能力に著しい障害があったということができると判断している。

　イ　東京地八王子支判平成10・10・26判時1660号159頁は，被告人が出産したばかりの長男を殺害した事案について，心神喪失の状態であったとする精神鑑定を排斥して，被告人は心神耗弱の状態にあったと判断している。

　この判決は，犯行に至った経緯及び動機について，次のように認定している。すなわち，被告人は，育児からくる不安が原因と考えられる適応障害と診断され，うつ病の治療薬の投与を受けるようになったが，症状は改善しなかった。その後，夫の関心を得るため自宅2階から飛び降りてケガをし，境界型人格障害及び出産後抑うつと診断されて，入院したが，病院内で身勝手な行動をとったため自主退院した。その間，被告人は，夫から浮気していたことを告白されて強い衝撃を受け，裏切られた気持ちになり，上記退院後は，夫が離婚の意思を固めたこともあり，夫と別居して生活していたところ，孤独感を募らせ，けいれん発作を起こして，言葉も交わせない状態になり，ヒステリー発作と診断され，投薬治療を受けるようになった。そのような中で，自分の両親が長男を可愛がるばかりで，自分の精神病院への入院に反対したため，長男を嫉妬して敵意や憎しみを抱き，長男がいなくなればいいと考えて犯行に及んだというのである。

　被告人の精神状態に関する鑑定の1つは，被告人が産褥期の非定型的なうつ状態にあり，被告人の性格や知能，家族関係，大量に投与された抗精神薬の影響等の背景を考慮すると，被告人は，物事の善し悪しを判断し，その判断に従って行動する能力を著しく阻害されていたとしている。それを受けて，この判決は，被告人は，かなり知能が低く，人格は未熟であり，自己顕示的で依存願望が強く，神経質，情緒不安定，物事の捉え方が主観的で，内省力がないままに対人関係で攻撃的になりやすく，共感性に乏しいといった性格特性を有しており，そのことからすると，被告人の不可解な言動も理解

できないではなく，同様の事実関係を前提にした上記鑑定には依拠することができるとしている。

他方で，この判決は，被告人が心神喪失の状態あったとした別の鑑定については，被告人が，ヒステリー症状を伴う産褥期のうつ病による高度のうつ状態にあり，希死念慮があり，本件が拡大自殺の範疇に入ることを根拠にしているが，被告人に希死念慮や自殺企図をうかがわせる事情はなく，鑑定の前提になる事実に誤認があるとして，これを排斥している。

ウ　大阪地判昭和57・7・27判時1058号158頁，判タ524号273頁は，被告人が，運送会社の同僚である被害者が仕事の段取りを狂わされたと言っているのを聞いて，被害者と口論になり，被害者から詰め寄られたため，刺身包丁で被害者を殺害しようとしたが，別の同僚に刺身包丁を取り上げられたため，未遂に終わった事案について，精神病質という人格障害を根拠に被告人が心神耗弱の状態にあったと判断している。

この判決は，まず，被告人は，精神分裂病質という人格障害の持ち主であり，非社交的で，表面は鈍重であるにもかかわらず，内面は極めて敏感で劣等感を持ち，自己を傷付けられることをおそれて対人接触を避けていたが，極端な敏感性に基づく攻撃性を秘めていたとしている。そして，犯行当時の精神状態については，仕事上のトラブルが多くなり，一人住まいであったのに，二人同居を余儀なくされたため，これを嫌って屋上で一人起居するようになったなど，対人関係の心労から，神経症的症状を示すようになり，精神的不安と緊張が一段と高まっており，その矢先，被害者が最も悩んでいたことを口に出して詰ったため，精神的緊張が一時に爆発したことによる犯行であり，もはや被害者を刺殺する以外にみちはないと思い詰めた精神状態にあったとしている。そして，激情犯的犯行であるにもかかわらず，犯行直前，直後における被告人の異常ともみえる冷静な言動からも，高度の性格の偏りがあるとみるのが相当であるとし，その上で，結論として，本件犯行は，精神分裂病質のため，対人関係の重圧に堪えきれず，被害者の言動を契機として，そのような状態からの解放に向けられた行為であると考えられ，是非善悪の判断に従って行動する能力が著しく減退していたものと認めるのが相当

であるとしている。

2　完全責任能力を認めた裁判例

次に責任能力の減退は認めながら，その程度が著しくはないとして，完全責任能力を認めた裁判例は，次のとおりである。

ア　大阪地判平成22・3・24判例集未登載（LLI/DB06550204）は，3つの殺人未遂の事実のうちの1つの事実について，統合失調症型人格障害に基づく精神症状により是非弁別能力又は行動制御能力が減退していたことは否定できないとしながら，これらが著しく減退はしていなかったとして，責任能力を肯定している。

この判決は，まず，犯行の動機を形成した要因として，被告人は，被害者のいる階下の声がうるさいと感じ，不快感を募らせていた上，被害者らの家族が，自分に隠れて母親と交渉したり，援助交際の女性と手を組んだりして，自分から多額の金員をだまし取ったと思い込むなどの妄想様体験に基づいて，ゆがんだ敵意という形で被害妄想が形成されたことが挙げられるとし，このような幻聴様体験や被害妄想は，統合失調症型人格障害にあったことに基づく精神作用である可能性を否定できないとしている。その上で，妄想が出発点になっているとはいえ，それが殺意にまでつながることになったのは，自分の意に沿わないことになれば攻撃的になるという，被告人の生来の性格が大きく影響したとして，是非弁別能力と行動制御能力が減退していた程度は，著しいものではなかったとしている。

イ　東京高判平成21・7・6判タ1319号277頁は，被告人が，体調不良や毒物混入の被害念慮により，死に対する不安を亢進させていたところ，実母が死への不安を解消してくれないことに衝動的に激しい怒りを覚え，実母及び実父母の関心が向いていた重度の障害の実弟をサバイバルナイフで多数回突き刺して殺害した事案について，被告人の責任能力を肯定した1審判決を維持している。

この判決がされた控訴審においては，責任能力は争われなかったが，弁護人が犯行態様から正常な判断能力に疑問を呈したところ，この判決は，その

点について，犯行の態様は凄惨を極めるものであったが，被告人が怒りを爆発して意図して行ったものではなく，極度に興奮し混乱した状態で一種の乖離した状態に陥っており，我を忘れた心理状態であったとみるのが相当であるとして，犯行態様から被告人の責任能力が左右されることはないという判断をしている。

さらに，この判決は，量刑不当の主張に対して，次のような判断を示している。

すなわち，まず，被告人の人格的特徴について，率直で思いやりもあるが，他方で自己中心的で，依存的，回避的な傾向が強く，プライドの高さ，依存対象への支配欲の強さがうかがえ，気分反応性による感情の不安定さや自己同一性の確立にも障害があったとして，不特定パーソナリティ障害と診断されたことを指摘している。

その上で，この判決は，犯行態様はまれにみる残虐なものであり，母親殺害の動機形成には，自分が思ったように相手が反応しないと，他責的に解釈して，内面に秘めていた攻撃性を衝動的に爆発させるというパーソナリティ障害の影響があったとうかがわれるから，責任能力が減退していた疑念は明確には否定されていないとしている。

しかし，この判決は，パーソナリティ障害は，いわゆる精神病と異なり，個人の人格特性そのものに関するものであるから，一般情状を超えて，被告人に有利に斟酌することは相当でないとしている。

ウ 甲府地判平成16・4・28判例集未登載（LLI/DB05950639）は，被告人が，うつ病を発症して，家事をこなすことができないようになり，夫からそのことを注意されるようになると，被害意識を募らせていき，夫の面前で焼身自殺を図ることを思い立ったが，夫のせいで自殺しなければならないのかと思い始め，夫への憎しみが一気に高じて，夫の殺害を決意し，夫にガソリンをかけ火を放って，夫を殺害したという事案について，被告人の責任能力を肯定している。

この判決は，被告人が，うつ病による抑うつ状態にあったことに加え，ささいなことを過大に受け止めて衝動的な行動に及びがちな境界型人格障害と

診断されていたことを指摘した上，過去に繰り返した自殺は，うつ病による自殺念慮・希死念慮から来るものではなく，被告人の境界型人格障害から来る被害者とのトラブルから衝動的に引き起こされたものと判断している。さらに，被告人は，うつ病特有の妄想や自殺念慮を抱くまでには至っていなかった上，重度のうつ病にみられる抑うつ気分による精神運動制止が存在していた形跡はうかがえないことからすると，犯行前にうつ病の症状が急激に悪化したとは考えにくく，日常的な被害者の暴力に耐え難い気持ちになり，焼身自殺を思い立ったが，寝ている被害者を見ているうち，憎しみが募って犯行に及んだのであり，自殺を決意したのは，うつ病による自殺念慮・希死念慮から来るものとはいえず，被害者のささいな言動を過大に受け止め衝動的に自殺を決意したにすぎないとしている。それに加えて，被告人が，事件前後の状況を克明に記憶しており，本件を後悔している様子も見られたことから，うつ病の程度は責任能力に影響を及ぼすほど重篤なものではなかったとし，被害者の暴力，暴言を過大に受け止めたのは，人格障害を抱えている者にありがちな受け止め方で，うつ病に由来するものとみるにはそぐわないところもあるとしている。

　その上で，この判決は，是非善悪の弁別能力及び行動制御能力が若干減弱していた可能性は否定できないものの，これらの能力が著しく減退した状態にはなかったものと認定することができると結論付け，それに加えて，被告人は人格の偏りのような資質を克服ないし抑制して，社会の一員として生きるべく期待されているのであり，人格障害に起因して犯行が惹起されたのは，被告人に対する責任非難を軽減する要素とはいえないとしている。

　エ　岡山地判平成14・5・28判例集未登載（LLI/DB05750653）は，自宅及びその隣の祖母方に放火して全焼させ，自宅において父親を文化包丁で刺して傷害を負わせた事案について，被告人の責任能力を肯定している。

　この判決は，被告人の動機が形成された経緯を次のように認定している。すなわち，被告人は，対人恐怖症や摂食障害を治そうと，入院治療を希望していたところ，家族が協力してくれず，そのため治療の機会を失ったと思うにつけ，苛立ちが募る一方になり，火を点ければ苛立ちや焦燥感が治まるの

ではないかと考えて，前記各放火に及び，その約9か月後，求めても父親が過食について意見を言わないばかりか，被告人が室内で喫煙したことを注意したため，自分の苦しみや気持ちを理解してくれないと考えて立腹し，父親に傷害を負わせたというのである。

そして，被告人が，各犯行時に，境界型人格障害あるいは分裂病質人格障害であったと診断され，3つの鑑定の1つにおいて，被告人の分裂病質人格障害は，精神分裂病性の性格変化との共通性があることは否定できず，精神分裂病とは診断できないものの，将来精神分裂病が顕在する例や極めて軽度の精神分裂病を含んでいる可能性があるとされていること，鑑定人の1名が，境界型人格障害と分裂病質人格障害を明確に区別することは不可能であり，複合的な類型もあり得ると認められる旨証言していることに触れ，被告人が，境界型人格障害，分裂病質人格障害又は両者の混合型のいずれかであるのかは決しがたいとしている。

その上で，この判決は，3つの鑑定が完全責任能力と判断する点では一致した内容となっており，被告人は，了解可能な動機により合理的な行動をし，記憶が清明に保たれ，幻覚妄想や意識障害がなく，攻撃の対象は家族に限られ，世間体を考えた抑制的な思考，行動もみられることから，事理善悪を弁識する能力及びその弁識に従って行動する能力が低下していたことは否定できないが，その低下の程度は著しいものとはいえないとしている。

V　裁判例の分析

これらの裁判例から指摘できることは，まず，精神病ではなく，人格障害にとどまる場合であっても，責任能力の減退が認められ，その程度によっては，限定責任能力が肯定されるときがあるということである。そして，人格障害であっても，責任能力が肯定される場合とその著しい減弱が認められる場合があることからすると，人格障害には多様なものがあり，その全体を同種のものとして，一律に取り扱うことができないということができる。

そこで，人格障害であっても責任能力の減退が認められる根拠を探るべ

く，これらの裁判例を通覧すると，心神耗弱を認めた裁判例では，被告人が，人格障害に基づくものであったとしても，通常は体験しないような病的な精神状態にあり，犯行の動機が了解不可能なものであって，被告人の人格との連続性を失ったものであることが指摘できる。

　1　心神耗弱を認めた裁判例をみると，**ア**では，被告人は，妄想性人格障害のため，近所の人が死亡したのを自分の責任と思い込み，さらに，自殺を企図しながら，残される母親のことを不憫に思って，母親の殺害を決意しているのであり，**ア**の判決は，母親殺害の動機は了解不能なものであり，犯行の動機を生じさせる原因となった妄想について，訂正不可能なものとした上，犯行に対する支配力を認め，犯行を現実に抑止することが極めて困難であったとしている。

　イの判決では，病的な精神状態の指摘はないが，被告人は，夫や夫の両親との確執などによって追い詰められて，夫の関心を得ようとしたり，病院で自己本位な行動をとったりしたすえ，自分の長男を殺害しており，その背景には，被告人の性格的な偏りだけではなく，知能の低さ，産褥期のうつ状態，多量の抗精神薬の投与などの事情の介在が指摘されているということができる。この判決は，犯行に際しての不可解な言動は被告人の性格特性から理解できることに触れているが，それは心神耗弱と心神喪失の両鑑定があるなかで，心神喪失の鑑定を排斥するため説示しているものと理解するのが相当であり，心神耗弱であることの根拠としては，産褥期の抑うつ状態と大量の抗精神薬の投与に加えて，被告人の知能が低いことが指摘されているとみるべきである。被告人がけいれん発作を起こして言葉も交わせない状態になったというのは，やはり一種の病的な精神状態であったと評価するのが相当であろう。

　ウの判決によると，被告人は，精神分裂病質のため，傷付けられることをおそれて対人関係を避けていたが，背後には極端な敏感性に基づく攻撃性を秘めており，対人関係の心労から精神的不安と緊張が高まっていたとき，被害者が最も悩んでいたことを口に出したため，精神的な緊張が一気に爆発し

たというのである。犯行の動機は，被告人の人格との連続性があるようにもみえるが，判決によると，被告人は，被害者を殺害する以外にみちはないと思い詰めた精神状態であったというのであり，他方で，表面は鈍重であったとして，被告人が安易に人の殺害に及ぶような性格傾向ではなかったと受け取れる説示がされていることからすると，犯行の動機は，被告人の性格との連続性は欠けるものであり，了解可能性はないといっていいように思われる。

これらの裁判例からは，被告人は，人格障害といっても，性格の偏りにとどまるものではなく，性格の異常さが病的な精神状態にまで至っており，そのため平素の性格傾向とは乖離した動機から犯行に及んだものということができ，そのことを根拠にして責任能力の減弱が認められているということができる。

2 これに対して，完全責任能力を認めた裁判例では，犯行の動機が，了解可能なものであり，被告人の性格傾向と連続してとらえることができ，そこに病的な精神状態による支配力を認めることができないということができる。

アでは，妄想様体験が出発点になっているとしても，その妄想様体験は，階下の声がうるさいとか，自分が多額の金員を支払ったという実際に体験したことが原因となり，それを契機として被告人が妄想様の思い込みに至ったと解されるものであって，限定責任能力が認められた**ア**のような，近所の人が自分の責任で死亡したという実際の体験に基づかない純然たる妄想とは異なっている。また，この犯行は，妄想様体験から被害者ら家族に対する敵意を募らせて犯行に至ったというものであり，妄想様体験を除いても，被告人の性格傾向から犯行は理解可能なものであって，限定責任能力が認められた**イ**のように，夫との不仲や精神病院への入院を反対されて，長男を殺害したとか，**ウ**のように，対人関係に悩んでいたとき，自分の悩みとは関係のない被害者との口論から一気に殺意を抱いたというような，不満を抱くべき相手とは別の被害者に犯行に及ぶという，それまでの経緯と犯行の間に乖離があ

る事案とは異なっている。

　イの判決は，責任能力が正面から争われなかったため，弁護人が犯行態様の異様さから責任能力に疑問を呈した点に限って判断を示しているので，容易に一般化することはできないとも考えられる。判決が，病気か人格特性かを責任能力の判断の分岐点に置いているように受け取れるのは，現在ではあまり依拠されていない旧来の考え方に基づくものと批判することも可能であるように思う。しかし，死への不安を解消してくれないので殺害を企図したという経緯は，被害者に対して怒りを抱いたことは理解できるにしても，そのような怒りが殺意にまで高まったことにおいては，やや飛躍があるように思われる。そうではあるが，この判決は，被告人には，物事を他責的に解釈して，内面に秘めている攻撃性を衝動的に爆発させる性格傾向があるとしているから，怒りが殺意にまで高まったことが，被告人の性格傾向と連続して理解できることが説示されているとみることができる。

　ウについても，自殺の企図が，被害者である夫に対する憎しみに転化し，夫に対する殺意になったことには，それだけをみると，飛躍があるともいえ，限定責任能力が認められた**イ**において，夫との不仲や両親が精神病院への入院に反対したことが，長男に対する殺意に発展したことと類似性があるともいえる。しかし，この判決は，**イ**とは異なり，被害者から日常的に暴力を受けていたことを説示しており，さらに，被告人がささいなことを過大に受け止めて衝動的な行動に及びがちな人格障害であったことも指摘している。それらのことを考慮に入れると，被告人は，被害者から日常的に暴力を受けていたことに，ささいなことを過大に受け止めて衝動的に行動する性格傾向が重なり，自殺の企図が被害者に対する殺意に高まったと考えられるから，その動機はそれなりに了解が可能である。そうすると，このような人格障害は，境界型人格障害と呼称されるにしても，病的な精神状態とはいえないように思われる。

　エでは，**ア**ないし**ウ**と異なり，被告人の性格傾向の指摘はない。**エ**の判決は，動機の了解可能性，動機と犯行の整合性，被告人の記憶や意識の状態，犯行以外の行動傾向等から，被告人の責任能力を肯定しており，通常の責任

能力の判断手法に従ったものということができる。しかし，家族が対人恐怖症や摂食障害の治療に協力してくれないことに苛立ちを募らせ，さらには，父親の過食や喫煙に対する態度に腹を立てた経緯は，直ちに放火や殺人に結びつくに足りるものとはいえないように思われる。これらの犯行に対する被告人の人格障害による影響の有無を検討する上では，やはり被告人の性格傾向との関係が重要になってくるのではなかろうか。もっとも，被告人の人格障害の類型を特定できなかったため，人格障害の症状を明確にできず，人格障害の影響を直截に判断することには困難が伴ったのかもしれない。判決を詳しく検討すると，弁護人が，激しい焦燥感の下に，攻撃性，衝動性や計画性がなく短絡的に犯行に及び，正常人が納得できる確たる動機もなく犯行が行われた旨主張したのに対して，被告人及び被告人の両親の供述から，家族が対人恐怖症や摂食障害の治療に協力してくれないことに苛立ちを募らせて焦燥感を深め，父親の過食や喫煙に対する態度に腹を立てたことを認定し，さらには被告人が父親の姿を見ることさえ拒むほどに父親を嫌悪していたことを認定している。このような認定は，当該事案の具体的な状況の下では，犯行の動機とそれに基づく犯行の態様が了解可能であり，その意味から犯行が被告人の性格傾向から乖離していないことを示しているといえるように思う。

Ⅵ 結 論

　責任能力が深刻に争われた場合，通常は，鑑定の結果に加えて，責任能力を肯定したエのように，動機の了解可能性，その動機と犯行態様の整合性，意識の清明さなどを考慮して，鑑定に合理性があり，鑑定をそのまま受け入れられるか，部分的に修正する必要があるかなどを検討して，責任能力の有無，程度を判断している。被告人が是非の判断能力や行動の制御能力に影響を及ぼすような精神病に罹患している場合には，動機の了解可能性と動機と犯行態様の整合性等から，その精神病が犯行に与えた影響の程度を検討し，責任能力の判断がされることになる。

しかし，これまで裁判例をみてきたように，被告人が，精神病の状態にはなく，人格障害にすぎない場合であっても，通常であれば体験しないような病的な精神状態にあり，犯行の動機が了解不可能なものであって，被告人の人格との連続性を失ったものであり，犯行に至る経緯と犯行の動機，態様の間に乖離があれば，責任能力が著しく減退しているとして，心神耗弱の状態にあると判断されることになる。そうすると，そのような場合であっても，動機の了解可能性，動機と犯行態様の整合性等から，責任能力の著しい減退が説明できなければならない。

　まず，責任能力が肯定されたアないしエをみると，いずれも，それまでの経緯から被害者に対する敵意や嫌悪感を深めたことは理解できるにしても，その経緯自体は殺人や放火のような重大な犯罪に結び付くものではなく，そのような経緯から殺人や放火に及んだことには乖離があるとも考えられ，そう考えると，動機の了解可能性や動機と犯行態様の整合性は，必ずしも肯定できるものではない。しかし，動機の了解可能性や動機と犯行態様の整合性は，近親者や顔見知りの知人に対して殺人や放火あるいは包丁で刺す行為に及ぶに足りる経緯が認められるかどうかというように，一般化して抽象的にとらえるものではないのであって，被告人の置かれた具体的な状況下で，被告人の性格傾向等に照らして，判断されるべきである。アについては，思い込みによる妄想様体験に，自分の意に沿わないことがあると攻撃的になるという被告人の性格傾向が重なって殺意にまで高まり，イについては，被害念慮による死に対する不安を解消してくれない不満が，自己中心的，依存的で依存対象に対する支配欲が強く，気分反応性による感情の不安定さがある被告人の性格傾向により，殺意にまで高まり，ウについては，被害者である夫からの暴力を受けていた被告人が，うつ病による生活上の支障から追い詰められ，被害者に対する憎しみが募って，殺意にまで高まり，エについては，被告人が，入院治療に協力が得られずに苛立ちを募らせ，焦燥感から放火を決意し，さらに，極端に嫌悪していた被害者である父親の態度に腹を立てて，それが傷害に及ぶまでに高まっているのであって，そうとらえると，犯行に至った経緯から動機は了解可能である上，動機と犯行態様の整合性もあ

Ⅵ　結　論

ると考えられる。

　これに対して，限定責任能力しか認められなかったアないしウをみると，アは，近所の人が自分の責任で死亡したことに自責の念を深め，自殺を決意しながら，残されるうつ病の母親のことを考えて，母親の殺害を決意しており，近所の人が死亡した責任を感じることと，母親の殺害との間には，かなりの乖離がある。イは，育児によるうつ病と夫との不仲による孤独感から，両親がかわいがる長男に敵意や憎しみを抱いて，長男の殺害を決意しており，自分が抱いた孤独感等と長男の殺害との間には，直接の結びつきはなく，アと同様に，かなりの乖離がある。ウは，対人関係の心労の原因となった仕事上のトラブルや他人との同居を余儀なくされたことがあったにしても，口論になった被害者の同僚は，それとも関係がないようであり，少なくとも，被告人が日頃から敵意や憎しみを抱いていたようなことはなかったようである。こうしてみると，限定責任能力しか認められなかったアないしウについては，被告人の置かれた状況を考慮に入れても，動機の了解可能性や動機と犯行態様の整合性はかなり乏しいといえるように思われる。

　被告人の置かれた状況を考慮して，動機の了解可能性や動機と犯行態様の整合性を考えるとき，考慮される要素の中で，被告人の性格傾向は重要なものと考えられるのであり，被告人の性格傾向には人格障害も反映されることになろう。しかし，被告人の人格障害が，性格の偏りにとどまらず，病的な症状を呈しているのであれば，犯行の契機となった経緯と犯行を決意して実行に移す動機及び態様がかみ合わず，齟齬が生じてくるものと考えられ，そのことは，限定責任能力しか認めなかった裁判例のアないしウをみると明かであろう。

　また，完全責任能力を認めたウの判決においては，被告人は，人格の偏りを克服ないし抑制して，社会の一員として生きるべく期待されていたという趣旨が説示されている。病的な体験を伴う人格障害の場合には，通常は被告人本人にそれを克服ないし抑制することは期待できないのであるから，病的な体験を伴う人格障害であることは，被告人本人の努力によってそれを克服ないし抑制することが期待できない根拠になり得ると考えられる。

このようにみてくると，責任能力の減退ないし喪失が認められるのは，犯行の契機となった経緯と犯行を決意して実行する動機及び態様に乖離があり，そのような乖離の原因が，病的な精神状態にあつて，被告人に犯行を回避するように期待することが困難と考えられる場合ということができる。被告人の置かれた状況，被告人の性格傾向等を考慮しても，犯行の契機となつた経緯と犯行を決意して実行する動機及び態様に乖離があるというのであれば，被告人が病的精神状態にあったと考えられる場合がほとんどであろう。

　以上の考察を踏まえて，裁判員に対する責任能力が減弱する場合についての説明を考えてみよう。責任能力の減弱ないし喪失により刑事責任が減免される本質は，被告人に犯行を回避するように期待することが困難なところにある。しかし，裁判員に対して，被告人に犯行を回避するように期待することが困難であるかどうかというだけのメルクマールを示したのでは，判断が容易になるとはいいがたいように思われる。犯行を回避するように期待することが困難になつた原因について説明しないと，犯行を回避することが困難な状況をイメージし，そのために責任が軽減されることを理解することはできないように思われるから，犯行を回避するように期待することが困難な原因が，病的な精神状態の介在にあることまで説明することが必要であろう。

　しかし，それだけでも，十分責任能力を判定する趣旨や判断手法の意味が伝わらないと考えられ，病的な精神状態の介在が被告人の置かれた状況で，どのような症状として現れたかを説明して，初めて犯行を回避するように期待することが困難な状況を現実のものとして把握することが可能になるのではないだろうか。そうすると，病的な精神状態のため，犯行の契機となった経緯と犯行を決意して実行する動機及び態様に乖離があり，被告人に犯行を回避するように期待することが困難な場合と説明することになろう。このような説明によって，責任能力の減弱を判断する基準と根拠があますところなく示されていることになるのではなかろうか。

（やまぐち・まさたか）

裁判員裁判と客観的併合

福岡地方裁判所判事　平　塚　浩　司

　　　Ⅰ　弁論の併合
　　　Ⅱ　客観的併合と裁判員裁判
　　　Ⅲ　区分審理制度
　　　Ⅳ　手続の選択
　　　Ⅴ　関連する問題
　　　Ⅵ　ま　と　め

Ⅰ　弁論の併合

　弁論の併合とは，数個の事件の弁論を同時に並行して行うことをいい，一人の被告人に対して複数の事件が起訴された場合にこれらを併合して審理する場合（客観的併合）と，複数の被告人に対して起訴された複数の事件の全部又は一部が共通している場合にこれらを併合して審理する場合（主観的併合）がある。
　刑訴法では，「裁判所は，適当と認めるときは，検察官，被告人若しくは弁護人の請求により又は職権で，決定を以て，弁論を分離し若しくは併合し，又は終結した弁論を再開することができる」（刑訴法313条1項），「被告人の防禦が互に相反する等の事情があって被告人の権利を保護するため必要があると認めるときは，検察官，若しくは弁護人の請求により又は職権で，決定を以て，弁論を分離しなければならない」（刑訴法313条2項，刑訴規則

210条)と規定されており,弁論の分離・併合は,受訴裁判所の裁量に属するとされている[1]。

II 客観的併合と裁判員裁判

1 裁判員裁判における客観的併合にかかる立法経緯

弁論の併合については,平成15年3月に司法制度改革推進本部事務局から示された「裁判員制度について」では,「迅速で,裁判員に分かりやすい審理の実現という観点から,弁論の分離・併合の在り方について検討し,必要な措置を講ずるものとする」とされ,同本部の裁判員制度・刑事検討会において議論が重ねられたが,「弁論が併合されないまま審判が行われた場合の刑の調整のための制度について,更に検討するものとする」とされ[2],結局,平成16年5月21日に成立した裁判員法には,弁論の分離・併合に関する規定は設けられなかった。

その後,客観的併合の場合に適正な結論が得られるようにしつつ,裁判員の負担を軽減する方策について,平成18年11月20日に法務大臣から法制審議会に対して区分審理制度等を内容とする諮問がなされ,法制審議会刑事法(裁判員制度関係)部会における審議を経るなどして,平成19年5月22日に「裁判員の参加する刑事裁判に関する法律等の一部を改正する法律」が成立し,区分審理制度が創設された。

したがって,一人の被告人に対して裁判員裁判対象事件(以下「対象事件」という。)を含む複数の事件が起訴された場合の審理方法としては,①弁論を併合した上で,区分審理制度によらずに,一括して審理する方法,②弁論を併合した上で,区分審理制度を活用して審理する方法,③弁論を併合しないで(あるいは分離して)審理する方法の3とおりの方法が考えられることになる。

---

(1) 最(一小)決昭和49・7・18裁判集刑193号145頁。
(2) 辻裕教『司法制度改革概説6 裁判員法/刑事訴訟法』(2005年,商事法務) 317頁。

2　客観的併合の利点

　客観的併合により審理する場合の利点として，従来から，①被告人の併合の利益の確保，②適正な科刑の実現，③事案の真相の解明，④訴訟経済が挙げられている。

　①は，我が国の刑法では，確定裁判を経ていない２個以上の罪を併合罪とし（刑法45条前段），そのうちの２個以上の罪について，有期の懲役刑又は禁錮刑に処するときは，原則として，最も重い罪の刑の長期を1.5倍にするとされており（同法47条本文），加重単一刑主義が採用されているため，併合罪関係にある罪がいずれも有期の懲役刑又は禁錮刑に相当する罪である場合には，処断刑の上限は，個別に処断されたときの各処断刑の上限を合算したものよりも軽くなり，実際の宣告刑も，実務上，個別に処断して併科されたときよりも軽くなる傾向にあるということである。このように，数個の起訴事実に対して１個の刑を言い渡すことが一般に被告人の利益となることから[3]，従来から，原則として，併合して審理すべきであるとされている。②は，例えば，複数の殺人事件を犯した場合で，個別に審理されれば有期懲役刑が相当とされるが，併合して審理されて併せて評価されれば無期懲役刑あるいは死刑が選択されることが想定されるような場合に，個別に審理すると，本来適正と思われる科刑ができなくなって，実態に合わない科刑となるが，併合して審理することによって，それを避けることができるということである。③は，被告人が複数の事件に関与する場合，事件相互間に密接な関連性がある場合も多く，これらを一体として審理しないと，事案の真相を解明できない場合があるということである。例えば，証拠構造上，各事件の証拠ないし認定される間接事実が相互に認定を補強し合う関係にあり，各事件を併合した上で，事件全体を一括して審理しなければ，犯罪事実の証明が困難な場合がある。また，被告人が連続して犯した一連の犯罪を一体として審

（3）　もとより，併合して審理することが必ず被告人の利益になるというものではない（後記②参照）。

理することによって，被告人の生活歴や環境を含め，事案の全体像が解明され，それを前提とした適正な科刑が実現できる。④は，一つの手続で複数の事件を審理すれば，裁判所，検察官及び弁護人は，証拠調べ等の手続の重複を避けることができ，被告人にとっても，刑事手続における被告人の地位にあることに伴う負担を軽減することができるということである。また，裁判員裁判の場合は，裁判員の選任手続を複数回にわたって行うことなどを避けることができる。

3　客観的併合の欠点

以上のように，客観的併合には多くの利点があり，これまでの刑事裁判実務では，できる限り弁論を併合して審理してきたといえる。客観的併合の利点は，裁判員裁判においても変わるところはないから，同様の取扱いがされることが望ましいと一応はいえる。

しかしながら，他方，裁判員裁判においては，従来の裁判官裁判ではそれほど取り上げられることのなかった客観的併合の欠点がクローズアップされることになった。

すなわち，裁判員裁判においては，①裁判員として参加する国民が審理の内容を理解し，意見を述べることができること，②合理的な期間内に審理を終え，参加する国民の生活・経済面，精神面での負担をできるだけ少ないものにすること，③刑事裁判の目的である真相の解明，被告人の権利保護の要請を満たすものであることが考慮要素として挙げられており[4]，裁判員裁判において一人の被告人に対して複数の事件が起訴された場合の弁論の分離・併合の運用にあたっては，刑事裁判における従来の要請である③に加え，それと潜在的には相矛盾するといえる①及び②の要請にも十分に配慮する必要があるが，複数の事件を併合して審理すると，それだけ争点が増えるとともに，より多くの証拠調べが必要となるため，審理に時間を要することとなって（審理の長期化），裁判員の仕事や日常生活に及ぼす影響が増大し，②

（4）　最高裁判所事務総局刑事局「模擬裁判の成果と課題」判タ1287号8頁。

の「合理的な期間内に審理を終え，裁判員の生活・経済面，精神面での負担をできるだけ少ないものにする」要請に反する事態が生じることになり，また，複数の事件を併合して審理すると，認定すべき事実が増え，判断すべき事項も多岐にわたることになって，審理が複雑となり（審理の複雑化），①の「裁判員が審理の内容を理解し，意見を述べることができる」ものとする要請に反し，国民の健全な社会常識を刑事裁判に反映させるとの趣旨も達せられないことになる。

以上のように，弁論の併合には，審理の長期化，複雑化といった欠点があることは，従来からも指摘されてきたところではあるが[5]，裁判員裁判においては，その欠点が裁判員の負担に直結することから，弁論を併合するかどうかを決するにあたっては，より慎重に判断する必要性が高くなったといえる。

Ⅲ 区分審理制度

1 区分審理制度の概要

区分審理制度とは，同一の被告人に対し複数の事件が起訴され，その審理が長期に及ぶ場合などについて，裁判員の負担が著しく重いものとならないようにし，長期間の審理に応じられる国民だけでなく，幅広い層から，より多くの国民が積極的に参加してもらうことを可能とするため，裁判員の負担を軽減しながら，刑の量定を含め，適正な結論が得られるように，併合された事件の一部を区分し，区分した事件ごとに，順次，審理を行って部分判決を言い渡し，全ての区分事件の審判が終わった後，併合事件全体についての裁判を行う制度である。すなわち，裁判員裁判においては，前記Ⅱ3の①な

---

(5) そのため，これまでの実務をみても，例えば，証拠調べが相当進行した時期に余罪が発覚し，その捜査及び起訴を待っていては審理が著しく遅延する場合には，余罪の起訴を待たずに結審して判決する場合もあったし，重大かつ複雑な事件が複数の裁判所に起訴された場合で，事案の内容，証拠調べの内容，公判の進行状況等に照らして，一つの裁判所に併合して審理することが訴訟の遅延や複雑化を招くと考えられるときには，併合せずにそのまま審理して判決する場合もあった。

いし③が考慮要素とされているところ，併合して審理することによって裁判員が過大な負担を負うことが予想される場合に，上記③によれば，あくまでも併合して審理することを追求することとなるが，そうはいっても，上記②によれば，併合される事件を対象事件から除外するとの発想もあり得るが，そのようにしたのでは，重大な事件が，審理の都合によって，裁判官のみによる裁判で行われる結果となって，広く国民が裁判の過程に参加し，その感覚が裁判内容に反映されることにより司法に対する国民の理解や信頼が醸成されるといった裁判員制度の意義を損なうものとなってしまう。このような問題を解決するために，同一の被告人に複数の対象事件が係属した場合に，事案の真相の解明や適切な科刑の実現のために，併合すべき事件は併合し，その全体について審理，判決がなされることとするが，裁判員の負担等を考慮して，その一部について区分事件として審理し，これに関する部分判決を経由した上で，全体についての併合事件審判が最終的に構成される裁判体によって行うこととしたものである。

　同一の被告人に複数の対象事件が起訴され，区分審理決定がされた場合の典型的な訴訟手続の流れは，概ね，以下のとおりである。①A事件とB事件の弁論を併合した後（刑訴法313条1項），公判前整理手続を行い（裁判員法49条），両事件全体についての審理計画を検討する。この手続において，証拠関係や審理に要する予定期間等を踏まえ，区分審理の必要があると認めた場合には，区分審理決定を行い（同法71条），審理順序等を含めた審理計画を策定する（同法73条）。②A事件を先行して審理することとした場合，まず，A事件について，審理を担当する裁判員を選任して，有罪・無罪に関する部分の審理を行い，その点について部分判決を言い渡す（同法77条ないし79条）。A事件を担当した裁判員は，この時点でその任務が終了する（同法84条）。③次に，B事件の審理及び両事件全体の裁判をする裁判員を選任し，B事件についての有罪・無罪の審理を行い，必要な範囲においてA事件について公判手続の更新をした上（同法87条），A・B両事件の情状について審理を行い，刑の量定を含め，A・B両事件全体についての判決を言い渡す（同法86条）。

2　区分審理制度の利点

区分審理制度の利点としては，①幅広い層からの裁判員の円滑な選任，②裁判員の負担の軽減が挙げられる。

①は，区分審理制度によった場合，区分事件の審判についてはもとより，併合事件の審判についても，裁判員の職務従事予定期間は，一括して審理する場合に比べて短くなるから，長期間の審理は難しいが短期間の審理ならば可能とする国民からの辞退の申立てが少なくなることが予想され，したがって，幅広い層の国民から裁判員を円滑に選任することができることになるということである。②は，区分事件の審判を担当する裁判員は，区分事件の有罪・無罪の判断を中心とする事実認定のみを行うから，その負担は，一括して審理する場合に比べて軽減され，また，併合事件の審判を担当する裁判員も，区分事件以外の事件の事実認定と区分事件を含む併合事件全体の量刑に関与する必要があるが，区分事件の審理には関与せず，その有罪・無罪等の判断を行うことがないから，一括して審理する場合に比べれば，負担は軽減されるということである。特に，対象事件と非対象事件を併合した場合，区分事件に対象事件が含まれていないときには，構成裁判官のみの合議体で審判することができるから（裁判員法74条），これを活用することによって，併合審理することによる利点を実現しつつ，裁判員の負担を一層軽減することができる。すなわち，複数の対象事件を併合した場合には，前述のとおり，区分審理によって，各事件の裁判員の負担の過重を回避することはできるが，区分事件審判及び併合事件審判を通じての裁判員の負担の総量が減ることはないのに対し，この場合には，裁判員としての国民の負担の総量を相当程度軽減することができる。

3　区分審理制度の欠点

区分審理制度の欠点としては，①併合事件の審判を担当する裁判員の判断の困難性，②区分事件の審判を担当する裁判員の不全感，③公判手続の更新に伴う負担の増大が挙げられる。

①は，併合事件の審判を担当する裁判員は，区分事件の審理に加わっていないにもかかわらず，また，区分事件の証拠を全て取り調べるわけではないのに，部分判決の拘束力を前提にして，併合事件全体の量刑判断をしなければならず，一括して審理した場合と比べて，より難しい量刑判断を強いられるということである。この点に関連して，部分判決における判示事項については，証拠から直接に心証形成できるのは構成裁判官のみであることから，量刑における区分事件の犯情の評価においては，構成裁判官と裁判員とで情報の格差が生じ，両者の間の対等性が損なわれるとの指摘もある。②は，区分事件の審判においては，有罪・無罪の判断のみを行い，最終的な量刑判断は行われないから，区分事件の審判にかかる職務を行う裁判員は，有罪とする場合に被告人に対する刑の決定という一般に国民の関心が高いと考えられる最終結論の判断には関与できないことになる。このように，最終結論の判断に関与できない裁判員は達成感を得ることができないのではないか，この場合の裁判員のモチベーションをいかに確保するかということである。③は，併合事件の審判をする場合，必要な範囲で，区分事件の公判手続を更新しなければならないが（裁判員法87条），職権で証拠を取り調べる場合，併合事件の審判前に，取り調べる証拠の範囲や取調べ方法について，当事者と協議する必要があり（裁判員規則60条2号，3号），裁判所及び当事者は，その検討及び準備のために，相応の負担を強いられることになるということである。

Ⅳ　手続の選択

1　弁論の併合について

弁論を併合するかどうかについては，前記Ⅱ2の併合の利点と同3の併合の欠点に留意しながら，以下の判断要素を総合的に考慮して決めることになる。

(1)　**事件の性質**

まず，一人の被告人について複数の対象事件が起訴された場合には，いず

れの事件についても裁判員裁判によって審理する必要があり，併合の利益や訴訟経済等の観点からみても，基本的には，併合して審理することが望ましいといえる。

これに対し，一人の被告人について対象事件と非対象事件が起訴された場合には，裁判員法は，対象事件と弁論を併合することが「適当と認められるもの」について，非対象事件を対象事件と併合して裁判員裁判の対象とすることができると規定しており（裁判員法4条），国民の負担の観点から対象事件を法定刑の重い重大犯罪に限定した立法経緯に照らしても，非対象事件については弁論を併合しない方向に一応は考えることになる。

しかしながら，①非対象事件が自白事件の場合は，裁判員の負担をそれほど増すことにはならないとして，併合して審理することも十分考えられる。

また，②非対象事件が殺人の被害者にかかる死体遺棄など，社会的実体としては対象事件と1個の事件とみられる場合など，事件相互の関連性が強い場合には，証拠も共通しており，分離して審理するのは不合理であるから，弁論を併合する方向に考慮されることになる。

これに対し，非対象事件が否認事件である場合や公職選挙法の百日裁判に該当する場合，性犯罪の場合などは，事件の性質上，併合しない方向に考慮されることになる。

ただし，非対象事件が否認事件の場合であっても，区分審理制度による場合は，裁判官だけで構成する合議体が非対象事件について区分事件の審判を行うことが可能であるから（裁判員法74条），この点をも考慮して決することになろう。

(2) **事件相互の関連性の程度**

対象事件と併合を検討する事件との間の関連性が強い場合には併合する方向に，弱い場合には併合しない方向に考慮されることとなる。

ここで「関連性」とは，事案自体の社会的関連性，立証における共通性，量刑において一体として判断することの容易さなどをいう。

例えば，裁判員法71条1項ただし書は，区分審理を行うことができない場合として，「犯罪の証明に支障を生ずるおそれがあるとき」，「被告人の防御

に不利益を生ずるおそれがあるとき」を規定しており，これらの場合は，事実認定上の関連性が強いため，併合が相当と考えられている。これらの例としては，犯行の手口が共通した特殊な犯行である場合等，各事件の証拠が相互に補強し合う関係にあり，全事件をまとめて審理しなければ犯罪事実の立証が困難となる場合，被告人の主張する事項が個々の事件全てに共通し，全事件をまとめて審理しなければ統一的な判断が困難である場合，各事件の立証方法がかなり重複しており，個別に審理をすると，多数の共通した証人に何度も証言を求めることになって，証人に過重な負担を強い，訴訟経済に著しく反する場合が挙げられる。これらの場合は，区分審理が適当でないとされているのであるから，分離するのでなく，併合して審理すべき場合に当たるといえる。

また，連続して行われた同種の犯罪については，それらが相互に犯行に至る経緯にかかる事情及び犯行後の事情の関係にあるから，一体として審理することによって，被告人の生活歴や環境を含め，事案の全体像が解明され，適正な科刑を実現できることになるので，併合する方向で考慮されることになる。

(3) **起訴の時期**

対象事件の公判前整理手続が終了した後，あるいは，その審理の開始後に，追起訴された事件を併合すると，それが審理計画に組み込まれていなかった場合，審理計画に大きな影響を与え，裁判員の職務従事予定期間に変更をもたらすことになり，裁判員の選任手続のやり直しを余儀なくされることにつながるから，併合しない方向に働く。

ただし，このような不利益が考えられるとしても，追起訴見込みの事件と先行事件との間に社会的事実としての強い関連性が認められ，証拠方法も共通している場合や，これらを併合して審理すると量刑における刑種が異なり得る場合など，追起訴を待ってでも併合して審理を行う必要性が高いと考えられる場合には，先行している事件の審理の進行状況，裁判員の負担等をも考慮した上で，例外的に，併合した上で，区分審理制度を活用することも考えられる。

(4) 裁判員の負担

　裁判員の負担の観点からは，審理を併合することによって，審理の長期化，複雑化につながる場合には，併合を控える方向に働くことになる。

　例えば，まず，併合を検討する事件の数が極めて多い場合，裁判員は，事案の内容を短時間に適切に把握することができず，審理に要する時間が過度に長時間に及ぶことになって，その負担が大きくなる。ただし，併合を検討する事件が比較的単純な態様による同様の行為が多数回繰り返されたような場合で，その全てが事実関係に争いがないのであれば，事案の把握は比較的容易であり，証拠調べもさほど多くないことから，裁判員に過大な負担とならない場合もあろう。

　また，併合を検討する事件の数が少ない場合であっても，それが争いのある事件の場合，あるいは，複雑で難解な事件である場合は，裁判員が把握しなければならない事案の内容は，より複雑となり，あるいは，証拠調べの量も多くなるから，裁判員の負担を増すことになる。これらの場合には，併合しない方向に考えるべきことになる[6]。

　このように，裁判員の負担の観点を重くみると，従前の裁判官裁判の場合と比較して，併合して審理することが難しいとされる場合が多くならざるを得ないことになる。このような場合には，併合せずに，後行事件の判決における先行事件の判決の刑を考慮した量刑や，執行段階の調整（刑法51条）によって，相応の配慮がなされることに委ねるべきであるとの考え方もあるが，一つの判決によって量刑を確定する必要性が高い事案，あるいは，争点が複雑，多岐にわたる複数の対象事件が係属している場合で，裁判員の負担の観点から併合して審理することが困難と考えられる事案の場合には，事後的な量刑調整の制度が設けられなかったことに照らしても，併合した上で，

（6）　この点に関して，裁判員制度施行前に起訴された強盗殺人未遂等事件を併合せずに審理した理由として，「本来裁判員裁判の対象事件ではなく，しかも，殺意の有無に争いがあったことから，これを裁判員裁判の対象にし，併せて審理するとした場合の裁判員の負担が過重になることなどを考慮し（た）」と判示した裁判例がある（東京地判平成22・4・22判タ1344号249頁）。

区分審理制度の積極的な活用を図るべきと考える。

(5) **当事者の意向**

上記Ⅱ2の併合して審理することの利点のうち，事案に応じて，被告人・弁護人は①の併合の利益の観点などから，検察官は②の適正な量刑の観点などから，それぞれ併合を求める場合があろう。

当事者の意向は，事案の内容等に応じて，時に一致し，時に対立することになろうが，当事者主義のもとにおいて，裁判所は，当事者の意向を軽視することはできない。一方当事者から併合を求められた場合，他方当事者から反対意見が述べられることもあろうが，その場合には，併合して審理することの利点と欠点を事案ごとに勘案して判断することになる[7]。

2 区分審理について

区分審理決定をするためには，一人の被告人に対して起訴された複数の対象事件の弁論を併合した場合（刑訴法313条1項），あるいは，一人の被告人に対する裁判員法4条1項の決定に係る事件（非対象事件）と対象事件を刑訴法313条1項によって弁論を併合した場合において，併合事件を一括して審判することにより要すると見込まれる審判の期間その他の裁判員の負担に関する事情を考慮し，その円滑な選任又は職務の遂行を確保するため特に必要があると認められるときであることを要する（裁判員法71条1項本文）。そして，裁判員法71条1項ただし書に該当する場合，すなわち，犯罪の証明に支障を生ずるおそれがあるとき，被告人の防御に不利益を生ずるおそれがあるとき，その他相当でないと認めるときには，区分審理決定をすることがで

---

(7) この点に関して，非対象事件である2つの事実が併合されて公判前整理手続が行われていたところ，対象事件である1つの事実が起訴された事案において，検察官は，これらを併合請求しないと述べ，他方，弁護人は，全ての事件の併合を求め，裁判員の負担を考えて適当でないと裁判所が判断する場合には，対象事件と同じ日に起きた争いのない非対象事件の1つの併合を求めたのに対し，原審裁判所は，対象事件である1つの事実と争いのない非対象事件である1つの事実のみを併合して審理し，もう1つの争いのある非対象事件は併合しなかったところ，控訴審において，「区分審理をすることを考慮する余地があったとも考えられるものの，……併合しなかったことが違法とはいえない」と判示した裁判例がある（広島高判平成22・10・19高検速報22年10号）。

きない。

したがって，区分審理制度を利用するかどうかは，前記Ⅲ2の区分審理の利点と同3の欠点に留意しながら，①裁判員の負担に関する事情を考慮し，その円滑な選任又は職務の遂行を確保するため特に必要があると認められるか，②犯罪の証明に支障が生じるおそれがないか，③被告人の防御に不利益を生ずるおそれがないか，④その他相当でないと認めるときに当たらないかを考慮することになる。これらの考慮要素は，それらを判断するための因子が相当程度共通しており，これら4つの要素を総合考慮して決するべきである。

(1) **裁判員の負担**

まず，事件数が多く，いずれも事実に争いがあって，争点が多岐にわたり，多数の証拠調べが必要となる場合には，これらを一括して審理すると，審判期間が全体として長期にわたることが見込まれ，審理回数が多くなることが予想される。このような場合，裁判員が公判廷に立ち会う時間が長くなり，また，検討を要する証拠の数も多くなって，裁判員の負担は大きい。したがって，このような場合には，区分して審理する方向が考えられる[8]。

また，各事件における争点や証拠関係等に照らして，審理内容が難しくなることが予想される場合，それだけ裁判員の負担が増すことになるから，区分して審理する方向に作用する。特に，非対象事件に事実の争いがあって多数の証拠調べが必要になる場合などは，非対象事件を構成裁判官のみの合議体によって区分審判することで裁判員の負担を軽減することができるからその活用を積極的に考えるべきである[9]。

---

(8) この点に関して，「①殺人事件，②保険金殺人事件，③強盗殺人等事件とも，被告人及び多くの共犯者が，同一集団に所属していた者であり，かつ，証人として見込まれる者もかなり共通していて，とりわけ，被告人が罪責の有無を争っている①及び③事件の決定的かつ主要な証人が共通していることにも徴すれば，裁判官及び裁判員が同一の裁判体において全事件を審理した方が望ましかったと思われなくもなく」としながらも，「一括して審判することにより要すると見込まれる審判の期間その他の裁判員の負担に関する事情を考慮し，円滑な職務の遂行を確保するため特に必要があるとして区分審理決定をした原審の判断に誤りがあるとまでは認められない」と判示した裁判例がある（仙台高判平成25・4・25判例集未登載〈LLI/DB06820267〉）。

また，例えば，裁判官のみで先行して審理を進めていた事件と，後に起訴された対象事件とを併合する場合，裁判員裁判の中で，先行事件について刑訴法315条に基づく更新手続を行う必要があるが，その場合，現在の実務の運用を前提とすると，先行事件については証拠が特に二次証拠化されていないため，裁判員の負担が大きい[10]。したがって，裁判官のみで先行して審理を進めていた非対象事件について既に相当程度審理が行われており，単純に併合すると更新手続の負担が重くなる場合などは，区分して審理する方向が考えられる。

(2) 犯罪の証明上の支障

「犯罪の証明に支障が生じるおそれがあるとき」とは，併合された各事件の立証が相互に補強し合う関係にあり，併合された事件全体を一括して審理しなくては，犯罪事実を証明することが困難である場合などが考えられる。事件相互の社会的事実としての連続性，関連性の有無・程度，犯行の手口の共通性，特殊性等が判断するための因子となる。

　具体的には，比較的近接する日時，場所で連続的に発生した手口が特殊で

---

(9) この点に関して，①集団強姦事件，②強姦致傷事件，③強姦未遂事件，④住居侵入，集団強姦事件が併合されており，対象事件である②事件については，公訴事実に争いがなく，罪体に関する主要な証拠が同意されているが，①及び③事件については，公訴事実が争われており，共犯者や被害者の証人尋問の実施が見込まれ，④事件については，公訴事実自体には争いがないものの，共犯者の証人尋問の実施が見込まれる事案において，原裁判所の「①事件，②事件及び④事件を区分し，裁判官のみで構成する合議体で審理する」旨の決定に対する即時抗告に対し，即時抗告審は，「②事件についての審理は比較的短期間で終わるものと予想される一方，①，③及び④の各事件の審理については，相当の期間を要し，これらを②事件と区分しなければ，その事実認定等，裁判員の職務執行のためには裁判員に相当の負担を求めることになる」，「また，各事件とも，犯行の日時，場所及び被害者が異なっているところ，②事件は単独犯行の事案で，その証拠構造及び被害者側の主張に照らしても，他の事件と相互補強の関係にはなく，本件区分審理決定を行うことにより，訴訟経済や統一的判断を損なうなどして，犯罪の証明に支障が生じ，あるいは被告人の防御に不利益が生じるなどの相当でない事情も認められない」として，原裁判所の判断は正当であると判示した裁判例がある（東京高決平成23・4・20東高刑事報62巻1～12号43頁）。

(10) したがって，仮に，この方法による場合には，更新の機会に当事者と協議をし，取り調べる証拠を厳選し，また，裁判員裁判向けに証拠を圧縮，統合して，二次証拠化された証拠を請求させて取り調べ，不必要となった証拠は取り調べないことが肝要である。

共通する強姦致傷事件において，被告人が犯人との同一性を否認している場合などが考えられる。しかしながら，そのような場合であっても，必ず，「犯罪の証明に支障が生じるおそれがあるとき」に該当するものではない。例えば，客観的証拠（現場指紋や遺留体液等）の存在によって，事件ごとに別々に審理をしても，犯罪の証明に支障が生じない場合もあり得る。そのような場合であって，事件数が多数であることなどから，併合して審理をすると裁判員の負担が過重となると予想される場合には，区分審理によることも十分に考えられる。したがって，公判前整理手続において，検察官に証拠構造について求釈明をすることが重要となる。

(3) **被告人の防御上の不利益**

「被告人の防御に不利益を生ずるおそれ」とは，被告人側が主張する事項が併合された事件全てに共通しており，併合された事件を同時に審理しなければ，統一的かつ矛盾のない判断をすることが困難である場合である。主張事項の共通性，関連性等が判断するための因子となる。

具体的には，併合された全ての事件について，共通する精神疾患を理由として被告人の責任能力を争っていたり，取調べ時における同一の事情を理由として被告人の供述調書の任意性を問題にしていたりする場合などが考えられる。

(4) **そ の 他**

例えば，各事件の立証のために多数の共通する証人を尋問しなければならない場合などは，区分して審理すると，証人に何度も証言のための出廷を求めることになるなど，過重な負担を強いることになり，また，著しく訴訟経済に反することになる。

V 関連する問題

1 併合しなかった場合の量刑判断

裁判員の負担を考慮するなどして，併合罪の関係にある複数の事件を個別に裁判し，一部の事件の刑が確定した後に残部の事件の裁判をするときは，

同時に裁判した場合と同様の結果になるように考慮するのが公平であって相当である。したがって，個別に審理した事件の判決が確定している場合には，その判決結果を考慮に入れて量刑をすべきである。

　問題は，①個別に審理された別件の判決が未了の場合，②同判決が宣告されたが未確定の場合である。

　①の場合は，個別に審理された別件が有罪との判断が未だされていないのであるから，そもそも，その判決結果を考慮に入れた量刑を行うことはできない（行うべきではない）。では，個別に審理された別件は争いがないことが判明した場合には，同事件で有罪判決が宣告されることを前提にして，同判決で宣告されると予想される刑をも考慮に入れた上で量刑をすべきであろうか。裁判員に対して上記の趣旨を説明した上で，併合の利益を考慮に入れた量刑をするとの考え方もあろう。しかしながら，通常の事件であっても，多くの裁判員から量刑判断，刑の数値化は難しいとの感想が出されているところ，更に別個の判断要素を加味した上での量刑判断を裁判員に求めるのは難しいこと，後行する別件の審理結果は未確定であることを重くみれば，先行する事件については併合の利益を考慮に入れないで量刑し，刑の調整については後行する別件の裁判体に委ねると考えるべきであろう。②の場合は，個別に審理された先行する別件の判決が宣告されている点で，①の場合と異なるとはいえるが，別件の判決が控訴されて控訴審で量刑が変更される可能性があるから，別件の審理結果が未確定である点では①と異なるところはない。したがって，この場合にも，別件の未確定の判決結果を考慮に入れないで量刑することが基本となろう。しかしながら，①の場合と異なり，②の場合は，別件について第一審の判決が既に出されていて，その刑期も明らかとなっている上，我が国の刑訴法では，控訴審は事後審制がとられていることに照らせば，例外的に，別件が争いのない事件であって，量刑も控訴審で大きく変わる可能性はないと考えられるような場合には，併合の利益を考慮した量刑をすることも考えられるのではなかろうか。この場合には，先行する別件の控訴審の審理のため，あるいは当該事件の控訴審の審理に備えて，判決書の量刑理由の中に，併合して審理をした場合との量刑の均衡を考慮した

旨を明示しておくのが相当であろう。

2 併合した場合の審理における注意点

同種の事件を多数併合して審理する場合，それが特に類似の事案であるときには，裁判員が事実を混同しないで，事案を正確に把握できるように，審理の進め方を工夫する必要がある。

そのためには，冒頭陳述，検察官立証，被告人質問を事件ごとに行う，審理対象事件の一覧表を作成する，時系列順に事件を審理する[11]，各事件に名称を付ける（当事者も含めてこれを統一する。）などの工夫が考えられる。

また，非対象事件の公判審理中に対象事件が追起訴され，これらを併合して審理する場合には，非対象事件に関する公判手続の更新において，漫然と従前取り調べられた書証が朗読されるようなことがないように，検察官に証拠の厳選を促し，検察官は統合捜査報告書を新たに作成するなどして，裁判員にとって分かりやすく，負担の少ない方法をとる必要がある。

Ⅵ　ま　と　め

裁判員法が「区分審理決定は，……特に必要があると認められる場合に行われる」と規定しており（同法71条1項），また，法務省刑事局長，最高裁事務総局刑事局長の国会答弁[12]をみても，区分審理は，その制度発足当初は，「例外的なもの」と位置付けられていたといえる。司法研究・大型否認事件の審理でも，区分審理が選択されるべき場合として，「例えば，被告人が，複数の強盗殺人被告事件で起訴され，そのいずれの犯人性も深刻に争われて，審理の長期化，困難化が不可避であり，かつ，有罪とされた場合の量刑判断上，極刑か無期懲役刑かの選択が問題となるような極限的な事例が想

---

(11)　ただし，否認事件と自白事件を併合した場合には，自白事件の心証が否認事件の事実認定に影響を及ぼさないように，否認事件についての審理を先行させるべきである。
(12)　参議院法務委員会議事録5号（平成19年4月10日）5ないし6頁，14頁，衆議院法務委員会議事録17号（平成19年5月18日）15頁。

定される」[13]と，かなり限定的に考えられてきた。しかしながら，特に，非対象事件を裁判官のみで区分事件審判することは，裁判員制度の趣旨に反するものではなく，裁判員の負担の軽減を図ることもできるし，最終結論の判断に関与できないことによる裁判員の不全感への配慮も不要であるから，非対象事件に事実の争いがあり，多数の証拠調べが必要になる場合などには，その積極的な活用を図るのが相当と思われる[14]。区分審理を「例外的なもの」と位置付けるのではなく，具体的な個々の事件における種々の要素を個別・具体的に検討した上で，ふさわしい事件については，積極的に採用することを考えてよいものと思われる。

---

(13) 司法研究・大型否認事件の審理46頁。
(14) 区分審理を用いた裁判例として，大阪地判平成22・4・26判例集未登載（LLI/DB06550651），長崎地判平成23・9・2判例集未登載（LLI/DB06650488），仙台地判平成23・12・20判例集未登載（LLI/DB06650798），千葉地判平成24・3・23判例集未登載（LLI/DB06750168），千葉地判平成25・3・15判例集未登載（LLI/DB06850132）など。

Ⅵ　ま　と　め

〈参考文献〉
・池田・解説裁判員法
・島田一「裁判員対象事件における事件の併合・分離と区分審理決定」実例刑訴Ⅱ129頁
・西田眞基「裁判員裁判における客観的併合を巡る諸問題」植村退官(3)308頁
・田邊三保子「裁判員裁判における弁論の分離に関する諸問題」植村退官(3)350頁
・鹿野伸二「刑法50条（確定裁判の余罪の処断）における量刑について」原田退官577頁
・植村立郎「刑事裁判例批評（188）」刑ジャ30号130頁
・江口和伸「裁判員の参加する刑事裁判に関する法律等の一部を改正する法律について」刑ジャ9号88頁
・長沼範良「部分判決制度の意義と課題」ジュリ1342号146頁
・安東章「区分審理制度の運用について」植村退官(3)367頁
・大西直樹「裁判員裁判における区分審理制度」慶應法学22号17頁

（ひらつか・こうじ）

共犯事件の裁判員裁判
——主観的併合の在り方と共犯者の刑の均衡について——

横浜地方裁判所小田原支部長・判事 山田 敏彦

Ⅰ　はじめに
Ⅱ　裁判員裁判と主観的併合の在り方
Ⅲ　裁判員裁判と共犯者間の刑の均衡
Ⅳ　おわりに

Ⅰ　はじめに

　裁判員の参加する裁判においては，裁判員の参加を実質的に保障するために，参加する国民が審理の内容を十分に理解し，忌憚のない意見が述べられるようにすることや，合理的期間内に審理を終え，参加する国民の生活面，経済面，精神面での負担をできるだけ少ないものにすることが要請されている[1]。そこで，裁判員にとって理解が難しく，審理が長期化しそうないわゆる複雑困難な事件，すなわち，訴因や証拠が多数に上る事件，争点が多岐にわたる事件，専門性の高い事件等においては，裁判員に分かりやすく，かつ，できるだけ審理が長期化しないようにするための様々な工夫が必要とされている[2]。そして，訴因や証拠が多数に上るような事件については，そ

---
(1)　最高裁判所事務総局刑事局「模擬裁判の成果と課題」判タ1287号8頁。
(2)　今崎幸彦「裁判員裁判における複雑困難事件の審理についての一試論」小林・佐藤古稀629頁以下。

もそもそのような審理にならないように，事件の併合はできるだけ避けるべきであり，1人の被告人が多数の事件を犯した場合，すなわち，いわゆる客観的併合事件の場合で，分離が好ましくないときは，区分審理（裁判員法71条以下）等を活用して，裁判員の負担をできるだけ軽減すべきであるとされる。他方，共同被告事件の場合は，各被告人を分離して別々に審理し，いわゆる主観的併合は原則として認めるべきではないともいわれている[3]。ただし，そうすると，被告人の数だけ審理を重ねなければならなくなるし，事実の合一確定や，共犯者間の刑の均衡が図られなくなるおそれがあるが，裁判員裁判ではそれでも仕方がないという意見もある。しかし，本当にそれでよいのだろうか。

また，主観的併合がなされずに，共犯者を分離して審理した裁判員裁判において，共犯者の刑の均衡を図るためにはどのようにすればよいのか。特に，控訴審では，1審の共犯者の刑の不均衡をどこまで是正することが期待されているのだろうか。

II 裁判員裁判と主観的併合の在り方

1 裁判員裁判と主観的併合の可否

(1) 刑訴法は，弁論の分離・併合は裁判所の自由な裁量に委ねている（同法313条1項）。ただし，被告人の防御が互いに相反するなどの事由があって，被告人の権利を保護するため必要があると認めるときは，弁論を分離しなければならない（同条2項，刑訴規210条）。裁判員法にも主観的併合をしない場合を想定した規定（同法65条3項）はあるが，刑訴法の弁論の分離・併合の趣旨を変更したものとはみられない[4]。

一般に，主観的併合のデメリットとしては，㋐被告人間で主張が異なって防御方針が対立した場合には，相互の利害が反し，各被告人の権利保護が不

---

(3) 池田・解説裁判員法128頁，角田正紀「裁判員裁判の対象事件について」小林・佐藤古稀699頁，今崎・前掲注(2)652頁，岩永愛「主観的併合のあり方」刑弁72号46頁以下等。
(4) 井上弘通「裁判員裁判における共犯者判決の取扱い」原田退官292頁。

Ⅱ　裁判員裁判と主観的併合の在り方

十分になるおそれがある，(イ)被告人の数が多くなると審理が複雑になる，(ウ)手続の進行が渋滞しがちで，遅延の原因になりかねない，(エ)あまりに多数の被告人を併合すると，訴訟指揮権の適切な行使が困難になる，などの点が挙げられている。逆に，メリットとしては，(a)証拠調べの重複が避けられ，証人の負担も最小限で済ますことができるなど，訴訟経済に資する，(b)各被告人に共通する事実の合一確定が可能となる，(c)被告人間の量刑の均衡が図れる，(d)一部被告人の審理が先行した場合に起きかねない予断や予測の懸念が生じない，などの点が挙げられている。

　裁判所は，これらのメリット・デメリットをよく勘案して，弁論の分離・併合の可否を判断してきたものと思われる。

(2)　ところが，裁判員裁判においては，主観的併合は原則として認めるべきでないという意見があるのは先にみたとおりである。そこでは，特に主観的併合のデメリットが強調され，裁判員に過大な負担をかけることになると予測されたのである。

　しかし，各国における陪審制度や参審制度において，主観的併合が原則として行われていないなどということはない。例えば，フランスにおいては，主観的併合は当然のことのように実施されており[5]，アメリカの陪審裁判でも，主観的併合は決して珍しくないようである。我が国の裁判員裁判についても，主観的併合に消極的な意見が多かったのは，裁判員制度の施行前で，裁判員裁判において主観的併合事件の審理が可能かどうか（裁判員が耐えら

---

(5)　筆者が傍聴したパリ重罪院における裁判では，1件6名の強盗殺人等の事件が，約1か月間の長期日程で審理されていた。被告人らの認否はバラバラであったにもかかわらず，当然のように併合審理されていた。もちろん，フランスの刑事裁判制度は，大陸法系の職権主義的なもので，英米法の伝聞法則等も厳格には採用されていないので，被告人らの証拠は共通で，証拠の採否が被告人ごとに異なって審理が複雑になるなどということはないし，判決に詳細な理由の記載も要しないなど，我が国の制度とは大きな違いがある。
(6)　筆者も，裁判員制度の施行に当たり，地裁の現場でその準備も含めて実際に深く携わってきたが，とにかく裁判員裁判を順調にスタートさせるためには，その障害になりそうなものは，できるだけ排除しておきたいという思いに捉われがちであった。そこで，若干の疑問を保留しつつも，主観的併合は避けざるを得ないのではないかと考えてきた。

れるかどうか）が，正確には予測できなかったからであるように思われる[6]。

　実際に裁判員制度が施行されて約5年が経過した現在までの状況をみてみると，施行前の予想とは異なり，各地の裁判所で相当数の主観的併合事件の審理が実施されてきている[7]。その理由として考えられるのは，予想していたほどデメリットは大きくなく，あるいは，裁判員裁判の審理を工夫することによって，その障害とされていた点を克服することも不可能ではないこと，また，逆に，主観的併合のメリットが大きく，併合審理を要望する声も強かったからではないかと思われる。以下，裁判員裁判における主観的併合のメリット・デメリットについて，更に具体的に検討していくことにする。

　(3)　主観的併合のデメリットのうち，上記㋐及び㋑については，確かに，裁判員裁判においても，これが大きな障害になることが多く，例えば被告人間で，一方はすべて自白して情状のみを争い，他方は全面的に否認して事実を争うなどとして，争点や防御方針が大きく異なるような場合には，審理が複雑になり，被告人ごとに証拠の認否（刑訴法326条の同意，不同意の意見等）や訴訟の進め方も異なり，被告人相互の利害が反することにもなりかねない。特に裁判員裁判において，同一の事実（立証事項）について，一方の被告人については書証により，他方の被告人については証人尋問により，別々に心証を採るようなことを一般の裁判員に求めるのは，酷というほかないだろう[8]。

　デメリット㋒については，裁判員裁判においては必ず実施しなければならない公判前整理手続において，被告人が多数になればその足並みがそろわず，各被告人の主張や書証の認否の調整等にも時間を要し，遅延の原因になりかねない。また，自白事件では比較的早期に終結できるのに対し，否認事件ではどうしても終結までに長期間を要し，後者が終結するまで前者の裁判

（7）　筆者が勤務していた東京高等裁判所の控訴事件を例に挙げてみると，正確な数字は差し控えるが，裁判員裁判施行以来，平成25年末現在で，管内の地方裁判所から，（共犯事件かどうかを問わず）合計約870名の被告人に対する控訴事件が受理されているところ，そのうちの約60名の被告人が，1審の裁判員裁判で，2人以上の主観的併合事件として審理されてきており（1件4名の事件もある。），少なくとも，原則として主観的併合事件の審理はしないというような傾向は存在しないといえる。

（8）　今崎・前掲注(2)652頁。

の開始を待つわけにはいかない場合も多いであろう。

　しかし，裁判員裁判においては，公判廷で直接見て，聞いて分かる審理を心がけるべきであり，また，供述証拠の取調べ方法の原則からみても（刑訴法320条1項），昨今では，被害者，目撃者等の事件の重要人物については，供述調書の同意，不同意にかかわらず，直接法廷で証人として出廷し，証言すること（いわゆる「人証化」）が提唱されてきており，実際にもそのような運用が広まりつつある。そうすると，人証化が進んでいけば，共犯者間で書証の認否に相違があっても，結局書証は採用せずに証人尋問によることになるから，被告人間で証拠が共通となり，併合審理の障害がかなり減少するものと考えられる[9]。そして，分離して被告人ごとに裁判員裁判を実施した場合には，被告人の数だけ審理を重ねなければならず，裁判所は，裁判員裁判の審理で公判期日が埋まり，新たな裁判の期日指定や法廷の確保が困難になり，他の事件の審理にも悪影響を及ぼすなどし，全体的に見ると，分離した方が併合して審理するよりも迅速な裁判が実現できたとはいえないことも起こり得る。

　デメリット㋓については，公判前整理手続で十分に争点や証拠の整理を行い，訴訟の進行についても事前に協議しておけば，訴訟指揮権の行使が困難になるというような事態は想定し難いと考えられる。

　(4)　逆に，主観的併合のメリットについてみると，メリット(a)の訴訟経済の観点は，裁判員裁判でも重要であろう。裁判員制度の導入時には，訴訟経済を度外視してでも，制度の円滑な施行と安定的な運用が最優先されたかもしれないが，施行後約5年が経過し，一応この制度が定着しつつあることからすると，今後は原点に立ち返って，より経済的で，効率的な制度運用が求められるのは当然であろう[10]。

---

(9)　村瀬均「被告人複数の場合の公判手続」新刑訴争点144頁は，「自白事件でも重要証拠は書証によらずに人証によるべきとの運用が広がっているが，その場合には証人の負担の点から併合審理がより多くなる可能性がある」としている。
(10)　フランスでは，陪審裁判が非常に金のかかる贅沢な制度であることが相当強く意識されているようで，過剰な歳出を抑えるために，陪審裁判（一定の重大事件）の年間起訴件数が全国で3,000件程度に収まるように，検察官による起訴調整（軽罪化）が行われているといわれている。

メリット(b)の事実の合一確定及び(c)の量刑の均衡が図れるという点については，主観的併合審理に消極的な考え方からは，証拠関係が異なるのであるから事実の合一確定ができなくても誤りではないし，1回限りの多様な価値観を有する裁判員で構成される裁判員裁判である以上，量刑に幅が生じるのはむしろ当然であるから，共犯者間で刑の均衡が図れなくても仕方がないのではないかともいわれるが，それは決して望ましいこととは思われない。後のⅢで詳述するが，公平の観点から，各被告人間のみならず，被害者やその他の訴訟関係人，ひいては国民にとっても納得し難いような結論になってもやむを得ないというのでは，裁判員裁判の否定にもつながりかねない。

メリット(d)については，裁判員裁判では，併合審理をせずに，一部被告人の裁判員裁判が先行した場合には，後の裁判の裁判員が前の裁判の結果に捉われすぎて，それに反する意見を言い難くなってしまう懸念があり，それを防ぐことができる。

(5) 以上考察してきたところによると，裁判員裁判においても，主観的併合の可否については，始めから原則として併合すべきではないという消極的態度で臨むのではなく，裁判員裁判特有の事情を考慮しつつも，一般事件の場合と同様に，そのメリット・デメリットをよく勘案して，その可否を決していくべきであろう。

2　裁判員裁判における主観的併合の具体的な在り方

(1)　先にみたとおり，裁判員裁判においても，主観的併合のメリットがあることは，一般の事件と同じであるとすると，主観的併合による審理を実施するかどうかについては，まずはそのメリットを活かして，できるだけ併合審理をすることとし，デメリットとされている障害が克服できない場合にはやむを得ず分離する，という姿勢で臨むのがよいと思われる[11]。

もちろん，上記のデメリット以外にも，裁判員法廷の広さ[12]や法廷警備

---

(11)　島田一「裁判員対象事件における事件の併合・分離と区分審理決定」実例刑訴Ⅱ144頁以下も，同旨を述べている。

上の問題[13]等の物理的な障害によって制約を受ける場合もあるが，問題はそれ以外の場合である。

(2) 法廷の広さや警備上の問題等はなく，物理的には併合審理が可能なのに，裁判実務上，併合審理に反対するのは，主に弁護人であり，被告人の権利保護に支障があるとして，弁論の分離を求めてくる場合が多い。

その理由としては，①被告人相互間の人間関係から，自由活発な訴訟活動が妨げられるおそれがあること，②被告人相互間で防御方針が異なるなどして，証拠の共通化が図れないこと，③併合審理によって，各被告人の弁護活動が重複し，裁判員に与えるインパクトが相対的に低下すること，などがあるといわれている[14]。

そのうち，①が最も深刻な問題といえる。これは，裁判員裁判に限ったことではないが，デメリット㋐で述べたように，一部の被告人が他の被告人の前では委縮するなどして（他の被告人の関係者である傍聴人に委縮するという場合もある。），思うように供述できないおそれがあると認められる場合には，同被告人の権利保護のためにも，分離するのはやむを得ないであろう。ただし，この点を過剰に警戒して強く分離を求めてくる弁護人もいる。被告人相互間の人間関係といっても様々なものがあり，例えば，暴力団の親分・子分等の関係等，経験則上支障の存在が推認されるような場合ならば格別，そうでない場合には，その必要性を十分に疎明させ，疎明が不十分な場合には，併合審理のメリットをよく説明するなどして，主観的併合に応じるように説得すべきであろう[15]。②については，裁判員裁判特有の問題であるといえるが，前記のとおり，人証化の進展によれば，証拠の共通化も図れ，克服することが可能になってきている。③についても，裁判員の理解が得られにくくなることや裁判員に与える印象が悪くなることを懸念するもので，理

---

(12) 現在の我が国の裁判員法廷の容量からすると，各地方裁判所によって若干の相違はあるが，身柄拘束中の被告人の場合は，最大でも5人程度が併合審理の限界ではないかと考えられる。
(13) 例えば，厳重な法廷警備を必要とする事件においては，被告人の数が多くなれば，それだけ危険や混乱が増大し，不測の事態が生じるおそれが高くなるといえよう。
(14) 岩永・前掲注(3)47頁。

解できないではないが，専ら弁護活動を工夫するなど，弁護人側の努力で克服すべき問題ではないだろうか。実際にも，最近では，各弁護人が協力し合って，各被告人に共通な部分については，重複しないようにそれぞれが分担して弁護活動を行うという方法も提唱されてきているようである[16]。

(3) 主観的併合は，被告人にとって不利益とばかりはいえない。共犯事件においては，事件の関係者全員がそろった法廷で，全員の供述を直接見て，聞いて，判断するのが本来の裁判のあるべき姿であろうし，そのようにして裁判員に判断してもらうことによって，各被告人間の関係等も正しく理解され，事実の合一確定や，量刑の均衡も図れるし，個々の被告人の納得にもつながるのではないだろうか。実際に，別々に起訴された共犯者の弁護人が連携を密にして情報を共有しながら弁護活動を行い，裁判所に対し併合上申をし，当初消極的であった裁判所を説得して主観的併合を実現し，公判でも協力し合って無罪を獲得したという事例も報告されている[17]。裁判員裁判においては，主観的併合に反対することが被告人の保護につながるなどという固定概念は，改める必要があろう。

III 裁判員裁判と共犯者間の刑の均衡

1 共犯者間の刑の均衡を図る必要性

(1) IIでも述べたとおり，裁判員裁判においても，公平の理念から，共犯

---

[15] 筆者の経験として，裁判員裁判施行間もない頃の夫婦による通貨偽造，同行使被告事件で，公判前整理手続において，妻が，夫の前では委縮してしまって自由に供述できないとして，弁護人から強く分離を求められたことがあった。検察官の意見を聞いても，夫婦間に必ずしも強い上下関係があるとまでは考えられなかったため，併合審理に応じるよう弁護人を説得したが，頑として応じてもらえず，結局分離して審理せざるを得なかった。実際に夫と妻を別々に審理してみたところ，本当に分離する必要があったとは認め難かった（もともと夫は前科の関係から実刑が必至であり，妻は執行猶予が予想されるという事案であった。）。
[16] 神山啓史「事例報告①『情状弁護の弁論』強盗致傷共犯事件（主観的併合）」刑弁77号53頁。
[17] 鈴木一郎「主観的併合事件における公判前整理手続の対応（大阪地方裁判所平成25年9月27日判決）」刑弁78号43頁。

者間の刑の均衡が図られるべきであることは当然であろう。例えば，共犯事件において，同じような役割を果たした共犯者らに対しては同程度の刑を科すのが公平感に合致するし，犯行を主導した者の方が従属的に関与した者よりも重い刑を受けるべきなのは，刑法が，内乱罪（同法77条）や騒乱罪（同法106条）において，首謀者，指揮者，付和随行者等の役割に応じて法定刑に軽重を定めていることなどからも明らかである。このような刑の定め方は，責任刑主義の考え方にも合致するであろう[18]。

(2) そして，共犯者を主観的併合により審理する場合には，裁判員裁判の場合でも，証拠調べの結果に基づき，各共犯者の果たした役割の軽重等を考慮して，刑を決めることになるから，その刑の均衡を図ることは容易であろう。もちろん，各共犯者の刑は，その役割のほか，犯行後の情状（反省状況，被害弁償等）や前科関係，その他の一般情状（年齢，性格，経歴，家庭環境等）等の各人の個別的事情をも検討して定められることになるから，最終的には役割の軽重とは異なる刑になることはあるが，そのような個別的事情による調整をする前の刑の均衡が図られるのである[19]。

(3) しかし，主観的併合がなされていない場合には，共犯者間の刑の均衡を図るのは容易ではない。その上，併合審理されていない場合には，各共犯者の裁判の時期，提出される証拠や裁判体が異なり，認定される前提事実も異なってくる場合があるから，そのまま刑を比較することはできず，そのような相違の有無を見極めた上での刑の均衡を考える必要もある。

従来の裁判官裁判においては，共犯者を分離しても同じ裁判体が審理する場合が多かったから，先行した共犯者の裁判結果は，自ずと後の共犯者の裁判の参考にされていたと思われる。共犯者が別々に起訴されて，別の裁判体で審理される場合でも，裁判体としては，先行した共犯者の裁判結果を別の裁判体や検察官に問い合わせるなどして，事実上調査することは容易であっ

---

(18) 池田修「控訴審における共犯者間の刑の均衡の考慮について」原田退官583頁。司法研究・量刑評議の在り方80頁も同旨。
(19) 共犯事件の量刑の実際については，木山暢郎「共犯事件と量刑」量刑実務大系(1) 336頁以下，池田・前掲注(18)582頁以下等参照。

たし，正式に判決書を証拠採用し，それを参考にして刑の均衡を図るといった運用が行われてきた。もちろん，先行する共犯者の裁判結果は，後の共犯者の裁判に際して，規範的な拘束力を有するわけではないし，刑を定めるに当たってのいわゆる量刑事情そのものではなく，基本的には量刑判断に当たっての一つの目安という位置付けとなると思われる[20]。

しかし，裁判員裁判では，前記のとおり，幅広い層から選ばれた一回限りの多様な価値観を有する裁判員が参加する以上，量刑の幅も広がることになるから，共犯者間の刑の均衡を図ることは難しくなる。裁判員は，裁判官が職業柄身に付けている量刑相場ないし量刑感覚といったものを持っていない。それでも，誠実に職務を果たそうとする裁判員であれば，共犯者との刑の均衡を図りたいと考えるはずであり，先行する共犯者の裁判結果を知りたいと強く望むことが多いであろう。裁判員裁判の場合には，共犯者間の刑の均衡を図るためにも，先行する裁判結果を参考資料にする必要性が高いともいえよう。

ただし，共犯者の裁判結果を利用する方法としては，裁判官裁判の場合のように，判決書を証拠採用して，その内容をよく吟味し，各共犯者の共通点や相違点を見極め，共通点のみを量刑上参考にするというようなやり方は，裁判員裁判では考え難い。そこで，共犯者の裁判の判決書抄本や判決主文のみを報告書の形で提出させたり，当該共犯者の証言の中で裁判結果を述べてもらうという運用も行われているようである。

また，主観的併合のメリット(d)に関して述べたように，裁判員は先行した裁判の結果に捉われやすいという懸念がある[21]。特に先行した裁判の量刑が常に正しいという保証はない。現実にも先行した裁判の量刑が許容される量刑の幅の中で重めであったり，軽めであったりすることがあり得るのは当

---

(20) 司法研修・量刑評議の在り方81頁。なお，先行する共犯者の裁判結果の量刑における位置付けや検討方法については，木山・前掲注(19)372頁以下が詳しい。
(21) 裁判員が，先行する判決に引きずられやすいという点については，筆者の経験としても，裁判員は，先行する共犯者の刑を聞かされると，それを基準として受け止めてしまいがちで，突出した意見が言い難くなるという傾向があるように思われる。

然であるが，その幅を超えて重すぎたり軽すぎたりする場合もないとはいえない。したがって，裁判員裁判では，先行する共犯者の裁判の量刑を目安として参考にするにしても，自ずと限界があるし，十分慎重に検討する必要もある。[22]

(4) なお，共犯者の裁判の判決書については，証拠としての法律的関連性に疑問があり，犯罪事実の内容や重要な情状事実についての認定が同様で，その判決が確定している場合等に限定して利用するべきで，そうでないと裁判員に誤解を与えかねない有害なものとなるとの指摘がある[23]。確かに，共犯者であっても，証拠関係は全く同一ではないから，事実認定やその評価等は，他の共犯者にはそのまま妥当しないはずであり，理論的にはそのようにいえるかもしれない。しかし，裁判結果の利用の仕方にもよるが，例えば，公訴事実自体の相違（他の客観的併合事件の有無等）や共犯事件全体についての事実認定の相違の有無や各共犯者の地位，役割等の個別的事情等もある程度分かるように工夫した形で提出されるならば，裁判員を誤らせるおそれは少なくなるであろう[24]。裁判員裁判においても，公平の理念から，共犯者間の刑の均衡を図るという要請があることを認める以上，これに資する一つの量刑資料としてならば，共犯者の裁判の判決書には，原則として法律的関連性，必要性があると認めてよいのではないかと考える[25]。また，現在，裁判員裁判が控訴審で量刑不当で破棄される割合が非常に低いという運用状況にも照らせば，参考にすべき先行判決を確定判決に限る必要もないと

---

(22) 先行する裁判結果を後の裁判で提出する場合に，その裁判結果の量刑が重すぎる，あるいは軽すぎるという意見のある当事者としては，論告・弁論等でその点を十分に指摘し，裁判員に注意喚起しておくべきである。裁判所としても，評議の際に，先行する裁判結果をそのまま鵜呑みにするのではなく，裁判員自身でもう一度よく考えるように促す必要があろう。
(23) 井上・前掲注(4)301頁以下。
(24) 公判前整理手続等において，当事者間でどのような形で証拠として提出するかをあらかじめ協議し，裁判員に誤解を与えないように調整しておくべきである。
(25) 島田・前掲注(11)147頁は，裁判員裁判の評議において，量刑検索システムの使用が許されていること，最（一小）判平成11・12・16裁判集刑277号283頁，判タ1019号108頁でも，死刑か無期懲役かの選択のための一つの要素として，共犯者との刑の均衡が考慮されていることなどから，共犯者の判決結果を取り調べることが許されるとしている。

思われる。

2　刑の均衡の意味と裁判員裁判におけるその変容

(1)　ところで、共犯者間の刑の均衡を図るといっても、どの程度まで厳格に要請されるのだろうか。これについては、今一度刑の均衡の意味に立ち返って考えてみる必要がある。

刑の均衡には、①相対的均衡（他の類似事件との均衡）、②絶対的均衡（犯罪の重さとの均衡）及び③共犯者間の均衡があるとされる[26]。公平の観点や、責任刑主義の考え方からすれば、これらのいずれの意味においても、刑の均衡が図られるべきことに、異論はないであろう。

(2)　しかし、裁判員裁判の施行に伴って、多様な価値観を有する裁判員が参加する以上、量刑に幅が生じることも当然であるとして、これが許容されるようになってきていることは先にも触れたとおりである。そして、量刑に幅があることを許容するというのは、要するに、刑の均衡の要請を厳格には求めず、より緩やかに考えるということであるが、そこでいう量刑の幅とは、一般的には上記①及び②の意味で用いられている場合が多かったであろう。

(3)　本稿で特に取り上げて検討しようとしているのは、③の意味における刑の均衡であるが、①及び②の意味における刑の均衡が変容してくるならば、③の意味の刑の均衡も当然に変容し、これまでよりも広い幅が承認されざるを得なくなる。すなわち、共犯者を別々の裁判員裁判で審理した場合、広めの量刑の幅を許容するということになれば、例えば、一方の被告人は重めの刑で、他方の被告人は軽めの刑であってもその量刑の幅の枠内に入っていれば、いずれも正しい量刑判断であるとされるはずであり、その結果、共犯者間の刑の均衡は、厳格には守れなくなりそうだからである。

(4)　単独犯の場合と比較してみると、単独犯では上記①及び②の意味における刑の均衡の問題しかないから、そこで許容される刑の幅は、そのまま結

---

(26)　原田・裁判員裁判と量刑法110頁。

論として許容されることになる。ところが，共犯者の場合には，更に③の意味の刑の均衡が要請されるというのである。共犯者の場合にだけ，そのような刑の均衡を求める根拠はどこにあるのだろうか。

それは，要するに，前記のとおり，共犯者間の公平感に合致し，被害者及び広く国民の納得も得られ，国民の司法に対する信頼を高め，刑を受けた者にとっても更生の意欲を抱くのに寄与することになるからであり[27]，刑罰法令の適正な実現という刑事司法の目的（刑訴法1条）からも導かれるといえるだろう。

(5) 裁判員裁判においては，裁判官裁判のように詳細な資料に基づいた検討はできないし，多様な価値観を有する裁判員が参加することなどから，厳密な意味での均衡を図ることが困難であるのは，先にもみたとおりである。しかし，そのような制約はあるにしても，裁判員裁判の下で，可能な限りの方法で，共犯者間の刑の均衡を図って行くべきであり，そのためには，裁判員裁判において，先行する共犯者の裁判が存在する場合には，前記のような制約があり慎重な配慮も必要ではあるが，その裁判結果を参考にしてよいし，むしろ，参考にすべきであると考える[28]。

3 控訴審における共犯者間の刑の均衡に関する判断の在り方

(1) 控訴審において，量刑不当の控訴趣意の理由として，共犯者間の刑の均衡が主張されることがしばしばあり[29]，実際に，それを理由の一つとして破棄される場合も少なくないように思われる。上告審においても，量刑不当を理由に破棄した事案のうち，共犯者との刑の均衡に触れたものが3例

---

(27) 池田・前掲注(18)583頁参照。
(28) 司法研究・量刑評議の在り方83頁によると，「裁判員裁判実施後，検察官や弁護人においても共犯者の判決の取調べを求めない運用も少なからず行われているようである」とされているが，それが共犯者判決書の取調べをしないだけでなく，共犯者の判決結果を全く利用しないという意味であるとすれば，筆者としては，そのような運用には賛成できない。
(29) 木山・前掲注(19)373頁，池田・前掲注(18)589頁は，控訴審において，共犯者の刑の均衡を重視して1審判決を破棄する事例が少なくないとしている。

（最（二小）判昭37・4・13裁判集刑141号789頁等）あるとされている[30]。

　もちろん，共犯者との刑の不均衡があるからといって，それだけで直ちに破棄されるわけではなく，前記のように，比較すべき共犯者との前提事実の相違の有無やそれぞれの個別事情等を考慮して，刑が均衡を失しているかどうかを判断すべきは当然である[31]。

　(2)　しかし，前記のとおり，裁判員裁判では，量刑の幅が相当広く承認されているとともに，前記の①及び②の意味の刑の均衡に加えて，共犯者の場合にだけ，③の意味の刑の均衡が求められていること，さらには，裁判員の参加する裁判体の判断を裁判官のみで構成される控訴審が，なぜ審査することができるのかという控訴審の審査権原の問題等からすると，控訴審が共犯者間の刑の不均衡を理由に裁判員裁判を破棄すべき場合というのは，相当限定的にならざるをえないように思われる[32]。

　(3)　実際に共犯者間の刑の不均衡を理由に，1審の裁判員裁判を控訴審が破棄できる具体例としては，いわゆる逆転現象が生じている場合などが挙げられている。すなわち，明らかに従属的な立場の者の刑が主犯の刑より重く，共犯者間で量刑の均衡が逆転しているような場合など，社会通念に照らして，共犯者間において，そのままの量刑を維持することが正義に反すると判断される程度の著しい不均衡が生じている場合には，公平の観点から，これを是正することが考えられる，というのである[33]。同様の立場から，逆転現象については，尊重すべき国民の意見が分裂状態にあることを示し，両様の意見を同時に尊重することはできないし，明らかに矛盾する判決の存在は裁判員裁判に対する国民の信頼を損ないかねないものであるから，その疑念を是正するためにも，控訴審が国民の意見を最大限尊重しつつ1審の量刑

---

(30)　池田・前掲注(18)589頁以下参照。
(31)　刑の均衡が失している場合でも，先行する裁判結果が不当に重い，あるいは軽いと思われるような場合には，控訴審としては，後の（正しい）裁判を直ちに破棄することはし難いだろう。
(32)　裁判員裁判については，共犯者間の刑の均衡を図ることにやや消極的な立場もある。司法研究・第一審の判決書及び控訴審114頁，東京高裁つばさ会ペーパー15頁等。
(33)　中桐圭一「量刑の審査」判タ1275号69頁。

判断を審査し,必要な場合にはこれを正すことが相当で,これにより,共犯者間の量刑均衡や公平,平等の理念に沿うことになるともいわれている[34]。

(4) ただし,共犯者間で量刑の逆転現象が生じることは,実際には余りないようである。そして,1審の裁判員裁判において,先行する共犯者の裁判結果を参考にするという運用が多くなれば,逆転現象は更にまれにしか生じなくなるであろう。しかし,逆転現象とまではいかなくても,併合審理をしていたならば,明らかに刑の軽重があってしかるべき共犯者間の刑が同一か,あるいは,ほとんど変わらないなど,逆転現象に近い状況は起こり得る。逆転現象自体が問題なのではなく,公平の観点から,そのままの量刑を維持することが正義に反するかどうかが問題なのであるから,そのようにいえる場合には,控訴審としては,躊躇することなく,1審の量刑を是正すべきであると考える[35]。

Ⅳ　おわりに

(1) 裁判員裁判については,その施行前には予測不可能な事態も多く存在したため,必ずしも十分に検討されていなかった部分があり,施行後約5年が経過し,運用を重ねるにつれて様々な課題が明らかになってきている。その中には既に改善されてきた点も多いが,なお改善が必要な課題については,刑事裁判の基本的なありようという原点に立った上での検討が早急に進められなければならないとされている。

主観的併合の問題についても,裁判員裁判では妥当でないなどと決め付けることなく,事案ごとにその可否をよく検討して,判断していくべきであろう。

(2) また,控訴審は,裁判員裁判の施行に伴って,1審を尊重して事後審に徹し,事実誤認の審査においては,1審判決が論理則・経験則等に照らし

---

(34)　井上・前掲注(4)308頁。
(35)　樋上慎二「共犯者間の刑の均衡と量刑審査」判タ1364号62頁以下も同旨を述べている。

て不合理であることを具体的に示すことができるかどうかを判断し，量刑不当の審査においては，１審の量刑が責任刑主義の大枠（広めになった量刑の幅）に収まっているかどうかを判断すべきであるなどといわれるようになってきている。控訴審が事後審に徹すべきであるというのは，刑訴法の本来の趣旨にも合致し，裁判員裁判と裁判官裁判とで違いはないはずであるから，控訴審としては，裁判員裁判と裁判官裁判とで異なる審査基準を用いること，すなわちダブルスタンダードを設けるのはよくない，ともいわれる。

しかし，量刑審査に限っていえば，量刑の幅を広めに認めることや共犯者間の刑の均衡をより緩やかに解すべきであることなどは，裁判員裁判の特徴から導き出されたものであり，裁判官裁判には本来的には当てはまらないはずである。したがって，量刑審査については，裁判員裁判と裁判官裁判とで，許容される量刑の幅が全く同じでなければならない理由はないとも考えられる。実際の高等裁判所の運用においても，裁判員裁判よりも裁判官裁判の場合の方が，量刑不当で１審を破棄する率は高いようである。今後，控訴審の運用がどのようになっていくか，その推移を見守っていきたい。

(3) また，裁判員裁判に対する控訴審のこれまでの量刑審査の在り方は，やや謙抑的すぎたのではないか，という声も聞かれる。例えば，特に明確な理由も示さないまま，検察官の求刑を超えた量刑をした１審の裁判員裁判に対しても，控訴審はこれを維持し，控訴を棄却してきた例が多くみられた。そのような量刑審査のスタンスが良かったのかどうか，控訴審の審査権原の問題等と併せて改めて検討されはじめている。

これは，控訴審の存在意義にも関わる問題であるが，控訴審を構成する裁判官としては，法律の専門家の立場から，１審判決の不合理な誤りを正す役割を担っているのであるから，過度に謙抑的であってはならず，その権限を的確に行使していくべきであると考える。

（やまだ・としひこ）

裁判員裁判における被害者をめぐる諸問題

司法研修所教官・判事 　西川　篤志

I　はじめに
II　裁判員等選任手続における問題について
III　証拠調べ上の問題について
IV　被害者参加における問題について
V　終わりに

I　はじめに

　犯罪による被害者等（以下「被害者等」という。）は，従前，自身が証人となる場合のほか，刑訴法292条の2に規定する意見陳述により刑事裁判手続に関与していたが，平成19年の法改正により，一定の犯罪による被害者等が裁判所の許可を得て被告事件の手続に参加し，公判期日に出席するとともに，一定の要件の下で，裁判所の許可を得た場合には，情状証人に対する反対尋問や被告人質問，事実又は法律の適用についての意見陳述ができる被害者参加制度が創設され，裁判員制度施行前の平成20年12月1日から施行されている。被害者等については，犯罪被害者等基本法において，「個人の尊厳が重んぜられ，その尊厳にふさわしい処遇を保障される権利を有する。」との基本理念が定められており（3条1項），その被害に係る事件が裁判員裁判の対象か否かにかかわらず，裁判手続等において，その尊厳にふさわしい処遇を保障されるのは当然である。もっとも，裁判員裁判においては，裁判

官のみならず，一般国民から選ばれる裁判員候補者，裁判員，補充裁判員が各手続に関与することに伴い，被害者等に加え，裁判員等に対する特別な配慮を要する場面が少なくない。裁判員制度施行後，本稿の執筆時点で4年余りが経過し，この間の法曹三者の不断の努力により，これらの各場面において，様々な工夫や対応がなされており，その中には，運用が定着してきたものも数多く存在する反面，まだまだ課題は存在するし，今後の事例の集積を待って検証しなければならない事項も少なくない。本稿では，このような裁判員裁判における被害者等をめぐる諸問題のうち，裁判員等選任手続における問題，証拠調べ上の問題，被害者参加に伴う問題のいくつかを取り上げ，現在の実務の運用や課題等を整理することにしたい。

Ⅱ 裁判員等選任手続における問題について

1 被害者特定事項秘匿決定がなされた場合の問題

(1) 裁判所は，被害者等の名誉やプライバシーに配慮し，一定の場合に公開の法廷で被害者の氏名や住所等の被害者特定事項を明らかにしない旨の決定（被害者特定事項秘匿決定）ができる（刑訴法290条の2第1項）。裁判員裁判対象事件の中には，集団強姦，強姦致死傷，強制わいせつ致死傷等の性犯罪事件も含まれるが，実務上，これらの性犯罪事件のほとんどにおいて，被害者特定事項秘匿決定がなされている。

他方で，裁判員法17条及び18条は，裁判員・補充裁判員の不適格事由を定めているが，これらの不適格事由の有無を判断する際，被害者との特定の関係の有無を考慮せざるを得ず，被害者特定事項は，これらの不適格事由該当性を判断する上で必要不可欠な情報となる。ところが，裁判員候補者には守秘義務が課されておらず，刑訴法上の被害者特定事項秘匿決定の効果が及ばないため，これらの情報が流出し二次被害等が生じるおそれもある。そのため，裁判員等選任手続においては，裁判員法17条及び18条該当性の判断の必要性と被害者等のプライバシー保護の必要性の双方の観点から，いかなる方法により，どの程度，裁判員候補者に対し，被害者特定事項を提供するか検

II 裁判員等選任手続における問題について

討しておく必要がある[1]。

(2) 実務上，裁判員等選任手続においては，裁判員等選任手続期日当日に実施されるオリエンテーションにおいて，裁判員候補者全員に対し，一律に，被告人や被害者の氏名等も含む当該事件の事案の概要を明らかにした上，当日質問票を用いるなどして，裁判員候補者に対し，裁判員法17条所定の特別の関係の有無や，先入観にとらわれず，裁判で見聞きしたことだけで公平に判断できるかといった同法18条該当性判断のために必要な質問をし，不適格事由該当性の有無を判断しているのが一般的と思われる。ところが，性犯罪の事案を中心とする被害者特定事項秘匿決定がなされた事件，あるいはその旨決定するのが相当な事件については，裁判員等選任手続における被害者等のプライバシー保護の観点から，オリエンテーションにおいて，裁判員候補者全員に対し，一律に，このような詳細な事案の概要を明らかにするのは相当でない。そのため，実務上，オリエンテーションにおいて，事案の概要を説明する際には，被害者の氏名を明らかにしないことはもとより，犯行場所が被害者の自宅である場合等には，犯行場所等を「〇〇市内」といった概括的なものとし，心当たりのある裁判員候補者のみから個別に思い当たる氏名や住所等の特定事項を聴取したり，必要な限度で追加の情報を提供したりするなどして，不適格事由該当性の有無を判断している[2]。このような追加情報を提供した場合には，当該裁判員候補者に対し，事案の性質にかんがみ，被害者特定事項については口外しないだけでなく，筆記もしないように求めておくべきである。

(3) また，検察官及び弁護人に対しては，裁判員等選任手続の2日前までに呼び出した裁判員候補者の氏名を開示することになるが（裁判員法31条1項），その段階で，特に検察官において，被害者に候補者の氏名を知らせ，不適格事由の有無を確認してもらい，そこで思い当たるとされた人物への

---

(1) 最高裁判所事務総局刑事局「模擬裁判の成果と課題」判タ1287号49頁参照。
(2) もっとも，筆者自身の経験では，裁判員候補者からこのような申し出がなされたことはなく，裁判員候補者に対し，個別に被害者の特定につながる追加情報を提供しなければならないケースはかなり限定されるものと思われる。

個別質問等を行って判断することも一般的に行われている[3]。被害者の親族等，被害者との間で裁判員法17条所定の一定の関係がある者については，通常，被害者はその氏名を認識しているものと思われることから，同条所定の不適格事由の有無については，このような方法により十分に判断できよう。

(4) さらに，実務においては，被害者と同一の居住地域に居住したり，同一の勤務先に所属するなど，生活圏を共通にすること自体により裁判員法18条所定の不適格事由該当性が問題になり得る場合には，必要な限度で，裁判員候補者全員に対し，当日質問票を用いるなどして，被害者との間にこのような生活圏の共通性がないかを質問し，そのような関係がある候補者に対し，更に個別に不公平な裁判をするおそれの有無の確認が行われている。このような観点からいかなる質問を実施するかは，通常，検察官の意見を参考に決定されるが，検察官から要望がある質問の中には，不公平な裁判のおそれの有無の判断に必要があるか疑わしいものや，被害者及び裁判員候補者双方のプライバシー保護の観点から問題のあるものも少なからず存在する。筆者も，検察官から，被害者の特定の趣味に関する品評会に出席した経験があるかどうかといったそれ自体不公平な裁判をするおそれの有無の判断に関連するか疑問がある上，被害者の特定にもつながりかねない質問を実施するよう求められたことがある。

実務上，裁判員候補者に対する質問によって被害者と生活圏を共通にする者が存在することが確認された場合には，裁判員法上の不適格事由該当性が認められなくとも，検察官から，当該裁判員候補者につき，同法36条1項により理由を示さない不選任請求がなされることも多い。自らの被害をなるべく知人等に知られたくないという被害者の意向は十分に理解できるものの，裁判員法は，裁判員等選任手続の中で，当事者が理由を示さない不選任請求の行使のための材料を得るために，裁判所に対して裁判員候補者への質問を求めることを想定していないはずであり[4]，上記のような筆者が要望を受け

---

(3) 最高裁判所事務総局監修『「裁判員の参加する刑事裁判に関する法律」及び「裁判員の参加する刑事裁判に関する規則」の解説』〔刑事裁判資料第287号〕（平成19年11月）126頁参照。

たような質問は，裁判員候補者に対する質問事項を定めた裁判員法34条の趣旨にかんがみると，やはり奇異というべきであろう。検察官から要望があった質問については，当該事情により裁判員法18条の該当性が問題になり得ることの疎明がなされているか十分に検討する必要がある。

　また，被害者が転居や転職を繰り返していたり，犯行場所が広域にわたり，かつ，被害者も多数に及んだりするような事件においては，被害者らの生活空間が広域に及ぶため，被害者と居住地域等を共通にする裁判員候補者に対し，一律に個別質問するとなると，個別質問の対象となる裁判員候補者が極めて多数に上り，裁判員選任手続の円滑な運営に支障を来しかねない[5]。このような場合には，特に，検察官や弁護人との間で十分な打ち合わせを行い，上記(3)の裁判員候補者名簿の開示により対応できる質問（例えば，同じ勤務先の者が存在しないものと思われる被害者に関する勤務地域に関する質問）をできる限り除外することは勿論，居住地域等自体により裁判員法18条の該当性が問題となり得るとの疎明があった場合には，必要に応じ，選任手続期日において，出席した検察官及び弁護人に対し，裁判員候補者に質問する方法に代えて，当該地域に居住するなど一定の事項に該当する裁判員候補者の有無や存在した場合の氏名のみ教示することで対応することも考えられよう。

　(5)　以上のような方法により，選任された裁判員・補充裁判員には，選任直後の段階において，速やかに起訴状等を示すなどして被害者の氏名を告げ，念のため，裁判員法17条，18条の該当事由がないか確認してもらう必要があろう。

2　その他の問題について

　裁判員等選任手続においては，裁判員候補者に同種被害経験があることに

（4）　池田・解説裁判員法89頁参照。
（5）　同様の懸念を示すものとして，駒田秀和「被害者特定事項秘匿決定がなされた事件に関する裁判員等選任手続についての若干の覚書」植村退官(3)88頁参照。なお，同論文は，福岡地裁における具体的な実施例を紹介しており，非常に参考になる。

よる裁判員法18条の該当性の有無についても判断を要する場合がある。もっとも，同種被害の有無やその内容は，裁判員候補者のプライバシーに関わる事項であるし，同条の「不公平な裁判をするおそれ」は，訴訟手続外で既に事件につき一定の判断を形成していたり，法律に従わないで裁判をするおそれがある場合に認められるのであるから，その該当性は，同種被害の有無やその具体的内容を質問せずとも，判断できることも多いものと思われる。裁判員法18条の該当性を判断する上で，裁判員候補者に対して同種被害経験の有無等に関する質問を行うかどうかやその内容は，その必要性・相当性につき十分に検討すべきであろう[6]。

III 証拠調べ上の問題について

1 書証の取調べについて

(1) とりわけ裁判員裁判においては，供述調書等の書証の朗読よりも証人尋問の方が印象に残る上，生き生きとした心証を形成できることから，自白事件においても，直接主義を徹底し，被害者等の重要な事件関係者については，積極的に証人尋問が実施されるようになっている[7]。

もっとも，性犯罪の被害者等，証人出廷によって二次被害を受けるおそれがある被害者等の証人尋問を検討するにあたっては，証人となる者の意向や負担に十分に配慮する必要がある。この種の事件においては，公訴事実に争いがなく，被害者等の供述調書等につき弁護人が同意した場合，被害者等の

---

(6) このような観点からの質問を設定する場合，実務上は，まずは，当日用質問票等により，裁判員候補者全員に対し，同種被害経験の有無やその内容そのものを聴取することなく，裁判員候補者に対し，「同種被害経験があるとしても，この裁判で法に従い証拠に基づいて公平に判断することができるか」といった質問をすることが多いものと思われる。また，このような質問に該当する裁判員候補者にとっては，当該事件の裁判員選任手続等に出頭することにより精神上の重大な不利益が生ずることも多いと思われる。このような裁判員候補者については，同種被害の内容等の立ち入った質問をすることなく，裁判員法16条8号に規定するやむを得ない事由を定める政令6号による辞退の申出をいる意向がないか配慮することも考えられよう。
(7) 齊藤啓昭「公判中心主義からみた裁判員裁判の運用」刑ジャ36号47頁参照。

Ⅲ 証拠調べ上の問題について

意向に反して尋問を実施することはまずなく，実務上，被害状況等については，供述調書の取調べによって立証がなされるケースがほとんどである。また，公訴事実に争いがあるなどして，被害者の証人尋問を行う場合であっても，被害者の負担軽減等のため，被害者の供述調書の同意部分を採用して取り調べ，争点判断に必要な核心部分に絞った証人尋問を実施するケースが多いものと思われる[8]。

(2) 性犯罪の被害者の供述調書等のうち，とりわけ性犯罪の性的被害そのものに関する部分は，公開の法廷で朗読されることにより，被害者に恥辱感を与え，二次被害を与えるおそれがある。そのため，実務上は，検察官からの申出により，弁護人の了解を得て，性的描写にわたる部分の写しが裁判官及び裁判員に配付され，各人においてこれを黙読し，供述調書の残りの部分のみが朗読されることが多い[9]。

しかし，事前に，裁判員に対し，趣旨を説明して，供述調書の一部を黙読してもらう旨予告しておくことのほか，審理の際，全員が黙読する上で十分な時間を確保することは当然としても，このような書証の取調べ方法によれば，黙読部分の分量が多い場合，裁判員に過大な負担を強いることになり，的確な心証形成を妨げることにもなりかねないし[10]，当該部分につき裁判員に強い印象を与えることにもなりかねない。黙読の必要性については，当事者の意見も踏まえ，予想される当該部分の内容に照らし，慎重に検討する必要があろう。また，一般論として，行為態様の悪質性がいわゆる犯情に属する事情として，量刑上，意味を有するとしても，性的被害そのもののうち量刑上，重要な意味を持つ部分は限られており，子細にわたる描写部分はさほ

---

[8] 例えば，暴行態様のみが争点となり，わいせつ行為等については争いがない場合に，後者の点についてまで被害者に証言を求めるのは相当でない場合が多いと思われる。
[9] 同様の配慮は，被告人の供述調書を取り調べる場合にも必要となる。また，被告人の供述調書を採用せず，被告人質問により，被告人が公判廷で直接，犯行状況を供述する場合にも，性的描写にわたる部分を詳細に質問するのは相当でないことが多いであろう。
[10] そのほか，視覚障がい者が裁判員に含まれる場合，このような方法を採ることは困難であろう。

ど意味を有さないものと思われる。仮に，供述調書の一部につき黙読を要すると判断した場合であっても，裁判所において，検察官から黙読に要する時間を聴取するなどして，必要以上に長大な内容となっていないか検討すべきであり，該当部分が大部にわたると見込まれる場合には，検察官に対し，真に必要な部分に限定し，抄本化するよう検討を促すべきことは勿論である[11]。また，やむを得ず黙読のための供述調書の写しを配付した場合には，黙読終了後，これを速やかに回収するなどし，裁判員に対する該当部分の印象が不当に強まることのないよう配慮しておく必要があろう。

2 証人尋問について

(1) 裁判員裁判においても，被害者の証人尋問を実施するに当たっては，必要に応じて，遮へい（刑訴法157条の3），ビデオリンク（同法157条の4），証人への付添い（同法157条の2）などの証人保護の措置を講じるべきであり，この点において，裁判員裁判非対象事件との間で特に異なる点はない。

(2) もっとも，被害者特定事項秘匿決定がなされている場合，裁判員に対し，証人尋問や被告人質問の都度，被害者特定事項を明らかにしないよう十分に注意しておく必要があろう。裁判員に対しては，選任後，審理や評議における便宜のため，起訴状の写し等を配付することが多いものと思われるが，万が一にも，誤って法廷で被害者の実名等を口にするような事態のないように，被害者特定事項秘匿決定がなされた事件については，起訴状の写し等そのものを配付するのではなく，被害者の氏名を伏せた公訴事実を記載したメモ等を配付する扱いも考えられよう。

(3) そのほか，裁判員は，一般的に，尋問に習熟していないから，不適切

---

(11) なお，筆者は，検察官から，冒頭陳述においても，性的被害の具体的態様につき，裁判員等にメモを配付した黙読を求められた経験がある。しかし，本来，冒頭陳述は，公判前整理手続における争点と証拠の整理の到達点であり，その後の審理の骨格をなすものであるから，簡潔で明快なものであることが求められ，黙読が必要なほど細かな情報は不要なはずであるから，このような扱いは不適切であろう。

な補充尋問を行うことによって，被害者等に対して二次被害を与えるおそれも否定できない。裁判員による不適切な尋問については，裁判長が訴訟指揮権に基づいて制限することは可能であるが，尋問の内容次第では，一度，発問されてしまうだけで被害者等に二次被害を与えかねない。実務上，裁判官は，休廷時等において，裁判員との間で，補充尋問の内容や方法について話し合うことが多いものと思われるところ，このような機会に，裁判員が被害者等のプライバシーに必要以上に踏み込んだり，憶測等によって質問したりすることのないよう十分に留意しておく必要がある。

Ⅳ　被害者参加における問題について

1　実情と問題意識

　裁判員裁判対象事件の多くは，被害者参加制度の対象となる事件であるところ[12]，実務上も殺人，傷害致死，危険運転致死といった人の生命侵害の結果が生じている事件や強姦致死傷等の性犯罪等において，比較的多く被害者等の参加がなされ，被害者参加人本人や委託弁護士（以下，併せて「被害者参加人等」という。）による公判廷への出席のみならず，実際に訴訟活動がなされることも少なくない[13]。被害者参加人等の訴訟活動については，裁判員制度施行前には，「裁判員の情緒に強く作用することにより，裁判員の心証に不当な影響が及ぶことになるのではないか。」との指摘が一部からなされていたところ，筆者の経験上，被害者参加がなされた事件においても，裁判員は，被害感情等に流されず，冷静に事実認定及び量刑判断を行っておら

---

(12)　裁判員裁判対象事件であること自体は，被害者参加の許否を判断する上で何ら影響しないものと思われる。裁判員制度と被害者参加制度との関係については，最高裁判所事務総局刑事局監修『平成19年・平成20年の犯罪被害者等保護関連改正法及び改正規則の解説』（2009年，法曹会）62頁参照。

(13)　裁判員裁判における被害者参加の状況については，最高裁判所事務総局「平成24年における裁判員裁判の実施状況等に関する資料」68頁参照。

(14)　裁判員裁判を担当された裁判官が同様の感想を述べているものとして，中川武隆＝下津健司＝太田茂＝清水保彦＝河原俊也＝伊藤太一＝川上拓一「〈特別座談会〉裁判員裁判の3年間を振り返って」Law＆Practice 7号39頁参照。

れ，審理や評議に問題が生じた例はない[14]。もっとも，被害者参加人等の活動が事実認定あるいは量刑判断上，裁判員の心証に不当な影響を与えるものであってはならないことは当然であり，裁判所だけでなく，検察官，弁護人においても，被害者参加人等の活動が違法・不当なものとならないよう様々な場面において留意しおく必要がある。以下，手続ごとに実務上，いかなる配慮を要するか検討していく。

2 公判前整理手続について

まず，被害者参加人等が公判期日に出席したり，訴訟活動を行う場合，公判前整理手続期日において，その意向を反映した公判期日を指定したり，審理計画を策定する必要がある。ところが，裁判員裁判においては，例えば，裁判員候補者の呼出し（裁判員法27条）を行った後，公判期日を変更することは事実上不可能であるし，また，策定された審理計画を事後的に大幅に変更することも好ましくない。したがって，裁判所は，公判前整理手続期日において，被害者参加自体の有無や被害者参加が予定されている場合には，見込まれる訴訟活動の内容（証人尋問，被告人質問，意見陳述等）やその程度等につき，被害者参加人等の意向を確認し，これを踏まえた公判期日を指定し，審理計画を策定しておく必要がある[15]。

他方で，公判前整理手続期日は，基本的には裁判官，検察官及び弁護人による率直な意見交換を通じて争点を整理し，審理計画を策定する場である上，被害者参加人等がこれに出席し，事前に当事者の主張や取調べ請求予定の証拠の内容等の様々な情報に接してしまうことにより，その後に証人として証言した場合には，証言の信用性が損なわれるおそれもあることなどから，被害者参加人等がこれらの期日に出席することは認められておらず[16]，これらの意向確認は検察官を通じて行う必要がある。被害者等の心情にかんがみると，その意向が終盤まで定まらないことも多いと思われるが，検察官

---

(15) なお，一旦，期日が指定（予定）された後は，被害者参加人等において，できる限り指定（予定）された期日に都合をつける努力も必要であろう（小池勝雅「被害者参加制度の運用に関する諸問題」植村退官(2)333頁参照）。

が被害者参加人等と綿密に連絡をとり，その意向を速やかに的確に裁判所に伝達することが強く求められる。

3 裁判員に対する制度の説明について

次に，裁判員の混乱を防ぐためにも，被害者等が審理に参加することや予定される活動の内容，その趣旨等について，裁判官が裁判員に対して審理の前に十分に説明しておく必要がある[17]。実務上は，審理に先立ち，被害者参加があることや制度の概要について説明するほか，状況に応じ，節目において，各手続の意味や内容につき，具体的な説明を行うことが多いものと思われる。とりわけ，裁判員の中には，主張と証拠を混同したり，被害者参加人等のする質問自体も証拠になっているものと誤解したりされる方が少なくない。したがって，被害者参加人等の質問自体は証拠にならないことや，被害者等の心情に関する意見陳述は事実認定の証拠にならないこと，事実または法律の適用に関する意見陳述はあくまで意見に過ぎず，証拠にならないことなどは，特に念を入れて説明し，十分な理解を得ておく必要があろう。

4 被害者参加人等による証人尋問・被告人質問について

(1) 被害者参加人等は，証人に対しては，いわゆる犯情を除く情状に関する事項についての証人の供述の証明力を争うために必要な事項についてのみ尋問することが許されており，犯情を含む犯罪事実に関する尋問は許されない（刑訴法316条の36第1項）。また，被告人に対しては，刑訴法の規定による意見陳述をするために必要な事項について，質問することが許されるが（同法316条の37第1項），訴因の範囲を逸脱することが許されないのはもとより[18]，訴因の範囲内であっても，例えば，検察官が現場共謀による犯行との主張・立証をしている場合に，事前共謀による計画的な犯行であったとの

---
(16) 前掲注(9)の文献87頁参照。なお，これらのことからすれば，被害者参加人等による公判前整理手続期日の傍聴も認められない（三村三緒「被害者参加」新実例刑訴（Ⅱ）290頁参照）。
(17) 最高裁判所事務総局刑事局・前掲注(1)29頁参照。

前提で質問するなど，検察官の主張・立証と相反する独自の事実の立証のために質問することは相当でないと思われる[19]。なお，被害者や遺族本人が混乱していて，質問の趣旨が不明瞭な場合には，検察官や裁判官が同じ事項について分かりやすく聞き直すことも必要となろう[20]。

(2) 実務上，被害者参加人等による証人尋問については，その内容が，主尋問に現れていない事項に及び，弾劾の範囲を逸脱すると思われる事例が散見されるほか，証人尋問，被告人質問のいずれにおいても，検察官の質問との間で重複が目立つ事例が散見される。後者についていうと，被害者参加人等による質問の制度が設けられた趣旨からすると，検察官と同一の質問事項であっても，異なる観点から質問するような場合には，不相当な重複質問と判断するのは相当でないが，特に，被害者参加人本人が質問する場合，検察官の質問の単なる焼き直しとなってしまったり，既にした供述を前提に被告人との議論にわたる質問になってしまったりすることがあり，このような質問がなされた場合，多くの裁判員から質問が冗長であったなどとの感想が述べられることも少なくない。違法又は不相当な質問がなされた場合に，裁判長がこれを制限できることは勿論であるが，質問の制限に際し，裁判員に無用な混乱を与えることは好ましくない。まずは，検察官において，被害者参加人等の意向を十分に確認した上，被害者参加人等が希望する尋問事項が相当なものとなっているかを適切に判断するとともに，不相当なものと判断した場合には法の趣旨を丁寧に説明するなどして，被害者参加人等の理解を得ておくとともに，相当なものであると判断した場合には，自らが質問を行うかどうかにつき，事前に十分に打ち合わせておくことが望まれる[21]。

---

(18) 白木功・大コンメ刑訴訟［2版］(7)275頁参照。
(19) 白木功・大コンメ刑訴訟［2版］(7)276頁参照。
(20) このような事例の紹介として，菅野亮＝波床昌則「被害者参加制度の現状と弁護人の対応」刑弁76号23頁参照。

5 被害者参加人等の事実または法律の適用に関する意見陳述，被害者等の心情に関する意見陳述について

(1) 被害者参加がなされた事件については，実務上，多くの場合，裁判員事件においても，被害者等の心情に関する意見陳述（刑訴法292条の2）や，被害者参加人等の事実または法律の適用に関する意見陳述（刑訴法316条の38）が行われている。

(2) 二つの意見陳述の関係については，心情に関する意見陳述がいわば被害者等の生の気持ちを述べるものであるのに対し，事実または法律の適用に関する意見陳述は，検察官の行った論告・求刑の内容や，自らが参加した刑事裁判の結果をも踏まえ，被害者参加人等が，被告人にどのような裁判がなされるべきかついての意見を述べるものであり[22]，意義や位置づけが異なることから，双方の意見陳述を行うことも許されると解されており，実務上も，双方の意見陳述ともに行われることは多い。

二つの意見陳述は，性質上，ある程度の内容の重複が予定されているとはいえるものの，被害者参加人本人の心情に関する意見陳述をそのまま繰り返すような事実及び法律の適用についての意見陳述は，やはり問題というべきであろう。この点，特に被害感情について，被害者等の証人尋問，被害者等の心情に関する意見陳述，検察官の論告，被害者参加人等の事実及び法律の適用に関する意見陳述の内容が重複することが実務上散見される。しかし，被害感情の基となった犯罪行為によって生じた具体的な影響等を踏まえて行為の危険性や結果の重大性の評価をした場合，少なくとも，被告人に対する処罰感情については，それ自体を別途量刑上重視する必要は乏しいというべきであり[23]，このような処罰感情につき，過度な重複にわたる立証や意見陳述がなされた場合，上記のようなその量刑上の位置づけにつき，裁判員の

---

[21] 被害者参加人に委託弁護士が選任されている場合，事前に委託弁護士から検察官に対し，概括的な被告人質問事項をメモで提出するなどして，質問内容や役割分担を調整することも考えられよう。

[22] 白木功・大コンメ刑訴法［2版］(7)281頁参照。

理解を得られず，適切な量刑評議に支障を来すことも危惧される。検察官においては，被害者参加人等がいかなる意見陳述をしようとしているのか，事前にその意向を十分に確認し，場合によっては，各制度の趣旨を説明するなどして理解を得ておくなどして，証人に対する尋問事項を工夫するほか，被害者等において，適切な意見陳述がなされるよう配慮しておくことが求められる。

(3) また，心情に関する意見陳述については，量刑の資料とすることのみ許されており，事実認定の証拠とすることは許されないところ，実務上，被害感情の範囲を逸脱して，例えば，「被告人の犯行態様の一部に関する供述は違っていて，実際はこうであった。」などとの意見陳述がなされることが散見される。前述のとおり，裁判官は，事前に裁判員に対し，心情に関する意見の陳述が事実認定の証拠とはなり得ないことを説明して十分な理解を得ておく必要があり，実務上も，ほとんどの裁判体においてこのような説明がなされているものと思われるが，心情に関する意見陳述において，実際に上記のような陳述がなされてしまうと，裁判員がこれを証拠と混同してしまうことは避け難いし，これを公判廷で制限しようとすると，その制限をめぐって公判廷が無用に混乱するおそれもある。検察官においては，被害者等から，心情に関する意見陳述の概要を予め把握し，このような事態の生じないように配慮しておくことが求められる[24]。

(4) 事実または法律の適用に関する意見陳述については，特に，委託弁護士が行う場合，実務上，検察官の論告とほぼ同一の視点から同様のポイントを指摘するものが多くみられる。制度上，検察官の論告と重複にわたることは制限されていないものの，このような意見陳述については，裁判員からは冗長であったという感想が述べられることも少なくない。勿論，被害者参

---

(23) 司法研究・量刑評議の在り方58頁参照。
(24) 実務上は，被害者等から検察官に対し，意見陳述の概要を記載したメモが事前に提出されることが多いと考えられる。また，心情に関する意見陳述に充てられる時間については，検察官を介し，適切な範囲に収めてもらう必要があろう。このような必要性を指摘するものとして，菅野＝波床・前掲注(20)26頁参照。その他，書面による意見陳述を量刑事実の立証に用いる場合の限界につき，原田・裁判員裁判と量刑法182頁以下参照。

加人の意向を踏まえる必要があろうが，裁判員の理解を得るという観点からは，委託弁護士において，事実の評価等につき検察官の意見と重複する場合には，検察官の論告を適宜引用するなどして，よりポイントを絞った意見陳述を行うことも検討されてよいようにも思われる[25]。

6 評議について

被害者参加のなされた事件については，とりわけ，前記1のような懸念が存在するところであるから，評議の際には，裁判官は，裁判員に対し，被害者参加人等の意見陳述が事実認定の証拠にならないことにつき，再度注意喚起しておくなどし，事実認定及び量刑判断上，裁判員の心証に不当な影響が及ばないよう配慮が必要となる。とりわけ，被害者参加がなされた事件においては，被害者や遺族から峻烈な処罰感情が生々しく語られることが多く，量刑判断に際しては，事実認定と比べ，より一層，被害者参加人等の訴訟活動が裁判員の情緒に深く作用しやすいものと思われる。裁判員制度施行後，殺人事件や性犯罪の事件において，裁判官裁判と比較し，量刑が重い方向にシフトしているところ[26]，このような事件の中には，従前の裁判官裁判に比べると処罰感情の厳しさがある程度重視されたのではないかとの印象を受けるものもある[27]。このような処罰感情につき，量刑上，軽く扱うことができないのは勿論であるが，裁判員に過度に重視されることにより，被害者参加や心情に関する意見陳述のなされない事件と異なる量刑判断がなされることは相当でない。被害者参加がなされた事件に限ることではないが，量刑評議に際しては，裁判官から裁判員に対し，犯罪行為それ自体にかかわる事情（犯情）が刑量を決めるにあたっての基本であること（行為責任主義）や，

---

[25] さらにいうと，委託弁護士の意見陳述については，検察官の論告や弁護人の弁論に比べると，裁判員に対する分かりやすさの面からは正直劣るとの印象を受けることも少なくない。筆者も，委託弁護士により，裁判官裁判と同様の文章羅列式の書面が読み上げられた経験があるが，検察官や弁護人と同じ法曹として，裁判員に対する分かりやすさについても十分に配慮することが望まれる。
[26] 検証報告書23頁参照。
[27] 原田・前掲注(21)272頁参照。

処罰感情それ自体は，このような犯情に関する主要な要素に着目した責任刑の大枠を動かすような重みを有しないことを，例えば，心情に関する意見陳述がなされた殺人事件や危険運転致死事件で，仮に遺族がいなければどの程度量刑に差異が生じるのか考えてもらうなどして，分かりやすく説明し，理解を得ておく必要があろう。

V　終わりに

　以上，思いつくままに検討してきたが，裁判員裁判において，被害者をめぐっては，ほかにも被害者の遺体写真や生前の被害者の写真等といった裁判員の情緒を刺激する証拠調べの在り方のほか，罪責と量刑の二分論的運用の要否といった難しい問題も存在する。これらについては紙幅の関係上，取り上げることはできない[28]。今回取り上げた事項についても，運用についてなお改善の余地は大いにあろうし，これまでの手続の検証の結果，新たな問題が発見され，再検討を要するものも生じるかもしれない。

　裁判員裁判においては，直面するいかなる問題についても，法曹三者全員が知恵を出し合い，互いの立場を尊重しつつ，最適な方法を見出すことへの努力の必要性を常に痛感させられる。被害者をめぐる諸問題についても，法曹三者がより適切な運用がなされるよう弛まなく努力していくことが肝要と思われる。

（にしかわ・あつし）

---

(28)　これらの問題について検討したものとして，杉田宗久「裁判員事件の審理方法に関する実務上の諸問題」刑雑51巻3号315頁以下参照。

評議と評決の在り方

川越簡易裁判所判事・元松山家庭裁判所長 　大　谷　吉　史

> I　はじめに
> II　評議の準則
> III　評決の在り方

I　はじめに

　1　筆者は，さいたま地裁刑事第5部（新設部）の初代部長として全国で7番目の裁判員裁判（要通訳事件としては全国初）等，初期の裁判員裁判を担当した。検察官や弁護人と「わかりやすい裁判」について協議しながら，調書に記載されていて争いない事柄でも証人を呼んだり，情状鑑定を採用して，法廷で精神科の教授に説明を求めたりしたほか，法廷通訳人には2人をお願いして集中審理をするなど裁判員にわかりやすい審理を目指した。判決した30件の裁判員裁判につきすべて優秀な裁判員（補充裁判員を含む，以下同じ）と陪席裁判官に恵まれ，チームとしての一体感を感じながら評議，評決できた。とある主婦の裁判員から，「自分はこれまで，（他人から）これほど真剣に自分の意見を求められたり，自分の意見を聞いてもらったことはない。被告人や社会のことを自分なりに一生懸命考えて評議に参加できたことは良かったと思う。」と評議の感想を述べられ感激した。裁判員はパフォーマンスに惑わされず，冷静に当事者の訴訟活動を理解し判断し，刑事司法への参加を通じて，地域の防犯や司法の現状，被害者の悲痛な思いはもとより共生の思想にまで思いを巡らせな

がら判断する。主権者としての国民が絆を結び連帯して平穏で平和な社会（暮らし）を築き護ることに裁判員裁判が寄与する可能性が感じられた。

2 裁判員法は、「司法に対する国民の理解の増進とその信頼の向上」を目的とする[1]。日弁連は、「裁判員制度は、法の支配をこの国の血肉とし、日本国憲法のよって立つ個人の尊重と国民主権を真の意味で実現し、司法に健全な社会常識を反映させる意義を有するに止まらず、我が国の民主主義をより実質化するものとして歴史的に大きな意義を有する。」と声明する[2]。そこで、裁判員裁判の運営にあたっては、司法に対する国民の信頼の向上を図るため、旧弊を脱却し、理想的な刑事裁判を追求、実現すべきであり、そのために検察の捜査や弁護士の刑事弁護の在り方も裁判員裁判を見据えた変容、革新が求められている。

3 筆者は、裁判員との評議を通じ、刑罰論や刑事政策につき再考し自分の言葉で咀嚼して説明する必要性に迫られた。民主制を支える多数決原理は、真理や真実ないし正義を保障するものではないと同様、裁判員裁判における多数決の評決にもその危険が孕まれている。民主主義の美名の下にはびこる俗論や虚声から脱して司法の質を保持する究極にあるものは、裁判官や裁判員の倫理的基盤であり、個々の（客観的）良心に帰すると思われるが、自然法の思想や法の支配の理念以外に、他行為選択可能性についての自由意思の存否や刑罰の根拠、量刑のファクター等について考究すべき課題は多い[3]。

II　評議の準則

1　憲法秩序の擁護

（1）　同法1条、司法制度改革審議会設置法（平成11年6月9日公布法律68号）や改革論議につき「司法制度改革の展望」ジュリ1170号。但木敬一『司法改革の時代――検事総長が語る検察40年』〔中公新書ラクレ〕（2009年、中央公論新社）。
（2）　日弁連創立六〇年周年記念行事実行委員会編『日弁連六十年』（2009年、日本弁護士連合会出版）、青木孝之『刑事司法改革と裁判員制度』（2013年、日本評論社）。

刑事裁判の目的は，公共の福祉の維持と個人の人権保障（人間の尊厳の確保）を全うしながら，事案の真相を明らかにして刑罰法令を適正迅速に実現する事にある。裁判員裁判の評議でも，最高法規である憲法秩序の擁護（自然法）を念頭に，制定法を吟味の上，適正，迅速な裁判の実現を図るべきである[4]。

2　評議の準備

(1)　説　　示

ア　評議の際に裁判官が裁判員に対し，①「必要な法令に関する説明を丁寧に行う」，②「評議を分かりやすいものになるように整理する」，③「発言の機会を十分に与える」ことが求められている（裁判員法66条5項）。まずは，専門家に自明な法律用語（公訴提起，起訴状，起訴状一本主義，冒頭陳述，証拠調べ，書証〈甲号証，乙号証〉，人証，鑑定，論告，弁論，求刑）のほか，「証拠裁判主義」や「疑わしきは被告人の利益に」の裁判の原理，原則，正当防衛や責任無能力等，事案に応じて争点となる重要な法的概念などについて公判前整理手続期日において説明内容について法曹三者で確認し，共通の説明内容とする。裁判官が冒頭に裁判員らに実体法や訴訟法の核心について説明し，説明内容のレジュメを渡すことは有用である。ただ，判例の文言や学説を全部厳密に紹介する厚い資料では消化不良，負担加重になるので，時々の裁判員らの反応を見ながら必要に応じて繰り返し簡明に説明を要する。人物

---

(3)　司法研究・難解な法律概念，司法研究・量刑評議の在り方，司法研究・第一審の判決書及び控訴審，井田良「裁判員裁判と量刑――研究者の立場からの提言」司研122号，ヴィンフリート・ハッセマー〔堀内捷三監訳〕『刑罰はなぜ必要か――最終弁論』（2012年，中央大学出版部），浜井浩一「市民が刑事裁判に関わる意義――裁判員裁判と刑罰の目的」日本弁護士連合会編『日弁連研修叢書 現代法律実務の諸問題〔平成24年度研修版〕』（2013年，第一法規），田中耕太郎『法の支配と裁判』（1960年，有斐閣）250頁以下，同「『法の支配』と自然法」ジュリ193号所収。なお，森炎『教養としての冤罪論』（2014年，岩波書店）224頁以下は，「認識論，正義論，裁く者の倫理的実存」に言及し，安田拓人「責任能力と精神鑑定をめぐる諸問題」司研123号177頁は，「刑罰の本質的意義は非難であり，認識能力・制御能力を構成要素とする責任能力は，それを支える要件だという説明は，どうしても譲れないものになるように思われます」とされる）。
(4)　憲法31条以下，刑訴法1条，裁判の迅速化に関する法律6条，7条参照，最高裁判所事務総局総務局『裁判の迅速化に係る検証に関する報告書（概況編）』（平成25年7月，裁判所ウェブサイト）。

関係図等の審理を理解しやすくする資料はあらかじめ当事者に用意させるなどして裁判員らに配布し，評議がスムースに進むように準備する。

　イ　無罪推定の原則，黙秘権，適正手続の保障は，裁判員らがくじで選任され，宣誓をする前に，裁判長から定型の説示文を元に裁判員らに説明される。この場面は公開ではないが，検察官，弁護人も同席している。

　ウ　法廷の開始前に，左陪席が裁判員らを法廷に案内し，法廷の説明や着席座席を説明すると同時に，人定質問，黙秘権告知，起訴状朗読，冒頭陳述以下の訴訟の進行（式次第）を説明する。起訴状や，双方の冒頭陳述はあくまで主張であって証拠ではないこともこの段階で触れて置く。裁判員らと評議して，この区別を頭で理解することは容易だが，実際には混乱や誤解が生じていると感じられることがある。この点は，評議中でも繰り返し証拠を確認して注意喚起を必要とする。また，主張の判断に際し，検察（公務員）だから信頼できるとか弁護人だから被告人に有利に主張しているだけというようなステロタイプな判断傾向が窺えれば，客観的証拠を基軸に動かない事実認定を確認し，証拠に基づく判断を緻密に積み重ねて予断や偏見を排斥する。

　エ　裁判長と陪席及び裁判員らは，それぞれ対等の一票であり，自らの常識と良識により，先例に拘泥されない新鮮で曇りのない眼で事案を見て，意見を戦わせる同じチームの共同体であることを説明して置く。裁判員が証人等に直接質問できること，質問は自分の意見の押しつけではなく，事実を問うこと，相手を威嚇したり侮辱する質問，重複質問，誘導質問等は許されないが，回答に疑問を感じたらさらに質問をして良いこと，被告人には黙秘権があるので，回答しないで黙秘した場合にはその事実から不利益認定をしてはいけないこと，しかし，嘘か本当か真摯に反省しているかなどの心証はすべて法廷に顕れた証拠により認定すべきことを各説明する。事実認定では対等に，互いの知識，人生経験に裏打ちされた識見を披露し，意見を腹蔵無く交換して，理解を深める。

　オ　他方で，裁判官らは，法律の専門家として，法律構成要件の説明，評議の原則，評議で裁判員らが従前の量刑資料に拘束されず，ひとつの目安として良いが地域差のない平等，公平な量刑は法の下の平等の要請であること

を説明する。有罪の場合には，これまでの量刑の基本である「行為責任主義」を主軸として，当事者の主張をベースとしていわゆる「評価型」の評議を原則とする。関係する最高裁の判例（永山判決〈最（二小）判昭和58・7・8刑集37巻6号609頁〉）や，下級審の裁判例はもとより，経験則や各種の専門知識（少年法55条や少年法の理念なども）を自由闊達に披露し，議論の内容を豊かにするリード役になって良い。議論を深め，活性化して適正な判断をするため，個々の証拠評価や検察，弁護の示すストーリー（見立て）に対する総合的な判断，評価をわかりやすい比喩や言葉で適宜示すこと，裁判員の事実認定に対し反論することにも遠慮は無用である。裁判員らの意見を他者の意見からの影響が無いようにするため，投票形式で行う事例もある。他者の意見の影響を遮断したいとの配慮は理解できるが，裁判は理由が生命である。他者の意見に目から鱗が落ち，心証の変化は生じ得る。提出された証拠をていねいに吟味して，互いに意見を出し合い，疑問をぶつけて心証を形成する活発で充実した評議が必要不可欠であり，そのためには，十分な評議時間の確保が求められる[5]。

(2) 精密司法から核心司法へ

裁判員らにわかりやすくするためには，「来て，見て，聞いてわかる。」審理がなされ，記憶の新鮮なうちに熟議できる評議をすることが大切であり，これが事案の特徴及び判断の思考過程を明確に表現した平易で明瞭な判決書の作成へと繋がり，精密司法から核心司法への実現に通じよう（裁判員法51条）。

そのためには，法曹三者の意識転換が必要である[6]。これまでの精密司法は，緻密な捜査，手堅い起訴，ていねいな審理と詳細な判決に特色があった。他方で，調書裁判と揶揄されたように直接主義の審理が不十分で，痴漢冤罪や科学鑑定による再審無罪判決が出現するなど，制度疲労的な病理現象が散

---

(5) 最高裁判所事務総局刑事局『我が国で行われた陪審裁判――昭和初期における陪審法の運用について――』（1995年，司法協会）141頁以下は，「評議につき，各自意見を提出することは，重要な必要事項である」とする。評議時間につき，中谷雄二郎＝合田悦三「裁判員裁判における事実認定」現刑6巻5号42頁。

発した。これらの病理現象を防止する種々の改革を実行し，核心司法を実現することが大切である。精密司法から核心司法への審理方針転換は，公判準備の徹底を要する。検察官や弁護人の冒頭陳述を検察官のストリー(見立て)，弁護人の（反論）ストリー（見立て）とするなどして，メリハリをつけて全体像を明らかにする。また，鑑定の内容を裁判員に公判廷で直接わかりやすく理解してもらうため鑑定書の形式と内容につき工夫が必要になる。

(3) **捜査の可視化，透明化**

昨今，検察官の物的証拠の改変やＤＮＡ鑑定による再審無罪などの事態が出現し，刑事司法に対する国民の信頼が損なわれた[7]。信頼を回復し，適正かつ迅速なあるべき刑事裁判を実現するには，証拠の全面開示（少なくとも全証拠のリスト〈標目〉作成提示）及び取調べの全面的な録音，録画の完全実施が，裁判員らにわかりやすくするために必要と思われる[8]。

(4) **裁判員らの精神的負担軽減**

裁判員らの病気，体調，精神的負担に対する周到な気配りを要する。裁判所は，体調不調，急用ないし精神的ショックが強い突発事態の場合に裁判所職員に申し出をすることを説明する。証拠調べの内容や方法等を定める公判前整理手続の段階から，裁判長が検察官及び弁護人と協議を密にして残虐で不必要な証拠写真を排除するなどするほか，審理中及び審理後も裁判所においてメンタルヘルスサポート窓口を紹介するなど種々の配慮を要する。これらは模擬裁判段階から議論された古くて新しい問題であり，周到に議論をしながら，合意を形成すべきである。検察は，わかりやすさ重視でコントロールされ，事案の真相や被害者の思いが刑事裁判から欠落する危険に危惧を示すようである。しかし，事案の真相解明の最良証拠や必要不可欠な証拠がわかりやすさから排斥される運用は考え難く，刑事裁判の本質に立ち返って論議を尽くし事案ごとに適切な証拠を選別すべきである。

---

(6) 平野龍一「参審制の採用による『核心司法』を――刑事司法改革の動きと方向――」ジュリ1148号2頁以下。
(7) 石田省三郎『「東電女性殺害事件」弁護留書』(2013年，書肆アルス)，杉山卓男『冤罪放浪記――布川事件 元・無期懲役囚の告白』(2013年，河出書房新社)

Ⅲ　評決の在り方

1　裁判員裁判の評議
(1)　裁判体の構成，評議の基礎

　裁判員は，有罪か無罪か，有罪の場合には量刑につき裁判官と同等の評決権を各付与されている。対象事件及び合議体の内容は裁判員法2条で定める。構成は，裁判官3人，裁判員6人とし，裁判官のうち一人を裁判長とし（なお，例外につき，同法2条2項以下参照），同法6条により，①事実の認定②法令の適用・刑の量定が同条に定める構成裁判官及び裁判員の合議による（同法66条1項）。裁判官は裁判所法76条により，裁判員は裁判員法66条2項によりそれぞれ意見を述べる義務がある。判決は，評議に基づく国家意思の宣明である。評議は，最初から事案についての各自の結論を述べ合うのではなく，判決理由で示すべき判断過程の論理的順序を追って事実問題及び法律問題の各点について行う。裁判官の法的な専門知識並びに裁判員らの実社会での人生経験や専門知識が融合し，一人一人が，偏見のない素直な眼で証拠を見て，知らないことを知らないと率直に認め，疑問点は謙虚に質問し，評議を重ねて解消し，厳正中立な立場で真摯に判断する。自己が先に評議した点の結論に反対で少数意見であっても，次の評議では，前の多数意見を前提として意見を述べる義務がある[9]。なお，裁判員らに身体障害者が選任された場合でも，手話通訳や要約筆記等で評議に支障が無いようにあらかじめ準備し裁判員らに参加する権利が保障される。

---

(8)　木谷明元判事は，自白の偏重，客観的証拠の軽視，強すぎる検察官司法の是正及び証拠開示の拡大を訴える（木谷明『刑事裁判のいのち』〈2013年，法律文化社〉）。伊藤和子弁護士は，アメリカの死刑判決の雪冤ラッシュや司法改革の実態から，誤判を生まない大胆な改革として，取調べ過程の可視化，証拠開示，公判準備，弁護体制の充実や説示に触れ，大変示唆に富む（伊藤和子「誤判を生まない裁判員制度への課題――アメリカ刑事司法改革からの提言――」〈2006年，現代人文社〉）。
(9)　兼子一＝竹下守夫『裁判法[第4版]』(1999年，有斐閣)307頁。「満場一致と多数決　ものの決め方の歴史」利光三津夫・森征一・曽根泰教（1980年　日経新書）

(2) 守秘義務と評決

ア 評議は，非公開で，裁判長が，これを開き，且つこれを整理する。その評議の経過並びに構成裁判官ないし裁判員の意見及びその数の多少の数については，守秘義務がある（裁判所法75条1項，2項，裁判員法70条）。裁判は，過半数の意見により，刑事については，過半数になるまで被告人に最も不利な意見の数を順次利益な数の意見に加え，その中で最も利益な意見による（裁判所法77条1項，2項）。これらの評議のルールは，適宜裁判員らに説明し理解を得る。

イ 裁判所法27条2項は，「判事補は，同時に2人以上合議体に加わり，又は裁判長となることができない。」（判事の任命資格につき，裁判所法42条，判事補の職権の特例等に関する法律参照）とし，裁判員法66条5項は，裁判員がその職責を十分に果たすことができるように配慮しなければならない旨，同法67条1項は，「評議における裁判員の関与する判断は，裁判所法77条の規定にかかわらず，構成裁判官及び裁判員の双方の意見を含む合議体の員数の過半数の意見による。」とする。死刑は全員一致を要するか。どの事件でも評議を尽くし，互いの意見の根拠や理由について十分理解をすることが必要で安易に多数決により決すべきではない。しかし，全員一致は，裁判員法の規定する多数決原理と整合性を欠く嫌いがある。世界の死刑制度の情勢や被害者遺族の声に耳を傾けながら慎重に評議し決定されるべき問題である。評議の主宰は，裁判長が行う。評議の司会者を陪席にゆだね，裁判長の意見を最後に述べるなどして裁判員らが裁判長を特別視しないように配慮する運用でも良い。構成裁判官と裁判員は，検察官の主張の当否を審査し，検察官の主張に合理的な疑いが存する（拭えない）場合には「証拠に基づく認定」（刑訴法317条）ができず，「疑わしきは被告人の利益に」の大原則に従って無罪とする（刑訴法336条）。

ウ 質問が多いのは守秘義務であり，公開の法廷で見聞きした内容や刑事裁判に参加した一般的感想，裁判員に選出されたことを会社や家族に告げることは問題ないことを周知し，不安を消す。メモや資料の持ち帰りは認めず，裁判所のロッカーに保管し，携帯等による録音も認めない（裁判員法108条）。

Ⅲ　評決の在り方

(3)　**評議の進め方**
　ア　導　　入
　構成裁判官は，初対面の裁判員らに対し，裁判所に対する緊張緩和を念頭におく。しかし，裁判員ら同士も，くじで選ばれた初対面の人々であるので，早い段階で相互の緊張を解く。相互の自己紹介がベストで，裁判官は普通に氏名等を述べるが，裁判員らはプライバシーの保護の徹底と，互いの地位や職業，利害関係に拘束，影響されず，自由に意見を述べやすくする観点から名前や身上経歴を述べるのではなく座席番号を固定して，同番号による自由な発言で良いとの説明付きで発言して頂く工夫があって良い。裁判官は裁判員らの間に分かれて入り交じって座る座席指定が対立感を招かない。開廷前に左陪席が法廷に裁判員らを案内して，入廷順，座席や法廷の構造，その後の法廷の式次第（起訴状朗読以下の冒頭手続，証拠調べの順序等）を説明し，審理途中で体調不良等があれば，休廷できる旨説明をしておく。昼食を一緒に取り，休憩時間に法書や行刑の実情等について雑談することも評議を円滑にする。中間評議も有用である。コーヒーブレイク時に，抱いている疑問点を出しあったり，次の証人尋問での質問事項を確認，整理するなどである。補充裁判員にも気配りし，評議で適宜意見を求め，質問を引き取り聞くなどして疎外感を与えない。補充裁判員は必要性が消滅すれば解任するが，判決宣告直前に解任し傍聴席等で判決を傍聴して頂くこともある。
　イ　手　　順
　論告，弁論の前に，裁判官及び裁判員らで検察官，弁護人の立場で，検察官の求刑や，弁護人の科刑意見を予想して板書し，実際の論告，弁論と対比してその結論の理由につき逐一議論することも考えられる。また，争点を論じる際にいわゆる「付箋紙法」が提案され導入されている場合もある。証人の供述等で記憶する内容を各自が付箋に書き付け，ボードにこれらを貼り付けて一覧性を持たせ，各自の認識を共通にして議論の活性化を図る。裁判員らと裁判官らの認識を共有化して議論する視点は重要であり，不明点については法廷内で録音録画した映像を評議室で直ちに再生して正確な供述内容を確認する。

2 裁判員裁判の評議に際して，裁判員らに説明を要する基本的内容
(1) 合理的な疑い

裁判所が有罪判決をすることが許されるのは，最終的に，その事実があったという点について「合理的疑い」を入れる余地がないまでに立証された場合である。最高裁は，「合理的な疑いを差し挟む余地がないというのは，反対事実が存在する疑いを全く残さない場合をいうものではなく，抽象的な可能性としては反対事実が存在するとの疑いを入れる余地があっても，健全な社会常識に照らして，その疑いに合理性がないと一般的に判断される場合には，有罪認定を可能とする趣旨である。」と判示する[10]。また，情況証拠による犯罪事実の認定に関する最高裁判決[11]につき村岡啓一教授は，刑事裁判の実務を支えている二つの秘密があり，総合評価による間接事実群の推認力と弁明の不合理性・虚偽性という犯人性を推認する間接事実がこれであるとし，裁判員裁判における事実認定においては，これらの秘密によらず，実体的真実よりも訴訟的真実を追求する訴訟観へ転換し，同判例を理解，運用すべきとする[12][13]。この最高裁判決には補足意見や堀籠幸男裁判官の反対意見がある。筆者は堀籠裁判官の意見に惹かれるが，裁判員裁判の時代における事実認定はこれまでより厳格な立証や判断を求められるとすれば別論となろう。これまでの事実認定の考え方の一端について裁判員裁判の対象事件でない窃盗の事例で説明してみる。たとえば，被告人が旅館に宿泊して，隣室の見知らぬ旅人の財布を同人に無断で手中にして，窃盗罪で起訴されたとする。この被告人が，旅人の財布を無断で手中にしたのは，旅人と友人になるきっかけを得たかったからであると弁解する。この供述が被告人の本心で真実であったか否かを客観的に判断する方策はない。強制的に嘘発見器にかける事

---

(10) 最（一小）判平成19・10・16刑集61巻7号677頁（合田悦三・刑訴百選［9版］，木谷明・平成19年度重判解）。
(11) 最（三小）判平成22・4・27刑集64巻3号233頁，判時2080号135頁，判タ1326号137頁（中川武隆・平成22年度重判解）。いわゆる大阪母子殺害事件で控訴審の死刑判決が最高裁で破棄・差戻しされた事案。

や自白剤を飲ませて供述を得ることは，法律で認められていない。しかし，見知らぬ旅人と友人になろうとする場合に，健全な社会常識によれば，被告人のような手段を取ることの合理性，必要性は考え難い。そこで，被告人の供述は嘘と判断した場合，被告人の説明（弁解）は健全な社会常識によって排斥され，被告人を有罪と認定して良い。抽象的に，神の眼からみると被告人の供述（弁解）は本当かもしれず，人の内心や考えの真偽は客観的にはわからないので，合理的な疑いがあると判断する必要はない。ある事実の存否は，裁判において証拠に基づいて判断され，裁判所があると認定した事実は存在することになり，ないと認定した事実は存在しないことに定められる制度が刑事裁判である。村岡啓一教授の提唱される実体的真実よりも訴訟的真実を追求する訴訟観は，裁判員らにさほど違和感なく受け止められる適切な提言であると思われる[14]。

(2) 自由心証主義（刑訴法318条，裁判員法62条）

被告人の主観的意思（殺意の有無）や動機の認定も同様である。裁判員らは人の内心はわからないのではないかと疑問を呈する。人の言動，作為，不作為に対する理解，評価は，裁判員らも日常生活で常に経験している。人の一生を左右する刑事責任の有無，大小を議論するにあたり，日常の判断（の思考過程）と同様で良いのかと悩む様である。これらの不安解消には，ひとりひとりが悩みを感じる点を，事案に即して裁判官と裁判員で話し合い，個別的にも説明する。まず，裁判員らが日常生活で行動をする場合に，主観的にせよ，「これで間違いない。」と確信をもって行動できる程度の心証が必要である。次に，日常生活での判断の根拠には，自己の知識，経験，に加えて周囲の意見や有識者の意見，マスコミでの報道など雑多な情報等が基礎になっていること，時には，偏見や誤解，「常識の嘘」が混在する可能性が存

---

(12) 村岡啓一「情況証拠による事実認定論の現在――最高裁第三小法廷平成二二年判決をどう読むか――」村井古稀674頁以下。
(13) 鹿児島地判平成22・12・10裁判所ウェブサイトの住居侵入，強盗殺人事件（平成21年（わ）第240号）では，「情況証拠によって認められる間接事実の中に，犯人でなければ合理的に説明することができない（あるいは，少なくとも説明が極めて困難である）事実関係が含まれていない」として，死刑求刑に対し無罪の判決をする。

する。刑事裁判では，刑事の法廷で取調べられて許容された証拠（確かな証拠）だけで判断する証拠法則の鉄則がある。直接証拠なのか間接証拠なのかはもとより，目撃証言であっても，それがどの程度信用できるものであるか，客観的な証拠との整合性の存否，鑑定においては，前提とされる事実関係に誤りはないか，定石として必要とされている手続きについてキチンと実行されているかなどの吟味を必要とする。判断の根拠として提出される証拠中には，検察側の提出した証拠に違法収集証拠として排斥されるべきものが包含されている場合や，その証拠を弾劾し，その証明力を減殺するための証拠や，減殺された証明力を回復するために提出されるものがあり，何を目的として提出され，証拠調べがされているか誤解ないように判断する必要がある点はていねいな説明を要する。裁判官としては自明に思われる証人尋問における「異議」や「反対尋問」の意味が裁判員らに趣旨不明と受け取られがちである。開示証拠との些細な異同を問題にするなど争点と関連性の薄い質問や意見を押しつける質問では裁判員らの理解は得にくい。枝葉を捨てて幹で勝負すべきである。尋問技術を研ぎ澄まし，裁判員らに決定的な心証を刻印しようと創意工夫されている検察，弁護のせめぎ合いをどのように訴訟指揮して裁き，裁判員らの理解を求めるかは裁判長に課せられた困難な課題である[15]
また，最（三小）決平成25・4・16刑集67巻4号549頁は，覚せい剤の密輸入事件につき第一審の事実誤認を認めた控訴審を維持するがその内容は評

---

(14) 著名な刑事弁護士である後藤昌次郎は，『原点松川事件』（2010年，日本評論社）95頁で，「認識論上，不能と至難とは似て非なるものである。……至難と観ずるところからは，真実と人間の運命に対する畏れが生まれ，不能と観ずるところからは，真実と人間の運命に対する傲慢と無責任が生まれる。」（判タ539号所収）旨，木谷明元判事は，「弁解を良く聞いて，事件の真相は被告人の言っていることが本当なのではないかという目であらゆる証拠を見直して，それでもなお被告人の言うことは通らないということが自信をもって言える場合には，これは有罪にする。だけど，真相は神様と被告人しか知らないのだから，どんなに証拠があっても本当のことはわからないんだということを肝に命じてよくよく考えるべき」と説明し，対比が興味深い（木谷・前掲注(8)101頁）。なお，中川孝博『合理的疑いを超えた証明──刑事裁判における証明基準の機能──』（2003年，現代人文社）279頁以下は，日，独，英米の刑事制度分析を踏まえて，「合理的疑い」を「証拠を適正に検討した結果残る個人的疑い」と定義され，評決では，有罪に対する全員一致制を主張（同書293頁）される。

Ⅲ　評決の在り方

議に有益である[16]。

(3) 責任能力，精神医学

精神鑑定の最終的な責任能力の有無等の判断は法的判断とされる。前提事実の誤認，定石の検査欠落などの特段の事情がない限り鑑定人の判断に従うとしても，盲目的に追随することは避け，将来は，専門家をアッセッサーとして関与させることが望まれる[17]。精神医学については日進月歩で良薬の出現や臨床研究により日々旧来の常識が刷新されている。裁判官は精神医学についての基礎的な歴史や最新の医学についても研鑽を求められる[18]。

(4) 裁判の理由

「疑わしきは被告人の利益に」の刑事裁判の鉄則を堅守し，「適正，妥当」な判決を目指し熟議しても，最終的には，多数決による評決が避けられない。刑事裁判には理由が（刑訴法44条1項），有罪判決には，罪となるべき事実（事実理由），証拠の標目（証拠理由），法令の適用（擬律理由）（同法335条）が必要であるから，全体として有罪，無罪かの「結論」だけではなく，「理由」が大切である。殺人事件において，①アリバイがあり無罪，②仮に被告人の行為としても正当防衛で無罪，③正当防衛が不成立でも責任能力が無く無罪との主張がなされ，裁判官が①から③に意見が分かれ，裁判員も①から③に2名ずつに分かれた場合，①から③を順次採決すれば，いずれも否定されて被告人は有罪になるが，①から③の理由毎ではなく被告人が有罪か無罪かで採決すれば，全員一致で無罪となる差が生じる。実際には，争点整理の段階

---

(15) 作家の夏樹静子氏は，「裁判は，人の心が他人の心に目を開いて，他人の見えない心を読み取る作業である。」であるとして，普通の生活ではない作業を体験することで人間に対する理解を深める良い経験として裁判員裁判への参加を推奨し（夏樹静子「裁判とミステリー」の記念講演　第一東京弁護士会報2013年5月1日482号49頁），同『裁判百年史ものがたり』（2012年，文藝春秋）では永山判決の事件をも丹念に紹介する。
(16) 判時2192号140頁以下。
(17) 三宅正太郎『法官余談』（2007年，慧文社）28頁以下。
(18) 妄想型統合失調症による幻覚妄想状態の中で幻聴，妄想等に基づいて行った行為が心神喪失の状態で重大な他害行為を行った者の医療及び観察等に関する法律2条2項の対象行為に該当するかどうかの判断方法につき，最（三小）決平成20・6・18刑集62巻6号1812頁，判時2097号158頁，司法研究・科学的証拠。

で整理されるのでこのような極端な事例は希有であろうが，評議や評決の在り方としては重要である。量刑を評議する際にも，まず被告人を社会内処遇で足りるとするか否かを評決してから，具体的な刑種の選択，刑期に及ぶのか，刑種や刑期を定めてから，社会内処遇の可否を評議するのかが問題である。実務的には前者で運用されているが，裁判員裁判でも同様の運用がわかりやすく妥当であろう[19]。

(5) 評議のまとめ

最後に，有罪の場合は，未決勾留日数の算入（刑法21条）や訴訟費用の負担，法令の適用を裁判員に説明，評議し，裁判官が起案した判決書草稿を配布して裁判員に分担して音読して貰い，裁判員から納得されず違和感が示される表現や内容の過不足について確認し，評議の上，誤字等を訂正し判決書作成に至る。無罪の場合のほか有罪の場合でも当事者が力点をおいて主張した点については，評議において何が決め手になったのかは判決書を通じて示すことが必要と考える。

（おおたに・よしふみ）

---

(19) 田中・前掲注(3)511頁以下，評決の問題，一票の差では，三鷹事件を題材にして「判決は理由と切り離して考えることはできず，単なる結論の一致だけでは判決とはいい得ないように思われる。しかしもし理由の一致を求める場合には，過半数に達する数の裁判官の支持を得た理由が存在しない場合には判決できなくなる。」とし，「表決の問題は，今日まで全部解決されるにはいたっていない。」と結ばれ，兼子＝竹下・前掲注(9)308頁では，「罪責問題は一括して結論で合議すべきであるというのが現在の通説のようであるが，合議体の判断構成として，民事の場合と異なるべき理由のあることは納得できないので，やはり各点について評議すべきものと思う。」とし，同頁注(4)で，「三人の裁判官がそれぞれ無罪と判断するに拘わらず，合議の結果は有罪を言い渡さなければならないというのは，素朴な考えからは奇妙に感じるかも知れないが，合議制による非情的，非人格的判断が却って客観的合理的な判断であることに徹すべきである。なお，結論合議説では，判決理由をどう表現するかも問題になる。」と指摘される。他方，尾後貫荘太郎［裁判］実務講座(1)155頁は結論合議説である。評議の要諦につき，安井久治［裁判員裁判における評議について］小林・佐藤古稀祝523頁以下，川上拓一［裁判員の参加する刑事裁判における評議に関する覚え書き］前同541頁以下が有益である。

供述証拠の証明力の評価の在り方

千葉地方裁判所判事　小森田　恵樹

　I　はじめに
　II　供述証拠の証拠能力
　III　供述証拠の証明力
　IV　供述証拠の信用性
　V　最後に

I　はじめに

　刑事裁判では，事実の認定は証拠によるとされている（刑訴法317条）。証拠とは，ある事実の存在又は不存在を根拠付ける資料のことをいい，犯罪の痕跡が人の記憶に残り，それがことばによって裁判所に到達するとき，そのようなことばによって表現された思想（供述）を証拠として用いる場合，その証拠を供述証拠といい，そのような性質を有しない証拠を非供述証拠という。また，犯行状況や被告人と犯人との同一性等の要証事実を直接証明する証拠を直接証拠といい，要証事実を直接証明することはできないが，これを推認させる事実（間接事実）を証明する証拠を間接証拠という[1]。供述証拠が，犯行の様子を述べるとともに，被告人と犯人が同一人である旨を述べるものである場合には，当該供述証拠は被告人が犯人であることについての直

---

(1)　証拠の分類には，その他にも様々なものがある（条解刑訴［4版］652頁以下）

接証拠となるし，犯人が被告人と似ている旨を述べるにとどまるものである場合には，上記の点についての間接証拠となり得る。現場に残された刃物や指紋，体液等の非供述証拠が重要な証拠となり得る場合であっても，当該事件との関連性が立証されなければ証拠として用いることができないし，それらの証拠が要証事実の立証においてどのような意味を有するのかは，検証や鑑定等を経なければ明らかにならず，供述証拠はそのような関連性の立証や検証の内容，鑑定の結果等を明らかにするためにも用いられる。このように供述証拠は，犯罪事実を認定するに当たり，重要な働きをするものであって，ここではその証明力の評価の在り方について検討してみることとしたい。

II　供述証拠の証拠能力

供述証拠とは，上記のとおり，ことばによって表現された思想（供述）を証拠として用いる場合の証拠のことをいう。供述者が得た犯罪の痕跡を裁判所で述べる場合，供述者は，その痕跡の内容について，体験（知覚），記憶，表現の各過程を経て裁判所に伝えるものであるが，それらの過程には誤りが混入する危険があるため，供述証拠には反対尋問等によるテストを経ないと証拠にはできないというルール（伝聞法則[2]）が適用される。犯罪事実を認定するために用いる証拠には，証拠能力，すなわち厳格な証明[3]の資料として用いることができる法律上の資格があることが必要であって，伝聞法則は，証拠能力が制限される場合の一つとされている。ある供述証拠が伝聞法則によって証拠とすることができない場合には，当該証拠には証拠能力が認められないことになる。

---

(2) 刑訴法は，公判期日における供述に代わる書面及び公判期日外における他の者の供述を内容とする供述は，原則として証拠とすることができないとし，その例外を定めている（同法320条以下）。
(3) 「刑訴の規定により証拠能力が認められ，かつ，公判廷における適法な証拠調を経た証拠による証明」をいい（最（一小）判昭和38・10・17刑集17巻10号1795頁），その証明の対象は，犯罪事実やこれに準ずる程度の重要さをもった事実である。

また，供述証拠のうち，被告人の自白や不利益な事実の承認で，任意性に疑いがあるものは，証拠とすることができない（自白法則[4]）。これは，強制，拷問又は脅迫による自白等の任意性のない自白や不利益事実の承認は定型的に信用性を欠くため，証拠から排除するという観点（虚偽排除）と，供述の自由を中心とする被告人の人権を保障するために任意性のない自白等を排除する必要性があるという観点（人権擁護）の双方を根拠とするとされている。

　他方，伝聞法則や自白法則をクリアした供述証拠は，その他の証拠能力の制限を受けない場合，これを犯罪事実の認定に用いることができる。

Ⅲ　供述証拠の証明力

　供述証拠を犯罪事実の認定に用いることができるとしても，実際に認定に用いるに当たっては，当該供述証拠の証明力が問題となる。

　証明力とは，証拠が事実認定に役立ち得る実質的価値をいい，裁判官の自由な判断に委ねられている（自由心証主義。刑訴法318条）。同条では，「証拠の証明力は，裁判官の自由な判断に委ねる。」とされているが，裁判員の参加する合議体（裁判員法2条1項）で事件を取り扱う裁判員裁判の場合，証拠の評価について裁判官のみによる場合と異にする理由はないから，同様に自由心証主義がとられるものと解される（条解刑訴4版821頁）。

　証明力は，その証拠の信用性と狭義の証明力（その証拠からどの程度の事実が認定できるか）とに分けて考えることができるが，実務では，前者の供述証拠の信用性が問題になる場合が多いと思われる。以下では，主に供述証拠の信用性について，近時の最高裁判例を踏まえながら，具体的にどのような観点から検討していくことが重要であるかをみていきたい。

（4）　憲法38条2項，刑訴法319条1項，322条1項。

Ⅳ　供述証拠の信用性

1　供述証拠の信用性の意義

供述証拠を犯罪事実の認定に用いるためには，それが信用できることが必要である。供述者が嘘をついていたり，供述者が思い込みなどによって自己の体験を誤って認識し，その誤ったままの認識を述べたり，正しく認識していてもその認識を誤って表現したりしている場合，そのような供述証拠は信用性がないものとして犯罪事実の認定には用いることができない。他方，供述者が，自己の体験を正しく認識し，その内容を誤りなく，かつ嘘偽りなく述べている場合には，その供述証拠は信用できるものとして，犯罪事実の認定に用いることができる。

もっとも，供述者が嘘をついている場合，供述者は相手にその内容を信じさせようとしているはずであって，そのために，例えば供述内容に真実を織り交ぜたりすることもある。また，供述者が思い込みなどによる誤った認識を述べている場合，供述者は真実を述べているつもりであって，供述態度は真摯であることが通常と思われるし，供述内容の全てが誤った認識によるものとはいえないことが多い。そのようなことから，実務では，供述者が嘘をついているとか，体験した出来事を誤って認識している，あるいは表現を誤っているなどということを明確に断定できる場合は少なく，多くの場合，供述者が嘘を言っている疑いがあるかないか，その認識や表現を誤っていたりする可能性があるかないか，そのような疑いや可能性がある場合にその程度はどのくらいかということを，証拠全体に照らして検討し，その際，以下で見るような様々な観点から慎重に吟味して，そのような疑いが強いとか，可能性が高いと判断した場合には，それらの供述証拠を犯罪事実の認定には用いないようにしている。

2　供述者の利害関係（供述に伴う利益，不利益）

(1)　人は，自らの利益や第三者の利益のために嘘を言う場合がある。そこ

で，供述証拠の信用性を検討するに当たっては，供述者が当該事件との関わりの中でどのような利害関係を有するかを考慮する必要がある。すなわち，供述者が当該事件に関しその供述をすることによって供述者自身や第三者（通常は供述者の関係者と思われる。）にどのような利益があり得るかということを吟味しなければならない。他方，供述者がその供述を行うことで利益を得るよりも不利益を被る可能性が高い場合もある。供述者はそのように不利益を被る可能性が高いのにあえて嘘を言うとは考えにくく，そのような場合には嘘を述べていない可能性が高まるといえる。このように，供述証拠の信用性を吟味するに当たっては，供述をすることによる供述者の利益や不利益の有無，程度を検討しなければならない。そして，そのような利益，不利益の有無，程度は，当該事件の中で供述者の置かれた立場や人間関係等を基礎として具体的に検討していくことが必要である。

(2) 供述者の立場は，被告人，共犯者，それ以外の第三者という供述主体の違いによって大きく分けられる。それ以外の第三者については，被害者，犯行状況等の目撃者，捜査に関与した警察官，鑑定人等の様々な立場の者がいる。また，供述者の人間関係等については，被告人や共犯者，被害者，目撃者が，どのような経緯で当該事件に関わるに至ったのかなどの事情が検討すべき対象になる。以下では，事実認定に直接用いられることが多い共犯者の供述，被害者や目撃者の供述，被告人供述についてみてみることとする。

ア　まず，共犯者の供述についてみると，共犯者は，自己の刑責を軽くするため，あるいは真の共犯者をかばうために無実の被告人を共犯者に仕立て上げようとしたり，自己の役割を軽くみせるために共犯者である被告人の役割を過大に供述しようとするおそれがあることから，共犯者供述の信用性の検討は特に慎重に行うべきものとされている。もっとも，共犯者自身の被告事件が確定している場合には，あえて虚偽供述を行って被告人を共犯者として引き込む危険性は小さくなっているし，共犯者と被告人との関係をみると，例えば，被告人が共犯者の親分であって，親分である被告人を無実の罪に陥れるなどした場合には，報復の危険があるような場合にまで，あえて虚偽を述べるとは考え難く，そのような場合には，虚偽供述のおそれが高いと

はいえない。

　共犯者供述の信用性に関しては，殺人，死体遺棄，強盗致死未遂被告事件において，殺人，死体遺棄の公訴事実に関し，被告人と犯行とを結びつける唯一の直接証拠である共犯者の供述の信用性について幾多の疑問点があるのに，それらを解明することなく被告人を有罪と認めた控訴審判決は破棄を免れないとした最（一小）判平成元・6・22刑集43巻6号427頁（いわゆる山中事件の上告審判決。判例①）[5]，覚せい剤の密輸入事件について，共犯者供述の信用性を否定して無罪とした第1審判決には事実誤認があるとした控訴審判決に刑訴法382条の解釈適用の誤りはないとした最（一小）決平成26・3・10刑集68巻3号87頁，判タ1401号167頁（判例②）[6]のほか，最（一小）判平成7・7・17裁判集刑266号811頁（いわゆる撚糸工連事件の上告審判決。判例③），最（二小）判平成20・11・10裁判集刑295号341頁（判例④），最（二小）判平成21・9・25裁判集刑297号301頁，判時2061号153頁（判例⑤），最（一小）判平成22・6・3裁判集刑300号319頁（判例⑥）が存するところである[7]。

　イ　被害者や目撃者の供述についてみると，まず，被害者は，当該犯行によって害を被った者であり，犯人について適切な処罰を求めるのが通常と思われ，あえて虚偽を述べるとは考え難い。しかし，被害者による供述である

（5）　この判決は，被告人が，Ⓐ共犯者と共謀の上，被害者を殺害して死体を遺棄したという殺人，死体遺棄の事実と，Ⓑ金員強取の目的で，上記共犯者を殺害しようとしたが，その目的を遂げなかったという強盗致死未遂の事実で起訴された事案において，第1審判決がⒶⒷを認定し，被告人を死刑に処し，控訴審判決がこれを是認したという事例について判断を示したものである。この判決は，Ⓐに関し，被告人と共同して被害者を殺害したことを述べる共犯者の供述は，犯行態様に関する供述内容が被害者の骨折状況等についての客観的な証拠と矛盾すること，犯行に使われたとされる小刀等が発見されていないなど供述の裏付けとなる客観的な証拠が存在しないこと，想像に基づく供述の疑いがあり，共犯者の知的能力の障害を考慮すると取調官の質問内容等に影響された可能性があること，供述内容に不自然，不合理な点があることなどに照らすと，その信用性には疑問があるとし，審理不尽とともに事実誤認があるとした。共犯者供述の信用性に関し，「犯行に関与しているものの，関与の程度が客観的に明確となっていない者は，一般的に，自己の刑責を軽くしようと他の者を共犯者として引き入れ，その者に犯行の主たる役割を押しつけるおそれがないとはいえない」とし，共犯者がⒷの犯行の被害者であることも併せ考慮すると，同人の供述の信用性については慎重に吟味する必要があるとしている。この判決の詳細に関しては，池田修・最判解刑平成元年度149頁以下を参考にされたい。

Ⅳ．供述証拠の信用性

からといって虚偽供述のおそれがないとはいえない。個人的な恨みから虚偽の被害を申告するような場合があり得ることも否定できないし，被害者と当該犯人との間にどのような関係があったのか，被害者が当該犯行で害を被ったのはどのような経緯によるものかなどの事情も考慮に入れる必要がある。また，目撃者は，何らかの理由で当該犯行等を目にしている者であり，自己の見たままの状況を述べるのが通常と思われ，あえて虚偽を述べるとは考え難い。しかし，やはりそれだけで虚偽供述のおそれがないとはいえず，目撃者がどのような経緯で当該犯行を目撃するようになったのか，目撃者と当該犯人や被害者との間にどのような関係があったのかなどの事情も考慮に入れる必要がある。虚偽供述の可能性の有無を検討するに当たっては，そのような可能性があることを疑わせる事情のみならず，真実を述べていることをうかがわせる事情も的確に把握して，これらをバランスよく，かつ具体的に検討するのが重要である。なお，この点は共犯者供述の信用性の検討においても当てはまるであろう。

被害者供述の信用性に関しては，恐喝被告事件において，事件の背景となった被告人を含む共犯者らと被害者との間の取引における権利関係を踏まえて被害者供述の信用性を検討したものとして，最（二小）判平成元・4・21裁判集刑251号657頁（判例⑦）が存する。この判決は，被告人が，共犯者と共謀の上，被害者から金員を喝取したとされる事案において，被害者供述の

（6） この決定は，被告人との共謀に関し，被告人から指示を受けていた旨を述べる共犯者（実行犯）の供述について，第1審判決が同供述と通話記録との整合性に関して指摘した問題点は，通話記録の性質に十分配慮しながら検討を加えていたとすれば，同供述の信用性を否定するようなものとはいえないなどと指摘した上，被告人以外の第三者の存在が強くうかがわれるとした第1審判決の挙げる根拠は，いずれもその指摘する事情のみから直ちに当該密輸入全般にわたって共犯者に指示を与えていた被告人以外の第三者の存在をうかがわせる内容とはいい難いとし，その存在が強くうかがわれるとした第1審判決は，当該供述と通話記録との整合性に関する判断を誤るとともに，被告人の関与をうかがわせる事情を適切に評価しなかった結果，抽象的可能性のみをもってその信用性を否定したものであって，その判断は，経験則に照らし不合理な判断であるとして，第1審判決を破棄した控訴審判決を是認している。
（7） 共犯者供述の信用性に関しては，司法研究・共犯者の供述の信用性に詳細な研究の成果が報告されている。また，池田修「共犯者の供述の信用性」刑事事実認定50選(下)［2版］257頁において，判例⑤に関する検討が行われている。

信用性を認めて有罪の第1審判決を是認した控訴審の判断には審理不尽ないし事実誤認の疑いがあるとし，これを破棄して差し戻したものである[8]。

その他，被害者供述の信用性の検討が示された近時のものとしては，最（一小）判平成元・10・26裁判集刑253号167頁，判時1331号145頁，判タ712号75頁（いわゆる板橋強制わいせつ事件の上告審判決。判例⑧），最（一小）判平成6・12・22裁判集刑264号487頁（判例⑨），最（一小）判平成11・10・21裁判集刑276号579頁（判例⑩），最（三小）判平成21・4・14刑集63巻4号331頁（判例⑪）[9]，最（二小）判平成23・7・25裁判集刑304号139頁，判時2132号134頁，判タ13258号79頁（判例⑫）が存し，目撃者供述の信用性の検討が示されるなどした近時のものとしては，最（一小）決平成22・7・26裁判集刑301号33頁（判例⑬），最（一小）判平成26・3・20刑集68巻3号499頁（判例⑭）が存する。

ウ 被告人の供述については，自白や不利益事実の承認（これらを併せて「自白」等という。）と犯行を否認する旨の供述の信用性が問題となり得る。

利害関係の有無という観点からみると，誰でも自己に不利益な事実を進んで述べたいとは思わないのであり，被告人自らが罪を犯したことを述べれば，それが被告人にとって不利益であることは明らかであって，そのような供述には一定の信用性が認められる[10]。もっとも，自白が虚偽である可能性もないとはいえないし，他方で，被告人自身が罪を認めているという事実が，判断者の心証に少なからぬ影響を与えることも否定できない。このようなことから，自白の信用性が争われている場合の事実認定においては，その

（8） この判決では，当該事案の背景となっている不動産取引の経緯や状況が詳細に検討され，その内容からうかがわれる共犯者，被害者等の事件関係者の間の権利関係等を前提にすると，共犯者は被害者に対し金員の支払を要求できるような権利を何ら有していないという被害者の供述は，その信用性に大きな疑いがもたれるとされた。当該事件における被害者供述の信用性判断に当たって，その利害関係の有無等が重要なポイントになるものとして，その点を重視して検討したものと思われる。
（9） この判決の詳細に関しては，家令和典・最判解刑平成21年度119頁以下を参照されたい。また，この判決については，松田道別「被害者の供述の信用性」刑事事実認定50選（下）[2版]293頁頁以下等において，検討が行われている。
（10） 刑訴法もそのような事情を前提として自白等の証拠能力を認めている（同法322条1項）。

Ⅳ 供述証拠の信用性

信用性の有無を検討するよりもまず，自白によって過大な影響を受けることがないように自白以外の証拠によって要証事実の存否を判断し，その上で，自白の信用性を判断するという手順を踏むことが重要である。

他方，被告人の否認供述については，それが被告人にとって有利であるからといって虚偽供述のおそれがあるとはいえないのであって，アリバイ供述等の否認供述の信用性が問題となる場合であっても，次項以降の種々の観点からその信用性を慎重に検討することが必要である。

自白の信用性の検討が示された近時のものとしては，最（一小）決平成24・2・22裁判集刑307号509頁，判時2155号119頁，判タ1374号107頁（判例⑮）が存する[11][12]。

(3) 以上のような供述者の利害関係を検討するという観点は，供述証拠の信用性を検討する上で不可欠なものといえるが，それだけで信用性判断の結論を導けるものではなく，次項以下でみるような別の各観点からの検討も併せて行い，総合的に判断することが必要である。上記の各判例も，それぞれ

---

(11) この決定は，実母及び実子2名を殺害し，その保険金等を詐取したとして起訴された事案につき，被告人の自白の信用性を否定するなどして無罪とした第1審判決を維持した控訴審判決を是認したものである。この決定では，被告人の自白について，信用性を肯定する方向として，客観的な証拠関係との符合や自白の経過，被告人が捜査官以外の者に対してした犯行の告白と解される言動，本件の客観的状況からは犯人は被害者（実母）と身近な関係を有する者であると考えるのが最も自然であることなどの事情を挙げて，これらは被告人の自白の信用性を高める事情であるとしながら，他方，被害者（実母）の生命保険契約に関する被告人の認識や犯行動機の形成過程に関する供述が不自然であること，被告人の周辺から灯油成分が検出されたことを示す証拠がないことから，被告人の自白の信用性に疑いを生じさせるとした控訴審判決に論理則，経験則等に違反するとはいえないとした。そして，上記の証拠がないことに関しては，被告人の自白する犯行態様からすると，被告人の手だけに灯油が付着し，その着衣等に灯油が付着しなかったというのは不自然さがあるとし，事件当日の午後に警察官が被告人を取り調べ，被告人の自動車内を調べているが，それまで被告人は着替えをしなかったというのに，警察官が，被告人の身体，着衣や自動車について，灯油のにおいを感じ取っておらず，そのほか，被告人の周辺のどこからも灯油が付着した形跡を示す証拠が発見されていないことも，不自然といえる旨説示されている。なお，若原正樹「被告人の自白の信用性」刑事事実認定50選（下）［2版］245頁以下において，この決定に関する検討が行われている。

(12) 被告人の自白の信用性に関しては，田崎文夫＝龍岡資晃＝田尾健二郎『自白の信用性——被告人と犯行との結び付きが争われた事例を中心として——』(1991年，法曹会) で詳細な研究の成果が報告されている。

供述者の主体や立場の違いを踏まえつつ、次項以下の諸点を慎重かつ総合的に検討し、各供述の信用性を判断しているといえる。

3　知覚や記憶の条件等

(1)　供述証拠は、供述者が、犯罪の痕跡に関する体験（知覚）をし、それを記憶し、表現することによって、体験（知覚）した内容を裁判所に伝えるものである。供述者がある出来事を目にした旨を述べたとしても、現場の状況によっては、そもそも供述者から見えるような状況であったか否かが問題になる場合がある。あまり関心がないことについては、それが目に入っていたとしても記憶していなかったりすることもあり得る。特に印象に残るような事柄は、正確に記憶され、それは記憶に長く残る可能性があるが、著しい興奮状態での知覚は、冷静な状態に比べて正確に認識する能力が低下している状態で知覚されたものであることが多いと思われるし、思い込みが入り込む危険性も否定できない。

そこで、供述者の知覚や記憶の条件を検討することが必要になる。具体的には、明るさ、距離、観察時間等の客観的な観察条件、供述者の視力、観察の意識性等の主観的な観察条件の良否や、観察の対象が知覚、記憶しやすい事柄であったのか否かなどの検討が求められる。供述者が年少者であったり、精神障害を有していたりする場合、それらの事情が供述の信用性にどのような影響を及ぼすかという検討も、供述者の主観的な側面からの吟味の対象といえるであろう。

(2)　上記のような知覚や記憶の条件に関し、供述者の主観的な観察条件を検討した事例として、前記平成6年12月判例（判例⑨）が挙げられる。この判決は、強制わいせつ被告事件において、被害者の供述を信用できないなどとして第1審の有罪判決を破棄し被告人を無罪とした控訴審判決について、被害者証言等に対する控訴審判決の評価は著しく合理性を欠いており、重大な事実誤認の疑いが顕著であるとしてこれを破棄し、差し戻したものである。

被害者証言の信用性に関する判例⑨の判断の概要は注[13]のとおりである

が，このように供述証拠について，たとえその一部に混乱等があるとしても，そこで述べられている体験の際に供述者の置かれていた環境や現場の状況を的確に認定し，それらの環境等を踏まえて，当該部分の混乱等が供述全体の信用性に対しどのような影響を与えるのかを慎重に検討して，供述の重要部分の信用性を適切に評価することが重要である。

(3) 知覚や記憶の条件を適切に検討するという観点から，特に信用性を慎重に検討しなければならない供述とされているのが，人の同一性の識別供述である。被告人と犯人が同一人物である旨の識別供述は，通常は目撃の対象となった人物（犯人）等の特徴に関する部分と，犯人と被告人とが同一人物である旨をいう部分からなる。識別供述の重要部分は後者の部分にあるが，例えば，それが目撃者にとって初対面の人物である場合，そのような人物の特徴を正確に記憶することは容易ではないし，後に示された写真や人物との同一性を判断することは，人間の能力からして困難な面があるといわれている。他方で，目撃者にとって十分に面識のある人物である場合，その同一性に関する観察は比較的正確であろう。その意味で，目撃者と目撃された人物（識別の対象者）との関係は，識別供述の正確性を検討する上で，重要な要素の一つとなる。その他，目撃された人物の人相や身体的特徴等の特異性の有無や内容，観察の時間や観察の位置等の観察の客観的条件，犯人の観察から識別までの時間的間隔，犯人識別の手続や方法等の要素が，観察の正確性や記憶の正確性，識別の正確性を検討する上で重要になる。この点に関する判例としては，前記平成元年10月判例（板橋強制わいせつ事件の上告審判決。判

---

(13) この判決では，被害者証言は，最初に襲われた際の犯人の抱きつき方等について捜査段階の供述との食い違いがあり，また，最初に襲われた地点の特定について様々な供述をし，混乱のあることが認められるとしながら，その地点の辺りは被害者にとってめったに通らない道であり，かつ夜間に通るのは初めてであって，突然襲われて連行され，わいせつ行為をされたなどの異常な状況下にあった被害者が，最初に襲われた際の犯人の抱きつき方やその地点の特定などについて，正確な記憶がなく，供述に食い違いや混乱が生じたとしても不自然とはいえず，そのような食い違いや混乱が証言全体の信用性を損なうほどのものとはいえないとされた。また，この判決は，控訴審判決が，被害を受けた直後に被害者が目撃者と出会った地点に関し被害者証言と目撃者証言との間に食い違いがあると指摘する点についても，異常な体験をした直後におけるとっさの出来事であり，被害者の記憶に混乱があるとしても無理からぬところと認められるとしている。

例⑧）が存する[14][15]。

4 他の証拠との符合等

（1）供述証拠で述べられている内容が他の証拠の内容と符合し，これに裏付けられている場合，その供述証拠の内容は真実である蓋然性が高まる。したがって，供述証拠の信用性が問題となっている場合，その内容に符合する他の証拠があるか否かは，供述証拠の信用性を検討する重要な視点である。そのような視点からの検討に当たっては，裏付けとなるべき証拠自体が信用できることが必要であって，その意味で客観的な証拠は重要である。客観的な証拠で認定できる事実によって供述証拠が裏付けられる場合，その信用性は高まる。また，裏付けとなるべき証拠が供述証拠であっても，供述者同士によるいわゆる口裏合わせの可能性がなければ，同じ事柄について複数の者が同様の内容を述べている場合には，それらの供述はお互いに信用性を支え合うといってよいであろう。反対に，供述内容が他の信用できる証拠と矛盾しているときには，その供述は信用できないということになる。

---

(14) この判決は，被害者等による犯人識別供述の信用性について判示したものであって，小学4年生の少女に対する強制わいせつ事件につき被告人が犯人であるとする同女の供述等の信用性を肯定した控訴審の有罪判決を破棄し，第1審の無罪判決を維持したものである。この判決は，人物の同一性識別供述については，成人についてもその正確性が問題とされる場合が少なくないところ，特に被害者Aのような小学校4年生程度の年少者の場合は被暗示性が強いから，Aの供述の信用性についても，慎重に吟味する必要があるとした。その上で，控訴審判決が犯人をAにとって既知の人物であったとした点に関し，Aは犯人を以前に二，三回見掛けたことがある程度であって，言葉を交わしたこともないと指摘し，Aによる面通しまでに被害事実を聞いた母親や，Aが犯人というところを見掛けるなどした目撃者B，被告人を任意同行した警察官等かなり多くの人々が被告人の特定に関与し，Aもそのことを知った上で面通しに臨んでおり，しかも単独面通しの方法がとられていたという事情からすると，Aが被告人を犯人と指摘するに当たり暗示を受けていた可能性を否定できないとした。そして，被告人を犯人と思い込んだ疑いが否定できないことやA供述にある犯行当時犯人が着ていたというTシャツを被告人が所持していたことの裏付けがないこと，犯人の特徴等に関するAの供述が第1審よりも控訴審の方が詳細になっていることなどを指摘し，被告人を犯人とするAの供述には疑問を挟む余地があるとし，Bの供述や被告人の捜査段階の自白も信用できないとして，被告人を有罪とした控訴審判決に重大な事実誤認があるとした。
(15) このような供述の信用性については，司法研究・犯人識別供述の信用性において，詳細な研究の成果が報告されているので参考にされたい。

供述証拠の内容に符合する証拠があるとしても，それだけでその供述証拠の全ての部分が裏付けられるというわけではない。供述は，いくつかの場面に分けて述べられていることがあり，供述に対して何らかの裏付け証拠があるという場合，その証拠によって直接的に裏付けられている部分はどこかという検討が必要である。また，裏付けられている部分が，当該事件の争点を判断するに当たってどのような意味を有するのか，どの程度重要な部分なのかを検討することも必要である。裏付けられている部分が，争点の判断に直接結び付くような部分であれば，当該供述証拠を争点の判断に用いるに当たっては，その中心的な部分が裏付けられているとして信用性が高まることになるが，裏付けられている部分が争点の判断に全く関係ないとか，関係が薄いというような場合には，裏付け証拠があるとしても，争点を判断するに当たっては，信用性が高いということはならないことになる。

供述証拠と他の証拠との符合の有無を検討すると，供述証拠の内容が他の証拠と矛盾していることが判明する場合もある。そのような場合であっても，犯罪の痕跡に関する供述者の記憶は，時間的な制約，精神的な動揺，記憶の薄れなどの事情から，ある程度の錯誤や客観的な事情との食い違いは生じ得るのであって，食い違いなどが些細なものといえるときには，供述証拠の信用性を損なうことにはならないであろう。

また，供述証拠の内容と矛盾する証拠があるとはいえないが，他方で積極的に裏付ける証拠もないという場合，供述証拠の信用性が減殺されないかという問題もある。供述内容が真実であるとすれば通常はこれに符合する証拠があるはずなのに，そのような証拠がないという場合，そのような事実は供述証拠の信用性を減殺させる事情になり得るであろうが，供述内容が真実であるとしても必ずしもこれに符合する証拠があるとは限らないという場合には，そのような証拠がないとしてもその信用性は減殺されにくいであろう。

(2) 供述証拠の内容と他の証拠との符合の有無について言及している判例は多い。

前記平成元年6月判例（判例①。山中事件の上告審判決）[16]のほか，受託収賄被告事件において，第1審の有罪判決に対し，贈賄者らの供述の信用性を

否定してこれを破棄し,被告人を無罪とした控訴審判決について,その信用性の評価に誤りがあるとして事実誤認を理由に破棄して差し戻した前記平成7年7月判例(判例③。撚糸工連事件の上告審判決)[17],強盗殺人,銃砲刀剣類所持等取締法違反被告事件において,重大な事実誤認の疑いが顕著であるとして,控訴審がした破棄差戻し判決を破棄し,控訴審に差し戻した前記平成20年11月判例(判例④)[18],この判例④の事案に係るけん銃の調達者を被告人とする銃砲刀剣類所持等取締法違反被告事件において,重大な事実誤認の疑いが顕著であるとして控訴審の一部無罪判決の全部を破棄し,控訴審に差し戻した前記平成22年6月判例(判例⑥)[19],前記平成26年3月10日判例(判例②)[20]等がある。また,被告人の自白の信用性について判断を示した

---

(16) この判決は,共犯者供述の信用性に関し,注(5)の指摘を踏まえ,被害者の頭蓋骨にある骨折について,共犯者の供述する被告人の犯行態様とその骨折とは打撃の方向において矛盾し,骨折の程度においてもそぐわず,被害者の着衣の損傷についても,共犯者の供述する被告人の犯行態様に符合するとはいい難いとし,被害者の死体隠匿状況について,犯行時刻頃が星明かりのみの暗さであったことなどからすると,共犯者が被告人の行動を確認できたとは考えられないとし,さらに,共犯者供述の裏付けとなるべき客観的証拠(被告人が凶器として使用したとされる切出し小刀等,被告人が被害者の血を拭いたという自動車内のシートマットにあるはずの血液反応等)がないとして,その他の事情も併せ考慮し,共犯者供述の信用性には疑問があるとした。

(17) この事件の公訴事実の概要は,衆議院議員で同院商工委員会委員であった被告人が,日本撚糸工業組合連合会(撚糸工連)の理事長及び専務理事から,被告人が一般質疑をするに当たり,過剰仮より機共同廃棄事業の実施計画の策定等を所掌する通産省関係部局の幹部に対し,上記事業の早期実施等,撚糸工連のため有利な取り計らいを求める質問をされたい旨の請託を受け,その報酬として現金合計200万円を収受したというものであって,この判決は,現金授受の状況等について述べる贈賄者(上記理事長ら)の供述内容が不自然,不合理とはいえないことや,供述内容の多くの部分が他の証拠により直接裏付けられていることを指摘し,贈賄者が執行猶予の裁判を受けたいと考えて検察官に迎合した可能性があるとした控訴審判決の判断は肯認できないなどとして,これらの供述を信用できないとした控訴審判決には事実誤認の疑いがあるとした。上記裏付け証拠の有無に関しては,①上記事業が贈賄者らの希望どおりに実施されるかどうか危ぐされる状況にあったことが,通産省関係者の証言により,②被告人を紹介してくれた他の衆議院議員の秘書に謝礼の額を相談したところ,100万円が適当である旨の示唆を受けたことが,同秘書の検察官調書等により,③贈賄者らが上記のとおりの請託をしたことが,撚糸工連主催のパーティでの被告人のあいさつを録音したカセットテープ等により,④商工委員会での一般質疑において,被告人が贈賄者らの依頼の趣旨にそった質問をするなどしたことが,質疑用原稿,商工委員会議録,通産省関係者の証言等により,それぞれ裏付けられているなどとして,贈賄者らの供述は信用できる旨説示している。

前記平成24年判例（判例⑮）でも，注(11)のとおり，客観的な証拠との符合の有無に関する説示がされている。

(3)　なお，自白に関しては，いわゆる秘密の暴露の有無も検討の対象となる。すなわち，自白の当時には捜査官が探知していなかった事実で自白後の捜査によりその内容が客観的な真実であることが確認された事実を述べている場合，そのような自白はいわゆる秘密の暴露があるとして高い信用性を有するものといえるのであって，前記平成元年10月判例（判例⑧）も，被告人の自白の信用性を否定する説示部分で，自白に秘密の暴露がないことを指摘しており，秘密の暴露の有無が自白の信用性の判断の際に考慮されている。

5　供述内容

(1)　供述証拠の信用性を判断するに当たっては，供述内容自体についての吟味も必要となる。供述者が真に体験した事実を述べる場合，その内容は自

---

(18)　この判決は，犯行に用いられたけん銃調達の仲介をした幇助犯2名の公判供述の信用性について，両供述の内容はおおむね一致していて相互に信用性を補強していることや，供述時点で両名とも強盗殺人等の各幇助で起訴されており，重い処罰を覚悟の上で，事実に反してまでけん銃入手の仲介をした旨の供述をする動機は考え難いなどとし，被告人がこれら2名に対しけん銃入手の仲介を依頼した経緯や，うち1名が第三者に対しけん銃の入手を依頼した経緯，受渡日の確定等のやり取りと被告人への連絡，本件けん銃等の受渡日当日の状況等に関し，控訴審判決の指摘する供述の変遷や両供述の食い違いなどは，記憶喚起が不十分な捜査初期の供述の一部と公判供述とを形式的に対比するのは適切ではない，あるいは重要な部分で一致している両供述の信用性を損なうものではないなどと指摘して，両供述の信用性を否定した控訴審判決は証拠の評価を誤ったものであるとした。
(19)　この判決でも，けん銃入手を依頼した者（判例④の被告人）との仲介を行った2名の供述の信用性が問題とされたが，判例④とほぼ同様の証拠評価を行い，いずれの供述も信用できるとして，両供述の信用性を否定した控訴審判決は証拠の評価を誤ったものであるとした。
(20)　この決定は，覚せい剤密輸入に関し被告人から指示を受けていた旨を述べる共犯者供述について，通話記録等に照らし関係者間の通話状況を子細にみると整合しない点があるとしてその信用性を否定した第1審判決に対し，発信記録だけが記録され，受信記録は記録されていないなどの通話記録の性質に十分配慮せず，その有する証拠価値をも見誤るなどした結果，共犯者供述全体との整合性という観点からの検討を十分に行わないまま，共犯者供述が通話記録とは整合しないと結論付けたものであって，その判断は明らかに不合理であるとしている。

然で合理的なものになり，記憶がしっかりと保持されていれば，その内容は具体的で真に迫ったものになることが多いのであって，供述内容の自然性や合理性，具体性，迫真性等の有無が検討すべき要素になる。もっとも，例えば，供述者が嘘をつこうとする場合，自然で合理的な内容の嘘をつくことも考えられるし，供述者が現実の体験の一部をすり替えて嘘をつくような場合には，具体的で迫真的な内容になることもあり得る。上記のような観点からの検討が主観的かつ相対的な評価に基づくものであることは否定できず，このような観点からの検討結果を過大視しないように注意すべきであろう。

(2) 供述内容の自然性や合理性等を検討した結果を明示している判例も多い。被害者供述の信用性に関し，満員電車内における強制わいせつ被告事件について，被害者とされた者の供述の信用性を全面的に肯定した第1審判決及び控訴審判決の認定が是認できないとされた前記平成21年4月判例（判例⑪）[21]，通行中の女性に対して暴行，脅迫を加えてビルの階段踊り場まで連行し，強いて姦淫したとされる強姦被告事件について，被害者とされた者の供述の信用を全面的に肯定した第1審判決及び控訴審判決の認定が是認できないとされた前記平成23年7月判例（判例⑫）[22]，満員電車内における強制わいせつ被告事件について，被告人が犯行を行ったとした控訴審の判断が是認された前記平成22年7月判例（判例⑬）[23]等がある。

その他，多くの判例が，供述証拠の信用性を判断する中で，供述内容の自然性や合理性について言及しており，この点が信用性判断の重要な指標の一

---

(21) この判決では，被害者とされたCの供述の信用性について，㋐Cの述べる痴漢被害は相当に執ようかつ強度なものであるのに，車内で積極的な回避行動を執っていないこと，㋑そのこととCのした被告人に対する糾弾行為（降車駅到着直前から到着後降車時までにCが被告人に対して行った痴漢をした旨を糾弾する行為）とはそぐわないように思われること，㋒Cは痴漢被害を受けていながら，途中駅（公訴事実ではこの駅が犯行開始駅とされている。）でいったん下車したのに，車両を替えることなく，再び被告人のそばに乗車しているのは不自然であることなどを勘案して，公訴事実記載の痴漢被害を受けたというCの供述の信用性には疑いをいれる余地があるとされた。なお，本判決は，上告審における事実誤認の主張に対する審査の方法についても判示したものであって，上告審における事実誤認の主張に関する審査は，上告「審が法律審であることを原則としていることにかんがみ，原判決の認定が論理則，経験則等に照らして不合理といえるかどうかの観点から行うべきである」としている。

つになることは，実務においても認められているところである。

6 供述経過

(1) 通常であれば，真に体験した事柄は，いつの時点で聞かれても一貫した同じ内容を答えるはずであって，供述の全体又はその核心部分が一貫しているか否かという着眼点も，信用性判断の際に考慮すべき要素の一つとなる。供述に変遷が認められるときには，供述の信用性に疑いが生じることになるのである。もっとも，人の記憶が完全でないことはこれまで論じたとおりであって，ある時期には忘れていたことを後に思い出すということは十分にあり得るし，後になって思い違いや勘違いをしていたことに気付くということもある。このように，供述に変遷があったとしても，その変遷に合理的な理由があれば，最終的な供述を信用することができる場合があるため，供述に変遷があるとしても，その理由が合理的なものであるか否かを十分に吟味することが必要である。その際には，供述のどのような部分が変遷したのかという観点からの検討を行うことも重要である。思い違いなどしそうにな

(22) この判決は，被害者とされたDの供述について，暴行，脅迫及び姦淫行為を基礎付ける客観的な証拠がなく，被害者とされたDの供述があるのみであるという事情の下では，その供述の信用性判断は慎重に行うべきであるとした上で，「ついてこないと殺すぞ。」と言われるなどの脅迫等を受けて，言われるがままに被告人の後ろをついて行ったとする供述内容は，現場の状況からすると不自然であり，現場で無理矢理姦淫される直前にDらのすぐ後ろを警備員が通ったが，涙を流している自分と目が合ったので状況を理解してくれると思い，それ以上のことはしなかったという供述内容も，強姦が正に行われようとしているのであれば，そのような対応は不自然であるなどとし，また，Dの述べる姦淫の体勢は不安定なものであることや無理矢理姦淫されたとする供述の裏付けになり得る事実も認められなかったこと，Dが捨てたという破れたパンティストッキングが発見されていないこと，新たなパンティストッキングを購入したことに関する供述に変遷があることなどを指摘して，Dの供述の信用性を全面的に肯定した第1審判決及び控訴審判決の判断は，経験則に照らして不合理であって是認できないとしたものである。
(23) この決定は，被告人を犯人として認識し取り押さえた目撃者の供述の信用性について，その供述内容は，痴漢被害を認識した経緯，犯人を特定して声を掛けた状況，降車駅に至るまでの犯人との位置関係，その間における犯人の視認状況，同駅で犯人とともに降車した状況を通じて，不自然な点はなく，信用性を疑うべき事情は見あたらないなどとして，目撃者の供述が信用できることを前提に，同供述にある一連の経過に照らすと，目撃者が犯人を別人と取り違えた証跡はないものとしている。

い体験の核心部分が変遷していれば，変遷に合理的な理由があるとはいい難いことが多いであろうし，周辺的な部分の変遷であれば，思い違いや勘違いによることもあり得る。また，供述者の述べる変遷理由の内容自体が合理的か否かという観点からの検討も必要である。

他方，供述者が一貫して嘘を述べている場合や，一旦認識を誤り，それが真実であると思い込んでいる場合等にも，供述には変遷が認められないことになる。したがって，供述が一貫しているからといって，常に信用性が高いとは限らず，供述が一貫している場合でも，そのような危険の有無は慎重に検討すべきであろう。

(2) 供述経過を信用性判断の要素として検討した結果を明示した判例としては，殺人未遂等被告事件において，被告人と犯行とを結びつける共犯者の供述の証拠価値に疑問があり，控訴審判決には，審理を尽くさず，ひいては重大な事実誤認をした疑いがあるとして，控訴審判決を破棄し事件を控訴審に差し戻した前記平成21年9月判例（判例⑤）[24]，監禁，強姦被告事件について，監禁罪の成立を認めた点で第1審判決及び控訴審判決に事実誤認があるとした前記平成11年10月判例（判例⑩）[25]が存する。

7　供述態度

(1) 証言時の供述態度も，供述証拠の信用性を判断する際の考慮要素の一つになる。例えば，証言時の証人の表情や声の調子等の外形的な事情は，証人が嘘をついているか否かを判断する上で一つの検討要素になる。嘘をつく場合，内心の動揺が表に現れることがあるからである。もっとも，法廷は普通の人にとって高度に緊張を強いられる場所であるし，供述者が真実を述べる場合であっても，供述内容が事件の核心に触れる重要なものであることを供述者が分かっている場合等には，緊張して動揺することもあり得る。逆に，嘘をついている場合であっても，全く動揺しない者もいるであろう。したがって，供述者の表情や声の調子等の事情を，供述者が嘘をついているか否かの考慮要素の一つとするにしても，その判定は慎重に行うべきであろう。

Ⅳ 供述証拠の信用性

　供述内容の面からも供述の真摯性や誠実性を判断することができる。例えば，供述者が自己に不利益な内容を供述している場合，そのような供述は真摯かつ誠実にされているものと評価できるであろうし，特に不利益性が強い内容を供述者が自ら述べているような事情があるときには，その供述は記憶のとおりに述べられている可能性が高いといえる[26]。また，分からない部分について分からないと答えて供述内容を誇張しているような様子が見られない場合も，真摯かつ誠実な供述がされているといえるであろう。もっとも，そのようにいえるのは，他の関係証拠から認められる客観的な事実や供述全体の状況に照らし，供述者がある事柄について分からないと答えることが不自然，不合理とはいえない場合であることが必要である。

---

(24) この判決では，暴力団の若頭代行であった被告人が，Ⓐ共犯者らと共謀の上，ゴルフ場から暴力団員を閉め出した支配人の自宅に深夜侵入し，同人を刃物で刺して重傷を負わせたとされた住居侵入，殺人未遂等と，Ⓑ共犯者らと共謀の上，暴力団に従わない建設会社社長にけがを負わせた傷害の事案のうち，Ⓐに関し，共犯者供述の信用性についての判断が示された。この判決は，被告人と共に実行に及んだ旨を内容とする共犯者供述の信用性について，供述者が犯行に関与していることは明らかであるが，複数犯か単独犯か，また，同人の関与の程度がどのようなものか明確になっていない場合において，取り分け，新たな供述が同人に対する第1審判決後控訴審段階に至ってからされ始めたという経過があるときには，供述者が自己の刑責を軽くしようと他の者を共犯者として引き入れたりするおそれが否定できないとし，複数犯であったということに関し，被害者や他の共犯者の供述あるいは現場に残された客観的証拠による裏付けを全く欠き，それら証拠と整合しない部分も存すること，当初から被告人との共同犯行を供述していたものではなく，自身の控訴審に至ってからそのような供述を始めたという経過の説明に疑問があること，供述内容自体に了解し難い疑問が残ることを指摘して，被告人と犯行とを結びつける唯一の証拠である共犯者供述の証拠価値には疑問があるとした。なお，この判決が前提とした訴訟等の経過は以下のようなものである。すなわち，共犯者は，上記住居侵入，殺人未遂等の事案で起訴されたが，その起訴は共犯者が単独で被害者方に侵入し短刀で刺したことを前提とするものであった。共犯者は，捜査及び自身の第1審公判において，自己が単独で被害者方に侵入し短刀で刺した旨の供述をし，共犯者に対する第1審判決はこれに沿った事実認定をして，同人を懲役12年に処したところ，同人は，控訴審において，上記供述を翻し，被害者方には被告人と共犯者とが侵入し，被告人が被害者を短刀で刺した旨の供述をするに至り，控訴審判決はおおむねこの供述に沿った事実認定をして第1審判決を破棄し，共犯者を懲役11年に処した。共犯者の上記の新たな供述に基づいて，被告人が起訴され，第1審判決は被告人を有罪とし，控訴審判決も被告人の控訴を棄却し，被告人が上告したものである（上記Ⓑの傷害の事案は，殺人未遂として起訴されたものの，第1審判決において傷害の限度で共謀共同正犯が成立する旨認定されたものである。）。

207

なお，真摯で誠実な供述態度から嘘の可能性や思い込みの可能性が少ないということは導くことができても，見間違いや勘違いの危険までは排除されないという点は注意すべきであろう。

(2) 供述証拠の信用性判断に関し，供述態度の点に言及している判例としては，保護責任者遺棄致死被告事件について，死亡する前の被害者の衰弱状態等を述べた医師らの証言が信用できることを前提に被告人両名を有罪とした第1審判決に事実誤認があるとした控訴審判決に，刑訴法382条の解釈適用を誤った違法があるとした前記平成26年3月20日判例（判例⑭）[27]が存する。また，前記平成11年10月判例（判例⑩）が，被害者は車内で被告人と親密な会話を交わしたことを殊更に否定している疑いがあると指摘した部分は，被害者の供述態度を考慮に入れた検討を行っているものとみられる。このように，実務でも，供述態度が供述証拠の信用性を検討する考慮要素の一つとして捉えられているといえる。

8　検討の対象と評価の在り方

(1) 供述証拠は，様々な事柄に関する内容を含んでいる場合が多く，その

---

(25) この判決は，第1審判決及び控訴審判決が強姦の事実を認定した点については被害者の供述やこれと符合する客観的証拠，第三者の供述，これを認める被告人の供述によって是認できるが，監禁の事実等を認定した点については証拠の評価に誤りがあり，事実誤認があるとしたものである。この判決では，公訴事実において被告人が脅迫を開始したとされる場所でかみそりを突き付けられ，むりやり車に乗せられて姦淫された場所まで連れて行かれた旨を述べる被害者供述について，関係者架電状況一覧表（被害者のＰＨＳや被告人の携帯電話等の発信状況をまとめたもの）から認められる通話状況は被告人の供述と符合するのに対し，捜査段階で被告人と偶然出会った旨を述べていた被害者は，起訴後の取調べで捜査官から関係者の通話状況の記録を示されて初めて，テレクラを通じて被告人と知り合ったことを供述するに至っていることから，当初はこの事実を隠していたことが明らかであるなどと指摘し，いきなり被告人にかみそりを突き付けられて脅され，むりやり車の乗せられたという被害者の供述内容は，テレクラを通じて待ち合わせをしていた男性の行動としては不自然であって，そのかみそりも発見されていないこと，被害者は車内で被告人と親密な会話を交わしたことを殊更に否定している疑いがあることなどからすると，被害者の供述のうち，被告人と出会った経緯や被告人の運転する車に乗車した際の状況，姦淫の現場に至るまでの車内での状況等に関する部分は信用性に疑いがあり，被告人が強姦目的で被害者を脅迫して姦淫の現場まで自動車に乗せて監禁したという事実を認定した原判決は重大な事実誤認をしたものであるとされた。

中には，要証事実や争点に直結する事実に関するものを内容とする核心部分もあれば，それらの周辺的な事実に関するものやそれらとは関連性が薄いものもある。その中で，信用性が最も慎重に吟味されなければならないのはその核心部分であって，信用性判断を行う際の着眼点を検討する中でも，核心部分に関する事情が重要であることを指摘しているところである。

もっとも，供述者の体験した事実は一連の出来事として存在していることも多く，上記の核心部分とそうではない周辺部分等とに分けることは必ずしも容易ではないことがあるし，そのような核心部分だけで信用性を判断することが合理的とはいえない場合がある点にも注意しなければならない。

また，これまでみてきた各観点についても，例えば，供述者の利害関係や供述態度の真摯性等は，供述全体に関わることが多いし，供述内容の合理性等のような観点は，一連の供述内容の全体をみて判断すべき場合も少なくない。

(2) 供述証拠の信用性を判断する場合，供述の全体にわたってその信用性を肯定したり否定したりすることができる判断の資料がそろっているということは多くなく，信用性の判断は，最終的にはこれまでみてきた各観点からの総合判断とならざるを得ない。各観点からの個別的，分析的な検討を行い，これらの検討を踏まえ，その検討結果全体を総合的にみて，信用性を吟味するという態度を忘れてはならないのである。また，そのような判断を行う中では，これまでみた各観点がいつでも全て重要になるということではな

---

(26) この点は，供述者の利害関係の項で論じたところと同様の考慮が働いているものと思われる。
(27) この判決は，事件の当事者ではない医師や飲食店店員の供述について，上記の被害者の様子を述べた供述部分に関し，信用性を支える根拠があるのに，これを考慮せず，他の供述部分が上記供述部分の信用性を失わせるものとはいえないのに，失わせるものと判断するなどした控訴審判決は，その信用性を正当に評価したものであるとはいえず，このような誤った証拠の信用性評価を前提に，被害者が要保護状態にあることを被告人両名が認識していたとする第１審判決の事実認定を是認できないとした控訴審判決は，第１審判決について，論理則，経験則等に照らして不合理な点があることを十分に示したものとは評価することができないとしたものである。そして，上記医師の供述の信用性に関する検討の中で，被害者を観察してその外見上の状況を述べる部分に関し，「記憶が曖昧なところはその旨が率直に述べられ，作り話をしている様子はうかがえない。」と説示している。

く，事案に応じて，その重要性にも違いがあるのであって，当該事案において，供述証拠の信用性を判断するに当たり，重要となる観点を的確に把握し，その観点からの検討をしっかり行うことにも留意しなければならない。

さらに，これまでみた各観点の多くは，当該供述証拠以外の関係証拠から認められるところの動かし難い事実を踏まえた検討を行うことが念頭に置かれている。したがって，そのような動かし難い事実の認定に誤りがあると，供述証拠の信用性の判断にも誤りが生じるのであって，供述証拠の信用性判断に当たっては，まず，そのような動かし難い事実を的確に認定することが重要であることにも注意しておかなければならない[28]。

9 警察官・鑑定人等の供述

なお，捜査に関与した警察官等の供述についても，例えば，犯行を現認して犯人を現行犯逮捕した警察官が犯行状況を述べたりする場合には，これまでみてきた目撃者の供述と同様の観点からその信用性が検討されることになるであろうし，検証調書等の作成の真正や取調べの状況に関する事情等の捜査手続に関する事柄を述べる場合でも，基本的にはこれまでみた各観点からの検討を踏まえて，供述の信用性が判断されるべきものと思われる。

また，鑑定人尋問の結果や鑑定証人の証言等の鑑定人の供述も供述証拠の一つであって，これを事実認定に用いるためには，その内容が信用できることが必要であるが，その専門性や科学性から，通常の供述証拠とは異なる観点からの検討が必要になる。すなわち，鑑定の対象物件がその鑑定に必要な分量を満たしているかどうかなどといった鑑定対象物件の適格性，鑑定事項について十分な経験はあるか否かなどといった鑑定人の適格性，鑑定に用いられた原理が科学的に正当なものか否かなどといった鑑定技法の正当性，実

---

[28] 前記平成26年3月20日判例（判例⑭）も，控訴審判決について，供述の信用性を判断するに当たり，例えば，供述者の立場や利害関係等の点が考慮されていないこと，他の証拠との整合性や供述内容の具体性，供述態度の真摯さなどの点について説示がないことなどを指摘し，その信用性の評価は正当なものではないとしており，供述証拠の信用性判断における各観点からの総合的な評価の重要性を示しているものと思われる。

際に行われた鑑定手法が適正なものかどうかなどといった鑑定手法の適正さなどの観点からの検討がされなければならない[29]。

V 最 後 に

　供述証拠の信用性の判断は，事実認定を左右する重要な作業の一つであって，論理則，経験則に適う適切な判断を行うことが正しい認定を行う上で必要である[30]。この点は，裁判員裁判を含む刑事裁判全体に当てはまるものといえる。そして，公判廷における分かりやすい審理が実践されるべき裁判員裁判においては，裁判員を含む合議体が供述証拠の信用性の判断を的確に行えるよう，例えば，証人尋問では，検察官や弁護人が，当該供述によって立証したい事実を引き出すための尋問のみならず，当該供述の信用性に関して重要な要素となる事柄についても，その趣旨が分かるようにして質問するなど，充実した証拠調べを行うことが重要であろう。

（こもりだ・けいき）

---

[29] 鑑定の信用性を具体的に検討した旨を説示した近時の判例として，業務上過失致死被告事件につき事実誤認があるとして1，2審判決を破棄して無罪を言い渡した最（二小）判平成元・4・21裁判集刑251号697頁，判時1319号39頁，判タ702号90頁，統合失調症による幻覚妄想の強い影響下で行われた行為について，正常な判断能力を備えていたとうかがわせる事情があるからといって，そのことのみによって被告人が心神耗弱にとどまっていたと認めるのは困難であるなどとして，被告人は心神耗弱にとどまるとして，被告人を有罪とした控訴審判決を事実誤認があるとして破棄して差し戻した最（二小）判平成20・4・25刑集62巻5号1559頁等が挙げられる。前者は血痕鑑定や自動車事故関係に関する判示を，後者は精神鑑定に関する判示をそれぞれ行っている。
[30] 最高裁は，控訴審における事実誤認の審査に関し，「控訴審が第1審判決に事実誤認があるというためには，第1審判決の事実認定が論理則，経験則等に照らして不合理であることを具体的に示すことが必要である」としている（最（一小）判平成24・2・13刑集66巻4号482頁）。

同種前科・類似事実による立証

前橋地方裁判所判事　**野口　佳子**

> I　はじめに
> II　同種前科・類似事実による立証の概括
> III　平成 24 年判決
> IV　平成 25 年決定
> V　同種前科・類似事実が犯人性の証拠として
> 　　許容される基準
> VI　基準の具体的適用
> VII　情状立証について
> VIII　おわりに

I　はじめに

　同種前科・類似事実を犯罪事実の認定に使うことが許されるかということに関しての最高裁の判断としては，昭和 41 年 11 月 22 日の決定（最（三小）決昭和 41・11・22 刑集 20 巻 9 号 1035 頁，判時 467 号 65 頁，判タ 200 号 135 頁）がある。この決定は，「犯罪の客観的要素が他の証拠によつて認められる本件事案の下において，被告人の詐欺の如き犯罪の主観的要素を，被告人の同種前科の内容によつて認定した原判決に所論の違法は認められない」と判断し，詐欺罪の故意の認定について，一定の留保付きではあるが，同種前科を使うことが許されると判断したものであった。近時，最高裁は，平成 24 年

9月7日,同種前科を被告人と犯人との同一性を判断するための証拠として用いる場合についての判断を示し(最(二小)判平成 24・9・7 刑集 66 巻 9 号 907 頁,判時 2164 号 45 頁,判タ 1382 号 85 頁。以下「平成 24 年判決」とする),さらに,平成 25 年 2 月 20 日,前科に係る犯罪事実及び前科以外の他の犯罪事実を被告人と犯人との同一性を判断する証拠として用いる場合についての判断を示した(最(一小)判平成 25・2・20 刑集 67 巻 2 号 1 頁,判時 2180 号 142 頁。以下「平成 25 年決定」とする)。そこで,本稿では,前記の 2 つの最高裁判決等を検討しながら,被告人と犯人との同一性の立証の問題点を考えてみたい。なお,本稿で同種前科というのは起訴された事実と類似する前科に係る犯罪事実をいい,類似事実というのは起訴された他の犯罪事実や起訴されていない余罪等の前科以外の犯罪事実をいう。

II 同種前科・類似事実による立証の概括

同種前科・類似事実を被告人が犯人であることの証拠として使用することは原則として許されない。この法理は,英米法の性格証拠の原則に由来するものである。この原則の根拠として,次の 3 点が挙げられている。第 1 点は,同種事実はそれが起訴事実との関係で証明力があるとしても,陪審員に対して不当な影響を与えること,第 2 点は,そのような証拠を提出することは,不当な不意打ちを与えるようなことになり,短い期間で被告人の従前のあらゆる非行に答えなければならないという地位に被告人を立たせる結果になること,第 3 点は,そのような証拠の提出は,結末のない付随的争点に被告人を引きずりこむことになるということである[1]。

我が国の刑事訴訟法には明文の規定はないが,同原則が妥当するものと解されるべきであるし,そのことにほぼ異論はない。我が国においては陪審制度が採用されているわけではないが,このような証拠が提出されれば,事実認定者(裁判官及び裁判員)に対して不当な影響・偏見を与え,誤った心証

---

(1) 綿引紳郎・最判解刑昭和 41 年度 214 頁。

形成をさせる危険があること，被告人に不当に広範囲な防御を余儀なくさせ，不意打ちを与える危険があること，争点の混乱・拡散や審理の遅延を招く危険があることは同じだからである。我が国においては，このような証拠は，自然的関連性は認められるが，類型的に，裁判所に対して不当な予断偏見を与え，誤った心証を形成させる危険があるといえるとして法律的関連性がないものとして排除されるのである。一方，証拠の証明力が高く，事実認定者が事実認定を誤る危険性が低いことにより，その危険性を上回る必要性があると認められる場合などには，例外も認められている。例外としての具体的な場合としては，①前科や常習性が構成要件の一部を構成している場合，②故意，目的，動機や知情のような犯罪の主観的要素を証明する場合，③前科の存在や内容が起訴された事実と密接不可分に関連している場合，④特殊な手口による同種前科の存在により被告人と犯人との同一性を認定する場合があるとされている[2]。①は常習累犯窃盗罪や常習賭博罪のような場合であり，証拠として使用できるか否かについて通常問題となることはあまりないと思われる。②の裁判例が前記最（三小）決昭和41・11・22であり，③については，静岡地判昭和40・4・22下刑集7巻4号623頁が参考に挙げられている[3]。④については，下級審の裁判例はあるものの[4]，これまで最高裁の判断が示されていなかったところ，平成24年判決で，証拠として許容される基準についての判断が示された。なお，③も④の射程範囲内の類型の一つと考えられる。

（２） 安廣文夫・大コンメ刑訴法［２版］(7)436頁。
（３） この事案は，同一の列車で発生した２件の集団すりの事案において，２件目のすりの現場に１件目のすりの被害品の一部が落ちていたという状況証拠を前提に，両事実が時間的にも，場所的にも共に接着し，犯行の方法態様も同類であって両事実は密接かつ一連の関係にあると見られるから，１件が被告人らの犯行であるということが証明された場合には，この事実は，被告人がもう１件の事実の犯人であることの証拠とできるというものであり，両事実の関係が，前記の情況証拠が持つところ犯人性の推認力を高めるという立証過程を取ったものと思われる。
（４） 被告人と強姦致傷の犯人との同一性について，被告人の前科の強姦の手口と酷似していることを根拠の一つとした水戸地下妻支判平成４・２・27判時1413号35頁，和歌山カレー事件の大阪高判平成17・６・28判タ1192号186頁等がある。

同種前科・類似事実による立証（野口　佳子）

Ⅲ　平成 24 年判決

1　事案の概要，審理の経過等

　被告人は，平成 21 年 9 月 8 日，金品窃取の目的で，他人の住居に侵入した上，現金 1,000 円とカップ麺 1 個を窃取し，さらに，同室内にあった石油ストーブ内の灯油を室内のカーペット上に撒布した上で火を放ち，同室の一部を焼損させたという住居侵入，窃盗（本件窃盗等），現住建造物等放火（本件放火）の事実等で起訴された。被告人は他の事実については認めたが，本件放火の犯人は被告人ではないと争った。被告人には，約 17 年前の 3 か月の間に犯された 11 件の現住建造物等放火（前刑放火）の罪による前科があった。

　検察官は，被告人は前刑放火と同様の動機に基づいて本件放火に及んだこと，前刑放火と本件放火はいずれも特殊な手段方法でなされたものであると主張し，前刑放火の判決書等の前科証拠を証拠請求したが，第 1 審は，その前科証拠を関連性なしとして却下した。第 1 審が本件放火について被告人を無罪としたため，検察官が控訴した。控訴審は，前刑放火においては，その契機，手段，方法において，特徴的な行動傾向が固着化していたと認められる上，本件放火も前刑放火と同様の犯行に至る契機があると認められ，犯行の手段方法も共通し，いずれも特徴的な類似性があると認められるから，前科証拠のうち犯行に至る契機，犯行の手段方法に関するものは，被告人が本件放火の犯人であることを合理的に推認させるということがいえ，その同一性を証明する証拠として関連性があると判断し，前科証拠について関連性がある部分を特定しないまますべてを却下した第 1 審判決を破棄し，第 1 審に差し戻した。

　これに対して，被告人が上告した。最高裁は，以下のような理由で控訴審判決を破棄し，控訴審に差し戻した。なお，差戻後の控訴審は，検察官の控訴を棄却し（東京高判平成 25・1・10 判例集未登載），確定している。

2　理由の要旨

　最高裁は,「前科も一つの事実であり,前科証拠は,一般的には犯罪事実について,様々な面での証拠としての価値(自然的関連性)を有している。反面,前科,特に同種前科については,被告人の犯罪性向といった実証的根拠の乏しい人格評価につながりやすく,事実認定を誤らせるおそれがあり,また,これを回避し,同種前科の証明力を合理的な推論の範囲に限定するため,当事者が前科の内容に立ち入った攻撃防御方法を行う必要が生じるなど,その取調べに付随して争点が拡散するおそれもある。したがって,前科証拠は,単に証拠としての価値があるかどうか,言い換えれば自然的関連性があるかどうかのみによって証拠能力の有無が決せられるものではなく,前科証拠によって証明しようとする事実について,実証的根拠の乏しい人格評価によって誤った事実認定に至るおそれがないと認められるときに初めて証拠とすることが許されると解すべきである。本件のように,前科証拠を被告人と犯人の同一性の証拠に用いる場合についていうならば,前科に係る犯罪事実が顕著な特徴を有し,かつ,それが起訴に係る犯罪事実と相当程度類似することから,それ自体で両者の犯人が同一であることを合理的に推認させるようなものであって,初めて証拠として採用できるものというべきである。」として,同種前科を被告人と犯人の同一性の証拠として採用できる場合の基準を示した。

　その上で,最高裁は,前刑放火の動機や犯行態様は際だった特徴を有するものではないし,被告人は,窃盗の目的で住居に侵入し,期待したほどの財物が窃取できなかったために放火に及ぶという強固な犯罪傾向を有しているとは認められず,実証的根拠の乏しい人格評価にほかならないとして,本件前科証拠は採用できないと判断した。

Ⅳ　平成 25 年決定

1　事案の概要,審理の経過等

　被告人は,約 1 年の間に,他人の住居に侵入した上で,現金や女性用の下

着を窃取した10件の住居侵入，窃盗の事実及び他人の住居に侵入した上で，現金や女性用の下着を窃取し，さらに，侵入した住居内で，下着等に点火して火を放ち，侵入した住居を焼損させた10件の住居侵入，窃盗（未遂1件を含む），現住建造物等放火の事実（本件放火）で起訴された。被告人は，10件の住居侵入，窃盗の事実と2件の住居侵入，窃盗，放火の事実の犯人であることを認めた。また，残りの8件の住居侵入，窃盗，放火のうちの2件については住居侵入，窃盗についての犯人であることを認めたが，放火の犯人ではないと主張し，その余の6件の住居侵入，窃盗，放火については全面的に被告人は犯人ではないと主張した（第1審判決：岡山地判平成22・12・7刑集67巻2号14頁。控訴審判決：広島高判平成23・9・14刑集67巻2号113頁を参照）。被告人には，本件より約32年前の窃盗（未遂を含む）14件，現住建造物等放火（未遂を含む）3件等の前科，約14年前の住居侵入，窃盗10件及び住居侵入，窃盗，現住建造物等放火2件等の前科があった。

　第一審は，まず，前科等の証拠以外の証拠から争いのある8件を含む20件の住居侵入，窃盗についてすべて被告人を犯人と認定した。そして，放火を争う8件のうちの窃盗が既遂の7件について，住居侵入，窃盗と放火の犯行が接近し，短期間に7件もの事件が発生していることに加え，被告人の住居侵入，窃盗，放火による前科の内容が本件の住居侵入，窃盗，放火の手口と共通していることを被告人が犯人であることの一つの理由として挙げ，また，窃盗が未遂の1件についても，住居侵入の手口や物色した部屋に放火するといった放火の態様が窃盗が既遂となっている他の住居侵入，窃盗，放火に類似していることを理由のひとつに挙げて，被告人を各放火の犯人と認定した。

　控訴審は，被告人の前科に係る犯罪事実，被告人が犯人であると自認している10件の住居侵入，窃盗の各事実から，被告人には色情盗という特殊な性癖があること，住居侵入，窃盗の犯行の手口及び態様に特徴があること，放火について極めて特異な犯罪傾向があることが認められ，それらの特徴等が，被告人が犯人性を争う8件の住居侵入，窃盗または窃盗未遂，放火の事実に一致するとし，そのことが被告人がその8件の住居侵入，窃盗，放火の

犯人であることの間接事実の一つになるとし，その結果，被告人がいずれも犯人であると認めて控訴を棄却した。

これに対して，被告人が上告した。最高裁は，上告を棄却したが，職権で以下のような判断を示した。

2　理由の要旨

最高裁は，「前科証拠を被告人と犯人の同一性の証明に用いる場合は，前科に係る犯罪事実が顕著な特徴を有し，かつ，その特徴が証明の対象である犯罪事実と相当程度類似することから，それ自体で両者の犯人の同一であことを合理的に推認させるようなものであつて，初めて証拠として採用できるところ，このことは前科以外の被告人の他の犯罪事実の証拠を被告人と犯人の同一性の証明に用いようとする場合にも同様に当てはまると解すべきである。そうすると，前科に係る犯罪事実や被告人の他の犯罪事実を被告人と犯人の同一性の間接事実とすることは，これらの犯罪事実が顕著な特徴を有し，かつ，その特徴が証明対象の犯罪事実と相当程度類似していない限りは，被告人に対してこれらの犯罪事実と同種の犯罪を行う犯罪性向があるという実証的根拠に乏しい人格評価を加え，これをもとに犯人が被告人であるという合理性に乏しい推論をすることに等しく，許されないというべきである。」と，前科以外の被告人の他の犯罪事実の証拠を被告人と犯人の同一性の証明に用いようとする場合であっても，前科の場合と同様の制限があることを示した。

その上で，最高裁は本件事案について，控訴審の指摘する，被告人の性癖や犯行手口，態様等もさほど特殊ではないし，被告人の特異な犯罪傾向というのも曖昧で，特異な犯罪傾向ということは困難である上，そもそも，このような犯罪性向を犯人が被告人であることの間接事実にすることは，合理性に乏しい推論をすることにほかならない旨の判断を示した（ただし，その余の証拠によれば，第一審判決に事実誤認はないとした原判断は是認することができるとして，上告を棄却した）。

V 同種前科・類似事実が犯人性の証拠として許容される基準

「平成24年判決」によれば，前科証拠を取り調べることの弊害は，「被告人の犯罪性向といった実証的根拠の乏しい人格評価につながりやすく，そのために事実認定を誤らせるおそれ」及び「同種前科の証明力を合理的な推論の範囲に限定するため，当事者が前科の内容に立ち入った攻撃防御を行う必要が生じるなど，その取調べに付随して争点が拡散するおそれ」にあるとされ，例外的な場合といえるのは，「実証的根拠の乏しい人格評価によって誤った事実認定に至るおそれがないと認められるとき」と解すべきであるとする。そして，前科証拠を被告人と犯人の同一性の証拠に用いる場合については，

a 前科に係る犯罪事実が顕著な特徴を有していること
b それが起訴に係る犯罪事実と相当程度類似することの2点から
c それ自体で両者の犯人の同一であることを合理的に推認させるようなもの

であることの要件を満たす場合に初めて証拠とすることが許されると示した。すなわち，前科に係る犯罪事実が，被告人にしかできない場合であるとか，ごく限られた者にしかできない場合といった特徴を持ち，それ単独で被告人が犯人であると認定できるようなものであることまでを要求するものではないが，前科に係る犯罪事実に顕著な特徴があり，その特徴が起訴事実と相当程度に類似する場合に，被告人の悪性格といった根拠の乏しい推認を介在させることなく，顕著な特徴と相当程度の類似性から直接に被告人が犯人であることを推認させるような場合に証拠とすることが許容されるというのである。さらに，「平成25年決定」によれば，この基準は，原則として，前科証拠に限らず，類似事実を被告人と犯人の同一性を立証するための証拠として用いる場合にも妥当することになる。

これら「平成24年判決」「平成25年決定」は，同種前科・類似事実にかかる証拠は犯罪事実を立証するための証拠として原則として証拠能力を欠

き，例外的な場合に証拠能力が認められる場合があると解してきたこれまでの判例・学説の流れを継承するものである。しかし，今回示された基準は，従前，「特殊な手口や方法により犯人性を認定する場合」と抽象的に論じられてきた場合の基準を具体的に示したという以上に，かなり厳格な基準を示したといえる。

　これまでの裁判官裁判においても，同種前科・類似事実を犯人性の証拠として用いることは例外であり，証拠とする場合に慎重な判断がなされてきたと思われる。ただ，その際には，今回最高裁が示した要件の「顕著な特徴」「それ自体で犯人性を推認できる」という要件よりはやや広く，相当程度の特徴と類似性が認められる場合に証拠として採用し，事実誤認に至る危険性と証拠の持つ推認力を天秤にかけながら，その余の種々の事情を総合的に判断し，間接事実の一つとして判断するという方法も少なくなかったように思われる。また，犯人性の証拠として用いた場合にも，間接事実の一つとはいえ，他の証拠で犯人性が認められた上での，押さえとしての証拠として使用されることがほとんどであったように思われる。これに対し，最高裁の今回の判断は，裁判員裁判を前提とし，これまで以上に事実誤認の危険を少なくすることを意図し，より厳格な方向に基準を置いたのではないかと考えられる。同種前科・類似事実による立証においての事実誤認の危険性は，裁判官であろうと，裁判員であろうといずれにも危険が存在することは間違いなく，そこに違いがあるわけではない[5]。とはいえ，裁判官は，当該事件以外にも多くの裁判や裁判例に接して，似たような手口の犯行が別の犯人によって行われることを知っているのに対して，裁判員は参加する裁判が初めての事案であることが普通であり，それ以外の裁判例に通じているとは限らないから，"顕著"の程度に差が生じることもあり得るように思う。それまでの人生において犯罪が無縁であれば，「日常生活において，そもそも犯罪に至ること

---

(5) 岡田雄一・刑訴百選［7版］136頁には，「類似事実証拠排除の原則は，本来，人が陥りやすい事実誤認の危険を回避し，被告人の権利を保護するものであるから，陪審裁判に特有の問題ではなく，職業裁判官による裁判を前提とする場合においても，原則的に妥当する」と述べられている。

自体が特別な場合であり、その中で手口や方法がある程度似通っていると、犯罪に至るようなことをする人はそんなに多くはないし、しかも、手口や方法がこのように似通っているのだから、そのようなことをする人間は他にはいないのではないか」という心証が形成されやすい状況になる。そのような状況が想定されるとすれば、裁判員裁判の時代となった今日においては、相当程度の特徴と類似性によって証拠として採用し、事実認定を行う裁判所により広く証拠の推認力の判断を委ねるというのではなく、そもそも証拠としての許容性において従来以上に厳格な要件を課しておくという方向は正当であろう。

なお、「平成24年判決」では、弊害として、副次的であるとはいえ、争点拡散のおそれを挙げているが、この点は、証拠として許される場合の要件として特段反映されてはいない。争点拡散やそれによる訴訟遅延は、関連性の問題ではなく、証拠の必要性の問題であるとの指摘もされており[6]、関連性としての要件に加味されていないように考えられる。しかし、検察官が同種前科・類似事実による立証を行おうとすれば、特徴の顕著さや類似性に関する両当事者の主張が対立し、同種前科の内容がどのようなものであったのかなど同種前科の審理の蒸し返しになりかねないような状況になることが予想される。そのような場合に「必要性」といった裁判所の裁量権の判断で対処するのではなく、そもそも「関連性」の問題として対処する方が争点の拡散等の弊害を防止できるとの判断が、厳格な基準を採用した背景にあるように感じる。

VI　基準の具体的適用

そこで、具体的な事案への当てはめをみてみる。

1　「平成24年判決」「平成25年決定」の当てはめについて

まず、「平成24年判決」は、窃盗の目的で住居に侵入し、期待したほどの

（6）　玉本将之・研修779号。

Ⅵ 基準の具体的適用

財物が窃取できなかったために放火に及ぶということが，放火の動機として特に際だった特徴を有するものとはいえないし，侵入した居室内に石油ストーブの灯油を撒いて火を放つという態様もさほど特殊なものとはいえず，犯人が被告人であると推認させる力はさほど強いものとは考えられないとし，顕著な特徴を有するという要件が満たされないと判断した。その上で，前刑放火は，間に服役期間を挟み本件放火の 17 年前の犯行であって，被告人がその間前刑当時と同様の犯罪傾向を有していたと推認することには疑問があること，被告人は，本件放火の前後 1 か月の間に合計 31 件の窃盗に及んだと上申しているところ，その中には被告人が十分な金品を得ていないとみられるものが多数あるにもかかわらず，本件についてのみ被告人の放火の犯罪傾向が発現したと解することは困難であり，被告人がこのような犯罪傾向を有しているというのは実証的根拠の乏しい人格評価であるとした。

また，「平成 25 年決定」は，被告人の色情盗という性癖はさほど特殊なものとはいえないし，侵入先の情報収集，侵入の目的，手口及び態様もさほど特殊ではなく，これらは単独でも，総合しても顕著な特徴とはいえないとして，顕著な特徴を有するという要件が満たされないと判断した。加えて，被告人の特異な犯罪傾向については前科に係る犯罪事実に照らしても曖昧なものであり，特異な犯罪傾向ということは困難であり，そもそもこのような犯罪性向を犯人が被告人であることの間接事実とすることは，合理性に乏しい推論をすることにほかならないとした。なお，金築誠志裁判官の補足意見が付されている。

2 基準への当てはめ・運用の検討
(1) 顕著な特徴

最高裁は，いずれの判断においても同種前科・類似事実における犯行の動機や契機，手口，態様において顕著な特徴があるとはいえないとした（なお，「平成 25 年決定」においては，金築裁判官の補足意見ではそもそも動機の共通性が認められないとしている）。原審である両高裁を含めて従前の裁判においても，前科等の証拠を被告人と犯人との同一性の証拠とすることが例外

であり，安易に関連性を認めるべきでないとの姿勢が取られていたと考えられるが，それでも，原審と最高裁の判断が分かれたのは，最高裁の示した基準にいう「顕著」がこれまでの判断より相当厳格なものを意味することの表れであろう。この2つの当てはめの結果をみると，顕著な特徴と認められる場合というのは，かなり限定されることになる[7]。しかし，「平成24年判決」「平成25年決定」が，いずれも顕著であることを否定したものであることから，顕著と判断できるのはどの程度で，具体的にどのような場合かはまだ明らかではない。金築裁判官の補足意見では，「この法理が，自然的関連性のある証拠の使用，不当な予断・偏見のおそれや合理的な根拠に乏しい認定に陥る危険を防止する見地から，政策的考慮に基づいて制限するものであることに鑑みれば，『顕著な特徴』という例外の要件について，事案により，ある程度の幅をもって考えることは，必ずしも否定されないのではないだろうか。」と述べられており，参考になる。この指摘については，結局のところ，顕著な特徴という要件を実質的に緩めることを許容することになるので，判例に反する判断を内包するのではという批判が考えられる。しかし，同意見も，あくまで「顕著な特徴」という要件を満たす枠内での幅を言うものであり，批判は当たらない。どのような事案において，どの程度の幅を許容範囲とするのかなどは，今後の事例の集積を待つことになろう。

(2) **顕著な特徴と相当程度の類似性の判断手法**

① **犯罪事実**

最高裁の示した基準によれば，顕著な特徴と相当程度の類似性は，前科あるいは類似事実の犯罪事実と犯人性を争う犯罪事実を対照することになる。そこで，ここにいう犯罪事実に含まれる要素についてみると，まず，「平成24年判決」は，住居侵入，窃盗の犯行から放火の犯行に至る動機に際だっ

---

[7] 最高裁の判断後，市の同じ区内において，2時間以内に連続して発生した，女性が一人で歩いているところに背後から自動車を衝突させる2つの事件（強姦致傷等と強姦致傷）に関し，同様の態様の2つの事件が場所的，時間的に接近して起こった場合であったとしても，一方の犯人であることから他方の犯人でもあると推認するには，同一犯とみることが合理的といえるほどの特異性が，双方に共通してみられることが求められるとして，特異性を否定した事案がある（東京高判平成25・7・16高検速報3500号）。

た特殊はなく，放火の態様もさほど特殊なものとはいえないとし，また，「平成 25 年決定」も，色情盗という態様，住居侵入，窃盗の動機，その犯行の手口や態様にさほどの特殊性はないとしていることからすると，特徴の判断は，単に犯行の手口や方法等の実行行為そのものに限ることなく，犯行に至る契機や動機をも含め，公訴事実に密接に関わるような関連事情をも含むものと解される[8]。具体的には，犯人が犯行に使用した道具や被害品等の処分方法，罪証隠滅の工作方法といった犯行後の事情，新築の住宅を狙っての放火や小学生を狙った犯行といった犯行対象や被害者の属性等の事情，犯行が被告人の地理に明るい場所で発生しているなど被告人と犯行発生状況との関係などが考えられよう。

そして，「平成 24 年判決」は，犯行の動機，方法等の特殊性を順次論じているが，「平成 25 年決定」は，単独ではもちろん，総合しても顕著な特徴とはいえないとして判断しており，それぞれの要素は総合的に判断されるものである。犯行の特徴は，犯行の動機，手口や態様等の諸事情を個々に切り離して見れば必ずしも明確な特徴がないものであっても，総合的に判断することで顕著，明確な特徴がみえてくるものであり，当然のことといえる。

なお，「平成 24 年判決」では被告人の放火における行動傾向，「平成 25 年決定」では放火に至る被告人の犯罪傾向をそれぞれ原審の判断に応える形で検討し，いずれもそのような犯罪性向が認められないとしたが，いずれもこのような犯罪性向を間接事実とすることは，そもそも実証的根拠の乏しい人格的評価を加え，合理性に乏しい推認をすることである旨を述べており，このような犯罪性向を考慮要素とすることを戒めているものと考えるべきである。

② その他の事情

さらに，顕著な類似性と相当程度の類似性の判断にあたって，①で述べた犯罪事実に含まれない他の事情も考慮される場合があるであろうか。顕著な特徴というのは，言い換えれば，被告人が同種前科あるいは類似事実の犯人

---

(8) 吉川崇・研修774号27頁。

であることから起訴された事実の犯人であることを人格的評価を介さずに合理的に推認させるような特徴であるということになる。そうだとすれば，対照する前提事情や対照する範囲に差があれば，特徴自体から生じる推認力にも差があるとしても不合理ではない。起訴された事実と同種前科・類似事実との関係や起訴された事実を廻る状況を前提とした上で，その推認力を検討することは許されると思う。たとえば，5年前の前科事実と対照する場合と接近して犯された事実と対照する場合，2つの事実間で対照する場合と複数の事実間で対照する場合，さらに，起訴された事実が複数で短期間に限定された場所で行われていた場合などの前提事情の存在が考えられる。これまでの裁判例によっても，同種前科・類似事実と起訴された事実との時間的，場所的な近接性等の事情，複数の事実の連続性といった事情を総合評価してきたものと考えられる。今回最高裁が示した基準においても，それぞれの事案毎の事情を考慮し，総合的に評価することは許されてよいと思う。もっとも，そうであったとしても，特徴それ自体から犯人性を推認させるような顕著さが要求されることはいうまでもない。金築裁判官の補足意見が，「平成25年決定」の事案において，公訴事実20件のうちの半数において放火が起訴され，それらの約4か月という短期間に多数の類似事実が連続的に犯されたものであることや起訴された20件の住居侵入，窃盗については被告人が他の証拠から犯人であると認められることなどの事情がある本件では，このような事情を総合的に考慮すれば，顕著な特徴が満たされていると解する余地もある旨を述べているのも犯罪事実以外の事情をも加味して総合評価を行うことを前提としていると解される。

　なお，同意見の主眼は，認めている類似事実の点よりも否認しているが認定出来る類似事実については，併合審理されているから，争点拡散の恐れが考えがたく，しかも，被告人の犯行であると推認することは，被告人の人格評価を介さなくても総合認定として出来るのではないかということであろう。これは，裁判官のこれまでの事実認定のやり方に沿うものであって，妥当と思われる。そして，併合審理されている類似事実については，前科と違って総合評価の余地が大きいから，事実間の「顕著な特徴」を厳格に解すれば

そうとはいえないようなものでも，人格評価を介さない総合評価によって犯人の同一性が認定出来るという点も妥当な見解だと考える。どのような事案において，どのような事情をいかに考慮するかは，今後も検討して行くことが必要であろう。

(3) 同種前科・類似事実によるその他の立証過程

「平成25年決定」は，同種前科・類似事実を被告人が犯人であるとの証拠として用いる場合についてを判断したものであり，それ以外の場合についてまでを制限したものではない。

金築裁判官の補足意見は，「平成25年決定」の事案において，類似する多数の犯行が併合審理されている場合において，類似事実を犯人性を推認させる証拠として用いるという方法ではなく，犯人性を推認させる他の証拠（「平成25年決定」の事案では住居侵入，窃盗と放火の近接性）の推認力を補強する証拠として用いる方法を示唆している。最高裁の判断は，実証的根拠のない人格的評価を犯人性を認定する証拠とすることはできないというものであるから，今後は，どのような推認過程であれば同種前科・類似事実による犯人性の立証が人格的評価という根拠の乏しい評価を介在させないものとして許容されるのか，その際の許容要件はどうであるかなど，その事例の集積を見ていくことになろう。

Ⅶ 情状立証について

本稿では，犯人性の立証を取り上げてきたが，情状立証について少し付け加えておきたい。同種前科や類似事実を犯罪事実の認定のための証拠とすることには大きな制約があるとしても，情状立証として調べることはできると考えられている。常習性はもちろん，同じような犯罪を繰り返している者とそうでない者とでは，非難の程度が異なることは当然である。

しかし，我が国においては，犯罪事実の立証と情状の立証が区別されておらず，同一の証拠手続で行われる。裁判員裁判においては，裁判員にとって，犯罪事実認定のための証拠と量刑資料としての証拠とを区別することは，そ

れを理論的には理解していても，実際の心証形成においては必ずしも容易ではないように思われる。証拠調べの方法等においては工夫・配慮すべき点は多い。

　この観点から，具体的な方策としては，犯罪事実の立証の後に行う中間評議を行い，その後に情状立証を行うといった手続二分論的運用の方法が提唱されている。手続二分論的な運用方法においては，具体的な明文規定がないため，論告・弁論のあり方，中間評議で無罪となった場合に情状立証をどうするのか，中間評議の結論の開示，拘束力をどう考えるかなどの問題が生じる。また，そのような審理を行うことによる訴訟全体の長期化，当事者の協力や理解をどのように得るかといった課題も指摘できる。しかし，犯罪事実に対する不当な影響を回避する方策としては，このような方策が有効であることは間違いない。既に手続二分論的運用を取り入れながら実践している事例も存在しており，今後の運用等に注目していきたいところである[9]。また，現在の裁判員裁判の運用においては，二分論的運用とまではいかないものの，犯罪事実の立証と情状事実の立証を分けた立証が通常になっていると思われるが，その際には，犯罪事実立証と情状立証の間に，裁判員に対して，事実認定に不当な影響を及ぼさないように情状証拠であることの注意喚起を繰り返ししておくことが不可欠であるし，情状立証に入るまでの間に犯罪事実についての証拠内容を確認したり，それらの証拠についての意見交換をするなどし，中間評議とはいえないにしても，議論を並行して行うことが有効である。更なる工夫が望まれよう。

Ⅷ　おわりに

　検察官が同種前科・類似事実を犯人性の立証として請求してくる場合のほとんどは，犯人性の証拠が薄い事案である。そうであれば，証拠の採否が有

（9）　原田・量刑判断の実際351頁，杉田・理論と実践232頁。

Ⅷ　おわりに

罪無罪の判断に大きく影響することになるであろうから，証拠の採否は極めて重要な判断となる。今後は，公判前整理手続での証拠採否をめぐる当事者間の争いも激しくなることが予想され，裁判所としては，一層適切な判断が求められる。

（のぐち・よしこ）

裁判員裁判と量刑

日本大学大学院法務研究科教授　　前　田　雅　英

I　裁判員裁判の量刑の現状
II　最近の最高裁死刑関連判例
III　平成25年に裁判員裁判の死刑を覆した高裁判例
IV　1人殺害の場合と死刑の適用
V　二つの東京高裁判決
VI　裁判員裁判と量刑

I　裁判員裁判の量刑の現状

　裁判員裁判は，まだまだ課題が残っていることは疑いがないが，かなり定着してきたように思われる。最高裁も3年余の運用実態を公表し，分析している（「検証報告書」）。本稿では，司法研究・量刑に関する国民と裁判官の意識で，裁判員裁判と量刑の問題の調査研究をお手伝いさせていただいた関連も有り，量刑を中心に，裁判員裁判の現状を俯瞰してみたい。とりわけ，死刑の問題に着目して，検討を加えてみたいと考える。この点に関しては，3年前に「死刑と無期刑の限界」（原田退官所収469頁〜498頁）を執筆したが[1]，裁判員裁判制度の運用開始時のもので，「裁判員裁判の問題」を論じることは不可能であった。
　裁判員裁判導入後の，裁判員裁判対象事件の主要犯罪類型についての量刑分布は，図1のようになる。

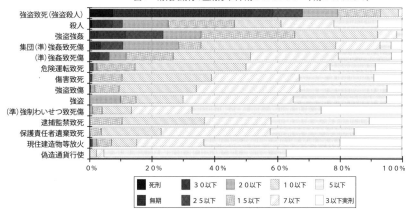

図1　裁判員裁判の量刑分布（平成21.5.21～平成24.5.31）

これを，導入直前の量刑分布と比較する為，その類型のほとんどが裁判員裁判に移行したと思われる殺人罪（刑法199条）と強盗致死傷罪（240条）を選んで比較したのが図2である。無期刑の割合が減少し，20年以下の刑の割合が増加したことがわかる。

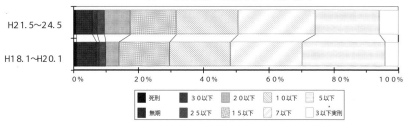

図2　裁判員裁判の量刑分布（強盗致傷と殺人）

必ずしも厳罰化したわけではないが，単純に寛刑化したわけでもない。

変化の状況を，よりわかりやすくするため，導入前の3年間の各量刑帯の

（1）　この他，量刑，死刑に関しては，「被害者1名の殺人等の事案につき死刑の量刑が維持された事例」判例評論612（判時2060）号27頁（平成22年1月），「死刑」警察学論集62巻10号64～79頁（平成21年10月）を公表している。さらに，拙稿「死刑と無期の限界(上)——五件の最高裁判例の意味」判例評論506（判時1737）号19頁（平成13年3月）「死刑と無期の限界(下)——五件の最高裁判例の意味」判例評論507（判時1740）号2頁（平成13年5月）参照。

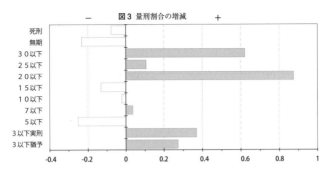

割合と導入後のそれを比較したのが図3である。死刑・無期と5年以下の刑の割合が減少したのに対し，30年以下，25年以下，20年以下の割合が増えていることがより鮮明となる。3年以下の刑の割合も増えたのである。ただ，「傾向」を判断するには，データが少な過ぎるといえよう。

II 最近の最高裁死刑関連判例

このような中で，本稿が特に注目したのは，死刑の問題である。裁判員裁判の死刑判決を，高等裁判所が破棄し無期刑を言い渡した注目すべき判決が登場したからである。そして，これまでも，量刑問題としての死刑については，若干の論文を公表してきたが[2]，最近最高裁が非常に多くの判例情報を公表している（平成26年3月現在）。前稿の「死刑と無期刑の限界」以降，表にしめした55件の判例情報が公開されている。死刑か無期刑かが争われた結果，無期刑を言い渡されたのは6件に過ぎない。そして，ほとんどは被殺者が1名の事案であった。

周知のごとく，特に学説には「死刑廃止論」も有力であるが，裁判員裁判制度の定着する中で，廃止論が有力化したことはなかったといえよう[3]。

（2） 前掲注(1)論文。
（3） 鹿児島地判平成22・12・10裁判所ウエブサイトが2名殺害の死刑求刑事件について無罪判決を言い渡して，「裁判員に死刑を選択するのは難しい」というような議論が巻き起こりかけたが，控訴審の過程で被告人が死亡したため，ほとんど議論されなくなっていった。

6名を殺害し1名を死亡させたという事案に関し，最（一小）決平成23・12・12判タ1367号113頁（北九州連続監禁殺人等事件）は，原審の無期刑を維持したが，被告人は主導者により他者との交流を制約され，電気ショック等異常な暴行，虐待を長期間にわたって繰り返し加えられるなどして，正常な判断能力が低下し，指示に従わないことが難しい心理状態にあったことや，犯行を自白し事案解明に大きく寄与したことなどの事情が考慮された事案であった（死刑とすべき反対意見が付されている）。問題は，1名殺害の事案では，「原則として死刑は認められない」という規範が確立されつつあるのかという点である[4]。

III 平成25年に裁判員裁判の死刑を覆した高裁判例

1 東京高判平成25・6・20判時2197号136頁

東京高裁平成25年6月20日判決は，被告人が，金品を強奪する目的で，被害者方へ侵入し，室内で寝ていた被害者の首を包丁で突き刺して殺害した事案である。原判決は，いわゆる永山判決に示された死刑選択の際の考慮要素やそれ以降の裁判例の量刑傾向を踏まえて，量刑上の諸事情を総合し，とり

---

(4) 最近の最高裁判例の中で，注目すべきなのは，最（二小）判平成24・12・14裁判集刑309号205頁である。(1) 平成11年4月頃，交際していたフィリピン人女性に対し，殺意をもって，仰向けに寝ている同人の頸部に掛け布団のへりを両手で強く押し当てて圧迫し，窒息死させ，(2) 平成20年4月，その後交際していたフィリピン人女性に対し，殺意をもって，同人の頸部を両手で絞め付けるなどして窒息死させ，同人の死体を切断し運河に投棄した事案であった。平成12年4月14日，(1)の被害者の死体の損壊，遺棄等の罪により懲役3年6月に処せられた。最（二小）判平成24・12・14の第1審判決は，(1)の罪について懲役14年に，(2)について無期懲役に処したところ，原判決は，(1)の罪に関する部分は維持したものの，(2)については刑の量定が軽過ぎるとしてこれを破棄し，被告人を死刑に処した。最高裁も，(2)に関する刑の量定について，幼児を残し22歳で生命を絶たれた結果は悲惨かつ重大であり，遺族らの処罰感情もしゅん烈で，平成11年当時，あえて，(1)の被害者に対する死体損壊，遺棄は認めつつ殺害についてはあくまで嘘をつきとおし，これと密接に関連する死体損壊等の罪により刑に服しており，(1)の殺害についても反省，悔悟する機会は与えられたといい得るところ，その刑の服役を経てもなお，従前の経験を利用し，経緯及び態様の類似する(2)の殺人等の犯行を敢行したものであるとして「その刑事責任は誠に重大であり，被告人を死刑に処した原判断は，当裁判所もこれを是認せざるを得ない」とした。

Ⅲ　平成25年に裁判員裁判の死刑を覆した高裁判例

	判例番号		被殺数	最高	原審	1審	備考
1	最(二小)判平成21・6・5	裁判集刑296-539	4	●	●	●	共犯は3人殺害
2	最(三小)判平成21・6・9	裁判集刑296-751	2	●	●	●	
3	最(二小)判平成21・6・15	裁判集刑296-845	2	●	●	●	
4	最(二小)判平成21・6・23	裁判集刑296-883	2	●	●	●	
5	最(二小)判平成21・7・10	裁判集刑297-59	4	●	●	●	
6	最(二小)判平成21・7・17	裁判集刑297-209	4	●	●	●	
7	最(二小)判平成21・11・6	裁判集刑298-1	12	●	●	●	
8	最(二小)判平成21・12・4	裁判集刑299-1	2	●	●	●	
9	最(一小)判平成21・12・10	裁判集刑299-565	14	●	●	○	
10	最(一小)判平成21・12・11	裁判集刑299-921	2	●	●	●	
11	最(一小)決平成21・12・17	判タ1338-70	1	○	○	○	
12	最(三小)判平成22・1・19	裁判集刑300-1	14	●	●	●	
13	最(一小)判平成22・1・29	裁判集刑300-43	2	●	●	●	
14	最(一小)判平成22・3・18	裁判集刑300-101	2	●	●	●	
15	最(一小)判平成22・9・16	裁判集刑301-191	4	●	●	●	
16	最(一小)判平成22・10・14	裁判集刑301-323	2	●	●	●	
17	最(二小)判平成22・11・8	裁判集刑302-1	2	●	●	●	
18	最(一小)判平成23・2・15	裁判集刑303-1	7	●	●	●	
19	最(一小)判平成23・3・1	裁判集刑303-57	1	●	●	○	
20	最(三小)判平成23・3・8	裁判集刑303-107	3	●	●	●	
21	最(一小)判平成23・3・10	裁判集刑303-133	3	●	●	●	
22	最(三小)判平成23・3・22	判タ1373-146	1	●	●	●	
23	最(一小)判平成23・3・24	裁判集刑303-589	2	●	●	●	
24	最(一小)判平成23・3・25	裁判集刑303-647	2	●	●	●	
25	最(二小)判平成23・4・11	裁判集刑304-1	2	●	●	●	
26	最(三小)判平成23・4・19	裁判集刑304-59	2	●	●	●	
27	最(一小)判平成23・6・7	裁判集刑304-101	2	●	●	●	
28	最(二小)判平成23・10・3	裁判集刑304-227	3	●	●	●	
29	最(一小)判平成23・10・17	裁判集刑304-347	4	●	●	●	
30	最(一小)判平成23・10・20	裁時1542-14	4	●	●	●	
31	最(二小)判平成23・11・18	裁判集刑305-1	19	●	●	●	
32	最(一小)判平成23・11・21	裁判集刑305-401	12	●	●	●	
33	最(一小)判平成23・11・22	裁判集刑305-401	2	●	●	●	
34	最(三小)判平成23・11・29	裁判集刑305-455	2	●	●	●	
35	最(一小)判平成23・12・12	裁判集刑306-695	7	●	●	●	
36	最(一小)決平成23・12・12	判タ1367-113	6	○	○	○	共犯中での役割
37	最(一小)判平成23・12・15	裁判集刑306-767	2	●	●	●	
38	最(三小)決平成24・1・16	判タ1373-106	1	○	○	●	
39	最(一小)判平成24・1・16	裁判集刑307-1	2	●	●	●	
40	最(一小)判平成24・2・20	判タ1383-167	2	●	●		差戻し後判決
41	最(二小)判平成24・3・2	裁判集刑307-635	2	●	●	●	共犯中での役割
42	最(二小)決平成24・7・11	裁判集刑308-129	1	○	○	●	
43	最(一小)判平成24・7・12	裁判集刑308-129	3	●	●	●	
44	最(三小)判平成24・7・24	裁判集刑308-159	2	●	●	●	
45	最(一小)判平成24・10・19	裁判集刑308-261	2	●	●	●	
46	最(一小)判平成24・10・23	裁判集刑308-367	2	●	●	●	傷害致死＋
47	最(一小)判平成24・12・11	裁判集刑309-77	2	●	●	○	10年間の間隔
48	最(一小)判平成24・12・14	裁判集刑309-205	2	●	●	○	
49	最(三小)決平成24・12・17	裁判集刑309-213	1	○	○	○	
50	最(一小)判平成25・1・29	裁判集刑310-1	4	●	●	●	
51	最(一小)判平成25・1・29	裁判集刑310-117	4	●	●	●	
52	最(一小)判平成25・2・28	裁判集刑310-253	4	●	●	●	
53	最(二小)判平成25・6・7	裁判所Web	4	●	●	○	傷害致死＋
54	最(二小)決平成25・11・11	裁判所Web	1	○	○	●	
55	最(一小)判平成25・11・25	裁判所Web	2	●	●	●	
56	最(三小)判平成25・12・17	裁判所Web	2	●	●	●	

わけ，殺意が強固で殺害の態様等が冷酷非情であること，その結果が極めて重大であること，二人の生命を奪った前科がありながら，金品を強奪する目的で被害者の生命を奪ったことは，量刑上特に重視すべきであるとして，死刑を選択した。

それに対し，東京高裁は，①包丁を用意し，強盗目的で被害者方に侵入した上，いきなり，かなりの力を込めて首に包丁を刺突し，確実に，かつ，即座に死亡させたこと，被害者を見付ける以前から状況次第では人を殺すこともやむを得ないと考えていたと思われること，②被害者方への侵入時に殺意があったとは確定し得ないが，人の命という最も重要な価値を極めて軽くみた冷酷非情な犯行であり，③緻密な犯行とはいい難いが，それなりの計画性があり，侵入時において，家人がいれば強盗に及ぶだけの気持ちがあったと推認できるとした。④刺突の態様，創傷の部位，形状等からすれば，極めて強い殺意をもって刺突し，⑤結果は極めて重大であり，被害者の無念な思いは想像に難くない。遺族は被告人の極刑を望み，⑥犯行に至る経緯等に酌むべき余地はかなり乏しいとした上で，死刑の適用を否定する。

すなわち，Ⅰ 死刑か無期かは質的に異なる刑の選択であり，最高裁の永山基準によりつつ過去の先例の集積を踏まえるべきで，Ⅱ 強盗殺人罪については，(1)現実に生命を奪われた数が多いほど刑事責任が重く，(2)殺害の計画性が高ければ生命という法益を軽視した度合いが大きいとして，重い刑事責任が問われることになるとし，本件は，(1)被害者が1名で，(2)被害者方への侵入時に殺意があったと確定できず，前科の点を除いて検討した場合，本件は死刑を選択するのが相当な事案とはいい難いとした。

そして，その上で，Ⅲ 前科を重視し先例の原則を修正して，被殺者1名で死刑が選択された事案の多くは，(ア)無期懲役刑に処せられ仮出所中，再度，前科と類似性のある強盗殺人罪を敢行したか，(イ)無期懲役刑に準ずるような相当長期の有期懲役刑の前科の場合で，それが今回の強盗殺人罪との間に顕著な類似性が認められるような場合であるとする「規準」を導く（処遇を十分受けた者が再度類似した罪を犯した点で，法規範軽視の姿勢が著しく，改善更生の可能性もないことが明らかであるとする）。

そして本件原審は，妻と二人の子を殺害しようと自宅に放火し，娘を焼死させ懲役20年の刑に服し，出所からわずか半年で本件に及んでいることを重視しているが，前科の犯行は，利欲目的の本件強盗殺人とは社会的にみて類似性は認められないのであって，原判決は，人の生命を奪った前科があることを過度に重視し過ぎた誤りがあるとしたのである。

2 東京高判平成25・10・8高刑集66巻3号42頁

さらに，東京高裁の同一の刑事部による平成25年10月8日の判決も，原判決の死刑を否定し，無期刑を言い渡した。被告人が，約2か月の間に，住居侵入・強盗殺人・窃盗，同未遂2件，建造物侵入・現住建造物等放火・死体損壊（「松戸事件」），住居侵入・窃盗3件，住居侵入・強盗致傷，住居侵入・強盗致傷・強盗強姦・監禁，窃盗，強盗致傷，住居侵入・強盗強姦未遂を行ったという事案であった。

裁判員裁判による原判決は，松戸事件において，殺意が極めて強固で，殺害態様も執拗で冷酷非情であり，また，放火も悪質な犯行で結果も重大であり，松戸事件前後の事件もいずれも重大で悪質であって，累犯前科や同種前科の存在にもかかわらず，前刑出所後3か月足らずで本件各犯行に及んだことは強い非難に値し，反社会的な傾向性は顕著で根深いとし，松戸事件では殺害された被害者の数が1人であり，被害者の殺害に計画性がないが，死刑を回避すべき決定的事情とまではならないこと，被告人は反省を深めているとはいえず，更生可能性が乏しいといわざるを得ないとして，死刑をもって臨むのが相当であるとした。

それに対し東京高裁は，平成25年6月20日判決と同様に，Ⅰ 無期懲役刑か死刑かは質的に異なる刑の選択で，過去の先例の集積をも参考に永山基準によって判断すべきとし，Ⅱ 量刑判断の中心となる松戸事件は，(1)放火も伴うが，被殺者1名の強盗殺人で，(2)動機や殺害直前の経緯については判然とせず明確な計画性は認定できないので，そのような場合，先例は死刑を選択しない傾向がみられるとする。

そして，Ⅲ原審が，(A)短期間に強盗致傷・強盗強姦を複数回犯し，重篤

な傷害や深刻な性的被害を受けた者がいること，(B)刃物を使用して一連の強盗事件を敢行しており，被告人の粗暴な性格傾向の著しさにも鑑みると，被害者の対応いかんによってはその生命身体に重篤な危害が及ぶ危険性が十分あったことを挙げて，「死刑を回避すべき決定的事情とまではならない」としたのに対し，東京高裁は，松戸事件を除けば，その重大悪質な犯情や行為の危険性をいかに重視したとしても，各事件の法定刑からして死刑の選択はあり得ないとした。

東京高裁は，松戸事件の殺害態様が執拗で冷酷非情で，放火も併せて実行し，その結果も重大であることを考慮しても，殺害された被害者が1名の強盗殺人であり，殺害行為にいかなる意味においても計画性を認めることができないことを踏まえると，死刑を選択することが真にやむを得ないものとはいえないとした。松戸事件前後の多くの犯罪行為の犯情が重大，悪質，かつ危険であること，前科関係・反社会的性行，反省の情が乏しいことなどの情状を斟酌しても，死刑を選択することが真にやむを得ないものとはならないとしたのである。その実質的な理由は，やはり「前科・別件の悪辣性を重視し，先例の原則（被殺者1名で事前からの計画性が認定できない場合は死刑は適用しないとするもの）を修正するには，「無期懲役刑に処せられ仮出所中の者が，再度，前科と類似性のある強盗殺人罪を敢行したか，今回の強盗殺人罪と顕著な類似性が認められる行為により無期に準ずる長期の懲役刑の前科がある場合」という「実質的規準」であるといえよう。

Ⅳ　1人殺害の場合と死刑の適用

判例の死刑量刑基準に関して、再度、確認しておかねばならないのは、「1人しか殺害しなかった場合には、原則として死刑は適用にならない」とまでは言い切れないという点である（前掲「死刑と無期刑の限界」492頁）。

かつて，最（二小）判平成8・9・20刑集50巻8号571頁が，1名の殺害事案につき，死刑を言い渡した原審を破棄したことにより，「一人を殺害したのみでは死刑を適用するのが困難である」という論調が出てきたように思

Ⅳ　1人殺害の場合と死刑の適用

われる。被害者に保険を掛けロープで絞殺した事案であるが，被告人が殺人及び殺人未遂の実行や殺害方法の謀議にも関与しておらず，首謀者に引きずられて加わったもので，前科もなく，特段の問題行動もなく社会生活を送ってきたことなどから，死刑という極刑を選択することがやむを得ないと認められる場合に当たるとはいい難いとしたものであった。保険金目的で，犯行の計画性も高いという事情が認められるが，保険代理店の経営者からの再三にわたる勧誘などがあったという事情もあり，主導的役割を果たしたとはいえないことが重視されて，原審の死刑判断が破棄されたと思われる。少なくとも，本判例を根拠に「判例上被害者一人では，原則として死刑にならないとする傾向がある」とすることは誤りである。

　そして，その後の最高裁においても，1人を殺した場合にも，死刑は認められてきた。身代金要求目的で誘拐し殺害した場合（最（一小）判平成10・4・23判タ972号151頁）はもとより，東京高裁平成25・6・20判決，東京高判平成25・10・8判決が指摘する「同種事犯での仮釈放中に犯した場合」は死刑が言い渡されている（最（二小）判平成11・12・10刑集53巻9号1160頁）。また，いわゆる逆恨み殺人事件に関する最（二小）判平成16・10・13判タ1174号258頁は，殺人事件により懲役10年に処せられた前科を有していた事案で，反省の態度を示していることなどを十分考慮しても，被告人の罪責は誠に重大であり，無期懲役の第一審判決を破棄して被告人を死刑に処した原判断は，やむを得ないものとしてこれを是認せざるを得ないとした（前掲「死刑と無期刑の限界」492-3頁）。ごく最近の最高裁判例においても，前述の最（二小）判平成24・12・14のように一人殺害でも，死刑は適用され得る。

　普通殺人罪においても，被殺者1名の事案で死刑は認められている。最（二小）決平成20・2・29判タ1265号154頁は，生きたまま焼殺し性被害も伴うことが，死刑を導く因子としてかなり重要な役割を果たしたと考えられるが，「周到な計画に基づく犯行」とは認められず，強姦の発覚をおそれ，仲間の所に早く行くため殺害することを決意したもので，姦淫する前から被害者の殺害を企図していたわけではなかった。また，二度の少年院送致のほか，覚せい剤取締法反等の罪により有罪判決を受け，その猶予期間中に強盗

致傷等を犯したことから懲役4年6月の実刑判決を受け,仮出獄を許されてから,わずか約9か月で本件犯行に至っているとして,前科が重視されて死刑が言い渡されている。類似の犯行を犯して,無期懲役の刑等を受けた直後ではないが(前掲(二小)判平成11・12・10参照),「被告人の根深い犯罪性向は更に深化,凶悪化しているといわざるを得ず,改善更生の可能性に乏しい」と評価され,犯行が周到な計画に基づかず反省の態度を示していることなどを勘案しても,死刑を是認せざるを得ないとされたのである。

このように判例は,方法の残虐性を含め,全ての事情の総合評価として死刑を認定している。前掲の2件の東京高判が指摘するように,同様の強盗殺人罪を犯して無期懲役を言渡されて仮釈放中に再度殺害したような場合は,基本的に死刑と評価されてきたといえようが,そのような「類型化」は,死刑の判断においても,慎重でなければならない。

V 二つの東京高裁判決

東京高裁平成25年6月20日判決と東京高裁平成25年10月8日判決は,死刑か無期かの限界事例についての判断であることに異論はない。争点は,そこでの判示内容が従来の判例の基準と合致しているかではない。まさに転換しつつある「裁判員裁判の量刑判断」の在り方として,専門家集団としての裁判官の量刑判断がどうあるべきかが問われなければならない。

東京高裁は,1名を殺害した強盗殺人罪の事案に関し非常に緻密な「量刑の判断傾向の分析」の基づき理論的に両事件は,死刑に値しないとする,緻密な論証を行っている。その論理は次頁表のようなものといってよい。

ここでまず確認しておかねばならないのは,最高裁は,死刑の判断は他の量刑判断と比べて,別異に扱うべきと考えているわけではないという点である。裁判員法が法定刑に死刑が定められている事件を裁判員裁判の対象にしていることなどに照らすと,死刑の是非の判断においても,裁判員の視点,

> Ⅰ　死刑の選択は永山基準によりつつ過去の先例の集積を踏まえる。
> Ⅱ　法定刑が死刑・無期の強盗殺人罪においては，現実に生命を奪われた数，殺害の計画性の高さが重要で，⑴被殺者1名の強盗殺人の場合で，⑵殺害行為に計画性がない場合には，死刑は選択されないという判例の傾向。
> Ⅲ　前科を重視しⅡを修正する場合の多くは，(ｱ)無期懲役刑に処せられ仮出所中，再度，前科と類似性のある強盗殺人罪を敢行したか，(ｲ)無期懲役刑に準ずるような相当長期の有期懲役刑の前科の場合で，それが今回の強盗殺人罪との間に顕著な類似性が認められるような場合。
> Ⅳ　平成25年6月20日判決：前科犯行は社会的にみて本件強盗殺人とは異なる犯罪類型。平成25年10月8日判決：同種前科があり出所後3か月足らずの強盗殺人で，短期間に複数回強盗致傷・強盗強姦を犯し，強盗では刃物が使用され生命に危害が及ぶ危険性があったが，死刑を回避すべき決定的事情ではない。

社会常識が反映されるべきであることは，疑いない。

　そして，上記の東京高裁の説明が，従来の最高裁判例の量刑判断を同じといえるかには，若干の疑問があるように思われる。まず，「前科」の点を別にして，⑴被殺者1名の強盗殺人で，⑵殺害行為に計画性がなければ死刑は選択されないという「判例の傾向」を導き，その次に，前科を考慮して例外的に死刑を認めるには，無期懲役刑に処せられ仮出所中，再度，前科と類似性のある強盗殺人罪を敢行したかそれに準じる場合でなければならないとしたのである。しかし，このような二段階のチェック方法は，判例として確立しているとまではいえないであろう。それぞれの段階の判断については，さほど問題は無いといえようが，従来は「事件の具体的な事実関係を踏まえ，前科の意味を実質的に評価し，他の量刑要素と共に総合的判断した上で死刑選択の是非を決するのが判例の量刑判断」と考えてきたように思われる。東

京高裁の判断方式は,「総合判断」を容易にし,客観性を持たせることを狙ったものであるが,二段階に分けることによって,微妙な誤差が生じうるとも考えられる。前科の点は,強盗殺人の場合でも,死刑を認めるには,「無期懲役刑に処せられ仮出所中,再度,前科と類似性のある強盗殺人罪を敢行したかそれに準じる場合に限られる」とは断言できないようにも思われる。

東京高裁平成25年6月20日判決の原審は,強盗目的で包丁を用意し侵入し,いきなり首に包丁を刺突したもので,冷酷非情な犯行であり,緻密な犯行とはいえないが計画性があり,刺突の態様から極めて強い殺意をもって実行し,結果は極めて重大であり,遺族は極刑を望み,犯行に至る経緯等に酌むべき余地はかなり乏しいという事情に加えて,前科として「無理心中の為娘を焼死させ懲役20年の刑に服し,出所からわずか半年で本件に及んでいること」を加味して死刑を認めたのである。それに対し東京高裁は,前科の犯行は,利欲目的の本件強盗殺人とは社会的にみて類似性は認められないのであって,原判決は,人の生命を奪った前科があることを過度に重視すべきではないとする。ただ,前科が「社会類型的に類似の行為」ではなくても,「人を殺害し,長期に服役して出所後すぐに強殺を行った以上,他の事情と総合すれば死刑を適用すべき」とすることが「不合理」とまでは断定しにくい。

東京高裁は,そのような微妙な判断を明確化し,客観的基準を設ける為にも,①被殺者一人で当初からの計画性がある強殺でなければ,原則として無期刑であり,②死刑にする為には,前科として「無期懲役刑に処せられ仮出所中,再度,前科と類似性のある強盗殺人罪を敢行したかそれに準じる場合」が必要だとすれば良いとしたのであろう。ただ,問題は,①②の基準が,それぞれ独立に評価して「絶対的に真である」とはいえない点である。このような「原則と例外」という二段階論は,「無期相当」という結論を部分的に内包している面があるのである。

東京高裁平成25年10月8日判決の原審も,殺意が極めて強固で,殺害態様も執拗で冷酷非情で,放火を伴い別に多くの重大・悪質事犯を実行しており,前刑出所後3か月足らずで本件各犯行に及んだものなので,被殺者が1

人であり，被害者の殺害に計画性がないことは死刑を回避すべき決定的事情とまではならないとしたのである。

それに対し，東京高裁は「被殺者が1人であり，被害者の殺害に計画性がない場合」は，原則として死刑にはしないのが先例だという点を強調する。しかし，他方で前科や併合審理されている他の犯罪行為との総合衡量も認める。つまり，原則の例外を認めるのであるが，その際に原審のような総合判断が，「最高裁の先例に明らかに矛盾する」ということは，示されていない。もちろん，死刑を認める方向での判断については謙抑的でなければならないが，問題は，「どの程度に謙抑的であるべきか」なのである。

VI 裁判員裁判と量刑

しかし，翻って考えてみると，二つの東京高裁判例に見られるような，「これまでの裁判例の傾向を緻密に分析して，精緻な規範を示しそれを具体的にあてはめる」という手法を，裁判員裁判の時代においてもそのままあてはめて良いのか考えてみる必要がある。

最大判平成23・11・16刑集65巻8号1285頁は，「裁判員制度が導入されるまで，我が国の刑事裁判は，裁判官を始めとする法曹のみによって担われ，詳細な事実認定などを特徴とする高度に専門化した運用が行われてきた。……法曹のみによって実現される高度の専門性は，時に国民の理解を困難にし，その感覚から乖離したものにもなりかねない側面を持つ。刑事裁判のように，国民の日常生活と密接に関連し，国民の理解と支持が不可欠とされる領域においては，この点に対する配慮は特に重要である。裁判員制度は，司法の国民的基盤の強化を目的とするものであるが，それは，国民の視点や感覚と法曹の専門性とが常に交流することによって，相互の理解を深め，それぞれの長所が生かされるような刑事裁判の実現を目指すものということができる」としている。

最高裁は，一時期の「裁判員の判断の尊重」を微妙に修正しつつあるようにも見える。たしかに裁判員裁判においても，従来の判例の結論を踏まえ

ことは重要である。しかし,「法曹の裁判結果の緻密な分析によって得られる理論から導かれる結論に裁判員を導くというよりは,国民の視点や感覚を具体的事案を通して汲み上げることが重要であり,そのためには,多くの量刑事情をそのままの形で提示して,十分な議論を踏まえて,納得のいく結論を導く作業を積み上げることが何より必要であろう。そして,積み上げるには時間が必要であり,またピンポイントの「正解」を求め過ぎない姿勢が重要だと思われる。

(まえだ・まさひで)

裁判員裁判における
判決書の在り方

東京地方裁判所判事 　中　里　智　美

Ⅰ　はじめに
Ⅱ　「罪となるべき事実」及び「量刑の理由」について
Ⅲ　「事実認定の補足説明」について
Ⅳ　おわりに

Ⅰ　はじめに

1　裁判員裁判の判決書

　平成21年5月の裁判員制度施行後，裁判員が参加する第一審のみならず，裁判官だけで構成される控訴審も含め，運用面におけるさまざまな課題が浮かび上がっている。本稿で取り上げる「裁判員裁判における判決書の在り方」も，そのような課題の一つである[1]。

　裁判員制度においては，一般国民の中から選任される裁判員が，裁判官と協働しながら，事実認定，法令の適用及び刑の量定に主体的・実質的に関与することが予定されている（裁判員法6条1項）。このような制度の趣旨に照

（1）　筆者は，平成21年10月から平成23年3月までの間，合計18件の裁判員裁判に関与したが，その後は本稿の脱稿時まで刑事裁判実務に携わっておらず，実際の事件を通じて，裁判員裁判にふさわしい判決書の在り方を模索・検討する機会を持つことができていない上，最近の裁判員裁判の判決書についても，これを十分に知り得る状況にない。本稿を執筆するに当たっては，筆者の能力に加えて，これらの制約があることについてご海容を請う次第である。

らすと,裁判員が参加した審理及び評議を経て,判決で示される判断は,上記の判断事項について,裁判員と裁判官が実質的に協働した成果でなければならない。判決書には,そのような協働を伴う評議により導かれた判断の結論と,それに至った理由(論理的道筋)を端的に示すことが求められる。

　判決は,それに先立つ公判前整理手続,審理,評議という一連の手続を経て,裁判の結果を示すものであるから,先行する手続の在り方が反映されるのであり,本来,判決だけを切り離して論じることはできない筋合いのものである。裁判員裁判の判決書の「在り方」は,判決書に固有の「書き方」の問題ではなく,判決書に裁判員と裁判官との実質的な協働の成果が表されているかという問題であり,審理,評議,更には公判前整理手続の在り方と密接不可分に結び付いたものである[2]。裁判員裁判の判決書を巡る議論・検討は,単なる書き方の問題に矮小化されたものにならないよう留意する必要があろう。

2 判決書を巡る問題状況

　裁判員裁判の判決書の方向性については,制度施行前,これまでの刑事第一審判決書の機能は維持される必要があるとされながらも,「判決書のかたちは,必然的に犯罪事実や量刑の判断にとって重要な争点にポイントを絞った平易かつ簡潔なものとなる。」と予測されていた[3]。ここで「必然的」とされているのは,裁判員制度の下では,「精密司法」と評された従来の裁判官裁判とは,審理及び評議の在り方が大きく変わるとともに,当事者追行主義の下で裁判所の果たすべき役割も見直されるので,それらが判決書の在り

---

(2) 裁判員法は判決の宣告によって裁判員の任務が終了すると規定している(同法48条1号)。この規定は,判決宣告後に判決書原本を作成する一般の刑事裁判実務を踏まえ,裁判官が判決書を作成すること(刑訴規則54条)を前提としたものであるが,判決書の文章表現のような「書き方」の問題は,裁判官に任される部分が相当程度あるとしても,その内容は,裁判員と裁判官が評議をした判断の結論とそれに至った理由を端的に示すという判決書の「在り方」が踏まえられている必要がある。

(3) 司法研究・第一審の判決書及び控訴審(この司法研究は,表題のように控訴審の在り方もテーマとしているが,以下,便宜的に「判決書司法研究」という。)7頁,28頁。逐一挙げることはしないが,そのほかの多くの文献でも同様の予測がされていたところである。

方を規定し，判決書は上記のようなものになるということである[4]。

しかし，いざ制度が施行されてみると，裁判員裁判の判決書は，文章表現レベルの変化は別として，「事実認定の補足説明」にしても「量刑の理由」にしても，従来の裁判官裁判の判決書と同じようなものが多くあるなど，全体としては予測された方向の変化は見られなかったのである[5]。このような状況の原因としては，裁判官の意識の問題を含め，いろいろなことが考えられるが，その一つは，判決書の在り方について，「重要な争点にポイントを絞った平易かつ簡潔な判決書」という標語的レベルでは共通認識があっても，実践可能な具体的レベルでは理解が共有されていないということであろう。そして，その根底には，公判前整理手続，審理，評議の有り様が，未だ裁判員裁判にふさわしいものになっていないという構造的な問題があるように思われる。

本稿は，裁判員裁判の判決書の現状[6]を踏まえ，その課題を明らかにしながら，その在り方を考える手がかりを得ようとするものである。

II 「罪となるべき事実」及び「量刑の理由」について

1 従来の裁判官裁判の判決書について

有罪判決であれば，自白事件でも否認事件でも「罪となるべき事実」を示さなければならない（刑訴法335条1項）し，裁判員裁判対象事件のような重

---

(4) 判決書司法研究8頁以下，18頁以下。
(5) 出田孝一・講演「高裁からみた裁判員裁判の運用について」司研121号32頁は，制度施行から平成23年3月までの間に東京高等裁判所に係属・終局した裁判員裁判の控訴事件の第一審判決書を念頭に置いて，詳細な内容のものが多く，従来の判決書と同程度の詳しさ，分量，スタイルのものがほとんどであると指摘する。
(6) 注(1)で述べた事情のほか，後述する司法研究の提言（判決書試案）を契機として，各裁判所において，判決書の在り方に関する検討やそれを踏まえた実践がされていることからすると，本稿で「判決書の現状」を正確にとらえることができているかは心許ない限りであるが，他方で，判決に先立つ手続に関する課題が依然として少なくないことからすると，判決書を巡る状況だけが劇的に変化したということはないと推察している（なお，判決書の課題を明らかにするという観点から，本稿では問題点を中心に取り上げている。）。

大事案の場合は,「量刑の理由」も示されるのが通常である。

　従来の裁判官裁判の判決書では,殺人,傷害致死,現住建造物等放火といったいわゆる動機犯の事案を中心として,「罪となるべき事実」の前に「犯行に至る経緯」という項を設けて(あるいは「罪となるべき事実」や「量刑の理由」の中で),背景事情を含む経緯や動機形成過程を詳細に認定することが少なくなかったといえる。「精密司法」の発想の下で,犯罪を構成すべき積極的要件となる事実に動機犯の動機を加えた意味での「罪となるべき事実」だけではなく,上記のような経緯等を含めて判決書で認定することが,刑事裁判の機能として求められる真相解明であると理解されていたと考えられる。

　また,「量刑の理由」は,冒頭,「本件は,……という事案である。」という形で事案の骨子を示した上で,被告人に不利な事情,有利な事情を順次書き分け,それぞれの事情を構成する量刑要素ごと(例えば,不利な事情であれば,犯行の態様,結果,動機・経緯など)に評価を加え(その際,不利な事情に関する個別的な評価を終えたところで,「以上によれば,被告人の刑事責任は重い」などと,結論めいた評価を示すことが多かった。),最後に,「以上のような不利な事情,有利な事情を総合考慮して,主文の刑を量定した。」などという形で締めくくることが多かったといえる。このような量刑理由の特徴は,量刑事情を総花的に取り上げ,その位置付けが必ずしも明らかでないまま,これらを総合考慮するとともに,その過程では,同じ量刑要素に関する事情でも,これを被告人に不利なものと有利なものに分断して摘示・評価するものと表現することができよう。

　このような量刑理由の有り様は,従来の裁判官裁判の量刑判断が,量刑相場を背景として類似の裁判例との比較・対照によって行われてきたことを反映したものと考えられる[7]。また,公判審理においても,両当事者は,それぞれの立場で有利と考える量刑事情を総花的に主張・立証しようとし,裁判所も,基本的にはこれを許容してきたといえるのであり,従来の量刑理由は,このような審理の有り様を反映すると同時に,総花的な主張・立証の誘因になっていたといえよう。

Ⅱ 「罪となるべき事実」及び「量刑の理由」について

2 裁判員制度施行後の判決書について

　これに対し，裁判員裁判が始まって約2年が経過した時点までの判決書では，「罪となるべき事実」において認定する事実が，動機犯についても訴因事実とほぼ同じとなっており（もとより証拠により認定できることが前提である。），他方，「量刑の理由」は，従来のように量刑事情を分断して摘示・評価した上で総合考慮する総花的なものが多く，その分量も，裁判官裁判の判決書とあまり変わらないか，それ以上になるという状況であった[8]。

　しかし，上記のような「罪となるべき事実」では，主文の刑との結び付きが理解できる形で，どのような犯罪事実があったのか[9]ということが分からないという問題があり，量刑理由に目を目を転じても，量刑事情を分断して摘示・評価しているので，有機的なまとまりを持ったものとして犯罪事実を理解することが困難であるという問題があるといえるのではなかろうか。また，総花的・分断的な「量刑の理由」は，どのような道筋で主文の刑が導かれたのか，その過程における量刑判断のポイントは何であるのかが分かりにくい[10]という，従来の判決書と同様の問題を抱えているといえよう。刑法

（7）　量刑要素を細分化し，被告人に不利・有利という観点から書き分ける方式は，比較・対照という点では便宜であり，裁判官裁判で量刑評議をするに当たって，他の裁判例の量刑調査をした場合は，それぞれの裁判例について，上記の方式で，個々の量刑要素とその評価を箇条書き的にまとめたメモを作成することも少なくなかったと思われる。
（8）　司法研究・量刑評議の在り方（以下「量刑評議司法研究」という。）84頁以下。分量が増えた判決書については，「評価型」評議という理念が皮相的に理解され，両当事者の主張を判決書で要約した上，逐一判断を示していくスタイルをとったことが原因となっている場合もあったと思われる。評価型評議は，解明型評議に対峙する基本スタンスであるが，当事者の主張を逐一取り上げて判断することを意味するものではないであろう。
（9）　量刑評議司法研究90頁の表現を借りると，「このような犯罪事実であれば，なるほど，このような主文の量刑であることも頷ける」と得心できるような犯罪事実ということになる。
（10）　例えば，犯行の動機・経緯が量刑判断のポイントになる事案の場合，それに関する事情が，被告人に不利なものと有利なものに分断して記載されているため，結局，犯行の動機・経緯について，裁判体がどのような評価をしたのかが分かりにくくなっているものがある。

をはじめとする刑事実体法の知識がある法律専門家の裁判官は，社会的事実としての膨らみのない，訴因事実と同じ「罪となるべき事実」であっても，犯罪構成要件に当てはめたものとして理解できるし，量刑理由についても，量刑相場を背景として，従来の量刑理由と同じ感覚で見ることができるから，このような判決書であっても格別違和感はないかもしれないが，法律の専門家ではない裁判員は，裁判官のような感覚で判決書（実際は草稿）を見ることはできないであろうから，違和感を伴った受け止め方をしている可能性があるのではなかろうか。

そして，このような判決書については，そもそもどのようなプロセスで主文の刑が導かれたのかが明らかではなく，場合によっては，行為責任の原則を踏まえた量刑評議がされたのかという疑問が提起されることになると思われる。量刑は，幅広い法定刑の中で一点に数量化するものであるから，相対的に評価するという視点がなければならないが，例えば，「犯行態様は悪質，結果は重大，動機・経緯に酌量の余地なし」などという分断的・絶対的な量刑事情の評価では，そこに数量化の契機を見出すことは困難であるといわなければならない。

「罪となるべき事実」の機能をどのように考えるかということに関連するが，「罪となるべき事実」は，審判対象を画する検察官の主張である訴因事実とは異なり，証拠調べ，評議を経て認定される事実であり，判決書では，「主文」に続く位置に記載されるのであるから，主文の刑との結び付きが分かるもの（主文の正当性を担保するもの）であるべきであろう[11]。また，「量刑の理由」については，1回限りで刑事裁判に参加する裁判員に，量刑相場

---

(11) 制度施行前に公表された最高裁判所事務総局刑事局「裁判員制度の下における審理，評議及び判決の在り方に関する試案」判タ1188号12頁は，「裁判所の認定した犯罪事実は，証拠調べ，評議の端的な結論であり，裁判員にはその議論の成果を，また，国民にはどのような犯罪事実があったのかを知らせるための最も中心となる記載である。（中略）殺人事件のように犯罪形態が多様で，刑の幅も広い罪種については，どのような態様の殺人であるのか一般人の正当な関心に応じられる程度の記載が必要とされるであろう。したがって，その記載は，自ずと訴因よりも広くなろう。」と指摘している。もっとも，判決書司法研究28～29頁は，やや違った考え方をしているように見える。

を前提とした類似の裁判例との比較・対照による量刑判断を求めることができないことは明らかであるから，量刑理由は，裁判員制度の下でのあるべき量刑判断の構造を踏まえた量刑評議がされることを前提として，それを反映したものに変わる必要があるであろう。それこそが，裁判員と裁判官との実質的な協働の成果を表すことにほかならないからである。

3 量刑評議司法研究の提言とその後の状況

上記2のような問題状況がある中で，量刑評議司法研究は，「罪となるべき事実」として，社会的実体[12]を伴った犯罪事実を記載するとともに，これにより当該事件の個性・特徴，すなわち，主文の刑との結び付きが分かる形で，どのような犯罪事実があったのかが表されると同時に，刑の大枠が画されることになる（もっとも，刑の大枠を画する程度は事件の類型等によって粗密があるであろう。）から，「量刑の理由」は，「罪となるべき事実」との無用な重複を避けて，量刑判断のポイントに絞って記載することを提言し，判決書試案を示した[13]。

判決書試案は，殺人，殺人未遂，現住建造物等放火の3つの事件について，素材とした実際の判決書の「罪となるべき事実」及び「量刑の理由」と対照させたものであるが，いずれも実刑か執行猶予かが量刑上の争点となった事案である。判決書試案の「罪となるべき事実」には，社会的実体を伴っ

---

[12] 「社会的実体」の意味するところについては，量刑評議司法研究18頁，90頁，91頁で言及されている。この間のニュアンスにも関連して，「社会的実体」の定義を突き詰めることを目的としたかのような議論も一部に見られたが，そのような議論は生産的ではないであろう。刑罰法令が適用される刑事裁判において立証の目標となる事実は，刑事実体法を適用する上で意味のあるもの，すなわち，違法性・有責性という評価の観点から意味のある事実ということになる。「罪となるべき事実」に記載する社会的実体とは，主文の刑との結び付きを明らかにする形で，違法性・有責性の観点から，当該犯罪行為を特徴付けるまとまりを持った事実関係をいうと理解しておけばよいのではなかろうか。ここで重要なのは，「社会的実体」が量刑判断の過程において果たす機能を理解しておくことであろう。

[13] 量刑評議司法研究90頁以下，163頁以下。なお，判決書試案は，司法研究報告書が公刊される以前に，裁判官研究会で司法研究員から議論の素材として提示され，裁判官の間で意見交換が重ねられていたものである。

た犯罪事実という観点から，訴因よりも広い事実が記載され，「量刑の理由」は従来のものよりもかなりコンパクトになっている。例えば，被害者から繰り返し暴行を受けていた被告人が，自分や親族らの身を守るために被害者の殺害を決意し，眠っている被害者をナイフで刺殺したという殺人被告事件を素材とした試案では，「罪となるべき事実」において，動機・経緯の面で正当防衛に似かよった事情があるという社会的実体をとらえた犯罪事実を記載し，「量刑の理由」では，これを踏まえ，殺人の事案としては相当軽い刑ではあるが，実刑を選択した理由に焦点を当てた記載をしている[14]。他方，被害者の死亡は殺人既遂という犯罪類型が当然の前提とする結果であり，当該事案の量刑判断のポイントにはならないから，量刑理由に被害者死亡の結果を記載していない（これに対し，実際の判決書では，犯情に属する量刑要素として，はじめに被害者死亡の結果が記載され，これを量刑上最も重視した旨の記載がある。）。

判決書試案については，当初，さまざまな受け止め方がされたように思われるが，議論が重ねられる中で，具体的な書きぶりは別として，試案の根底にある基本的な考え方については共通認識が形成されているように思われるし，その趣旨が踏まえられている限り，控訴審が審査をする上でも格別問題はないという理解がされているといえよう。判決書試案は，判決書を単に簡略化するというものではなく，裁判員裁判にふさわしい審理・評議が実現できれば，そのような判決書になるということを示したものであり，これまで以上にポイントの見極めが重要になるといえよう。

量刑評議司法研究の提言を契機として，裁判員裁判の判決書の全体的な傾向としては，覚せい剤輸入罪などのように犯罪事実自体に個別性が乏しいものは別として，訴因とほぼ同じ事実しか記載していない「罪となるべき事実」はあまり見られなくなり，量刑理由の分量も，Ａ４版１枚に収まるものが多くなるなどの変化が見られたように思われる。内容面でも，上記提言の趣旨を踏まえた取組みがされ，その成果を表した判決書も出てきている。し

---

[14]　量刑評議司法研究95頁以下，163頁以下。

かしながら，他方で，犯行の経緯を長々と記載する場合を含め，社会的実体が的確にとらえられていないものや，分量的に短くなっているが，総花的な量刑理由が相似形で縮小されたに等しいものなどが見られるのも事実である。社会的実体が的確にとらえられていない場合は，公判前整理手続の段階にも問題がある（例えば，両当事者間で社会的実体の見方に違いがあるのに，その点がきちんと争点化されていない。）と考えられるし，犯行の経緯を長々と記載するのは，社会的実体が違法性・有責性の観点から当該犯罪行為を特徴付けるものであることを正確に理解せず，なぜその事件が起こったのかという理解に資する面はあるが，量刑には影響を及ぼさない事実経過を認定・記載したことに起因する場合が多いのではないかと考えられる。また，総花的な量刑理由の相似縮小は，審理・評議が相変わらず総花的であったのに，判決書作成の段階で「量刑の理由」の分量を減らそうとしたために起きた現象ではないかと推察される。そうであるとすれば，このことは，前述したように，判決書の在り方はそれ自体が独立した問題ではなく，審理・評議の在り方と密接不可分に結び付いていることを示しているといえよう。

4 今後の課題

量刑評議の在り方については，量刑評議司法研究の成果を踏まえて議論・検討が続けられている[15]が，ごく大雑把にいうと，被告人の犯罪行為にふさわしい刑事責任を明らかにするという前提の下で，幅広い法定刑の中で刑の数量化をはかるため，まずは主要な犯情事実（行為態様，結果等）に着目して，違法性の評価などの観点から類似性のある類型に関係付けることにより，その事案の社会的類型をとらえ，量刑検索システムによる量刑分布グラフを利用して当該社会的類型の量刑傾向を把握し，これを踏まえて，当該事案の社会的実体を，①行われた犯罪の客観的な重さと，②犯罪行為の意思決定への非難の程度という観点から評価し，上記の量刑傾向に関係付けて当該

---

(15) なお，井田良「〈講演〉裁判員裁判と量刑——研究者の立場からの提言——」司研122号197頁。井田教授は，量刑評議司法研究の協力研究員である。

事案の相対的な位置付けを考え，一般情状による調整を経て主文の刑を導くという量刑判断過程が指向されているように思われる。

　これを前提にすると，判決書の「罪となるべき事実」と「量刑の理由」は，量刑評議の結果を表すものであるから，上記のような量刑判断過程が踏まえられている必要があろう（もとより評議の経過を逐一明らかにするという趣旨ではない。）。このことは，取りも直さず，主文の刑が行為責任の原則に裏打ちされた量刑評議により導かれたことを示すと同時に，その過程における量刑判断のポイントを明らかにするということである。

　なお，裁判員裁判においては，一定の罪名の犯罪について，裁判官裁判と比較して重い方向にも軽い方向にも量刑傾向の変化が見られる[16]が，特徴的なことの一つとして，裁判官裁判と比較して，検察官の求刑を上回る量刑をした判決が少なくないことが挙げられる[17]。求刑を上回る量刑をする場合は，余程の理由があるのが通常であると考えられるから，量刑理由として，そのような判断をしたポイントを明らかにする必要があるが，その点についてさしたる理由が記載されていない判決書も見られるようである（なお，ここで問題としているのは，求刑を上回る量刑の当否ではなく，そのような量刑をした場合の量刑理由の在り方である。）。このような量刑理由は，量刑の論理的道筋が明らかではない[18]という問題があるだけでなく，当該事案で問題とされている罪の保護法益が適切に理解されていたのかという点をはじめとして，行為責任の原則を踏まえた量刑評議がされたのかという問題があるといわざるを得ないように思われる。

---

(16) 検証報告書23頁，83ないし89頁。殺人未遂，傷害致死，強姦致傷，強制わいせつ致傷及び強盗致傷の各罪で，量刑分布をグラフ化した場合のピーク（実刑）が2年程度重い方向にシフトする一方，殺人既遂，殺人未遂，強盗致傷及び現住建造物等放火の各罪については，執行猶予が付される率が上昇している。なお，検証報告書は，制度施行から平成24年5月末までのデータに基づいて作成されたものである。
(17) 求刑どおりの判決についても同様である。検証報告書23頁，91頁。検証報告書がデータ収集の対象とした上記期間以降も，同様の傾向が見られるようである。
(18) 他方，個々の犯情事実について悪い評価ばかりを羅列しているが，結論としては法定刑の下限又はその付近の量刑をしている判決書も見られる。このような判決書にも同様の問題があるといえよう。

III 「事実認定の補足説明」について

1 従来の裁判官裁判の判決書

　正当防衛（刑法36条1項），心神喪失・耗弱（同法39条），中止未遂（同法43条ただし書）など，法律上，犯罪の成立を妨げたり，刑の必要的な減軽・免除の理由となる事実の主張がされた場合は，判決でその主張に対する判断を示すことが必要である（刑訴法335条2項）。また，これに該当しなくても，公訴事実の全部又は一部に争いがある場合（犯人性，共謀，故意，実行行為等の否認）は，判決で否認の主張に対する判断を示すのが通常である[19]。

　重要な争点の場合，従来の裁判官裁判では，両当事者により詳細な主張・立証（反証）が展開され，これを受けて判決書でも，証拠の信用性を含め，詳細な判断が示されることが多かったといえよう。そのような判断のおおよその特徴としては，①「前提となる事実」，「客観的事実」などとして，証拠により比較的容易に認定できる事実関係を，争点からは遠いと思われる経緯等を含め，時系列で網羅的に摘示したり，犯行現場の状況等の客観的事実関係を網羅的に摘示すること，②証人や被告人の公判供述（あるいは捜査段階の供述調書）の「要旨」などとして，相当の分量で供述内容を摘示すること，③供述の信用性判断は，その一般的な手法による着眼点を踏まえて網羅的な検討がされ，間接事実からの推認の場面では，推認力の程度にかかわらず，証拠から多くの間接事実を認定し，いずれについても，それらの要素の総合考慮という形で結論が導かれること，④不利な結論となる当事者から出されていた主張については，これを要約するなどした上で，漏れがないように逐一判断を示すこと[20]，などが挙げられる[21]。

　これらの特徴は，総じて，網羅的・総花的と形容することができるが，改めて考えてみると，総花的な量刑理由と同じく，結論を導いた判断のポイン

---

[19] これらの判断は，「事実認定の補足説明」，「争点に対する判断」などの見出しを掲げた項を設けて示すことが多く，裁判員裁判の判決書でも同様である（以下「補足説明」という。）。

トが分かりにくいという問題点を抱える場合が少なくなかったように思われる。また，このように詳細な判断を示すことが可能であったのは，審理が供述調書をはじめとする書面に依存したものであり[22]，裁判官は，公判廷外で書面を読み込み，細部にわたって詳細な比較検討をする作業を通じて結論を出していたからにほかならない。このような作業を経て作成される判決書が詳細かつ網羅的となるのは当然の成りゆきであったといえるであろう。

2 裁判員制度施行後の判決書

裁判員裁判の判決書の補足説明は，従来の裁判官裁判のそれよりも簡略になる傾向はあるものの，程度の差こそあれ，従来の補足説明と共通する特徴（上記1①ないし④）が依然として見られる状況にあり[23]，その中には，内容が詳細・精緻で分量もかなり多く，はたして裁判員が主体的・実質的に参加した評議の結果を表したものなのかという疑問を抱かせるものも見られる[24]。

従来の補足説明と共通する特徴（上記1①ないし④）の問題点を概観すると，①及び②については，犯罪事実の判断にとって重要な争点にポイントを

---

(20) 場合によっては，当事者から主張がない点についても，考えられる主張を想定して判断を示すこともあった。なお，主張の結論を認める場合であっても，理由については，裁判所が独自の視点から証拠を分析して，当事者が主張しているところとは異なる構成により上記結論を導くことも，必ずしも珍しいことではなかったと思われる。これらは，裁判所の責任で事案の真相を解明するという強い姿勢に裏打ちされたものといえよう。
(21) 従来，特に重大事案の否認事件については，背景事情や証拠関係の概要を含め，事件の全体像がわかる判決書が指向されていた面があり（かくいう筆者自身も，そのような意識をどこかに持ちながら判決書を起案していた記憶である。），それがここで挙げた特徴につながっていたと思われる。
(22) 人証の取調べが行われる場合であっても，検察官は，詳細な供述調書の内容を再現しようとするような尋問をする（その目的が達せられない場合は，いわゆる2号書面として検察官調書を請求することになる。）し，弁護人も，主尋問とは別の公判期日に反対尋問をすることを求め，この間に主尋問の調書を読み込み，網羅的な反対尋問をすることが常態化していたといえよう。なお，検察官の冒頭陳述書には，検察官の主張する事実関係が，背景事情を含めて詳細に記載されることも珍しいことではなく（主として供述調書に依拠しながら，そのような記載をするのが通常であろう。），そのような場合，裁判所は，冒頭陳述書を手もとに置きながら，そこに記載された事実が証拠に現れているかを確認するというスタンスで証拠調べに臨んでいたのではなかろうか。そうであるとすれば，このような審理の実質は，捜査の結果を確認するものといえるであろう。

Ⅲ 「事実認定の補足説明」について

絞るという観点から，網羅的な前提事実や供述要旨を摘示することの必要性が問われることになるし，そもそも公判廷で心証形成ができたのか，裁判官が前提事実や供述要旨を整理して裁判員に示すことにより，評議室で心証形成が行われたのではないかという疑問を招くことになろう。また，③のような補足説明は，往々にして，個々の判断要素の位置付けや相互の関係が分からず，根拠となる事情ないし事実を羅列し，「それらを総合考慮した」とするだけで結論を導いているに等しいという問題がある[25]。これに関連して，補足説明の中には，法律の論理が先に立った緻密なものも見られるが，法律専門家の思考を裁判員に押し付けただけではないかという疑問を入れる余地がある[26]。さらに，④については，控訴審から判断の不足を指摘されないようにという考慮が働いていると思われる。しかし，事実認定評議は，控訴審で当事者がするかもしれない主張や，これに対する控訴審の判断を予測しながら行うものではない。判決書の機能の一つとして，控訴審に審判の対象を提供するというものがある[27]が，補足説明は，基本的には事実認定の判断に必要な限度で示せば足りるのであり，それにより上記の機能も果たしているというべきであろう。

----

(23) 前注(5)の出田講演32頁，35頁は，ⅰ補足説明で，「前提事実」などとして，その必要性をあまり吟味しないで，事実関係を網羅的に摘示するもの，ⅱ証拠の内容を長々と引用するもの，ⅲ事案の解決から遠い些末な点に触れるもの，ⅳ間接事実積み上げ型の事件で，間接事実を単に列挙し，「以上を総合すると」とするだけのものなどが見られると指摘する。
(24) そのような場合，裁判官が長時間をかけて判決書（草稿）を作成しているのではないかと思われるが，そこには，内容が詳細・精緻であるために，判決書作成過程で実質的な理由が追加されたに等しい結果になるという問題が生じる素地があるように思われる。判決宣告前，裁判員に判決書草稿を見せて，その内容を確認してもらう運用が一般的であると思われるが，内容が詳細・精緻な判決書は，裁判員との評議の結果というよりも，単に裁判員の了解を得ただけのものという批判を招く余地があろう。
(25) 例えば，責任能力が争われた事案の補足説明の中には，動機の了解可能性，犯行の合目的性等の諸要素を平板に検討しただけで結論を導いているようなものも見られるが，それらの諸要素を機械的に検討するだけで結論が導かれるものではないであろう。なお，裁判官裁判の判決書にはそのようなものが多かったように思われるが，これは，責任能力についても類似事案の裁判例との比較・対照により判断を行っていた面があるからではなかろうか。

そもそも裁判員裁判では，裁判員が公判廷外で書面を読み込む作業をすることはできないし，裁判官がそのような作業をした上で，裁判員に詳細な説明をして評議をすることも，制度の趣旨に反することは明らかであろう。ここでの問題の核心は，裁判員裁判の審理・評議が，公判廷で見て聞いたことに基づいて心証を形成し，それに基づいて，評議で口頭の意見交換をするというものになっているかということである。審理・評議の在り方が裁判員裁判にふさわしいものになれば，判決書の補足説明も変わるはずであり，事実認定（法律要件に対する認定事実の当てはめを含む。）について，裁判官が法律の専門家ではない裁判員との間で共通の基盤を築いて，実質的な評議をすることができたのであれば，補足説明は，争点に関する判断の結論とそれに至った論理的道筋を端的に表すものになるはずである。

　他方，裁判員裁判の判決書の補足説明には，従来の補足説明と比べて，かなり簡略なものも少なくないが，結論を導いた実質的な理由を示すという点で問題があるものも散見される。例えば，供述者の立場や供述事項との関係で一律にはいえないが，「供述は具体的・迫真的である」という抽象的・定型的な評価しか示しておらず，当該供述に信用性を認めた具体的な理由が分からないものや，「〇〇の状況」，「〇〇の経過」などと抽象的な説示をしているが，どのような事実関係を前提としているのかが，証拠上一義的に明らかではないなどの問題が見られる。補足説明が簡略になると，問題点がある場合には，かえってそれが浮き彫りになるといえよう。

3　今後の課題

---

(26)　前注(11)の刑事局試案14頁は，「事実認定は，最終的には法律要件への当てはめの問題を伴うが，裁判員に法的概念を十分に理解してもらった上で意見を求めなければならないというのは，プラクティカルではないように思われる。当てはめの上で意味を持つと思われる裸の事実について評議を行い，その結果をもとに当てはめを行っていくという作業手順を踏むのが穏当な場合が多いように思われる」と指摘する。判決書司法研究14〜16頁も，「裁判員に対して，裁判官と同じ思考回路で評議することを求めることはできない」として，同趣旨の指摘をする。
(27)　判決書司法研究7頁。

裁判員との実質的な評議の成果を表した補足説明は，犯罪事実に関する判断のポイントを踏まえた簡潔なものになるはずである。網羅的に記載する中でポイントに触れていればよいというものではなく（そのような体裁の補足説明の場合，そもそもポイントを意識した審理・評議がされたとはいえないであろう。），ポイントに絞ったものである必要がある。そこで重要になるのは，根拠となる事情ないし事実から結論につながる論理的道筋であり，とりわけ争点の要証事実が法律概念である場合は，その本質を踏まえ，個々の判断要素の位置付けや相互関係が明らかにされる必要がある。そのためには，審理・評議がこれらを意識したものになっていること，更にその前提として，公判前整理手続において，争点と証拠の整理が的確に行われること（争点については，単に公訴事実のどの部分に争いがあるかということではなく，結論に影響を及ぼす判断の分岐点を見極めることが必要であろう。）が不可欠である。

Ⅳ　おわりに

　冒頭で述べたように，裁判員裁判の判決書の在り方は，審理，評議，更には公判前整理手続の在り方と密接不可分に結び付いたものである。公判前整理手続において適切な争点と証拠の整理がされた上で，裁判員の主体的・実質的な関与が確保される審理・評議なくして，裁判員が裁判官と実質的に協働した成果を表すという意味での裁判員裁判にふさわしい判決書は実現できないといえよう。

　　　　　　　　　　　　　　　　　　　（なかざと・ともみ）

裁判員裁判事件における控訴審の審理の在り方

弁護士・元東京高等裁判所判事　小　西　秀　宣

Ⅰ　はじめに
Ⅱ　控訴制度の在り方
Ⅲ　裁判員制度の下での控訴審の在り方
Ⅳ　裁判員制度の下での控訴審の運用
Ⅴ　おわりに

Ⅰ　はじめに

　平成21年5月に裁判員制度が施行されて，本稿執筆時までに4年半が経過した。昨年（平成24年）末に最高裁によってとりまとめられた「裁判員裁判実施状況の検証報告書」[1]によれば，平成21年5月から平成24年5月末までの約3年間に，約5,000件の事件が裁判員裁判によって審理，判決されたが，その運用は，参加した国民の高い意識に支えられ，おおむね順調であると評価されてきているとのことであり，控訴審で審理に当たってきた筆者も，同様の実感を抱いている。

（1）　検証報告書を参照。
　　なお，平成25年9月末までの速報値も，http://www.saibanin.courts.go.jp/topics/pdf/09_12_05-10jissi_jyoukyou/h25_9_sokuhou.pdf　に掲載されている。

裁判員制度については，その当初から，さまざまな懸念が指摘されたところであり，我々実務家としても，果たして，一般国民が刑事裁判を担うことができるのか，裁判官裁判が国民の信頼を失っているわけではないのに，裁判に国民参加を求めることが必要なのか，といった懸念がないではなかった。もっとも，他方では，それまでの調書裁判＝調書に頼りすぎる裁判，国民の常識から外れた量刑感覚，といった我々裁判官自身が感じていた問題点を考え直すいい機会ではないかという期待感もあった。更にいえば，裁判員裁判を契機として導入された公判前整理手続及びそれに伴う証拠開示制度については，裁判員制度がそれまでの刑事司法制度の大きな懸案を解決してしまった，という意味での驚きがあったといっていい[2]。

　また，裁判員制度の施行によって，審理の在り方や，判決書の在り方についても，大幅な変革がなされてきている。公判前整理手続によって，真の意味での争点整理がなされ，真の意味での計画的審理，そして集中審理が行われるようになった。これまた，長く戦後刑事司法の課題とされてきていた問題が，実質的に解決されたことになる。

　更に，裁判員制度の施行によって，刑事実体法の解釈にもかなりの変革が行われざるを得ないし，現に行われてきていると思う。これは，制度設計者の意図したところではなかったであろうし，刑事法学者も，当初は，裁判員制度の施行に大きな関心を抱いていなかったのではないかと思われる。しかし，裁判主体の変更，特に，一般市民の参加によって，実体法の意義，内容，解釈は変わらざるを得ないと思われる。少なくとも，説明の仕方が変わることは不可避である。これまでのように，専門家にしか分からないような，特殊刑事法学的な概念や用語など，一般市民が，容易に理解し得ないような難解な概念については，説明の仕方を変えざるを得ないものも多いはずである。そして，説明の仕方を変えざるを得ないことによって，内容の見直しを迫られることがあるのは，ごく自然なことである。また，何より，一般

（2）　被疑者国選弁護人制度の導入は，直接裁判員制度に関係するものではないが，今回の司法制度改革による法曹人口の増大を前提にして，はじめて可能になった制度ということができ，このことについても同じような驚きがあった。

人に適用される刑事法ないしその概念が，専門家でなければ理解できない，解釈できないというのでは，刑事法の本来的機能を実現できていないということにもなりかねない（刑法は，犯罪者のマグナカルタであるといわれる。しかし，少なくとも平均的な知能と理解力を有する，いわば一般市民でもある被告人に理解できない法理，解釈によって，刑事罰が科されるというのでは，刑事法の在り方としては，本末転倒ではないだろうか。）。

　本稿では，裁判員制度が控訴審の審理及び判決に与えた影響について考えていくつもりであるが，控訴審についても，裁判員制度は，大きな影響を及ぼしつつある。ここでも問題は，刑事控訴審における長年の懸案の一つである，控訴審の事後審性という点であり，裁判員制度は控訴審に対しても重要な再検討を迫ってきたし，更に根本的に，刑事控訴審の存在意義ないし存在理由にも関わる問題を提起しているといえる。

Ⅱ　控訴制度の在り方

1　はじめに

　後述のように，裁判員制度立法の際，控訴審については立法的な手当がなされることはなく，事後審であるという控訴審本来の趣旨を運用上，より徹底させることが望ましいとされた上で，控訴審については現行法を維持することとされた経緯がある。したがって，裁判員制度の下での控訴制度について考えるに当たっては，現行法上の控訴制度の本来的な趣旨を確認するとともに，裁判員制度実施前の制度の運用がこれに即するものであったかどうか，必ずしも本来的な制度趣旨を活かした運用ではなかったとすれば，その原因を検討しておくことが，重要である。そして，そのような検討のためには，わが国で現行法のような控訴制度が採用されるに至った経緯，沿革を確認しておくことも有意義であると思う。

　本稿では，刑訴法の沿革について十分な検討はできないが，比較的最近の論稿等[3]に基づいて，控訴制度の沿革を概観してみたい。

2 控訴制度の沿革の概観-旧刑訴法から新刑訴法へ-

　わが国の近代的な刑事法制は，明治15年に施行された治罪法に始まる。ボアソナードの起草にかかる治罪法はフランス法系の手続法であり，草案段階では，重罪裁判所では陪審裁判を予定し，その裁判に対しては控訴を認めていなかった。これに対し，違警罪については治安裁判所において単独の治安判事が裁判をし，軽罪裁判所に控訴ができることとされ，また，軽罪裁判所の裁判に対しても控訴院へ控訴することができることとされていた。しかし，制定された治罪法においては，重罪裁判所は陪審ではなく職業裁判官のみで構成する（5人構成）こととされたにもかかわらず，控訴は認められないままであった。なお，違警罪，軽罪については，控訴を認める規定があったが，太政官布告によって，その実施は停止されていた[4]。

　その後，明治憲法の制定に伴い，明治23年に刑事訴訟法（旧々刑訴法，明治刑訴法）が制定される。これは手続法としては，治罪法に大きな変更を加えたものではないが，上訴制度については，ドイツの法制にならって，控訴・上告・抗告の制度が定められた[5]。

　そして，大正11年にドイツ法の影響の下に，刑事訴訟法（旧刑訴法，大正刑訴法）が制定される。旧刑訴法の控訴審における最大の特徴は，覆審制にある。この覆審制は，控訴審において職権主義的な考え方の下に実体的真実主義を貫徹しようとしたものといえる。すなわち，旧刑訴法下における覆審制の下では，控訴審裁判所は，原審裁判所の判決内容や当事者の申立て内容にかかわらず，事件そのものについて，改めて独自に判断を下すのであり，したがって，申立人に控訴の趣意を陳述させる必要もなく，申立人の主張す

（3）　後藤昭『刑事控訴立法史の研究』（1987年，成文堂）（以下「後藤」と略称），平良木登規男『刑事控訴審』（1990年，成文堂）（以下「平良木」と略称）及び両著に引用の文献を参照。
（4）　後藤165頁以下，平良木9頁以下参照。なお，後藤171頁以下には，治罪法下での議論として，国の財政的な負担や，裁判の威信保持の理由からする，控訴反対論があったことが紹介されている。
（5）　もっとも，明治33年までは，控訴に対しては，控訴予納金を納付することが要求されるなど，間接的な制限があった。以上につき，後藤178頁以下参照。

Ⅱ 控訴制度の在り方

る控訴理由が控訴裁判所を拘束するものでもなく，控訴裁判所は控訴に理由があるかないかについての判断を示す必要もない。また，その論理的帰結として，不利益変更禁止規定は不合理であるということにもなる[6]。

そのような旧刑訴法（大正刑訴法）における控訴制度の考え方には，戦後の新刑訴法の控訴審についての実務の考え方にも通じるものがあるように思われる[7]。

そして，第二次大戦後，英米法系の考え方を大きく取り入れた新刑訴法＝現行刑訴法が制定される。新刑訴法の大きな特徴は，令状主義の徹底，伝聞証拠の原則的排斥等の証拠法の厳格化，公判手続における当事者主義の強化，予審の廃止，上訴制度の根本的改革，不利益再審の廃止，私訴の廃止等であるが，当事者主義の強化や，伝聞法則の採用による直接主義・口頭主義の重視は，また公判中心主義の徹底という理念の現れといえる。そして，控訴制度についていえば，そのような直接主義（公判中心主義）によって第1審が充実されることに伴い，控訴審の構造が覆審から事後審に変更された点にあるということになる。

すなわち，新刑訴法においては，伝聞法則等の厳格な証拠法則を定め，第1審の手続を当事者主義化，直接主義化して慎重なものとしたため，旧刑訴法のように控訴審を覆審とすることは，審理を長期化させるとともに，控訴審に過重な負担をかけることになること，控訴審を覆審化すると，逆に第1審軽視

（6） 後藤188頁以下を参照。なお，大正刑訴法制定過程において，控訴廃止論を唱える起草委員もあったことは興味深い。後藤196頁以下によれば，起草委員倉冨勇三郎は，第1審が直接審理主義を採りながら控訴審で「間接審理」を行うのは矛盾であるといい，かといって控訴審で直接審理を繰り返す制度は，費用や時間の無駄であり，また証人呼出し等にも不便が大きく困難であるから採用できない，結局，控訴を廃止して，第1審の手続を手厚いものにするのが正しいと主張していたとのことであり，控訴制度の本質に触れた議論と思われるし，これが直接主義との関連で議論されたこと，しかも最終的には，覆審を維持する形で立法されたことも興味深い。
（7） 後藤184頁以下には，明治刑訴法時代の控訴制度論が紹介されており，「控訴裁判所の審判権の独自性を強調する職権主義的な控訴審のモデル」を展開した豊島直通の覆審論がその後の学説に強い影響を及ぼし，大正刑事訴訟法の控訴制度の基礎となったとされている。そして，豊島の覆審論は，控訴裁判所の審判権が原審の審判にも，申立人の主張にも拘束されないことの強調が，その中核になっているように思われる，とされている。

の風潮を生みかねないこと等を理由として,控訴審が事後審化された[8]。

3 新刑訴法の運用に関する考え方

　新刑訴法は,既にみてきたように,第1審における審理の充実ということを制度の理念とするものであったといえる。その考え方は,昭和30年代以降,繰り返し強調されてきた,集中審理及びそのための事前準備等の実践,強化の動きにも現れている[9]。しかし,残念ながら,裁判員裁判の実現まで,そのような新刑訴法の理念が実現されることはなかったと言っていいのではないか[10]。

　その理由は,どこにあるだろうか。

　一つの要因は,そのような運用を可能にする仕組みが整備されていなかったことにあるといえよう。例えば,集中審理を可能にするためには,争点が的確に整理されることと,それに基づいた実現可能な審理計画が立てられることが不可欠であるが,さらにそのためには,当事者,ことに弁護人に対する証拠開示が不可欠であったといえるだろう。証拠開示が十分になされていなければ,弁護側としては計画的な反証なり防御の方針は立てられず,公判段階になって,検察側の立証に応じて防御を行い,さらに検察立証が終わった段階で,始めて積極的な反証を行っていくということも,また,やむを得ない面があるからである。このため,審理期日は五月雨式に指定されざるを得なかったし,どのような反証がなされるか分からなければ,裁判所としても,当事者の尋問に適切に介入することも難しく,当事者任せの進行という

---

(8)　後藤292頁以下,平良木26頁以下。なお,団藤重光『新刑事訴訟法綱要[七訂版]』(1967年,創文社)517頁以下をも参照。

(9)　例えば,横川敏雄「集中審理」公判法大系Ⅱ99頁以下には,新刑訴法施行後,裁判実務において集中審理の理想を実現するためにいかに努力がなされたかが,熱く語られている。また,そのような動きに呼応して,昭和31年に第一審強化方策地方協議会が組織され,また,昭和32年に交互尋問方式に関する刑訴規則改正が行われたといえよう。この点については,松尾浩也＝小田中聰樹＝鈴木茂嗣＝三井誠「[座談会]刑事訴訟法と刑事訴訟法学の60年」ジュリ1370号16頁以下をも参照。

(10)　やや異なった観点からではあるが,新刑訴法の理念が必ずしも定着しなかった理由について分析したものとして,亀山継夫「刑事司法システムの再構築に向けて——主として検察の立場から見た『新刑訴の回顧と展望』——」松尾古稀(下)1頁を参照。

ことにもなる(平成17年に証拠開示に関する法改正が行われる前の裁判実務は、そのようなものであったといえる。)。

　そして、もう一つの要因は、書証あるいは伝聞証拠の取扱い方にあったと思われる。いうまでもなく、新刑訴法は、証拠法則を厳格化し、伝聞法則を採用した。そして刑訴法321条は伝聞法則を規定したにとどまらず、直接主義の理念を規定したものであることも明らかである[11]。旧刑訴法も直接主義的な発想は持っていたが、公訴提起と同時に捜査記録が裁判所に提出されていたし、もちろん、伝聞法則といった規制もなかったから、基本的には、書証中心の証拠調べが行われていたといえるだろう。これに対し、新刑訴法は、伝聞証拠を制限し、直接主義的な運用を実現しようとしたといえる。しかし、現実には、捜査段階に詳細な供述調書が作成され、争いのない事件についてはこれが同意書証として立証の中心となり、また、争いのある事件について、証人尋問や被告人質問を行われる場合にも、これが捜査段階の供述に相反するときは、捜査段階の供述調書が刑訴法321条や322条によって取調べ請求され、その任意性や信用性の立証のために捜査段階の供述調書が供述経過を立証するための証拠として取り調べられるなどし、裁判所は、それら供述経過や公判供述等を丹念に精査して、その証拠能力や信用性を判断するとともに、そのような検討結果に基づいて精細な事実認定を行うという運用が定着してきたといえる(さらにいえば、その背景には、争いを好まず、公の場で他人を批判することを好まないという国民性、すなわち、供述調書の作成には応じるが、公判廷で、被告人や関係者の不利益になることを言いたがらないという、国民性がある、あるいはあったともいえそうである。)。その結果、裁判実務としても、裁判官は、法廷における証拠調べによって心証を採るというよりも、法廷で取調べをした書証については閉廷後に改めて仔細に検討し、また、法廷での証言や供述も、公判調書が作成された後に、あるいは結審後に、改めて綿密な検討をして、結論を定め、判決を起案するというスタイルが多くなったといえるし、また、そのような訴訟運営が調書裁判という批判

---

(11)　団藤・前掲注(8)260頁、438頁参照。

を受ける一因になったともいえよう。

　一方，控訴審においても，事後審制であることは当然とされながらも，改めて記録を再検討して独自の心証を形成し，心証優越的な運用，言い換えれば覆審的な運用が行われていたといえるが，そのような運用が行われた背景の一つは，上記のように1審が書面中心の審理であったことが，控訴審における同様の方法による審査に，抵抗感を抱かせなかったという事情があったと思われる。

　また，そのような控訴審における裁判実務の背景には，戦後も裁判官ないし法曹に，いわば旧刑訴法的感覚が残っており，これがその後の実務にも引き継がれていったという実情があったのではないかと思われる。もっとも，そのような実務的な感覚ないし慣行が引き継がれていったことにも理由がないわけではない。すなわち，既に述べたように，旧刑訴法下における裁判実務は，控訴制度についてみたように，実体的真実の追求ということを重視するという意味もあって，職権主義的であり，それ故に控訴審も覆審的であったといえるが，戦後の新刑訴法下の控訴審の運用においても，事後審的な制度の枠組みでありながら，実体的真実追求ということを重視し，それ故に，必ずしも一審の結果にとらわれない覆審的な運用（後述の心証優先説的な運用）がなされたという面があると思われる。また，その背景には，新憲法の人権保障規定のもと，控訴審は，最後の事実審として，具体的正義を実現するという役割を担うべきであるという役割意識ないし意義付けがあったと思う[12]。

　そして，そのような戦後刑訴法の運用や控訴審の運用は，必ずしも深刻な批判の対象になっていたわけではないし，国民の刑事司法に対する信頼も失われていたわけではない。しかし，上記のような調書裁判という批判（刑訴法321条1項2号のいわゆる2号書面の採否や任意性の有無をめぐる水掛け論的な審理に対する批判を含む。），証拠開示制度の不備に対する不満のほか，人質司法といわれる勾留ないし保釈制度の運用に対する考え方，被告人の権利擁

---

(12)　阿部文洋「控訴審 ── 裁判の立場から」刑事手続（下）949頁など。

Ⅲ　裁判員制度の下での控訴審の在り方

護の立場からする国選弁護制度の被疑者段階への拡充といった問題などが、ほとんど解決不能な状態のまま推移していたというのが、今回の司法制度改革前の状況ではなかったかと思われる[13]。

Ⅲ　裁判員制度の下での控訴審の在り方

1　事後審であるべきことの根拠

そのような状況の中で今回の司法制度改革が行われたわけであるが、裁判員制度の下での控訴審の在り方についての立法段階における議論は次のようなものであった。すなわち、第1審が裁判員裁判である以上、控訴審にも裁判員が参加すべきではないか、そうでないとすれば、国民が参加してなされた裁判員裁判を、職業裁判官だけで構成される控訴審が審査することに正当性があるといえるのか、という観点から議論がなされた。そして、控訴審が第1審裁判所の判決に誤りがないかどうかを事後的に点検するという事後審査を行うものであるという位置付けからすれば、職業裁判官のみで構成される控訴審裁判所による原判決の審査や破棄を正当化することができると整理され、事後審であるという控訴審本来の趣旨を運用上より徹底させることが望ましいとされた上で、控訴審については現行法を維持することとされた[14]。

しかし、この議論は、ややミスリーディングなものだったのではないかと思う。というのも、このような議論の背景には、一つは、英米における陪審裁判では事実誤認を理由とする控訴が許されないということを意識したためではないかと思われるが、裁判員が参加した裁判について職業裁判官がこれを変更するということは問題ではないかというアプリオリな考え方があるように思われるからである。我が国には英米の陪審制度のような歴史的な背景

---

(13)　平野龍一博士は、刑事訴訟法50年の特集に際して、「参審制の採用による『核心司法』を」という論文を書いておられる（ジュリ1148号2頁）。立脚点はやや異なるものの、同様の発想を持っておられたことが興味深い。
(14)　裁判員制度・刑事検討会座長・井上正仁「『考えられる裁判員制度の概要について』の説明」ジュリ1257号139頁。

はなく，裁判員裁判であっても誤りはあり得るのであるから，控訴審がチェック機能を果たすことはいわば当然といえる。そのことを認識した上で，どのような審査方法が相当かということについて議論されるべきだったのではないかと思われる。また，もう一つは，そのような議論の背景には，控訴審が，第1審と同じような観点ないし資料に基づいて，覆審的な審査をしているという認識があり，第1審と同じことをやるのであれば，裁判員裁判の判断を職業裁判官が審査するというのは制度の矛盾ではないか，という考え方があったと思われるが，その点が正面から議論されることなく，職業裁判官が審査することが「正当化できるのか」という問題として議論され，事後審的な運用を徹底するという方向性が打ち出されることになったと思われるからである。この点でも，むしろ議論されるべきは，現行法の考え方が，事後審査制であるのに，なぜ心証優先説的な運用になっていたかということについて検討し，その上で，裁判員裁判に対する控訴審の審査方法としてはどういう方法が相当かということが議論されるべきではなかったかと思われる。ところが，実際には，そのような検討ないし議論がなされることはなく，裁判員裁判を職業裁判官だけで審査することを正当化するためには，事後審でなければならないという，ややミスリーディングな結論が導かれたように思われ，そのために，裁判員裁判を裁判官だけで構成する控訴審が審査することは問題であり，裁判員裁判は，裁判員が参加した判断であるから，いわば無条件に尊重されなければならないかのような印象が生じたように思われる。もちろん，裁判員の加わった判断は，市民の常識が加わったものといえるから，より広い社会的基盤に基づくものとして，裁判官裁判よりも尊重されるべきであるということはいえるが，しかし，誤りはあり得るのであるから，そのことを前提にした上で，控訴審の在り方について検討すべきであると思う。

　また，この問題は，実は，控訴審の在り方そのものに関する問題でもある。それは，控訴審の在り方として，覆審制と事後審制のどちらが優れているのか，あるいはどちらが政策的に合理的なのかという問題が背景にあるからである。この点については，そもそも，同じ審理を繰り返すことによって

Ⅲ　裁判員制度の下での控訴審の在り方

その正当性を担保しようとすることは，原審そのものにいわばシステム的に問題があることを前提にするものといえるのではないかと思う。旧刑訴法において，なぜ控訴審が覆審とされたのかは，必ずしも明らかではないが，その背景には，司法制度自体が未熟であって，第1審ことに区裁判所の判断に対する懸念があったのではないかと思われる。既述のように，当時の覆審制に関する議論は，かなり強い職権主義的な発想に裏打ちされた実体的真実主義を根拠とするものであるが，このこともそのような懸念を裏付けるように思われる。そして，戦後の控訴審において，いわば覆審的な運用，ないしは心証優先説的な運用がなされてきた背景にも，第1審に対する不信ないし懸念というものがその背景にあり，あるいは控訴審の経験的な優越性からくる，第1審の判断の誤りを正すという意味での実体的真実主義というべき考え方があったように思われる[15]。それは，裁判官としての資格要件の異なる裁判官による簡易裁判所での裁判（民事では簡易裁判所の裁判の控訴審は地方裁判所とされている。），あるいは，特例的に認められている経験10年未満の判事補による単独体の裁判，さらには合議体ではない単独体の裁判に対する信頼感の不足ということを意味し，それはそれで必ずしも根拠のないものではなかったようにも思われる[16]。

　しかし，裁判員裁判についてみると，第1審裁判所を構成する裁判官は現行制度が本来予定する合議体であるし，そこに一般国民から選ばれた裁判員が参加して行われた裁判を審査するのであるから，控訴審裁判官の優越性ないし第1審裁判所に対する不信感といったものを前提にした制度を検討すべきではないし，仮に控訴審が覆審的な裁判をするのであれば，その合理性を説明するためには，控訴審にも裁判員を参加させるべきだということになる。これに対し，事後審の審理というものは，必然的に法律問題や判例の検討など，第1審より以上に専門的な判断を行わざるを得ないと思われるし，

---
(15)　この点に触れるものとして，団藤517, 518頁，平良木29頁等がある。
(16)　そのような意味では，裁判員制度の下においても，同様の懸念がないわけではなく，事後審的な運用といっても，裁判員裁判に対するものと，それ以外の裁判に対するものとで異なる運用をするという考え方があってもおかしくはないと思う。

その判断は，記録を読み込んでの判断にもなるのであるから，事後審としての控訴審に裁判員を参加させることは，制度として合理的なものとはいえないと思われる。そうすると，理由付けはやや異なるにしても，裁判員裁判の控訴審としては，結局，事後審的な審査をすべきであり，現行法が予定している事後審的な運用を徹底すべきであるということになろう。

2　直接主義的な観点

なお，この問題に関するもう一つのポイントとして，既に述べたところと一部重複するけれども，直接主義的な審理がなされた第1審の裁判を，記録の調査によって覆審的に審査することができるのか，あるいはそのような審査方法が相当といえるのかという問題がある。

これまでの裁判がいわば調書裁判であったといえることは既に述べたが，これまでの第1審の実務においては，裁判官は，法廷で心証を採るというよりも，審理の後に，改めて公判供述ないし証言の速記録や逐語録調書を読み直し，他の証拠と照らし合わせて精査し，判断をするという作業を行ってきており，そういう点では，控訴審が記録の再検討によって第1審の判断を覆審的に審査することについて，直接主義的な観点からする不自然さを感じることはなかったといっていい。のみならず，これまでの実務においては，争いを好まない日本人の特性として，公判廷といった公の場では，被告人や傍聴人に対する遠慮等から，必ずしも本当のことを話さない風潮があるとの思いや，争点整理がなされないままに公判供述が求められるので，尋問技術の拙劣さとも相まって，公判証言ないし公判供述は分かりにくい，という印象ないし状況があり，控訴審における記録による審査が，証言等を直接聞いている第1審の判断に比べて，判断手法として劣っている，ないしは直接に証言を聞いていないために心証を採る上で，重大な問題があるとは考えられていなかったと思う。

しかし，この点についても，裁判員裁判においては，評議が，記録の再点検に基づいてなされるということはほとんどなく，争点が整理され，そのような争点に絞った尋問がなされ，それを直接面前で聞いて心証を採った裁判

員と裁判官が，審理の直後に，記録の読み込みによってではなく，法廷での心証を基に評議を行って判断をするのであって，そのような審査方法による判断を，控訴審が記録の再点検によって覆審的に審査するのでは，判断手法も異なり，その合理性を説明することはできないというしかないと思う。

以上のように，直接主義的な観点からしても，裁判員裁判の控訴審を，裁判官のみの構成によって覆審的に運用するということは，審査方法としてもそぐわないというべきであろう。

3 実務の考え方

裁判員裁判の控訴審の在り方としては，実務においても，事後審性を徹底するという考え方の下に運用されているといっていい[17][18]。

すなわち，事実誤認については，原判決の認定，判断が，論理則ないし経験則に照らして不合理であるかどうかを審査し，量刑不当については，原判決の判断が裁判員の参加した上での判断であることを尊重し，量刑の幅を意識して，その当否を審査するという考え方で運用されてきているといえる。その具体的内容については，次項で検討する。

Ⅳ 裁判員制度の下での控訴審の運用

1 概 観

平成21年5月に裁判員制度が実施に移されてから，本稿執筆時である平成25年12月までに4年半が経過した。冒頭に引用した最高裁の検証報告書によ

---

(17) 制度施行以前の論稿として，東京高裁部総括研究会ペーパー，東京高裁つばさ会ペーパーがあり，また，司法研究・第一審の判決書及び控訴審も発表されている。なお，大阪高裁陪席会での検討結果を紹介するものとして，大阪高等裁判所陪席会「裁判員制度のもとにおける控訴審の在り方」判タ1271号75頁，同1272号50頁，同1273号105頁，同1274号72頁，同1275号66頁，同1276号43頁，1278号16頁がある。
(18) 制度施行後の文献としては，植村退官(3)（第5章）に，裁判官執筆者による「裁判員裁判における控訴審」をテーマにした論稿があり，筆者も「裁判員裁判についての覚え書－控訴審からみて」と題して，裁判員裁判に関する考え方を述べた（571頁以下）。本稿は，それを踏まえて，更に検討を深めたものである。

ると，制度施行から昨年（平成24年）5月末までの裁判員裁判の控訴審関係の統計を，それ以前の3年間の同種事件についての裁判官裁判の統計と比較してみると，①裁判員裁判事件の控訴率は34.3％で，それ以前の3年間の裁判官裁判の控訴率とほぼ同じであり，②控訴審における破棄率をみると，それ以前3年間の裁判官裁判の破棄率が17.6％であるのに対し，裁判員裁判の破棄率は6.6％に止まっており，③裁判員裁判の控訴審の破棄人員数は53人であって，そのうち40人は判決後の情状を破棄理由とするいわゆる2項破棄であり，④また破棄人員のうち破棄差戻し（分類としては，「破棄差戻し・同移送」）は1人にとどまり，その余の52人が破棄自判であり，⑤控訴審において事実取調べが行われた割合をみると，被告人質問以外の証拠調べ（分類としては，被告人質問と他の証拠調べが行われ，あるいは他の証拠調べのみが行われたもの）が行われた割合は，裁判官裁判については45.5％であったのに対し，裁判員裁判については29.6％であった，とのことである。

以上の運用状況をみると，裁判員裁判の控訴事件については，破棄率が裁判官裁判に比べてかなり低いこと（②），破棄もいわゆる2項破棄（原判決後の情状を理由とするもの）がかなりの部分を占め，原判決の判断自体が誤っているとして破棄される事例は少ないこと（③），また，破棄の場合，ほとんどの事件について自判されていて，差し戻される事例は少ないこと（④），裁判官裁判の場合に比べて，控訴審での証拠調べが実施される割合が少なくなっていること（⑤）といった特徴がみられる。事後審性を徹底し，原審の判断を尊重するという運用の表れといえよう。もっとも，破棄自判が多いということは，制度施行前の予想に反するものかも知れない。

2 事 実 誤 認

(1) 事実誤認の判断基準

これまで述べたとおり，裁判員制度下の控訴審については，事後審としての運用を徹底するというのが，制度制定時の考えであり，またそれが制度実施後の控訴審実務における基本的考え方であるといっていい。

これを事実誤認の判断についていえば，これまでの事実誤認の判断基準に

IV 裁判員制度の下での控訴審の運用

関する考え方のうち，いわゆる心証優先説的な考え方（原判決が論理則，経験則に違反している場合のみでなく，控訴審が記録を検討して得た心証が原判決と異なる場合にも，控訴審の心証を優先させて，事実誤認として破棄できるという考え方）ではなく，原判決の判断に，論理則違反，経験則違反があるかどうかという審査を行い，これが不合理である場合に，事実誤認として破棄できるという，経験則・論理法則違反説によるべきであるというのが，実務の基本的な考え方である。また，平成24年2月13日の最高裁判例[19]も「刑訴法382条の事実誤認とは，第1審判決の事実認定が論理則，経験則等に照らして不合理であることをいうものと解するのが相当である」旨判示して，そのような考え方によるべきことを明らかにした。この判決の事案は，覚せい剤を密輸入した事件である。第1審判決は，覚せい剤を輸入する認識がなかった旨の被告人の弁解が排斥できないなどとして，被告人を無罪としたのであるが，控訴審である原判決は，第1審判決に事実誤認があるとして破棄，自判して有罪を言い渡した。これに対して，本判決は，被告人の弁解が客観的事実関係に一応沿うもので，第1審判決のような評価も可能であることなどに照らすと，原判決は，第1審判決が論理則，経験則等に照らして不合理であることを十分に示したものとはいえず，刑訴法382条の解釈を誤った違法があると判示している[20]。

こうして，裁判員制度施行後，判例及び実務は，改めて，控訴審における事実誤認の判断は，経験則・論理則違反説によるべきであることを明らかにした。もっとも，従来の実務に心証優先説的な傾向がみられたとはいえ，小西・前掲注(18)590頁でも述べたところだが，実務的には，両説によって，結論に極端な違いがあるわけではない。事実誤認の控訴理由が原判決の具体的な認定過程を攻撃している場合には，従来の実務においても，原判決の事実

---

(19) 最（一小）判平成24・2・13刑集66巻4号482頁，判タ1368号69頁。なお，最（三小）判平成21・4・14刑集63巻4号331頁，判タ1303号96頁は，上告審における事実誤認の審査方法についても，「当審が法律審であることを原則にしていることにかんがみ，原判決の認定が論理則，経験則等に照らして不合理といえるかどうかの観点から行うべきである」と判示している。

認定の当否について審査していたはずであり、その基準は、基本的には、経験則に違反した不合理なものであるかどうかというものであったと思われるからである。しかし、Ⅱの3で触れたように、従来の実務には、職権主義的な、いわば覆審的な思考方法が強かったように思われ、それが結果的に心証優先説的な運用につながったといえるのではないかと思う[21]。

なお、事実誤認の審査について、控訴審としては、被告人に有利な方向では積極的に介入できると解すべきではないかという考え方もある[22]。これは、審査基準の問題というよりも運用の問題であるかとも思われるが、刑事裁判では立証責任は検察官にあることや、再審が被告人に利益な場合にのみ認められているという刑訴法の趣旨等からすれば、裁判員裁判とはいえ、そのような場合には職権発動は、より積極的に行われていいと思われる。また、経験則違反の有無を審査するといっても、要は、「合理的疑いを差し挟む余地のない程度の立証」[23]がなされているといえるかどうかという判断について、経験則違反がないかどうかを判断するのであるから、有罪判断を破棄する場合と無罪判断を破棄する場合とでは、判断の幅にも自ずから違い

---

(20) なお、裁判員裁判の無罪判決を破棄して有罪とした原判決を是認した最高裁判例としては、次の2つがあり、事実認定における経験則や論理則を考える上で参考になる。①最（三小）決平成25・4・16刑集67巻4号549頁判タ1390号158頁は、覚せい剤を密輸入した事件において、被告人の故意を認めながら共謀を認めずに無罪とした第1審判決に対して、本件事実関係の下では、特段の事情がない限り、覚せい剤輸入の故意だけでなく共謀をも認定するのが相当である旨を具体的に述べた上、本件では、特段の事情がなく、むしろ共謀を裏付ける事情があるとして、第1審判決の事実認定が経験則に照らして不合理であることを具体的に示した原判決の判断を是認している。また、②最（一小）決平成25・10・21 刑集67巻7号755頁も、密輸組織が関与する覚せい剤の密輸入事件に関するものであるが、被告人の覚せい剤に関する認識を否定して無罪とした第1審判決に対して、この種事案に適用されるべき経験則等を示しつつ、被告人は覚せい剤が隠匿されたスーツケースを日本に運ぶよう指示又は依頼を受けて来日したと認定するなどした上、被告人の覚せい剤に関する認識を肯定し、第1審判決の結論を是認できないとした原判決の判断は、第1審判決の事実認定が経験則等に照らして不合理であることを具体的に示したものといえると判断して、これを容認している。この判例は、密輸組織の関与した大量の覚せい剤の密輸入事案について、密輸組織としては、特段の事情（判文参照）がない限り、荷物の運搬者は、密輸組織の関係者等から、回収方法について必要な指示等を受けた上、覚せい剤が入った荷物の運搬の委託を受けていたものと認定するのが相当である旨の経験則を摘示しているのが注目される。

Ⅳ　裁判員制度の下での控訴審の運用

があるといえるのではないだろうか[24]。

(2) 事実誤認の控訴理由に対する判示方法

　事実誤認の控訴理由に対する控訴審判決の判示方法についてみると，従来の控訴審実務の考え方は，判決書の書き方（判示方法）にも現れていたといえ，最近の控訴審判決（特に，筆者の属する東京高裁の判決）は，その点でも大きな変化を見せつつある。

　すなわち，従来の控訴審の判決書実務においては，事実誤認が控訴理由である場合には，原判決の当否を審査するという形式での判断を直接示すというものではなく，原判決の結論が是認できる場合でも，まず，控訴審としての事実認定を行ってその判断を示し，「原審（及び控訴審）で取り調べた証拠によれば，原判決が認めた犯罪事実（罪となるべき事実）を優に認めることができるから，原判決には事実誤認がない」旨の判断を示し，次いで，所論[25]（控訴理由を根拠付ける具体的主張）のうち，原判決の判断を攻撃するものについて判断を示す中で，原判決の個別の判断部分を是認する，あるいは修正して肯定する，という形で判断を示すということが多く，判示方法からすると，心証優先説的なものであったといえる。また，原判決に事実誤認がある場合にも，前掲平成24年2月13日の最高裁判例の原審判決[26]のように，ま

---

(21)　前掲最（一小）判平成24・2・13で，白木勇裁判官は，補足意見として，「これまで，刑事控訴審の審査の実務は，控訴審が事後審であることを意識しながらも，記録に基づき，事実認定について，あるいは量刑についても，まず自らの心証を形成し，それと第1審判決の認定，量刑を比較し，そこに差異があれば，自らの心証に従って第1審判決の認定，量刑を変更する場合が多かったように思われる」，「この手法は，控訴審が自ら形成した心証を重視するものであり，いきおいピン・ポイントの事実認定，量刑審査を優先する方向になりやすい」ことを指摘された上で，「裁判員制度の施行後は，そのような判断手法を改める必要がある。例えば，裁判員の加わった裁判体が行う量刑について，許容範囲の幅を認めない判断を求めることはそもそも無理を強いることになるであろう。事実誤認についても同様であり，裁判員の様々な視点や感覚を反映させた判断となることが予定されている。そこで，裁判員裁判においては，ある程度の幅を持った認定，量刑が許容されるべきことになるのであり，そのことの了解なしには裁判員制度は成り立たないのではなかろうか」と述べられ，この事案について「第1審の判断が，論理則，経験則等に照らして不合理なものでない限り，許容範囲内のものと考える姿勢を持つことが重要である」と述べておられる。

(22)　東京高裁部総括研究会ペーパー9頁，東京高裁つばさ会ペーパー9頁。

(23)　最（一小）決平成19・10・16刑集61巻7号677頁，判タ1253号118頁。

277

ず自ら証拠に基づいて公訴事実が認められるかどうかについての判断を示した上で，これと異なる原判決の判断内容を是認できない理由を述べるという判断方法を採ることが多かったと思われる。従来の実務では，なぜそのような判示方法が一般的であったかということを考えてみると，一つには，旧刑訴法以来の覆審的な判断方法が慣習的に受け継がれてきたという面があるのではないかと思う。また，技術的な背景としては，結論的に原判決の判断を認容することができる場合にも，原判決の説示方法・内容はさまざまであって，その判断順序や取り上げるべき間接事実，あるいは表現についても，間違ってはいないが，適切とはいえない場合が多く，控訴審としての適正な判断内容を示すという，下級審に対する指導的な意味合い，ないしは控訴審としての責任感があったともいえよう。もっとも，おそらく，そういった判断方法ないし思考方法そのものが，旧刑訴法以来の覆審的な判断ないし心証優先説的な色合いを持つものであったことも否定し難いと思う。

　これに対して，最近の控訴審判決は，判示方法の面でも，控訴審が事後審

---

(24)　前掲平成24・2・13の最高裁判決は，被告人の弁解は，「客観的事実関係に一応沿うものであり，その旨を指摘して上記弁解は排斥できないとした第1審判決のような評価も可能である」と判断して，第1審判決の無罪判断を肯定したのであるが，その判断は，無罪方向での判断，すなわち，合理的疑いを入れる余地がある（抽象的な可能性に止まらず，一定の客観的な根拠がある疑い，あるいは社会常識から見て不合理とはいえない疑いがある）といえるかどうかについての判断であることに留意すべきであると思う。なお，この判決に対する論評としては，原田國男「実実誤認の意義 ―― 最高裁平成24年2月13日判決を契機として ―― 」刑ジャ33号37頁がある。
(25)　控訴審の判決書で慣例的に用いられる用語である。一般的に，控訴趣意の結論的な部分，ないし控訴趣意の要旨を記載した部分を「論旨」といい，控訴趣意を根拠付ける具体的な主張を「所論」ということが多い。もっとも，控訴趣意の摘録的な部分を「所論」という場合もある。小林充『刑事控訴審の手続及び判決書の実際』（2000年，法曹会）72頁参照。なお，最近の判決例では，「論旨」という用語を表題に用いて「事実誤認の論旨について」と表記するなど，やや混乱が見られるようである。表題としては，結論部分に対して判断するというものではなく，やはり「主張」ないし「控訴趣意」そのものについて判断を示すのであって，その要約が「論旨」であるわけだから，これを表題部に用いるのにはやや違和感を覚える。
(26)　東京高判平成23・3・30高検速報3461号。なお，この控訴審判決も，原判決の判断が是認できない理由を示しているのであるが，前記のように，最高裁判決は，その判断内容について，第1審の判決の判断が「論理則，経験則等に照らして不合理な点があることを十分に示したものとは評価することができない」といっている。

であるということを意識した内容になりつつあり，筆者の属する部でもそのような判示方法にするべく心がけている。すなわち，具体的には，事実誤認の控訴理由に対する判示方法（判決スタイル）としては，まず，原判決の判断内容を整理して摘示し，これが是認できる場合は，その旨の判断を示した上で，その後に所論についての判断を示すという判示方法にすることを心がけている[27]。また，その判断は，原判決の判断が経験則等に違反していないかどうかという観点から行っているが，内容的には，個々の事実認定ないし証拠の評価が経験則等に適合しているかということであり，究極的には，有罪判決であれば，そのような有罪認定が合理的疑いを入れないまでに立証されているという判断が，経験則等に合致しているかどうかということである。また，無罪判決であれば，犯罪事実は認められない，若しくは，合理的疑いが残るという判断が，経験則等に適合しているといえるかどうかということになる。なお，参考までに，筆者の属する部の判決書であるが，上記のような判示方法による判決例（控訴棄却の事例）を［参考判決例］として末尾に掲げる。

3 量刑不当

　量刑判断は，事実の有無とは異なって，個別の科刑自体がピンポイント的に正しいということはなく，必然的に一定の幅のある中での判断である。したがって，量刑基準が異なるということではないにしても，控訴審においては，原判決の判断が，裁判員の加わった上での判断であって，必然的にこれまでよりも幅の範囲が広がるべきものであることを前提として量刑審査をすべきものであり，従来よりも，より広い幅の中での判断を行うことになるといえる[28]。

---

(27) 東京高裁では，平成24年に東京高裁における裁判員裁判の審理の現状と課題について検討するプロジェクトチームを立ち上げ，東京高裁における裁判員裁判の控訴審判決の判決書を中心に分析，検討を試みたのであるが，若手裁判官を中心としたチームによって精力的な分析，検討とともに活発な議論がなされ，これが判決書についての意識的な改革につながったと思う。

また，原判決後の情状による破棄（刑訴法397条2項によるいわゆる2項破棄）についてはこれまで比較的緩やかに運用されてきたように思われるが，裁判員裁判については，そのような原判決後の情状事実に関する証拠が原判決前に提出できないものだったかどうかという点についても，十分な審査を行うことが必要と考えられるし，そのような判断を示した控訴審判決もある(29)。

　もっとも，最近，裁判員裁判で死刑を言い渡した第1審判決が，控訴審で量刑不当により，破棄・自判され，無期懲役刑が言い渡される事例が2件続いた(30)。この問題は難しい問題ではあるが，上記控訴審判決がいうように，無期懲役刑と死刑とは，連続性のない質的に異なる刑であり，有期懲役刑のように許容される幅といった考え方になじむものではない。上記判決例の当否はともかくとして，死刑を選択するに際しては，これまでの判決例にも照らして，慎重な考慮を要することは，裁判員裁判においても同様であり，控訴審の判断としても，原判決の判断が不当であると考えたときは，破棄せざるを得ないものであろう。

4　刑訴法382条の2の「やむを得ない事由」について

　控訴審においては，控訴理由を根拠付ける事由としてどのようなものでも主張できるわけではなく，訴訟記録及び原裁判所において取り調べた証拠に現われている事実であって控訴理由があることを信ずるに足りるものを援用しなければならないこととされている（刑訴法377条の控訴理由と法令の適用の誤りに関する380条は除く。）このため，そのような事実の援用がないものは

---

(28)　東京高判平成22・6・29判タ1387号380頁（筆者の属する部の判決である。）は，この点につき，裁判員裁判においては，「一般市民の量刑感覚を個々の裁判に反映させるという趣旨を踏まえ，従来の量刑傾向を参考にしながらも，これに無用にとらわれることなく，裁判員と裁判官との多様な意見交換，評議によって刑を量定すべきであるし，裁判員の参加によって量刑傾向ないし量刑相場が従来のものよりも幅の広いものとなり得ることはいわば当然であって，控訴審としても，そのような制度の趣旨を踏まえた上で第一審の量刑判断に対して事後審としての判断を行うべきこととなる」と判示している。

IV　裁判員制度の下での控訴審の運用

控訴理由としては不適法ということになる。このうち、事実誤認と量刑不当の控訴理由に限っては、訴訟記録及び原裁判所において取り調べた証拠に現われている事実以外の事実であっても、「やむを得ない事由によつて第一審の弁論終結前に取調を請求することができなかつた証拠によつて証明することのできる事実」は援用することができる（382条の2）。

「やむを得ない事由によつて……取調を請求することができなかった」という規定の解釈については、物理的不能説、心理的不能説などの説があるが、近時の考え方は、請求できなかつたことが物理的なものか心理的なものかを検討するよりは、それが「やむを得なかつた」ものかどうか、すなわち請求者に帰責事由があつたといえるかどうかという点に重点を置く考え方が有力である[31]。

いずれにしても、裁判員裁判については、まず第一に公判前整理手続の効果として、「やむを得ない事由によつて公判前整理手続又は期日間整理手続において請求することができなかつたものを除き、当該公判前整理手続又は期日間整理手続が終わつた後には、証拠調べを請求することができない」（刑訴法316条の32）という制限があり、さらに、控訴審においては、382条の2の制限があるということになる。

なお、382条の2の定めは「やむを得ない事由によつて第一審の弁論終結前に取調を請求することができなかつた証拠によつて証明することのできる

---

(29)　東京高判平成22・5・26判タ1345号249頁は、強盗強姦、強姦等被告事件について、原判決後に強姦の被害者に賠償金を払って示談が成立したという事案について、裁判員制度の導入目的を達成するためには、情状に関する証拠も原則として第1審でその評価を受けるべきものであるところ、原判決に先立って被害者側と協議が持たれていたものの、その時点では、金額を含む内容について、なお合意に至らなかったという事情に照らすと、上記の賠償金の支払と示談の成立が原判決後になったことにはやむを得ないものがあったと認められることを判示した上で、これを原判決後の有利な事情として取り扱い、刑訴法397条2項により原判決を破棄して、原判決より軽い刑を言い渡している。また、東京高裁部総括会ペーパー13頁以下、同つばさ会ペーパー17頁で触れられているように、いわゆる「刻み破棄」を軽々に行うべきではないことはいうまでもない。

(30)　東京高判平成25・6・20高刑集66巻3号1頁、判時2197号136頁、東京高判平成25・10・8高刑集66巻3号42頁。

(31)　原田國男・大コンメ刑訴法［2版］(9)304頁。

事実であつて前二条に規定する控訴申立の理由があることを信ずるに足りるものは，訴訟記録及び原裁判所において取り調べた証拠に現われている事実以外の事実であつても，控訴趣意書にこれを援用することができる」というものであり，要するに，原審で取調請求しなかったことについてやむを得ない事由がない証拠に基づいて，控訴趣意を根拠付ける事実を援用することはできない，ということであって，直接的には，事実の主張の制限であるが，やむを得ない事由の疎明のない新主張に係る証拠請求が許されないことも当然であろう。もっとも，そのような証拠であっても，職権によってこれを取り調べることはできる（刑訴法393条1項本文）。

　従来，382条の2の制限があるにもかかわらず，393条に基づく職権による事実取調べは，ある程度緩やかになされてきていたと思われる[32]。

　しかし，裁判員裁判については，その制度の趣旨からいっても，また，上記のような公判前整理手続が行われていることからしても，新証拠の取調べが安易に行われるべきでないことはいうまでもない。その場合に懸念されるのは，控訴審における実体的真実発見機能の低下ないしは後見的機能の低下ということであろうが，後見的機能という面はともかく，刑事手続における実体的真実主義ということも，適正な手続の下に行われるべきことはいうまでもないことであり，また，記録に基づく審査をする控訴審としては，直接公判廷で聴取された証言等に基づく判断を尊重すべきことも当然ではないだろうか[33]。

V　おわりに

　冒頭に述べたように，裁判員裁判については，様々な懸念が指摘されてきた。また，逆に，新たな制度であり，裁判員にできるだけ負担をかけるべきではないという観点から，楽観的な説明がなされてきたところもあったと思

---

(32)　阿部・前掲注(12)949頁など。
(33)　この点については，小西・前掲注(18)580頁以下も参照されたい。

V　おわりに

われる。

　しかし，制度実施後4年半を経過して，裁判員制度の審理，運営は，ほぼ順調に，かつほぼ安定的に行われているといえるだろう。もっとも，問題点としては，①公判前整理手続を含めた審理期間が長期化していないか，②調書裁判からの脱却を目指し，直接主義的な訴訟運営（公判中心主義）を実現できているか（それが裁判員に分かりやすい裁判を実現することにつながる），かえって書証を多用した審理になっているのではないか，③情状立証などが，陰惨な遺体の写真を示すなど，不必要に感情に訴えすぎるものになっていないか，④事件数も多く，複雑で，審理にかなりの長期間を要する事件など，裁判員の負担が大きすぎると思われる事件は，裁判員事件の対象から外すべきではないか，といった課題が指摘されている。

　控訴審についていえば，事後審的な審理や事後審的な判決という点では，未だ必ずしも安定的なものにはなっていないように思われる。また，その原因は，事後審としての判断基準や判断構造についても，明確な理論的説明が十分になされていないことにもあると思われるし，事後審としての判示方法，職権証拠調べの在り方など，具体的事例に基づいた検討が必要な分野も多いということにもあると思われる。

　控訴審としては，第1審における取組みや審理の在り方にも十分に配意しつつ，今後，上記のような控訴審としての課題に，積極的に取り組んでいく必要があると思う。

（平成25年12月記）

【参考判決例】
東京高判平成25・3・14判例集未登載（殺人未遂，銃砲刀剣類所持等取締法違反被告事件）
＜主文＞
本件控訴を棄却する。
＜理由＞〜抄〜

　1　論旨は，事実誤認の主張であり，これを要するに，原判決は，罪となるべき事実として，被告人は，(1) 平成23年8月27日，千葉県A市にある被

害者方において，実弟である同人（当時62歳）と口論になり，「長男らしいこともやらないで。銃刀法違反じゃないか」となじられたことなどから激高し，とっさに殺意を抱き，持っていたナイフ（刃体の長さ約15㎝。以下「本件ナイフ」という。）で，同人の右腹部等を刺すなどして殺害しようとしたが，同人にナイフを持った手をつかまれるなどして防御されたため，加療約31日間を要する右ＥＰＬ・ＥＣＲＢ断裂，腹部刺創等の傷害を負わせたにとどまり，殺害の目的を遂げず（原判示第1），(2) 業務上その他正当な理由による場合でないのに，上記日時・場所において，本件ナイフを携帯した（同第2），との事実を認定しているが，(1) については，被告人には殺意はなく，かつ，正当防衛が成立し，(2) については，被告人は，本件ナイフを儀式に用いるという正当な理由により携帯していたのであるから，いずれも無罪であり，原判決には，判決に影響を及ぼすことが明らかな事実誤認があるというのである。

そこで検討すると，(1) について，被告人には被害者に対する殺意があったことを認めるとともに，正当防衛の成立を否定し，また，(2) について，本件ナイフの携帯に正当な理由はないとして，原判示の各罪となるべき事実を認定した原判決の判断は，「弁護人の主張に対する判断」の項で説示するところも含めて，正当として是認することができる。

以下，所論にかんがみ，補足して説明する（以下，日付はすべて平成23年のものである。）。

2 本件犯行態様について

(1) 関係証拠によれば，被告人が本件当日被害者宅を訪問した経緯及び被害者と被告人の負傷状況等につき，原判決が摘示するとおりの事実，すなわち，被告人が，事前に被害者に電話をして，亡父の遺品を引き渡すことのほか，被害者の妻が過去に不貞を働いた慰謝料等の名目で計30万円を支払うよう要求したこと，被害者は，妻の不貞など全く心当たりがなかったが，被告人とトラブルになることを避けるためにこれを承諾し，被告人が，本件当日，これらを受け取りに被害者宅に来たこと，その際，被告人は，本件ナイ

フを所持していたこと，同日，被害者宅において，被害者が，本件ナイフにより両手に腱や神経を断裂する深い切創を負ったほか，右下腹部に深さ約1cmの傷を負い，被告人も，鼻骨骨折や顔面裂傷，右手親指の付け根部分等の骨折の傷害を負ったこと等の事実が明らかに認められる。

(2) 被害者は，原審公判において，原判決が摘示するように，被害者方リビングで，被告人と口論となり，原判示罪となるべき事実第1記載のような言葉で，被告人を怒鳴ったり，問い詰めたりしたところ，被告人は目が据わったようになり，「みんなぶっ殺してやる」と言いながら，テーブルに置いていた本件ナイフを抜いて刃先を被害者の方に向けてきたこと，このままでは自分も側にいた妻もやられてしまうと考え，台所から取ってきた木刀で被告人のナイフを持った右手の辺りを叩いたが，被告人はナイフを離さず，リビングの北側付近で，被害者を刺そうとしてきたため，被告人の腕をつかんで防ごうとしたが，なおも体重をかけて腹を刺そうとしてきたので，被告人の手をひねってナイフを手から落としたこと，この間，ナイフが腹部に当たった感じがしたこと，その後，隣の8畳和室に移動し，被告人を蹴って倒し，ナイフを取りに行かないよう顔面を足蹴りしたこと等を供述しているところ，原判決は，被害者の上記証言は，被害者宅の各室に残った血痕や，ナイフが発見された位置，被告人と被害者が負った傷害の結果等客観的証拠ともよく符合しており，犯行を目撃していた妻の証言とも一致していること，内容が具体的で一貫しており，迫真性もあることなどから，十分信用することができる，と判断している。

これに対し，被告人は，原審公判において，リビングに入ってきた被害者から，証拠あるのか等と怒鳴られ，いきなり顔面にパンチをくらい，とっさにテーブルの上に置いた本件ナイフを手に持った，リビング南側のソファーの横に仰向けに倒れると，被害者が馬乗りになって殴ってきたので，身を守ろうとしてナイフを振ったが，鞘を取ったかどうかはわからない，被害者が自分から離れ，木刀を持って立っているのを見た記憶があるが，その後は，頭がもうろうとして覚えていない等と供述しているところ，原判決は，被告人の供述は，被害者夫婦の証言と相違している上，核心部分があいまいであ

り，被告人と被害者の各負傷状況について納得のいく説明がされていないこと，血痕の位置等現場に残された状況と整合しないこと等から，信用することができない，と判断している。

　以上のような原判決の判断は，いずれも経験則に適う合理的なものであり，正当として是認することができる。

　(3)　所論は，被害者及び同人の妻の証言には，それぞれ不自然な点があり，また，被害者の妻は，夫である被害者に有利な証言をする動機があるから，両者の証言が一致しているからといって，信用できるとはいえない，などという。

　しかしながら，所論が不自然であると指摘する主な点は，被害者にいきなり顔面を殴られて人事不省の状態になったという被告人の原審公判供述を前提として，そのような被告人が，被害者の供述するようにリビングから8畳和室まで移動できたはずがないとか，被害者と立って争うことができたはずがないなどというものであるが，そのような内容の被告人の供述が信用できないことは前記のとおりであるのみならず，実際に，リビングと8畳和室の両室に大量の血痕が残されていたことや，警察官が駆けつけた際には被告人と被害者は8畳和室にいたこと等の客観的状況を全く無視した主張であって，失当というほかない。また，被害者は，両手に傷を負った状況を含め，覚えていない点はその旨述べ，また，木刀で被告人の腕を叩いたことや，倒した被告人の顔面等を何度も足蹴りにしたことなど，自分が被告人に加えた攻撃についても率直に証言しており，それ自体真摯な証言態度であるし，被害者の妻も，本件の経緯について，見たことと見ていないことをきちんと分けて証言しているのであって，両者が口裏を合わせ，虚偽の証言をしているような様子も全くうかがわれない。所論が指摘するその余の点も，被害者及び同人の妻の証言の信用性を左右するものではなく，失当である。

　3　殺意等について

　原判決は，以上のような認定，判断に基づき，①本件ナイフの形状や，被告人が本件ナイフで被害者の腹部を刺した後，なおも体重をかけて腹部を刺

そうとした攻撃の態様に照らすと，被告人に殺意があったことは明らかである，②被告人は，被害者になじられて激高し，本件ナイフを鞘から取り出し，刃先を被害者に向けて「ぶっ殺してやる」などと叫んだことに端を発して本件犯行に及んだものであり，これに対し，被害者がナイフを持った被告人の手を木刀で叩いたのは，防衛行為であって，被告人に対する不正な侵害には当たらないことからすれば，被告人に正当防衛が成立する余地はない，③被害者と口論となった以降，被告人は，本件ナイフで被害者を攻撃しようとしていたのであるから，本件ナイフの携帯について正当な理由は認められない，と判断している。

　上記のような原判決の判断は，いずれも経験則に適う合理的なものであり，正当として是認することができる。

　これらの点に関する所論は，本件犯行態様について，被告人の供述を前提とするものであるから，前提において失当というべきであるが，念のため検討しておくと，まず，所論は，①について，被害者の腹部の傷は刺されたとはいえないほどの軽微なものであり，殺意があったとはいえない，という。しかしながら，腹部の傷が深さ約1cmにとどまったのは，被害者が必死に抵抗したからであるし（そのことは，被告人とのもみ合いの中で，被害者が本件ナイフにより両腕に大きな傷を負ったと見られることからもうかがえる。），被告人は，被害者からの抵抗にあっても，なおも体重をかけて身体の枢要部である被害者の腹部を刺そうとし，被害者が被告人の手首をひねってナイフを落とさせることで，ようやく攻撃を制止することができたことにかんがみると，被告人には旺盛な攻撃意思があったことが明らかであり，結果的に腹部の傷が軽微であったからといって，殺意が否定される事情とはいえない。

　また，所論は，③について，被告人は，兄弟間で行う「和儀」という儀式に用いるために，本件ナイフを被害者宅に持参したものであり，その携帯には正当な理由がある，という。確かに，関係証拠によれば，被告人が本件ナイフを被害者宅に持参したのは，所論が指摘するような理由であったことは認められるけれども，原判決が説示するとおり，被告人が，被害者と口論となり，本件ナイフで被害者を攻撃しようとした時点で，その携帯に正当な理

由が認められなくなったというべきであるから,所論は採用できない。

　その余の所論を検討してみても,以上の判断は左右されず,原判決に事実の誤認はない。

　論旨は理由がない。

（こにし・ひでのぶ）

控訴審における事実誤認の審査について
——裁判員制度との関連で——

大阪高等裁判所判事　中谷　雄二郎

I　はじめに
II　従来の事実誤認の意義に関する考え方
III　最近の最高裁判例の動向
IV　最近の最高裁判例を踏まえてみた事実誤認の意義ないし審査の方法
V　残された課題

I　はじめに

　裁判員裁判における控訴審の審査の在り方が問われている。平成21年5月に施行された裁判員法は，刑訴法に関しては，第1審の手続の特則のみで上訴審の特則はなく，刑訴法の改正もされなかったため，全て運用に委ねられた。そうしたこともあり，国民から無作為で選ばれた裁判員が刑事裁判に参加する裁判員制度を導入した以上，裁判員の見方や感覚をできるだけ尊重する必要があるとして，事後審を徹底すべきことではおよそのコンセンサスを得られても[1]，上訴審，特に控訴審が裁判員裁判の判断の当否を審査する具体的な基準についての合意は必ずしも形成されるに至っていなかった[2]。
　そうした状況の中で，最高裁が裁判員裁判対象事件に関して刑訴法382条

にいう事実誤認の意義や審査の基準等について重要な判断を相次いで示したことから，この機会に，控訴審における事実誤認の審査のあるべき方向性について整理しておくことにしたい。

II 従来の事実誤認の意義に関する考え方

刑訴法382条にいう「事実の誤認」の意義について，様々な見解が主張されてきたが[3]，論理則・経験則違反説ないし合理性基準説[4]と心証優先説（心証比較説）とに大別できるように思われる[5]。すなわち，事後審の観点からは，第1審の事実認定が論理則又は経験則に反するなど不合理な判断といえれば事実誤認であるとする論理則・経験則違反説ないし合理性基準説が導かれるのに対し，上訴審の優越あるいは無辜の被告人の救済という観点からは，第1審の事実認定が控訴審裁判官の心証と食い違えば控訴審裁判官の心証を優先させて事実誤認であるとする心証優先説が主張されるのである[6]。

従来の実務がいずれの見解によっていたかについては，評価が分かれるが[7]，従来から，控訴審では，仮の心証を形成しつつも，論理則，経験則等に照らして，第1審判決の事実認定の合理性が審査されてきたように思われるのであり[8]，第1審判決の事実認定の合理性を審査しないような純粋の心証優

（1） 井上正仁「考えられる裁判員制度の概要について」ジュリ1257号148頁参照。
（2） 当時の事実誤認の審査基準に関する議論の状況として，東京高裁つばさ会ペーパー8頁以下，東京高裁部総括研究会ペーパー8頁以下，遠藤和正＝冨田敦史「事実認定の審査」判タ1276号43頁以下等参照。
（3） 詳しくは原田國男・大コンメ刑訴法［2版］(9)260頁以下参照。
（4） 事実誤認の意義について，論理則・経験則違反説は，第1審判決の事実認定が論理則（論理法則）又は経験則（経験法則）に反する場合に限定するのに対し，合理性基準説は，必ずしもこれに限定することなくその事実認定が合理性を欠く場合をいうとする見解である（原田・大コンメ刑訴法［2版］(9)268頁以下）。
（5） 例えば，家令和典・最判解刑平成21年度126頁，上岡哲生・ジュリ1444号105頁参照
（6） 論理則・経験則説ないし合理性基準説と心証比較説とを対比し詳しく検討したものとして原田・大コンメ刑訴法［2版］(9)265頁以下参照。
（7） 後出24年裁判における白木勇裁判官の補足意見は，心証比較説が多かったとされ，石井元判事は，いずれが実務の大勢かは判然としないとされる（石井・刑事控訴審359頁）。

先説はあり得ず，両説の違いは第1審判決をどの程度尊重するかというスタンスの違いにとどまったともいえる。しかも，裁判員制度の導入を契機に事後審の徹底の要請が高まる状況の中[9]，心証優先説を採用することは相当でない[10]。そうすると，今日的課題は，事実認定の合理性判断の基準ないし方法にあるといえよう。

そして，裁判員法が施行される直前に出された最（三小）判平成21・4・14刑集63巻4号331頁（以下「21年最判」という。）は，満員電車内における強制わいせつ被告事件の被告人を有罪とした第1審判決及び控訴審判決を事実誤認で破棄するに当たり，上告審における事実誤認の審査方法について，上告審が法律審であることを原則としていることに鑑み，控訴審判決の認定が「論理則，経験則等に照らして不合理といえるかどうかの観点から審査を行うべきである」旨判示して，過去の最高裁の判断[11]と同様に，法律審である上告審においては，論理則・経験則違反説のごとく，論理則・経験則と

---

(8) 一般に，控訴審裁判官は，控訴趣意を踏まえながら証拠に基づき仮の心証を形成してみて，第1審の事実認定に違和感を覚えた場合に，その違和感が論理則や経験則等に照らし第1審の事実認定を不合理なものと判断するだけの十分な根拠のあるものであるのか，換言すれば，控訴審裁判官が抱いた仮の心証が第1審の事実認定に優越するだけの十分な合理性を備えているのかについて吟味してきたように思われる（石井・刑事控訴審359頁，440頁，原田國男「事実誤認の意義——最高裁平成24年2月13日判決を契機として——」刑ジャ33号39頁，43頁，樋上慎二「事実誤認における合理性審査——最高裁平成24年2月13日判決を踏まえて——」刑ジャ36号84頁，植村立郎「最近の薬物事犯を中心とした最高裁判例に見る刑事控訴事件における事実誤認について」刑ジャ40号46頁参照）。

(9) 裁判員裁判の控訴審では，単に心証を比較するのではなく，第1審判決のような考え方もあり得るのではなかろうかという観点からの謙抑的な再考が求められると指摘されている（司法研究・第一審の判決書及び控訴審109頁参照）。

(10) 心証優先説の理論的問題点については原田・大コンメ刑訴法［2版］(9)265頁以下参照。原田元判事は，裁判員裁判における裁判員の加わらない控訴審の判断の優越性が本質的に法律審であることに帰すべきことからも，合理性基準説が基礎付けられる旨指摘される（同83頁，272頁参照）。

(11) 最（二小）判昭和43・10・25刑集22巻11号961頁（八海事件第三次上告審判決）は，「原判決の事実認定に不合理な点がないかの事後審査をするのが原則」と判示しており，その判例解説（木梨節夫＝船田三雄・最判解刑昭和43年度307頁）は，同最判の趣旨について，明らかに法則とされたものには違反しないでも，認定が十分に合理的でなく，そのため事実誤認を導き出しているのではないかとの疑いが残る場合には，その認定の合理性の有無の判断基準は，経験法則違背の有無よりも緩和されたものといえるとする。

いう法則性の高い基準に必ずしも限定せず，これに準ずる基準も踏まえて控訴審判決の事実認定の合理性判断をすべきことを明らかにしていたのである(12)(13)。

III 最近の最高裁判例の動向

以上のような状況の下において，刑訴法382条にいう事実誤認の意義及び審査の基準等に関して，近時，最（一小）判平成24・2・13刑集66巻4号482頁（以下「24年最判」という。），最（三小）決平成25・4・16刑集67巻4号549頁（以下「25年4月最決」という。），最（一小）決平成25・10・21刑集67巻7号755頁（以下「25年10月最決」という。），最（一小）決平成26・3・10刑集68巻3号87頁（以下「26年最決」という。）及び最（一小）判平成26・3・20刑集68巻3号499頁（以下「26年最判」という。）という重要な最高裁判例が相次いで出されており，26年最判を除いてはいずれも，裁判員裁判対象事件である覚せい剤輸入事犯において故意（取り扱う荷物に覚せい剤が入っていることの認識や知情性）ないし共謀といった主観的事情の有無が争われた事案で

---

(12) 「等」を加えた趣旨について，那須弘平裁判官は，その補足意見において，「少なくとも有罪判決を破棄自判して無罪とする場合については，冤罪防止の理念を実効あらしめるという観点から，文献等に例示される典型的な論理則や経験則に限ることなく，我々が社会生活の中で体得する広い意味での経験則ないし一般的なものの見方も「論理則，経験則等」に含まれると解するのが相当である」と指摘される。なお，21年最判にいう「等」を厳格に解すべきことについて，岩瀬徹「刑事控訴審における審理と判断」町野古稀（下）562頁参照

(13) 最（一小）決平成19・10・10裁判集刑292号265頁，判時1988号152頁（以下「19年最決」という。）は，強盗強姦事件の事実認定が争われた事件において被告人を有罪とした控訴審判決に対する上告を棄却するに当たり，涌井紀夫裁判官は，補足意見で，上告審における事実認定の審査は書面審理であることに鑑み，「原審の判断に経験則あるいは論理法則に違反するような重大な誤りが」あることが前提であると指摘されるのに対し，横尾和子裁判官及び泉徳治裁判官は，反対意見で，刑訴法の規定上，「経験則あるいは論理法則違反に至らないまでも，事実認定の過程に不合理な点があり，そのために事実誤認の疑いがある場合をも，救済の対象としていると解され」，最高裁もそのように運用してきたと指摘される。そして，原田國男・ジュリ1424号125頁は，21年最判の「等」について，上記意見の対立を意識して，両者を統合する表現を採用したと評釈されている。

あることに共通の特色がある。

1 24年最判

一連の最高裁判例の嚆矢が24年最判である。

(1) 24年最判は，外国から航空機で帰国した際に携帯した覚せい剤は，知人から預かった土産で，覚せい剤とは知らなかったなどという被告人の弁解を排斥できないとして無罪を言い渡した第1審判決[14]を，事実誤認を理由に破棄して有罪認定をした控訴審判決[15]について，刑訴法382条の解釈適用を誤った違法があるなどとして破棄し，検察官の控訴を棄却したものである。

24年最判は，まず，法律判断として，「控訴審における事実誤認の審査は，第1審判決が行った証拠の信用性評価や証拠の総合判断が論理則，経験則等に照らして不合理といえるかという観点から行うべきもので」あり，「刑訴法382条の事実誤認とは，第1審判決の事実認定が論理則，経験則等に照らして不合理であることをいうもの」と解すべきであるから，「控訴審が第1審判決に事実誤認があるというためには，第1審判決の事実認定が論理則，経験則等に照らして不合理であることを具体的に示すことが必要である」と判示した[16]上，上記の法律判断を前提として，被告人の弁解が信用できない理由として控訴審判決が指摘する内容[17]は，被告人の弁解を排斥するのに十分なものとはいい難く，被告人の弁解は排斥できないとした第1審判決のような評価も可能であるとし，さらに，間接事実の評価に関する控訴審判決の判断は，第1審判決の説示が論理則，経験則等に照らして不合理であることを十分に示したとはいえず，第1審判決のような見方も否定できないと

---

(14) 千葉地判平成22・6・22刑集66巻4号549頁
(15) 東京高判平成23・3・30刑集66巻4号559頁。
(16) 24年最判は，その理由として，控訴審は，当事者の訴訟活動を基礎として形成された第1審判決を対象とし，これに事後的な審査を加える事後審であること，第1審では，直接主義・口頭主義の原則から，争点に関する証人を直接調べ，その際の証言態度等も踏まえて供述の信用性が判断され，それらを総合しての事実認定が予定されていることを指摘する。

して，控訴審判決には刑訴法382条の解釈適用を誤った違法があると結論付けた。この24年最判が裁判員裁判を強く意識したものであることは，上記法律判断が，「裁判員制度の導入を契機として，第１審において直接主義・口頭主義が徹底された状況においては，より強く妥当する」と述べていることからも明らかである[18]。

(2) このように，24年最判は，その法律判断として，刑訴法382条にいう事実誤認とは，「論理則，経験則等に照らして不合理であること」であり，控訴審が第１審判決に事実誤認があるというためには，第１審判決の事実認定が「論理則，経験則等に照らして不合理であることを具体的に示すことが必要である」と判示するところ，その前段部分は，21年最判における判示文言を踏襲したものであり，その先例性は，上告審における事実誤認の審査基準が控訴審にも当てはまることを明らかにした点にある。そして，このような審査基準は，論理則，経験則違反という法律判断に近い側面も有するものであり，裁判官のみで構成される控訴審が裁判員裁判の審査を行う正統性を確保するために，法律審への回帰という意味合いもあって，控訴審にも採用されたと指摘されている[19]。もとより，こうした審査基準は，従来から控訴審でも用いられてきたものではあるが，これを最高裁が法律判断として明

---

(17) 第１審判決が，検察官が主張する６点の間接事実を個別に検討して，いずれも被告人の違法薬物の認識を裏付けるとはいえないとして，被告人に無罪を言い渡したのに対し，控訴審判決は，覚せい剤の認識を否認する被告人の供述は信用し難く，検察官が主張する間接事実のうち５点などはそれぞれ覚せい剤の認識の証拠となり得るし，間接事実の評価等に関して第１審判決が指摘した疑問や示唆も是認できず，これらを総合すれば，被告人の覚せい剤の認識を認めるのが相当であり，第１審判決には事実誤認があるとしたものである。
(18) 白木勇裁判官は，その補足意見において，控訴審が自ら心証を形成した上，これと第１審判決の認定や量刑を比較するという心証比較説が実務で定着し，その結果，控訴審のピンポイントの事実認定や量刑審査を優先する傾向があったが，裁判員裁判では，裁判員の様々な視点や感覚を反映させた判断となることが予定されているとして，裁判員裁判においては，ある程度の幅を持った認定，量刑が許容すべきであるとされた上，裁判員の加わった第１審の判断をできるだけ尊重すべきであるといわれるのは，そのような理由からであり，控訴審としても，第１審の判断が論理則，経験則等に照らして不合理なものでない限り，許容範囲内のものと考える姿勢を持つことが重要であることを指摘されている。

確に示したことに，24年最判の指導判例としての先例性が認められる。

さらに，24年最判は，その後段部分において，控訴審に対し，第1審判決の事実認定の不合理さに関する具体的な説明責任を義務付けることによって，前段部分の判断の厳格化を求めており，実務に対する強い影響を及ぼすものと考えられる。すなわち，直接主義，口頭主義に則った審理に基づく第1審判決の事実認定を誤りと判断するからには，論理則，経験則等に照らしての不合理さを具体的に摘示・論証する必要があり[20]，それができないのであれば，その事実認定を不合理ということはできず，第1審の判断を尊重すべきであるとしたものと解されるのである[21]。

2　25年4月最決

最高裁として，24年最判の前記法律判断を前提に，第1審判決の事実認定（無罪認定）を事実誤認で破棄した控訴審判決を初めて是認したのが，25年4月最決である。

(1)　25年4月最決は，覚せい剤を隠匿した段ボール箱が，航空貨物としてメキシコから東京都内の保税蔵置場留めで被告人（外国人）宛てに発送されたが，税関職員により覚せい剤が発見されたため，その発送前に入国した被告人が同貨物を受け取ることができなかった事案について，被告人の故意は認められるが共謀は認められないとして無罪を言い渡した第1審判決[22]を，事実誤認を理由に破棄して有罪認定をした控訴審判決[23]について，次

---

(19)　原田・大コンメ刑訴法［第2版］(9)83頁，271頁以下参照
(20)　24年最判の担当調査官は，同最判は，判決書の記載の具体性のみならず，論理則，経験則等違反の具体的指摘として十分なものであるかという点も検討しており，控訴審が行うべき第1審判決の合理性審査の一つの手法を示したものといえると解説する（上岡・前掲注(5)106頁）。
(21)　実際に，謙抑的な見方で控訴審の一応の心証を形成すれば，「なるほど，そういう考え方もあり得る」などと第1審判決に賛同し，納得することが多々あるとも指摘されている（樋上・前掲注(8)85頁）。そうした場合，第1審判決の理由付けを再整理し不十分なところを控訴趣意に答える形で補うことも少なくなく（出田孝一「高裁からみた裁判員裁判の運用について」司研121号38頁参照），そのような形で，第1審判決尊重の姿勢が定着しつつあるように思われる。

のように判示して，24年最判の判断基準を前提としつつ，刑訴法382条の解釈適用に誤りはないとして，被告人からの上告を棄却したものである。すなわち，「被告人が犯罪組織関係者の指示を受けて日本に入国し，覚せい剤が隠匿された輸入貨物を受け取ったという本件において，被告人は，輸入貨物に覚せい剤が隠匿されている可能性を認識しながら，犯罪組織関係者から輸入貨物の受取を依頼され，これを引き受け，覚せい剤輸入における重要な行為をして，これに加担することになったということができるのであるから，犯罪組織関係者と共同して覚せい剤を輸入するという意思を暗黙のうちに通じ合っていたものと推認されるのであって，特段の事情がない限り，覚せい剤輸入の故意だけでなく共謀をも認定するのが相当である。原判決は，これと同旨を具体的に述べて暗黙の了解を推認した上，本件においては，上記の

---

(22) 東京地判平成23・7・1刑集67巻4号632頁。同判決は，犯罪組織関係者との間の資金の授受，来日前後の電子メール等での連絡，来日後の接触などの事実からは，故意及び共謀を推認させるには足らないとする一方，貨物の中身が覚せい剤である可能性を認識していたとの被告人の公判廷での自白は自然で信用でき，覚せい剤輸入の故意は認められるが，被告人の供述その他の証拠の内容にも，被告人と共犯者の意思の連絡を推認させる点は見当たらず，両者が共同して覚せい剤を輸入する意思を通じ合っていたことが常識に照らして間違いないとはいえないから，共謀についてはなお疑いが残るとして，被告人に無罪を言い渡した。

(23) 東京高判平成23・12・8刑集67巻4号637頁。同判決は，まず，「被告人が覚せい剤輸入の故意を持つに至ったのは，犯罪組織関係者から日本へ行って貨物を受け取るように依頼をされ，犯罪組織が覚せい剤を輸入しようとしているのかもしれないなどとその意図を察知しながら，その依頼を引き受けた」からであり，「被告人は，特段の事情がない限り，犯罪組織関係者と暗黙のうちに意思を通じたものであって，共謀が成立したと認めるべきで」あるとして，故意と共謀との推認の関係を示した上，①被告人が犯罪組織関係者の覚せい剤輸入の意図を察知しながら本件貨物の受取依頼を引き受けたことなどから，犯罪組織関係者との間に覚せい剤輸入につき暗黙の了解があったと推認でき，さらに，②被告人が，来日前後に犯罪組織関係者と連絡を取り合い，伝えられた本件貨物の内容物の形状等を来日後に購入したノートに記載し，その了解の下に本件貨物を開封したことなどの客観的事情は，被告人と犯罪組織関係者との間に相当程度の信頼関係があったことを示し，上記暗黙の了解があったことを裏付けており，本件覚せい剤輸入の故意及び共謀が認められるところ，上記のような客観的事情があるのに，これらを適切に考察することなく被告人と犯罪組織関係者との共謀を否定した点は，経験則に照らし，明らかに不合理で是認できないとし，第1審判決には事実誤認があるとしてこれを破棄し有罪の自判をした。

趣旨での特段の事情が認められず，むしろ覚せい剤輸入についての暗黙の了解があったことを裏付けるような両者の信頼関係に係る事情がみられるにもかかわらず，第1審判決が共謀の成立を否定したのは不合理であると判断したもので，その判断は正当として是認できる。」，「原判決は，第1審判決の事実認定が経験則に照らして不合理であることを具体的に示して事実誤認があると判断したものといえるから，原判決に刑訴法382条の解釈適用の誤りはなく，原判決の認定に事実誤認はない。」と判示したのである。

(2) 以上のとおり，25年4月最決は，前記事案で，覚せい剤が隠匿された輸入貨物[24]を受け取った被告人について，覚せい剤輸入の故意を認めながら共謀は否定した第1審判決を，控訴審判決が事実誤認を理由に破棄したことについて，24年最判の判断基準に従い，経験則に照らして不合理であることを具体的に示しているとしてこれを是認することにより，24年最決にいう経験則違反の1事例を最高裁として初めて具体的に示したものである。

そして，本件の決め手は，第1審判決が，被告人が覚せい剤の知情性ないし覚せい剤輸入の故意を有しながら重要な犯罪行為に加担するという，共謀を認定する上で大きな足がかりとなるはずの事実が認定できることは認めながら，背後にいる犯罪組織関係者との共謀を認めないという不合理な事実認定をしたことにあるところ，25年4月最決及び控訴審判決は，その点を指摘して第1審判決の事実認定の不合理さを経験則[25]違反として論証することにより，24年最判の示した審査基準を充たす判断方法を示したものといえる。

さらに，25年4月最判における大谷剛彦裁判官の補足意見は，本件について，一般社会生活から離れた事象で，一般的に論理則，経験則の適用や合理的な推論に困難を伴う事案ではあるが，こうした事案においても，控訴審判

---

[24] ただし，実際には，警察により覚せい剤が無害な物に入れ替えられていた（刑集67巻4号642頁参照）。
[25] 犯罪組織関係者と共同して覚せい剤を輸入するという意思を暗黙のうちに通じ合っていた者については，特段の事情がない限り，覚せい剤輸入の故意だけでなく共謀も認められるとする経験則。

決が説示するように，客観的事実から故意や共謀という主観的事情を認定する場合の一つの論理則，経験則ともいうべき原則的な推認関係の在り方を示した上，客観的事実を踏まえた推認を行うことにより，第1審判決があるべき論理則，経験則に照らし不合理であることを具体的に示すことが可能であることを指摘される[26]。

また，寺田逸郎裁判官の補足意見は，控訴審判決が示したような事実認定上の定式化が常に可能なわけでもないし求められているわけでもないとして，第1審判決が情況証拠から共謀を推認した場合に，それが誤っておれば，合理的な疑いが残ることを明らかにし，あるいは，第1審判決の判断の誤りが看過できないレベルにあるとする具体的な理由を客観的な立場にある人にも納得のいく程度に示すことでも足りるのではないかと指摘されており[27]，24年最判にいう「論理則，経験則等」の「等」の意味を理解する上でも参考になる。

---

[26] 大谷裁判官は，控訴審判決の判断手法について，外国の犯罪組織が外国人の被告人を使った薬物等の密輸入という一般的に論理則，経験則の適用や合理的な推論に困難を伴う事案において，控訴審判決が，被告人の故意と共謀を認定するに当たり，客観的事実から故意や共謀という主観的事情を認定する場合の一つの論理則，経験則ともいうべき原則的な推認関係の在り方を示した上，犯罪組織からの依頼状況等の客観的事実を踏まえ，覚せい剤輸入に関する被告人の認識及び犯罪組織との暗黙の了解を推認し，加えて，犯行への関与態様から示される犯罪組織と被告人の信頼関係はこの推認を裏付けるなどとしているのは，単に控訴審としての認定（心証形成）を第1審のそれと比較して事実誤認としているわけではなく，あるべき論理則，経験則の適用の過程や関係を示した上，第1審判決がその論理則，経験則に照らし不合理であることを十分に具体的に示したものと評価することができ，一般社会生活から離れた事象である薬物輸入事犯において，困難を伴う論理則，経験則を用いての主観的事実を認定した事例として参考になると指摘される。

[27] 寺田裁判官は，「論理則，経験則等に照らして不合理であることを具体的に示す」ことについて，控訴審判決が判示した故意と共謀との推認の関係のように定式化されたものを示すことが必須と解することは，厳格にすぎるし，それが不可能な場合もあり得るとして，第1審判決が間接事実を総合評価して共謀を推認した場合に，それが誤っておれば，合理的な疑いが残ることを明らかにすれば足りるし，そのような場合でなくても，控訴審として，事実誤認を説明するに当たり，第1審判決の判断の誤りが看過できないレベルにあるとする具体的な理由を客観的な立場にある人にも納得のいく程度に示すことで足りるとされるのである。

3　25年10月最決及び26年最決

　24年最判と同じ第一小法廷が，同最判の前記法律判断に基づき，第 1 審判決の無罪認定を事実誤認で破棄した 2 件の控訴審判決について，刑訴法382条の解釈適用の誤りはないとしてこれらを是認し，各被告人からの上告を棄却したのが，25年10月最決及び26年 3 月最決である。

(1)　25年10月最決

　ア　本件は，被告人（外国人）が，覚せい剤を隠し入れたスーツケースを航空機に積み込ませて搭乗し入国しようとしたことについて，本国を出発する際にメイドが購入して詰め込んだものをそのまま携帯してきたもので，覚せい剤が入っているとは知らなかったなどと弁解した事案[28]である。第 1 審判決[29]は，検察官の主張する被告人の知情性をうかがわせるとする事情からは，被告人の知情性が常識に従って間違いなくあるとはいえないとして，被告人に無罪を言い渡したのに対し，控訴審判決[30]は，被告人の知情性を否定した第 1 審判決の説示は，事実認定の方法自体において誤っている

---

[28]　本国の a 国を出発して b 国，c 国，d 国を経由して来日した被告人が，c 国の空港で航空機に搭乗する際，覚せい剤を隠し入れたスーツケースを機内預託手荷物として預けて航空機に積み込ませ，d 国の空港で別の航空機に積み替えさせて出発させ，成田空港で同スーツケースを同航空機から搬出させて輸入したが，これを携帯して税関検査を受けた際，覚せい剤が発見されたために関税法上の輸入は未遂にとどまった事案であり，被告人は，a 国を出発する時にメイド A が購入して詰め込んだものをそのまま携帯してきたもので，覚せい剤が入っているとは知らず，隠匿された事情として思い当たるのは，A 以外になく，c 国でガイド兼運転手をする予定の B が回収役であった可能性があると弁解した。
[29]　千葉地判平成23・6・17刑集67巻 7 号853頁。
[30]　東京高判平成24・4・4 刑集67巻 7 号858頁。同判決は，覚せい剤密輸組織によるこの種の犯罪において，運搬者が，誰からも何らの委託も受けていないとか，受託物の回収方法について何らの指示も依頼も受けていないということは，現実にはあり得ないというべきであり，この経験則と被告人が大量の覚せい剤が隠匿されたスーツケースを携帯して来日したことなどからは，被告人は同スーツケースを日本に運ぶよう指示又は依頼を受けて来日したと認定でき，渡航費用等の経費は密売組織が負担したと考えられることなども併せ考えれば，被告人において，少なくとも同スーツケースの中に覚せい剤等の違法薬物が隠匿されているかもしれないことを認識していたと推認できる，被告人の知情性を否定した第 1 審判決の説示は，事実認定の方法自体において誤っているし，知情性を否定した結論も是認できないとして，事実誤認を理由に第 1 審判決を破棄して有罪の自判をしたものである。

し，知情性を否定した結論も是認できないとして，第1審判決を事実誤認により破棄したところ，25年10月最決は，被告人からの上告を棄却した。

25年10月最決は，その理由として，覚せい剤密輸組織は，多額の利益を実際に取得するべく，目的地到着後に運搬者から確実に覚せい剤を回収することができるような措置を講じるなどして密輸を敢行するものであるとした上，荷物の運搬の委託自体をせず，運搬者の知らない間に覚せい剤をその手荷物の中に忍ばせるなどして運搬させるとか，覚せい剤が入った荷物の運搬の委託はするものの，その回収方法について何らの指示等もしないというのは，特段の事情[31]がある場合に限られるから，上記特段の事情がない限り，運搬者は，密輸組織の関係者等から，荷物の回収方法について必要な指示等をした上，覚せい剤が入った荷物の運搬の委託を受けていたものと認定すべきところ，本件では，上記特段の事情はないとして[32]，被告人は，密輸組織の関係者等から，回収方法について必要な指示等を受けた上，本件スーツケースを日本に運搬することの委託を受けていたものと認定することが相当であるとした。そして，控訴審判決がこの種事案に適用すべきものとした経験則等については，例外を認める余地がないという趣旨であるとすれば，その理解として適切ではないが，結論部分は是認できるとし，また，控訴審判決が，被告人の来日目的，密輸に伴う費用負担，危険及びスーツケースに隠匿し得ることから想定される物等から，被告人の本件スーツケースの中身に関する未必的認識が推認できるとし，その推認を妨げる事情もないとした判断にも，誤りは認められないとした。他方，第1審判決は，この種事案に適用されるべき経験則等の内容を誤認したか，あるいは，抽象的な可能性のみ

---

(31) 25年10月最決は，この特段の事情として，密輸組織において目的地到着後に運搬者から確実に回収することができる，あるいは確実に回収することができる措置を別途講じているといった事情を指摘する。

(32) 被告人の来日前の渡航先であるb国やc国が本件覚せい剤の密輸の目的地であるなどの事情はうかがわれず，被告人の供述を前提とすれば，密輸組織が被告人から本件覚せい剤の回収を図ることは容易なことではなく，日本到着後に被告人から確実に回収できる特別の事情があるとか，確実に回収することができる措置が別途講じられていたとはいえないことをその理由とする。

を理由として経験則等に基づく合理的な推認を否定した点において経験則等の適用を誤り，知情性を否定した結論が誤りであるとし，結局，控訴審判決は，24年最判に即して，第１審判決の事実認定が経験則等に照らして不合理であることを具体的に示して事実誤認があると判断したといえるとして，刑訴法382条の解釈適用に誤りはなく，事実誤認もないとしたものである。

イ　以上のとおり，25年10月最決は，24年最判と同じ第一小法廷が，携行品に覚せい剤を隠匿して輸入しようとした被告人の故意ないし知情性が争われたという同様の事案において，知情性が認定できないとして無罪を言い渡した第１審判決を事実誤認により破棄した控訴審判決を審査するに当たり，前記のような経験則(33)を定立して，これと基本的に同旨の控訴審判決の判断を是認する一方，第１審判決は経験則等の適用を誤った旨を指摘したものである。24年最判は，薬物輸入事犯で薬物の認識を否認するという実務上比較的多い事案に関する判断であったことから，事実誤認を理由に破棄できる場合が極めて限定されるとの受け止め方もあったところ，25年10月最決は，同じ小法廷が同様の事案において経験則違反の１事例を具体的に示すことにより，破棄すべき場合があり得ることを示すとともに，客観的事情のみから被告人の知情性が容易に推認できるのに，被告人の知情性を認めないという不合理な事実認定をした第１審判決について，その不合理さを経験則違反として論証することにより，24年最判の判示した審査基準を充たす判断方法を示したものといえよう。

(2) **26年最決**

ア　本件は，覚せい剤の密輸入について，A⇒B⇒C⇒Dの順に運搬役の仕事を持ちかけ，最終的に引き受けたDが覚せい剤を航空機で日本国内に持

---

(33) 密輸組織としては，運搬者に対し，荷物の回収方法について必要な指示等をした上で覚せい剤が入った荷物の運搬を委託するという密輸方法を採用するのが通常であるといえ，被告人が主張するように，荷物の運搬の委託自体をせず，運搬者の知らない間に覚せい剤をその手荷物の中に忍ばせるなどして運搬させるなどというのは，密輸組織において目的地到着後に運搬者から覚せい剤を確実に回収することができるような特別な事情があるか，あるいは，確実に回収することができる措置を別途講じているといった事情がある場合に限られるとの経験則。

ち帰った事案であり，被告人とAとの共謀の有無，さらに，その点に関するA供述の信用性が争点となった。第1審判決[34]は，**(a)** A供述は関係者の通話状況と整合しない点が少なからずあり，**(b)** CやDの供述等からはAに指示を与えていた被告人以外の第三者の存在が強くうかがわれ，A供述の信用性は決して高くなく，共謀を否定する被告人の供述は，全体的に虚偽として排斥することはできないとして，共謀を否定し，被告人に無罪を言い渡したのに対し，控訴審判決[35]は，第1審判決がA供述の信用性に疑問を呈する点は，いずれも経験則に照らして明らかに不合理な判断であり，そのような判断を前提に，A供述の信用性を否定し，被告人とAとの共謀を否定した点も同様に不合理な判断であるとした上，むしろ，A供述は通話記録とよく符合して信用性が高く，他の証拠からは被告人の犯行への関与を基礎付ける事情も認められるとして，第1審判決を事実誤認により破棄したところ，26年最決は，被告人からの上告を棄却した。

26年最決は，第1審判決の **(a)** の判断については，受信記録は記録されないなどという通話記録の性質に十分配慮せず，その証拠価値を見誤り，それとA供述との整合性を細部について必要以上に要求するなどした結果，A供述全体との整合性という観点からの検討を十分に行わないまま判断したことを理由に，また，**(b)** の判断については，本件では，A供述が通話記録によってよく裏付けられ，被告人がAの手配した運搬役の密輸入時に5回も自ら空港に赴くなど，被告人の本件密輸入への関与をうかがわせる事情もあるのに，十分な根拠に基づくことなく判断したもので，A供述と通話記録との整合性に関する判断を誤るとともに，被告人の関与をうかがわせる上記事情を適切に評価しなかった結果，抽象的な可能性のみをもってA供述の信用性を否定したことを理由に，いずれも経験則に照らし不合理な判断といわざるを得ないとした上，最終的にA供述の信用性を否定し，被告人とAらとの共謀を否定した判断についても，経験則に照らし不合理な判断といわざる

---

(34) 大阪地判平成23・1・28刑集68巻3号207頁。
(35) 大阪高判平成24・3・2刑集68巻3号267頁。

を得ないと結論付ける一方，控訴審判決については，上記と同旨の説示をして，Ａ供述の信用性を認め，他の証拠から被告人の関与を基礎付ける事情も認められると指摘し，これらを総合評価すれば，被告人とＡらとの共謀を優に認定できると判示しているのであり，その判断は合理的なものであるとして，これを是認している。

イ このように，26年最決は，第１審判決の判断の不合理さとして，(ｱ)通話記録の性質に配慮しないことによる証拠価値の見誤り及びＡ供述との整合性の過度の要求から，通話記録とＡ供述全体との整合性判断を誤ったこと，(ｲ)被告人の犯行への関与をうかがわせる事情を軽視し，Ａに指示をした第三者の存在に関する事情を適切に評価せず，抽象的な可能性のみをもってＡ供述の信用性を否定したことを指摘するが，25年４月最決や25年10月最決とは異なり，その判断で用いられた論理則や経験則等自体は明示していない。その理由は，本件が，Ａ供述の信用性，Ａと被告人との共謀の有無のいずれの争点についても，証拠の信用性や間接事実の推認力の段階的かつ総合的な評価や判断を要し，その過程において多くの様々な論理則，経験則等を用いる必要があったことから，それらを逐一摘示すると煩瑣でむしろ分かりにくくなるため，証拠や間接事実に関する評価や判断を論述する中で，その評価や判断の前提となる論理則，経験則等が自然に読み取れる判示方法を採用したものと思われる[36]。そして，このような26年最決からは，24年最判を前提としても，事実認定の不合理さを論証するためには，用いられる論理則，経験則の具体的な内容を常に説示することが求められるわけではなく，26年最決が示したように，原判決の認定判断の不合理さを具体的に論証し，その中で，その判断に用いた論理則，経験則等が自然に読み取れるような説示をすれば足りることが明らかにされたといえる。

4 26年最判

26年最判は，24年最判以降，最高裁としては初めて，同最判の判断手法に従って，控訴審判決による事実誤認の判断，しかも，第１審判決の有罪認定を否定した判断に刑訴法382条の解釈適用を誤った違法であるとした判例で

ある。

(1) 本件は、第1審判決において、被告人両名が、引き取り同居していた統合失調症に罹患する被害者を虐待した末、共謀の上、極度に衰弱し、歩行するなどの身動きも1人では不自由な状態などにある被害者に、医療措置を受けさせず、僅かな飲食物を提供するのみで、その生存に必要な保護を加えなかった結果、被害者を死亡させたという保護責任者遺棄致死の事実が認定された事案である。第1審判決は、犯行前に被害者を診断した医師Dや、被害者が被告人両名と共に訪れた中華料理店の店員Eの証言の信用性を認め、これらを前提に犯罪事実を認定したところ、控訴審判決[37]は、**(a)** D証言には不自然、不合理な点があり、曖昧な供述にもなっており、Dが真実体験、記憶していることを供述しているのか疑われるから、D証言の信用性を認めた第1審判決の認定は、論理則、経験則等に照らし不合理である、**(b)** E証言は、Eの捜査段階の供述(E供述)と食い違っており、それは勘違いや記憶違い、記憶の減退等によるとは考え難く、再度の証人尋問等による慎重な検討を経ないで、その信用性は是認できない、**(c)** 被害者の状況は、被

---

(36) 26年最決の判示からすると、(ア)については、①受信記録が記録されないという通話記録の性質から認められる、発信記録対応等の多くの受信の存在も想定され得るという経験則、②通話に関する供述内容の信用性に疑問を生じさせるに足りる通話記録との整合性の程度という経験則ないしこれに準ずる一般的傾向、③関係者間の通話が本件密輸入の計画段階と実行段階にこれと時間的に接着し繰り返しなされていることから、その多くが本件密輸入に関する連絡である可能性が高いとする経験則、そして、④供述の信用性判断では、通話記録と供述の細部の整合性のみならず、供述全体との整合性も十分に検討しなければ適正な信用性判断ができないという経験則が用いられており、(イ)については、⑤日本の暴力団関係者が関わった可能性、CやDがAと通話をした際に別の男の声が聞こえたなどの事情のみからは、本件密輸入全般にわたりAに指示を与えていた被告人以外の第三者の存在はうかがわれないとする経験則、⑥被告人が密輸入の都度自らも空港に赴くなどしているという事情は、被告人の本件密輸入への関与をうかがわせるという経験則、⑦A供述と通話記録との整合性や⑥の事情に照らすと、⑤の事情があっても第三者の関与は抽象的可能性にすぎないという経験則ないしこれに準ずる一般的傾向、⑧別事実の存在の抽象的可能性のみでは、供述の信用性は否定されないとする経験則が用いられているといえよう。

(37) 広島高判平成24・4・10刑集68巻3号549頁。なお、第1審判決は、広島地判平成23・7・14刑集68巻3号543頁。

告人両名から見ても，生存に必要な保護として医療措置を受けさせる必要があると認識させるに足りるものとはいえないし，認識していなかったのではないかという疑いにつながる事情もあるのに，これらの事情に触れることなく，被告人両名が，被害者の上記の状態であることを分かっていたとする第1審判決の認定，判断も，論理則，経験則等に照らし合理的であるとはいえず，第1審判決には事実誤認があるとして，第1審判決を破棄して原審に差し戻したところ，26年最判は，控訴審判決が，第1審判決の事実認定について，論理則，経験則等に照らして不合理な点があることを十分に示したものとは評価できないとして，これを破棄し，原審に差し戻した。

そして，26年最判は，その理由として，控訴審判決のうち，(a)の点は，D証言のうち，㋐被害者を観察してその外見上の状況を述べる部分に関し，Dが被害者を診察していてあえて虚偽を述べる事情もない医師であるなど，その信用性を支える根拠があるのに，これを考慮せず，㋑被告人に対する説明内容を述べる部分は㋐部分の信用性を失わせるものとはいえないのに，失わせると判断した点において，D証言の信用性を正当に評価したものとはいえないことを，(b)の点は，E証言の中心部分ではない周辺的な事情に関する食い違いを理由にE証言の信用性について深刻な疑問があるとしていることを，(c)の点は，D証言やE証言等によれば，被害者は極度に衰弱し，身動きも1人では不自由で，医療措置を受けさせる必要がある状態にあり，被告人両名も，被害者がそのような状態にあると認識していたといえるのに，誤った証拠の信用性の評価や判断を前提としていることをそれぞれ指摘している。

(2) このように，26年最判は，控訴審判決が，第1審判決の事実認定が不合理であると指摘した点について，逐一検討を加え，いずれも不合理とはいえず，むしろ控訴審判決自体が，証拠の信用性の評価や判断を誤っているとして，24年最判の判断手法に従い，第1審判決の事実認定が論理則，経験則等に照らして不合理であることを具体的に示しているとはいえないことを理由に，控訴審判決には刑訴法382条の解釈適用を誤った違法があると結論付けたものである。そして，その判断で用いられた論理則や経験則等自体は明

示していないが，その理由としては，26年最決と同様に，D証言及びE証言の信用性，被害者の要保護性に関する被告人両名の認識の有無といういずれの争点についても，証拠の信用性や間接事実の推認力の段階的かつ総合的な評価や判断において用いられる様々な論理則，経験則等を逐一摘示するよりは，証拠の信用性や間接事実の推認力に関する評価や判断を論述する中で，用いられた論理則，経験則等が自然に読み取れるような判示方法が相当であるとの考えに基づくことがうかがわれるのであり[38]，事実誤認の判断手法として参考になるものと思われる。それと同時に，26年最判は，後にみるとおり，第1審判決の有罪認定の審査においても，基本的に，24年最判の判断手法が当てはまることを明らかにした点で重要である。

5 まとめ

以上みてきたように，最高裁の最近の5つの判例は，第1審判決の不合理な事実認定について事実誤認とすべきことは当然の前提としながらも，その不合理さとは，論理則，経験則等に照らしての不合理さでなければならないことを明らかにするとともに，控訴審として，第1審の事実認定が事実誤認であると判断する場合には，その事実認定が上記のような意味で不合理であることを具体的に論証しなければならないと判示して，控訴審にその点に関する説明責任を課すことにより，事実誤認について，慎重な審査を求める[39]とともに，その審査基準の明確化，透明化を図ろうとしたものと考えられる[40]。

そして，これらの最高裁判例の判断で上記以外に注目すべき事項として，次の3点を指摘することができる。第1は，事実認定の不合理性の判断基準として，論理則，経験則に「等」も加えたことである。その背景には，前記のとおり，19年最決では，事実誤認の理解自体に争いがあり，21年最判では，「論理則，経験則等に照らして不合理」な場合とする法律判断では共通の認識が形成されながら最終的には結論が分かれたように，最高裁の裁判官の間でも事実誤認の意義や内容に関する認識に食い違いが生じたという事情があり，裁判官全員の賛同が得られないものについては，論理則，経験則と

断定することを避けようとしたものとも考えられる[41]。そのような背景事情に加え,「等」が論理則,経験則と並列されていること,さらに,26年最決や26年最判の判示内容にも照らすと,「等」とは,論理則や経験則のような普遍性・必然性を伴う法則とすることには異論の余地があり得るものの,それに反することが論理則,経験則違反に準ずる程度に不合理と判断すべきことでは大方の支持が得られるような一般的傾向を指すものと解される[42]。例えば,26年最決や26年最判で用いられた一般的傾向の中には,論理則,経験則とみることには異論の生じ得るものも含まれているが[43],仮にそうで

---

(38) 26年最判の判示からすると,(a)の点に関しては,①(ⅰ)Dが事件前から被害者の診察医師であったこと,事件当事者とはいえない第三者であること,被害者の身体状況等についてあえて虚偽を述べる事情のないこと,医師としての経歴,(ⅱ)被害者の事件前の身体状態や運動能力に関して,㋐部分が被害者の解剖を担当したF医師の証言やE証言に沿うこと,(ⅲ)㋐部分に関するD証言が具体的で,作り話をしている様子がうかがわれないことは,それぞれに㋐部分の信用性を基礎付けるという経験則ないしこれに準ずる一般的傾向,②①のような信用性を基礎付ける事情を考慮しないで,㋐部分の信用性を判断することは相当でないとする経験則,③医師が全身状態の悪化で直ちに内科での受診が必要であると判断しても,精神疾患による自傷行為という認識があるのであれば,精神科併設の内科の受診を勧めることもあり得るという経験則ないしこれに準ずる一般的傾向,④供述部分によって,信用性が異なり得るという経験則を前提に,㋐部分が医師としての専門知識・知見に基づく病状の認識の記憶,㋑部分は患者の家族との会話の内容に関する記憶という違いがあれば,㋑部分に曖昧な点があっても,直ちに㋐部分の信用性を失わせるものではないとする経験則ないしこれに準ずる一般的傾向が用いられている。

また,(b)の点に関しては,⑤Eが関係者と直接の関係のない第三者であること,殊更被告人に不利な供述をすることをうかがわせるような事情がないこと,証言内容が,具体的かつ詳細で,当時の心情も交えたもので,F証言やD証言とも符合すること,犯行時の被害者の顔全体,特に目や口が腫れていた点ではE供述から一貫していることは,それぞれにE証言の信用性を基礎付けるという経験則,⑥犯行時の被害者等の入店の順序や様子,犯行時とは異なる時点の被害者の様子について,E証言とE供述との間に食い違いがあっても,犯行時の被害者の様子とは関連性のない周辺的な事情に関するものであれば,その点に関するE証言の信用性を直ちに左右しないという経験則が用いられている。

さらに,(c)の点に関しては,㋐被害者が極度に衰弱し,身動きも1人では不自由な状態で,医師の診察等の医療措置を受けさせる必要がある状態にあり,被告人両名も,被害者がそのような状態にあることは外見上認識し得たのであれば,被告人両名から見ても,被告人はそのような認識を有していたといえるとする経験則ないしこれに準ずる一般的傾向が用いられているのである。

あっても，それに反することが論理則，経験則違反に準ずる程度に不合理であることには，大方の支持を得られるように思われる。

　第2は，論理則，経験則等の用い方として，第1審が行った証拠の信用性評価や証拠の総合判断，そして第1審判決の事実認定が，「論理則，経験則等に反して不合理」ではなく，「論理則，経験則等に照らして不合理」とした点である。この判断は，1つには，その不合理さについて，25年10月最決，26年最決及び26年最判が判示するように，論理則，経験則等に正面から違反するだけでなく（論理則，経験則等違反），論理則，経験則等の内容を誤認する（論理則，経験則等の誤認），抽象的な可能性のみを理由に経験則等に基づく合理的な推認を否定する（論理則，経験則等の適用の誤り），経験則等の適用の前提となる証拠評価や事実認定を誤る（論理則，経験則等の適用前提の誤り）なども含むことを明らかにしたものである。

　さらに，数多くの論理則，経験則等を参照して不合理さを審査することを認めるものでもある。すなわち，事実認定，そして証拠の信用性評価や証拠の総合判断の当否が，単一の論理則，経験則等を参照するのみで判断できるのはむしろ例外で，通常は，多くの論理則，経験則等の参照を要するもので

(39)　井上判事は，不合理な点を具体的に十分示せない場合には，そもそも原判断が不合理である（事実誤認）とした判断自体が相当でないとの結論に帰することになるとされる（井上弘通・注釈刑訴［3版］(7)544頁）。
(40)　植村元判事は，控訴審における判断のぶれを狭め，判断内容の理解を容易にし，事後の執務の参考に資することになる，といった副次的な効果も考慮されたのではないかと指摘される（植村・前掲注(8)34頁，53頁）。
(41)　21年最判が「論理則，経験則等」と判示した趣旨について家令・最判解刑平成21年度128頁以下，原田・前掲注(13)125頁参照。
(42)　21年最判における堀籠幸男裁判官の反対意見は，同最判の結論には反対されるが，事実誤認の意義に関する法廷意見には同調されて，「原判決に事実誤認があるというためには，原判決の判断が論理則，経験則に反するか又はこれに準ずる程度にその判断が不合理であると明らかに認められる場合でなければならない」と指摘される。換言すれば，「等」に含ませるものについても，論理則，経験則に準ずる程度の合理性，確実性が求められよう（家令・最判解刑平成21年度126頁，井上・注釈刑訴［3版］(7)543頁，植村・前掲注(8)51頁参照）。
(43)　例えば，前掲注(36)の26年最決における②，⑦，前掲注(37)の26年最判における①，③，⑦がその例といえよう。

III 最近の最高裁判例の動向

ある。例えば，25年10月最決が定立した前記の経験則[44]は，密輸組織による薬物の密輸入という特殊な分野における密輸組織と運搬者の関係という特殊な問題状況下でのみ認められるものであり，そうした世界と無縁の一般人にとっては，それ自体，必ずしも自明のものではなく，数多くの一般的な論理則，経験則等を用いることにより初めて認識可能となるものともいえるから，このような場合，第１審判決の事実認定の不合理さは，こうした数多くの一般的な論理則，経験則等に照らして不合理であるとして論証することも許容されよう。さらに，26年最決では，まさに，数多くの論理則，経験則ないしこれに準ずる一般的傾向を駆使することによって，第１審判決の前記(a)(b)の各判断が経験則に照らして不合理であると判断しているのである。

そして第３は，事実誤認の判示の在り方である。いずれの最高裁判例も，24年最判の判断に従い，控訴審が事実誤認と判断する場合には，第１審判決の事実認定が論理則，経験則等に照らして不合理であることを具体的に示すことを求めているが，一方では，25年４月最決及び25年10月最決のように，前提事実から，特段の事情がない限り，前者では覚せい剤輸入の故意及び共謀が，後者では密輸組織の関係者等から荷物の回収方法の指示等を受けていたことが，それぞれ認定できるとの経験則を具体的に明示しているのに対し，他方で，26年最決は，証拠の信用性評価や証拠の総合判断で用いた論理則，経験則等を具体的には明示していない控訴審判決の判断[45]を是認し，自らもその用いた論理則，経験則等を具体的に明示していないし，26年最判も，用いた論理則，経験則等を具体的に明示していない控訴審判決の判断[46]について，その指摘した第１審判決の証拠評価や事実認定に関する疑問点がいずれも理由のないことを明らかにするのみで，その判断に用いた論理則，経験則等を個々に具体的には明示していない。このように，24年最判が判示した「論理則，経験則等に照らして不合理であることを具体的に示す」方法としては，必ずしも，25年４月最決や25年10月最決のように，その

---

[44] 前掲注(33)参照

用いた論理則，経験則等を具体的に示す方式に限定されるわけではなく，26年最決や26年最判のように，証拠の信用性や間接事実の推認力の段階的かつ総合的な評価ないし判断において用いた多くの論理則，経験則等を逐一摘示するよりは，証拠の信用性や間接事実の推認力に関する評価ないし判断を論述する中で，用いられた論理則，経験則等が自然に読み取れる方が相当である場合には，上記のような方式も許容されることを明らかにしたものと解される。

以上要するに，一連の最高裁判例に照らすと，刑訴法382条にいう事実誤認とは，24年最判が判示するように，第1審判決の事実認定が論理則，経験則等に照らして不合理なことをいうところ，まず，その判断基準としては，第1審判決の事実認定が何人もその存在を承認するような論理則，経験則のみならず，論理則，経験則に至らないまでも，それに反することが論理則，経験則違反に準ずる程度に不合理であることに大方の支持が得られるような一般的傾向も含まれることになる。また，論理則，経験則等の用い方としては，事実認定，そして証拠の信用性や間接事実の推認力の評価ないし証拠の総合判断における論理則，経験則等違反のほか，論理則，経験則等の誤認，論理則，経験則等の適用の誤り，論理則，経験則等の適用前提の誤りがないかなどについて検討を要するほか，単一の論理則，経験則等にこだわるのではなく，数多くの論理則，経験則等を参照し，これらに照らして不合理であるか否かを総合的に検討することも当然の前提としているといえよう。さらに，事実誤認の判示方法としては，第1審判決の事実認定の不合理さを具体

---

(45) 前掲大阪高判平成24・3・2は，第1審判決の不合理な点を指摘した上，結論部分で，「結局」経験則に照らして明らかに不合理な判断であるとするのみで，その経験則の具体的な内容については明示していない。

(46) 前掲広島高判平成24・4・10は，前記のように，(a) D証言への疑問点を指摘して，D証言が信用できるとした第1審判決の認定は論理則，経験則等に照らし不合理である，(b) E証言への疑問を指摘して，E証言が信用できるとして第1審判決の認定は，更に証人尋問を行うなど慎重な検討を経ずしては是認できない，(c) 被告人両名の認識が欠ける疑いにつながる事情に触れることなくその認識を認めた第1審判決の認定判断も論理則，経験則等に照らし合理的なものとして是認することはできないと判断したものである。

的に示す方法として，その判断に用いた論理則，経験則等を明示するだけではなく，必要があれば，証拠の信用性や間接事実の推認力に関する評価ないし総合判断を論述する中で，用いた論理則，経験則等が自然に読み取れるような方法も許容されることが明らかになったといえよう。そして，このような最高裁判例の趣旨は，25年4月最決における大谷裁判官[47]及び寺田裁判官[48]の各補足意見からもうかがうことができるのである。

Ⅳ 最近の最高裁判例を踏まえてみた事実誤認の意義ないし審査の方法

1 事実誤認の意義

以上のように，最近の最高裁判例によれば，刑訴法382条にいう事実誤認とは，24年最判が判示するとおり，第1審判決の事実認定が論理則，経験則等に照らして不合理であることをいうのであり，控訴審が第1審判決に事実誤認があるというためには，第1審判決の事実認定が論理則，経験則等に照らして不合理であることを具体的に示す必要があることになる。すなわち，判例は，事実誤認の意義に関するいわゆる合理性基準説[49]を採用するとともに，控訴審に対しては，事実誤認の判断をするに当たり，第1審判決の事実認定が論理則，経験則等に照らして不合理であることの具体的な論証を求

---

[47] 大谷裁判官は，その補足意見において，裁判員が営む一般社会生活とは馴染みのない事象を対象とし，あるいは一般的な論理則，経験則等の適用や合理的な推論に少なからぬ困難を伴うような場合には，25年4月最決や25年10月最決の各控訴審判決のように，当該事案にふさわしい一つの論理則，経験則ともいうべき原則的な推認関係の在り方を工夫してみて，それが合理的なものであれば，それを前提に，あるべき論理則，経験則の適用の過程や関係を示した上，第1審判決の事実認定がその論理則，経験則に照らして不合理であることを示せば，「論理則，経験則等に照らして不合理であることを具体的に示」したものと評価できることを指摘される。
[48] 寺田裁判官は，その補足意見において，論理則，経験則違反という定式化が不可能な場合もあり得るところから，論理則，経験則違反を具体的に示すことが不可能な場合には，論理則，経験則に基づく検討を基本としながら，第1審判決の判断の不合理さを客観的立場にある人も納得させるだけの具体的な理由付けをすることもってしても足りると指摘されるのである。

めたのである。

　そして，裁判員裁判において裁判体に裁判官が加わる理由は，法律専門家として裁判の手続及び判断の合法性及び合理性を担保することにあると解されるところ[50]，第1審判決の事実認定が論理則，経験則等に反して客観的に不合理であると具体的に論証できるのであれば，第1審裁判官がその役割を適切に果たさなかったために裁判体が誤った事実認定をしたものということができる。したがって，そのような場合に，第1審判決の事実認定に誤りがあるとしてこれを破棄しても，決して参加した裁判員の意見を軽視したことにはならず，裁判員制度の要請とも整合的に理解できるのである。

2　事実誤認の審査の方法

　次に，第1審判決の事実認定が不合理であるとは何か，すなわち，事実認定の合理性判断の基準は何かが問題となる。

　この点，一連の最高裁判例は，論理則，経験則等に照らして不合理であることとする。論理則とは，演繹的推論ないし論証の筋道に関する法則をいい，経験則とは，経験的な事実に基づき得られた法則をいう。法則とは，いつでもどこでも一定の条件の下に成立するところの普遍的・必然的な関係であって，事実認定において必ず守らなければならない規範ともいえるから，これらの法則に違反する事実認定が不合理であることは明らかである。

　このうち論理則違反は，循環論法や推論に必要な事実の一部の認定を欠き，証明力の高い重要証拠を見落とす[51]など，事実認定における演繹的推論ないし論証の進め方が論理的に破綻している場合である。物理法則や化学法則等の自然法則に反する事実認定も，自然法則が経験を経由することなく

---

(49)　原田・大コンメ刑訴法［2版］(9)271頁参照
(50)　「裁判員が関与する意義は，法律専門家である裁判官と非法律専門家である裁判員とが相互のコミュニケーションを通じてそれぞれの知識・経験を共有し，その成果を裁判内容に反映させる」点にあり（司法制度審議会意見書Ⅳ第1の1(1)ア〈ジュリ1208号231頁〉），裁判官には，法律家としての専門的知識・経験が期待されるから，裁判員裁判における手続及び判断の合法性・合理性を担保する役割を担っていると解されるのである。

IV 最近の最高裁判例を踏まえてみた事実誤認の意義ないし審査の方法

法則性が確立しているという意味において，論理則違反に準ずるものとして考えてよいであろう。そして，論理則は，通常は，その内容も法則性も明確であり，客観性を帯びており，論理則の中身に争いが生ずれば，専門家の意見を聴くなど，客観的に確定することも可能なものであるから[52]，論理則違反の判断は比較的容易ともいえる。

これに対し，経験則違反は，経験的事実に基づき得られた法則に違反した事実認定をすることであり，事実認定の審査において常に問題とされるものである。そして，経験則とは，経験的事実から見出される一般的傾向のうち法則性，すなわち，普遍性・必然性が認められるものであるところ，経験的事実から見出される一般的傾向には，その性質上，同種の事実を自ら経験しその傾向を認識できる主体の広汎性ないし共通経験の蓄積の程度[53]，経験内容の一般性や多義性・多様性の程度[54]，矛盾し合う経験や認識の有無・程度などに応じて，広く一般に承認される法則性の高いものから，特定の地域や社会，分野においてのみ，法則性のある事象が認められ，あるいは，法則性が共通認識とされるもの，更には，その傾向に反する経験や認識が存在する余地を残した法則性の低いものまであり得る。このように，法則性の認められる地域や社会，分野の範囲の広狭に加え，法則性の程度に応じて，確実なもの，蓋然的なものから単なる可能性にとどまるものまで様々であって[55]，経験則の外延はどうしても曖昧さを残さざるを得ない。そのため，当該一般的傾向が経験則といえるか，すなわち，法則性を有するかについて争われる事態も生じ得るのである[56]。

---

(51) 上岡・前掲注(5)106頁参照
(52) 木梨＝船田・最判解刑昭和43年度307頁
(53) 例えば，医療分野についてみれば，認識の主体の広汎性として，専門医に限られるか，一般医，医療従事者も含むか，更に広く一般人に及ぶかなど，また，共通蓄積の程度として，症例が一般的なものか稀有なものか，医療行為が一般的なものか専門的なものか先端的なものかなど，様々なものが想定される。
(54) 火は燃え広がる，刃物で切れば身体が傷つくなどの事象は，生活経験を通じて何人も認識する一般的で普遍的なものである一方，人の表情や言動からその心理状態を読み取ることなどは，一般的ではあるが多義的であるし，犯罪組織内での隠密裡の意思疎通等のように，特殊で多義的要素を含むものもある。

そして，その一つの例が，26年最判を除く前記一連の最高裁判例で問題とされた，薬物輸入事犯において客観的事実関係から故意や共謀といった主観的事情を推認することを要する事案である。25年4月最決での大谷裁判官の補足意見にあるとおり，犯罪組織による薬物等の密輸入は，一般社会生活とは馴染みのない事象であり，特に外国の犯罪組織が関与した外国人の被告人による事案では，一般的な論理則，経験則を見出し，これに基づき合理的な推論をすることには困難を伴うことになる。この点，25年4月最決及び25年10月最決は，控訴審判決において，事案の特殊性に鑑みて，数多くの一般的な経験則を論理則に従い様々に組み合わせて特殊な薬物輸入事犯における経験則を見出した上，その経験則と対照することにより第1審判決の事実認定の不合理さを論証したところ，この判断を基本的に是認したものであるが，25年4月最決での寺田裁判官の補足意見にあるとおり，経験則といえるほどに一般化ないし定式化したものを示すことが常に可能であるとは限らない。そのため，26年最決では，上記のような手法を用いることなく，証拠の信用性評価や証拠の総合判断の適否に関して，数多くの論理則や経験則，更にはこれらに準ずる一般的傾向も用いて，第1審判決の事実認定の不合理さを論証したものといえよう。

控訴審としては，第1審判決の事実認定が是認できない場合には，その事実認定が論理則，経験則等に照らして不合理であることを論証しなければならないところ，そうした論証に用いるまとまった形の論理則，経験則等の定式化が困難である場合には，26年最決のように，一般的な論理則，経験則等を駆使して，第1審判決の事実認定の誤りが看過できないレベルにある，すなわち，論理則，経験則違反に準ずる程度の不合理なものであるとする具体的な理由を客観的な立場にある人にも納得のいく程度にまで具体的に示すこ

---

(55) 木梨＝船田・最判解刑昭和43年度307頁，原田・大コンメ刑訴法［2版］(9)268頁以下参照
(56) ちなみに，21年最判では，前記のように，経験則の在り方について堀籠幸男裁判官及び田原睦夫裁判官の反対意見も付されている。なお，経験則の捉え方の難しさについて，吉田容子「日本における性犯罪の被害実情と処罰にかかわる問題」刑雑54巻1号19頁以下参照

とが求められるのである⁽⁵⁷⁾。

　そして，控訴審裁判官としては，事実誤認の審査においては，以上の点を踏まえ，第1審判決の事実認定，そしてその前提となる証拠の信用性評価や間接事実の推認力評価ないし証拠の総合判断には，論理則，経験則等に照らして不合理な点はないか，仮に不合理と思われる点があるのであれば，それが論理則違反，経験則違反として具体的に摘示できるのか，また，その判断に必要な論理則，経験則を全て摘示しないまでも，その事実認定や証拠の信用性評価等の不合理さを論理則，経験則に基づき論証できるのか，さらに，論理則，経験則違反として具体的に論証できないにしても，論理則違反，経験則違反に替わり，これに準じて客観的立場にある人を納得させるだけの不合理さを具体的に論証できるのかについて逐一吟味し，そのいずれかが可能な場合に限り，事実誤認の判断をすべきこととなるのである。

V　残された課題

1　第1審判決の有罪認定の審査と無罪認定の審査との関係

　26年最判は，前記のとおり，第1審判決の有罪認定の審査においても，24年最判の審査基準を適用すべきことを明らかにしたものである。

　この点，第1審判決の有罪認定の審査については，心証比較によるなど，より審査基準を緩和すべきであるとする主張がある⁽⁵⁸⁾。しかし，第1審判決の事実認定が合理的なものでなければならないのは，有罪・無罪のいずれの認定においても違いはないはずであり，その合理性の審査である以上，その審査基準に差異を設ける理由はないというべきである⁽⁵⁹⁾。

　もっとも，第1審判決の有罪・無罪のいずれの認定も合理性基準説により審査することにしても，検察官には犯罪事実について合理的な疑いを超えて立証する責任がある以上，実質的に，無罪認定を誤りとするよりは有罪認定

---

(57) 前田雅英教授は，一連の最高裁判例について，「許容し得ないほどに不合理ではないか否か」との観点での判断を求めたものとされる（警論66巻8号153頁）。

を誤りとする方がハードルが低くなるように思われる。すなわち，有罪認定の審査は，有罪認定に合理的な疑いが残るか否かの審査であるから，論理則，経験則等に照らして合理性のある疑いが残ることが論証できれば[60]，第1審判決の有罪認定を誤りと判断できるのであり[61]，控訴審が無罪という仮の心証を得ているのであれば，第1審判決の事実認定の論理則，経験則等違反を指摘することはそれほど難しくはないであろう[62]。

これに対して，無罪認定の審査は，公訴事実について検察官により合理的な疑いを超えた立証がなされたといえるか否かの審査であるから，第1審判決が合理的な疑いとして指摘した点にとどまらず，想定される合理的な疑いが論理則，経験則等に照らして全て払拭できるほか，関係証拠から犯罪事実が合理的な疑いを超えて認定できることを積極的に論証できなければ，無罪認定が誤りとはいえない。換言すれば，第1審判決の無罪認定が論理則，経験則等に照らして不合理であることを指摘するだけでは不十分であり，有罪認定をする上で合理的な疑いを超える立証があったことを論理則，経験則等

---

(58) 最高裁は論理則，経験則等に照らして不合理であることと合理的な疑いがあることを同義にとらえているとする見解（後藤昭「裁判員裁判の無罪判決と検察官控訴」刑弁68号17頁，正木祐史・法セ687号162頁，中川孝博「最一小判平24・2・13の意義と射程」刑弁71号129頁），控訴審による事実認定の審査をダブルチェック体制としてとらえ，第1審無罪判決については論理則・経験則違反説，第1審有罪判決については心証優先説によるべきであるとする見解（原田・前掲注(8)41頁），控訴審の審査で一応の心証を形成する際に，第1審判決が無罪であるか有罪であるかで片面的な要素が存在することは否定できないとして片面的構成を採用すべきであるとする見解（樋上・前掲注(8)86頁）などがある。

(59) 井上・注釈刑訴［3版］(7)526頁，570頁，植村・前掲注(8)37頁，岩瀬・前掲注(12)563頁。植村元判事は，第1審判決の有罪を無罪とする場合と無罪を有罪とする場合とでは，判断枠組みの違いがある上，双方控訴の事件も想定すれば，控訴審の判断基準において，上記判断枠組みとは別にダブルスタンダードを認めることは相当でないとされる。

(60) 換言すれば，第1審判決が認定した事実以外の事実もあり得ることが論理則，経験則等に照らして合理的に論証できればよい。

(61) 25年4月最決の寺田裁判官の補足意見にある「第1審判決が関係諸事情を総合的に評価して共謀を認めている場合に，その認定が誤っているとするには，控訴審としては，合理的な疑いがあることを明らかにすることで足るはずであって，これを覆すための経験則を定式化して示すことを強いるまでのことはあるまい。」とされるのは，そのような趣旨と理解される。

に則って積極的に論証しなければならず[63]，その意味で，実質的な審査基準は異なることになるのである[64]。

2 最高裁判例の射程範囲

残されたもう一つの課題として，一連の最高裁判例の射程範囲がある。

(1) 裁判官裁判

まず，裁判官裁判への射程に関して，24年最判は，裁判員制度の実施に伴う要請を特に前提とすることなく，刑訴法382条にいう事実誤認の意義として「論理則，経験則等に照らして不合理であること」を判示した上，控訴審に対し，第1審判決の事実認定が誤りであるとの判断をする際には，「論理則，経験則等に照らして不合理であること」を具体的に示すことを求めている。しかも，その理由として直接主義・口頭主義の原則が指摘されているところからすると，その判断の射程は，裁判員裁判だけでなく裁判官裁判にも及ぶものと解される[65]。

---

[62] 24年最判の第1審判決は，検察官が主張する6点の間接事実を個別に検討し，いずれも被告人の違法薬物の認識を裏付けるものとはいえないとして無罪を言い渡したものであるが，同最判は，第1審判決のような見方も否定できないとして，その判断を是認している。また，26年最判により破棄されたとはいえ，その原審判決は，第1審判決の有罪認定が違法であると判断するに当たり，D証言には不自然，不合理な点があること，E証言は捜査段階の供述と一部食い違っていること，被告人両名に被害者の保護が必要との認識がなかったのではないかとの疑いにつながる事情があることを指摘するのみである。なお，前掲最（二小）判昭43・10・25，最（一小）判昭57・1・28刑集36巻13号67頁，最（一小）判平元・6・22刑集43巻6号427頁，最（二小）判平21・9・25裁判集刑297号301頁，判タ1310号123頁等参照。

[63] 25年4月最決，25年10月最決及び26年最判がそれぞれに経験則を駆使して，無罪を言い渡した第1審判決又は控訴審判決の指摘した合理的な疑いは全て払拭でき，犯罪事実も関係証拠から十分認定できることを詳しく論証しているのは，そのような趣旨に理解することができる。

[64] 樋上判事は，第1審判決が無罪の場合，24年最判のように，「第1審判決のような評価も可能」であれば，合理的な疑いが残るから，控訴審でも無罪判決が維持されるのに対して，有罪の場合は，「そのような評価も可能」という程度の立証しか遂げられていなければ，未だ合理的な疑いが残り，破棄されることになると整理される（樋上・前掲注(8)84頁）。

(2) 事実誤認以外の控訴理由審査

次に，事実誤認以外の控訴理由審査への射程に関して，最高裁判例の判断は，事実誤認の審査についてではあるが，事実認定の当否に関する審査基準を示したものであるから，量刑不当の審査における重要な情状事実の認定，更には，訴訟手続の法令違反の審査における前提事実の認定，例えば，自白の任意性判断の前提となる取調べの在り方や違法収集証拠排除の要否判断の前提となる捜査の在り方などに関する事実認定の審査においても，尊重されるべきであろう。

(3) 事実の取調べがあった場合

事実の取調べがされた場合への射程の有無も問題となる。事件の核心部分に関する事実取調べがされた場合には及ばないとする見解[66]と，第1審判決が無罪の場合には厳格に審査すべきであるとする見解[67]が主張されている。

この点，24年最判，25年4月最決及び25年10月最決はいずれも，控訴審が第1審の無罪認定を控訴審判決が破棄して有罪とした事案であり，控訴審では自判のために事実の取調べがされていると思われるが[68]，その内容には触れることなく，前記の判示をしているところからすると，基本的には事実取調べの有無に関わりなく同一の審査基準によるべきことを明らかにしたものと解される。すなわち，第1審で取り調べられた証拠に，控訴審における事実の取調べの結果を加えても，第1審判決の事実認定が論理則，経験則等に照らして不合理であることを具体的に示すことができるのかを審査すべき

---

(65) 髙﨑秀雄・ひろば65巻5号47頁，原田・前掲注(8)40頁，植村・前掲注(8)36頁，岩瀬・前掲注(12)564頁。

(66) 原田元判事は，第1審判決の事実認定が有罪・無罪を問わず，控訴審で事件の核心部分について事実の取調べがされた場合は，心証優先説によって控訴審の心証により事実誤認の有無を判断することになると主張される（原田・前掲注(8)42頁）。

(67) 中川教授は，第1審判決の事実認定が無罪の場合に控訴審で事実の取調べがされたときは，新証拠と原審記録を総合評価した上で，第1審の抱いた疑いを維持することが明白な論理則，経験則違反になるときにのみ，無罪判決を破棄することが許されると主張される（中川孝博『合理的な疑いを超えた証明──刑事裁判における証明基準の程度』〈2004年，現代人文社〉314頁）。

ことになる[69]。そして仮に，第1審で取調べられた証拠を前提とする限り，第1審判決の事実認定に不合理な点がない場合であっても，控訴審における事実取調べの結果も加えると，結果的にその事実認定が不合理といわざるを得ないときには，控訴審として，第1審判決を破棄した後に，自判として，自ら事実認定をすることになるのである。

3 事実の取調べの運用

一連の最高裁判例が事後審の徹底を求めている趣旨に照らすと，控訴審における事実の取調べにおける請求の要件及び取調べの必要性のいずれにも，事後審という観点からの審査が求められるように思われる[70]。

そのような観点からすると，まず，当事者からの事実の取調べ請求の場合は，当事者の請求について，刑訴法の請求根拠規定[71]に該当する事由が認められるか，又は原審で既に取り調べられ若しくは取調べ請求のあった証拠であって，その取調べが控訴理由（破棄事由）の有無の判断に必要であると認められるときに限り採用し，それ以外は，請求が不適法かつ不必要ないし不必要として却下すべきである。もっとも，後にみるように，請求が不適法であっても，職権により取り調べるべきときは，当事者の請求を採用すべきであるから，このような当事者の請求を却下することは，職権による取調べの必要性もないとの判断も併せて示したことになる[72]。

---

(68) 控訴審及び上告審の各判文からは必ずしも明らかでないが，最大判昭和31・7・18刑集10巻7号1147頁等の趣旨に照らし，控訴審には事件の核心部分に関する事実の取調べが義務付けられている。

(69) 後にみるように，控訴審における事実の取調べは破棄の可能性がある場合にすべきものであるから，実際に事実の取調べをした結果として，第1審判決の事実認定の不合理さを論証できるのかを審査することになる（詳しくは原田・大コンメ刑訴法［2版］(9)466頁以下参照）。

(70) 中川教授は，24年最判の理由中に，控訴審が積極的に証人尋問や被告人質問を行って破棄自判すること等を抑制する論理は含まれないとされる（中川・前掲注(58)131頁）が，同判例が指摘する事後審の徹底は，事実の取調べについても，第1審判決の事後審査に必要な範囲に限定されるべきことを意味すると解すべきであろう。

(71) 刑訴法382条の2第1項，2項，383条，393条1項ただし書。

他方,職権による取調べの場合は,事実の取調べの必要性以外に特に制限はないが[73],事後審を徹底する観点からは,控訴趣意,原審記録及び原裁判所において取り調べられた証拠を検討し,さらに,当事者から請求がある場合は,その請求内容からうかがわれる証拠の内容や証拠価値等も踏まえて,当該証拠を取り調べれば破棄の可能性,すなわち,第1審判決の事実認定が論理則,経験則等に照らして不合理と判断される可能性があって,その証拠を取り調べることが破棄事由の有無の判断に必要であると認められるときに限り,職権により採用すべきことになろう[74]。そして,取調べの必要性が認められる証拠について当事者から請求がある場合には,当事者からの請求が前記要件を欠いて不適法であっても,当事者主義の観点からこれを尊重するとともに,当事者からの主尋問を認めるための便法という意味からも,その請求を却下し職権で採用する方式を採ることなく,職権で取り調べるべき範囲に限りその請求を採用することが相当であって,そのことが従来

(72) このような修正無制限説に対しては,完全無制限説の立場から,①刑訴法393条1項は当事者の請求権に何ら制約を認めておらず,構造論や他の条文との整合性から,立法の不備を当事者に不利に解決するのは問題である,②証拠の存在や内容をよく知る当事者に請求権を認めるのが合理的である,③公判調書上,当事者の請求を採用する旨の記載をする実務を変更する実益はない,④職権証拠調べをする場合には,相手当事者は反証を請求できるはずであり,それは同項によらざるを得ない,などの批判がある(原田・大コンメ刑訴法[2版](9)387頁以下)。しかし,当事者の請求を無制限に認めることは,刑訴法が,控訴審の事後審性を理由に,当事者による事実主張や事実取調べを制限した刑訴法の諸規定(注34掲記のもののほか,378条,379条,381条,382条,393条2項)の趣旨に照らして疑問があるだけでなく,公判前整理手続を経た場合の証拠制限の制度(刑訴法316条の32)とも整合性を保てないように思われる。

(73) 最(一小)決昭和59・9・20刑集38巻9号2810頁は,「控訴裁判所は,第1審判決以前に存在した事実に関する限り,第1審で取調ないし取調請求されていない新たな証拠につき,393条1項但書の要件を欠く場合であっても,第1審判決の当否を判断するため必要があるときは,同項本文に基づき,裁量によりその取調をすることができる」旨判示し,請求及び職権のいずれについても事実取調べの範囲に制限はないとする完全無制限説又は職権による場合に限り制限はないとする限定無制限説のいずれかを採用したものとされている(安廣文夫・最判解刑昭和59年度406頁以下,同・最判解刑昭和62年度220頁)。なお,事実取調べの範囲について詳しくは原田・大コンメ刑訴法[2版](9)381以下,裁判員制度導入後も,上記最決の判断枠組みを維持すべきものとして,岩瀬・前掲注(12)557頁参照

の実務の運用との整合性を保つことにもなるように思われる。

(なかたに・ゆうじろう)

(74) 24年最判の影響について、原田元判事は、事実審査を怠り、考えられる疑問について事実取調べもしない風潮が助長されることを（原田・前掲注(8)43頁）、植村元判事は、事件と真剣に向き合う姿勢が薄れて、原判決が示した理由を表面的になぞって当否を判断するような執務傾向が生まれることを（植村・前掲注(8)46頁）懸念されるが、事後審を徹底するといっても、当事者の納得のためだけの必要性のない事実取調べをしないだけのことであり、当事者の主張や事実取調べ請求を踏まえ記録を検討して、破棄事由が認められる可能性がうかがわれるのであれば、職権で事実取調べをするなど審理を尽くすことに変わりはないのである。この点、樋上判事は、控訴審においては、とりわけ、控訴趣意及び審査資料に現れた事実誤認の「萌芽」が見落とされてはならないと指摘される（樋上・前掲注(8)88頁）。

控訴審が原判決を破棄した場合の問題点

松戸簡易裁判所判事・元東京高等裁判所判事　金　谷　　　暁

　　Ⅰ　裁判員制度の導入と控訴審における原判決破棄の実情
　　Ⅱ　差戻しか自判か
　　Ⅲ　差戻し又は移送後の第１審の審理について

Ⅰ　裁判員制度の導入と控訴審における原判決破棄の実情

　裁判員制度を創設する際，職業裁判官のみで構成される控訴裁判所が裁判員の参加した第１審裁判所の判決の当否を審査し，これを破棄することを認めるべきかどうかが議論されたが，結局，控訴審は第１審裁判所の判決に誤りがないかどうかを事後的に審査するだけであると位置付けられるものであることを理由として，上訴については改正が加えられず，控訴理由も従前どおりとされた[1]。
　と同時に，その運用に当たっては，裁判員が参加してなされた第１審の判断を尊重し，事後審であるという控訴審の本来の趣旨をより徹底させることが望ましいとされ[2]，この点に異論はみられない。

---

(1)　裁判員制度・刑事検討会 座長 井上正仁「『考えられる裁判員制度の概要について』の説明」。http://www.kantei.go.jp/jp/singi/sihou/kentoukai/saibanin/dai28/28siryou3.pdf
(2)　井上・前掲注(1)。

それでは、事後審であることを徹底するとはどういうことであろうか。例えば、法令の解釈は一義的でなければならず、裁判所によって又は事件によって法令の解釈が異なってはならない（そのために、最高裁判所に法令解釈を統一する機能が与えられている。）。したがって、法令の解釈についての判断が事後審であることを徹底するか否かによって差異を生ずることは考えられず、控訴審は判例学説を踏まえて自らが正しいと判断したところに従って判断をすべきであり、その点は第1審と何ら異なることはない。これに対し量刑判断は、もともと一義的なものではなく、合理性を有するある程度の幅の中での裁量に委ねられている。したがって、量刑判断については、そのような幅の中に収まっている限り誤りであるとはいえず、自ら判断する場合と他の人が判断したものの当否を判断する場合とで結論が異なり得る。事後審であるということは、事実の存否や量刑等それ自体を直接判断するのではなく、事実の存否や量刑等に関する原判決又は原裁判所の判断（以下「原判断」ということがある。）の当否を審査するということであるが、両者の間で差異が生じ得るのは、原裁判所に何らかの判断の幅が許容される場合である。このような幅は、量刑判断のほか、訴訟手続における裁量や事実認定すなわち証拠等の評価における心証について存在する[3]。そのほかの控訴理由についても、判断の基礎として事実認定が問題となる場合には、これらと同様に事後審の性格が現れるといえる。

　以上に述べたことは、本来、裁判員裁判であるか否かに関わりはなく、事後審の意味ないし捉え方は論者によって異なるものの、従来から、控訴審は事後審であると解されており、裁判員制度の導入によって控訴審の性格が法的に変わったというわけではない。控訴審が事後審であることを更に徹底す

（3）　ただし、事実認定は論理則、経験則等に則ったものでなければならないことから、事実認定におけるこのような幅は相当狭いものと考えられる。なお、香城敏麿・新版注釈刑訴(6)298頁以下は、控訴審が徹底した審査を行えば、自らの心証と事実誤認の審査の判断との間に乖離は生じないと考えられるとして、事実認定の審査についてこのような幅を否定するようであるが、事実認定の理由を100パーセント客観的な合理性をもって明らかにすることは極めて困難であり、常にこれらを完全に一致させ得るとはいえないのではなかろうか。

べきであるとされるのは，従来，ややもすれば，この点の意識が十分でない面があったことを踏まえて[4]，この点を本来のあるべき姿にすべきであるというものといえる。最（一小）判平成24・2・13刑集66巻4号482頁が，「刑訴法382条の事実誤認とは，第1審判決の事実認定が論理則，経験則等に照らして不合理であることをいうものと解するのが相当である。」として，この点を明らかにした上，「控訴審が第1審判決に事実誤認があるというためには，第1審判決の事実認定が論理則，経験則等に照らして不合理であることを具体的に示すことが必要である」[5]としたのも，この点を強く意識したものと思われる。

　司法統計によって裁判員制度導入前後の平成18年度から平成24年度までの控訴審における破棄率の推移をみると，**表1**のとおりであり，平成21年の裁判員制度導入後に破棄率が大きく低下していることが分かる。この傾向は東京高裁でも同様であり，**表2**（数字は概数である。）のとおり，平成20年まで

表1

年度 （平成）	既済人員	破　　棄					差戻し・移送	破棄率
		有　罪		無　罪				
18年	9,344	1,454	15.6%	20	0.2%		16	15.9%
19年	8,422	1,159	13.8%	17	0.2%		12	14.1%
20年	7,962	998	12.5%	13	0.2%		20	12.9%
21年	7,258	792	10.9%	20	0.3%		12	11.4%
22年	6,856	719	10.5%	21	0.3%		10	10.9%
23年	7,005	669	9.6%	10	0.1%		6	9.8%
24年	6,618	554	8.4%	15	0.2%		11	8.8%

（4）　小林充『刑事控訴審の手続及び判決書の実際』（2000年，法曹会）122頁に紹介されている事例をみると，事例〔三九〕では事後審であることを踏まえた説示がされており，原判決の説示を引用することなく判断する方式として紹介されている事例〔七七〕も原判決の事実認定の当否を審査する説示となっている。他方，事例〔七八〕は，控訴審の認定した結論を示して原判決の事実認定を誤りであるとしており，このように事後審であることを意識した説示をしていない例が少なからずあったことも間違いないと思われる。
（5）　この意味するところについては，寺田逸郎裁判官が，最（三小）決平成25・4・16刑集67巻4号549頁の補足意見において，「第1審判決の判断の誤りが看過できないレベルにあるとする具体的な理由を客観的な立場にある人にも納得のいく程度に示すことで足ると解するのが相当ではないかと考える」と述べているのが参考となろう。

は十数パーセントで推移していた破棄率が，平成21年以降は8パーセント台ないし11パーセント台に低下している。

表2

年度(平成)	既済人員	破棄人員	破棄率		絶対的控訴理由		訴訟手続の法令違反		法令適用の誤り		量刑不当		事実誤認		原判決後の情状	
				指数	人員	指数	人員	指数	人員	指数	人員	指数	人員	指数	人員	指数
18年	3,506	478	13.6%	1.00	6	1.00	7	1.00	29	1.00	102	1.00	47	1.00	350	1.00
19年	3,165	485	15.3%	1.12	10	1.85	9	1.42	30	1.15	116	1.26	44	1.04	292	0.92
20年	3,036	424	14.0%	1.02	7	1.35	6	0.99	20	0.80	82	0.93	51	1.25	268	0.88
21年	2,623	285	10.9%	0.80	2	0.45	8	1.53	26	1.20	52	0.68	34	0.97	168	0.64
22年	2,551	299	11.7%	0.86	7	1.60	8	1.57	15	0.71	53	0.71	36	1.05	194	0.76
23年	2,472	199	8.1%	0.59	2	0.47	3	0.61	16	0.78	23	0.32	24	0.72	144	0.58
24年	2,403	217	9.0%	0.66	4	0.97	3	0.63	12	0.60	25	0.36	33	1.02	159	0.66

そして，東京高裁における破棄判決について破棄理由をみると，その内訳は**表2**のとおりであり，原判決後の情状によるいわゆる2項破棄及び量刑不当による破棄が大きく減少しており，これが全体の破棄率の低下をもたらしていることが分かる[6]。表1の破棄の内容をみると，破棄自判有罪は大きく減少しているのに対し，破棄自判無罪はほとんど変化がないが，これも破棄自判有罪の大部分を占める2項破棄及び量刑不当による破棄の減少を反映したものと考えられる。

II 差戻しか自判か

1 自判ができる場合

刑訴法400条は，原判決を破棄したときは事件を原裁判所に差し戻すか他の第1審裁判所に移送することを原則としつつ，訴訟記録並びに原裁判所及び控訴裁判所において取り調べた証拠によって，直ちに判決することができるものと認めるときは，控訴裁判所が自ら判決することを認めているが，原裁判所が不法に管轄違いを言い渡し，又は公訴を棄却したことを理由に原

---

(6) 法令適用の誤りもかなり減少しているが，その理由は定かではない。

判決を破棄する場合には，自判はできないし（同法398条），原裁判所が不法に管轄を認めたことを理由に原判決を破棄する場合にも，控訴裁判所が第1審の管轄権を有する場合を除き，自判することなく事件を管轄を有する第1審裁判所に移送しなければならない（同法399条）。これらの場合には，そもそも公訴事実に対する適法な第1審の実体判断が存在せず，控訴裁判所による自判を認めると審級の利益を奪うことになるためであると考えられる（審理のどの段階で管轄違いや公訴棄却の判断をするかによるが，これらの場合には，公訴事実の存否について判断できる適法な証拠が原審の訴訟記録中に存在しないことも多いと思われる。）。刑訴法398条及び399条の趣旨に照らすと，これら以外の場合であっても，適法な第1審の実体判断が存在するといえない場合には，自判はできないと考えられ，同法377条及び378条の絶対的控訴理由の多くはそのような場合に該当するということができる[7]。これに対し，訴訟手続の法令違反を理由として破棄する場合には，判決自体の無効を招来するような手続違反による場合は自判はできないが，証拠能力のない証拠に基づいて事実を認定した場合などには，当該違法な証拠を除くなど違法な手続を是正した上で自判することは可能である。また，事実誤認又は量刑不当を理由として破棄する場合は，原審において実体判断の基礎となる適法な証拠調べがなされているはずであり，直接主義，口頭主義の要請を満たすために[8]控訴審において新たな事実の取調べを必要とするかどうかはともかく，自判は可能である。ただし，自判の前提となる控訴裁判所で取り調べた証拠は控訴趣意に対する判断のために取り調べた証拠を意味し，自判をする目的のみで控訴裁判所で証拠の取調べをすることは原則として許されない[9]。

---

(7) 刑訴法377条の絶対的控訴理由は，3号も含めてそのように解される。また，同法378条の絶対的控訴理由については，1号に該当するもののうち，399条ただし書により控訴裁判所が管轄権を有する第1審裁判所として自判する場合，2号に該当するもののうち，公訴が不適法なため公訴を棄却すべき場合，3号後段（審判の請求を受けない事件について判決をしたこと）に該当し，当該事件を除いて直ちに判決できる場合及び4号に該当するもの以外は，自判の余地はないと解される。
(8) 最大判昭和31・7・18刑集10巻7号1147頁。
(9) 裁判員制度を導入する際控訴裁判所の自判を認めた刑訴法の規定をそのままにしたのも，このことを前提としている（井上・前掲注(1)）。

2　裁判員制度の導入と破棄自判の運用

　前記のとおり，刑訴法は原判決を破棄した場合には差戻し又は移送を原則とする形で規定しているが，現実には自判が可能な場合が多く，実際の運用は圧倒的に自判が多い。裁判員制度の導入を踏まえてこの点の運用をどうすべきかは一つの問題であるが，司法統計（非対象事件〈裁判員裁判の対象とならない事件をいう。以下同じ。〉を含む。）によれば，平成24年度は，破棄差戻し・移送が11人であるのに対し，破棄自判は569人であり（**表1**。その大部分が2項破棄及び量刑不当による破棄であると考えられることは，前記のとおりである。），圧倒的に自判が多いことは裁判員制度導入後もほとんど変わっていない。

　東京高裁における対象事件（裁判員裁判の対象となる事件をいう。以下同じ。）に係る控訴事件をみても，平成25年末までに原判決を破棄して差し戻した事例は，訴訟手続の法令違反による1件だけである[10]。他方，東京高裁で平成25年末までに原判決を破棄して自判した事例は，44件であり，その大半は2項破棄であって，刑訴法397条1項による破棄は14件，うち理由不備が2件，法令適用の誤りが2件，事実誤認が6件，量刑不当が4件となっている（いずれも概数である。）。

　そこで，各破棄事由について，裁判員裁判との関係を考えてみよう。

(1) 原判決後の情状による破棄（2項破棄）又は量刑不当による破棄（1項破棄）の場合

　2項破棄は原判決の判断を全面的に肯定した上でなされる量刑の事後的な調整であって，当該原判決後の情状に関する証拠は控訴審で取り調べられているから，直ちに判決することが可能であり，自判することになる。これに

---

[10]　東京高判平成23・3・29刑集66巻9号947頁，判タ1354号250頁。現住建造物等放火，住所侵入及び窃盗の事案であり，放火事件の犯人性が問題となったものである。原審が同種前科を事実認定の資料とすることを認めず，犯人性の証明がないとして無罪としたのに対し，これを許容すべきであるとして，訴訟手続の法令違反により原判決を破棄し，新たな証拠を含めて改めて事実認定をさせるために差し戻した（ただし，上告審で破棄された〈最（二小）判平成24・9・7刑集66巻9号907頁〉。）。

対し，量刑不当による破棄の場合は，直ちに判断できる場合が多いであろうが，量刑事情に関する事実誤認があるような場合には，後述の事実誤認による破棄の場合と同様に，差し戻すのが相当な場合も考えられる。量刑について裁判員の参加した合議体による判断をさせるということのみのために事件を差し戻すことも考えられなくはないが，負担が多いだけであまり有益であるとは思われない。この点は，死刑か無期懲役かということがテーマとなっている場合でも異ならない。例えば，検察官が死刑を求刑した事件について，無期懲役に処した第1審の判決に対し検察官が死刑を求めて量刑不当を理由に控訴し，控訴裁判所がこれを理由があるものとして原判決を破棄した場合，事件を差し戻す意味はどこにあるかということになる。国民の感覚を反映させるといっても，無期懲役では軽すぎるとした破棄判決の拘束力に抵触することは許されないから，量刑に影響を及ぼす新たな事実が出てこない限り，差戻審は無期懲役やそれより軽い刑を言い渡すことはできず，死刑を言い渡すほかない。量刑のみが争点となっている事件では，第1審において事実関係に関する必要な証拠調べは通常終了しているからそのような新たな事実が出てくることは具体的には考えにくく，差し戻す意味はないのが通常であると思われる。逆に，第1審が死刑に処したのに対し被告人が量刑不当を理由に控訴し，控訴審がこれを理由があるとして破棄した場合には，差戻審は，無期懲役だけでなく有期懲役に処する選択肢も残っているとはいえるものの，その場合でも，量刑事情に関する審理が不十分であって更に審理を尽くさせる必要があるという場合以外は，やはり差し戻す実益は乏しいというべきであろう。

(2) **その他の理由による破棄の場合**

その他の理由による破棄の場合はどうであろうか。事実誤認を理由として破棄する場合に限らず，訴訟手続の法令違反や法令適用の誤りを理由として破棄する場合も同様であるが，原審で取り調べた証拠及び控訴趣意について判断するために控訴審で取り調べた証拠によって無罪であることが明らかになったとか，これらの証拠のみでは有罪とはできず，かつそれ以上有罪方向の証拠を想定できないのであれば，もはや差し戻す意味はなく，控訴裁判所

において自判することになることは，対象事件であっても同様である。同様に，控訴趣意が認められればそれ以上の判断をする必要がない場合，例えば，公訴棄却や免訴の裁判をすべき場合にも，前提事実に関する審理不尽の問題がない限り，自判することに変わりはない。他方，控訴趣意は理由があるものの，更に審理をしなければ最終的な判断ができない場合には差し戻すことになる[11]。これらに対し，無罪の第１審判決は誤りであり，有罪であると判断したような場合には，事実関係について更なる審理をする必要がなくても，差し戻して国民の意識を反映させた量刑判断をさせることにはそれなりの意味があるといえる[12]。平成25年末までに東京高裁で対象事件について無罪の判断をした第１審判決を破棄した事例は５件（概数。うち１件は，牽連犯のうち対象事件に係る事実について無罪とされたもの）であり，そのうち４件が控訴審で自判され（差戻しは１件），自判された４件のうち平成26年７月末までに上告審の判断に接した３件については，控訴審の判断自体が否定された１件を除き，自判した控訴審判決が上告審で維持されている[13]。裁判員制度導入以前はそのような場合は差し戻すことなく自判をするのが通例であったと思われるが，対象事件についてもこの点の運用を改める必要はないというのがこれらの裁判例の示すところであるといえようか。

Ⅲ　差戻し又は移送後の第１審の審理について

１　差戻し又は移送後の第１審の訴訟手続

事件が上級裁判所から差し戻され，又は移送された後の第１審の訴訟手続（以下，差戻しのみを挙げるが，移送された場合も同様である。）については，起訴状一本主義は採られておらず，刑訴規217条にそのことに伴って通常の手続

---

(11)　形式的な証拠の不備などを是正すれば足りる場合には，差し戻すことなく控訴審で必要な手続や証拠調べをした上で，自判することがある（控訴審における訴因変更もその一つの例である。）が，対象事件について特に別異に扱う必要はないであろう（同旨　石井・刑事控訴審396頁）。
(12)　東京高裁つばさ会ペーパ５頁は，両論を併記しており，会内で量刑判断をさせるために差し戻すという意見がかなりあったことがうかがわれる。

Ⅲ　差戻し又は移送後の第1審の審理について

を修正する若干の規定が置かれているが，それ以外には特段の規定はない[14]。控訴審判決によって違法とされた手続については，改めて適法な手続を履践する必要があるが，それ以外の差戻し前の手続は有効であり，裁判体の構成が変わることに伴って公判手続の更新に準じた手続が必要となるにとどまると解される[15]。

　対象事件に関する特別の規定はないが，差戻し前の裁判員は終局裁判の告知によりその任務を終了している（裁判員法48条1号）から，差戻し後，改めて裁判員を選任しなければならない。対象事件であるかどうかは，差戻し時期にかかわらず，起訴日を基準として判断され（裁判員法附則4条）[16]，裁判員選任の手続や裁判員等に危害が加えられるおそれ等がある場合に事件を裁判官の合議体で取り扱うこととして対象事件から除外することができる

---

(13)　自判した控訴審判決4件のうち，その判断が維持されたのは，①東京高判平成23・12・8刑集67巻4号637頁（覚せい剤の営利輸入について，共謀が認められないとして被告人を無罪とした第1審判決を破棄して被告人を有罪としたもの。最（三小）決平成25・4・16刑集67巻4号549頁により上告が棄却されている。）と，②東京高判平成24・4・4刑集67巻7号858頁（覚せい剤の営利輸入について，犯意が認められないとして被告人を無罪とした第1審判決を破棄して被告人を有罪としたもの。最（一小）決平成25・10・21刑集67巻7号755頁により上告が棄却されている。）であり，控訴審判決が破棄されたのは，③東京高判平成23・3・30刑集66巻4号559頁（覚せい剤の営利輸入について，犯意が認められないとして被告人を無罪とした第1審判決を破棄して被告人を有罪としたもの。最（一小）判平成24・2・13刑集66巻4号482頁で破棄され，第1審の無罪判決が維持された。）である。④東京高判平成25・12・11判例集未登載（LLI/DB06820736）（覚せい剤の営利輸入事案について，共謀を否定して被告人を無罪とした第1審判決を破棄して，共謀を認定して被告人を有罪としたもの）については，平成26年7月末現在，上告審の判断に接していない。また，差し戻した控訴審判決1件は，⑤前掲注(10)東京高判平成23・3・29であるが，これについては，前記のとおり，前掲最（二小）判平成24・9・7により控訴審判決が破棄され，差戻しとなっている。なお，強盗殺人について，共同正犯を認定した第1審判決を破棄して幇助にとどまるとした東京高判平成25・5・28高刑集66巻2号1頁も，新たな事実を基に改めて量刑をする必要があるケースであるが，自判している。

(14)　裁判員制度を導入する際，差戻審を覆審構造とすることも検討されたが，結局，新たに裁判員を選任して審理及び裁判を行うほかは，現行法どおりとされた（井上・前掲注(1)）。

(15)　差戻し後の公判手続については，全く新たな手続をやり直すべきであるなどとする学説はあるが（その詳細については，岡次郎「差戻後の公判手続」公判法体系Ⅲ117頁参照），実務では本文に述べたように更新手続に準じた運用が定着している。

ことなどは，通常の対象事件の審理と同じである。
　以下，差し戻された事件の審理について留意すべき点について検討する。
(1) 公判前整理手続について
　上記のとおり，差し戻された事件については公判手続の更新に準じた手続が必要であり，それによって差戻し前の第1審で行われた公判手続が有効になる。差し戻された事件についても裁判員法49条（公判前整理手続）の規定は適用になるが，差戻し前に第1審で行われた公判手続以外の手続は当然に有効であると考えられるから，公判前整理手続は終了していることになると解される。しかし，控訴審判決で指摘された問題点等に応じて差戻し前の公判前整理手続でされた主張の修正や補充が必要となることも少なくないと思われ，そのような場合には，確認済みの争点を修正する必要がある。また，差戻し後に新たな証拠の請求や取調べが必要となることも少なくなく，差戻し後に証拠を取り調べるかどうか，どの証拠を取り調べるか，そして，審理日程をどうするかを裁判員が審理に加わる前に決めておかなければならないし，審理内容や審理日程を決める前提として，更新の際に取り調べないこととする証拠があれば，これを決定しておく必要もある。なお，この段階での証拠の請求については，差戻し前に行われた公判前整理手続に基づく刑訴法316条の32の制限があるものの，差戻し判決で指摘された問題点によっては，当初予想されていなかった新たな必要が生じたとして，やむを得ない事由があると解し得る場合もあると思われる。これらは訴訟手続に関する判断（裁判員法6条2項2号）に当たり，裁判員を選任する前に構成裁判官の合議によって決めることができると解され（公判の準備に属する事柄であって，心証形成をするものではないから，公判手続を更新する前に行うことにも支障はない。），差戻し後の手続については，前述のとおり起訴状一本主義は採られて

---

(16) 裁判員法施行前に起訴された事件であっても，差し戻された時点で，第1審に対象事件が係属していれば，その事件と併合して審理することはできる（裁判員法附則4条2項，3項）が，そのような事件は裁判員が審理に参加することを想定して証拠の整理等をしていないのが通常であるので，併合するのが相当かどうかは慎重に判断する必要がある。

Ⅲ　差戻し又は移送後の第1審の審理について

おらず，第1回公判期日前の証拠調べの請求の制限に関する刑訴規188条ただし書は適用されない（同217条2号）から，上記の各手続は公判前整理手続によらなくても可能であると解されるが，確認済みの公判前整理手続の結果を修正するためには，終了している公判前整理手続を再開する必要があり，修正の必要がない場合でも，公判前整理手続を再開し，争点及び証拠の整理の結果の確認をしてその点を明確にしておいた方がよいと思われる。

(2)　更新手続について

区分審理決定をした事件における併合事件の審判のための更新については，区分審理特有の事情から，併合事件を審判するのに必要な範囲で，区分事件の公判手続を更新すべき旨規定され（裁判員法87条），裁判員規60条にその方法に関する特別の規定が置かれているが，裁判員法は，それ以外には，裁判員が交替したときにも公判手続を更新すべきものとしている（同法61条）ほかは，特別の規定を設けていないから，差戻しに伴う更新手続の方法は，非対象事件と同様に，刑訴規213条の2に準ずることになる。したがって，①検察官による起訴状に基づく公訴事実の要旨の陳述（同条1号），②被告人及び弁護人による被告事件についての陳述（いわゆる罪状認否。同条2号），③更新前に取り調べられた証拠の取調べ（同条3号，4号），④取り調べた証拠についての訴訟関係人の意見及び弁解（同条5号）という手順で行うことになる。

公訴事実の要旨の陳述（上記①），被告事件について陳述する機会の付与（同②）並びに取り調べた証拠についての訴訟関係人の意見及び弁解（同④）については，格別の問題はない。

問題となるのは，上記③の更新前に取り調べられた証拠の取調べである。更新前の公判期日において取り調べた証拠は，原則として，証拠書類又は証拠物として裁判所が職権で取り調べなければならず（刑訴規213条の2第3号），裁判員法施行前は，朗読や展示等（刑訴法305条2項，刑訴規203条の2第2項，刑訴法306条2項）によることなく，訴訟関係人の同意を得て，相当と認める方法で取り調べる（刑訴規213条の2第4号）のが通例であったと思われるが，このような運用は，裁判官があらかじめ公判廷外で訴訟記録を十

333

分検討した上で更新手続に臨むことができることが前提となっている。裁判員に大部の訴訟記録を読んで心証を取ってもらうのは，それ自体容易ではない上，多くの裁判員が訴訟記録を読むためには相当の日数を要し，その点でも裁判員の負担が大きくなる（記録を交替で読む場合には，記録が手元になく，これを読むことができない裁判員も裁判所に出頭することが必要となろう。）。したがって，対象事件における更新については，証拠を相当な方法によって取り調べることは不適当であり，更新前の公判期日において取り調べた証拠書類や証拠物については，通常の対象事件の審理におけると同様，原則として朗読（相当な場合には要旨の告知）や展示等の方法によって取り調べることになると思われる。また，更新前の公判期日における裁判所の検証の結果を記載した書面については，検証調書の取調べの方法により取り調べ，音声や映像があればこれを再生することになる（将来起こり得る更新の際に裁判員が検証の結果を正しく理解できるようにするためには，検証の結果は，検証の内容に応じて文書，写真及び録音録画を適宜使い分け，又は併用して記録化することが望ましい。）。

更新前の公判期日における被告人又は被告人以外の者の供述については，これを録取した書面を取り調べることになるが，朗読の方法によって取り調べるとなると，簡単な事件でも1ないし2日程度，複雑な事件では相当な日数，供述調書の朗読を続けなければならないこととなる。いわゆるビデオリンク方式による証人尋問が行われ，その証人の尋問及び供述を記録媒体に記録し，これが調書の一部とされたとき（刑訴法157条の4第2項，3項）には，その調書の取調べは，原則として，当該調書の朗読に代えて，当該記録媒体を再生する方法によって行うべきものとされているところ（同法305条4項），裁判員法も，対象事件及び裁判員法4条1項の決定をした事件においてビデオリンク方式により証人尋問を行う場合に，裁判所は，審理又は評議における裁判員の職務の的確な遂行を確保するため必要があると認めるときは，検察官及び被告人又は弁護人の意見を聴き，当該証人の同意を得た上で，その尋問及び供述等を記録媒体に記録した上，これを訴訟記録に添付して調書の一部とすることができることとし（裁判員法65条1ないし3項。非対象事件

Ⅲ　差戻し又は移送後の第１審の審理について

と異なり，後の刑事手続において同一の事実について再度証人として供述を求められる可能性があること〈刑訴法157条の4第2項〉は要件とされていない。），その場合には，当該証人尋問調書の取調べについては刑訴法305条4項を準用することとしている（裁判員法65条4項）。したがって，このような記録媒体がある場合には，当該記録媒体を再生して更新手続を行うことになる。しかし，裁判員法65条4項がビデオリンクの方法による証人尋問に限定して規定していることからすれば，ビデオリンクの方法によらない証人尋問や被告人質問，鑑定人尋問等については同項を準用することは許されないと解される。したがって，これらの証拠については，当該公判供述調書を証拠書類として取り調べるほかないが，鑑定人や鑑定証人などの専門家については，従前の鑑定人尋問調書や証人尋問調書の取調べと並行して改めて証言等をしてもらう方が裁判員には理解しやすいと思われる。しかし，一般の証人については，改めて証言を求めるのは証人の負担が大きい上，月日の経過や既に証言は終了したとの意識もあって記憶の減退が大きいことが予想されることから，かえって混乱を招くおそれがあり，証拠調べの方法として適切でないことが少なくないと思われる。そこで，被告人の公判供述を含めて，公判供述調書の取調べと並行して，裁判員法65条1項の記録媒体を新たな証拠として取り調べることが考えられる。その場合には，公判供述調書の取調べについては，その内容は記録媒体を再生したとおりであるとして，要旨の告知にとどめることで足りよう。ときに何日間にもわたる記録媒体の再生による裁判員の負担は大きいと思われるが，やむを得ない。

　なお，控訴審判決がその証拠能力を否定した証拠については，これを取り調べない決定をしなければならず（刑訴規213条の2第3号ただし書），控訴審判決がその信用性を否定した証拠についても，訴訟関係人に異議がなければ同号ただし書を適用してこれを取り調べないこととするのが，控訴審判決の拘束力を踏まえた裁判員の心証形成を容易にするためにも，相当であろう。控訴審判決がその信用性に疑問を呈したにとどまる証拠については，これを取り調べないことについていずれか一方の訴訟関係人から異議が述べられることが多いであろうし，新たな証拠によって信用性が得られる可能性も

あることから，これを取り調べるのが通常であろう。これに対し，控訴審判決がその信用性を肯定して判断の基礎とした証拠については，その点が破棄理由となっている場合はもとより，そうでない場合でも，それを取り調べることが相当でない（刑訴規213条の2第3号ただし書）とはいえない上，原判決を破棄した控訴審の判断すなわち破棄判決の拘束力の基礎を失わせるものであるから，新たにその供述者等を証人として尋問したり被告人質問をしたりするにしても，従前の証拠を上記ただし書によって取り調べないこととすることは許されないと解される。

2　破棄判決の拘束力について

　破棄判決における上級審の判断は事件の差戻しを受けた下級審の裁判所を拘束するとされており（裁判所法4条），控訴審判決のいかなる判断が拘束力を持つのか，換言すれば，差戻しを受けた下級審裁判所はいかなる点について判断を拘束されるのか，そして，どのような場合にその拘束力から解放されるのかということは，差戻審にとって非常に重要な問題であり，この点を裁判員に正しく理解してもらう必要がある。

(1)　破棄判決の拘束力の及ぶ範囲

　法律上の判断については，控訴審は，単に原判決の法令の解釈適用を否定するだけでなく，正しい法律判断を示すべきであり，そのような積極的判断も拘束力を持つと解される[17]。ただし，具体的事案に対する法令の適用に関する判断は，差戻し後の証拠調べの結果前提事実が異なってくれば，拘束力は失われるし（差戻審からすれば，拘束力から解放されるという言い方になる。），一般論としての法令の解釈に関する判断や一般性を持つ法令の解釈適用に関する類型的判断（ただし，一般論は単なる傍論にすぎないことがあるので注意を要する。）も，判例の変更等によりこれと異なる新たな最高裁判例が示されれば，拘束力が失われることになる。

　破棄判決の拘束力が事実上の判断についても生じることは，一般に承認さ

---

(17)　石井・前掲注(11)388頁。

れているところであり，その拘束力は，破棄の直接の理由である原判決に対する消極的否定的判断部分についてのみ生じ，その消極的否定的判断を裏付ける積極的肯定的事由についての判断は，縁由にすぎず拘束力を有しないとされる[18]。しかし，この点については，判断の対象となる事項が積極・消極の二者択一的関係にある場合には，消極的否定的判断と共に示された積極的肯定的判断にも拘束力を認めるべきかどうか，この点を肯定したとしても，どのような場合に二者択一的関係にあるといえるのか，消極的否定的判断の理由となる証拠の評価等に関する判断についてはどのように考えるべきかといった問題があり，個々の事案における拘束力の範囲は必ずしも明確ではない[19]。破棄判決の拘束力が及ぶ範囲は対象事件か否かによって何ら異なるものではなく，それ自体大きなテーマでもあるので，本稿ではこの点の議論には立ち入らないが，事実上の判断についての拘束力は，原審及び控訴審で取り調べた証拠を前提とするものであり，控訴裁判所においてすでに審理は尽くされていると判断した場合には自判をするとの前記のような運用がされるのであれば，実際の訴訟においては，差戻審において新たな証拠を取り調べることにより，拘束力の前提が崩れ，拘束力から解放されることになることが少なくないものと思われる。しかし，拘束力を解くような新たな証拠は，破棄判決の判断を左右するような実質的内容を備えたものでなければならないから，新たな証拠がそのような実質を備えていない場合には，拘束力の及ぶ範囲がどの点であるかが重要なポイントとなる[20]。

(2) **破棄判決の拘束力を裁判員にどのように説明し，理解してもらうか**

法律上の判断が破棄の理由となっている場合には，拘束力の及ぶ範囲は通常明確であると思われる。例えば，訴訟手続に法令違反があるとして破棄された場合には，当該訴訟手続を是正して審理，判決をすればよいのであり，ある証拠の証拠能力を否定した第1審判決がそのことを理由に破棄されたと

---

[18] 最（二小）判昭和43・10・25刑集22巻11号961頁。なお，同判決のこの判断は，事実上の判断に関する論点の中で判示されていることから，法律上の判断を含む趣旨ではないと解される。
[19] 原田國男・大コンメ刑訴法［2版］(9)437頁以下参照。

いった場合でも，前提事実に変更がない限り，当該証拠の証拠能力を肯定した控訴審判決の判断が拘束力を有すると解すべきであるから，差戻審は，当該証拠を取り調べた上，これをも事実認定の基礎に置いて判断することになり，そのような事案では裁判員に対する説明は比較的簡潔なもので足りると思われる[21]。なお，逆の場合，すなわち，ある証拠の証拠能力を肯定した第1審判決がそのことを理由に破棄されたといった場合には，公判手続の更新に当たり当該証拠を取り調べないこととすればよく，裁判員は新たに選任されるのであるから，問題は一層簡明である。法令の解釈を誤っているとして差戻しを受けた場合も同様であるが，その場合には，法令の解釈に係る判断は構成裁判官の合議によるとされ，法令の解釈を含まない法令の適用それ自体は裁判員の権限とされていることから（同条1項2号），裁判員が加わる前に，何が法令の解釈であり，何が法令の適用であるのかについて（このこと自体は法令の解釈に係る判断である。）構成裁判官の合議で認識を共通にしておく必要がある。

これに対し，事実誤認を理由に差し戻された場合には，裁判員一人一人の心証形成に関わるだけに，裁判員に破棄判決の拘束力を正しく理解してもらうことは必ずしも容易ではないと思われる。しかも，前述のとおり，破棄判決の拘束力の範囲について見解が一定していないことから，裁判官自身がこの点についての明確な判断をしていないと，評議は混迷に陥るおそれがある。破棄判決の拘束力がどの範囲に及ぶかということは，法令の解釈に関する問題であるから，構成裁判官の合議によって判断すべき事項であり（同条

---

[20] 第1審判決を破棄して差し戻した場合には，そのほか，破棄理由となった控訴理由に対して論理的に先順位にある控訴理由について示された判断や控訴審判決が併存的控訴理由のそれぞれについて判断を示した場合における破棄理由となったもの以外の控訴理由に対する判断は，差戻審の審理や判断を何らかの形で制約するのかという問題もある（控訴裁判所は，破棄理由となった控訴理由に対して論理的に先順位にある控訴理由について判断を省略することはできず，また，控訴審の審判の対象が控訴理由にあると解した場合には，併存的控訴理由のそれぞれについて判断をする必要がある。）。

[21] この点は裁判員が権限を有しない訴訟手続に関する判断（裁判員法6条2項1号）に当たる上，裁判員に対して証拠能力と証明力の区別を詳細に説明しようとすると，かえって理解の混乱を招くおそれがある。

III 差戻し又は移送後の第1審の審理について

2項),まずは,構成裁判官の合議を十分に行って,当該裁判体として,いかなる見解を採るのか,当該事案における拘束力の範囲を具体的にどのように考えるかを明確にしておかなければならない。その上で,これを裁判員に正確に理解してもらうためにどのように説明すればよいかということもしっかり議論して詰めておく必要がある[22]。そして,裁判員の選任後直ちに審理に入るのではなく,裁判員に対し,争点,訴訟経過,破棄判決の拘束力の趣旨,その範囲,これを踏まえた差戻審における審理のポイント等についてよく説明した上で,審理(更新手続)に入るようにして,実質的に拘束力に抵触する誤った心証形成がされないように十分に配慮する必要がある[23]。

破棄判決の拘束力を裁判員にどのように説明するかは,極めて実践的な問題であり,実際の訴訟を通じて,ノウハウが蓄積され,広く共有されることを期待したい。

(かなや・あきら)

---

(22) なお,控訴審においては,差し戻すに当たり,破棄判決の拘束力の範囲が明確になるような判決を心掛けるべきであろう。また,事実誤認を理由に破棄した上差し戻す場合には,何らかの意味で審理不尽を伴うことが多いと思われるところ,控訴審としては,どの点について証拠調べをすべきかを示すのが,手続全体として無駄のない裁判につながるものといえよう。
(23) 起訴状一本主義が採られていない差戻審において,裁判員に対し事前にこのような説明をすることは許されよう。

少年事件の裁判員裁判

広島高等裁判所判事 　髙　麗　邦　彦

Ⅰ　はじめに——在るべき裁判員裁判と少年事件——
Ⅱ　家庭裁判所における審理
Ⅲ　少年の裁判員裁判における争点整理及び評議について
Ⅳ　少年の裁判員裁判における審理（証拠調べ）について
Ⅴ　論告・求刑，弁論

Ⅰ　はじめに——在るべき裁判員裁判と少年事件——

　裁判員裁判においては，公判前整理手続において公判審理のテーマ（争点）を定め，審理では事案の核心である争点に集中した証拠調べを行い，審理に立ち会った裁判員が裁判官と対等の立場で充実した評議を行って，判決に結実させることが特に要請される。また，裁判員裁判の目指す公判中心主義，直接主義は，単なる分かりやすさの追求にとどまらず，捜査結果を法廷で再現してその当否を確認するという従来型の審理を改め，法廷で原証拠から直接心証をとるという審理の在り方を意味する。その目指すべきところは，少年事件の裁判員裁判であっても何ら変わりはない。
　ただ，少年法は，少年の健全な育成を図るという見地から，刑訴法等による刑事手続の特則を設けるなど，少年事件独自の要請をしているため，その趣旨に則った審理を実現することが必要となる。そこで，以下，少年事件の手続の流れに沿って，重要と思われる事項について検討を加えることとす

る。なお，本稿中意見にわたる部分は私見である。

II　家庭裁判所における審理

　少年事件は，全件が家庭裁判所に送致され，家庭裁判所が少年に対する処遇の決定・手続の選択を行う（全件送致・家裁先議主義。少年法41，42条）ことから，裁判員裁判の対象事件となる重大な犯罪を犯した少年も，まずは家庭裁判所において，保護・教育的で柔軟な少年保護手続により審理を受けることになる。審理の結果，家庭裁判所が検察官送致決定をすると[1]検察官は原則として事件を起訴しなければならず（起訴強制。少年法45条5号），起訴により事件は少年刑事事件として審理されることになる。

　家庭裁判所では，裁判員裁判対象事件となる重大な犯罪を犯した少年に対しても，原則検察官送致の例外事由に当たるかどうかの検討や，少年に対する教育的働き掛けが行われる[2]。そこでは，裁判官，家庭裁判所調査官，弁護士付添人が，少年の健全育成を図るという目的の下で，カンファレンス（意見交換）をするなどして協議・協働し，それぞれの立場からも，充実した検討や活動をしており，実際にも相当な成果を上げていると思われる。

　このように裁判員裁判の対象となる少年事件は，家庭裁判所での充実した検討，働き掛けなどを経て起訴に至ることから，地方裁判所に係属した時点では，弁護人においても，事実関係，情状関係など事件の全般について弁護活動の準備が相当程度できているはずである。しかも，少年保護事件の弁護士付添人が起訴後そのまま少年刑事事件の弁護人となる場合が多いと思われ

（1）　検察官送致については，平成12年の少年法改正により，死刑，懲役又は禁錮に当たる罪に係る犯罪少年（少年法3条1項1号）のすべてについて検察官送致が可能となり，犯罪行為の時点で16歳以上で「故意の犯罪行為により被害者を死亡させた罪の事件」を犯した少年については，原則として家庭裁判所に検察官送致を義務付けている（同法20条2項）。この原則検察官送致事件は，裁判員裁判対象事件である（裁判員法2条1項2号）。
（2）　原則検察官送致の対象事件における教育的働き掛けの在り方について，司法研究・少年審判の傍聴制度の運用325頁参照。

ることから，弁護人としては，早期に弁護方針を確立して公判準備を含む手続や審理の充実，迅速化を実現することが可能であり，かつ，必要である。また，仮に弁護士付添人と弁護人が異なる場合でも，その引き継ぎ，連携等を確実に行うことによって，これが同一人の場合と同様の成果を上げられるように努力すべきである。当然のことではあるが，少年事件において迅速な裁判の実現は，最も重要な要請の一つであることを忘れてはならない。

Ⅲ 少年の裁判員裁判における争点整理及び評議について

　裁判員裁判では，公判前整理手続において争点整理をして公判審理のテーマを定め，事案の核心である争点に集中した証拠調べを経て，評議，判決に至るところ，争点整理は評議・判決を念頭に置き，評議・判決は争点整理を基礎とするのであって，両者は一対・一体の関係にあるといえるから，ここでは両者を併せて検討する。

　1 少年法の特則規定（少年法51，52条等）については，少年は一般的に人格が未熟で反対動機を形成する力が弱く，成人に比べて責任非難の程度が小さいこと，可塑性があり改善更生の可能性が高いことなどを趣旨としているが[3]，こうした点は，少年の裁判員裁判における量刑に当たっても当然に考慮される。そのため，少年の裁判員裁判において無期刑の緩和が問題になるとか，不定期刑が見込まれるような場合には，少年法の各規定が意図するところを踏まえつつ，個別の事案における具体的な事実関係を前提として，少年であることが犯行態様や結果等の関係でどのように責任非難に影響するのか，更生可能性の程度にどのように影響を及ぼすかなどを念頭に置いて争点整理を行う必要がある[4]。

　また，評議においては，上記の少年法の趣旨について，裁判官が裁判員の疑問や理解度等に応じて分かりやすく説明する必要がある。例えば，不定期

（3）　田宮裕＝廣瀬健二編『注釈少年法［第3版］』（2009年，有斐閣）463頁参照。

刑については，責任刑を長期に合わせて定め，短期は少年の改善更生の見地から矯正教育の効果の見込みを考慮して定めるという運用が実務の主流であると考えられることから[5]，裁判員にはこのような考え方を分かりやすく説明した上で争点に沿った評議を進め，適切な主文を導いていく必要がある[6][7]。

2 加えて，少年の裁判員裁判の特殊性として，家庭裁判所への移送決定（少年法55条）の相当性が争点になる事案がある（裁判員法6条1項，2項2号）。

（4） 例えば，被告人の生育歴が問題となる場合，それが犯行の意思決定にどのように関わり責任非難の程度に影響するのか，あるいは今後の生活環境等の変化が少年である被告人の改善更生との関連で特別予防に資するかといった観点から，量刑の本質を踏まえて具体的に検討することになる。司法研究・量刑評議の在り方70頁参照。
（5） 法制審議会少年法部会（第2回・平成24年11月13日）における合田悦三委員発言参照。
（6） 司法研究・量刑に関する国民と裁判官の意識11頁によれば，殺人罪の事例で被告人が少年の場合に刑の軽重に及ぼす影響について，一般国民の回答中49.9%が「どちらでもない」とし，残りの半数中，「(やや)重くする方向に影響する」が25.4%，「(やや)軽くする方向に影響する」が24.7%とほぼ半々に別れている。そうすると，実際の裁判員裁判においても，個別の事案における具体的な事情を離れて，「少年の時に重大な犯罪を犯しているということ自体から，今後も重大犯罪を繰り返すおそれが高く社会から隔離しておく必要性が大きいから，成人以上に長期の刑を科すのが相当である」とか，「少年であっても，一律に成人と同程度の責任を負わなければならない」という考えの裁判員がいることも予想される。そこで，このような場合，裁判員裁判における量刑も我が国の法体系全体の趣旨，少年刑事事件であれば少年法の趣旨に則ったものでなくてはならないから，裁判官としては，裁判員の理解の程度などを考慮し，必要に応じて，その旨をきちんと説明する必要があり，当事者としても，評議の前提となる具体的な事情について，説得力をもって主張・立証することが重要となる。
（7） 少年刑の見直しに関し，平成26年4月11日，第186回国会において「少年法の一部を改正する法律」が成立し，同月18日，法律第23号として公布され，同年5月8日から施行された。その主要な改正点は，(1)無期の緩和刑の上限を15年から20年に引き上げる，(2)有期の不定期刑について，①長期と短期の上限を10年と5年から15年と10年に引き上げる，②処断刑が3年未満であっても不定期刑を言い渡す，③不定期刑の長期と短期の幅を原則5年とする，④少年の更生改善の可能性その他の事情を考慮して特に必要があるときは，処断刑の短期を更に2分の1まで引き下げることができることなどである。
したがって，今後は，同改正の趣旨を踏まえ，争点整理において審理のテーマを的確に定める必要があるほか，裁判員に対してもその内容を説明し，きちんと理解を得た上で評議を行っていく必要がある（少年法改正に関する法制審議会の答申については，櫛清隆「少年法改正の経緯と概要」刑ジャ36号63頁，植村立郎「少年刑の改正」同36号76頁参照）。

Ⅲ　少年の裁判員裁判における争点整理及び評議について

　この点，移送決定は家庭裁判所における検察官送致決定（少年法20条）と表裏の関係にあり，少年事件の特質や家庭裁判所調査官等の専門的調査機能を有しない地方裁判所の限界に照らして，地方裁判所は家庭裁判所の専門的判断を尊重すべきであって[8]，少年法20条の趣旨が同法55条の解釈にも反映されるべきとの見解が有力であるところ[9]，少年の裁判員裁判では，現住建造物等放火や強盗致傷など通常の検察官送致事件も相当数が見込まれるが，その多くは殺人，強盗致死，傷害致死，危険運転致死など，故意の犯罪行為により被害者を死亡させた原則検察官送致事件（同法20条2項）であると考えられることから[10]，原則検察官送致事件における検察官送致決定の判断構造を検討する。

　一般に，少年法55条の「保護処分に付するのが相当であると認め」られるとは，少年の健全育成のために，刑事処分よりも保護処分の方が，少年の処遇としてより適したものと認められることとされている。そして，この判断は，通常，検察官主張の刑事処分が相当であるとする事情と，弁護人主張の保護処分が相当であるとする事情とを具体的に比較検討し，これらの要素を総合的に考慮した上で，少年の処遇として何が相当かという観点から判断されている。しかし，原則検察官送致事件で刑事処分以外の処遇を相当とするためには，保護処分の方が少年の改善更生に適しているというだけでなく，さらに保護処分を許容し得ることを基礎付ける「特段の事情」があることが必要となると解されるところ（同法20条2項ただし書），この「特段の事情」

---

(8)　家庭裁判所における犯罪事実や犯情に関する事実認定が誤っていれば，家庭裁判所の専門性は前提事実を欠いて問題とならない。また，家庭裁判所移送決定には，①犯情の評価を誤り又は考慮すべき犯情を見落とすなど，不当な検察官送致決定に対する是正手段や，②検察官送致決定後の処遇選択に関する事情変化をも踏まえた再審理という機能があり，検察官送致決定に対しては抗告ができないことから，それに変わる事実上の再審査としても①の機能は小さくないとの指摘がある。八木正一「裁判員裁判における少年法55条による移送の主張について」原田退官334頁，手﨑政人「少年の裁判員裁判について」判タ1353号47頁参照。
(9)　司法研究・改正少年法の運用10頁参照。
(10)　原則検察官送致制度施行後，原則検察官送致事件における検察官送致の割合が高い伸びを示していることなどについて，角田正紀「少年刑事事件を巡る諸問題」家月58巻6号4頁参照。

の判断構造について，裁判所は，まず凶悪性，悪質性を大きく減じるような特段の事情が認められるかを検討し，そのような事情が認められない場合にはその余の事情を考慮することなく刑事処分相当と判断し，他方，特段の事情が認められる場合には，さらに同条1項に定める要素を踏まえて刑事処分と保護処分のいずれが相当かを判断すべきとの見解が有力である[11]。一方，この説に批判的な見解として，同条2項ただし書は「犯行の動機及び態様，犯行後の情況，少年の性格，行状及び環境その他の事情」と規定しており，犯情とその他の事情を分けて規定していないことなどに照らし，凶悪性や悪質性といった犯情から直ちに刑事処分相当との結論を導くのは相当でないとの見解もある[12]。もっとも，前者によっても，少年の資質，環境といった少年の要保護性に関する事情についても犯行動機の形成や犯行態様に深く影響したと認められる限度では考慮することとされているし，後者によっても，同法20条2項の立法趣旨からすれば，保護処分許容性の検討に際して犯情面を重視せざるを得ないことは認めており，結果的にそれほど大きな相違はないともいえる。ただ，いかなる判断構造をとるにしても，家庭裁判所移送が重要な争点となる裁判員裁判を担当する裁判官としては，保護処分相当性の存否に関する争点整理に当たり，どのような事情を審理のポイントに据えるかを的確に考慮し，評議においてもその位置付けや考え方を分かりやすく裁判員に説明する必要がある[13]。また，その前提として，当事者においても，公判前整理の段階でこの点について大筋の合意をした上，公判では，具体的な事実を明示して保護処分相当性に関する主張・立証をする必要がある[14]。

　実務においては，「特段の事情」のほとんどが犯罪行為自体に関連する事情の場合に認められ，少年の資質・環境に関する事情としては，動機の形成や犯行に至る経緯，責任能力・判断力等，犯罪事実や重要な量刑事実に影響するものに概ね限られているのが実情といってよいとされている[15]。その

---

(11)　北村和「検察官送致決定を巡る諸問題」家月56巻7号70頁参照。
(12)　加藤学「終局決定(1)――検察官送致決定」廣瀬編集代表・『少年事件重要判決50選』（2010年，立花書房）203頁参照。

意味では,「特段の事情」の判断要素は,基本的には通常の刑事裁判における狭義の犯情を中心とした量刑事情と大差ないものと考えられるが,例外的に,少年の性格・環境といった事情が犯罪事実や重要な量刑事実に色濃く影響を及ぼしていることが争点となるような場合には,非行に至るメカニズムの解明を含めた要保護性に関する事情や保護処分の有効性といった点が審理のテーマ(争点)となり,家庭裁判所移送の相当性の判断において評議の中心に据えられるという事案も考えられるであろう[16][17]。

なお,家庭裁判所への移送決定の相当性が争点となる事案では,裁判員に対し,当該事案に即して,家庭裁判所に移送された場合にはどのような処遇が予想され,刑事処分の場合にはどのような処遇がされるのかといったことについても,事案の内容や裁判員の質問に応じて説明ができるよう,裁判官としては,少年の処遇の実情を十分に把握し,理解しておく必要がある[18]。

加えて,この種事案では,被告人の身柄拘束期間が長引かないよう,全体としての審理期間を短縮することが求められる。ことに,被告人が19歳で成人に近い場合(年齢切迫事件)には,公判前整理手続の期間を短縮するなどして,移送決定後の家庭裁判所での審理期間を確保する必要がある[19]。

---

(13) 司法研究・難解な法律概念62頁以下も,「当事者双方が同法55条に関する各事情を主張・立証するに当たっては,公判前整理手続において,同法20条2項との関係をどのように考え,「特段の事情」をどう位置付けるかを十分念頭に置いた上,主張・立証事項を整理するのが肝要と考える」,「裁判員に対する説明に当たっては,同法55条の保護処分相当性に関する細かい解釈を展開して混乱することのないように留意する必要がある」と同旨の見解を示している。
(14) 手﨑・前掲注(8)48頁は,弁護人が裁判員に対し少年法の理念や保護処分優先主義等に関する抽象的な法律解釈論を「講義」しても,実際の心証形成や評議にはほとんど役に立たず,当事者双方が保護処分相当性に関する具体的な事実関係を立証して裁判員に十分把握してもらった上,鑑定人や専門家証人が非行心理学等の科学的な知見を示して裁判員によく理解してもらうことの方が重要であるとして,弁護人が訴訟の各段階で行うべき事項を取り上げ具体的に紹介している。
(15) 司法研究・改正少年法の運用8頁,司法研究・難解な法律概念63頁参照。
(16) 司法研究・難解な法律概念64頁は,「特段の事情」の有無が問題になる場合として,「とりわけ,「特段の事情」に関する判断要素の変化等が重要になると思われる」としている。

Ⅳ 少年の裁判員裁判における審理（証拠調べ）について

1 前記Ⅰのとおり，公判中心主義，直接主義の要請からは，少年の裁判員裁判においても，事案の核心である争点に集中した証拠調べを行い，直接原証拠から心証をとる審理の実現が求められる。一方，少年の裁判員裁判においては，少年その他の関係者のプライバシーに十分配慮した主張・立証方法を考慮すべきことについても留意する必要がある。

例えば，被告人に不定期刑が見込まれる場合には，前記Ⅲの争点整理の結果に従い，被告人の改善更生の見込みなどに焦点を当てて，一般の刑事裁判と同様に，被告人の家族の証人尋問等を行うことが考えられる。また，家庭裁判所移送の可否が問題になる事案であっても，凶悪性，悪質性が比較的明らかで，少年の性格，環境等の事情が犯罪事実や重要な量刑事実にそれほど影響がないようなものであれば，通常は一般の刑事裁判と同様の証拠調べで十分に判断し得るのではないかと思われる。

こうした場合でも，少年その他の関係者のプライバシーや少年の情操に十分配慮すべきではあるが，公判前整理手続における証拠の選別や尋問方法の工夫等（遮へいやビデオリンク方式の証人尋問を含む。）によって対応できる事案が多いと考えられる[20][21]。

2 問題は，家庭裁判所移送の相当性が争われ，被告人の生育歴等，少年

---

(17) 新聞報道等によれば，複数の裁判所において，強盗致傷罪などに問われた少年被告人が家庭裁判所送致となった事例が数件ある。そこでは，被告人の行った暴行等の犯罪行為の内容・程度等を具体的に認定した上で，家庭裁判所では犯行を否認していたのが公判で認めたり，公判で不利益な事実も隠さず述べて反省の態度を示したことなど，公判段階での被告人の内省の深まりが，少年院での教育的措置になじむ状況に変化したなどと認定・評価されている（なお，東京地決平成23・6・30家月64巻1号92頁）参照）。
(18) 処遇選択に当たり裁判官として知っておくべき処遇の実情については，入手可能な資料等を通して十分に把握し理解しておく必要があるが，その範囲を超えた専門的な処遇について，より詳細な検討をする必要がある場合には，弁護人が少年院における処遇について，検察官が少年刑務所における処遇についてその内容等を主張・立証することが相当な場合もあろう。
(19) 手﨑・前掲注(8)44頁参照。実務では，年齢切迫事件が稀ではなく，犯罪事実に争いがない事案も多いので，公判前整理手続の期間を短縮する工夫が必要であるとしている。

Ⅳ 少年の裁判員裁判における審理（証拠調べ）について

の資質，環境に関する事情が犯行動機や犯行態様等に影響を及ぼしているかどうかが審理のポイントになるような事案である。

　この点，検察官送致決定を行った家庭裁判所においては，鑑別結果等も踏まえ，その専門性を発揮して非行に至るメカニズムの解明等を含めた調査・審判を行い，少年の処遇を決しているところ，このような専門的調査機能を有しない地方裁判所としては，調査結果が集約していると考えられる社会記

---

(20)　裁判の公開の原則と少年被告人に対する配慮の必要性
　① 公 開 停 止
　裁判の公開の原則（憲法82条）は，裁判手続の公正を担保する機能を営む制度として，刑事訴訟手続が依拠すべき基本的な憲法上の原理であり，容易に例外が認められるべきものではない。このことは少年が被告人の場合においてもいえるのであって，現行法の解釈論としては，公開そのものを停止して非公開とすることは困難であると考えられる。
　② 公開制限の措置等
　他方，少年の健全育成を図るという少年法の理念は，少年刑事事件の審理を通じて可能な限り尊重されるべきであるとされているところ，これは少年が被告人である裁判員裁判においても当てはまり，情操保護等の見地から一定の配慮をする必要性がある。ただ，一口に少年といっても，その年齢によって人格の成熟度や情操保護の必要性の度合いが異なることから，一応の区分として，少年保護事件で用いられている年長少年（18，19歳），年中少年（16，17歳），年少少年（14，15歳）の区分に分けて考えてみる。
　年長少年は，高校を卒業した年頃で普通自動車の運転免許も取得でき，社会的にも成人に近い扱いを受けているといえるし，若年の成人被告人（20，21歳）とのバランス論からいっても通常は格別の配慮は不要といえるであろう。
　他方，年中少年及び年少少年，とりわけ年少少年においては，人格が未成熟で十分な判断能力もなく，情操を害されやすいことから，少年法の理念が前面に出てくる事案が多いであろう。すなわち，年少少年である被告人に対し，犯した犯罪の重大性から刑事責任を負わせるとしても，その予後が長いので，本人を改善更生させ，社会に復帰させるという視点が成人の場合以上に重要となり，そのためには，刑を科す手続においても，これら年齢層の被告人の情操を無用に害することがないよう配慮することが必要となる場合が多いと思われる。
　ただし，少年の発達の度合いは同じ年齢であっても個人差が大きく，犯した犯罪の軽重，罪質・内容，社会的影響の程度も重要な判断要素であるから，裁判所は，個別の事案において合理的な裁量で対処すべきであり，具体的には，公判前整理手続の中で当事者と十分協議・検討して審理方針を立て，公判に臨むこととなる。なお，事件によっては犯罪被害者等の傍聴希望への配慮（犯罪被害者等の権利利益の保護を図るための刑事手続に付随する措置に関する法律2条参照）や，被害者参加の申出（刑訴法316条の33）への対応が必要となるものがあると考えられるところ，そのような事件では，既に家庭裁判所の審判において，犯罪被害者等が審判を傍聴していることもあるので，これが参考になると思われる。
　以上について，角田・前掲注(10)23頁参照。

録，とりわけ少年調査票の「調査官の意見」欄を手がかりにしていくほかないと思われる。

もっとも，調査官の意見を形成する前提となった事実関係を立証するための証拠として，社会記録をそのまま刑事裁判に顕出することは，社会調査の特質上相当でないので，社会調査の結果を踏まえ，協力を得られるのであれば，学校教諭や主治医等，少年の資質等に関する事情を最も的確に述べるこ

---

(21)　少年の被告人に対する具体的な配慮
　①　被告人の氏名等の秘匿——プライバシーへの配慮——
　　少年被告人の氏名等の秘匿については，裁判員選任手続や被告人の人定質問等で十分な配慮が行われており，人定質問では被告人の氏名や生年月日だけを答えさせたり，起訴状を示して「ここにあるとおりで間違いないですか」と確認する方法がとられているほか，傍聴者等への便宜として備え付けられている開廷表にも被告人の氏名を記載しない扱いが行われた例がある。また，被告人の親族が情状証人として出頭した場合にも，住所氏名を聞かず，「出頭票のとおりですか」と確認する例もあるようである。
　　さらに，この議論の延長として共犯者等の呼称をどのようにするかも問題となるが，共犯者の年齢や処分の状況（起訴されて公開の法廷で審理されることが予定されているか否か），事件の重大性（著名事件であるか否か），被告人の防御権への影響等といった要素を総合的に考慮し，公判前整理手続の中でその扱いを十分に詰めておくことが必要である。
　②　着席位置の工夫，遮へい措置——情操への配慮——
　　裁判員裁判では，法壇上に裁判官3名，裁判員6名，補充員2名程度が並ぶ上，事件によっては多数の傍聴人もいて，非公開の少年審判廷とは比べようもないくらいの緊張感を与えるため，少年被告人の情操への配慮の一環として，法廷の雰囲気や傍聴人等の視線を和らげる工夫が必要となる。そこで，実際の審理に当たっては，法廷で少年被告人を萎縮させないように着席位置の工夫をすることが一般的に行われており，具体的には，被告人が弁護人席の前で法壇に顔を向けて傍聴席を背にする例が多いようである。また，事件によっては遮へいの措置等もとられているところ，その態様は，入退廷時に傍聴席との間に遮へいをするのが多く，特殊な事案では審理中もほぼ完全な遮へいをした例もあったようである。いずれにしても，裁判所は，被告人の年齢や性格，精神状況，体調等に応じて，訴訟指揮により適切な措置をとる必要があり，そのためには，当事者との公判前整理手続を含む事前の協議・検討，連携が欠かせない。
　③　審理日程上の配慮——心身への配慮——
　　裁判員裁判では連日的な開廷が原則であるが（刑訴法281条の6第1項），少年の年齢や知的能力など内面的な発達の程度に応じて，審理中，集中力が持続できるように，審理の日程や時間を配慮する必要がある。例えば，数日間程度の審理日数の事件では途中に土日や休日を挟んだり，10日以上の長期の審理日数の事件では半日とか1日置きといったことも考えられる。また，少年が長時間にわたって集中力を維持できないことは，少年審判等でよく経験するところであり，少年の裁判員裁判でも，こまめに休廷をとることが必要となる。
　　以上について，手﨑・前掲注(8)43頁参照。

Ⅳ 少年の裁判員裁判における審理（証拠調べ）について

とが期待できる者を証人として尋問することが考えられる[22]。少年の生育歴については，弁護人が保護者らの尋問と被告人質問で立証することが可能である。また，実務で時に遭遇する児童虐待（身体的虐待，性的虐待，ネグレクト，心理的虐待）が非行の背景にある事件，とりわけ性的虐待などについては，被告人質問で少年自身に語らせることは過度の精神的負担や，将来に向けて回復不能な心的外傷を与えることになりかねないので，情状鑑定を選択して鑑定人の証言により立証することが適切である。これにより，裁判員を含めた裁判体が，当該事案における家裁移送の相当性という審理のポイントについて直接尋問を聞き，公判廷で心証形成することをより容易にすることが可能になると思われる。

　また，調査結果そのものではないが，家庭裁判所調査官は，調査結果を踏まえ，医学，心理学，教育学，社会学その他の専門的見地から（少年法9条），少年被告人がどのようなメカニズムで犯行に至ったかについて，少年調査票の意見欄に記載しているところ，事案によっては，こうした専門的意見を法廷に顕出するのが望ましい事案もあると考えられる。

　この点，少年調査票を作成した家庭裁判所調査官を証人として尋問することは，厳密には証人でも鑑定人でもないという点で刑事訴訟上の証拠方法としての意義が不明確である上，家庭裁判所調査官が当該事件の調査を担当し守秘義務を負う裁判所の職員であることからして，相当ではないと考えられている[23]。そこで，実務上の工夫として，被告人が何故このような重大な事件を起こしたのか，その原因や動機，経緯等について裁判体が理解を深めるために，精神鑑定や情状鑑定，精神科医等の専門証人の証人尋問が行われた事例があり，審理のポイントに即して，当事者の意見を聴いた上，このような方策をとることは十分考えられる。

---

(22) これらの者に対する尋問を，社会調査の結果のみに基づいて請求する場合には，証人尋問をきっかけとして今後の社会調査において情報の提供を拒否されるなどの支障が生じないよう，協力依頼の方法や尋問事項等について十分な配慮が必要と考えられる。
(23) 司法研究・難解な法律概念64頁

ただ，このような証人尋問や鑑定人尋問といった人証による証拠調べの実施が諸般の事情により困難な場合も考えられるので，そうした場合には，次善の策として，少年等のプライバシーに配慮した上，社会記録を含めて開示された記録の中から公判での朗読に適した部分を抜粋し（例えば，鑑別結果報告書の意見部分や医師の診断書等），これを証拠化するように努める必要があろう[24]。「調査官の意見」欄の証拠調べの方法は，裁判員の心証形成の観点から，公判期日における朗読が原則となろうが，プライバシーに深く関わる部分については，裁判体が法廷で黙読した事例もある[25]。

V 論告・求刑，弁論

論告・求刑，弁論は，審理における当事者の訴訟活動の終着点であり，証拠調べの結果を踏まえ，立証されたと考える事実関係に沿って，少年刑事事件のとしての特質や要点を適切に捉えた意見を，必要な法律論とともに分かりやすく主張することになる。

その際，検察官は，刑事処分を相当とする具体的な根拠を示した上，適切であると考える理由を挙げて求刑をすることになるが，事案等に応じて，例

---

(24) 司法研究・難解な法律概念64頁
(25) 社会記録の取扱い
　少年の刑事事件では，科学調査主義の原則から（少年法50，9条），家庭裁判所段階で重要な役割を果たした社会記録についても，これを努めて取り調べるようにしなければならないとされており（刑訴規277条），この要請は，少年の裁判員裁判にも及んでいる。
　この点，従前の少年刑事実務では，当事者の申立て，又は職権により，事件が係属している裁判所が家庭裁判所から社会記録を取り寄せ，当事者が閲覧して証拠として申請すべき部分（相手方の同意を得られる部分）を，第１回公判後に裁判所も関与して，有用なものをいかに広く証拠化するかという視点から協議の上で決定し，これを公判廷で取り調べていた。しかし，裁判員裁判では，直接主義，公判中心主義の要請から，原則として審理のポイントに最も適した証人や鑑定人を取り調べる必要があるほか，公判前整理手続における証拠の厳選の要請が社会記録にも及ぶ上，社会記録自体の特質からも相当の制約があり，結局のところ，その立証については本文記載のように考えられるが，少年の刑事事件に関わる重要な問題であることから，さらに説明を付加する。
　社会記録とは少年調査記録のことで，家庭裁判所調査官作成の少年調査票，少年鑑別所作成の鑑別結果通知書，学校照会等の各種照会に対する回答書，家庭裁判所における少年に対する調査結果等を綴ったものである。

V 論告・求刑, 弁論

　家庭裁判所調査官は，自らの守秘義務と少年審判の非公開制度の上に立ち，すべての情報が非公開であることを前提に，少年や家族のプライバシーの深淵に関わる情報を調査・収集し，人間関係諸科学の知見に基づいて少年調査票を作成している。実際の調査活動では，とりわけ学校を始めとする関係機関等からの情報入手に当たり，個人情報の保護に関する法律の影響などもあって，十分な情報を得るのに困難を極めることが少なくないようである。このように少年調査票を含む社会記録は，少年や家族のプライバシーが凝縮されたもので（例えば，少年の出生の秘密や被虐待経験，親の離婚歴・異性関係，関係機関だけが知っている情報等が明らかにされている。），本質的に公開することになじまないものが大きな部分を占めている上，公開されることがあるとすると，収集すべき情報が収集できなくなるなど，質の面でも量の面でもマイナスの影響が出てきかねないことになる。
　このように，少年の裁判員裁判では，裁判員裁判制度の要請に加えて，社会記録自体の特質からも，証拠化すべき事項を厳選する必要があるが，厳選するに当たっては，何を立証しようとしているのかを考え，本文記載のように，他の方法で立証が可能であれば，それによるべきである。
　このように考えると，社会記録中の「生の情報」を取り調べる必要性は，一般的にそれほど多くないといえるし，実際上も，当事者は社会記録を証拠請求しない傾向にあるとの指摘もある。
　なお，社会記録自体を書証として取り調べるかどうかを検討する場面では，社会記録の謄写の可否が問題となる。従前，少年の刑事事件では，家庭裁判所調査官の情報収集の障害となる可能性に鑑み，情報源との信頼関係に不測の事態が生じないよう配慮し，謄写を一切許さない扱いが一般的であったと思われる。少年の裁判員裁判においても，少年法の趣旨について十分な理解を求め，閲覧の時間を十分に与え，その際に必要事項についてメモを取ることを許容することで理解を得られる事案が通常ではないかと思われる。もっとも，一般国民から選出された裁判員が，少年被告人の非行メカニズム等を理解し，不定期刑や家庭裁判所への移送を検討するには，当事者のきちんとした説明と立証が必要であるから，その準備・検討のために謄写を求められる場面も想定される。そのような場合には，少年法の趣旨について十分な理解を求めることはもちろんであるが，少年法の趣旨を踏まえても謄写が必要と考えられるようなやむを得ない事情があるときには，裁判所，検察官，弁護人間でよく協議し，書証として取り調べる範囲に限って，謄写を認める扱いも検討されてよいように思われる（なお，社会記録を取り調べる場合の証拠調べの方法は，本文記載のように，公判期日における朗読，場合によって部分的な黙読も併用という方法による。）。謄写の具体的な範囲としては，家庭裁判所調査官の意見欄で足りると考えられ，謄写を認める場合でも，家庭裁判所調査官の調査活動に影響が出ないようにするため，謄写物の部数を1部に限った上，謄写の謄写は認めないなど裁判係属中の管理・保管を徹底し，裁判終了後は謄写物を返還するか，当事者においてシュレッダーにかけるなどして確実に廃棄することが前提条件となるであろう。
　この関係で，家庭裁判所調査官には，意見欄を作成するに当たり，その意見の内容と客観的根拠が，当事者や裁判員に十分伝わり，しかも少年その他の関係者のプライバシーにも配慮した，簡にして要を得た具体的な記載をすることが求められる。また，少年鑑別所技官や医師に対しても，刑事裁判における証拠としての必要性や用途を説明し，プライバシーに配慮した記載をしてもらえるよう啓蒙を図っていくことが期待される。
　以上について，手﨑・前掲注(8)45頁，角田・前掲注(10)35頁参照。

えば，少年院の処遇期間に近い刑を求める場合には刑事処分が相当であることや，原則検察官送致事件であれば保護処分を相当とする「特段の事情」がないことを，きちんと説明する必要がある。

　一方，弁護人は，家庭裁判所送致を主張するのであれば，保護処分の相当性について明確な根拠を示した上，求める保護処分について，少年院の通常の長期処遇で足りるというのか，比較的長期又は相当長期の処遇勧告が付されたとしても，少年院の矯正教育が適当だとするのか，あるいは保護観察による在宅処遇で足りるというのかを，具体的に説明することが求められる[26]。

（こま・くにひこ）

---

(26)　八木・前掲注(8)337頁参照。

裁判員裁判非対象事件の審理の在り方

東京簡易裁判所判事・元大阪高等裁判所判事　　松尾　昭一

|Ⅰ　はじめに
|Ⅱ　第1審の公判審理
|Ⅲ　控訴審の在り方
|Ⅳ　結　　び

Ⅰ　はじめに

　裁判員裁判制度の実施に伴い，事前の争点整理と証拠の取捨選択のもとに，争点中心の直接主義・口頭主義に徹した計画審理・集中審理が行われるようになった。それに伴い，立証も直接主義・口頭主義に見合った方法がとられるようになってきたし，従前の判決書の在り方も大きな見直しがなされている。控訴審の在り方も，これに応じて変化を求められ，現に従前の控訴審とはかなり違ったものになってきているように思われる。それでは，このような裁判の在り方が求められるのは，裁判員裁判だからであろうか，それとも，裁判員裁判非対象事件（非裁判員事件）を含む刑事裁判についてであろうか。一見自明なことのようにみえるテーマについて，これまで必ずしも意識的に検討されてこなかったように思われるし，現在の刑事裁判の状況をみても，非裁判員事件の裁判（非裁判員裁判）については，残念ながら旧来

の運用から抜け切れていないように思われる。本稿は，刑事裁判の在り方は，裁判員対象事件と非裁判員事件とで異なってよいはずはなく，裁判員裁判を念頭に置いてなされている議論は非裁判員裁判にも妥当するものであること，すなわち，直接主義・口頭主義に徹した集中審理は刑訴法の基本理念・原則とするものであり，刑事裁判の本質的要請であることを，戦後の議論を参照しながら確認した上，若干の問題点について検討を加えようとするものである[1]。

II　第1審の公判審理

1　刑事裁判の在り方に関する従来の議論
(1)　従来の議論について

　現在，盛んに裁判員裁判の在り方として議論されているテーマと相通じるテーマについて，既に昭和30年頃から議論・検討され，実践されていたものとして，訴訟運営に関する集中審理方式と呼ばれるものがある。集中審理方式は，高名な刑事裁判官であった岸盛一判事らが中心となって，旧来の審理の実情に対する反省から，新しい刑訴法の理念に沿った審理の在り方を検討してこれを実践に移し，これをもとに更に検討を加えるという取組みの上で実施されたものである（これに取り組んだ裁判官は「新刑訴派」と称されることもある）。そして，事前準備に関する一連の刑事訴訟規則の改正は，そのような取組みと，これに併行して行われた第一審強化方策協議会での検討結果とその答申をもとになされたものである[2]。

　当時の審理方式に関する議論の中心は，一口でいえば集中審理に関するものであるが，その内容は今でもこれからの刑事裁判の在り方を考える上で大

（1）　同様の問題意識を示すものとして，中山隆夫「模擬裁判を通してみた裁判員制度に関する若干の覚書」小林・佐藤古稀（下）516頁注(6)がある。また，司法制度改革審議会の裁判員制度・刑事検討会でも，直接主義・口頭主義で争点に集中した審理を行うべき要請は非裁判員裁判でも変わらないということについての基本的認識については異論がなかったようである。

いに参考になると思われるので，以下その概要をみておくことにする。なお，議論の経過や内容の詳細は，当時の法律雑誌等[3]で知ることができるのでこれらの刊行物を参照されたい。

(2) 集中審理の意義

集中審理といわれる審理方式は，事実審理を計画的，集中的に行い，事件

---

(2) 最高裁判所は，第一審強化方策協議会を設置して，第1審を充実強化する具体的方策を諮問し，同協議会は，昭和31年6月25日第一審強化方策要綱を示して答申した。そのうち，刑事事件に関しては，大きく，①事件の配点方法の改善，①期日指定の合理化と継続審理の実施，②証拠調べの充実と準備手続の活用があげられた。特に②に関しては，法の理想とする「口頭主義」と「弁論主義」を徹底すること，検察官の冒頭陳述は，各事案に即し適宜実質的に行って，被告事件に関する主張及び立証方針を明らかにすること，書証の取調べについては，朗読又は要旨の告知を省略しないことなどとされたほか，立証趣旨の明確化，交互尋問方式の採用，公判審理を実質的な証拠調べに集中するための準備手続の活用等が盛り込まれた。また，上記答申にはこれらの検討のための第一審強化方策地方協議会を設けることも含まれていた。以上の答申を受け，最高裁判所は，答申で示された事項中，運用の改善と地方協議会の設置の実施を求める内容の「第一審強化方策の実施について」と題する通達を昭和31年7月6日付けで発し，これに基づき各地方裁判所所在地の法曹関係者で構成する「第一審地方協議会」が設置されることになった。現在も行われている第一審強化方策地方協議会のルーツはここにある。規則改正や第一審強化方策地方協議会設立の経過等については，千葉和郎「刑事訴訟規則の一部を改正する規則について」曹時13巻5号1頁以下，西村法「事前準備等に関する刑事訴訟規則の改正について」ジュリ22号35頁以下に上記の経緯に関する要領よい解説がある。

(3) ①刑事実務研究室「岐路に立つ刑事裁判」第1回ないし第9回（判タ46号，47号，49号，52号，53号，61号，62号，72号，73号），②刑事裁判実務研究会「集中審理の基本問題」第1回（判タ81号），刑事裁判実務研究会「集中審理の諸問題」第2回ないし第11回（判タ83号，85号，86号，87号，89号，90号，92号，100号），以上の成果をまとめたものとして刑事裁判実務研究会編『集中審理』（1964年，判例タイムズ社），③刑事裁判実務研究会「集中審理についての回顧と展望」第1回ないし第10回（判タ111号，112号，114号，117号，120号，122号，125号，127号，130号，133号），④岸盛一＝新関勝芳＝江里口清雄＝岩田誠＝兼平慶之助＝高橋幹夫＝内藤頼博「〔座談会〕刑事裁判の諸問題」（曹時13巻5号），⑤刑事裁判実務研究会「日本の法廷――その理想と現実――」第一回ないし第8回（判タ164号，165号，169号，170号，173号～175号，179号）⑤岸盛一「集中審理と訴訟指揮の問題点」法時35巻1号，⑥岸盛一・横川敏雄『新版 事実審理〈集中審理と交互尋問の技術〉』（1983年，有斐閣）等。これらの論稿は当時の刑事裁判の実情，問題点，検討状況とその成果を示すものとして大変貴重で興味深いものであるが，その内容は，決して古さを感じさせるものではなく，これからの刑事裁判の在り方を考える上でも大変参考になる。なお，横川敏雄「刑事訴訟法が軌道に乗るまで」ジュリ551号73頁以下には，集中審理方式の確立までの過程とそのための刑訴規の整備等に関する簡潔な解説がなされている。

の適正かつ迅速な処理を目指すものである。そして，このような集中審理への要請は，刑訴法の定める手続全体の中に，とりわけ起訴状一本主義，伝聞証拠の禁止（供述調書等の証拠能力の制限），証拠調べの方式等の口頭弁論主義を基本とする公判審理の構造の中に鮮やかに現れている。口頭弁論主義は，法廷に提出される捜査書類について厳格な規制を加え，この規制のもとに提出されるこれらの書類についての必要な証拠調べを励行することによって，かりにも法廷が捜査書額の引き継ぎ場所のような観を呈することのないことを強調する点において，捜査との間に確たる一線を画するとともに，法廷ですべての資料の内容を直接口頭で明らかにすることを要請する点において，上訴審に対し著しい特色を示すものであって，事実審としての第1審の性格がはっきり打ち出されている。そのことによって，裁判の公正は一層明確に，被告人の基本的人権は一層確実に保障されるのであり，新刑訴法のもとにおいてデュー・プロセスということが強調される理由もここにある[4]。
このように，集中審理は，刑訴法の基本原則である直接主義・口頭主義を実現するためのものである。公判審理は，争点を中心としたベストエビデンスにより継続的，集中的に行われることが予定されている。

(3) 見る裁判から聞く裁判へ

集中審理は，刑訴法の根本精神である弁論主義を十分に発揮し，事実審理を充実させることにある。弁論主義のもとでは，当事者は主張，立証のすべてを公判廷で明らかにして，裁判所はこれを聞いて判断するということになる。すべての証拠は，人証であれ，証拠書類であれ，物的証拠であれ，法廷で口頭により提出され，当事者間の批判にさらされる。裁判官は，これをよく聞いて判断を下す。記録を自宅でゆっくり検討して判断するということではなく，法廷で判断しなければならない。法廷で得られた新鮮な心証をもとに判断するのであるから，集中して審理をしなければならない。集中審理は，このような弁論主義と相即不離の関係に立つものである。

（4） 刑事裁判実務研究会「集中審理の諸問題」判タ81号34頁，刑事裁判実務研究会編・前掲注(3)『集中審理』9頁以下。

Ⅱ 第1審の公判審理

(4) 事前準備の励行

　集中審理を実施するためには，当事者による争点の明確化と証拠の厳選を中心とする事前の準備が極めて重要である。また，当事者間の事前準備だけでは十分とはいえない場合が多く，そのためには，当事者の準備を促し，これを支えるものとしての裁判所書記官の役割は極めて大きいし，事件によっては裁判官も関与した上で，審理日程を策定し，必要な公判期日を予定することが重要である。

(5) 充実した審理

　公判審理は，事前準備によって計画されたところに従って集中的に行われるべきである。①そのためには，事前準備を前提として第1回公判期日における起訴状朗読後の機会に争点を整理しなければならない。②検察官の冒頭陳述は，証拠との関係から公訴事実を分析してこれを構成する個々の社会的事実の実態を明らかにし，これによって個々の証拠の取調請求の真義，その相互の有機的関連を示すものでなければならない。適切な冒頭陳述が行われるかどうかは，その後の審理が円滑に合理的に行われるかどうかのバロメーターである。③検察官の証拠請求は，合理的な立証計画のもとに証拠を取捨選択した上でなされるべきである。証拠の関連性，必要性，重複等の有無を判断するためには立証趣旨の記載が重要である。裁判所は，これを明確にさせて，証拠の採否を決すべきである。④証拠書類の取調べについては，朗読を原則とすべきであり，要旨の告知に代える場合でも裁判官が心証を形成することができるだけのものでなければならない。証拠物の取調べについても単に示すだけではなく，公訴事実と証拠物との関連性を念頭に置きながら，適宜被告人質問を行うなどの工夫が必要である。これによって，被告人には検察官の立証の全貌を理解させ，これに対する反論，特に証拠の証明力を争う機会を十分に与えるという，裁判の本質である告知と聴聞を履践することが可能となる。裁判官は，このような公判廷における充実した当事者間の実質的な攻防を基にして，法廷で心証を形成し，これに基づいて判決を宣告することになる。⑤刑訴法321条1項2号による書面の証拠請求とその採否に当たっては，運用上細心の注意と各別の工夫を要するものであり，その取り

扱いこそ刑訴法の立場に沿った運用といえるかどうかが決まる。特信性の要件を証明力判断の基礎と考える立場は口頭弁論主義の徹底を忘れた供述調書偏重の表れであって採用できない。特信性は証拠能力の要件であってその判断は外面的付随事情を基礎とすべきである。検察官は，2号書面として請求する場合には，法廷での証人尋問によって，調書の内容と証人の供述内容との間にくい違いがあることを明確にし，このようなくい違いを生じた原因について適確に尋問することにより，相反性と特信性を明らかにしなければならない。

2 その後の運用について
(1) 必ずしも浸透しなかった理由

　以上のとおり，刑訴法施行後のごく早いうちから，公判審理の在り方についての議論がなされ，そこでは，既に，直接主義・口頭主義に基づく争点中心の集中的な公判審理が，刑事裁判の基本原則であるということが確認されている。また，集中審理を実現するための一定の立法的手当もなされていたのであり，刑事裁判の場において，集中審理を実施するための種々の方策が検討され，実践に移されてきたものである。裁判員裁判制度が導入され，裁判員裁判では公判前整理手続を必要的なものとし，同手続で明確化された争点と証拠に基づいて直接主義・口頭主義に徹した集中的審理が求められるようになったが，これは何も裁判員裁判だからということではなく，刑事裁判の本質的在り方からみて当然の帰結というべきであり，裁判員裁判であろうと，非裁判員裁判であろうと変わるものではない。しかし，このような刑事裁判の在り方に基づく公判審理はその後の種々の要因からうまくゆかず，精密司法と称されるような公判審理が行われるようになった。

　直接主義・口頭主義に基づく集中審理が実務の大勢に至らなかった要因はいろいろ考えられる。松尾浩也教授は，わが国の刑事手続について，独自の運用が形成され，そのような刑事手続の日本的特色を精密司法と呼ぶのが適当であるとされた[5]が，このような特質が直接主義・口頭主義に徹した集中審理に至らなかった大きな要因であることいえよう[6]。また，平野龍一博士

は、「わが国の実務が、完全な口頭主義に転換できるかは問題である。それは、検察官にとって問題であるだけではなく、弁護人にとっても問題である。しばしば証拠開示が完全に行われるならば、弁護人も検察官に対抗できるであろうといわれる。現在のように調書が沢山提出され、それが同意され、その弾劾のために証人が喚問されるという手続であるならば、その調書が全部事前に開示されれば、弁護人も検察官に対抗できるかもしれない。しかし徹底した口頭主義がとられ、証人の公判での証言だけで立証するという方法がとられ、『調書』はほとんど作成も提出もされないことになると、その提出しない調書やメモまで開示せよというのは無理で、開示もほとんど内容がなくなる。このような状況のもとで、アメリカのような弱い捜査ならばともかく、わが国のような強力な捜査に弁護人が対抗できるかは疑問である。」と指摘されていた[7]。実際の運用面でも、新刑訴法が施行されてしばらくは新旧両刑訴法が適用される事件が山積していたという事情と、これに伴い新刑訴法事件がともすれば旧刑訴法的な訴訟運営に傾いていた状況があり、そのような中で、集中審理方式はこれまでの意識改革が強く求められた

（5）　松尾浩也『刑事訴訟法 上 [新版]』（1999年、弘文堂）15頁以下。
（6）　松尾教授は、日本の刑事手続は、関係者すべてが強く真実を志向する「精密司法」であり、これと対立する多量の欧米法的要因が導入され、この日本的特色を変化させる契機として作用しているにもかかわらず、精密司法の基盤は強靱であり、容易にその根本的修正を許さないとものであると指摘される（松尾浩也『刑事訴訟法の理論』〈2012年、有斐閣〉298頁）。また、同教授は、精密司法は、詳細な捜査、慎重な起訴、綿密な公判審理と事実認定の細部を追い求め、判断の精度を限り無く高めようとするものであって、これらは一体的に理解されるものであり、従前の集中審理の努力は、この高密度の捜査、慎重な起訴（その結果としての低い無罪率）、調書裁判の3点を所与のものとして構想されたものであるとされ（松尾浩也『刑事法学の地平』〈2006年、有斐閣〉43頁）、いわゆる集中審理方式が目指した「審理の充実」は、継続審理を前提とするものではなく、また、口頭主義の徹底とは、書証の朗読ないし要旨告知の励行であって、必ずしも証人中心の審理ということではなかったと指摘されている（松尾・前掲注202頁、同「日本の刑事裁判では、集中審理が行われていると言うが、これはどういう意味か」法教175号114頁）。しかし、集中審理方式を実践した東京地裁では、一定の事件を指定事件とし、立証は証拠書類中心の裁判ではなくむしろ証人を直接取り調べて裁判をするという公判中心主義観点からの裁判をめざす取組みがなされ、この取り組みがかなり成功したと評されていた点も見落としてはならない（刑事裁判実務研究会「日本の法廷──その理想と現実──第5回」判タ173号55頁以下参照。
（7）　平野龍一「参審制度採用の提唱」ジュリ1189号55頁。

が，この点が全体の意識として十分に統一されないまま，これが後々まで影響していた面があることも否定できないであろう。法廷での証拠書類の取調べも本来原則であったはずの朗読が後退し，要旨の告知が主流となり，法廷での心証形成が可能な証拠調べとはいい難いものになっていた。証拠の朗読や要旨の告知の省略が新刑訴法施行当初から現在まで法廷慣行になってしまっているとの評価[8]はともかくとして，要旨の告知と称しながら，その内容は形だけのものになり，ときには立証趣旨を告げる程度に簡略化されてしまい，証拠の引き継ぎの感をいだかせるような例もないとはいえなかったのである。また，検察官側の事情として，検察官による証拠開示の遅れや検察官が取調請求予定証拠以外の証拠の開示に応じようとしないことなども，弁護人の準備の遅れなどをもたらした。弁護人側の事情として，開示された証拠の閲覧・検討の遅れが大きかったし，繁忙を理由とする不協力ないし消極的対応，予断排除の原則を盾に事前準備に応じようとはしない事例もあった。このような事情も事前準備に基づく集中審理を阻む要因となったといえよう。

　松尾教授も指摘されるように，日本の刑事手続は，捜査，公訴の提起，公判の三段階が有機的につながっているのであり[9]，捜査段階について精密司法的な運用が改められない限り，争点を中心とした真の核心司法の実現は困難であろう。そして，捜査の実情は，従前の精密司法的な手法が残っているといわざるをえないことは，裁判所の努力にもかかわらず，現在においても，裁判員裁判においてさえ，ややもすると検察官からは詳細な証明予定事実記載書面が提出され，冒頭陳述も詳しいものとなり，証拠書類の取調請求が多くなりがちであることからもうかがい知ることができる。非裁判員裁判については，徐々に意識が変わりつつあるとはいえ，関係者にはいまだに従来の運用を積極的に改めようとする意識が高いとまではいい難いであろう。松尾教授は，精密司法かどうかの違いがもっとも鮮明に現れるのは，有罪判

（8）　浅田和茂＝川崎英明＝高田昭正「戦後刑事司法の軌跡——その担い手達の活動——」ジュリ930号130頁。
（9）　松尾浩也「刑事訴訟法の理論と現実」書研所報46号16頁。

決を得るための捜査（徹底した取調べ）を前提とした公訴提起の段階であり，それがおのずから公判に影響すると指摘されている[10]が，実務の現状からみてもこの点は否定できないところである。

(2) 非裁判員裁判の審理の現状

　裁判員裁判が始まったことによって，非裁判員裁判についても直接主義・口頭主義に基づく集中審理ができる環境は整ったといえる。すなわち，裁判員裁判においては，上記のような公判審理の在り方がかなり実現されているのであって，このような基本的な公判審理の在り方は非裁判員裁判においても同様に考えればよいことになる。しかし，控訴審から第1審の非裁判員裁判の審理をみると，まだまだそのような審理がなされているとはいい難い。例えば，被告人が1名の共犯者多数の自白事件で，検察官が被告人と共犯者らの供述調書（共犯者間の関係，犯行までの経緯，犯行状況，犯行後の状況等を立証趣旨とするもの）を，重複をいとわず多数，しかも，被告人と共犯者らの同じような内容の警察官調書と検察官調書をそのまま証拠として請求したのに対し，裁判所はそれらの供述調書を全部証拠として採用した事例があった。重複証拠として，必要性が乏しいもの，関連性に疑問があるものまで採用しているのである。これでは，これらの証拠の取調べはどのようにしてなされたのかとの疑問さえ生じかねない。証人尋問についても，いまだ争点に即した簡潔にして要を得た尋問が少ないように思われる。その結果，争点に即した審理が十分になされたとはいえないものとなり，また，記録も裁判員対象事件に比べて相対的に分厚くなっている。そのような審理がなされた裁判では，公判期日も月一，二回程度開かれ，集中審理にはほど遠いものが多く，裁判員対象事件の裁判と比較すると判決までに長い時間を要している。

　そこで，次に，非裁判員裁判について直接主義・口頭主義に徹した集中審理が実現できていないのはなぜか，その実現のためにはどのような点を考慮すべきかといった点について検討してみたい。

---

(10)　松尾・前掲注(9)17頁。

3 非裁判員裁判の第1審公判手続の在り方について

(1) 裁判員裁判と非裁判員裁判が二元論的な運用となってしまった理由・背景

①まず，裁判に裁判員が参加する裁判員事件においては，争点を絞り，証拠を厳選し，集中的に直接主義・口頭主義に基づく公判が求められるとの漠然とした理解であろう。現在ではそのような意識はなくなってきていると思われるが，このような理解が意識の深層に潜んでいたのではないかと推測される。②また，裁判員裁判を軌道に乗せることに多くのエネルギーが必要であることから，裁判に携わる裁判官や書記官の不足，多数の手持ち事件，法廷の数が限られていることなどの種々の要因があって，その実現を阻んでいるのではないかと思われる。③非裁判員裁判に関与する検察官の不足から，裁判員裁判と同様の準備ができず，裁判所側の②の事情とあいまって，理想的な公判審理を阻んでいるという事情もあるであろう。④弁護人側にも，繁忙，準備不足，公判前整理手続で主張を出し尽くすことへの抵抗などの要因も考えられる。⑤非裁判員事件について重い公判前整理手続を行うことへのためらいもあるかもしれない。

(2) 非裁判員裁判事件審理の在り方

しかし，通常の訴訟手続においては，直接主義・口頭主義に徹した集中審理が求められる点で裁判員裁判であろうと非裁判員裁判であろうと本質的な違いはない。確かに，裁判員裁判においては，重罪事件について集中的に公判を実施することから，そこに多くの時間と労力を割くことになり，非対象事件について，裁判員裁判と同じ様な意味での公判審理を実施することには多くの困難を伴うことは否定できない。しかし，そのようなことから旧態依然とした公判審理が正当化されるわけではないことも明らかである。

そこで，非裁判員裁判において，このような審理を実現するためにはどうすればよいかを検討してみよう。非裁判員裁判においても上記のような審理が求められていることについての意識改革が重要であることはいうまでもない。その上で，以下の点を考慮すべきであろう。

ア　刑訴法が定める通常訴訟手続で行う審理と，これより簡便な手続で行う審理との選り分け

　わが国では，アレインメントの制度はとられておらず[11]，原則的には通常訴訟としての裁判手続に乗せられることになる。しかし，通常訴訟手続は，刑訴法326条の規定があるにせよ，重罪事件，否認事件の審理に耐えるにふさわしい手続というべきであり，軽微な事件，争いのない事件の審理方式としては「鶏をさくに牛刀を用いる感があった」と指摘されている[12]。そのためには，起訴にかかる事件のうち，争いがなく比較的軽微な事件については，それにふさわしい手続を活用して，迅速かつ効率的な訴訟運営を図るべきであり，その余力を否認事件等の真に公判廷で主張，立証させ，直接主義・口頭主義にのっとった集中審理に適する事件に振り向けるべきであろう。

(ｱ)　簡易公判手続の活用

　簡易公判手続は，審理の促進と事件の重点的処理のために，略式手続と通常訴訟手続のいわば中間的な手続として昭和28年の刑訴法改正で創設されたものである[13]。ところが，これまでこの制度の活用は低調であった。その理由として，簡易公判手続によるかどうかは第1回公判を迎えなければ確定しないため，当事者の準備作業が簡略化できるわけではないこと，要旨の告知の方法で行った方が裁判官としては事件を理解しやすく，公判廷外で証拠の内容を確認する作業にも変わりがないこと，簡易公判手続が取り消される

---

(11)　以前から将来的にはアレインメントの採用すべきであるとの意見が裁判官ら法曹関係者から出ていた（江里口清雄＝小田泰三＝岸盛一＝小林健治＝新関勝芳＝武内孝之＝団藤重光＝戸田善一郎＝松本卓矣「〔座談会〕速やかに第一審を充実強化せよ——特に刑事裁判に関連して」ジュリ104号18頁。池田修＝前田雅英『刑事訴訟法講義〔第4版〕』（2012年，東京大学出版会）362頁「刑事司法の効率的運用が求められている現在，一定の軽微な犯罪について，憲法に違反しないような厳格な要件を設定して採用することは不可能ではないものと思われる」とする）。司法制度改革審議会の議論の中では，アレインメントの導入について，幅広い法定刑の中できめ細かい量刑がなされている実情を踏まえると導入しても実効性のあるものとなるかどうか疑問であり，本人が認めればよいという点で国民感情の関係でも疑問が残るという意見が出されていた（司法制度改革審議会における第27回議事概要）。

(12)　中野次雄「簡易公判手続」実務講座(6)1469頁，佐々木史郎「簡易公判手続」判タ226号377頁。

と，改めて通常の訴訟手続を踏まなければならないことなどが指摘されている(14)。しかし，そのような理由は決定的なものではないと思われる。当事者間の事前準備により簡易公判手続に適する事件かどうかの見定めは十分にできると思われるし，直接主義・口頭主義を徹底すれば，それに要する時間は，簡易公判手続に要する時間とでは相当の開きがあると思われ，手間ひまが変わらないとはいえず，簡易公判手続を排斥する理由とはならないと考えられる。また，従前，通常訴訟手続が簡易公判手続以上に簡易な運用が行われてきたという実態があるからだとの指摘も従前の審理の実態からみて当たっているところがある。直接主義・口頭主義に徹した公判審理に相応しい事件と簡易手続になじむ事件を振り分けてゆくと，簡易公判手続の活用の余地は大きいと思われ，この手続の活用をはかるべきであろう(15)。

(イ) 即決裁判手続の活用

この手続は，刑事裁判手続を合理化，効率化し，迅速な審理を実現するために，裁判員裁判施行に併せて新たに導入されたものである。しかし，この制度の活用も低調といわざるをえない。その理由として，検察官としては即決裁判手続によることが相当と認めるときは，公訴提起に先立って被疑者の

---

(13) その経緯については，中野・前掲注(12)1469頁以下。岸盛一判事は，「現行刑訴法は，一審の手続を非常に複雑なものにした。どんな事件でも公判手続による以上はその手続によるというところに問題がある」というところからきていると指摘される（出射義夫＝井上文夫＝岸盛一＝鈴木才蔵＝団藤重光＝平野龍一＝横井大三〔座談会〕刑事訴訟法改正の基本問題」〈ジュリ42号14頁〉における岸発言）。また，簡易公判手続は，アレインメントの採用には，憲法上の疑義があるということから，このような制度となったという経過がある（その辺の事情については，団藤重光『わが心の旅路』〈1986年，有斐閣〉162頁以下参照）。

(14) 池田修＝前田雅英『刑事訴訟法講義［第4版］』（2012年，東京大学出版会）363頁。なお，簡易公判手続が低調とされる理由の根本には，証拠調べ手続が省略できない点で簡易化として不徹底であったことが指摘されている。また，簡易公判手続では，第1回公判期日を開いてみないと利用できるかどうか分からないので，結局，検察官も弁護人も通常の手続の場合と同じ準備をしてくるということがあるとの指摘もあるが，この点は事前準備の段階で問題にすれば十分に解消することができると思われる。

(15) 集中審理に関する研究において「争いのない事件について簡易公判手続を活用しなくては，争いのある事件について口頭弁論主義を徹底し，集中審理を実施することは困難である」と指摘されていた（刑事実務研究会「集中審理の諸問題〔6〕」判タ89号11頁）。

同意（刑訴法350条の2第2ないし4項）が求められるなどの要件を充足しなければならないこと，懲役ないし禁錮刑を宣告するときは執行猶予が必要的であり，感銘力の点からみて問題があると指摘されていることなどが考えられる。また，非裁判員対象事件の裁判が直接主義・口頭主義に徹した集中審理に徹し切れていないことから，事件の振り分けという観点からする即決裁判手続の選択が低調になっているとも考えられよう。しかし，真に直接主義・口頭主義に徹した集中審理を実施するに相応しい事件とそうではない事件との振り分けの観点からみても，この制度の効率的な活用は有用であろう。否定的に評価するだけではなく，即決裁判手続の制度趣旨を踏まえた積極的な活用を図ることが必要であろう[16]。

イ　事前準備の充実とその実際

(ア)　事前準備か公判前整理手続かの選択と事前準備の充実

　直接主義・口頭主義に基づく刑事裁判を実現するためには，争点を明確化して，これに照準を定めた証拠の厳選と集中的な公判審理が必要不可欠である。そのためには，第1回公判期日前の準備が重要であることはいうまでもない。そのための準備として，まず考えられるのは公判前整理手続を実施することであろう。実務においても，争いのある非対象事件についてはかなりの割合でこの手続によっている。事件によっては，相当長期間にわたって当事者双方から詳細な主張がなされ，細かな争点整理がなされている例もある。しかし，争いのない事件についてこれを実施する例は見受けられないようである。このような運用がなされる結果，争いのある事件については，か

---

(16)　現在，法務大臣の諮問を受けた法制審議会・新時代の刑事司法制度特別部会において，時代に即した新たな刑事司法制度を構築するための法整備の在り方についての調査審議が行われているが，そこでの審議結果として「現行の簡易公判手続や即決裁判手続と同様，犯罪事実について証拠による合理的な疑いを超える証明を必要とするという在り方を維持しつつ，手続の簡易・迅速化を図るべきである。その上で，新たな手続の具体的な在り方については，現行即決裁判手続の活用が限定的なものにとどまっている原因をも踏まえつつ検討することが相当であると考えられる」と述べている（法制審議会・新時代の刑事司法制度特別部会「時代に即した新たな刑事司法制度の基本構想」〈平成25年1月〉32頁。http://www.moj.go.jp/content/000106628.pdf）。この問題に関しては，小島淳「自白事件を簡易迅速に処理するための手続の在り方」法教398号28頁以下がある。

なりの時間をかけ，しかも，事案にからみて詳細すぎる争点整理等がなされことが多い。その一方で，争いのある事件でも公判前整理手続を実施していない事例も見受けられるし，争いのない事件にいたっては，計画審理がほとんどなされていない事例が多い。私の経験したところだけをみても，非対象事件について適確な計画審理がなされていると評価できる事例はごく少数にすぎなかったといっても過言ではない。これはおそらく，争いのある非裁判員事件について，公判前整理手続を実施すべきかどうかという二者択一的な理解に立っているからではないかとも思われる。その結果，非対象事件について，公判前整理手続を実施した場合には裁判員裁判にならって集中的審理を行い，これを実施しなかった場合には，旧態依然とした審理を行うということになってしまっているのではないだろうか。しかし，非対象事件は，争いのある事件でも，その内容において複雑なものは少なく，比較的単純なものが多い。まして自白事件については，手間暇かけて公判前整理手続を実施するまでもない。公判前整理手続は事前準備のなかでは重い手続であり，時間と労力も要するし，当事者も慎重になってしまい，必ずしも必要とは思われない細かな点まで問題にしすぎるという問題も生じ，いきおい時間がかかりすぎることにもなりかねない（検察官が任意の証拠開示に応じない場合や予定証人が召喚状での呼び出しを受けなければ出頭できないような事情があれば，事前準備だけではまかないきれないところがあり，公判前整理手続によることになろう）。

　そこで，非対象事件については，公判前の準備として，一律に公判前整理手続を実施するのではなく，既に規則化され，実施されてきた事前準備を活用することで十分である場合が多い。事前準備によることのメリットは，公判前整理手続とは違って柔軟な運用が可能であることである。もっとも，公判準備手続によることなく，裁判官が関与して行う事前準備においては，従前から予断排除の問題がつきまとっていた。刑訴規178条の10第1項ただし書も「事件につき予断を生じさせるおそれのある事項にわたることはできない」と規定しており，従来は，事件の内容に触れることはこの規定に抵触するとの理解もあった。その結果，裁判所が争点に踏み込んだ準備をしようと

すると，弁護人から予断排除にわたるものであり応じられないといった拒絶的態度が示されることが少なくなかったし，裁判所もこの点についてかなり臆病になっていたように思われる。しかし，今回の改正で導入された公判前整理手続では，争点整理ばかりか証拠の採否まで行うことになっており，同手続による限り従前問題とされていたような予断排除の問題は生じない。そして，このような争点にわたるような事前の準備は，法の定める公判前整理手続において初めて可能となったと考えるべきではない。非裁判員事件においても，そのような規定をまつまでもなく，裁判官が計画審理のため必要な範囲で争点の整理・確認，請求予定証拠の確認（証拠の標目や立証趣旨の確認程度）にとどまり証拠内容に触れるものでなければ予断排除の問題は生じないというべきである。すなわち，ここでいう予断排除は，裁判官が直接証拠の内容に触れることを禁じているものと解するのが相当である。ただし，予断排除の原則は，公平な裁判所を担保するためのものであるから，上記のような内容の事前準備は検察官と弁護人が出席した場で実施するのが相当であろう（公判前整理手続においては，証拠採否に必要な限度で裁判官が証拠内容に触れることも当事者に異議がなければ許されると考えられるが，準備手続でこのようなことができるかについては意見が分かれよう）。上記集中審理の検討の中では，争点整理は第1回公判期日においてなされるべきであるとの理解がなされていたようであるが（前記Ⅱ1(5)①），以上のとおり，第1回公判前の事前準備において争点の整理も許されると考えられるし，集中的，計画的審理のためには第1回公判期日前における事前準備の活用とその充実が不可欠というべきである[17]。

(イ) 事前準備の実際

参考までに，私が長年行ってきた事前準備の概要を述べておきたい。といっても，一般的にいわれてきたことを実践してきたまでのことであるが，事前準備を適切に進めるためには，書記官と裁判官との協働作業が不可欠であること，そのためには裁判官に書記官の事前準備に関する役割の重要性への理解が必要であるということを強調しておきたい[18]。事前準備には，書記官による事前準備と裁判官が関与して行う事前準備がある。

a 担当書記官による事前準備

担当書記官（係書記官）の役割は重要である[19]。まず，担当書記官は，検察官に対して，請求証拠の開示時期の確認と早期の開示を促し，弁護人に対しては，検察官の開示時期を通知し，早期の閲覧等を促し，同意不同意の別を検察官に連絡することを求める（これが事前準備の出発点である）。その上で，検察官に対し，弁護人からの同意不同意の意見を踏まえて，予想される争点を確認し，また，同様に弁護人からも，争点や弁護人の主張の有無などを聴取する。次いで，担当書記官は，聴取した立証予定等からみて，書記官限りで検察官の立証予定を聞いて審理予定が立てられるような事案であれば，自ら立証計画の策定を行う。すなわち，担当書記官は，検察官の立証に要する時間の確認，証人請求の有無，証人請求があれば在廷証人として第1回期日に在廷できるかどうかの確認などをし，検察官立証に要する必要な公判期日と予定時間を割り出す。また，同様に弁護人の立証予定を聴取し，立

---

(17) 公判前整理手続は，司法制度改革審議会の意見書が，新たな準備手続の創設を提言したのを承けて立法化されたものであるが，そこでは「予断排除の原則との関係にも配慮しつつ」検討することを求めていた。その趣旨については井上正仁＝長沼範良＝山室惠「〔鼎談〕意見書の論点④ 国民の司法参加・刑事司法」ジュリ1208号118頁以下における井上発言参照。事前準備との関係で予断排除の問題を検討したものとして，小坂敏幸「予断の防止──裁判の立場から」新刑事手続Ⅱ147頁以下，長沼範良「事前準備と予断の防止」法教266号115頁以下，平良木登規男「当事者主義と予断排除」田宮追悼（下）14頁以下がある。
(18) 事前準備についての文献は多いが，刑事裁判実務研究会・前掲注(3)『集中審理』，特に38頁以下がこの点の議論の原点となるものであって重要である。
(19) 集中審理における書記官の役割の重要性に照らして，公訴の提起があれば，事件を担当する書記官を固定し，その書記官が事前準備にかかわり，公判審理・判決に立ち会うという係書記官制度をとるべきであるといわれていたが，現実には，係書記官制度が広く採用されるまでには至らなかった。しかし，書記官との協働ということを強調し，充実した事前準備のもとで直接主義・口頭主義に徹した集中的審理の実現のためには書記官との協働態勢の構築は不可欠であり，そのためには係書記官制をとることが前提となるというべきである。書記官との協働の重要性が叫ばれて久しいが，それにもかかわらず，これまでの書記官の事前準備を中心とした協働態勢構築へ向けての取組みが十分であるとはいい難いと思われる。その要因の一つとしては，裁判官側に書記官の事前準備を中心とした役割についての認識が十分ではなかった点があげられよう。いくら書記官が突っ込んだ事前準備を行おうと思っても，裁判官の理解と後押しがなければ，書記官だけでできるところには限度があるのである。

証に要する時間の確認，証人の有無，証人を請求するのであれば，それが第1回期日に取り調べることが時間的に可能であれば同期日での証人の在廷を求めるなどし，弁護人の立証に要する時間を割り出す。以上のようにして，当事者の準備に要する時間を見越して第1回公判期日を予定し，さらに続行期日が必要であればこれも予定する（直接主義・口頭主義の公判審理を実現するためには，連日かそれに近いような期日を予定することになる）。

b 裁判官による事前準備

担当書記官による事前準備により，審理計画が樹立できれば，裁判官は，原則としてそれに沿って審理を行えばよいことになる。しかし，複雑困難な事件等になると，担当書記官だけで審理計画を樹立することが困難な場合が多い。そのような場合には，裁判官が主導しながら，事前準備を実施することになる。すなわち，検察官と弁護人を交えて事前の打ち合わせを，必要であれば複数回実施し，そこで事件の争点，検察官の立証予定，弁護人の反証予定等を確認し，それをもとに審理予定を立てる（その場合，担当書記官も立ち会い，打ち合わせメモを作成し，そこで立てた審理予定等に関する認識内容にそごがないようにするため，これを当事者双方に直ちに送付するのがよい）。予断排除の問題も前記のように理解されるので，裁判官としては，当事者に事件の争点を明確にさせ，検察官の立証も争点を中心としたものに絞り，かつ，証拠請求においても立証趣旨を意識したものにするように求めるべきである。弁護人に対しても，事実上，法律上の主張の有無とその内容を確認し，そのための弁護人の立証予定を明らかにさせる。このような作業は，公判前整理手続で行われているような詳細なものである必要はなく，もっと概括的で簡素なものであってもよい場合が多い。また，公判前整理手続で行われているような証拠請求，証拠の採否などは許されないが，争点に関する主張内容をまとめた書面の提出や，検察官が取調請求を予定する証拠の標目等の一覧の提出を求めることは許されるではなかろうか。起訴状に対する求釈明や釈明等ができることはいうまでもない（ただ，釈明内容が訴因に関するものなどについては，第1回公判期日において，明らかにしておく必要がある）。以上のような打ち合わせ内容を踏まえて，第1回公判期日における審理予定を

定め，また，続行期日が必要であれば，そのための公判期日を確保し，その期日における審理予定を定めることになる（続行期日については，単に予約にとどめ，第1回公判期日において続行期日を一括指定する場合が多いが，第1回公判期日前に指定することも可能である。予約にとどめておけば，計画策定後，第1回公判期日までに予定の修正があったときなどに柔軟に対処できる利点がある）。

以上のとおり，非裁判員事件の計画審理のためには，事前準備によっても審理計画の樹立はできるものであり，公判前整理手続によるか事前準備によるかは事案に応じて柔軟に対応すればよいことになろう。

(3) **公判審理**

裁判員制度が施行される前までは，連続的な公判期日を指定して公判審理を実施した事例は，百日裁判事件を除けば少なかったと思われるし，私自身も計画審理は実現できたと思っているが，連続的期日指定に基づく集中審理は実現できなかったし，口頭主義，直接主義の訴訟運営についても不十分なものであったと思っている。しかし，現在では，裁判員裁判について，集中審理が実現され，当たり前になっていることからすると，非裁判員裁判事件についても実施できないはずはない。もっとも，その実現のためには改善されなければならない問題が残されていることは既に述べたとおりである。とりわけ，裁判所については，法廷の確保，裁判官，書記官の確保等が前提となるし，検察官や弁護人の理解と協力も不可欠であるが，そのような中にあっても，裁判官としては，非裁判員裁判事件についても，直接主義・口頭主義に基づく集中的な公判審理の実現に向けて工夫を重ねることが求められている。

補足しておくと，まず，冒頭陳述については，裁判員対象事件と同様に弁護人にもこれを促すのが相当である。証拠書類の取調べについては検察官請求証拠について，弁護人の同意があれば，これをすべて採用し，証拠調べも要旨の告知で済ませる運用を改めるべきは当然である。裁判所は証拠の関連性，必要性を立証趣旨では判断できないときは釈明を求めるなどして厳格に吟味し，争点を踏まえ，立証に真に必要な証拠書類を採用するという姿勢を

持つことが必要である[20]。そして，証拠として採用した以上は，その取調べは裁判官が事件についての心証を形成できる程度になされるべきは当然であり，少なくとも争点に関する部分や罪体についての重要部分などについては朗読を原則とすべきであって，要旨の告知は，これによっても心証が形成できる場合に限られるべきである[21]。これらの点は，裁判員裁判の場合と大きな違いはない。公判前整理手続によらない場合には，在廷証人の活用を積極的に行う必要があることは，第1回公判期日から実質審理に入るためには不可欠である。証人尋問や被告人調書の取調べについても，裁判員裁判での取組みにならえばよいし，論告，弁論，さらには判決書についても別異に扱う必要はないと思われる。

Ⅲ 控訴審の在り方

紙数も尽きてきたので，控訴審の審理の在り方について，簡単に触れることにする。司法制度改革の議論の中で，控訴審をどのようすべきかも検討されたが，結局，現行刑訴法の規定を修正しないことになった。これは，現行刑訴法の規定のままでも，事後審を徹底すれば，裁判員裁判との関係でも，整合的に運用することができるという判断からである。ところで，裁判員裁

---

(20) 岸判事は立証趣旨の拘束力を強く主張されたが（岸盛一『刑事訴訟法要義』(1961年，廣文堂書店) 162頁以下，同『事実審理と訴訟指揮』〈1979年，有斐閣〉202頁以下，刑事裁判実務研究会「〔座談会〕『集中審理』についての回顧と展望」判タ133号18頁以下，刑事実務研究室「岐路に立つ刑事裁判＜第四回＞」判タ52号21頁以下)，その背景の一つには，それによって，立証趣旨を中心とした無駄のない証拠調べを実現させたいとの思いが強くあったからであると思われる。
(21) 書証の朗読又は要旨の告知は，全体の証拠の中で相当の比重を占める書証についてその証明力を十分に争う機会を与えるためにも，審理を充実させ，集中的に行うためにも，真の公判中心を実現し，裁判を密室における精密作業化させないためにも，絶対に省略することは許されない（刑事裁判実務研究会編・前掲注(3)『集中審理』130頁以下参照)。岸判事は，法廷で書証を読み聞かせて被告人の弁解を求めると，同意書証でさえその内容を争う場合が意外に多いと指摘されている（岸＝横川・前掲注(3) 9頁)。実際，ある高名な裁判長は，検察官の証拠の朗読ないし要旨の告知の直後，被告人にその内容についての弁解を聴取し，調書に記載されていたということであるが，刑訴法308条の趣旨を実質的に保障するものとして参考になる。

判を念頭に置いた控訴審の在り方について，事実取調べの在り方（やむを得ない事由の厳格な運用），原判決審査の在り方（最高裁判決），破棄の場合差戻しか自判かといった点について，理論的な研究がなされ，また，従前の運用の見直しも進んでいる。そして，そこで論じられたことや，実務的な運用は，基本的には非裁判員裁判の控訴事件にも妥当すると考えられる。ここでは，事実審査と量刑不当の問題について触れておきたい。

1　事実審査について

事後審を徹底すると，事実審査の在り方としては，経験則，論理則違反があったかどうかの観点から行われるのが論理的だと思われる。最高裁判決は，周知のとおり，控訴審における事実誤認の審査は，第1審判決が行った証拠の信用性評価や証拠の総合判断が論理則，経験則等に照らして不合理といえるかという観点から行うべきものであり，刑訴法382条の事実誤認とは，第1審判決の事実認定が論理則，経験則等に照らして不合理であることをいうものと解するのが相当であって，このことは，裁判員制度の導入を契機として，第1審において直接主義・口頭主義が徹底された状況においては，より強く妥当する旨判示した[22]。ところで，経験則という概念は明確なものではなく，科学的に検証できるものでもない[23]。当然のことながら，見方によってどちらにも取れる場合があり，そうすると，第1審の経験則のとらえ方と,控訴審の経験則のとらえ方に違いが出てくることがあり得るのであり，第1審による経験則のとらえ方と控訴審による経験則のとらえ方のどちらかが誤っているとはいえないことになろう。そのような場合は，控訴審としては原審の判断を尊重すべきであろう[24]。その理由として，一般市民である裁判員が評決に加わる以上，その意見は尊重されるべきであることがあげられることが多い。それはそのとおりであるが，そのことだけで，第1審の経験則が優先されるというのは必ずしも論理的ではない。第1審の審理充

---

(22) 最（一小）判平成24・2・13刑集66巻4号482頁。
(23) 佐伯博士は，自白の任意性判断との関係で，経験則の不確実性を指摘される。佐伯千仭『刑事訴訟の理論と現実』(1979年，有斐閣) 155頁以下参照。

実と第1審尊重は古くからいわれてきたことであり，昭和28年の控訴審に関する刑訴法改正については，当初から学者のみならず，実務家からも第1審が軽視されるとして批判が多かった[25]。第1審が直接主義・口頭主義に徹した審理によって心証を形成し，事実認定を行った事実は重く，記録に基づく事後審査によって，ほかの見方があり得るということだけで第1審の事実認定を覆すのは相当とはいえない。事後審である控訴審としては，審理の充実とその反映である第1審判決を尊重するのがその趣旨に沿うものである。そうすると，非裁判員裁判事件についても基本的には同様に考えるべきであろう。経験則に対する扱いを裁判員裁判対象事件と非対象事件とで別異に扱うということは必ずしも論理的ではなく[26]，第1審の審理充実と第1審判決の尊重という要請は非対象事件でも異なるわけではないと思われる（前記最高裁判決が，「このことは，裁判員制度の導入を契機として，第1審において直接主義・口頭主義が徹底された状況においては，より強く妥当する」と説示しているところからも明らかである）。そして，仮に異なった扱いを認めることになると，例えば殺人という重大事件の有罪判決について，第1審のような経験則の見方があり得るということでその結論を支持し，他方，例えば窃盗という比較的軽い事件の有罪判決については，第1審の経験則のとらえ方を採用せず，控訴審の考える経験則に従って原判決を破棄するということも可能ということにもなりかねないが，これは不合理であろう。

---

(24) 司法研究・第一審の判決書及び控訴審。なお，原審の依拠したと思われる経験則と控訴審が想定する経験則とが異なるような場合で，どちらが正しく，どちらが誤りであるかを断定できないときは，真偽不明として被告人に有利に判断し，無罪方向に働く経験則によるという判断になるわけではない。なぜなら，経験則は，そもそも立証対象ではなく，立証対象を認定するための法則だからである。科学的な法則などが鑑定によりその存在の確証をし，これに基づき判官が事実認定を行うことがあるが，これも科学的法則の存在が立証対象とされるのではなく，裁判官の事実認定に必要な専門的な知識経験を供給してその判断力を補充する性質のものであるから，経験則の場合と本質的な違いはない。
(25) 出射＝井上＝岸＝鈴木＝団藤＝平野＝横井・前掲注(13)15頁以下参照。
(26) 刑法学会でのワークショップでも，「裁判員裁判の特殊性にもとづいて片面的構成をとることについては，非裁判員裁判事件の控訴審では片面的構成がとれないことになるが，それでよいかという問題も提起され」たとのことである。刑雑51巻3号136頁。

2 量刑審査について

　量刑審査については，第1審尊重の趣旨が一層妥当する領域である。第1審の量刑は，裁判員裁判が始まる前の控訴審においても尊重されてきたと思われる。統計的にみても，量刑不当による破棄は，刑訴法397条2項による原判決後の事情変更（示談の成立など）を理由とするものが圧倒的に多かった。裁判員裁判の開始に伴い，裁判員裁判事件における量刑審査については，国民の多様な意見を反映させるという制度趣旨からみて，よりいっそう尊重されるべきであるといわれている。それでは，非裁判員事件についてはどのように考えるべきであろうか。裁判員裁判であるがゆえに，第1審の量刑はこれまで以上に尊重されるべきであるというのであれば[27]，非裁判員事件の量刑審査はこれまでどおりのスタンスでよいということになろう。龍岡教授は，裁判員裁判について，重要な量刑事情についての認定の誤りや見落とし等があって，よほど極端で不合理であるような場合でない限り，第1審の判断が維持されることになるであろうとされる[28]。また，原田教授は，控訴審における量刑審査は幅による審査であり，その幅（審査枠）について，裁判員裁判と非裁判員裁判との関係で検討され，第1説として，裁判員裁判を尊重すべきだという立場から，前記の審査枠を非裁判員裁判の場合よりも広めに考える見解，第2の説として，控訴審の考える審査枠を遵守し，これによるべきであるという見解，第3の説として，被告人に有利な方向では，裁判員裁判の量刑判断を維持すべきであるという片面的な見解があり得

---

(27) 上垣判事は，「裁判員の参加のない裁判については，裁判官のみで構成する控訴審判決は同等の立場で原審の量刑にコミットできるが，原審が裁判員裁判の場合，そこに裁判員という国民から選ばれた者の意思が入っており，その意思を尊重するという考えの中で自ずから原審の判断尊重のレベルが異なることも是認されるということになるのではなかろうか」とされる（上垣猛「原審が裁判員裁判である控訴審の審理の在り方・量刑評価を中心にして」植村退官(3)625頁以下）。これに対して，龍岡教授は，「そのような量刑審査の在り方には疑問があろう」とされる（龍岡資晃「上訴審の在り方」論究ジュリ2号81頁）。
(28) 龍岡資晃「裁判員裁判と刑事裁判についての若干の覚書」小林＝佐藤古稀（下）730頁。もっとも，教授は，非裁判員裁判事件について，従前どおりの量刑審査を肯定されているわけではない（龍岡・前掲注(27)81頁）。

るが，第1説が比較的相当であるように思われるとされながら，裁判員裁判と非裁判員裁判とでダブルスタンダードを容認することになるが，その合理性をどのように説明すべきかという問題があると指摘されている[29]。理論的には困難な問題があるが，私はそのようなダブルスタンダードは，裁判員裁判という点を強調するだけで十分な理論的説明となっているとはいい難いと考えるし，刑事裁判の在り方そのものに基本を置く立場から，非裁判員裁判の量刑についても，原審尊重の趣旨は一層推し進められるべきであり，その意味において第1説での審査枠の考え方を非裁判員裁判にも及ぼしてゆくべきではないかと思っている[30]。実際の運用についても，過渡的には第1説的運用がみられるであろうが，例えば，強姦致傷等の性犯罪や殺人罪等については，刑が重くなっている傾向が指摘され[31]，控訴審を担当しても，その感を深くするが，これと基軸を同じくする強姦，強制わいせつ，傷害致死，傷害等については，従前どおりの量刑の実情（量刑相場）に従って判断するということでよいかというとそうではないであろう。強姦致傷，殺人等の量刑傾向は，強姦，強制わいせつ，傷害致死の量刑に波及し，さらには傷害，暴行等の粗暴犯の量刑にも波及するであろう。さらには，基軸を異にする異種の犯罪間でも，その影響が及んでくるものと考えられる。このように，裁判員裁判制度の下においては，第1審における非裁判員事件を含む全体としての量刑判断が徐々に修正されて，このように重い，あるいは軽い方向に量刑が変わってくると，それが量刑傾向と認識されるようになり，その結果として，控訴審も裁判員裁判，非裁判員裁判ともに第1審の量刑判断を尊重するということになるのではないか。そして，裁判員が加わることで量刑の幅が変遷し，それが民意であるということになれば，刑事事件全体とし

---

(29) 原田國男「量刑をめぐる諸問題——裁判員裁判の実施を迎えて——」判タ1242号82頁以下。
(30) 龍岡教授も「裁判員裁判制度の導入は，その波及的効果として，裁判員裁判対象外の事件の量刑についても，広く国民の良識ないし感覚が反映されることをも期待しているものと解すべきである」とされる（龍岡・前掲注(27)81頁）。
(31) 原田・裁判員裁判と量刑法267頁以下，渡邊一弘「裁判員制度の施行と死刑の適用基準」岩井古稀488頁注(1)。

ての量刑のそのような傾向は，控訴審でも尊重されるべきであるということになると思われる。このようにして，将来的には，このような二元的取扱いは収束されてゆき，統一的な量刑審査になるものと考えられる[32]。

IV　結　び

　裁判員裁判導入により進められた上記の公判審理の運用は，刑事裁判そのものの在り方として現行刑訴法が予定している理念と考えるべきであり，この理念は，裁判員裁判のみならず非裁判員事件にも当然妥当するものというべきである。平野博士が，有名な「現行刑事訴訟の診断」と題する論文の中で，「わが国の刑事裁判はかなり絶望的である」と評され，直接主義・口頭主義の理念を実現するためには，参審制度の導入以外に方法がないと強く訴えられたことは[33]，まさに上記のような刑事裁判の在り方を現行刑訴法の理念とされていたからであり，裁判員制度の実現によってこの理念が現実のものとなったのである。そうである以上，刑事裁判のダブルスタンダード的な運用は可及的かつ自覚的に改めるべきであり[34]，法曹三者はあるべき公判審理の実現に向かって精進することが求められるというのが本稿の結論である。

（まつお・しょういち）

---

(32)　同旨，原田・前掲注(29)83頁。
(33)　平野龍一「現行刑事訴訟の診断」団藤古稀(4)407頁以下，同「参審制度採用の提唱」ジュリ1189号50頁以下，同「参審制の採用による『核心司法』を」ジュリ1148号2頁以下参照。
(34)　量刑審査との関係で，同様の指摘として，龍岡・前掲注(27)81頁参照。

第 2 部

実体法上の諸問題

因 果 関 係

――被害者が死亡するという結果が発生した事例(傷害致死被告事件等)で,被害者の健康状態が影響を及ぼした場合や,被害者自身の行為又は第三者の行為が介在した場合における因果関係の有無――

最高裁判所事務総局刑事局長・判事　平木　正洋

　　I　はじめに
　　II　因果関係の判断方法
　　　　――相当因果関係説(客観説と折衷説)――
　　III　相当因果関係説(客観説と折衷説)の問題点
　　IV　因果関係の判断方法――最高裁判例――
　　V　裁判員に対する説明の在り方

I　はじめに

　「因果関係」の語は,一般的には「原因と結果との間の関係」を意味するが,刑法上原因として問題にすべきであるのは構成要件該当行為であるから,「刑法上の因果関係」は,「構成要件に該当する具体的な行為と結果との間の関係」を指す。構成要件該当行為を行った者は,刑法上の因果関係が肯定される場合にのみ,発生した結果(当該構成要件に該当する結果)について

刑法上の責任を負う。例えば，行為と人の死亡という結果との間に刑法上の因果関係を肯定できる場合，①故意犯であれば殺人既遂罪が成立し，②過失犯であれば過失致死罪が成立し，③結果的加重犯であれば傷害致死罪が成立する，といったようになる[1]。

　因果関係の判断方法については，従前有力であった相当因果関係説（客観説・折衷説）と最高裁判例が異なる見解を採用しているようにみえる上，最高裁判例は，事例判例の形をとっており，因果関係の判断方法を具体的に明らかにしているわけでは必ずしもないから，実務上，限界事例については難しい判断を迫られ，それが裁判員裁判対象事件の場合には，裁判員に対し因果関係の判断方法をどのように説明すべきかについても頭を悩ませるところである。そして，限界事例には，①被害者の健康状態が被害者の死亡という結果の発生に影響を及ぼしている場合や，②行為終了後被害者の死亡という結果が発生するまでの間に被害者あるいは第三者の行為が介在しており，これが結果の発生に影響を及ぼしている場合も，少なくない。

　そこで，本問では，これらの事例を中心に，因果関係の判断方法に関する従前の相当因果関係説と最高裁判例を検討した上で，裁判員裁判対象事件（傷害致死被告事件等）における，因果関係の判断方法に関する平易な説明の仕方（裁判員に対する説明の在り方）についても考えてみたい。近時の学説は，最近の最高裁判例の事例をも踏まえて様々な見解が現れているが，従前の相当因果関係説を検討の対象とするのは，これを検討することが，因果関係論の本質や最高裁判例を理解する上で重要であると考えるからである。例えば，実際の裁判では，被告人が，「このような因果の経過をたどって被害者が死亡するとは全く予想しなかった。」と述べて因果関係が争われるところ，従前の相当因果関係説は，行為者の認識や一般人の予見可能性を重視するので，弁護人により度々援用されるが，最高裁判例は，認識や予見可能性を必要不可欠の要素とは考えていないと解されることから，両者の考え方の

---

(1)　因果関係を肯定できない場合には，それぞれ，①殺人未遂罪，②無罪，③傷害罪又は暴行罪となる。

相違点を因果関係論の本質に遡って十分に理解しておく必要があると思われる。

II 因果関係の判断方法
——相当因果関係説（客観説と折衷説）——

　相当因果関係説は，①条件関係（この行為がなかったならばその結果は発生しなかったであろうという関係）があるかどうかを検討し，②条件関係がある場合，さらに，経験則に照らし通常その行為からその結果が発生するのが相当と認められるかどうかを検討する（相当性の判断），という二段階の判断方法を採用している。

　客観説及び折衷説は，構成要件に該当する行為と条件関係の認められる結果であっても，行為者にその刑事責任を問うことが不相当であるものを排除すべきであるとして，経験則に照らし相当性が認められる結果についてのみ因果関係を肯定する。構成要件に該当する行為を行って当該構成要件に該当する結果を発生させた者には，その報い（応報）として，その行為及び結果に相応しい犯罪の成立を認め刑罰が科される必要があるが，経験則上異常な因果の流れをたどって希有の事態（結果）が発生したような場合にまで，行為者にその結果の刑事責任を負わせることは，適切な応報刑の考え方とはいえないということが，このように解する理由であろう。

　客観説と折衷説は，どのような事情を基礎として相当性を判断するかという点で異なる。相当性判断の際に検討の対象とすべき事情については，①行為時に存在した事情と，②行為後に発生した介在事情に大別できる。本問で検討する「被害者の健康状態が被害者の死亡という結果の発生に影響を及ぼしている場合」は，①の事情が問題になる事例であり，「行為終了後被害者の死亡という結果が発生するまでの間に被害者自身の行為又は第三者の行為が介在し，これが結果の発生に影響を及ぼしている場合」は，②の事情が問題になる事例である。客観説は，①の事情については，行為時に存在した全ての事情を基礎とし，②の事情については，予見可能な事情を基礎として相

当性を判断する。折衷説は、①の事情については、行為時に一般人が知り得た事情及び行為者が特に知っていた事情を基礎として相当性を判断し、②の事情については、客観説と同様に判断する。

　客観説及び折衷説を具体例に当てはめてみる。まず、①行為時に存在した事情が問題となる事例をみると、例えば、「AがVの頭部を1回殴打（通常であれば全治10日間の打撲傷を負わせる程度の暴行）したところ、Vは死亡した。外見からは分からないが、Vには重篤な脳疾患があり、本件のような殴打行為でもVを死亡させるに十分であった。Aはそのような事情を知らなかった。」という事例（【事例1】）について、客観説では、Vに脳疾患があるという事情を基礎として相当性があると判断することになろう。これに対し、折衷説では、Vに脳疾患があることは一般人も認識し得ないとして検討の対象から外れることとなり、本件のような殴打行為により人は死なないのが通常であるから相当性を欠くと判断することになろう。

　次に、②行為後の介在事情が問題になる事例をみると、例えば、「Aは、Vに暴行を加えて気絶させた。これを見たBは、Vが瀕死の重傷を負ったと勘違いして、Vを自動車に乗せ病院に向けて発進したが、慌てて高速度で運転したため事故を起こし、その結果Vは死亡した。」という事例（【事例2】）についてみると、客観説も折衷説も、Bの行為（介在事情）が予見可能なものであったかどうかを検討し、予見可能性があれば相当性を肯定し、なければ相当性を否定することになろう。

Ⅲ　相当因果関係説（客観説と折衷説）の問題点

　このように、客観説及び折衷説は、行為者の認識や一般人の予見可能性を重視している。行為者が認識できず一般人も予見できないような因果の流れをたどって結果が発生した場合に、その結果について行為者に責任を負わせるのは気の毒であると考えることは、自然な発想であるといえるから、従前の相当因果関係説には相応の説得力があるといえよう[2]。

　しかし、⑴行為者の認識や一般人の予見可能性はないが、そのような危険

Ⅲ 相当因果関係説（客観説と折衷説）の問題点

性の高い行為を行えばそのような結果が発生することは必然的であったといえる場合に，因果関係を否定するのは妥当かという問題や，(2)認識や予見可能性があるかどうかにかかわらず，行為者に対し発生した結果の責任を問うのが相当でない場合もあるのではないかという問題があると考えられる。因果関係は原因と結果の関係を指す概念であり，因果関係論の本質は，原因とされる行為自体の危険性や結果との結びつきの強弱といった点を中心に検討することにあると思われるので，行為者の認識や一般人の予見可能性を中心に因果関係を検討することは，因果関係論の本質にはややなじまない面があるようにも感じられる。このような観点から，客観説及び折衷説の問題点を，①行為時に存在した事情に関する場面と，②行為後の介在事情に関する場面に分けて考えてみることとする。

1　行為時に存在した事情の判断に関する問題点（折衷説関係）

折衷説は，【事例1】につき相当因果関係を否定することになるが，行為者及び一般人が認識し得ない事情が存在しても（被害者を治療した医師も気づかない事情であったとしても），自然科学的見地（法医学者の鑑定等の証拠）からすれば行為と結果との間に強い（必然的な）結びつきが認められる場合には相当因果関係を肯定し，傷害致死罪の成立を認めるべきであると解される。世の中には種々の病気や特異体質の問題を抱えながら生活している人が少なくないが，病気等の存在が外見上全く分からない場合も多いと思われるので，折衷説では，そのような者の法益を十分に保護できないのではないかと懸念される。このような場合には，因果関係を肯定した上で，過失犯の場合には，過失の有無を検討することで対応し，故意犯及び結果的加重犯の場合には，有罪とした上で，被告人が行為時に存在した事情を認識していなか

（2） 裁判実務上も，被告人の暴行により重傷を負った被害者が体力低下に伴い余病を併発して死亡した場合のように，行為と結果との間の因果関係を容易に肯定できる事案については，「本件行為から本件のような因果の経過をたどって結果が発生することは，経験則上当然予想し得るといえるから，因果関係を肯定できる。」といった説示をすることが，よくあるように思われる。

った点を量刑上被告人に有利に考慮することで対応すべきであろう[3]。もちろん，行為と結果の間の強い結びつきという観点だけではなく，行為自体の危険性も重要な要素であるから，Aの暴行がおよそ傷害の結果を発生させない程度のものであるなど，その危険性が著しく低い場合には，相当性を欠くといえる場合もあろう。

なお，折衷説には，過失の要件と重なっているという難点もあると思われる。

2 行為後の介在事情の判断に関する問題点

客観説及び折衷説は，予見可能性を基準とするから，被告人の暴行が被害者を死亡させる危険性の極めて高い行為であったが，被害者が死亡する前に予見不可能な被害者や第三者の行為が介在したような場合について，適切な判断をすることが困難であると考えられる。最（三小）決平成2・11・20刑集44巻8号837頁（大阪南港事件）は，原判決及びその是認する第1審判決の認定によると，「被告人は，昭和五十六年一月十五日午後八時ころから午後九時ころまでの間，自己の営む三重県阿山郡伊賀町大字柘植町所在の飯場において，洗面器の底や皮バンドで本件被害者の頭部等を多数回殴打するなどの暴行を加えた結果，恐怖心による心理的圧迫等によって，被害者の血圧を上昇させ，内因性高血圧性橋脳出血を発生させて意識消失状態に陥らせた後，同人を大阪市住之江区南港所在の建材会社の資材置場まで自動車で運搬し，右同日午後十時四十分ころ，同所に放置して立ち去ったところ，被害者は，翌十六日未明，内因性高血圧性橋脳出血により死亡するに至った。ところで，右の資材置き場においてうつ伏せの状態で倒れていた被害者は，その生存中，何者かによって角材でその頭頂部を数回殴打されているが，その暴

---

(3) 故意犯の場合，因果関係の錯誤が問題となり得るが，法定的符合説を採用すると故意が阻却されることはないであろう。結果的加重犯の場合，最（一小）判昭和26・9・20刑集5巻10号1937頁は，「傷害致死罪の成立には傷害と死亡との間の因果関係の存在を必要とするにとどまり，致死の結果についての予見は必要としない」としているので，因果関係が肯定されると結果的加重犯が成立することになる。

行は，既に発生していた内因性高血圧性橋脳出血を拡大させ，幾分か死期を早める影響を与えるものであった，というのである。このように，犯人の暴行により被害者の死因となった傷害が形成された場合には，仮にその後第三者により加えられた暴行によって死期が早められたとしても，犯人の暴行と被害者の死亡との間の因果関係を肯定することができ，本件において傷害致死罪の成立を認めた原判断は，正当である。」と判示しており，被告人らの行為の危険性（影響力）を重視し，介在事情である第三者の暴行が予見不可能なものであったにもかかわらず因果関係を肯定している。

　他方，客観説及び折衷説は，【事例2】についても，介在事情の予見可能性を検討することになると思われるが，仮に，Aにおいて，BがVを自動車に乗せて病院に向かうことが予見可能であり，かつ，Bの運転が乱暴で過去に何回か大事故を起こしていたという事情を知っていた場合に，Aには介在事情につき予見可能性があるとして相当因果関係を肯定し傷害致死罪の成立を認めるのは，適切でないと考えられる。Aの行為自体の危険性は低く，結果発生への影響力も小さいのであって，予見可能性を問題にするまでもなく因果関係を否定し，Vは交通事故で死亡したと判断すべきであろう[4]。

IV　因果関係の判断方法——最高裁判例——

1　行為時に存在した特殊事情（被害者の健康状態）が問題になった最高裁判例

　この点に関する最高裁判例には，①最（三小）判昭和22・11・14刑集1巻6頁，②最（二小）判昭和25・3・31刑集4巻3号469頁，③最（三小）判昭和32・2・26刑集11巻2号906頁，④最（一小）決昭和32・3・14刑集11巻3号1075頁，⑤最（二小）決昭和36・1・25刑集15巻1号266頁，⑥最（三小）決昭和36・11・21刑集15巻10号1731頁，⑦最（一小）判昭和46・6・17刑集25巻4号567頁，⑧最（三小）決昭和49・7・5刑集28巻5号194頁があ

（4）　大谷直人・最判解刑平成2年度240頁参照。

る[5]。これらの最高裁判例は、いずれも、被告人の暴行と被害者の死亡との間の因果関係を肯定している[6]。

これらの最高裁判例で問題になった「a 被告人の暴行（→その直接の結果として生じた傷害）」、「b 被害者の健康状態（→その死亡への影響，死因）」をみると[7]、①a 背部を数回蹴りつけあるいは踏みつける暴行（→肋骨骨折肺臓損傷）、b 67歳男性で数年前胸部肋骨骨折と胸膜疾患にかかり体質が普通人よりも脆弱（→気胸の続発による心臓衰弱により翌日死亡）、②a 眼の部分を足で蹴りつける暴行（→顔面に激しい外傷）、b 51歳男性で脳梅毒にかかっており脳に高度の病的変化あり（→脳の組織を一定程度崩壊させた結果死亡）、④a 手掌で頬部を1回殴打し、両手掌で両頬部及びその周辺等を力強く3回殴りつける暴行、b 48歳男性で飲酒癖により既に脳底部動脈に硬化症を来たしていた上、当日の飲酒で脳血管の血圧上昇を来していた（→蜘蛛膜下腔出血に基づく脳圧迫により即死）、⑥a ワイシャツの襟を両手でつかんで強く首を締め付けた上、突き飛ばして仰向けに転倒させるなどの暴行、b 45歳男性で、かねて心臓に高度の肥大を有する上、心筋の各所に白色瘢痕化部分を有し、かつ心冠動脈に著名な狭窄を存する等の高度重篤な病変あり（→心筋梗塞）、⑦a 胸倉をつかんで仰向けに押し倒し、左手で頸部を締めつけ、右手で口を押さえ、更に顔面を布団でおおい鼻口部を圧迫するなどの暴行、b 63歳女性で重篤な心臓疾患あり（→急性心臓死）、⑧a 突き倒し大腿部、腰部等を数回踏みつける暴行（→左血胸［胸腔内血液貯留］、左大腿打撲症）、b 81歳男性で乾酪型結核性病巣あり（→医師は、同病巣の存在に気づかず、胸腔内貯留液を消滅させるべく投与した薬剤の作用で同病巣が滲出型に変化し、炎症を惹起して左胸膜炎を起こし、その結果心機能不全に陥って死亡）、である。

⑦は、「致死の原因たる暴行は、必ずしもそれが死亡の唯一の原因または直接の原因であることを要するものではなく、たまたま被害者の身体に高

（5） ①〜④⑥⑧は傷害致死事件、⑤は強姦致死事件、⑦は強盗致死事件。
（6） ⑧には医師の治療行為という行為後の介在事情も存在する。
（7） ただし、③は事案の内容が一部明確でなく、⑤は介在事情も存在する特殊事例であるので、言及しない。

度の病変があつたため，これとあいまつて死亡の結果を生じた場合であつても，右暴行による致死の罪の成立を妨げないと解すべきことは所論引用の当裁判所判例[8]……の示すところであるから，たとい，原判示のように，**被告人の本件暴行が，被害者の重篤な心臓疾患という特殊の事情さえなかつたならば致死の結果を生じなかつたであろうと認められ，しかも，被告人が行為当時その特殊事情のあることを知らず，また，致死の結果を予見することもできなかつたものとしても，その暴行がその特殊事情とあいまつて致死の結果を生ぜしめたものと認められる以上，その暴行と致死の結果との間に因果関係を認める余地がある**といわなければならない。」(「　」内のゴシック部分は筆者。以下同じ）と判示し，折衷説を採用して因果関係を否定した原判決を，因果関係の解釈を誤り上記各判例に違反するものとして破棄し，差し戻した。

　⑦の上記の訴訟経過や，⑦が条件説を採用したとみられていた①②④⑥を引用し，これが確立した解釈であると示していること（⑧も同様の理由で因果関係を肯定）などに照らすと，この点に関する最高裁判例の立場は，一貫して⑦の判示（ゴシック部分）のとおりであると解される（折衷説を採用していないことは明らかである。)。このように解する根拠については，上記Ⅲ1で述べた点，すなわち，認識や予見可能性ではなく，行為と結果との間の結びつきの強さ（自然科学的な意味での必然性）が因果関係の本質であり，そのように解さないと，外見上は健常人に見えるが病気等を抱えている人の法益を十分に保護できないという点が考慮されているのではなかろうか。なお，これらの事例では，被告人の暴行自体の危険性が低いとはいえないであろう。危険性の判断においては，①⑦⑧の被害者のように高齢であるということとも相関関係があると思われる（暴行の程度は低くても危険性は高い。)。

（8）　①②④⑥の各最高裁判例を引用。

2 行為後の介在事情（被害者又は第三者の行為）が問題になった最高裁判例

被害者の行為が介在事情として問題になった近時の最高裁判例（傷害致死事件）には，①最（二小）決平成15・7・16刑集57巻7号950頁，②最（二小）決平成16・2・17刑集58巻2号169頁があり，第三者の行為が介在事情として問題になった最高裁判例（傷害致死事件）としては，上記大阪南港事件に関するものが著名である。

①は，「(1)被告人4名は，他の2名と共謀の上，被害者に対し，公園において，深夜約2時間10分にわたり，間断なく極めて激しい暴行を繰り返し，引き続き，マンション居室において，約45分間，断続的に同様の暴行を加えた。(2)被害者は，すきをみて，上記マンション居室から靴下履きのまま逃走したが，被告人らに対し極度の恐怖感を抱き，逃走を開始してから約10分後，被告人らによる追跡から逃れるため，上記マンションから約763mないし約810m離れた高速道路に進入し，疾走してきた自動車に衝突され，後続の自動車にれき過されて，死亡した。」という事案について，「被害者が逃走しようとして高速道路に進入したことは，それ自体極めて危険な行為であるというほかないが，被害者は，被告人らから長時間激しくかつ執ような暴行を受け，被告人らに対し極度の恐怖感を抱き，必死に逃走を図る過程で，とっさにそのような行動を選択したものと認められ，その行動が，被告人らの暴行から逃れる方法として，著しく不自然，不相当であったとはいえない。そうすると，被害者が高速道路に進入して死亡したのは，被告人らの暴行に起因するものと評価することができる」と判示して，被告人らの暴行と被害者の死亡との間の因果関係を肯定した。

②は，「(1) 被告人は，外数名と共謀の上，深夜，飲食店街の路上で，被害者に対し，その頭部をビール瓶で殴打したり，足蹴にしたりするなどの暴行を加えた上，共犯者の1名が底の割れたビール瓶で被害者の後頸部等を突き刺すなどし，同人に左後頸部刺創による左後頸部血管損傷等の傷害を負わせた。被害者の負った左後頸部刺創は，頸椎左後方に達し，深頸静脈，外椎骨静脈沿叢などを損傷し，多量の出血を来すものであった。(2) 被害者は，受

傷後直ちに知人の運転する車で病院に赴いて受診し，翌日未明までに止血のための緊急手術を受け，術後，いったんは容体が安定し，担当医は，加療期間について，良好に経過すれば，約3週間との見通しを持った。(3)しかし，その日のうちに，被害者の容体が急変し，他の病院に転院したが，事件の5日後に上記左後頸部刺創に基づく頭部循環障害による脳機能障害により死亡した」が，入院中の被害者が無断退院しようとして体から治療用の管を抜くなどして暴れた可能性があったという事案について，「被告人らの行為により被害者の受けた前記の傷害は，それ自体死亡の結果をもたらし得る身体の損傷であって，仮に被害者の死亡の結果発生までの間に，上記のように被害者が医師の指示に従わず安静に努めなかったために治療の効果が上がらなかったという事情が介在していたとしても，被告人らの暴行による傷害と被害者の死亡との間には因果関係がある」と判示している。

①②の事例では，いずれも，被害者自身が結果回避の観点からは不合理な行動をとっているが，このような被害者の行為については予見可能性がないと評価してよいであろう（客観説及び折衷説を採用していないのは明らかである。）。また，前述したように，大阪南港事件の第三者による暴行の予見可能性もないといえる。そうであるにもかかわらず，これらの事例で因果関係が肯定されたのは，発生した結果が被告人の行為による危険の現実化したものと評価できるからであろう。

「危険の現実化」という基準を初めて採用したのは，最（一小）決昭和63・5・11刑集42巻5号807頁（柔道整復師事件）であり，医師の資格のない柔道整復師が風邪の症状を訴える患者に対し誤った治療方法を繰り返し指示し，これに忠実に従った患者が病状を悪化させて死亡したという事案（業務上過失致死事件）につき，「**被告人の行為は，それ自体が被害者の病状を悪化させ，ひいては死亡の結果をも引き起こしかねない危険性を有していたもの**であるから，医師の診察治療を受けることなく被告人だけに依存した被害者側にも落ち度があったことは否定できないとしても，被告人の行為と被害者の死亡との間には因果関係がある」と判示した。それ以来，最高裁判所は，介在事情（被害者又は第三者の行為）が問題となる事案に関し，この基準を採用

しているとされる[9]。②に関する判例解説は[10]，「危険の現実化」に関する最高裁判例の判断枠組みを，被告人の行為自体の危険性と介在事情の結果発生への寄与度に着目して，次の**ア〜ウ**のとおり分析している。前述したように，因果関係論の本質は，原因とされる行為自体の危険性や結果との結びつきの強弱といった点を中心に検討することにあると考えられるので，大変参考になる。

　ア　介在する被害者又は第三者の行為が，被告人の行為により生じていた結果発生の危険を上回る結果発生の危険性を新たに生じさせていない場合には，生じた結果は，被告人の行為の危険が現実化したものと評価できる。②事件，大阪南港事件の最高裁判例は，これに当たる。両事件における被告人らの暴行は被害者に致命傷となる傷害を負わせるものであった。②事件において，医師の治療によりもたらされた小康状態は，被告人の行為の危険の勢いを一時期弱めたものにすぎず，被告人の行為がもたらした危険は依然として残存していたのであって，介在事情である被害者の行為は，その危険を変質させたり増幅させたりしてはいないから，被害者の死亡という結果は被告人の行為の危険が現実化したものと評価することができよう。大阪南港事件において，第三者の暴行は，被告人らの暴行により既に発生していた傷害を拡大させ，幾分か死期を早める影響を与えるものにすぎなかったのであるから，結果発生の危険性を新たに生じさせたとはいえず，被害者の死亡という結果は被告人の行為の危険が現実化したものといえる。

　イ　介在する被害者又は第三者の行為が，被告人の行為により生じていた結果発生の危険を上回る結果発生の危険性を新たに生じさせた場合であっても，それが被告人の行為によって誘発されるなどして，被告人の行為の影響下にあるといえるときには，被告人の行為の危険が現実化したものと評価で

---

(9)　最（一小）決平成22・10・26刑集64巻7号1019頁や最（三小）決平成24・2・8刑集66巻4号200頁は，判文中で「危険性が現実化したものであり」あるいは「危険が現実化したものとはいえない」という表現を用いて因果関係の有無を判断しており，危険の現実化という基準を採用していることを明確にしている。
(10)　前田巖・最判解刑平成16年度144頁以下。

きる。①事件の最高裁判例は，これに当たる。

　ウ　介在する被害者又は第三者の行為が，被告人の行為により生じていた結果発生の危険を上回る結果発生の危険性を新たに生じさせた場合であり，かつ，それが被告人の行為から独立したものであるときには，被告人の行為の危険が現実化したものと評価されないことがあり得る。因果関係が否定されるのは，被告人の行為の影響力が，事実的な側面及び規範的評価の面からして軽微なものとみることができる場合である[11]。

　ところで，最（三小）決昭和42・10・24刑集21巻8号1116頁（米兵ひき逃げ事件）は，介在事情が第三者の行為である事例（業務上過失致死被告事件）において，予見可能性を重視していることから，客観説又は折衷説を採用したものといわれることもあったので，近時の最高裁判例の立場（「危険の現実化」を重視）との関係について検討しておく必要がある。米兵ひき逃げ事件の上記決定は，「被告人は，普通乗用自動車を運転中，過失により，被害者が運転していた自転車に自車を衝突させて被害者をはね飛ばし，同人は，被告人の運転する自動車の屋根にはね上げられ，意識を喪失するに至つたが，被告人は被害者を屋上に乗せていることに気づかず，そのまま自動車の運転を続けて疾走するうち，前記衝突地点から四粁余をへだてた地点で，右自動車に同乗していたMがこれに気づき，時速約一〇粁で走っている右自動車の屋上から被害者の身体をさかさまに引きずり降ろし，アスファルト舗装道路上に転落させ，被害者は，右被告人の自動車車体との激突および舗装道路面または路上の物体との衝突によつて，顔面，頭部の創傷，肋骨骨折その他全身にわたる多数の打撲傷等を負い，右頭部の打撲に基づく脳クモ膜下出血および脳実質内出血によって死亡したというのである。この事実につき，原判決は，『被告人の自動車の衝突による叙上の如き衝撃が被害者の死を招来することあるべきは経験則上当然予想し得られるところであるから，同乗者Mの行為の介入により死の結果の発生が助長されたからといつて，被告人

---

(11)　【事例2】は，ウの場合であるが，危険の現実化は否定されよう。

は被害者致死の責を免るべき限りではない。』との判断を示している。しかし，右のように(1)**同乗者が進行中の自動車の屋根の上から被害者をさかさまに引きずり降ろし，アスファルト舗装道路上に転落させるというがごときことは，経験上，普通，予想しえられるところではなく，**ことに，(2)**本件においては，被害者の死因となつた頭部の傷害が最初の被告人の自動車との衝突の際に生じたものか，同乗者が被害者を自動車の屋根から引きずり降ろし路上に転落させた際に生じたものか確定しがたいというのであつて，このような場合に被告人の前記過失行為から被害者の前記死の結果の発生することが，われわれの経験則上当然予想しえられるところであるとは到底いえない。**したがつて，原判決が右のような判断のもとに被告人の業務上過失致死の罪責を肯定したのは，刑法上の因果関係の判断をあやまつた結果，法令の適用をあやまつたものというべきである。」と判示している（括弧数字は筆者）。

確かに，上記決定の(1)部分は予見可能性を重視しているようにみえる。しかし，(2)部分をみると，被害者の死亡の原因となった傷害が専ら同乗者の行為によって発生した可能性がある事案についての判断であることが強調されており，そのような事案であるとすれば[12]，危険の現実化の基準によっても，上記ウの場合に当たるとして，同乗者の行為が予見可能であるか否かにかかわらず，被告人の行為と被害者の死亡との間の因果関係が否定される余地があることになる。一方，専ら被告人の行為により被害者の死亡の原因となった傷害が発生した場合には，同乗者の行為は被害者の死亡に影響を全く及ぼさなかったことになるから，同乗者の行為が予見可能であろうとなかろうと，被告人の行為と被害者の死亡との間の因果関係は肯定されることになるし，被害者の死亡の原因となった傷害の発生について同乗者の行為が影響を及ぼしていたとしても，同乗者の行為が被告人の行為により生じていた結

---

[12] 検察官に立証責任があるから，証拠上，被害者の死亡の原因となった傷害が専ら同乗者の行為によって発生した可能性を否定できない場合には，被害者の死亡の原因となった傷害が専ら同乗者の行為によって発生したという事実（被告人側に有利な事実）を前提として，因果関係の有無を判断することになろう。

果発生の危険を上回る結果発生の危険性を新たに生じさせていなかった場合（上記アの場合）には，同乗者の行為が予見不可能であったとしても，上記決定は因果関係を否定しなかったのではないかと考えられる。また，上記決定は，その判文から明らかであるように，原判決が，介在事情（同乗者の行為）を問題とすることなく，被告人の行為から被害者の死亡という結果が発生することは「経験則上当然予想し得られる」との判断を示していたことから，これに検討を加え，「被告人の前記過失行為から被害者の前記死の結果の発生することが，われわれの経験則上当然予想しえられるところであるとは到底いえない」と指摘したものであって，介在事情（第三者の行為）がある場合の因果関係の判断方法を説示するということよりも，原判決の上記判断を否定することに力点が置かれているようにも思われる[13]。したがって，上記決定の判断は，近時の最高裁判例の判断枠組みとは牴触しないものと解される。

V 裁判員に対する説明の在り方

　裁判員裁判対象事件で因果関係が争われることが多いのは，傷害致死等の結果的加重犯の事件であろう。因果関係が争われた場合には，事件を担当する法曹三者は，裁判員に対し，因果関係の判断方法について分かりやすくかつ適切に説明する必要がある。因果関係が争われる事件において，被告人は，「このような因果の経過をたどって被害者が死亡するとは全く予想しなかった。」と述べるのが通常であり，弁護人としても，被告人の供述を前提として，「被害者の病気については予見不可能であった。」「介在事情（被害者又は第三者の行為）については予見不可能であった。」という折衷説に基づく主張をすることが多いと思われる。しかし，最高裁判例の立場は，前述

---

[13] 上記決定は，(1)部分（予見可能性に関する部分）と(2)部分（死因となった傷害を生じさせた行為はどれかという法医学的な検討をしている部分。予見可能性とは関係のない部分）の理論的な関係についても明確に説示していない。上記決定がどのような因果関係論を採用しているのかは，必ずしも明らかではない。

したように折衷説を採用していないことは明らかであるから，裁判所としては，公判前整理手続において，弁護人にこの点を確認する必要があろう。因果関係の判断方法は，「法令の解釈に係る判断」（裁判員法6条2項1号）に当たり，最終的には裁判官が判断すべきものではあるが，認定した事実をその判断方法に当てはめて因果関係の存否を判断すること（同法6条1項2号の「法令の適用」）は裁判官と裁判員の合議によるものであるから，審理や評議を円滑に進めるためには，公判前整理手続において，法曹三者の間で，最高裁判例の立場を踏まえた上で，因果関係の判断方法を裁判員にどのように説明するかについて十分協議をし，共通認識を形成しておくことが重要である。

因果関係の判断方法を，裁判員に対し分かりやすく適切に説明するためには，どのようにすべきであろうか。まず，「因果関係の判断は，被告人の暴行と被害者の死亡との間に，原因と結果という強い結合関係があるかどうかを判断するものであり，被告人の暴行の危険性がどの程度のものであるか（被害者に致命傷を負わせるようなものであったか）といった点を，裁判の場で事後的に，客観的に考えていくことになります。被告人が暴行を加えた当時どのような事情を認識できたのかとか，一般人がどのような事情を予見することが可能であったのかといったことは，因果関係を判断するための中核的要素ではありません。」といったように，因果関係論の本質を明確に説明する必要があると思われる[14]。

そして，(1)行為時に存在した特殊事情（被害者の健康状態）が問題になる場合には，上記Ⅳ1で述べた最高裁判例の内容を念頭に置いて，「因果関係の判断は，自然科学的見地（法医学者による鑑定等の証拠）から，被告人の暴行の危険性を考えていくことになりますが，その際には，被告人の本件暴行

---

(14) 司法研究・難解な法律概念4頁は，難解な法律概念を裁判員に説明するに当たっては，判例を参考にし，更に諸学説の視点をも踏まえて，その本当に意味するところに立ち返り，これに基づいた説明をする必要があるとしている。因果関係については，認識や予見可能性を判断要素とすべきであるかどうかについて対立があるのであるから，単に最高裁判例を説明するだけではなく，因果関係論の本質に遡って説明する必要があるように思われる。

V 裁判員に対する説明の在り方

が，被害者が病気を抱えているという特殊事情さえなかったならば死亡の結果を生じなかったであろうと認められ，しかも，被告人が，当時，その特殊事情を知らず，被害者が死亡するという結果を予見できなかったとしても，被告人の暴行がその特殊事情とあいまって被害者の死亡という結果を発生させたものと認められるのであれば，因果関係を肯定することになります。被告人の暴行が被害者の死亡の唯一の原因又は直接の原因である必要はありません。」といった説明をすることになる。

このような説明に対しては，裁判員から，「被害者の治療に当たった医師ですら被害者の特殊事情に気づかなかったというのであるから，因果関係を肯定するのは問題ではないか。」という指摘や，「被告人が被害者の特殊事情に気づかなかったという点を，因果関係の判断で問題にしないのであれば，どこで考慮するのか。」という質問が出ることも予想される。前者の指摘に対しては，因果関係は，自然科学的な原因・結果の関係を，裁判の場で事後的に，客観的に検討して判断すべきであり，また，そのように考えないと，病気等の特殊事情を抱えている人の法益を十分に保護できないと説明することになろう。後者の質問に対しては，傷害致死（結果的加重犯）の成立要件を丁寧に説明した上で[15]，評議の結果有罪の結論になった場合には，量刑上被告人に有利な事情として考慮に入れることが可能である旨説明することになると思われる。

次に，(2)行為後の介在事情（被害者又は第三者の行為）が問題になる場合には，上記Ⅳ2で述べた「危険の現実化」の判断枠組みを説明することになろう。例えば，上記Ⅳ2②事件のような事件であれば，「まず，被告人の暴行自体が被害者に重傷を負わせ，ひいては死亡の結果をも引き起こしかねない危険性を有していたかどうかを検討しましょう。危険性があるといえる場合には，次に，被害者自身の行為のもつ危険性について検討しましょう。被害者の行為は，死亡という結果を避けるための合理的な行動とはいえないで

---

[15] 人の生命という法益を厚く保護するため，被害者の死亡という加重結果の発生につき予見可能性は不要であるとされていることを説明する必要があろう。

しょうが，被害者を死亡させるような危険性を新たに生み出したといえるでしょうか。被害者の行為は，被告人の暴行によって生じた傷害を悪化させたり，別個の傷害を発生させたりしたでしょうか。被害者を死亡させるような危険性を新たに生み出してはいない場合には，結局，被告人の暴行が被害者の死亡を引き起こしたと評価できるので，因果関係を肯定できることになります。」といった説明をすることになるように思われる。介在事情が問題になる場合には，上記のような抽象的説明では裁判員の理解を得ることが難しい場合もあろう。そのような場合には，類似の裁判例等の事例を紹介しつつ説明することも有用であると考えられる。

(ひらき・まさひろ)

覚せい剤輸入罪の故意の認定について

東京地方裁判所判事　安　東　　　章

　Ⅰ　はじめに
　Ⅱ　覚せい剤輸入罪の故意の実体的要件
　Ⅲ　知情性の立証の特殊性
　Ⅳ　知情性に関する間接事実の推認力

Ⅰ　はじめに

　筆者は，平成22年4月から平成24年10月下旬まで千葉地方裁判所に勤務し，覚せい剤の認識（以下，単に「知情性」ということがある。）が争点となっている覚せい剤営利目的輸入事件の公判（裁判員裁判）を計15件担当した[1]。知情性が争われる覚せい剤営利目的輸入事件については，各当事者の主張・立証やこれを受けての裁判所の判断の在り方に他の事件とはかなり異なる特徴があり，上記件数の公判の経験を重ねるうちに，裁判官としてのこの種事件に対する臨み方がおのずから身に付いてきたようにも感じている。

(1)　当時の千葉地裁は裁判員裁判の新受件数が庁別で全国一多かったが，ある時期は，その半数前後を覚せい剤営利目的輸入事件が占め，しかも，その過半数が否認事件であった。約2年半の千葉地裁在籍中に筆者が裁判長として公判を担当した裁判員裁判合計50件を見ても，うち29件が覚せい剤営利目的輸入事件であり，知情性が争われた本文記載の15件のほか，営利目的が争われた事件が1件あった。なお，上記50件の判決はいずれも確定済みである。

覚せい剤等の違法薬物の輸入罪における故意の認定については，既に裁判実務家から優れた論考が発表されているところ(2)，本稿は，こうした論考の分析を前提としつつ，この種事件を担当した経験の少ない実務家等を念頭に置いて，その後の判例等の議論の進展や，自らの事件処理を通じて筆者が得たいわば感覚に近いものによって可能な範囲で補充を試みたものである。したがって，本稿における検討は網羅的なものとはなっておらず，論理的な分析も十分ではない面があることをおことわりしておきたい。

II　覚せい剤輸入罪の故意の実体的要件

　覚せい剤輸入罪における故意に必要な覚せい剤又は違法薬物の認識については，現在でも議論があるが，実務的には，「覚せい剤を含む身体に有害で違法な薬物類」との認識があれば足りるとした最高裁平成2年決定（最（二小）決平成2・2・9裁判集刑254号99頁）に従うことで落ち着いているといってよい。すなわち，違法薬物の認識＝ぼんやりと「（俗にいう）やばい薬」との概括的な認識があれば足り，対象物が「覚せい剤」かもしれないとの認識が現実に行為者の脳裏をよぎることも必要ない，と解されている(3)。

III　知情性の立証の特殊性

　最高裁公表の裁判員裁判の実施状況（速報）によれば，裁判員制度施行時から平成26年6月末までの5年間に、裁判員裁判で全面無罪を言い渡された

（2）　例えば，中谷雄二郎「薬物事犯における事実」刑事事実認定（下）359頁, 小西秀宣「違法薬物であることの認識と概括的故意」小林・佐藤古稀（上）36頁,中谷雄二郎「薬物犯罪の成否(1)――薬物の認識」刑事事実認定50選（下）[2版] 125頁。特に裁判員裁判を念頭に置いたものとして，染谷武宣「補筆」同書136頁，渡邉英敬ほか「覚せい剤を中心とする違法薬物の営利目的輸入事件における違法薬物の知情性の推認について」植村退官(2)97頁，岩倉広修ほか「覚せい剤輸入罪における故意」判タ1350号48頁。
（3）　原田國男「覚せい剤輸入罪及び所持罪における覚せい剤であることの認識の程度」ジュリ958号80頁，中谷・前掲注(2)「薬物犯罪の成否(1)」134頁，染谷・前掲注(2)137頁等。

35人のうち，17人が覚せい剤取締法違反被告事件の被告人であり[4]，いずれも営利目的輸入事件で知情性（又は共謀）が認められなかったものとみられる[5]。

　輸入事犯に限らず違法薬物の認識の認定に当たっては，取引・依頼の状況・内容，薬物の隠匿態様，薬物の知識経験といった間接事実が実務上重視されているところであるが，とりわけ国外在住者による薬物営利目的輸入の事案では，密輸の依頼を受けた状況等の被告人の入国（税関検査開始）前の経緯については，共犯者又は同行者の供述，メール又はチャットの履歴等の証拠が収集されている一部の事案を除き，被告人の供述以外の証拠は収集されていないのが通例である上，国外でのことゆえ，密輸発覚後に日本の捜査機関が裏付け又は補充捜査等を行って入国前の経緯に関する被告人の供述の真否を検証することも，現実には期待し難い[6]。したがって，そうした事案では，依頼者から被告人に対する依頼の内容，条件等についても，特に不自然・不合理な点がない限り，ある程度被告人の供述に依存し，一旦はその供述する経緯があったものと仮定して検討せざるを得ないところがある（特に，被告人が，我々にとって馴染みのない国に在住する外国人である場合には，経験則や社会常識の適用にもおのずから一定の限界を感じることも少なくない。）[7]。

　このように，知情性が争われている覚せい剤輸入事件においては，証拠が乏しいことが少なくなく，裁判所としても普遍的な対処方法はないが，薬

（4）　http://www.saibanin.courts.go.jp/vcms_if/saibaninsokuhou.pdf
（5）　これらのほか，覚せい剤の知情性を否定したものの他罪で一部有罪とした判決で知り得たものとして，さいたま地判平成24・10・9判例集未登載（LLI/DB06750583），東京地判平成25・5・28判例集未登載（LLI/DB06830254），千葉地判平成24・11・5判タ1396号377頁がある。
（6）　この点は，実際の裁判員裁判においても，裁判員の方々から「被告人の話が本当かどうか，警察は捜査していないんですか。」などとよく質問されるところである。こうした質問を受けた場合，筆者は，公権力は国内でしか行使できないため，外国で起きたことについては当該国の警察の協力を仰ぐほかないが，容易かつ迅速に調査できる事項なら格別，特別重大な事件でもないのに，他国の警察に多大な手間をかけることはためらわれるし，日本から警察官を派遣するとなると費用も相当かかること等を説明した上で，検察官は，そうした裏付け捜査なしでの判断を求めていると考えてもらってよい，などと説明している。
（7）　渡邊ほか・前掲注(2)98頁参照。

物の隠匿態様や持込みの経緯，被告人側のストーリー（供述）等を踏まえつつ，知情性に関係する間接事実のうち，どのような事実が重要かをよく見定めていくことが肝要であろう[8]。

Ⅳ 知情性に関する間接事実の推認力

以下，被告人が運び役である場合を念頭に置いて，重要と考えられる間接事実について検討する。また，参考になると思われる範囲で，筆者が千葉地裁で担当した覚せい剤営利目的輸入事件において，一審及び控訴審がいかなる間接事実をどのように評価したか，についても適宜紹介していきたい。

1 「違法」の認識に係る間接事実と「薬物」の認識に係る間接事実

前提として，覚せい剤輸入罪における知情性の認定には，被告人において，対象物が①「違法」な物（やばい物）であること（又はその可能性）を認識しただけでは足りず，②（違法な）「薬物」（やばい薬）であること（又はその可能性）を現に想起したことが必要となる。

②「薬物」の認識が，被告人が依頼者から受けた説明・指示の内容や内容物の確認状況等から推認できる事案もあるが，そうした事情が見当たらない事案であっても，被告人に違法薬物を使用したり取り扱ったりした経験がある場合には，そうした経験は，被告人において，対象物が①「違法」かもしれないと認識した際に，②「薬物」の可能性を想起したことをうかがわせる一事情となり得よう[9]。そして，以上のような②「薬物」の認識に特化した間接事実が存しない場合であっても，薬物の隠匿態様，報酬・費用負担が高額であることなど，①「違法」の認識を推認させる間接事実自体から，②

---

(8) 染谷・前掲注(2)139頁参照。渡邉ほか・前掲注(2)99頁は，違法薬物の隠匿態様，税関検査時の言動，被告人の弁解の3点につき，それぞれ内容ごとに分類して，また，岩倉ほか・前掲注(2)55頁は，弁解内容に着目し，①対象物が何であるかを明らかにされずに委託されたとする類型，②適法な物であることを明示又は暗示されて委託されたとする類型，③他の違法薬物であることを明示又は暗示して委託されたとする類型に分けて，それぞれ間接事実の推認力を検討している。

「薬物」を想起したことをも推認できる事案が実務上は少なくないように思われる[10]。例えば、後記3(2)で触れる最(一小)決平25・10・21は、「(被告人の渡航費用等の)費用を掛け、かつ、発覚の危険を冒してまで秘密裏に日本に持ち込もうとする物、しかも本件スーツケースに隠匿し得る物としてまず想定されるのは、覚せい剤等の違法薬物であるから」として違法薬物の未必的認識を認めた原審(後記3(2)の東京高判平成24・4・4)の推認過程を合理的なものとして是認しているところ、「スーツケースに隠匿し得る物」との点は専ら②の認識の推認に用いられたとみられるが、その余の間接事実は①及び②を共に推認させるものとみることができよう。

2 被告人による覚せい剤の持込み態様
(1) 覚せい剤の体内隠匿又は着用

覚せい剤を厳重に包装した上で飲み込むなどして体内に隠匿する場合、被告人は、飲み込み等の苦痛な作業を通じて対象物の形状等を認識しているはずであるし、生命等への危険を伴う隠匿態様からしても、よほど特別な事情がない限り、違法薬物ではないかと疑うのが通常であるといえる[11]。筆者が担当した体内隠匿型の5件を見ても、コカインと誤信していた旨主張された事件が1件あっただけで[12]、他の事件では知情性は争われなかった。上記のような事情から、被告人としても知情性を正面から争いにくいのではないかと推察される[13]。

覚せい剤を下着等に隠匿して着用する場合についても、体内隠匿型のような危険、苦痛は伴わないとはいえ、着用時の異物感等から隠匿物の存在に気

---

(9) 中谷・前掲注(2)「薬物事犯における事実」363頁参照。
(10) 岩倉ほか・前掲注(2)61頁も、①「違法」であることを示す間接事実とは別に、②「薬物」であることを示す間接事実が必要かとの問題につき、「違法薬物は税関で取締りがなされている物として想起される代表的な物の一つであり、実際上も、違法薬物の故意が認められる事案では、薬物を想起させる何らかの事情を看取することができる場合がほとんどであると考えられる」としつつも、①と②の厳密な区別は困難であることからすれば、特に両者を区別する必要はないとの意見が多く示された、としている。
(11) 渡邉ほか・前掲注(2)99頁。

付かなかったとは考えられないのが通常であり，やはり特段の事情がない限り，その隠匿態様の認識から違法薬物の未必的な認識が推認されるのが一般であるといえよう[14]。筆者が担当した着用型の1件でも，知情性は争われず，情状として依頼者からの脅迫が主張されたにとどまった。

(2) **覚せい剤の手荷物への収納**（スーツケースへの工作を含む）

裁判例の中には，被告人が覚せい剤の隠匿されたスーツケース等を自らの手荷物として空路日本に持ち込んだ事案において，手荷物の持ち主は手荷物内の収納物を知っているのが通常であると判示したものも見られる。このような推認の根拠について，渡邊ほか・前掲注(2)101頁は，「まず，被告人の極めて間近に成立している実力的支配内に存在する物について，被告人はその存在を通常認識しているはずであって，知らない物を支配下に置くはずがないというところにあるようである。」「さらに，海外に渡航する者は自己が携帯する荷物の内容物やこれらの収納物の形状について当然熟知しているはずである，あるいは，税関検査によって所持品が確認されることは海外渡航者の常識であるから，渡航者がその存在を認識していない物を持ち込もうとすることは通常あり得ないという点も根拠とするのであろう」と分析している。

これが常に有力な間接事実となるのであれば，運び役の多くは故意を事実上推認されるに近い結果となるが，最近の裁判例は，この間接事実の推認力又は適用範囲を限定する傾向にある。例えば，東京高判平成22・2・24東高刑時報61巻1～12号43頁は，「この一般論（筆者注：手荷物の持ち主は，自己の手荷物内にどのような物が収納されているかについて知っているのが通常である，というもの）は，手荷物を持ち込んだ者が自らこれを準備したと認められる場合には妥当するものの，本件のように他の者から預かった手荷物を持

---

(12) 覚せい剤以外の薬物と信じていた旨弁解がされた場合の間接事実については，紙幅の関係で触れることができないが，岩倉ほか・前掲注(2)58頁の分析検討を参照されたい。

(13) ただし，一定の報酬約束の存在は認めつつも，依頼を承諾した後飲み込み作業を終えるまでの間に密輸組織の者から脅迫を受けた旨の情状主張はしばしば見られる。

(14) 渡邉ほか・前掲注(2)100頁，中谷・前掲注(2)「薬物事犯における事実」362頁参照。

ち込んだ可能性がある場合には，妥当しないというべき」と判示しているし，最(一小)判平成24・2・13刑集66巻4号482頁も，「手荷物の持ち主は通常は手荷物の中身を知っているはずであると考えられるから，上記のような(筆者注：チョコレートのトレーの下に覚せい剤を隠して一見発見できないように本件チョコレート缶に隠匿するという)持込みの態様は被告人の覚せい剤の認識を裏付けるものといい得るが，本件チョコレート缶への覚せい剤の隠匿に被告人が関与したことを示す直接証拠はなく，被告人はチョコレート缶を土産として預かったと弁解しているから，他の証拠関係のいかんによっては，この間接事実は，被告人に違法薬物の認識がなかったとしても説明できる事実といえ」るとしており，上記間接事実の適用範囲について同じような考え方に立っているものと解される。

　要するに，手荷物としての持込みや占有という事実自体からの知情性の推認にはおのずから一定の限界があり，被告人が覚せい剤の隠匿や収納に関与したか，あるいはそうした隠匿収納状況を認識していたかといった事情も考慮して推認力を判断すべきであろう。実務家の論考も，最近の裁判例のこうした傾向を支持しているようである[16]。

3　薬物密輸組織による依頼，指示等

　輸入に係る覚せい剤が多量である以上，薬物密輸組織の依頼によるものであることは明らかとの前提の下，薬物密輸組織が有する利害を踏まえ，同組織側の発想に立って，以下のような経験則が問題とされてきている。

---

[15]　東京高判平成22・12・9東高刑時報61巻1～12号321頁も，「被告人が，本件スーツケースを受け取ってからそれを日本に持ち込むまでの間に，それが二重底になっており，その透き間に覚せい剤が隠匿されていることを認識し，あるいは認識し得たとは認め難いから，」原判決の説示(通常，旅行者は，自ら携行する物品につき，その内容物が何であるかを含めて十分に把握していると考えられる)をそのまま本件に当てはめることはできない旨を判示している。
[16]　岩倉ほか・前掲注(2)60頁，渡邉ほか・前掲注(2)102頁，染谷・前掲注(2)140頁，植村立郎「論理則，経験則違反」刑事事実認定(下)407頁等。

(1) 薬物密輸組織は密輸対象物が何であるかを運び役に伝えているのが通常であるという経験則

　薬物密輸組織が多量の覚せい剤を確実に密輸するためには，運び屋にも違法薬物の密輸であることを認識させ，報酬を対価に仕事をさせるのが最も確実であり，情を知らない者を運び役にすることは通常考えられないという主張であり，実務上，検察官がしばしば試みていたものである。

　しかし，多量の覚せい剤の運び役の事案であれば常にこのような経験則が妥当するとするのはさすがに無理があろう。薬物密輸組織としては，運び役が日本まで覚せい剤を運搬し，かつ，それを回収できれば足りるのであって，例えば，犯罪組織が組織外の者に密輸を依頼する場合には，対象物が違法薬物であることを明言しないことが少なくないであろうし，運び役としても，隠匿工作により対象物を直接視認できないのが通常である上，発覚時に備えて，隠匿物が何であるか，敢えて具体的に尋ねない者もいると考えられるからである[17]。郵送の受取役の知情性が争われた事案においてであるが，東京地判平24・3・12判例集未登載（LLI/DB06730064）も「受取役が指示どおりに動くこと……さえ確保できれば……（足り）検察官が主張するような経験則が存在するとは認められない。」（（　）は筆者）と判示している。

(2) 薬物密輸組織は密輸対象物の回収方法について必要な指示等をした上で覚せい剤が入った荷物の運搬を委託するのが通常であるという経験則

　この経験則は，「青天の霹靂」型弁解の事案，すなわち，被告人が，覚せい剤が隠匿されたスーツケース等を自らが持ち込んだことを認めつつも，誰かから物の持込みを依頼されたことはなく，覚せい剤が隠匿されているとは夢にも思っていなかった，といった弁解をした場合に，検察官から，被告人の弁解を排斥する根拠として主張されることが多かったものである。

　この主張を正面から取り上げたのが東京高判平成24・4・4刑集67巻7号

---

[17] 小西・前掲注(2)37頁も，実際に密輸入を担当する者の多くはいわゆる運び屋であって，組織からいえば末端の関与者にすぎず，詳細な説明を聞かされていない場合も多いのではないかと思われる，としている。岩倉ほか・前掲注(2)49頁同旨。

858頁である。同判決は、「国際的な覚せい剤密輸組織が、渡航費用等多額の費用を掛け、摘発される危険をも顧みずこのような計画的に薬物密輸を敢行するのは、それによって多額の利益が得られるからに他ならず、覚せい剤の運搬者自身が犯行の首謀者であるような場合は別として、そうでない場合（営利目的による薬物輸入事犯のほとんどはそのような場合である。）は、覚せい剤密輸組織において、このような利益を実際に取得するため、運搬者が目的地に到着した後、輸入に成功した覚せい剤を確実に回収する手だてを講じているはずであ」り、「この種の犯罪において、運搬者が、覚せい剤密輸組織の者からにしろ、一般人を装った者からにしろ、誰からも何らの委託も受けていないとか、受託物の回収方法について何らの指示も依頼も受けていないということは、現実にはあり得ない」という「回収措置に関する経験則」があると判示し[18]、メイドに購入させたスーツケースに覚せい剤が隠匿されていただけで、誰からも指示、依頼を受けていないと述べる被告人の知情性につき疑いの余地が残るとして無罪とした一審判決を事実を誤認したとして破棄し、有罪自判した。

　そして、同判決に対する上告を受けた最（一小）決平25・10・21刑集67巻7号755頁も、「密輸組織としては、荷物の中身が覚せい剤であることまで打ち明けるかどうかはともかく、運搬者に対し、荷物の回収方法について必要な指示等をした上で覚せい剤が入った荷物の運搬を委託するという密輸方法を採用するのが通常であるといえ、荷物の運搬の委託自体をせず、運搬者の知らない間に覚せい剤をその手荷物の中に忍ばせるなどして運搬させるとか、覚せい剤が入った荷物の運搬の委託はするものの、その回収方法について何らの指示等もしないというのは、密輸組織において目的地到着後に運搬者から覚せい剤を確実に回収することができるような特別な事情があるか、あるいは確実に回収することができる措置を別途講じているといった事情がある場合に限られるといえる。したがって、この種事案については、上記の

---

[18]　渡邉ほか・前掲注(2)101頁にも裁判例の分析結果としてこれに近い考え方が紹介されている。

ような特段の事情がない限り，運搬者は，密輸組織の関係者等から，回収方法について必要な指示等を受けた上，覚せい剤が入った荷物の運搬の委託を受けていたものと認定するのが相当である。」として，上記東京高判を維持した[19]。

思うに，高額な覚せい剤の密輸を企てる密輸組織の立場からすれば，密輸に成功すれば多額の利益が見込める一方で，失敗すれば費用等がすべて無駄になるのであるから，覚せい剤が（発見されて捨てられたり，警察等に届けられたりせずに）日本まで運搬され，かつ，回収できるよう，これを運ぶ者に対し，（対象物が覚せい剤であることを明示的には告げないにしても）必要な指示をするとともに報酬を約束する等の措置を講じるのが通常ということができよう。したがってまた，高額な覚せい剤を運び役に委ねる薬物密輸組織の立場を考えると，監視役の同行等，回収確保のための別途の措置が講じられているといった特段の事情がない限り[20]，青天の霹靂型の弁解は信用し難いということになろう[21][22]。

4 報酬，費用負担

どのような説明の下に仕事を依頼されたかにもよるが，いずれにせよ，物

---

(19) 上記最決は，前掲最判平成24・2・13が，「控訴審が第1審判決に事実誤認があるというためには，第1審判決の事実認定が論理則，経験則等に照らして不合理であることを具体的に示すことが必要であ」り，「このことは，裁判員制度の導入を契機として，第1審において直接主義・口頭主義が徹底された状況においては，より強く妥当する」と判示して一審の事実認定尊重の方針を明らかにしたにもかかわらず，一審の事実認定は上記経験則に反するとして破棄自判した上記東京高裁を支持したもので，注目される。なお，上記最決が判示する経験則と上記東京高判のそれとは必ずしも内容的に同一ではないので，詳細については各判文に直接当たられたい。
(20) 判タ1397号100頁の上記最決コメント参照。
(21) 覚せい剤を隠匿したかばんの形状，外観や重さ等からして，運び役がかばん等を受け取り，運搬している間に物の隠匿に気付く可能性が高いと認められる場合には，薬物密輸組織としては，隠匿物の取扱い等について何らかの説明をする必要性がより高くなると考えられる。したがって，そうした事案において，被告人が青天の霹靂型の弁解をしている場合には，前記経験則がより強く妥当し，その弁解は一層不合理と考えられるところであって，筆者が千葉地裁で担当した事件の判決にも同趣旨の判示がしばしば見られる。

を日本に運ぶだけの仕事で高額の報酬約束があることは，普通の仕事ではなく違法な物を密輸する仕事ではないか，と疑う契機となることは明らかであり，知情性を推認させる有力な間接事実となる。同様に，航空券代，ホテル宿泊費その他の滞在費を依頼者側が負担した事実も，依頼者がそれだけの費用をかけるにふさわしい目的があるのでないか，ただの仕事でなく違法な物の密輸ではないか，と疑う契機となることに異論はなかろう[23]。なお，報酬（約束）については，被告人の自認又は関係者の供述がない限り，認定が困難なのが通常であるが，航空券代，ホテル宿泊費等の費用負担については，予約，支払等の名義・日時場所等の客観証拠から明らかになることもある。

5　税関検査時の言動

渡邉ほか・前掲注(2)104頁以下に特段付加する点はないので同書を参照されたい。

ただ，特に被告人が外国人の場合，税関検査の状況に関する税関職員の証言と被告人の公判供述が平行線をたどることも少なくなく，税関検査での問答が英語によるものであったり，通訳を介してのものであったりすることもあって，心証が取りにくいことがしばしばある。現に行われているところではあるが，捜査機関としては，入国時の被告人の容貌・携行品の写真撮影，被告人に示した書面（申告しょうよう板等）の証拠化や，確認書等の書面に税

---

[22] なお，知情性を否定する被告人の弁解の信用性の判断に当たっては，例えば，(1)①知情性を直接否定する供述部分と②運び役を務めることとなった経緯等の他の被告人のストーリーとを分け，②は排斥困難なものとしてこれに依拠した上で，②の内容を踏まえて①が信用できるかという形で知情性の有無を判断するアプローチ，(2)知情性を否定する①のみならず②を含めて輸入にかかわる被告人のストーリー全体を一体として捉え，弁解全体の信用性の有無を判断するアプローチ等，様々な手法があり得る。いかなるアプローチが相当かは事案や各当事者の主張の内容によるが，裁判所としては，公判前整理手続において，被告人側の予定主張の概要が明らかになった段階で，可能であれば，検察官に，被告人の主張を踏まえていかなるアプローチをとるか（主張）をまず明らかにさせ，更に同手続内で三者で議論することによって，被告人の弁解の信用性をいかなるアプローチで議論，判断するかについて，三者の認識を共通化しておくことが望ましいように思われる。

[23] 岩倉ほか・前掲注(2)56頁参照。

関検査時の被告人の言い分を自書させておくなど，税関検査時の被告人の言動・反応を，できる限り客観的に事後検証できるようにしておくことが肝要と思われる。

6 被告人の弁解の不合理性

明らかに不合理な供述をしている被告人の供述態度自体を知情性の積極的な間接事実とすることができるか，という問題がある。

裁判実務家からは肯定的な見解が示されており，例えば，渡邉ほか・前掲注(2)109頁は，「来日目的や持ち込み経緯について，およそ積極的に不合理な供述をしている態度自体を知情性を推認させる一事情とすることは肯定してよいように思われる。すなわち，来日目的や持ち込み経緯は抽象的には様々な事実が想定できるが，被告人がこれらについて特定の事情であったことを説明している場合に，これが虚偽と認定できた場合には，被告人が真の来日目的や持ち込み経緯を隠しているということになり，多量の違法薬物を持ち込んでいるという客観的事実と併せて違法薬物の認識を肯定しうると考えられる。あるいは，積極的虚偽供述を有罪意識の徴表であるとする考え方もありえよう。」としている[24]。

筆者が担当した事件を見ても，8件の判決書において，違法薬物の認識自体のほか，来日目的や運搬等の依頼元，依頼の内容・状況等に関して明らかに虚偽の弁解をしていることは，被告人の知情性を推認させる一事情となる旨が判示されている。他方，これら8件のうち控訴された4件についての控訴審判決を見ると，いずれも原審の判断を肯定するとしており，被告人の虚偽弁解を知情性推認の一事情としている点を問題視したとみられる判示はないが，当該部分を取り出して明示的・積極的に支持したものも見当たらない。高裁としては，他の根拠に基づいて知情性を認定できる以上は，微妙な問題をはらみかねない推認方法は用いないということであろうか。

---

(24) 渡邊忠嗣＝北島佐一郎「贓物の近接所持と窃盗犯人の認定」刑事事実認定（下）87頁以下も参照。

7　過去の不審な来日歴，TDS

実務では，検察官が，被告人が過去に日本への短期間の渡航を繰り返し行っていることを知情性の間接事実として主張してくることがある。しかし，こうした事実自体が知情性を積極的に推認させる力を有するものかは疑問であり，知情性を否認する被告人の公判供述の弾劾材料の一つと位置付け，被告人が各渡航の目的等についてどのような説明をするかを検察官に質問・弾劾させるにとどめ，渡航事実自体は積極的な推認要素としないのが穏当であろう。

同様に，検察官が，いわゆるTDS（不正薬物・爆発物探知装置）検査によって被告人の自宅やかばんから微量の覚せい剤粉末が発見されたことを知情性を推認させる一事情として主張してくる例もある。しかし，このような粉末が，問題となっている覚せい剤輸入の一連の経過の中で残されたものであることを示す証拠はないのが通常であるし，仮にそのような証拠があったとしても，被告人の覚せい剤の認識の推認に直接つながるとはにわかに考え難い。この点についても，覚せい剤粉末が発見された理由について被告人がどう説明するのかを検察官に質問させ，被告人の公判供述全体の弾劾の一材料として用いるにとどめさせるのが相当であろう。

8　被告人の捜査段階における自白調書

知情性に争いのある覚せい剤輸入事件において，捜査段階で違法薬物の認識を認める旨の自白調書が作成されていた場合，同調書をどう取り扱うべきか。

上記のような自白調書は知情性の直接証拠と位置付けられるが，筆者が在籍していた当時の千葉地裁の裁判員裁判においては，被告人質問を先行させ，自白調書はなるべく採用しない運用が支配的であった。すなわち，公判

---

(25) 不同意の理由としては，任意性又は信用性を争う旨明言するものもあるが，近時の実務では，単に被告人質問を先行させるべきであって必要性がないとする意見も多い。

前整理手続の段階では，弁護人の不同意の意見を受けて[25]自白調書の採否を留保し，公判における被告人質問の際に，検察官において，(争点との関係で重要な部分に限って) 公判供述と相反する捜査段階の供述の内容を被告人に指摘・確認した上で，捜査段階で異なった供述をしていた理由等を質問するなどし(変遷の合理性の有無の立証)，被告人が上記調書記載の当該供述をしたことを争わない限りは，捜査段階の自白調書は必要性のないものとして採用しないというものである[26]。こうした運用は，以下のような考えに基づくものと考えられる。

まず，①公判中心主義の見地からは，犯罪事実の認定や量刑の判断上重要な事実については，人証より書証になじむ事実(例えば，覚せい剤の隠匿状況，薬物の鑑定結果，出入国の日時等)を除き，裁判体は，公判における人証の供述によって心証を形成すべきであり，捜査段階で作成された被告人の供述調書の朗読に依拠して判断することはできる限り避けることが望ましい[27]。初めて公判に立ち会う裁判員の感覚からしても，自分達が実際に公判で見聞きし，自ら質問して趣旨等を確かめるなどした被告人の供述の信用性であれば，被告人の公判前の供述経過も考慮した上で判断することに違和感はないが，それを超えて，検察官から，公判供述が信用できないというにとどまらず，取調べ室で検察官が録取した調書中の供述こそが真実だと言われても，裁判員自身見聞きしておらず，かつ，現時点では被告人もその内容を否定しており，供述の疑問点等を本人に尋ねることもできない供述について，信用できると断定するのは難しいというのが率直なところのように見

---

(26) 齊藤啓昭「公判中心主義からみた裁判員裁判の運用」刑ジャ36号45,49頁，司法研究・大型否認事件の審理58頁参照。被告人質問後に，検察官から322条1項書面として自白調書が請求されることもあったが，被告人の公判供述中に同調書記載の供述内容が出ている以上は，弾劾の材料は十分に証拠化されており，重ねて自白調書を採用する必要はないから，上記請求は却下するのが一般的であり，検察官も敢えて上記請求をせずに撤回することが多かった。他方，被告人が，自白調書中の供述につき，そんな供述をした記憶はないし，読み聞けを受けた覚えもないなどとして当該供述の存在自体を争う場合には，その供述の内容いかんによって，322条1項書面として当該自白調書を採用することがあり得るが，その場合であっても，知情性の認定に当たって実質証拠として用いるかどうかは別問題であろう。

受けられる。また，②仮に公判供述と相反する捜査段階の自白調書を実質証拠として採用した場合には，本来の争点は被告人の違法薬物の認識の有無であるのに，被告人の公判での否認供述と捜査段階での自白調書のどちらが信用できるかという信用性の比較判断がクローズアップされ，知情性の認定に直接関係のない点にまで各当事者の主張・立証の対象が及びがちであり，結果として審理及び判断の対象が必要以上に広がってしまうこととなりかねない。さらに，③経験上，こうした事案での自白は，覚せい剤の隠匿態様等に基づく取調官からの理詰めの質問を受けて，「何か怪しい，おかしいとは思っていたことは否定できません」などと渋々認めた程度のいわゆる半割れの自白であることが少なくない。こうした半割れの自白は，内容が曖昧でそれ自体の信用性が高いものではないから，当該供述の信用性を支える他の間接事実がない状況下で当該自白のみに依拠してそのとおりの事実を認定することは危険であるし，逆にいえば，そうした半割れ程度の自白でも信用するに足りる間接事実があるのであれば，それら間接事実自体を積極的な根拠として故意を推認することができるのが通常であり，それで足りるから，捜査段階の自白自体は被告人の公判供述の弾劾材料とするにとどめることが相当というべきである[28]。このほか，④とりわけ録音録画がなされていない取調べにおいて威圧的な取調べや偽計等があったとして自白調書の任意性，信用性が争われる場合には，取調べを担当した捜査官の証人尋問を公判で実施せ

---

(27) 齊藤・前掲注(26)44頁，吉村典晃＝小川新二＝岡慎一＝川出敏裕＝椎橋隆幸「〈座談会〉裁判員裁判の課題と展望」刑ジャ36号28頁，拙稿「裁判員裁判のこれから──裁判官の視点──」ひろば67巻4号29頁等。公判中心主義の見地から，少なくとも裁判員裁判においては，被告人の供述調書が採用されて取り調べられることは非常に少なくなっている。自白事件においても，公判前整理手続においては，必要性なしとの弁護人の意見を受けて被告人の供述調書の採否が留保され，公判において，弁護人が犯行状況も含めて主質問し，検察官が反対質問で必要な弾劾等を行うことによって，判決に必要な供述はすべて被告人の口から語られることとなるから，被告人質問後に，検察官が被告人の供述調書（判決に当たって必要のない事項に関する供述も録取されているのが通常である。）の請求を撤回するのが一般である。
(28) 被告人の公判での弁解が明らかな虚偽と認められる場合，そうした供述態度自体を知情性推認の一事情となし得ることについて前記6参照。このように，可能な限り捜査段階の供述調書を実質証拠としない一方で，必要に応じて被告人の公判での供述態度自体を実質証拠と位置付ける運用は，公判中心主義に沿うものとみることもできよう。

ざるを得ない事態も考えられるところ，こうした場合には，客観的な立証手段に欠けるため，捜査官の証言と被告人供述の対立が水掛け論の様相を呈することがしばしばあり，裁判員が判断に苦慮することも懸念される[29]。

9 間接事実による総合認定

　情況証拠による認定の場合，個々の間接事実が単独で，最終的な要証事実を推認させることは普通はあり得ず，多くの場合は，全体の間接事実を総合的に判断して，要証事実が認定できるかどうかを決めなければならない，とされる[30]。前掲最一小判平成24・2・13も「第1審判決は，これらの間接事実を個別に検討するのみで，間接事実を総合することによって被告人の違法薬物の認識が認められるかどうかについて明示していないが，各間接事実が被告人の違法薬物の認識を証明する力が弱いことを示していることに照らすと，これらを総合してもなお違法薬物の認識があったと推認するに足りないと判断したものと解される。」として，総合評価の手法を当然の前提としている[31]。裁判員との事実認定の評議に当たっては，間接事実による総合認定のあり方についてもよく説明して理解を得て

---

[29]　8全般につき，齊藤啓昭「自白の任意性の立証」新実例刑訴Ⅲ161頁参照。なお，上記運用については，公判前整理手続において，弁護人が自白調書の任意性を争う旨明言している場合であっても，基本的には自白調書を実質証拠として採用しない旨裁判所の方針を明らかにすることによって，任意性に関する争点・証拠の整理を簡潔に終わらせることが可能となり，公判前整理手続の長期化を防止できるというメリットもある。なお，上記のとおり，覚せい剤輸入事件に限らず，裁判員裁判においては，公判中心主義に則って被告人の供述調書に依拠しない審理が行われているため，自白調書の任意性について審理，判断する例はかなり稀になっている印象を受ける。

[30]　石井一正『刑事事実認定入門［第2版］』(2010年，判例タイムズ社) 62頁。植村立郎『実践的刑事事実認定と情況証拠［第2版］』(2011年，立花書房) 119頁はより詳細に，「個々の間接事実が相互の独立性が低くて相互補完的な関係にある場合は，個々の間接事実自体は合理的な疑いを容れない程度までは証明されていないときであっても，それら相互補完的な関係にある事実をも含めた総合認定を経て認定された認定事実を前提に改めて検証すれば，その認定の根拠とされた個々の間接事実に関してそれまであった合理的な疑いは解消されて，結果的には個々の間接事実も合理的な疑いを容れない程度に証明されたとみられる関係にあるときがあると解される。」としている。

[31]　植村・前掲注(16)405頁。

Ⅳ　知情性に関する間接事実の推認力

おくことが肝要であろう[32][33]。

（あんどう・あきら）

[32]　複数の間接事実による総合認定について，筆者は，例えば，以下のように裁判員に説明している。「違法薬物の認識をうかがわせる一つの事情＝間接事実だけで違法薬物の認識が認定できるかというと，一つだけなら『こういう場合ならそこまで考えなかったとみるのも合理的』という仮説があるのが普通です。ただ，こうした事情がいくつかある場合，それらの間接事実すべてがあることを前提にして『違法薬物の疑いを持たなくても合理的といえるような場合があるか』と考えてみると，それは常識的に無理だろうなということがあります。これを間接事実による総合認定といいますが，皆さんも，一つ一つの事情を切り離して考えるだけでなく，こうした事情がすべてあるときに，合理的に見て違法薬物かもしれないと疑わないことがあるかどうか，についても考えてみてください。」

[33]　覚せい剤営利目的輸入事件における知情性の認定については，無罪判決が相当数出ており，市民感覚を反映しにくいのでないかとの議論があるが（例えば，法務省・裁判員制度に関する検討会第13回会議〈平成24年10月9日〉議事録参照），この種事件における量刑判断も裁判員にとって必ずしも容易ではないように思われる。とりわけ薬物密輸組織との関係が明らかでない者が運び役を務めた事案では，検察官からは，日本社会にまん延している覚せい剤の害悪の大きさを重視すべきであり，日本を薬物密輸組織から守るためには，組織の末端の運び役であっても厳しく処罰してこの種の犯罪を根絶する必要があるなどと主張される一方で，弁護人からは，被告人に違法薬物の未必的認識が認められるとしても，運ぶ物が何であるかもその量も告げられておらず，報酬もわずかで，半ば組織に欺かれて「使い捨て」として利用されたにすぎない，こうした運び役を重く罰したとしても「とかげの尻尾切り」にしかならず密輸組織に対する抑止効果は薄い，との反論がなされ，この種事犯に対する基本的な考え方の差異によって裁判員の科刑意見が分かれることもある。裁判官としては，過去の裁判例の量刑傾向が輸入に係る覚せい剤の量を主たるスケールとして一定の範囲に分布している実情及びその理由をよく把握し，量刑の公平の観点もよく意識した上で，合理的な理由なしに量刑傾向を逸脱した判決が出されることのないよう，裁判員との量刑評議に真摯に臨む必要があろう。なお，最（一小）判平成26・7・24刑集68巻6号925頁参照。

精神障害と責任能力について

名古屋地方裁判所豊橋支部判事　　**前澤　久美子**

  I　はじめに——刑事責任の本質と責任能力について——
  II　「精神の障害」の概念について
  III　責任能力の判断方法について
  IV　パーソナリティ障害（人格障害）について
  V　アスペルガー障害等広汎生発達障害について

I　はじめに——刑事責任の本質と責任能力について——

　刑法は，「心神喪失者の行為は，罰しない」（39条1項），「心神耗弱者の行為は，その刑を減軽する」（39条2項）と定めているが，「心神喪失」及び「心神耗弱」について定義している明文の規定はない。その意味内容については，解釈に委ねられている。
　この点判例は，責任能力に関して，「精神の障害」という生物学的要素と，「弁識能力」と「制御能力」という心理学的要素を併せて考慮する混合的方法と呼ばれる判断方法を採用し，心神喪失とは，精神の障害により，行為の違法性を弁識し（弁識能力），その弁識に従って行動を制御する能力（制御能力）の少なくともいずれかを欠く状態であり，心神耗弱とは，精神の障害により，弁識能力又は制御能力が著しく限定されている状態と解釈し，「被告人の精神状態が刑法三九条にいう心神喪失又は心神耗弱に該当するかどうか

は法律判断であつて専ら裁判所に委ねられるべき問題であることはもとより，その前提となる生物学的，心理学的要素についても，右記法律判断との関係で究極的には裁判所の評価に委ねられるべき問題である」旨判示している[1]。

　人が刑罰法規に触れる行為を行った場合，刑罰法規の対象としてその人に刑罰を科すか，どの程度の刑罰を科すかに関する決定は，法律判断であるから，裁判所の判断によるべきものといえる。そして，刑事責任は非難可能性を本質とするものであるから，刑罰法規に触れる行為を行った者に刑罰を科すためには，その者が社会的に非難されるべき行為をしたと評価されることが必要である。行為当時の具体的状況を前提に，行為者が，自らの行動をコントロールし，適法行為を選択することができたにもかかわらず，あえて違法行為を行ったことが，社会的に非難されるべきものであり，その前提となる能力が責任能力である。上記判例の解釈は，「精神の障害」により，弁識能力，制御能力の少なくともいずれかを欠く状態であれば，行為者を非難することはできないとしたものであり，当該行為者に対し，責任非難が成り立つための合目的的解釈として妥当なものである。

II　「精神の障害」の概念について

1　精神医学上の精神障害と「精神の障害」について

　「精神の障害」の概念は，行為者の刑事責任の有無や重さを画するものであり，行為者に「精神の障害」があることにより行為者に対して社会的に非難をなし得ない場合や非難の程度が著しく低いといえる場合を念頭に合目的的に解釈されるべきものであり，全く変化を予定しないものとはいえないものの，容易に変更されないものであるべきである。

　これに対し精神医学上の「精神障害」は，精神医療の治療や支援，研究の

---

(1)　最（三小）決昭和58・9・13裁判集刑232号95頁等，最（二小）決昭和29・7・30刑集8巻7号1231頁。

II 「精神の障害」の概念について

対象になるものを広く含むものであり,統合失調症,双極性障害等のいわゆる精神病のほか,パーソナリティ障害(人格障害),窃盗癖(クリプトマニア),露出症や小児性愛等の性嗜好障害,薬物やアルコールの依存等も,本人や周囲がそのことで困ったり,悩んだりし,精神医療の助けを求めた場合には,その治療や支援の対象となり,精神医学上の「精神障害」に含まれる。精神医学における診断基準や精神病の概念については,今後も脳科学の発展等に伴い,変化し得るものであり,揺るぎのないものとはいえない。

「精神の障害」とは,行為時,行為者の行為の違法性を弁識する能力,あるいは行為者の行為の違法性を弁識する能力及びその弁識に従って行動を制御する能力の双方が,欠如ないし低減する原因となり得るもので,それが原因で弁識能力ないし弁識能力及び制御能力の双方が欠けた場合,社会的みて当該行為者を非難できないと解されるものであり,精神医学上の「精神障害」と同一のものではない。

まず,行為時に,行為者が「精神の障害」のため,自分の行為が違法であることを理解できない場合には,社会的に行為者を非難することはできない。責任非難が成り立つためには,行為者が,自らの行為が違法であることを認識することができること(弁識能力)が大前提である。また,前記のとおり責任非難が成り立つためには,行為者が,自らの行為の違法性を認識することができるだけでは足りず,その認識に従って自らの行動をコントロールし,当該違法な行為を思いとどまることができること(制御能力)も必要である。

たとえば,認知症について検討してみる。認知症とは,一旦正常に発達した知能が,後天的な脳の器質障害により恒常的に低下し,複数の認知障害が生じ,社会生活に支障をきたすようになった状態をいうが,認知症に罹患し,その症状が進むと,認知機能の障害や人格変化のため,自らの行動をコントロールし,法規範の枠内で,普通の社会的行動をなし得る前提となる能力が欠けることも考えられる。そのような者がスーパーの店頭に並んでいる商品を代金を支払わずに自宅に持って帰って来たとしても,社会的に非難することはできない[2]。

これに対し，自らの行動をコントロールして，法規範の枠内で，社会的行動をなし得る能力を有する者が刑罰法規に違反する行為を行った場合には，社会的に非難できるのであり，行為者は完全な刑事責任を問われることになる。

　しかし，普段は上記能力を有する者であっても，行為時に，その者にとって普段とは違う異常で病的な精神状態にあり，そのため，自らの行為が違法であることを認識できなくなった場合や，自らの行動をコントロールして，当該違法な行為を思いとどまることができなくなっていた場合，社会的に行為者を非難することができないことも考えられる。

上記病的な精神状態には，糖尿病による低血糖に起因するもうろう状態や多量飲酒による異常酩酊等も含まれると考えられ，従来の判例上もこれらは責任能力に影響を及ぼし，心神喪失との判断がされ得る，「精神の障害」とされてきた。病的な精神状態に陥らせる母体となるのは精神病に限らず，広い意味で病である必要もない。

　また，精神医学上，各診断基準（「DSM-Ⅳ-TR」や「ICD-10」）により全く同じ精神障害ないし精神疾患と診断された場合でも，実際に生じる精神症状は多様であり，その程度も異なる。精神症状によって弁識能力，制御能力に対する影響の有無や程度はさまざまで，同じ患者であっても，恒常的に同じ精神症状を呈している訳ではない。

　たとえば，統合失調症にり患している者であっても，一社会人として，家族を養い，会社に通勤して働いており，普段は，自らの行動をコントロールし，法規範の枠内で，社会的行動をなし得る能力を有していることがあるが，そのような者であっても，行為時には，幻覚，妄想に支配され，自らの行動をコントロールして，違法な行為を思いとどまることが著しく困難な状態に至っていることもある。

　行為者が行為時に統合失調症にり患していたからといって，そのことだけで直ちに行為者が行為時に心神喪失の状態にあったとされるものではないの

（2）　大熊輝雄『現代臨床精神医学［第11版］』（2008年，金原出版）173頁。

であり，最（三小）決昭和59・7・3刑集38巻8号2783頁責任能力の有無，程度は，「被告人の犯行当時の病状，犯行前の生活状態，犯行の動機，態様等を総合して」判断すべきである旨の判示をしていることは，上記観点から肯認できるものである。

「精神の障害」は，①認知症による認知機能の障害や人格の変化等，行為時に，行為者が当該行為の違法性を弁識する能力，あるいは当該行為の違法性を弁識する能力及びその弁識に従って自らの行動を制御する能力の双方が，欠如ないし低減する原因となり得る，恒常的で病的な精神状態，あるいは，②統合失調症に起因する幻覚，妄想が活発である状態等，行為時に，行為者が当該行為の違法性を弁識する能力，あるいは当該行為の違法性を弁識する能力及びその弁識に従って自らの行動を制御する能力の双方が，欠如ないし低減する原因となり得る，行為時の普段とは違う異常で病的な精神状態をいう。行為者が行為時に統合失調症，双極性障害等の精神病に罹患していること自体をいうのではない。

2　医療観察法上の精神障害と「精神の障害」について

近年では，責任能力は，心神喪失者等医療観察法で医療機関に強制的に入院ないし通院させる対象者の選択という法的判断の前提となるものともなっているが，同法の目的は，殺人等同法の対象となる行為を行った者が同行為を行う原因となった「精神障害」について，精神科に強制的に入院ないし通院させて治療し，それを改善することであるから，同法上の「精神障害」は，「精神の障害」のうち精神科で治療することのできるものに限られる。

III　責任能力の判断方法について

1　最（二小）判平成20・4・25刑集62巻5号1559頁

最（二小）判平成20・4・25刑集62巻5号1559頁（以下「最高裁平成20年判決」という）は，行為者に，行為時にいかなる「精神の障害」があり，それが行為者の弁識能力及び制御能力にいかなる影響を与えたかの判断につい

て,「その診断が臨床精神医学の本分であることにかんがみれば,専門家たる精神医学者の意見が鑑定等として証拠となっている場合には,鑑定人の公正さや能力に疑いが生じたり,鑑定の前提条件に問題があったりするなど,これを採用し得ない合理的な事情が認められるのでない限り,その意見を十分に尊重して認定すべき」であると判示しているが[3],裁判官や裁判員が,精神医学に関して十分な専門的知見を有していることは通常想定できないのであり,当然のことである。

　また,最高裁平成20年判決は,弁識能力について,被告人が幻覚,妄想の影響の下,本件行為が犯罪であることを認識し,その記憶を保っていたとしても,これをもって,事理の弁識をなし得る能力を,実質的に備えたものとして有していたと直ちに評価できるかは疑問である旨判示している。上記判決は,弁識能力を実質的に備えていなければ,表面的な違法性の意識では足りないとの判断を示したものとして注目され,精神症状が認識能力及び制御能力に及ぼした影響を慎重に見極め,責任能力判断を正しく方向付ける,リーディングケースとしての価値のある判例として理解されている[4]。

　最高裁平成20年判決に係る事案で被告人が犯行に至った経緯,動機等は以下のとおりである。

　被告人は,統合失調症にり患し,人の顔が現れたり,人の声が聞こえるという幻視,幻聴が現れるようになり,特に,頭の中に以前の雇い主である被害者の顔が現れたり,被害者が「仕事に使ってやるから電話しろ」などと話しかけてくる幻視,幻聴が頻繁に現れ,これに応じて被告人が被害者に電話をかけ,被害者から再就職を申し出ると断られたり,被害者が電話に出ないことが数十回も続いていた。被告人は,他の複数人の幻聴による忠告に従い,仕事の件で被害者に電話することを止めたが,なお被害者に関する同様の幻視,幻聴が続き,被害者が被告人をばかにしていると憤りを覚えるようになった。被告人に新しい就職先が決まった後には,被告人の頭の中で

---

(3) 最(二小)判平成20・4・25刑集62巻5号1559頁以下参照。
(4) 林美月子「責任能力判断と精神鑑定——最高裁平成20年4月25日判決を刑期として——」立教法学87号280頁,安田拓人「責任能力の判断方法」ジュリ1376号178頁。

被害者が「こいつは仕事に行かねえんだ。」などと話す幻聴が聞こえる等したため，被害者が被告人が仕事に行くのを邪魔をしようとしていると腹を立て，被害者の店付近に赴いたが，自分の行動が人に見られていると感じ，そのまま帰宅した。犯行当日も，被害者が頭の中に出てきて，「仕事に来い。電話しろ」と話しかけてくる幻視，幻聴があったため，被害者の店にワン切りの電話をかけたが，腹立ちが収まらず，被害者を殴って黙らせようと考え，被害者の店に赴いた。被告人は，店内で被告人を見た被害者がどうしたのかという感じでへらへら笑っているように思えたため，被害者の頭部等を殴打するなどした上，店外に逃げ出した被害者の顔面を殴り，頭部を路面に打ち付けさせた。被告人は，仰向けに倒れた被害者を見て，被害者がふざけて狸寝入りをしているのだと思い，更に被害者の太股付近を足で突っつくように蹴ったが，通行人が来たことからその場から立ち去った。その6日後被害者は外傷性くも膜下出血により死亡した[(5)]。

　最高裁平成20年判決にいう，「事理の弁識をなし得る能力を，実質的に備えたものとして有していた」といえるのはいかなる場合かは明確ではないが，一般に，統合失調症にり患し，幻覚，妄想等陽性症状が活発な時期にある者であっても，人を殺すことは悪いことであり，刑罰を科せられ，刑務所にいかなければならなくなるということは常識として理解していることが多いと思われ，上記被告人も，本件行為が犯罪であることを，少なくとも表面的には認識していたと認められる。弁識能力として必要とされる認識を，本件行為が犯罪であることについての表面的な認識とした場合には，いかに幻覚，妄想等陽性症状が活発であっても，行為時に，行為者が被害者を人ではなく，悪魔や怪物であると思ったといった極めて例外的な場合を除いて，行為者は弁識能力を有していたとの判断になると思われる。

　しかし，統合失調症にり患している行為者が幻覚妄想といった陽性症状が活発な時期に，幻覚妄想に起因して殺人等の違法な行為に及んだ場合，その行為者の認知機能には歪みが生じていると考えられるのであり，そのような

（5）　最高裁平成20年判決参照。

者が本件行為が犯罪である，悪いことであるとの認識を持っていたとしても，健常者の認識とはかなりその認識内容を異にすると考えられる。

精神科医の立場から責任能力の判断基準を検討された中でも，統合失調症では基本的に，認知基準には陽性症状を，意思基準には陽性症状をそれぞれ対応させ，認知基準については，幻覚，妄想の内容や程度だけでなく，本人にとって現実がどのように受け取られていて，それらが当該行為をする理由としてどう関係していたのかを説明する，具体的なエピソードによる説明が最も重要である旨指摘されており[6]，統合失調症に限らず，他の類型のものについても，行為時に，行為者がどのような認識を有していたかについて精神科医に具体的な説明を求め，それを元に，行為時の行為者の弁識能力が欠如ないし低減しているか否かを判断していく必要がある。

上記判決の事案においては，犯行に至った動機が度重なる被害者に係る幻視，幻覚に基づいて形成されたものであることは明らかであるが，行為時に，被告人は，被害者がへらへら笑っているように思えたとか，仰向けに倒れた被害者を見て，被害者がふざけて狸寝入りをしているのだと思ったなどとの認識を語っている。そのような被告人の認識が全て事実のとおりの認識であるとはむしろ考え難い面もある。

このような場合，精神科医から，行為時の精神症状の内容や程度，行為者にとって現実がどのように受け取られていて，それらが当該行為を選択することに関係したのか，どのように関係したのか，具体的なエピソードに基づいて説明を受け，個別具体的に行為時の行為者の責任能力の判断を行っていくことになるが，責任能力が問題となる裁判員裁判においては，裁判員も，精神科医の説明を理解した上で，行為者が行為時に，心神喪失もしくは心神耗弱の状態にあったのか，完全な責任能力を有していたのかという難しい判断をしていかなければならないことになり，法律家が裁判員に対し，その判断の重要なポイントを理解しやすい形で示さなければ，混乱を招くことにな

---

(6) 岡田幸之「刑事責任能力再考——操作的診断と可知論的判断の運用の実際」精神神経学雑誌107巻9号922頁。

りかねない。

2 司法研究・難解な法律概念

司法研究・難解な法律概念は，責任能力が問題となる裁判員裁判においては，法律家が，当該事案の本質的な部分にまで立ち返り，判断すべき重要なポイントは何かを整理した上，判断の対象を簡明で理解しやすいものに設定することが必要であると適切な指摘をした上で，その判断対象や説明内容は，当該事案における争点や精神障害の実態に即して変わることになろうとしている。

また，司法研究・難解な法律概念は，事案における争点や精神障害の実態に即した判断対象や説明内容の一例として，統合失調症にり患している者がその精神症状の影響を受けて違法な行為に及び，責任能力が争われた場合のうち，犯行が妄想に直接支配されて行われたか否かが責任能力の判断のポイントとなる事案を挙げ，端的に，「精神障害のためにその犯罪を犯したのか，もともとの人格に基づく判断によって犯したのか」という視点から検討するのが裁判員にとって理解しやすいのではないかとした上で，裁判員に対して，「統合失調症の圧倒的な影響によって犯したもので，もともとの人格に基づく判断によって犯したと評価できない場合か」（心神喪失），「統合失調症の影響を著しく受けているが，なお，もともとの人格に基づく判断によって犯したといえる部分も残っていると評価できる場合か」（心神耗弱），「統合失調症の影響があったとしても著しいものではなく，もともとの人格に基づく判断によって犯したと評価することができる場合か」（完全責任能力）という形で判断の対象を示すのが適当ではなかろうかと指摘しており，躁うつ病，アルコール関連障害，薬物関連障害，広汎性発達障害等，その他の類型についても，同様の視点に基づいた上で，各類型に応じた表現による判断の対象を示し，責任能力を検討することは基本的に可能と思われるとしている[7]。

司法研究・難解な法律概念は，刑事裁判において，責任能力が問題となった上記各類型に関する裁判例を分析し，当該事案における争点や精神障害の実態に即し，裁判員に理解しやすい判断対象や説明内容を設定することを志

向した示唆に富むものであり，実務上参考になるものといえる。

司法研究・難解な法律概念では「平素の人格」を統合失調症にり患する前からの人格と説明しており，「もともとの人格」という概念は，「平素の人格」を裁判員により理解しやすい表現に言い換えたものと思われる。

しかし，上記事案においては，統合失調症発症後に明確な人格の変化があり，その発症後の人格により敢行されたか否かが責任能力の判断のポイントではなく，犯行が行為時に存在した妄想に直接支配されていたか否かがポイントとなる事案であるから，妄想という精神症状が生じている行為時とそれが乗じていない普段との比較が重要である。そこで人格異質性の判断基準となる人格は，病後の「普段の人格」であるべきであり，裁判員に対しても，それを基準とした説明がされるべきである。

これまで責任能力が問題となった判例では，統合失調症以外の類型においても，犯行の人格異質性がその判断の重要なファクターとして用いられてきていたが，その基準となる「人格」はいかなる時点のものを指すのか必ずしも明らかでないものが散見された。

人格異質性，すなわち，人が変わってしまったということは，精神の異常を端的に示す指標といえるものであり，統合失調症以外の類型においても，人格異質性が責任能力の判断において重要なファクターとなる場合が多いと考えられるから，他の類型で責任能力が問題となる裁判員裁判においても，基本的には，司法研究・難解な法律概念が統合失調症が問題となった一例として紹介した判断対象及び説明内容を用いることができることも多いと考えられる。

しかし，犯行が認知症により人格が変化したために行われたか否かがポイントとなるような事案では，行為者の病前の人格を基準に人格異質性を判断すべきであるが，幻覚，妄想等，恒常的とはいえない精神症状が影響したと考えられるから，その点に限って責任能力の判断をすれば足りる場合には，行為者の病後の普段の人格を基準として人格異質性を判断すべきこととな

（7） 司法研究・難解な法律概念36頁以下参照。

る。

　人格異質性の判断に際して，精神病にり患した行為者の病前の人格を基準にするのか，病後の普段の人格を基準にするのか，その双方を基準にするのかについは，「精神の障害」の実態に即して個別に判断していくべきである。

Ⅳ　パーソナリティ障害（人格障害）について

1　パーソナリティ障害（人格障害）と責任能力

　従来の判例上，パーソナリティ障害（人格障害）は，それと診断された者が他の精神病等に罹患している場合等を除いて，責任能力の欠如ないし低減の対象とされて来なかったといっても過言ではない。

　そもそもパーソナリティ障害（人格障害）は，人格（パーソナリティ）特性の平均からの偏りとされ，そのうち，「その異常性のために自分自身が悩み，あるいは社会が悩むもの」が「人格障害」と呼称されるようになったものである。パーソナリティ障害（人格障害）と診断される者は，他の精神障害を併発していない場合，その認知機能の特性を考えても，自らの行為が違法であることを認識することはできるとされ，通常弁識能力は認められている。また，自らの行動をコントロールして，違法な行為を思いとどまることが著しく困難な状態にあったとしても，それは，遺伝的，生来的な個人差を基礎として，周囲の物理的，社会的な環境との相互作用によって形成されてきた，環境へのその人の特有な適応，その人特有の人格によるものとされたようである[8]。

　たとえば，反社会性人格障害と診断される者は，自らの行為が違法であることを認識することができるが，易怒性及び攻撃性を有し，他人の気持ちを理解する能力が健常者に比して劣っており，良心の呵責に乏しいため，その認識に従って，傷害等の違法行為を思いとどまることが著しく困難であり，

---

(8)　大熊・前掲注(2)311頁以下，C・カトナ　M・ロバートソン（島悟監訳）『図説精神医学入門［第3版］』（2008年，日本評論社）46頁以下参照。

現実問題として，法規範の枠内において，社会的行動をなし得ない。しかし，易怒性及び攻撃性，良心の呵責に乏しいことは人格特性であり，行為者にとって普段と違って異常で病的な精神状態とはいえない上，制御能力が低い点は，遵法精神の乏しさや規範意識の歪みと理解される。

しかし，パーソナリティ障害（人格障害）は，窃盗癖（クリプトマニア），露出症や小児性愛等の性嗜好障害，薬物やアルコールの依存等のように，行為時に存在する，行為者の歪んだ習癖や嗜好に属するものと考えられるものとは異なる。妄想性のパーソナリティ障害や失調型のパーソナリティ障害では，妄想様の精神症状を呈し，専門家であっても統合失調症や妄想性障害等の精神病との鑑別が難しい。その病態は多種多様であり，一括りにすることはできない。また，統合失調症の発症前に妄想性パーソナリティ障害や失調型のパーソナリティ障害の診断基準を充たすこともあり，現在の区分けや診断基準は変わり得るものである。

2 パーソナリティ障害（人格障害）と責任能力の判断

責任能力の判断に当たっては，当該精神障害の診断名ではなく，行為時の具体的なエピソードやその際の精神症状，それが行為者が違法な行為を選択し，それを行うについていかなる影響を与えたかが重要となるから，パーソナリティ障害（人格障害）と診断され，他に精神病の診断を受けなかった場合であっても，妄想様の精神症状を呈している場合には，その精神状態を「精神の障害」に当たり，心神耗弱等の判断がされる余地はある。そして，この場合には，犯行に妄想様の精神症状という恒常的とはいえない精神症状が影響したか否かが責任能力の判断のポイントとなる事案であると考えられるから，行為者の普段の人格を基準として人格異質性を検討すべきであり，裁判員裁判においては，統合失調症で犯行が妄想に直接支配されて行われたか否かが責任能力の判断のポイントとなる事案と同様の判断対象及び説明内容により，法律家が裁判員に分かりやすく説明し，人格異質性の有無，ひいてはその程度等を判断していくことになろう。

V　アスペルガー障害等広汎性発達障害について

1　広汎性発達障害と反社会的行動——アスペルガー障害を中心に——

　広汎性発達障害は，正常（定型発達者）から異常に至る連続体としての自閉症スペクトラム障害ともいわれ，自閉性障害，レット障害，小児性崩壊性障害，アスペルガー障害，特定不能の広汎性発達障害（PDD-NOS）に下位分類される（「DSM-Ⅳ-TR」による。）。自閉性障害と定型発達者（いわゆる健常者）の中間に位置するのがアスペルガー障害であり，更に定型発達者に近いのが特定不能の広汎性発達障害である。

　広汎性発達障害の中核的症状は，①コミュニケーションや情緒的疎通性をはじめとする対人相互的反応性の困難，②強迫的で限局された精神活動や行動様式であるとされるが，その症状は多種多様である。

　アスペルガー障害と診断される者は，「心の理論」，すなわち，他人の信念や確信を把握する認知能力が障害されており，上記中核的症状①のとおり，対人相互反応性が困難で，他人の表情や動作，周りの雰囲気から他人の気持ちやその場の暗黙のルールを理解することが苦手であるといわれている。最近の研究でアスペルガー障害と診断される者は，他人の考えを読み取る場合に，定型発達者とは脳の異なる部分を使っていると確認されており，それに関わる認知能力は，定型発達者に比べて劣っている。アスペルガー障害と診断される者は，そのため，他人の気持ちを理解できず，その結果，他人への配慮を欠いてトラブルになることもあり，それに起因していじめを受けることもある。

　アスペルガー障害と診断される者の特徴として，上記中核的症状のほか，ユニークな興味，関心が挙げられ，自然現象や生物のしくみや反応，化学変化などに強い好奇心を持ち，それが理科実験的な興味に移行することがあるとの指摘がされている。これらを併せて「一次障害」（基本障害）と表現されることもある。

　また，アスペルガー障害と診断される者の多くには，てんかん，チック障

害，学習障害が合併していることがあるほか，すぐに緊張や困惑感がエスカレートし，パニックや混乱に陥る傾向や，わずかな状況の変化で気分の変動や不安の亢進が生じやすいという特徴がある。また，強迫的傾向（同一性への固執）を背景に，予測と異なる状況が起きると「パニック」と呼ばれる情動的な興奮に陥りやすい特徴もある。これらは，早期関連症状ともいわれる。更に，アスペルガー障害と診断される者には，学齢期以降に，気分障害（うつ状態，希に躁状態），精神病様症状（被害関係念慮，幻聴，幻視，妄想等），強迫性障害（自我違和的な強迫症状），乖離症状（二重人格のような意識変化）等，新たな精神症状が出現することがまれではない。中でも被害関係念慮（周囲で起きる事柄が自分への悪意の表れと受け取る傾向）は頻繁に見られ，社会生活での不適応（いじめ，障害の見過ごしによる保護者との行き違い等）を契機として，初期には過敏さや被害意識が表れやすいと指摘されている[9]。

アスペルガー障害の者は，一次障害や早期関連症状のため，周囲との意思疎通の行き違いや誤解を背景とするトラブルに見舞われ，そのトラブルと類似の状況を避けようとしたり，類似の状況に直面して「パニック」になったり，以前のいじめの状況がフラッシュバックのように想起されて「パニック」になり，粗暴な行動に及ぶ場合もあるとされている。

また，精神科医の立場から，反社会的行動とアスペルガー障害と診断される者の特徴を，①常同固執——興味や関心の固執が行動に反社会的な色彩を与える，②不如意不満——思い通りにならないことから，他者への不満を抱く，③誤解固執——他者の意図を誤解し，事実と異なった思い込みをする，④不測困惑——本人にとって予想外の状況に陥り，混乱する，⑤共感困難——行為が他者に与え得る不快感等を想像しにくい，⑥問題解決困難——現実

---

(9) 十一元三「広汎性発達障害と強迫関連現象」DCD研究会編『強迫性障害の研究(7)』(2006年，星和書店) 121頁，十一元三「司法領域における広汎性発達障害の問題」家月58巻12号8頁以下，十一元三「アスペルガー障害と高次対人状況」こころのりんしょう25巻2号214頁以下，岡田幸之＝安藤久美子「自閉症スペクトラム障害にみられる特徴と反社会的行動」精神治療学25巻12号1653(97)——1660(104)，榊原洋一『特別支援教育のためのアスペルガー症候群の医学』(2005年，学研) 68頁，80頁等，杉山登志郎＝原仁『特別支援教育のための精神・神経医学』(2003年，学研) 72頁以下参照。

的な社会生活での失敗や，問題解決の適応的な方策をとることの失敗がかかわっている，⑦併存障害——二次的，三次的な障害が事件の起きやすい状態を作る，という7つのパターンに分類して検討する試みがされている[10]。

2　広汎性発達障害と「精神の障害」

　上記分類を試みた精神科医からは，アスペルガー障害の事例において，偏った関心，共感性や社会性の欠如（心の理論の欠如）等の特徴が事件に関係し，実験として犯罪が行われることがあるが，完全な刑事責任能力が認められてきた妄想性障害やパーソナリティー障害（人格障害）における認知の障害や行動制御の障害と共通する面もあり，妄想性障害等と相対的に比較すると，アスペルガー障害による認知の障害あるいは特徴が事件に関係したとしても，これをもって法的な意味での弁識能力の著しい障害があったとすることはかなり難しいのではないかとの指摘がされている[11]。

　アスペルガー障害と診断される者やそれと近似の特定不能の広汎性発達障害と診断される者は，上記分類で示されたように，その認知機能の障害が違法行為を選択することに影響を与えたと考えられることがあるが，そのような場合であっても，通常は，定型発達者と同様，自らの行為が違法であることを認識することはできていると考えられ，通常認識能力は認められる。

　しかし，パーソナリティ障害と同様，アスペルガー障害の認知機能の障害あるいはその人格特性が事件に関係した場合であっても，それに起因する精神症状が精神病状態等，同人にとって普段とは違って異常で病的な精神状態といえる場合には，責任能力の判断の基礎となるべき，「精神の障害」に当たる余地はある。

---

(10)　岡田幸之＝安藤久美子「自閉症スペクトラム障害にみられる特徴と反社会的行動」精神治療学25巻12号1653(97)——1660(104) 参照。
(11)　岡田幸之「刑事責任能力再考——操作的診断と可知論的判断の適用の実際」精神神経学雑誌107巻9号928, 929頁，安藤久美子「発達障害（Asperger症候群）」五十嵐禎人編『刑事精神鑑定のすべて』〔専門医のための精神科臨床リュミエール1〕（2008年，中山書店）160——172頁。

3　広汎性発達障害と責任能力の判断

まず、前記のとおりアスペルガー障害と診断された者の精神病様症状、強迫性障害、乖離症状等の精神症状が現れることがある。

また、上記分類④の不測困惑に関しては、強迫的傾向（同一性への固執）が背景にあり、予測と異なる状況が起きると「パニック」になりやすい特徴が影響しているとはいえ、行為者は、急激に生じる変化に反応して驚愕し、「パニック」に陥り、違法行為に及んだものと考えられる。このような場合、実際に、行為者に適法な行為を選択する余地がどれほどあったのか疑問があり、その人格特性ゆえに違法行為に及んだと評価し、完全責任能力を有すると判断することには疑問がある。

上記の各場合においては、行為時には、行為者にとっては普段とは違う異常で病的な精神状態にあったともいえるのであり、その精神状態は、行為時に、行為者の弁識能力及び制御能力に影響を与え得る、病的な精神状態といえる余地があると考えられるから、行為時の行為者の精神状態を具体的に把握し、責任能力の判断を行う必要がある。

アスペルガー障害等広汎性発達障害と診断された者の責任能力を判断するためには、精神科医から、行為時の精神症状の内容や程度、行為者にとって現実がどのように受け取られていて、それらが当該行為を選択することに関係したのか、どのように関係したのか、具体的なエピソードに基づいて説明を受けることが不可欠である。その上で、責任能力を判断するための重要なポイントを探り、人格特性が当該行為の選択に影響を与えたか否かについて、行為者の普段の人格を基準に人格異質性の有無や程度等を検討していく必要がある。

アスペルガー障害等広汎性発達障害については、健常者がその人格特性を理解することも難しいことから、裁判員裁判においては、裁判員に対し、他の類型同様、法律家が責任能力の判断のポイントとなる判断対象や説明内容を設定しつつ、その人格特性についてもていねいに説明していくほかない。

（まえさわ・くみこ）

共謀共同正犯に関する覚書

慶應義塾大学法学部教授　**亀井　源太郎**

　　　Ⅰ　はじめに
　　　Ⅱ　共謀共同正犯の成立要件と主観的要素
　　　Ⅲ　共謀の概念
　　　Ⅳ　まとめにかえて

「間接正犯と教唆犯の区別に関する学説をみても明らかなように，もともと教唆犯は正犯ともいうべき実質を備えている場合が多く，共謀共同正犯，特に教唆型・支配型共謀共同正犯との区別は，具体的にはかなり微妙な場合がある[1]」。

Ⅰ　はじめに

　現在では，なおも有力な反対説は存在するものの，学説上も，共謀共同正犯を肯定する見解が優勢である[2]。
　「数十年にわたって裁判所が法律によらない裁判をしていると考えるのは，あまりに観念的[3]」である上，「社会事象の実態に即してみるときは，実務

（1）　安廣文夫・大コンメ刑法［2版］(5)443頁。
（2）　拙著『正犯と共犯を区別するということ』(2005年，弘文堂) 91頁以下参照。
（3）　平野龍一『刑法の基礎』(1966年，有斐閣) 248頁以下。

が共謀共同正犯の考え方に固執していることにも，すくなくとも一定の限度において，それなりの理由があ」り，「共同正犯についての刑法60条は……一定の限度において共謀共同正犯をみとめる解釈上の余地が充分にあるようにおもわれ……共謀共同正犯を正当な限度において是認するとともに，その適用が行きすぎにならないように引き締めて行くことこそが，われわれのとるべき途ではないかと考え[4]」られるからである。

このため，現在では，共謀共同正犯論は是非論から要件論へと議論のステージを移しており，冒頭に掲げた，安廣文夫教授の指摘は，ますます重みを増しているのである。

そこで，本稿では，近時の実務家による論稿を踏まえつつ，共謀共同正犯を巡る議論の現状を概観した上で，若干の検討を加えることとする。

II　共謀共同正犯の成立要件と主観的要素

共謀共同正犯の成立要件については諸説ある。共謀共同正犯を肯定する見解においても，その成立要件を巡って対立が存するのである。

この論争にかかる近年の判例状況・学説状況については，大阪刑事実務研究会による詳細な紹介・分析がある[5]。そこで，ここでは，同論文に依拠しつつ，議論の現状を概観しよう。

1　学説における2つの立場

同論文は，「実質的客観説[6]」に分類される学説を，以下のように，大きく2つのグループに分類している[7]。

「①専ら，実行に準じるような重要な役割・事実的寄与が客観的に認

（4）　最（一小）決昭和57・7・16刑集36巻6号695頁における団藤重光補足意見。
（5）　杉田宗久＝平城文啓＝仁藤佳海「共犯(1)——共謀共同正犯の成立要件（上），（下）」判夕1355号75頁以下，同1356号50頁以下。
（6）　杉田＝平城＝仁藤・前掲注(5)（上）82頁は，「犯罪の実現において，実行の分担に匹敵するような重要な役割を果たしたと認められる場合を共同正犯とする」見解を，実質的客観説あるいは実質的実行共同正論と呼ぶ。

められるかという観点から〔共謀共同正犯の〕成立要件を考え，主観的・心情的要素は可及的に排除されようとする」見解[8]

「②その成立要件において，犯罪実現に果たした役割・寄与の重要性は認める一方で，犯罪実現の動機・意欲の強さやこれに裏付けられた正犯意思といった主観的・心情的要素も成立要件として必要であると解する」見解[9]

このうち，①の立場に分類される見解は，たとえば，「共同正犯と従犯の区別が単なる量刑事情ではなく犯罪事実であるとすれば，それは犯罪実現に対する事実的寄与度を基準とした客観的類型的判断にとどまるべきであり，主観的心情的要素は酌量減軽や量刑判断の資料として考慮すれば足りよう[10]」として，主観的要素を共謀共同正犯の成立要件から排除する。

これに対し，②の立場に分類される見解は，たとえば，「共同正犯の主観的成立要件としての共同正犯の認識（正犯者意思）が欠ければ，類型としての『共同正犯』には該当し得ない[11]」，あるいは，「共同正犯性については，共謀に基づく作業分担が行われたとき，実行行為を直接に行わなかった共謀者でも，犯罪に重要な寄与を果たしたと認められる限りで，これを肯定することができよう。……判例実務における共謀共同正犯論の根底にも，……学説と共通の正犯理解がある。ただ，判例は，……実行者と変わらぬ犯罪実現

---

(7) 杉田＝平城＝仁藤・前掲注(5)（上）88頁。
(8) 杉田＝平城＝仁藤・前掲注(5)（上）88頁は，西田典之「共謀共同正犯について」平野古稀（上）363頁以下（西田①），同「共謀共同正犯論――肯定説の立場から」刑雑31巻3号30頁以下（西田②），同『刑法総論〔第2版〕』（2010年，弘文堂）344頁以下（西田③）を，佐伯仁志「共犯論(2)」法教306号43頁以下，「裁判員裁判と刑法の難解概念」曹時61巻8号1頁以下が，このグループに含まれるとしている。
(9) 杉田＝平城＝仁藤・前掲注(5)（上）88頁は，大谷實『刑法講義総論〔新版第3版〕』（2009年，成文堂）434頁以下，前田雅英『刑法総論講義〔第5版〕』（2011年，東京大学出版会）487頁以下（前田①），同「共謀の認定」警論63巻8号149頁以下（前田②），井田良『講義刑法学・総論』（2008年，有斐閣）464頁が，このグループに含まれるとしている。
(10) 西田③353頁以下。
(11) 前田②492頁。「殺人罪と傷害致死罪が主観面も加味しなければ区別し得ないのと同様，共同正犯の場合も行為者の主観的責任事情を考慮して個別化する」とする。さらに，同書478頁は，「共同正犯の責任要素として，単独正犯における故意に相当する共同正犯の認識（正犯者意思）が必要である」としている

の意欲（主観面），犯罪実現にあたっての大きな役割（客観面）とをあわせ考えて，それは他人の犯罪ではなく『自己の犯罪』であるといえる場合に，共同正犯の成立を認める[12]」として，主観的要素を共謀共同正犯の成立要件と位置付ける。

このように，同論文は，「実質的客観説」に分類される見解はいずれも，「犯罪の実現において，実行の分担に匹敵するような重要な役割を果たしたと認められる場合を共同正犯とする[13]」ことでは共通するが，判例が要求するとされる[14]「自己の犯罪実現意思，正犯意思という主観的要素[15]」を共謀共同正犯の成立要件とするか否かにつき，学説上対立がある，と整理するのである。

2 「自己の犯罪」と「重要な役割」の距離

同論文は，さらに，裁判実務家による論稿を詳細に紹介した上で，それらの論稿における議論について，大要，以下のように整理している。

「昭和50年代ころから，共謀共同正犯が認められるか否かの基準を……犯罪関与者が『自己の犯罪』としてその犯罪に関与したといえるか否かという主観説的な考え方……が，有力裁判官によって唱えられるようになっ〔た〕[16]」。

「しかし，この考え方は，すべてを関与者の主観面に依拠するドイツ流の純然たる主観説とはやや趣を異にし，いずれも犯罪の主観面と客観面を総合して『自己の犯罪』が認められるか否か，又は正犯意思が認めら

---

(12) 井田・前掲注(9)464頁。
(13) 杉田＝平城＝仁藤・前掲注(5)（上）82頁。
(14) わが国の判例が「一種の主観的正犯論」を採るとするものとして，西田③352頁。もっとも，わが国の判例が用いる「自己の犯罪か他人の犯罪か」という基準による区別は，単なる主観的判断ではない。拙著・前掲注(2)64頁以下，123頁以下参照。
(15) 西田③353頁。
(16) 杉田＝平城＝仁藤・前掲注(5)（下）59頁以下。松本時夫「共謀共同正犯と実務」法教〔第2期〕4号（1974年）35頁以下，同「共同正犯——幇助との区別」芝原邦爾編『刑法の基本判例』（1988年，有斐閣）64頁以下，同「共謀共同正犯と判例・実務」刑雑31巻3号39頁以下が掲げられている。

れるか否かを検討しようとするものであっ〔た〕[17]」。

「昭和57年の大麻密輸入事件決定[18]や，更には平成15年のスワット事件決定[19]……を契機として，次第に……実務流の主観説を基礎にしながらも，共同正犯という評価を支えるだけの何らかの客観的事情を一つの要件として求める立場が有力になってきている。[20]」

「〔近年の裁判実務家による論稿[21]は，〕『自己の犯罪』か否かによる区別という大原則に立脚しながらも，過度の主観化という学説からの批判への応答という面もさることながら，何よりも，刑事裁判実務一般における客観的事情の重視＝事実認定・判断の安定化という近時の基本的指向性を背景として，上記のような大原則との調和を意図して〔要件を導き出している〕[22]」。

このように裁判実務家の論稿は，近年，客観的事情を考慮しつつ，これを「自己の犯罪」基準と調和させるよう試みている，とされるのである[23]。

ここでは，前掲①の立場と②の立場が接近する様子が描かれているようにも思われる。

もっとも，同論文における異説とそれに対する応答からは，①の立場と②の立場の間に，なお距離があることも否定できない。

それは，たとえば，「主観説においても，正犯意思の認定においては，……客観的事情が考慮されている」，「このような理解が正しいのであれば，……『自分が中心になって犯罪を犯すつもりがあったか否か』を正犯と従犯

---

(17)　杉田＝平城＝仁藤・前掲注(5)（下）60頁以下。
(18)　前掲注(4)最（一小）決昭和57・7・16。
(19)　最（一小）決平成15・5・1刑集57巻5号507頁。
(20)　杉田＝平城＝仁藤・前掲注(5)（下）60頁以下。
(21)　中野次雄『刑法総論概要〔第3版補訂版〕』(1997年，成文堂) 138頁以下，石井一正＝片岡博「共謀共同正犯」刑事事実認定（上）341頁以下，山内昭善「共謀共同正犯と教唆犯」大塚仁＝佐藤文哉編『新実例刑法〔総論〕』(2001年，青林書院) 295頁以下。出田孝一「共謀共同正犯の意義と認定」小林・佐藤古稀（上）198頁以下，青木孝之「共謀共同正犯の理論と実務」琉大法学78号19頁以下，朝山芳史「共謀の認定と判例理論」木谷明編著『刑事事実認定の基本問題〔第2版〕』(2010年，成文堂) 145頁以下が掲げられている。
(22)　杉田＝平城＝仁藤・前掲注(5)（下）61頁以下。

の区別の基準として示すことは，従来の裁判例の傾向を正確に反映するものとはいいがたい」とする整理[24]について「〔このような整理の後段が客観的な事情〕のみを中心に共同正犯性を考えるべきであるとする……趣旨であれば，やはり賛同し難い[25]」とする点や，「共謀共同正犯として処罰されるかどうかは，……いろいろな事情を総合して，その者がその犯罪について重要な役割を果たし，その犯罪を実質的にみて共同して行った，といえるかどうかを判断すべき[26]」とする議論に対して「『重要な役割を果たしたか』のみを具体的な判断基準に据えている点は，……疑問がある[27]」とする点に表れている。

ここでは，「自己の犯罪」と「重要な役割」という2つの概念は，完全に重なり合うものではない，という認識が示されているのである。

III 共謀の概念

1 スワット事件等3判例と共謀

近年，共謀の意義がふたたび議論の対象となっている。そのきっかけのひ

---

(23) たとえば，朝山・前掲注(21)154頁以下は，従来，実務家の間で「『自己の犯罪』か『他人の犯罪か』というメルクマール」が有力であったが，「この見解は，共謀参加者が『自己の犯罪』という意思を有していたか，『他人の犯罪』という意思を有していたかという，主観的基準のみによるものではなく，『自己の犯罪』と呼ぶにふさわしい行動等の事実があったかという客観的基準を併用している」と指摘し，このような見解は，「共謀共同正犯の客観的要件としての『共同実行の事実』と実質的に同視し得る客観的事情を要する」とする「本稿の立場とそれほど大きな違いはない」とする（同旨，拙著・前掲128頁。他方，杉田＝平城＝仁藤・前掲（下）59頁はこのような理解に批判的である）。また，村瀬均「共謀(1)——支配型共謀」刑事事実認定50選（上）265頁以下も，出田・前掲注(21)206頁を引用しつつ，スワット事件との関係で共謀の意義を問題とし，実務では，「共謀を犯罪の共同遂行の合意と把握せざるを得ない」が，「実際の事実認定にあっては，この主観的な合意の内容の分析よりも，共謀者の行動や役割など外部に現れた客観的事実から，共謀者が実行者を通じて犯罪を実行したと認めるに足りる状況があるか否かという点を重視して〔いる〕」とする。
(24) 橋爪隆「裁判員制度のもとにおける刑法理論」曹時60巻5号11頁以下。
(25) 杉田＝平城＝仁藤・前掲注(5)（下）61頁。
(26) 前田雅英編『裁判員のためのよく分かる法律用語解説』（2006年，立花書房）170頁。
(27) 杉田＝平城＝仁藤・前掲注(5)（下）62頁。

とつに，スワット事件や類似の事件にかかる諸判例[28]がある。たとえば，朝山芳史判事は「近時共謀共同正犯の成立が問題となった……事例[29]」のひとつとしてスワット事件を取り上げ，また，村瀬均判事は黙示的ないし連絡を認定した事例として[30]同事件を取り上げておられる。

筆者は，既に，いくつかの論稿においてこのテーマを取り扱ってきた[31]が，ここでは，後の議論に必要な限りで，筆者が論じてきたことを簡単に振り返っておきたい。

2　共謀概念の来し方
(1)　練馬事件・松川事件

周知のように，練馬事件最高裁判決[32]は，「共謀共同正犯が成立するには，二人以上の者が，特定の犯罪を行うため，共同意思の下に一体となつて互に他人の行為を利用し，各自の意思を実行に移すことを内容とする謀議をなし，よって犯罪を実行した事実が認められなければならない」と判示した。

同判決にかかる調査官解説は，以下のように説明して，「『謀議』又は『通謀』の存することは，……単なる主観的要件に止まるものではなく，実行共同正犯における客観的要件である『二人以上の者の実行行為の分担』にも比すべきもので，共謀共同正犯の客観的要件でもある」とし，いわゆる客観的謀議説を採った。

「〔〔特定の犯罪を行うため，共同意思の下に一体となって互に他人の行為を利用し，各自の意思を実行に移すことを内容とする謀議をなし」たこと

---

(28)　前掲注(19)最（一小）決平成15・5・1，最（一小）決平成17・11・29裁判集刑288号543頁，最（二小）判平成21・10・19判タ1311号82頁。
(29)　朝山・前掲注(21)145頁以下。
(30)　村瀬・前掲注(23)263頁以下。
(31)　拙稿「共謀共同正犯における共謀概念」法学研究84巻9号87頁以下（拙稿①），拙稿「共謀概念と刑事手続」研修766号3頁以下（拙稿②），拙稿「共謀共同正犯における共謀の概念と刑事手続」刑雑2巻2号162頁（拙稿③）。
(32)　最大判昭和33・5・28刑集12巻8号1718頁。

を要するとの〕判示は，右『共謀』とは，単なる『意思の連絡』又は『共同犯行の認識』といわれるものとは異なることを示す。……本来の共同正犯（実行共同正犯と仮称する）が成立するためには，二人以上の者の間に『意思の連絡』即ち『共同犯行の認識』があれば足り，いわゆる『通謀』又は『謀議』の成立することを要しないとするのが通説であり判例である。しかし実行行為を担当しない共同者をも共同正犯と認める共謀共同正犯が成立するためには，必ず右のような内容の『謀議』又は『通謀』が共同正犯者相互間に成立したことを要することを本判決は判示している」。「右のような『謀議』又は『通謀』があれば，当然『意思の連絡』又は『共同犯行の認識』はあるであろうが，『意思の連絡』『共同犯行の認識』だけでは，『謀議』又は『通謀』があつたとはいえないと思う」[33]。

ここでは，「共謀」と，「『意思の連絡』又は『共同犯行の認識』」（あるいは，「『意思の連絡』即ち『共同犯行の認識』」）が区別され，実行共同正犯の場合は後者だけで足りるが，共謀共同正犯の場合は，「『謀議』又は『通謀』」まで必要であるとされていた。また，「『謀議』又は『通謀』」は，「『意思の連絡』『共同犯行の認識』」に，他の要素[34]を付加した概念として，構想されていたのである[35]。

(2) 松川事件

松川事件最高裁判決[36]も，その多数意見において，客観的謀議説を採ったと評価される場合がある。同事件多数意見が，共謀を「意思の連絡」で足

---

(33) 岩田誠「判解」最判解刑昭和33年度405頁。
(34) この構想において何が付加されるのかは必ずしも明確ではないが，「『謀議』又は『通謀』の存することは，……実行共同正犯における客観的要件である『二人以上の者の実行行為の分担』にも比すべきもので，共謀共同正犯の客観的要件でもある」とされている。岩田・前掲注33405頁以下。
(35) なお，同解説中で，岩田博士は，実行共同正犯につき，2人以上の者の間に「意思の連絡」もしくは「共同犯行の認識」があれば足りるとした判例として，大判大正7・4・17日刑録24輯329頁，大判大正11・2・25刑集1巻79頁，大判大正15・12・23刑集5巻584頁を掲げておられるが，大審院によるこれらの判例が，すべて「意思の連絡」もしくは「共同犯行の認識」があれば足りるとしていたと理解することには，若干の疑問が残る。拙稿①92頁以下参照。

りるとする反対意見を容れず原判決を破棄し差し戻したため，このような評価も存在するのである。

同判決多数意見は，以下のように述べている。

「〔原判決は，2つの連絡謀議の存在を認めていたが，いずれも，〕原判決がその挙示するような……証拠によつてこの謀議の存在を肯定したことには疑問があり，結局本謀議に関する証拠は極めて薄弱であるといわざるを得ない」，「原判決がその挙示するような前記証拠によつて本謀議の存在を肯定したことには疑問があるといわなければならない」。

「〔このため，〕原判決認定の……謀議には二つともその存在に疑があつて，原判決中被告人らに関する部分は，結局，すべて，判決に影響があつてこれを破棄しなければ著しく正義に反する重大な事実誤認を疑うに足りる顕著な事由があるものといわなければならない」。

3 主観的謀議説の「優位」

しかし，これらの2判例以後も，客観的謀議説が実務上支配的な立場を得るには至らなかった。

むしろ，実務上は，主観的謀議説が有力であるとされることも少なくない。たとえば，石井一正教授，片岡博判事は，「実務上はむしろ共謀を共犯者間で形成された犯罪の共同遂行の合意ととらえる見解（主観説とでも称されよう）の方が有力である」とされる[37]。さらに，村瀬均判事も，「実行共同正犯における共謀が実行行為の時点における共同実行の意思と解されていることと統一的に理解し，共謀共同正犯における共謀も，謀議行為ではなく，犯罪の共同遂行に関する合意として理解すべきとの見解が主張され，これが実務における一般的な理解となっている」とされるのである[38]。

もっとも，以下に見るように，いわゆる客観的謀議説と主観的謀議説の対立は，当初から，ややかみ合わないところがあった。

---

(36) 最大判昭和34・8・10刑集13巻9号1419頁。
(37) 石井＝片岡・前掲注(21)343頁。
(38) 村瀬・前掲注(23)265頁。

そこで、以下、藤木英雄博士の見解[39]と小林充教授の見解[40]——いずれも、いわゆる主観的謀議説に分類されることが少なくない——を概観する。

藤木博士の見解は、「共謀共同正犯の刑事責任を根拠づけるものは、犯罪の共同遂行に関する合意」である、とする考え方である。

もっとも、この見解においても、「犯罪の共同遂行に関する合意」の一般的要件として、「各人がそれぞれ他の共同者と協力し、特定の犯罪を共同遂行する意思を有し、且つその点につき相互の間に意思の連絡が存在することが必要」とされ、さらに、「各人がそれぞれ、自らの手により、または他の共同者を介して、犯罪を実行する意思を有し、且つそれが偶然的に並存するのではなくて、互いに相利用し、相補う旨の意思の連絡が成立していることが必要」である、とされる。

ここでいう共謀が、成立の前提として意思の連絡を要求することには、注意が必要である。したがって、この見解は、なんらの意思連絡も存在しないのに、偶然、各関与者が同じ意思を有していた場合にまで、共謀の存在を認めるものではないのである。

また、小林教授の見解は、実行共同正犯と共謀共同正犯を統一的に理解するため、「共謀共同正犯における共謀も、……実行行為の時点における犯罪の共同遂行の合意として理解」すべきである、とする。

この見解は、さらに、「共謀の内容をなす緊密な意思連絡が時間の経過とともに徐々に醸成され、これを特定の目的、場所における謀議行為として把握できない場合」や、「謀議行為の経過が判明しない場合……には共謀を犯罪遂行の合意と把握せざるを得ない」とし、「実務上の基準としては」、自己の犯罪か否かにより正犯性の有無を判定する「主観説に従うのが相当」とする。

もっとも、この見解も、実際には、客観的な観点をも考慮に入れている。

---

[39] 藤木英雄『可罰的違法性の理論』(1967年、有信堂) 293頁以下。
[40] 小林充「共同正犯と教義の共犯の区別」曹時51巻8号1頁以下。

III　共謀の概念

自己の犯罪か否かの判断に際しては，「犯行の際行った行為の内容，他の行為者との共謀の有無ないしその経過・態様」等の諸事情を考慮するものとし，このうち，「共謀の経過，内容等」につき，「各人がそれぞれ自らの手により，又は他の者を介して犯罪を遂行する意思を有し，かつそれが偶然的に併存するのではなく，互に相利用し相補う旨の意思の連絡が成立していることが必要」であって，「謀議に加わった事実があっても，犯罪計画に賛成しなかった場合はもちろん，犯罪計画を了知したというだけの場合も共謀の存在を認めることはできない」としているのである。

4　共謀概念の行く末
(1) 錯綜した対立

前述のように，主観的謀議説は，現在，実務家による論稿において，少なからぬ賛同を得ている。

もっとも，対立はやや錯綜している。

対立が錯綜していたことは，練馬事件が，順次共謀の事案であったことに加え，「謀議の行われた日時，場所またはその内容の詳細，すなわち実行の方法，各人の行為の分担役割等についていちいち具体的に判示することを要するものではない」と判示していたことからも，看取される。練馬事件判決においても，謀議が，一定の形式のあるもの——たとえば関与者が一堂に会した会議のようなもの——を意味していたのではなかったにもかかわらず，前述のような対立が生じていたのである。

また，従来，共謀ないし謀議の存在が否定された場合に，被告人が無罪とされる例[41]がある一方，背後者が幇助とされる例[42]も見られた[43]。

このように，共謀概念は多義的に用いられ，また，客観的謀議説と主観的謀議説の対立も，複数の異なる問題を含んだ形で展開されてきたのである[44]。

(2) 共謀の内実

私見によれば，共謀概念を巡って争われてきたことは，以下のように整理できる[45]。

①共謀が存在したといえるためには，どのような行為ないし事実が要求されるのか（(a) 一定の打合せ行為等か，(b) 形式は問わず，外部的な意思の連絡か，(c) いずれも不要か[46]）。

②共謀を体系的にどこに位置付けるか（共犯性の有無〔＝共犯の外側の限界〕か，正犯性の有無〔＝共犯の内側の限界〕か[47]）。

③共謀はどのような方法で証明され，どのように手続の各段階で明示されるべきか[48]。

このように整理した場合，まず，共犯性の問題としては，どのような行為ないし事実があれば，他者が実行を担当した犯罪行為及びその結果が，当該行為者に因果的に帰属されることとなるのかが問われることとなる。この局面では，共謀概念によって論じられてきたことのうち，当該行為者が，法益侵害に対して，心理的な意味で，因果的に寄与しているといえるか否かが問われることとなる。

また，正犯性の問題としては，当該行為者が果たした役割がいかなるものであったのかが問われることとなるから，この局面では，従来，共謀概念を用いて議論されてきたことのうち，働きかけないし意思連絡の「強度」等の諸事情から，被告人が果たしてきた役割の重要性が，問われることとなろ

---

(41) たとえば，大阪地判平成13・3・14判時1746号159頁は，「被告人が〔けん銃を現に所持した者ら〕と共謀して本件けん銃等を所持したとの証明がない」から，「被告人に対し無罪を言い渡す」としている。

(42) 東京高判昭和50・2・4東高刑時報26巻2号19頁は，被告人が収賄罪の共謀共同正犯として起訴された事案において，公務員である上司が賄賂を収受する際，被告人と当該上司との間に「指示と了承」があったことを認め，かつ，「〔被告人が，贈賄者〕から〔上司〕に対し〔上司〕の職務に対する不法な対価としての金員の交付がなされることは推知した」ことを認めつつ，それでもなお，「〔上司〕と共に〔贈賄者〕から賄賂を収受しようとの意思を生じ，〔上司〕とその意思を共通にして同一の立場に立ったもの」とはいえないから「単に，〔上司〕の収賄行為の手伝いを求められ，その了承をしたにすぎない」とし，被告人は収賄罪の幇助にとどまるとしている。

(43) 石井＝片岡・前掲注(21)341頁以下（特に374頁以下），島田聡一郎「判批」ジュリ1288号156頁以下，同「共謀共同正犯論の現状と課題」川端博＝浅田和茂＝山口厚＝井田良編『理論刑法学の探究③』(2010年，成文堂) 52頁注(72)及び(73)参照。

(44) なお，共謀概念を巡る議論に対する手続法上の問題については，拙稿②参照。

(45) 拙稿①102頁以下参照。

う。

Ⅳ　まとめにかえて

　本稿は，共謀共同正犯の成立要件に主観的要素を含めるべきか否かという問題と，共謀の概念について，議論の現状をそれぞれ概観した。

　本稿で確認したことは，第一に，裁判実務上有力な「自己の犯罪」基準と学説上有力な「重要な役割」基準（とりわけ，主観的要素を共謀共同正犯の成立要件の成立要件としない立場によるそれ）の間には若干の距離があることであり，第二に，近年ふたたび議論の対象となっている共謀概念の内実は複数

(46) 実体法上，まず，(a)「意思の連絡」を超えた，一定の内容のある具体的な「指示,命令,提案等」（東京高判昭和52・6・30判時886号104頁），「打ち合わせ行為のような具体的『行為』」（大久保隆志「判批」平成15年度重判解160頁参照）ないし「共謀に参画すること」（小林・前掲注(40)12頁）を要求するのか，(b) そのような形式でなくとも，各関与者の内心における意思の合致にとどまるものではない外部的な「意思の連絡」があれば足りると考えるのか，(c) いずれも不要で，各関与者の意思が合致していれば（あるいは，さらに，その合致を各関与者が互いに認識していれば）足りると考えるのか，の対立がある。そして，主観的謀議説と分類される見解のうち，多くの見解は，(a) までは不要としていたとしても，(b) は要求していたように思われる。このことは，しばしば引用される藤木博士の見解や小林博士の見解に鑑みて，明らかであろう。このため，主観的謀議説が(c)だけで足りるとしていたと理解した上での，主観的謀議説への批判も存在したが，この批判はややいい過ぎであったように思われてならない。拙稿①101頁参照。
(47) 実体法上，共謀を体系的にどこに位置付けるのかも問題となることは，先に見たように，共謀の存在が否定された場合を想起すれば明らかであろう。共謀が存在しないとされた場合の効果が一定でない理由は，共謀が複数の機能を担わされていることにあると考えられるからである。
　　両者は，少なくとも，理論的には区別され得る。不可罰の関与行為と狭義の共犯との限界（「共犯の外側の限界」）と，狭義の共犯と正犯との限界（「共犯の内側の限界」）が区別されるとすれば（拙著・前掲注(2)3頁注9参照），さらには，「外側の限界」が，客観的には因果性によって，主観的にはその因果性が各自の故意・過失に帰属されるか否かによって（拙著・前掲注(2)53頁以下，同56頁参照），「内側の限界」が多様な要素を考慮する実質的判断によって（拙著・前掲注(2)184頁以下参照），それぞれ画されるとすれば，共謀の意義ないし有無として争われてきた問題は，それぞれの局面に分解することも可能だからである。
(48) 手続法上は，前記の (a) ～ (c) のいずれかの考え方によって導出された「共謀の内実」が，どのような方法で証明され，どのように手続の各段階で明示される必要があるのか，という問題がある。

の異なる次元の問題の集合体であること，であった。

　この2つのことがらを組み合わせると，次のようなことが見えてくるように思われる。

　本稿でも指摘したように，共謀概念を巡る対立は錯綜しており，錯綜する原因は次元の異なる複数の役割が共謀概念に担わされていることにある。

　もちろん，ある概念に複数の機能を担わせることが，ただちに間違いというわけではなかろう[49]。また，このように共謀概念に複数の機能を担わせることは，とりわけ実務上，多くの場合，（使いやすいという意味で）合理的であるように思われる。（形式的意味での）実行行為を担当しなかった背後者が共謀共同正犯に該当するか否かを判断する場合，共犯性の認定と正犯性の認定は，実践的にはほとんど重なると考えられるからである[50]。

　もっとも，私が見るところ，このような共謀概念の構造は，混乱を生ぜしめる場合もあるように思われる。いま問題となっていることが何か（広義の共犯の成否に関することであるのか，広義の共犯に該当することを前提に共同正犯と狭義の共犯の区別が問題となっているのか），分かり難くなってしまうということが，たとえば，スワット事件や同種の事案において混乱を生ぜしめたようにも思われるからである[51]。

　同様のことは，共謀共同正犯の成立要件を巡る議論についてもいえるのではなかろうか。

　たとえば，杉田＝平城＝仁藤・前掲注(5)（下）64頁以下は，「自己の犯罪としてその犯罪を共同実行した」と認められるための要件として「当該犯罪を共同実行することについての意思疎通（意思連絡）」と「『自己の犯罪』を共同実行したと評価するにふさわしい犯行への寄与・役割等」を要求し，さ

---

(49)　共謀が，意思連絡に，一定の事情（たとえば，「自己の犯罪の意識」）を付加したものであると考えられてきたことからすれば，共謀が否定される場合には2つの場合があるとする構成，すなわち，「『自己の犯罪の意識』のみが欠け，意思連絡は否定されないから，正犯性のみが否定され，共犯性は残る」という場合と，「意思の連絡まで否定されたため，共犯性すら否定される」という場合がある，という構成も可能であろう。拙稿①101頁以下参照。

(50)　拙稿①102頁。

IV　まとめにかえて

らに，前者に関して，「構成要件的故意の要件事実は，意思疎通の要件にほぼ解消される」，「〔故意を意思連絡と別個に論じられるべきであるとする見解について〕少なくとも構成要件的故意に関してはその実益が乏しい」と論じている。

　ここでは，前者の要件に共犯性と故意の有無といった，次元の異なる2つの役割が期待されているのである。このような構造は，研究者の立場からは奇妙に見えないではない。また，ここに，裁判実務家による論稿と研究者による論稿の間の前述のような齟齬が生ずる原因があるように見受けられる。

　共謀共同正犯の成立要件についても，ある要件に複数の役割を担わせることが，直ちに誤りだというわけではない。理論的には区別される問題が，実務上は一体のものとして争われることもあろう[52]。また，裁判実務家による議論は，従来の裁判実務における考え方との調和が求められることも念頭に置くべきであろう。

　もっとも，このような構造が議論に混乱を来すか否かは点検されるべきであろう。また，要件というものに求められるべき役割——たとえば，ここで取り上げたようなある要件に複数の役割を担わせることの是非——についても，自覚的な議論が必要であろう。これらの点についてはさらなる検討を要する。さらには，共謀共同正犯の成立要件を裁判員に説明する際，実体法上の議論に配慮した上で分析的な要件を定立し説明すべきか，あるいは，実際には主張や証拠が重なり合う問題については一括して論ずるような要件を定立して説明すべきか，いずれが適当なのかも検討されなければならないであろう。これらのことを確認し，擱筆することとしたい。

　安廣文夫先生に初めてお目に掛かったのは，1996年，東京都立大学大学院における判例演習においてであった。先生は，大学院生が陥りがちな抽象的

---

(51)　拙稿①103頁。このため，筆者としては，少なくとも分析の道具立てとしては，共謀概念を，共犯性の問題，正犯性の問題，故意の問題，の3つの場面に分解すべきであると考えている。同115頁。
(52)　杉田＝平城＝仁藤・前掲注(5)（下）64頁参照。

な議論にも内在的にお付き合い下さった上で，実体法上の問題を考えるに際し手続法上の問題も視野に入れることの重要性を繰り返し丁寧にお教え下さった。

　以来，先生には，長きにわたりご指導を頂いている。

　先生の学恩に報いることのできるものではないが，小稿をもって，先生の古稀をお祝いし，本書の末席に筆者を加えて下さったことに感謝を申し上げるものである。

（かめい・げんたろう）

【追記】

　脱稿後，本稿に関連するものとして，以下の小稿を公刊した。拙稿「共謀共同正犯を巡る議論の在り方について」慶応法学31号（2015年2月）153頁以下。また，以下の小稿が公刊予定である。拙稿「『共謀の射程』について」法学会雑誌56巻1号（2015年7月予定）。

罪数論・競合論・明示機能
・量刑規範

中央大学法学部教授　只　木　　誠

　　Ⅰ　罪数論・競合論
　　Ⅱ　二重評価・明示機能・量刑規範
　　Ⅲ　競合論と量刑規範
　　Ⅳ　おわりに

Ⅰ　罪数論・競合論

　我が国において，「罪数論・競合論」は，犯罪論と刑罰論との間をつなぐ領域として位置づけられている。そして，罪数論は，実体法よりはむしろ手続法において，そして，とりわけ，実務において重視されてきたところであり，研究者にとっては実務的な領域の印象が強く，なかなか学問的，理論的研究の対象とはなりにくい分野であるとされてきた。筆者はこれまで罪数論について若干の論文や判例研究を公にしてきたものであるが，近時，罪数論に関する重要判例の出現が相次いでいることに鑑み[1]，本稿は，それらのいくつかを取り上げ，併せて，これまでの試論のいくつかを紹介しつつ，罪数

（1）　中谷雄二郎「罪数の判断基準再考」植村退官(1) 51頁。

論の現状と課題を明らかにしようとするものである。

1 罪数判断の基準

　罪数を決定する基準については，構成要件が一回充足されることで一罪を認める構成要件標準説が学説上有力である。たしかに，犯罪とは構成要件に該当する行為であるから，罪数を決するに際して構成要件的評価のもつ意義は重要であるが，そもそも，行為の違法性（法益侵害）や行為者の責任（意思決定）を併せて考慮するなかにおいて，それぞれの一回生の確認をもってはじめて当該行為は構成要件的に一回であると評価，判断されるのである。したがって，そのことから「構成要件標準説を罪数決定基準とした場合の意義・重要性には限界がある」とされている[2]。

　ところで，手続法上の一事不再理効への配慮が罪数判断に影響を与えたのではないかと思われる判例もいくつか見受けられる。例えば，常習累犯窃盗の罪と軽犯罪法1条3号の侵入具携帯の罪とが機会を異にして犯された場合には，たとえ侵入具携帯が常習性の発現と認められる窃盗を目的とするものであったとしても両罪は併合罪の関係にあるとした最（二小）決昭和62・2・23刑集41巻1号1頁，制限速度を超過した状態で継続して自動車を運転し2地点を進行した事案で，2地点間の距離が約20キロメートルも離れ，その間道路状況等も変化していることから，2地点における速度違反行為は併合罪の関係にあるとした最（二小）決平成5・10・29刑集47巻8号98頁，自動車内で覚せい剤を所持した罪と同車内でとび口を隠して携帯した罪とは，覚せい剤はセカンドバックに入れて持ち歩いていたものであり，とび口は同車内に積み置いていたものであることから，これを「一個の行為」とは評価できず，併合罪の関係にあるとした最（二小）決平成15・11・4刑集57巻10号1031頁，などである。

　また，近時では，児童ポルノ製造罪と同所持罪とは併合罪の関係にあるとした東京高判平成15・6・4刑集60巻5号446頁や，強制わいせつ罪と児

（2）　西田典之＝山口厚＝佐伯仁志編『注釈刑法 第1巻』（2010年，有斐閣）709頁〔山口厚〕。

童ポルノ製造罪とは併合罪の関係にあるとした東京高判平成24・11・1判タ1391号364頁などでは，一事不再理効を広く認めることにより生じ得る不都合をも罪数判断の一要素にすることを明言している。罪数判断が訴訟法上の諸問題に影響を及ぼすことは贅言を要せずとも，訴訟法上の必要性から実体法上の罪数判断が論じられることの当否とその限界とは絶えず検証されるべきであろう。

2 罪数判断は「法理」か

罪数関係について判例が示した判断のその内容は，「法理」として不変なものか，それとも具体的事案のもとで変わり得るものかについては争いがある[3]。判例では，罪数判断を「法理」としないとする思考が，周知のように，すでに古くから，牽連犯についてみられるところである。例えば，文書偽造と行使とは，一般には牽連犯の典型のように扱われているが，事案によっては併合罪ともなり得るというのが判例・通説の立場である。このように罪数判断の「法理」性を否定するのであれば，同日に下された最大判昭和49・5・29刑集28巻4号114頁，同151頁，同168頁が判示するところの酒酔い運転の罪と業務上（改正後の自動車運転）過失致死傷罪とは併合罪となり，酒酔い運転の罪と無免許運転の罪とは観念的競合となるとする罪数判断も，その判断を「法理」とはし得ず，そして，罪数判断が具体的事案を基礎になされるべきであるとされる以上，その判断が一般的，画一的なものであるとする考えは妥当ではないのである[4]。

従来指摘されているように，酒に酔った状態で自動車を運転しようとして自宅のガレージから車道に出たところで他の自動車・通行人と衝突し自動車事故を発生させたような事例では，酒酔い運転の罪と過失致死傷罪との両罪は観念的競合とすべきであると思われる。同様の理由で，反対に，上記判例

（3） 上田哲「判解」最判解刑平成21年度119頁参照。なお，この点が問題となり得る近時の判例として，最(二小)決平成21・7・7刑集63巻6号507頁，最(一小)決平成21・10・21刑集63巻8号1070頁，最(三小)決平成22・12・20刑集64巻8号1312頁がある。
（4） この点で疑問となるのが，最(三小)決昭和50・5・27刑集29巻5号348頁である。

によれば観念的競合とされる酒酔い運転の罪と無免許運転の罪とは，仮に無免許運転中に酒を飲み始めた場合には，併合罪としてよいのではあるまいか。前者のガレージ前の事故の事例では，自然的観察・社会的見解上「一個の行為」が看取され，そこでは規範意識の突破，また，注意義務違反が別個に生じているわけではなく，一方，後者の，無免許運転中に飲酒した場合では，二個の規範意識の突破が認められ，いずれも，観念的競合の一罪性の根拠に沿った解決になっていることからも，そのように理解することができるであろうと思われるのである。

3　かすがい理論

東京高判平成17・12・26判時1918号122頁は，地方裁判所に起訴された児童ポルノ製造罪の訴因の中に児童淫行罪にも該当するとみられる行為があり，この包括一罪としての児童淫行罪をかすがいとして[5]，(2008年改正前の少年法によって) 家庭裁判所に起訴された児童淫行罪の訴因と前記児童ポルノ製造罪の訴因が全体として一罪となり得る場合において，かすがいに当たる児童淫行行為を起訴しない検察官の措置は，合理的な理由があれば是認されるとしている。かすがい理論（作用）については，その結論の不都合を直視して「かすがいはずしの理論」も種々唱えられているが，当事者主義・訴因制度から，検察官がかすがいに当たる部分を除外して起訴することも——本来これは被告人に有利な措置であることからも，判例のいう「合理的裁量の範囲」にかかわらず——可能であると解すべきなのではないかと考えるが[6]，この判決において，「合理的な理由」が認められればかすがいとなる罪を起訴しないとする処理に道が開けた意義は大きい。

（5）　最（一小）決昭和29・5・27刑集8巻5号741頁参照。かすがい理論に関する近時の論考として，朝山芳史「牽連犯に関する覚書」小林・佐藤古稀（上）206頁。相対的牽連犯説に立ち，同時に牽連犯の成立範囲を制限することを主張する。なお，川出敏裕「判批」刑法百選［6版］212頁。只木誠「判批」平成17年度重判解170頁参照。
（6）　併合罪として処理することの要請が法律上優越し，その結果，かすがい効果をもたらす集合犯の一罪性が否定されると説明されるするのは，香城敏麿「罪数概論」獨協法学61号37頁参照。

ドイツでは，その法定刑が他のいずれの罪に比較しても軽い罪によるかすがい作用は認められていないが，我が国では，軽い罪がかすがいとなることが認められている[7]。かすがい理論がもたらす不都合は，法定刑の範囲が比較的広い我が国の現行法上，また，今日では，さほど深刻なものではないとされることがあるが，事は処断刑の問題のみならず，行為者に対して下される罪数判断の「評価」のあり方や感銘力の問題でもある。裁判員裁判時代を迎えた今日，かすがい理論については，再度，検討すべき時が来ているものと思われる。

なお，本判決では，併合審理がなされず，そのため「併合の利益」が失われたわけであるが，これについては「両罪について言い渡される実際の刑の総和が，それらを併合審理した場合の処断刑を上回るものでなければ問題はな」く，また，「それぞれの罪の量刑の際に，他方の罪を余罪として量刑上不利益に考慮」しないように，「実際の量刑の場面で，他の裁判所に起訴されている罪を考慮しないことが要求される」ことになる[8]。今後は，かすがい理論を維持する場合には，どのようにしてこのような処理を実現していくかが問われるであろうし，いかなる場合に併合の不利益が認められ，そしてその正当性が合理的に説明できるかが今後の課題であろうと思われる。

4 罪数論・競合論の新たな動き
(1) 連続的包括一罪

新たな競合形式として注目を集め，今日では一般に承認されるに至っているのが混合的包括一罪であるが，同様に近時関心が向けられているのは，複数の被害者から複数の行為によって現金を交付させたという街頭募金詐欺につき，(連続的)包括一罪を肯定した，最(二小)決平成22・3・17刑集64巻2号111頁である。

確かに本件事案の特殊性として，個人法益の「個人性」，被害者ごとの

---
(7) 前掲注(3)最(二小)決平成21・7・7参照。
(8) 川出敏裕「判批」平成18年度重判解190頁。

「個性」が希薄であるとはいいうるが、これまでの包括一罪に関する判例理論には収まらない論理がその一罪性判断の根拠となっているように思われる。では、その様な解釈は許されないのであろうか。思うに、その行為の違法性・責任内容からみて併合罪とすべきでない場合は少なくなく、しかし、刑法54条の科刑上一罪の規定をもって併合罪に当たらないすべての数罪を処理することには限界もある。例えば、後述のように、立証上の困難さとそれにもかかわらず罰条評価の要請から、混合的包括一罪という、異なる構成要件にまたがる包括一罪としての競合形式が認められてきたのと同様に、公益的見地に立って妥当な量刑を導くために、一定の要件のもと[9]、限定的に、被害法益の「単一性」を要件としない新たな競合形式を承認する解釈は、許されてよいと思われる。立法作業の経緯に照らせば、包括一罪の成立範囲について立法によって適切な規定を設けることは困難で、立法化になじまないのであって、成立範囲の確定は、むしろ、今後の判例の蓄積に期待されているといえよう。

　一方、周知のように、ドイツにおいては、1994年のBGHの大刑事部判決によって、量刑の不均衡、一事不再理効や公訴時効の不合理な拡大を理由として、詐欺罪などの典型的犯罪につきそれまで認められてきた連続犯が否定、解体されるに至った[10]。本判決は、ドイツ判例史に残るとされる重要な判例であるが、事後、漸次、多くの犯罪について連続犯という概念が否定されていった。この点、状況は我が国と同様である。しかし、近時、異なる機関に対する複数の補助金詐欺行為（ドイツ刑法264条）に関して、法的行為の単一性が肯定されることになった。もっとも、問題となったのは補助金詐欺に関してであり、そこでは必ずしも結果の発生が必要とされることはないなど通常の詐欺罪とは構成要件を異にしており、通常の詐欺罪において客体を異にする場合にはこれまでどおり併合罪とするというのが支配的見解であるが、補助金の申請を複数回行うという詐欺行為について、一個の補助金詐

（9）　判例では、①行為態様の同一性があり、②犯意の一個性があり、加えて、③被害者・被害金の非特定性が挙げられている。
（10）　虫明満「ドイツにおける連続犯の解体」香川法学15巻2号367頁。

欺罪が認められた意義は少なくない。

なお，前掲最(二小)決平成22・3・17では，被害の全体額が公訴事実に摘示されることでそれに見合う量刑を行うことができるという量刑規範があらためて示されており，そこに意義が認められるが，ここでは，量刑の必要性から特殊な包括一罪という競合形式が生み出されたのである。

(2) 牽 連 犯

牽連犯規定は外国にも類例の少ない我が国における特異な規定であって，改正刑法草案にも規定がなく，また，最高裁も牽連犯の成立範囲を狭く制限的に解していこうとする傾向にあることが指摘できるが，その様な潮流の中で，最(一小)判平成17・4・14刑集59巻3号283頁は，監禁罪と恐喝（未遂）罪の罪数関係につきこれを牽連犯とせず併合罪であるとし，最(二小)決平成19・9・8刑集61巻5号576頁は，不正アクセス行為を手段として私電磁的記録を不正作出した場合に成立する不正アクセス行為の禁止等に関する法律8条1項の罪と私電磁的記録不正作出罪とは牽連犯の関係になく，併合罪となるとしている。前者については，それまで牽連犯としてきたとされる大審院判例の先例性自体に疑問があるが[11]，かすがい理論による問題性をも視野に入れると，牽連犯事例の縮減は戦後の判例の一貫した趨勢の中にあるといえよう。

(3) 随 伴 行 為

1発の弾丸で人を殺害しその衣服をも損傷した場合，従来の学説では，器物損壊罪は殺人罪の随伴行為としてこれに吸収され，殺人罪のみが成立するとされるが，このような吸収一罪の事例も包括一罪に加えられることがある。東京地判平成7・1・31判時1559号152頁でも，眼鏡レンズの損傷は傷害行為に随伴するものと評価することができ，器物損壊の点は傷害罪によって包括的に評価され，傷害罪と器物損壊罪がともに成立するものではないとされている。しかし，このような場合，身につけている眼鏡には器物損壊は成立せず，しかし，例えば，眼鏡を手に持っていたとすれば同罪が成立する

---

(11) 只木誠「判批」刑ジャ3号102頁。

ということであれば，その判断の差に合理性があるとは思われない。検察官が起訴価値がないとして器物損壊罪につき起訴しないのであれば格別，そのような事情がなければ，後に述べる明示機能からすれば，本事案のような例においては，傷害と器物損壊という，保護法益を異にする二つの刑罰法規を内容とする観念的競合としての評価が求められべきである[12]。

II 二重評価・明示機能・量刑規範

1 明示機能と二重評価

例えば，①強盗が既遂，強姦が障害未遂の強盗強姦未遂罪の擬律について，刑法241条の強盗強姦未遂罪につき未遂減軽を施せばその処断刑は懲役3年6月となるが，それでは，強盗既遂罪のみの場合の処断刑である懲役5年と比較してはるかに刑の下限が軽いことになり[13]，②強盗犯人が被害者を強姦し，あるいは強姦しようとして遂げず，その際に被害者に傷害を負わせたという事例において，強盗強姦罪または同未遂罪のみが成立するとする判例の立場に立てば[14]，これは，強盗犯人が強姦に及ぶことなく被害者に傷害を負わせた場合には強盗致傷罪が成立しそこでは未遂減軽ができないことに比して均衡を失するようであり[15]，また，現在の判例・通説は，③強盗犯人が殺意をもって被害者を殺した場合に刑法240条後段の強盗致死罪の一罪のみを適用し，④被害者を殺害しようとして遂げず，しかしその際に被害者に傷害を負わせた場合には殺人未遂罪のみを適用するとしているが，③

---

(12) 只木誠「罪数論」法教371号24頁。近時，このような考え方に与するのは，佐伯仁志「連続的包括一罪について」植村退官(1)29頁。
(13) このように解する先例として，東京高判平成5・12・13高刑集46巻3号312頁，東京高判昭和62・5・25判タ646号216頁。これに対して，短期を強盗罪の刑のそれによるとする先例として，福岡高那覇支判昭和50・11・5判決速報1219号，宮崎地判昭和53・2・16判時900号118頁。なお，同様の問題は，強盗殺人罪の中止未遂の処断刑についても生じることが知られている。
(14) 東京高判昭和57・11・4判時1087号149頁など。判例では，傷害の点は情状として量刑評価の対象とすれば足りるとされている。
(15) 刑法219条の遺棄致死傷罪についても同様である。

においては，そもそも行為者に殺意があったのであるにもかかわらず，死という結果が故意と過失のいずれによって引き起こされたものであるのか，④においては，被害者において傷害の結果が生じているという点について，いずれも罰条の適用には示されていないことになる。このような場面において，後述のいわゆる観念的競合の「明示機能」[16]の考え方によると，①においては，強盗未遂罪に強盗既遂罪を観念的競合として併せて適用し——それによって，強盗は既遂であったということを示しつつ，かつ，処断刑の下限については，強盗罪の刑の下限である懲役５年という遮断効によって刑の権衡に関する不都合を解消することが可能となる——，②においては，強盗強姦罪または同未遂罪に強盗致傷罪を観念的競合として併せて適用し，③においては，さらに殺人罪を観念的競合として適用し，④においては，殺人未遂罪に傷害罪を観念的競合として併せて適用することで，それぞれの不都合が是正されることになる。

このような罰条の適用のあり方に対しては，①②の事例では「強盗」，③の事例では「死」という結果を，それぞれ二重に評価している点で許されないとの批判がなされている。また，④の事例については，殺人未遂罪は傷害結果が生じた事例をも含むとされているから，その様な罪数処理は過剰であるとの批判もあろう。しかし，我が刑法と法体系を同じくするドイツ刑法では，そのような解釈は，まさに判例・通説の採るところであり，そのような理解の背景には，構成要件は犯罪事実の評価に際してなお不完全なものであるとの認識のもと，行為者の行った犯罪事実（不法内容）につき複数の構成要件（罰条）を観念的競合として適用することによって可能な限りこれを評価し尽す観念的競合の「明示機能」を罰条評価の基礎にするという思想が存している。したがって，むしろ観念的競合における二重評価は，不法内容を明示する上で必要でさえあることになる。我が国の「二重評価の禁止」の議論の元にされているドイツ刑法典において，明文において禁止されている二

---

(16) 只木誠「観念的競合における評価機能」研修754号３頁参照。なお，城下裕二『量刑理論の現代的課題［増補版］』（2009年，成文堂）31頁参照。

重評価とは，量刑事情の「二重利用」であって，罰条評価としての二重評価ではないのであり，ここに我が国の議論における誤解があると思われる。

そして，現に我が国の判例においても，二重評価は今日の判例においても往々にしてみられるのである。すなわち，③の事例である，強盗犯人が殺意をもって被害者を殺害した場合について，旧判例[17]は，ドイツの判例・通説同様，強盗致死罪と殺人罪の観念的競合となるとしていた。そして，現在でも，被害者を殺意をもって強姦し，死に致した場合には，刑法181条の強姦致死罪と同法199条の殺人罪との観念的競合と解するのが確定した判例の立場であり[18]，強盗犯人が，殺意をもって被害者を強姦し，殺害した場合については，強盗強姦罪と強盗殺人罪との観念的競合とするのがやはり判例の立場である[19]。前者では，「死」という結果が二重に評価され，後者では「強盗」が二重に評されているのである。観念的競合の明示機能という視点からは，複数の罰条によって「所為」の違法を評価し尽くすという方法の方が，むしろ望ましい解釈の仕方であろう。許されないのは，実質的に二重処罰となる，量刑段階での量刑事情の二重利用であり，また，同一犯罪事実についての，併合罪としての二重評価であるとすれば[20]，構成要件的評価の段階での罰条による二重評価は許されると思われるのであり，今後，量刑規範を意識した罰条評価の在り方が明らかにされていかなければならないと考える。

2 観念的競合とその明示機能

観念的競合の明示機能を意識した二重の法的評価は，近時の下級審判例においても見られるところである。例えば，大阪地判平成4・9・22判タ828

---

(17) 大判明治43・10・27刑録16輯1764頁。
(18) 最(一小)判昭和31・10・25刑集10巻10号1455頁。これに対する批判として，山口厚『刑法各論［第2版］』(2010年，有斐閣) 116頁，大谷實『刑法講義各論［新版第4版］』(2013年，成文堂) 131頁。
(19) 最(三小)判昭和33・6・24刑集12巻10号2301頁。また，大正大7・11・25刑録24輯1425頁，東京高判昭和45・8・11高刑集23巻3号524頁参照。
(20) 東京高判平成13・10・4東高時報52巻1〜12号66頁参照。

II 二重評価・明示機能・量刑規範

号281頁は、強盗の目的で、相手方の反抗を抑圧するに足りると思われる程度の脅迫を加えたにもかかわらず、被害者に反抗抑圧に至らない程度の畏怖心を生じさせたにとどまり、その結果、被害者において加害者が財物を持ち去るのを黙認してこれを交付したという事案に、強盗未遂[21]と恐喝既遂の二罪が成立し、両罪は観念的競合の関係にあるとした。

また、東京地判平成17・3・23判夕1182号129頁が、大型航空機に乗り込んで所携の洋包丁を用いて機長らに脅迫・暴行を加え、同機の運航を支配して航空機の強取等の処罰に関する法律1条にいう航空機の運行支配の罪を犯すとともに、殺意をもって暴行を加えて機長を殺害したというハイジャック事件につき、同法2条違反の罪（「前条の罪（＝運行支配の罪）を犯し、よって人を死亡させた者は、死刑又は無期懲役に処する」）と殺人罪とが成立し、両者は観念的競合に当たるとしている。

その理由とするところは、「よって人を死亡させた」との文理は、故意の殺人の場合を特に排除しているとは解されない上、同法2条の罪により評価されるのは故意・過失を問わない客観的な「人の死亡」という結果であり、殺意を伴う死の結果はさらに殺人罪による評価が必要であるという説明が可能であることなどであり、そのことから、同法2条の罪と刑法199条の両者が成立し、観念的競合となるとされたようである。このような理解は、同じく結果的加重犯であるところの強姦致死罪にあって、死の結果について認識を持って実行した場合の判例の立場と同様であるが、明示機能の意義を明らかにしている点で、興味深い[22]。

さらに、明示機能に関しては、次のような事例も考えられよう。例えば、Aが、家の中で死亡したばかりの甲をまだ生きていると思って甲宅に放火しこれを全焼させたという事例で、仮に不能犯学説の具体的危険説によって、Aに死亡した甲に対する殺人未遂の成立を肯定するとすれば、同様の論理で、Aには、非現住建造物放火既遂罪のほかに、現住建造物放火未遂罪が、

---

(21) なお、この場合にも強盗既遂とするのは、最(二小)判昭和24・2・8刑集3巻2号75頁。
(22) なお、最(一小)決昭和53・3・22刑集32巻2号381頁参照。只木誠「罰条による評価」曽根・田口古稀（下）6頁。

観念的競合として成立するとしてよいのではないか。

　加えて，共犯の錯誤の事例においても，明示機能は一定の処理を求めることになる。Bが事情を知らない看護師Cを利用して乙に毒入りの注射をさせようとしたところ，Cはこれに気付き，しかし，この機会を利用して乙を殺害しようとしてこれを実行し，乙を殺害したという場合，多数説の理解によれば，Cには殺人既遂罪が，そして，正犯の客体の錯誤は共犯にとっても客体の錯誤であると解して，Bには，殺人教唆犯が成立するとされる。この事例では，殺人の間接正犯の未遂も成立しているかが一つの論点であり，仮にこれを肯定したとすると，間接正犯の未遂と殺人教唆の既遂が成立することになるが，その場合，私見によれば，間接正犯の実行の着手があり，また，教唆による既遂結果が生じていることを明らかにするためには，間接正犯の未遂に教唆の既遂を観念的競合として認めるべきであるように思われる。

　最後に，承継的共同正犯に関する罰条の適用を見てみよう。例えば，Dが丙に対して強盗の目的で暴行を加えたところ丙が負傷し，その後に財物奪取の点のみEが加功したという事例では，Eの罪責については，窃盗の共同正犯と強盗致死傷幇助の観念的競合とする見解[23]，ないし，窃盗の共同正犯と強盗幇助の観念的競合とする見解がドイツでも我が国でも有力である[24]。これは，Eの行為につき，Dの強盗の幇助であるという実体を示そうとしているからであると考えられる。

3　混合的包括一罪とその明示機能

　混合的包括一罪とは，異なる構成要件にまたがる包括一罪をいう。最高裁においては窃盗罪または詐欺罪と二項強盗による強盗殺人未遂罪（最（一小）決昭和61・11・18刑集40巻7号523頁）につき，下級審判例においては，強盗罪と傷害罪（仙台高判昭和34・2・26高刑集12巻2号77頁など），そして詐欺罪と偽造有印私文書行使罪（東京地判平成4・4・21判時1424号141頁）につき

---

(23)　中野次雄『刑法総論概要［第3版補訂版］』（1997年，成文堂）149頁。
(24)　齊藤誠二「判批」判例評論306号56頁。

認められている。すなわち，例えば，他人に暴行を加えた後に強盗の意思を生じてあらたに暴行を加えたところ傷害の結果が生じたが，当該傷害が強盗の犯意が生じた前後いずれの暴行によるものかが明らかでないという事案において，これを傷害罪と強盗罪の併合罪とすることはできず，いわんや強盗致傷罪の成立を肯定することはできず，とはいえ，暴行罪と強盗罪の併合罪とすれば，傷害の事実が不当にも評価されないままであることから，傷害罪と強盗罪との混合的包括一罪が肯定されることになったのである。これも，「明示機能」の要請にかかる罰条適用の一場面であり，判例によって一種の科刑上一罪として創造された競合形式であるところの法形象である[25]。また，東京高判平成22・11・16東高刑時報61巻282頁は，強姦致傷罪が認定できない事案に，強姦罪（親告罪）と強制わいせつ致傷罪（非親告罪）との混合的包括一罪の成立を肯定している。同様の評価方法を採れば，例えば，強姦の実行着手前も強姦の実行着手後も暴行が加えられたが，いずれの暴行により被害者が死亡したのか不明な場合に，強姦罪と傷害致死罪との混合的包括一罪の成立を肯定すべきであろう。いずれも，致死という結果について競合形式において罰条によって明示するためである。

　財産罪においても同様の事例は考えられる。例えば，電子計算機使用詐欺罪を犯して，財産上不法の利益を得た者が，その後にそれにかかる現金をATM（現金自動預払機）で引き出した場合には，電子計算機使用詐欺罪に加えて詐欺罪ないし窃盗罪が成立すると解することが可能であるが，その場合，両罪の関係は，いずれかの単純一罪ではなく，併合罪となるか，あるいは混合的包括一罪となるであろう。というのも，さもなくば，「本罪新設の趣旨に反し，あるいは現金の占有に対する評価を誤るうらみがある」[26]からであり，いずれかの罰条ですべての事実を評価することはできないからである[27]。そして，これらの罰条は，以下に示す量刑規範となるのである。

---

(25)　近時の裁判例として，東京高判平成22・6・16東高刑時報61巻125頁などがある。
(26)　鶴田六郎・大コンメ刑法［2版］(13)170頁。
(27)　振り込め詐欺の事例で，行為者自ら現金をATMで引き出した場合も，詐欺罪と窃盗罪による評価が必要であろう。

4　量刑規範

　以上のように，観念的競合をはじめとした競合形式にはそれぞれ明示機能があり，その様な明示機能は，他方において，量刑の指針となる規範（量刑規範）を提供するという意味においても，意義を有するのである。上述の，①の事例では強盗罪の刑の下限によって処断刑の下限につき遮断効を認め，③の事例では，強盗「致死」ではなく強盗「殺人」であったことを明示して，量刑判断の基礎を提供するというのがその例である。

　しかし，その一方で，上記の事例群とは反対に，観念的競合の明示機能という点からすると，観念的競合を認めたことに疑問が残る判例も存する。最（三小）判昭和53・7・28刑集32巻5号1068頁は，強盗殺人罪に関する併発事実の錯誤の事例において，意図した客体のみならず，殺人の故意のない客体に対しても強盗殺人未遂罪を認め，両名に対する強盗殺人未遂罪の観念的競合が成立するとした。しかし，一個の故意しか存在しないのに，複数の故意犯を認めることはできるのであろうか。近時，東京高判平成14・12・25判タ1168号306頁では，3件の殺人（未遂）罪が問題となった同様の事案において，原審が，各事実につき観念的競合として，うち1人に対する殺人罪の刑で処断するとして被告人を無期懲役に処したのを受けて，検察側はこれを量刑不当を理由として控訴（求刑死刑）したが，本判決は，いわゆる数故意犯説を前提とするとしても，「（他の2人）に対する各殺意を主張して殺人罪及び殺人未遂罪の成立を主張せず，方法の錯誤（と数故意犯説：筆者註）の構成による殺人罪及び殺人未遂罪の成立を主張した以上，これらの罪についてその罪名どおりの各故意責任を（量刑において：筆者註）追及することは許されない」として，検察官の主張を排斥したものである。

　この東京高裁平成14年判例は，罰条の適用では複数の故意犯を擬制的に認めたとしても，責任主義に合致した量刑処理を行うのであれば，量刑において，「擬制的に殺意を認めた場合には，それは量刑評価の対象にならない」[28]，すなわち，擬制的に認めた罰条を刑を重くする方向で斟酌することはしないとして，責任主義に抵触するといわれる数故意犯説の問題性を直視し，そのうえで量刑上妥当な結論を導くという次善の策を選択した。とは

いえ，観念的競合として適用される刑罰法規は劣位法を含め量刑規範となると考えるならば，一個の殺人の故意しかないところに数個の殺人罪の成立を肯定したその罰条の適用には，疑問が残るといわざるをえない。数故意犯説は，複数の罰条による所為の評価という明示機能とも，また，罪名と科刑の一致という理念にも反するのである。というのも，そこには，評価すべき複数の故意犯は存在しないからである[29]。擬制的な故意を承認するのであれば，今後，法令の適用において示された罰条が示しているのは擬制的な故意か否かを分ける指針が早急に示されなければならないのではなかろうか[30]。

　なお，罪刑の均衡を理由とした法令の効力の制限が問題となることがある。例えば，自家用軽自動車の有償運送行為の禁止規定は貨物軽自動車運送事業の無届経営禁止規定を補充する趣旨で定められているとして，その罰則を後者の規定の限度に止めるとした東京高裁平成11・3・12判夕999号297頁はその一つであり，罪刑の均衡の問題を単に立法裁量の問題にとどめることなく，また，刑訴法381条の量刑不当を理由とすることなく，同法380条の法令適用の誤りを理由に，実質上法令の効力の一部が停止されることを判示したリーディングケースである。この判決では，軽自動車に関する限り，より違法性の高い行為を規律する，しかし法定刑が軽い後者の罰条によって刑の上限が設定されたことになる。このような事例では，行為者の行為が重い罰条を充足しているわけではないことから，重い罰条をも適用して上限につき遮断効を設けることはできないので，法令解釈の一環として罰則の科刑の限度を示したものであり，量刑規範を示すものとして興味深い。このような考え方を基礎にすると，札幌高判平成25・7・11判例集未登載（LEX/DB25503243）は，自己の殺害を嘱託した者を暴行・傷害の故意で死亡させた事案において，嘱託・承諾殺人罪ではなく，傷害致死罪を適用したものであ

---

(28)　安廣文夫「刑法好きの若頭と強盗犯の同士討ち」只木誠編著『刑法演習ノート——刑法を楽しむ21問』（2013年，弘文堂）363頁。
(29)　この点で，いわゆる概括的故意の事例と事情を異にする。
(30)　この点で，「記載された事実」が量刑規範となるとしている，最（二小）決平成24・11・6刑集66巻11号1281頁の多数意見参照。

るが，理論上は，許される解釈の範囲で上限につき刑法202条による科刑の限度を制限することもできよう[31]。

III　競合論と量刑規範

1　併合の利益と余罪の考慮

　刑法50条は，余罪について更に処断する場合におけるその基準については定めていない。実務上は，余罪の量刑にあっては，それのみを単独で裁判する場合と同じように刑を量定するのではなく，確定裁判を受けた罪と余罪とが同時に裁判を受けた場合における量刑（「統一刑」）を念頭に置いて，これと均衡を失しないように，すなわち，確定判決を経た罪に対する刑（既処罰分）を控除して余罪の刑を加えるという追加刑の趣旨で量刑するのが通例であるとされている（いわゆる「併合の利益」）[32]。

　このように，余罪を実質的には再度処罰する趣旨で量刑の資料として考慮することは許されないとするのが判例であり（最大判昭和41・7・13刑集20巻6号609頁など），学説においても，余罪については，「たかだか，他の情状を総合して認められる量刑の本来の幅の中で1ランク上の量刑を選択したり，執行猶予期間を長めにする程度」においてのみ量刑上考慮することが許されるに過ぎないなどといわれている[33]。

2　刑法47条の法意

　最（一小）判平成15・7・10刑集57巻7号903頁は，刑法47条の法意につ

---

(31)　もっとも，このように黙示的な罰条による科刑の制限を認めれば，上述の，①強盗が既遂，強姦が障害未遂の強盗強姦未遂罪の擬律についても，強盗罪を観念的競合として適用せずとも，（法条競合として）その法定刑による遮断効を肯定できるのであるが，観念的競合の明示機能という視点からは可能な限り罰条に示すことが要請されるというべきである。

(32)　東京高判平成4・2・18判タ797号268頁，中川武隆・大コンメ刑法［3版］(4)279頁。鹿野伸二「刑法50条（確定裁判の余罪の処断）における量刑について」原田退官570頁，平野龍一『刑法 総論II』（1975年，有斐閣）433頁，改正刑法草案64条参照。

(33)　原田・量刑判断の実際200頁。

き，原判決が，併合罪に対する刑の量定に際しては，併合罪を構成する個別の罪について，その法定刑を超える刑を科する趣旨の量定をすることはできないとして，そのような「不文の法規範」を読み取ったのに対して，「刑法47条は，併合罪のうち二個以上の罪について有期の懲役又は禁錮に処するときは，併合罪を構成する各罪全体に対する統一刑を処断刑として形成し，この処断刑の範囲内で，併合罪を構成する各罪全体に対する具体的な刑を決する規定であり」（全体的量定説），単に処断刑の枠を設定するものであるとの趣旨をもって理解できるとし，原審の主張するような「不文の法規範」によって個別的な刑の量定に関して一定の制約を科すものではないとした。しかし，原審判決の主張の背景には，統一刑主義の問題点を剔抉し，総合刑，併合罪を構成する各罪につきそれぞれ刑を量定し，これを総合して加重した一個の刑を言い渡すという従来ドイツ刑法の採用する方式（個別的量定説）を維持した現行ドイツ刑法の基本的な考え方と同様の思想があったのであり，また，単純数罪よりも併合罪の刑が重くなるような科刑の方法には疑念が残る。このような事案においても併合の利益を認めるべきであって，本判決は，原判決が示した「不文の法規範」を一つの量刑規範として確立させる好機を失わせたものと評することができる[34]。加重主義とは，併科主義による刑の過酷さを緩和するものとして登場したものであるという，その歴史的意義を想起すべきである。

　他方で，大阪地裁平成16・10・1判時1882号159頁は，個別的量定説を採用し，併合罪を構成するそれぞれの犯罪につき予め個別に量定した合算刑をベースにして量刑を行うことが相当であるとして，宣告刑に一定の制約を課している。同判決は，被告人の利益を慮るのではなく，被害者保護という公益的見地から「併合の利益」に制約を課したものであるが，個別的量定説に立った意義は少なくない。とはいえ，これに対しては，罪質および被害の重大性といった事情が「合算刑の形成過程」と「宣告刑の形成過程」で二重に

---

(34)　すでに，井田良「判批」ジュリ1251号74頁。
(35)　城下裕二「判批」判例セレクト2004 33頁。

評価されているとの批判もあるところである(35)。もっとも，犯行に係る罪質などの情状と，複数の犯行がなされた場合の「更生の可能性」や「犯罪性向の深化」の考慮は区別することができ，その限りでは二重評価の難点は相対化されることになろう。

3　刑法46条の法意

　最（二小）決平成19・3・22刑集61巻2号81頁は，刑法46条は，ある罪（吸収法に係る罪）について死刑または無期刑に処するときは，原則として，他の刑を科さないことを規定しているが，この吸収主義の趣旨（刑法46条の法意）は，科されないこととなる刑に係る罪（被吸収法に係る罪）を不問に付する趣旨ではなく，その刑を死刑または無期刑に吸収させ，併せて処罰する趣旨であるから，したがって，併合罪関係にある複数の罪のうちの一個の罪のみでは死刑または無期刑が相当とされない場合であっても，死刑または無期刑を選択する結果科されないこととなる刑に係る罪を，これをも含めて処罰する趣旨で考慮し，前記一個の罪について死刑又は無期刑を選択することができる，としている（最終的には死刑が言い渡された）。実務の慣例，吸収主義の本質，立案当局者の説明に加えて，その可能性を否定すると科されなくなる刑についてこれを後になってそれのみ取り出して処罰しても二重処罰の禁止には抵触しないことなどに照らして，判例の立場は支持され，また，この結論は，前掲平成15年判例とも背理しないのである。このように，刑種を異にする，無期懲役か死刑かの選択の可否が争点となる事例では，併合罪を構成する複数の罪についてそれぞれを単独で量刑した場合には死刑や無期懲役が相当とはされない場合でも，それらの罪が併合審理されることにより，単独で裁判された場合よりも重い刑種の選択が相当とされる場合が存する。すなわち，併合罪処理が被告人に不利益となり，「併合の不利益」（公益的見地からする「併合の利益」）が生じることになるのである。この理は，短期の執行猶予附き懲役刑か実刑かが争われる事例でも，往々にして併合の利益が否定されることになるのと同様である。

4　余罪の量刑と量刑規範

　最（三小）決平成24・12・17裁判集刑309号213頁は、近接した日時に二つの強盗殺人事件を犯し、前の事件について確定判決（無期懲役）が下された後に、後の事件が起訴されたという事案に、前件等の確定裁判の余罪である本件の量刑判断にあたっては、確定判決に係る前件等を実質的に再度処罰する趣旨で考慮することは許されないものの、なお犯行に至る重要な経緯等として考慮することは当然に許され、犯情が甚だ悪い場合には、殺害された被害者が1名であっても、死刑の選択が検討されてしかるべきとした（裁判では、最終的には無期懲役が言い渡された）。上述のように、同時審判を受けた場合の宣告刑を念頭に置いて量刑をすることも考えられるが、二重処罰に当たるような思考方法は許されないとしたのである[36]。そして、併せて、前件を「なお犯行に至る重要な経緯等として考慮することは当然に許される」としている。その趣旨は、「起訴されていない犯罪事実をいわゆる余罪として認定し、実質上これを処罰する趣旨で量刑の資料とすることは憲法39条の禁止する二重処罰となり許されないが[37]、被告人の性格、経歴および犯罪の動機、目的、方法等の情状を推知するための資料としてこれを考慮することは許される」（前掲最大判昭和41・7・13など）ことにある、としている。

　なお、本件は、いずれも重大犯罪である前件と本件が併合罪の関係にある場合であったが、単純数罪、すなわち、数罪が禁錮以上の刑に処する確定裁判の前後にまたがる場合には事情を異にする[38]。

　ともあれ、刑法46条の法意ともども、併合の利益が否定される合理的な理由はなにか、その範囲はどう設定されるのかについて、理論的な検討が求められているといえよう。

---

(36)　司法研究・量刑評議の在り方66頁参照。そのほか、時効制度が撤廃され、また、DNA鑑定などであらたな事実が明らかになることが予想される中、本件の、二個の無期懲役が確定した場合の執行上の措置などについても（本田稔「併合罪の一部の罪の確定判決後に審理された余罪の量刑判断方法について」立命館法学345=346号730頁」）、立法的措置によって明確にしておくべきであろう。
(37)　原審、第1審は、この点を明示している。

Ⅳ　おわりに

　罪数論やその役割について近時の判例を基に検討してきたが，やはりいずれにおいても実務的な問題が伏在するゆえ，研究者の驥尾に接する筆者としては「詰め」に窮する部分もあり，はなはだ後ろめたい思いである。その意味で，今日まで，師とも仰ぐべきばかりの深いご指導をいただいた安廣先生には，これまでと同様，本拙稿に対しても厳しいご批評とご教示を頂戴したいと思うところである。

〔付記〕

　脱稿後に，城下裕二「混合的包括一罪の再検討」町野古稀（上）に接した。同論文は，これまで筆者が拙稿等において展開してきた私見も取り上げて，混合的包括一罪について詳細に検討を加え，そして，判例において混合的包括一罪とされた各事案は，いずれも，本来は併合罪もしくは牽連犯ないし吸収一罪として処理されるべきものであるとしている。筆者の主張するところとは結論を異にするものであるが，一つの説得的かつ魅力的な見解であり，今後この問題を検討するに好個の資料を提供する論稿であると思われる。　なお，同論文中に挙げられた拙稿に対する疑問への回答については，あらためて他日を期したい。さらに，同論文集において，伊藤渉「法条競合をめぐる若干の考察」を得た。同稿は，今回本稿で扱えなかった法条競合について，詳細にこれを検討するものである。

　　　　　　　　　　　　　　　　　　　　　　　　（ただき・まこと）

---

(38) ここでは，それぞれ別個の刑が量定され，判決主文においても別個に言い渡される。確定判決後における罪については，確定判決によってそれ以後に新たな人格態度・規範意識の覚醒が期待されたことが考慮されるからであるが，この場合，確定裁判前の罪の場合と比較すると，一般的には厳しい量刑がなされているのが実情であるようである。中山善房・大コンメ刑法［3版］(4)220頁。なお，補助金詐欺およびかすがい理論に関する判例のところで示した，量刑規範についても参照。

危険運転致死傷罪の要件解釈の あり方と立法の動向

首都大学東京 都市教養学部法学系教授 　星　 周 一 郎

Ⅰ　はじめに
Ⅱ　制御困難型の危険運転致死傷罪
Ⅲ　アルコール等の影響による「正常な運転が困難」の意義
Ⅳ　「進行を制御することが困難な高速度」の意義
Ⅴ　要件解釈と現在の立法形式の限界
Ⅵ　まとめに代えて
　　——交通事犯に対する適正な刑事制裁規定のあり方——

Ⅰ　はじめに

　平成13年の危険運転致死傷罪の創設により，交通致死傷事犯に対する刑事法的な対応が劇的な変化を遂げたことは，ここで改めて述べるまでもない。当時，危険運転致死傷罪は，それの持つインパクトの大きさゆえに，その立法過程においては，「極めて悪質かつ危険な運転行為に限定することに精力がそそがれ」[1]た。その結果，同罪は，その成立要件は非常に限定的で，し

（1）　佐伯仁志「交通犯罪に関する刑法改正」法教258号75頁。

かもその限定が，規範的要素や主観的要素に大きく依拠しており，それゆえに，解釈論上の困難さを生じさせてきた。

　他方，危険運転致死傷罪自体に対しても，その適用対象に該当しない悪質交通事犯を念頭に，処罰範囲の絞り込みに妥当性が認められるのか，とりわけ国民一般の側から批判が加えられてきた。そして，二輪車を対象に含める平成19年改正[2]を経て，平成25年に，「自動車の運転により人を死傷させる行為等の処罰に関する法律」（自動車運転死傷行為等処罰法）が成立し，刑法典上の危険運転致死傷罪・自動車運転過失致死傷罪の規定が同法に移行されただけでなく，前者には新たな行為類型が追加されたほか，過失運転致死傷・アルコール等影響発覚免脱等の新たな犯罪類型，さらに無免許運転の場合の刑の加重規定などが追加されるに至った。この立法の評価については，その適用状況をも踏まえた今後の課題となろう。

　そこで本稿では，危険運転致死傷罪の定める要件のうち，「制御困難」（「正常な運転が困難」「進行を制御することが困難」）という要素をめぐり展開されてきた従来の解釈論を検討することで，今後の解釈論の方向性や，立法的妥当性について簡単な考察を加え，交通事犯に対する刑事法的対応の適正なあり方を探ることにしたい。

II　制御困難型の危険運転致死傷罪

　刑法208条の2第1項（自動車運転死傷行為等処罰法2条）は，前段（1号）が「アルコール又は薬物の影響により正常な運転が困難な状態で自動車を走行させ」る（酩酊運転致死傷罪），後段の第1類型（2号）が「その進行を制御することが困難な高速度で……自動車を走行させ」る（制御困難運転致死傷罪）という，いずれも，運転者の意思によっては的確な制御が困難な状態での走行を対象とする[3]。そのような要素によって，人の生命・身体という

（2）　今井猛嘉「飲酒運転対策立法の意義と課題」ジュリ1342号128頁，江口和伸「刑法の一部を改正する法律について」ジュリ1342号135頁など。同時に自動車運転過失致死傷罪が制定され，過失事犯の法定刑の引き上げが図られた。

第一次的な保護法益に加えて，第二次的な処罰根拠たる公共危険性[4]も基礎づけられることになる[5]。

III　アルコール等の影響による「正常な運転が困難」の意義

1　一般的意義

以上を前提に，まず，酩酊運転致死傷罪における「正常な運転が困難」という要件から検討することにしよう。

この要件の意義に関しては，立案担当者により，「道路及び交通の状況等に応じた運転操作を行うことが困難な心身の状態をいう。……正常な運転ができない可能性のある状態では足りず，例えば，酒酔いの影響により前方の注視が困難となったり，ハンドル，ブレーキ等の操作の時期やその加減について，これを意図したとおりに行うことが困難になるなど，現実にこのような運転操作を行うことが困難な心身の状態にあることが必要」とする見解が示されていた[6]。そして現在，このような解釈には，ほぼ異論はないといってよい状況にある。

2　福岡飲酒運転事故に関する裁判所の解釈

直進道路において飲酒酩酊状態で高速で自動車を運転中，先行車両に追突し，同車に乗車中の3児らを死傷させた事案に関する最（三小）決平成23・10・31刑集65巻7号1138頁（以下，「福岡3児死亡事故」という）でも，「正常な運転が困難な状態」の意義に関し，一般論としては，上記の解釈が踏襲されている[7]。しかしながら，当該事案では，酩酊運転致死傷罪の成否に関して，各審で異なる判断が示された。それは，事実認定の相違にも起因する

（3）　井上宏＝山田利行＝島戸純「刑法の一部を改正する法律の解説」曹時54巻4号65頁。
（4）　佐伯・前掲注(1)72頁。
（5）　拙稿「公共危険犯の現代的意義」刑雑48巻2号200頁。
（6）　井上＝山田＝島戸・前掲注(3)67頁。
（7）　それ以前の下級審判例の動向について，岩﨑邦生「判批」曹時65巻8号214頁以下，緒方あゆみ「判批」同志社法学365号444頁以下参照。

が,「正常な運転が困難な状態」の意義に関する解釈や適用の相違がその帰結を左右した面も大きく,具体的事案における当該要件の解釈に関して一石を投ずることになった[8]。

　第1審（福岡地判平成20・1・8刑集65巻7号1220頁）は,「本件事故当時,被告人が,酒に酔った状態にあったことは明らかである」旨を前提にはする。しかし,事実関係として,本件追突事故の主たる原因を脇見運転に求めたうえで,事故現場に至るまで住宅街の狭い路地を接触事故等を起こすことなく運転,走行させていることや,事故直前に時速80ないし100kmで相当時間に脇見運転をしていた間も蛇行等をしていた形跡がなく,現実に道路および交通の状況等に応じた運転操作を行っていたなどの事情を重視し,「アルコールの影響によるとみることができる蛇行運転とか,居眠り運転等に及んだことはなく,しかも,その間衝突事故等も全く起こしていなかったこと」を前提に,被告人が,「本件事故当時,『正常な運転が困難な状態』すなわち,現実に,道路及び交通の状況等に応じた運転操作を行うことが困難な心身の状態にあった」と認めるには足りないとして,酩酊運転致死傷罪の成立を否定した。

　これに対して,控訴審（福岡高判平成21・5・15刑集65巻7号1260頁）は,被告人が前方に目を向け,遅くとも衝突前約9秒から,直前に間近に迫った被害車両を発見するまでの長きにわたり前方を進行する被害車両を認識できなかったとした。そして,「被告人は,自車を走行させるための相応の運転操作は可能であったが,前方注視を行う上で必要な視覚による探索の能力が低下したために前方の注視が困難となって先行車の存在を間近に迫るまで認識することができない状態にあり,現実に道路及び交通の状況等に応じた運転操作を行えなかったものであって,アルコールの影響により,正常な運転が困難な状態で本件事故を起こしたと認められる」として,一転して同罪の成立を認めた。

---

(8) 本事案の評釈については,緒方・前掲注(7)431頁,および462頁以下に掲げられた文献一覧を参照。また,著者も評釈を試みたことがある。拙稿「判批」平成23年度重判解153頁。

Ⅲ　アルコール等の影響による「正常な運転が困難」の意義

そして，最高裁は，「被告人が，自車を時速約100kmで高速度走行させていたにもかかわらず8秒程度にわたって被害車両の存在を認識していなかった理由は，その間終始前方を見ていなかったか，前方を見ることがあっても被害車両を認識することができない状態にあったかのいずれか」であるが，「認識可能なものが注意力を欠いて認識できない後者の場合はもちろんのこと，前者の場合であっても，約8秒間もの長い間，特段の理由もなく前方を見ないまま高速度走行して危険な運転を継続したということになり，被告人は，いずれにしても，正常な状態にある運転者では通常考え難い異常な状態で自車を走行させていたというほかな」く，「被告人は，飲酒酩酊により上記のような状態にあったと認定するのが相当である」として，同罪の成立を認めた控訴審の結論を是認したのである。

3　東名高速事故

以上を検討するに先立ち，危険運転致死傷罪制定に重要な契機を与えた，飲酒のうえ大型トラックを運転中，先行車両に衝突し，同車に乗車中の2児らを死傷させたという「東名高速事故」の事案（東京高判平成13・1・12判時1738号37頁，判タ1064号218頁。以下，「東名高速事故」という）について，改めて確認しておきたい。

当該事案では，たしかに，被告人が，高速道路を「時速約60ないし70キロメートルで進行中，酔いのため前方注視及び運転操作が困難な状態に陥」ったとの認定がなされている。しかしながら，当該事件の被告人は，飲酒を重ねつつ高速道路上で運転を継続していたうえに，さらにサービスエリアで多量の飲酒に及び，事故現場まで蛇行運転をするなど「的確な運転操作が困難な状態」にあったとはいうものの，実際には，サービスエリアからでも，事故現場までの高速道路を30km以上にわたり運転を継続し，その間，料金所では一時停止するなど，一応の運転操作はしていたとも評しうる。むしろ，当該事故の主たる要因は，上記速度で進行中，「折から渋滞のため同方向に減速して進行していた被害者運転の普通乗用車を前方約7.5メートルに迫って初めて気付き，急制動の措置を講じたが間に合わず，同車後部に自車右前

部を衝突させ」たという点にあったのである。

　そうだとすると，当該事案は，事故前は道路状況に沿った運転操作を一応しているが，飲酒酩酊の影響により，運転操作の前提となる「前方を注視してそこにある危険を的確に把握して対処すること」が正常に行えない状態[9]という，福岡3児死亡事故に比較的類似する状況[10]で生じた事故であったように思われる。

4　「国民の規範意識」「法感情」と危険運転致死傷罪の解釈

　すでに見たように，福岡3児死亡事故に関する第1審判決は，事故に至るまで，被告人が道路や交通の状況等に応じた運転操作をしていたことを重視した[11]。これは，危険運転致死傷罪の立法時に主張されていた有力な見解[12]に沿ったものといえるし，また，「正常な運転が困難な状態」の解釈としても不自然ではないともいえる[13]。だが，その見解を徹底すると，東名高速事故のような態様の事案が，同罪の適用対象外となる可能性は否定できないように思われる。

　しかしながら，そのような帰結には，疑問を感じざるをえない。同罪の立法当時，「本罪に掲げられている危険運転行為は，重大な死傷事故の実態を踏まえて類型化されたものである」とされ[14]，その背景として，そういった悪質交通事犯の「罰則や科刑の在り方に対する国民の意識にも著しい変化が生じた」ことが指摘されていた。このような「国民の規範意思」，あるい

---

(9)　岩崎・前掲注(7)216頁。
(10)　なお，東名高速事故の被告人は，事故直後，燃えさかる被害車両から同乗者の一部を救出できるほどの「精神的，身体的能力を備えた状態」にあったことにも，留意が必要であろう。
(11)　前述のように，事実認定としては，前方不注意の原因をもっぱら脇見運転に求める。
(12)　川端博＝西田典之＝河村博＝笠井治「〈緊急特別座談会〉危険運転致死傷罪を新設する刑法の一部改正をめぐって」現刑4巻4号84頁〔西田典之発言〕。また，中山研一「危険運転致死傷罪と業務上過失致死傷罪との関係（下）──最近の判例を素材として──」判時2113号5頁，本庄武「判批」新・判例Watch11号149頁など。
(13)　なお，前田雅英『最新重要判例250刑法〔第9版〕』(2013年，弘文堂)125頁参照。
(14)　井上＝山田＝島戸・前掲注(3)65頁。

は言葉を換えれば，現在のわが国における「法感情」を十分に反映できない解釈は，やはり説得力を有しえないであろう。

　もとより，条文の文言を逸脱した解釈が許されないことはいうまでもない。しかし，「正常な運転が困難な状態」に関して，福岡3児死亡事故の最高裁が示した解釈は，文言解釈としても十分に成立しうるものであるし，東名高速事故に対する世論の反応からも示唆されるように，当罰性判断としても正当である。その意味では，最高裁の解釈は，立法当時から，いわば暗黙裏に前提にされていたものというべきであり，必ずしも新たな判断枠組みを示したものと考えるべきではない[15]。

IV 「進行を制御することが困難な高速度」の意義

　ところで，年間約60万件にも及ぶ交通事犯[16]の現実の態様は，千差万別である。そのなかには，「国民の規範意識」や「法感情」からすれば危険運転致死傷罪としての重い処罰に値するように思われるが，しかし，条文の文言解釈上，その成立を肯定することができない事案が，当然のことながら生じうる。以下では，制御困難運転致死傷罪に関して，そのような場合にあたるとされた事案について検討することにしよう。

1 一般的意義

　「進行を制御することが困難な高速度で走行」の意義については，立案担当者により，「速度が速すぎるため，道路の状況に応じて進行することが困難な状態で自車を走行させることを意味する」との見解が示されていた。そして，その具体例として，「カーブを曲がりきれないような高速度で自車を走行させるなど，そのような速度での走行を続ければ，車両の構造・性能等客観的事実に照らし，あるいは，ハンドルやブレーキ操作のわずかなミスに

---

(15) 拙稿・前掲注(8)154頁，緒方・前掲注(7)460頁。
(16) 警察庁交通局によれば，平成25年中の交通事故の発生件数は62万9,021件であった。

よって自車を進路から逸脱させて事故を発生させることとなると認められる速度での走行をいう」とされていた。また，具体的な判断方法として，「基本的には，具体的な道路の状況，すなわちカーブや道幅等の状態に照らしてなされることとなる。例えば，一〇〇km/hという速度は，狭い一般道路では制御困難な高速度に当たり得るが，高速道路においてはこのような意味での危険な高速度とまでは言えないことが多いであろう」との指摘がなされていた[17]。

2 条文の語義と「道路の状況に応じて」の解釈

以上のような解釈は，十分に首肯できるものであろう。だが，道路状況からみて危険きわまる高速度で自動車を運転・走行し，死傷事故を惹起しながら，結果的にこの要件に該当せず，同罪の成立が否定されるという場合も生じうる。

それが現実に問題となった一例が，広島地判平成25・11・7判例集未登載〈LEX/DB25504229〉である。事案は，無免許運転の発覚を恐れた被告人が，警察車両から逃走するため，幅員約3.3mで制限速度が時速20kmに指定された道路を時速約106kmで走行し，前方に，片側2車線，帽員約12.5mで，交差点内にまで中央線が設けられた優先道路との交差点（信号機による交通整理は行われていない）があるのに，その後も前記速度をやや減じた速度で進行し，同交差点の手前約42mの地点に至るまでの間にブレーキペダルを踏み込んだものの十分に減速することなく，時速約80kmで同交差点内に直進進入し，交差道路左方から緊急走行してきた別の警察車両前部に自車左側部を衝突させ，走行の自由を失って自車を右方前に逸走させて歩道上に乗り上げさせ，たまたまその歩道上を通りかかった，パート従業員の女性の運転する自転車に自車右前部を衝突させて同人を即死させたうえ，衝突した警察車両に乗車中の警察官らに重軽傷を負わせた，というものである（以下，「広島暴走事故」という）。

この事実に関して，検察は，被告人を制御困難運転致死傷罪などで起訴し

---

(17) 井上＝山田＝島戸・前掲注(3)69頁。

た。これに対して、裁判員裁判である広島地裁は、「その進行を制御することが困難な高速度」の意義について、上記の立案担当者により示された解釈に依拠しつつ、「その語義からして、高速度であるために、物理的な意味での自動車の制御が困難になった状態をいうものと理解すべきであって、前記の道路の状況とは、道路の物理的な形状、状態等をいうものと解すべきである」とした。そのうえで、「道路の状況には、物理的な道路の形状等に限らず、交通法規による道路の規制も含まれ、速度が速すぎるため交通法規上その通行の妨害をしてはならない場所に自動車を進入させた場合も『その進行を制御することが困難な高速度』による走行に該当する」旨の検察官の主張に対しては、「『進行を制御することが困難な高速度』という文言から、運転者が交通法規に従って自動車を制御するか、あるいは、交通の危険すなわち他の自動車、歩行者等に対する危険を生じさせない方法で自動車を制御するかといった考慮要素まで読み取るのは困難」であり、「こうした理解は、運転者があえて交通法規に従わず、あるいは、交通の危険を生じさせる方法で自動車を運転した場合については、〔刑法208条の２〕第２項において、妨害目的の直前進入等及び赤信号殊更無視の具体的な類型のみが危険運転致死傷罪の実行行為として規定されていることとも整合的である」との判断を示し、同罪の成立を否定した。そして結論として、自動車運転過失致死傷罪等の成立を認めて被告人に懲役９年を宣告（控訴審で懲役７年に減軽）した。

3　当罰性判断と文言解釈

「進行を制御することが困難な高速度」の意義については、従来の裁判例でも、立案担当者の示す解釈が踏襲されていた。そして、たとえば、カーブにおいて限界旋回速度未満の速度であっても、「道路の形状、路面の状況などの道路の状況、車両の構造、性能等の客観的事実に照らし、あるいは、ハンドルやブレーキの操作のわずかなミスによって自車を進路から逸脱させて事故を発生させることになるような速度」である場合[18]、降雨のため路面が濡れ、水

---

(18)　東京高判平成22・12・10判タ1375号246頁。

たまりができていたのに，前後輪タイヤが摩耗した普通乗用自動車を時速約100kmの高速度で走行し続けたため，その進行を制御できず，直線道路で路外に逸脱させ，電柱等に衝突させた場合[19]，太鼓橋状の道路を時速82kmを上回る高速度で走行し，激しい上下動などにより「ゼロG状態」を生じさせた場合[20]などに，制御困難運転致死傷罪の成立が認められている[21]。

以上の事案と比較した場合，広島暴走事故での，制限速度が時速20kmに指定された狭い道路を時速約106kmで走行し，優先道路との交差点にも，ブレーキをかけたとはいえ時速約80kmで進入するという運転行為については，それにより惹起される公共危険性や，責任非難という観点も含めた運転行為の悪質性という点をも併せ考えると，その当罰性に径庭があるとは思われない。しかしながら，「交通法規に従った運転が困難」な場合までを，「進行を制御することが困難な高速度」に含ませることはできないとする広島地裁の見解は，現行法の解釈としては妥当なものであろう。また，これが，裁判員裁判で示された解釈であることにも留意が必要である。

V　要件解釈と現在の立法形式の限界

1　当罰性評価と実質的な刑法解釈

危険運転致死傷罪の構成要件は，立法当時から縷々指摘されてきたように，規範的要素や主観的要素を多く含み，もともと，条文の意味内容，事実関係の評価の両面において，解釈論上の困難性を孕んだものである。

とりわけ規範的構成要件要素の場合，採りうる解釈の余地（幅）は広いものとなりやすい。だが，そのうちの「狭い解釈」が「常に妥当な解釈」というわけではないであろう。いずれの解釈が妥当であるかの判断においては，やはり，国民の常識を踏まえた実質的評価が不可避であり，それこそが，「国民の日常生活と密接に関連し，国民の理解と支持が不可欠」[22]な交通

---

(19)　釧路地北見支判平成17・7・28判タ1203号300頁。
(20)　千葉地判平成25・5・23裁判所ウェブサイト。
(21)　否定例として，松山地判平成20・1・17判タ1291号311頁など。

V 要件解釈と現在の立法形式の限界

事犯に関する刑事司法を支えるのである。福岡3児死亡事故に関する最高裁の解釈，およびそれにより導かれた結論は，この趣旨を体現したものというべきである。

他方，繰り返しになるが，国民の行動の自由を保障する刑法規範の保障的機能をないがしろにするような予測不可能な解釈論が，罪刑法定主義に反し許されないことは，もちろんである。だが，「国民の規範意識」や「法感情」を踏まえた実質的解釈論の展開が，このような罪刑法定主義の要請を否定することに直ちにつながるわけでは決してない。「国民の視点や感覚」を反映する裁判員裁判において，制御困難運転致死傷罪の成立を否定した広島暴走事故の帰結は，実質的解釈論を展開しても，処罰範囲の不当な拡大には至らないことを示した一例であるといえる[23]。

だが，広島暴走事故の裁判例の判断が，現行規定の解釈としては妥当であるとしても，前法規定的な当罰性判断として許容されるのかについては，やはり疑問が残らざるをえない。たとえば，制限速度が時速20kmに指定された幅員の狭い道路を時速100kmで走行した結果，縁石に接触して制御を失い，通りがかった通行人を死傷させたというような，制御困難運転致死傷罪が成立する典型的な場合と広島暴走事故との間で，その当罰性に著しい差異があるとは思われないのである。そして，このような評価は，交通事犯に対する刑事法的対応のあり方を考えるうえで，決して軽視されるべきでない要因であろう。

---

(22) 最大判平成23・11・16刑集65巻8号1285頁参照。
(23) なお，福岡3児死亡事故に関する最高裁平成23年決定以降も，仙台高判平成23・11・15判例集未登載〈LEX/DB25480035〉，徳島地判平成24・4・9判例集未登載〈LEX/DB25481205〉，名古屋地判平成24・5・8判例集未登載〈LEX/DB25481714〉，青森地判平成24・7・18判例集未登載〈LEX/DB25482409〉，福岡高判平成26・2・14判例集未登載〈LEX/DB25503173〉などが，同種の事案につき酒気帯び運転罪と自動車運転過失致死傷罪を適用している。また，東京高判平成25・5・13判例集未登載〈LLI/DB06820288〉も参照。

2 悪質交通事犯への対応と危険運転致死傷罪等の立法形式の限界

　もともと，現行の単純過失致死傷罪は，交通事犯に対応しきれるものでは到底ない。そして，それに対しては，「故意犯ではない以上過失犯でしかない」ことを前提に，判例による業務上過失致死傷罪の業務概念の拡張，昭和43年の同罪の法定刑の引き上げ，観念的競合にいう「一個の行為」の意義に関する昭和49年の判例変更[24]による同罪と道交法違反の罪の「併合罪化」，また，道路交通法上の罰則規定の加重といった対応に終始せざるをえなかった。危険運転致死傷罪の創設は，従来の「弥縫的」ともいえる対応が限界に達したなかでなされたものだったのである[25]。

　その際，危険運転致死傷罪は，当時の「法に関する専門」の常識からすれば，きわめて重い刑罰を設けるもので，そのインパクトも甚大であったがゆえに，前述のように，「構成要件をより悪質かつ危険なものに絞り込む」[26]という観点で立法化が図られた。もっとも，立法当時の類型化については，重大な死傷事故の実態を踏まえて行われたもので，実務上これまで問題視されてきた危険行為は，いずれかの類型に含まれうると評価されていた[27]。このような認識自体は，類型的な大量観察に基づくものとしては，基本的には正当なものであったといえよう[28]。そして，このような類型化の反面として，「一定の重大な危険行為が適用をまぬがれることになったとしても，それは限定的な類型化の持つリスクにほかならない」[29]という事態が生ずるのは，いわば理の当然である[30]。

---

(24) 最大判昭和49・5・29刑集28巻4号151頁。
(25) 詳細について，拙稿「危険な運転による致死傷と危険運転致死傷罪・自動車運転過失致死傷罪」法学会雑誌53巻1号186頁以下。
(26) 井上＝山田＝島戸・前掲注(3)42頁。
(27) 井田良「危険運転致死傷罪の立法論的・解釈論的検討」法時75巻2号34頁。
(28) もっとも，技能未熟運転致死傷罪については，現在に至るも適用例を見ないようである。なお，後掲大阪高判平成25・9・30参照。
(29) 井田・前掲注(27)34頁。
(30) これを起点として危険運転致死傷罪を批判するものとして，長井圓「道路交通犯罪と過失犯」現刑4巻6号39頁以下。

V 要件解釈と現在の立法形式の限界

　だが，問題は，そのような「限定的な類型化の持つリスク」に関して，国民一般の理解・共通認識が得られるのか，という点にある。現実には，危険運転致死傷罪で問擬しえない事案が相次ぎ，そのことに対する世論の批判が止むことはなかった。

　平成25年制定の自動車運転死傷行為等処罰法は，そのような事態に対応すべく制定されたものである。すなわち，同法で新設された犯罪類型のうち，同法2条6号は平成23年10月に発生した名古屋大学生ひき逃げ死亡事故[31]，同法3条2項は平成23年4月に発生した鹿沼クレーン車事故[32]，そして，同法6条は平成24年4月に発生した亀岡暴走事故[33]を，それぞれ契機にしたものであろう。

　しかしながら，危険運転行為の個別的な類型化という立法形式自体に対する疑問は，この法改正でも解消されたのであろうか。たとえば，先にみた広島暴走事故は，自動車運転死傷行為等処罰法によっても自動車運転過失致死傷罪にしか該当しないことになるが，これが「類型化の持つリスク」として許容されるのか，疑問の余地なしとしない。また，飲酒酩酊と高速度とが重畳的に影響して制御困難運転となり死傷事故を惹起したような場合についても，同様の問題がなお生じうるのである[34]。

---

(31) 無車検・無保険車を酒気帯び状態で運転して事故を起こし，その現場から逃走するために一方通行道路を逆走して，自転車で走行中の大学生を死亡させた事案（名古屋地判平成24・3・12判例集未登載〈LEX/DB25480821〉）。
(32) 持病（てんかん）の発作を抑える常用薬を服用しないまま大型クレーン車を運転し，集団登校中の小学生6人を死亡させた事案（宇都宮地判平成23・12・19判例集未登載〈LEX/DB25480381〉）。
(33) 約28時間にわたり断続的に無免許で自動車を運転し，居眠り運転により集団登校中の小学生やその引率者計3名を死亡させるなどした事案（大阪高判平成25・9・30判例集未登載〈LEX/DB25502069〉）。
(34) 千葉地判平成16・5・7判夕1159号118頁。西田典之「判批」刑ジャ3号88頁，拙稿「危険運転致死傷罪の実行行為性に関する一考察」信大法学論集9号100頁，拙稿・前掲注(25) 212頁および216頁参照。

VI まとめに代えて
——交通事犯に対する適正な刑事制裁規定のあり方——

　平成13年の危険運転致死傷罪制定や，その後の平成19年改正，さらには平成25年の自動車運転死傷行為等処罰法の制定それ自体は，悪質交通事犯に対する適正な処罰のあり方を実現し[35]，さらには国民の常識に応えることも意図した立法的対応であり，その方向性自体は正当なものといえよう。だが，そもそも，このような個別事案の発生を踏まえた「アドホック」な立法的対応が短期間で繰り返されること自体，法的安定性や，交通事犯に対する刑事法的対応に対する国民一般の信頼確保などの観点も含めて，望ましい事態といえるのかは疑問である[36]。そして，それは，現在の立法形式の妥当性に対する疑問にもつながる要因だといわざるをえない。
　そのように考えてくると，「限定的な類型化の持つリスク……を避けようとしてより包括的な構成要件としたり，危険運転行為を例示列挙にとどめることは，立法論としてさらに大きな問題を持つ」とする，平成13年の危険運転致死傷罪立法時に説得力を有していた指摘[37]が，現在でもすべてそのまま妥当するかについても，検討を要しよう。実は立法時に，その謙抑的な姿勢は評価できるとしつつも，同罪の規定について，「刑事政策的な観点からは，このような規定によって，処罰すべき危険運転がすべて含まれるのか，あるいは逆に，処罰に値する危険運転とは言えないものが含まれることにならないかが問題となろう」とする指摘が，すでになされていた[38]。そして，

---

(35)　拙稿・前掲注(25)220頁以下。
(36)　船山泰範「自動車犯罪立法の未整備と罪刑法定主義」日本法学76巻4号447頁以下参照。
(37)　井田・前掲注(27)34頁。
(38)　川本哲郎「交通犯罪者の処遇——危険運転致死傷罪の新設に際して——」犯罪と非行133号12頁。なお，危険運転致死傷罪の見直しの提案として，清水洋雄「危険運転致死傷罪の再構成」法務研究（日本大学法科大学院）60頁以下も参照。
(39)　川本哲郎「交通犯罪処罰の動向」同志社法学64巻6号14頁。

Ⅵ　まとめに代えて

10年以上が経過した近時，同じ論者によって，自動車運転死傷行為等処罰法の内容は必ずしも十分とはいえず，交通犯罪に関して「刑法全体を俯瞰した抜本的な改正を計画し，実現していく」べきことが主張されるに至っていることが注目される[39]。

この点について考えると，年間約60万件に及ぶ交通事犯が，悪質性の高い事案から比較的軽微な事案までグラデーションの様相を呈すると思われることを前提にすれば，「故意犯か過失犯か」という二分体系では適正な対応に限界があるといわざるをえない。そうだとすれば，立法論として，わが国の刑法総論の専門的議論における「常識」からすればかなり突飛であるが，たとえば，故意犯と過失犯の中間に，「危険運転致死傷罪にはあたらない危険運転[40]を故意に行う点で死傷結果発生の危険をあえて意に介さない」という意味での「無謀」という類型を創設するといったことも検討に値するようにも思われる[41]。

もちろん，悪質交通事犯の「重罰化」に批判的な見解[42]が懸念するように，結果の重大性にのみ目を奪われた短絡的な対応があってはならない。しかし他方，「重かるべきは重く，軽かるべきは軽く」という適正な処罰の実現は必要である。その文脈において，「法に関する専門」には，国民の意識を十分に認識しつつ，その意味するところを冷静に分析し，既存の法体系との整合を踏まえたうえで合理的な法内容を実現させることが期待されるのである[43]。

まずは，自動車運転死傷行為等処罰法に関して，合理的な解釈論を展開していくことが肝要である。ただそれにとどまらず，新たな解釈によって生じ

---

(40)　なお，自動車運転死傷行為等処罰法3条は，「正常な運転が困難な状態」の前段階として「その走行中に正常な運転に支障が生じるおそれがある状態」を観念している。
(41)　拙稿・前掲注(25)219頁。その具体的内実については，諸外国における動向も含め，機会を得てさらに検討を続けていきたいと考えている。
(42)　たとえば，高山佳奈子「危険運転致死傷罪の死角」世界776号25頁，長井圓「生命・身体への過失犯と自動車危険運転致死傷罪」比較法雑誌45巻1号197頁，松原芳博「刑法各論の考え方5——身体に対する罪・その2」法セミ686号112頁など。
(43)　拙稿・前掲注(25)222頁。また，塩見淳「自動車事故に関する立法の動き」法教395号34頁

る事態を分析しつつ，より多くの国民が納得する，あるべき刑事法的対応の姿を不断に探究していくことが，これからも求められることになると思われる。

［追記］

　脱稿後、松宮孝明「自動車事故をめぐる法改正の動き」犯罪と刑罰23号1頁、橋爪隆「危険運転致死傷罪・自動車運転過失致死傷罪」山口厚＝甲斐克典編『21世紀日中刑事法の重要課題——日中刑事法シンポジウム報告書』113頁、保坂和人「自転車の運転により人を死傷させる行為等の処罰に関する法律について」警論67巻3号43頁、髙井良浩「自転車の運転により人を死傷させる行為等の処罰に関する法律について」捜査研究760号2頁、同「『自転車の運転により人を死傷させる行為等の処罰に関する法律』について」刑ジャ41号35頁、今井猛嘉「自転車運転死傷事故等処罰法の新設——危険運転致死傷罪の改正——」刑ジャ41号4頁、杉本一敏「自動車運転死傷行為等処罰法の成立をめぐる所感——議事録を読んで——」刑ジャ41号18頁に接した。

（ほし・しゅういちろう）

強盗罪・強姦罪をめぐる諸問題
―― 反抗抑圧について ――

首都大学東京 法科大学院教授 木 村 光 江

I 問題の所在
II 強盗罪における暴行・脅迫について
III 強姦罪における暴行・脅迫について
IV まとめにかえて

I 問題の所在

1 裁判員裁判と強盗罪，強姦罪

　強盗罪，強姦罪のうち，裁判員裁判対象犯罪となるのは，強盗致死傷罪，強盗強姦罪（同致死罪）及び強姦・強制わいせつ致死傷罪である。当然ながら，致死傷罪であっても，強盗罪，強姦罪・強制わいせつ罪の基本的構成要件該当事実の存在が必要であるから，いずれも「暴行・脅迫」の有無が問題となる。強盗罪・強姦罪における暴行・脅迫は，最狭義のものであることが必要であるとされ，強盗罪については「反抗を抑圧する程度」のものが，また強姦罪については「反抗を著しく困難にする程度」のものが必要とされる。

　もっとも，なぜ強盗罪・強姦罪の暴行・脅迫が最狭義のものでなければならないのか，また，なぜ強盗罪の方がより強度の暴行・脅迫を必要とするの

かは，必ずしも明らかでない。強盗罪の暴行・脅迫と強姦罪の暴行・脅迫の相違については，強盗罪は恐喝罪と区別する必要があるために強度の手段が必要であるのに対し，強姦罪は，強盗罪における恐喝罪に該当する罪がないから，より広く認める必要があるとする見解がある[1]。また，強盗の場合，死傷結果につながりやすいから，強度の程度の暴行・脅迫が必要であるとの指摘もある[2]。たしかに，このような両罪の類型的な相違が，暴行・脅迫の程度に差が生ずる理由の一つであることは否めない。

ただ，強姦罪には準強姦罪があるため，反抗を困難にする程度の暴行・脅迫以外の手段による強姦罪も成立し得る。また，後述のように，特に強姦罪については当該被害者の個別具体的な事情が犯罪の成否に大きな影響を与えることから，必ずしも暴行・脅迫が強度とはいえないものも含まれる傾向があるという点も見逃すことはできない。暴行・脅迫の程度のみならず，暴行・脅迫の性質についても各犯罪類型に応じた特色があるといえるのである。

そこで，本稿では，実際の判例・裁判例において，現実にそのような反抗抑圧状態が要求されているのかを改めて検討することとしたい。反抗抑圧の有無は，極めて個別具体的な判断とならざるを得ず（特に強姦罪についてはその傾向が強い），裁判員が判断する際には，どのような事情を勘案すべきかを特に慎重に検討する必要があるからである。

2 刑法犯と特別法犯

強盗罪，強姦罪の暴行・脅迫を検討するに当たっては，他の類似の犯罪類型との関係にも留意する必要がある。強盗罪と恐喝罪の区別はもちろん，刑法典以外の犯罪類型についても視野に入れる必要があろう。

その観点から，財産犯と自由に対する罪に関して，手段による犯罪類型の相違を示したのが次の表である。財産犯については，最狭義の暴行・脅迫，

---

(1) 植松正「猥褻，姦淫および重婚に関する罪」刑事法講座(6)1540頁。
(2) 長井秀典＝田中伸一＝安永武央「強盗罪（上）」判タ1351号81頁。

I 問題の所在

それ以外の暴行・脅迫,騙す行為,さらにはこれらの手段によらない場合についてもすべて刑法犯として処罰規定が設けられている。

　それに対し性的自由に対する罪については,最狭義の暴行・脅迫がなければ刑法犯には当たらない（ただし13歳未満については暴行・脅迫が要件ではない）。もっとも,特別法も視野に入れれば,表中の「※」は児童の保護という観点からの特別規定であるという限界はあるが,特に18歳未満の者に対する性犯罪は広く処罰されている。支配関係にある児童に対する性犯罪は,児童福祉法の淫行罪規定で処罰される[3]のをはじめ,暴行・脅迫や欺く行為がないとしても,対償供与があれば児童買春として処罰され（5年以下の懲役又は300万円以下の罰金）,条例まで範囲を広げれば青少年保護育成条例の淫行処罰規定もある[4]。

　強盗罪,強姦罪の暴行・脅迫が最狭義のものに限定されている合理性については,これらの他の犯罪類型の存在も意識しつつ検討する必要がある。

手段 保護法益	（最狭義の）暴行・脅迫	（それ以外の）暴行・脅迫	欺く行為	な　し
財　物	強　盗	恐　喝	詐　欺	窃　盗
性的自由	強姦・強制わいせつ	※児童福祉法・淫行	準強姦・準強制わいせつ	13歳未満の強姦・強制わいせつ ※（児童買春処罰）
意思決定の自由	強要・脅迫	強要・脅迫	—	
身体・行動の自由	逮捕・監禁,拐取	逮捕・監禁,拐取	逮捕・監禁,拐取	逮捕・監禁（未成年者拐取）

（3）　児童福祉法34条1項6号は,「児童に淫行させる行為」を禁止し,10年以下の懲役としている（同法60条）。児童を第三者と淫行させる行為と,行為者自身に対し淫行をさせる行為の両方を含むとする（東京高判平成8・10・3高刑集49巻3号434頁）。西田典之「児童に淫行をさせる罪について」宮澤古稀(3)301頁参照。
（4）　例えば,東京都青少年健全育成条例は18条の6で,青少年とのみだらな性交ないし性交類似行為を禁止し,2年以下の懲役又は100万円以下の罰金に処するとする（同条例24条の3）。

II 強盗罪における暴行・脅迫について

1 反抗を抑圧する程度

　強盗罪の暴行・脅迫の程度は，客観的に反抗を抑圧する程度であることを要する。客観的にその程度の暴行・脅迫がなされれば，実際に被害者が反抗を抑圧される必要はない。リーディングケースである最判昭和23・11・18刑集2巻12号1614頁は，A，B，Cが，被害者X宅に侵入し，草刈鎌，ナイフをXらに突きつけ，「静かにしろ」，「金を出せ」等と言って脅迫し，畏怖させて，Xから現金等を強取した事案であったが，最高裁は，「社会通念上被害者の反抗を抑圧するに足る暴行又は脅迫を加え，それに因つて被害者から財物を強取した事実が存すれば足りるのであつて……被害者が被告人の暴行脅迫に因つてその精神及び身体の自由を完全に制圧されることを必要としない。」とした。また，被害者が畏怖したにとどまる場合[5]や，被害者が要求に応じない場合[6]であっても，客観的に反抗抑圧程度に至っているとされれば，強盗手段に当たる。

　このように，反抗抑圧程度の暴行・脅迫に当たるか否かと，当該被害者が実際に反抗を抑圧されたかは別個に判断されるべき問題であるとされる。ただし，一般人が反抗を抑圧される程度か否かという判断に当たっては，後述のように当該被害者の具体的事情（性別・年齢，時間・場所，周囲の状況等）を考慮に入れるから，被害者が実際に反抗を抑圧されたか否かも，判断のた

---

(5) 最判昭和24・2・8刑集3巻2号75頁。3名で被害者宅に行き，匕首を示して脅迫し，現金200円を強取し，さらに財布を捥ぎ取った事案について，強盗と恐喝の区別は，「暴行又は脅迫が，社会通念上一般に被害者の反抗を抑圧するに足る程度のものであるかどうかと云う客観的基準によつて決せられる」とし，たとえ被害者が畏怖にとどまった場合も強盗罪に当たるとした。

(6) 最判昭和23・6・26刑集2巻7号748頁。被害者A宅で，包丁を突きつけて5,000円を貸すよう脅迫したが，Aが応じなかった事案について，「脅迫の所為たるや，相手方たる被害者の意思の自由を抑圧するに足るものであつたことが明かであるから，同人が偶々被告人の要求に応ぜず，従つて意思の自由を抑圧されなかったとしても，被告人の判示所為は強盗罪の実行をもつて目さなければならない。」とした。

めの間接事実の一つとしては考慮される場合はあり得る[7]。

2　凶器の有無と反抗の抑圧

　反抗抑圧程度といえるかの判断は，反抗の時間場所，周囲の状況，被害者と犯人のそれぞれの性別・年齢等，暴行・脅迫の態様等を考慮して具体的になされる[8]。凶器を用いれば反抗抑圧程度となる可能性は高くなるものの，凶器の使用が絶対的な要件ではない。手拳による殴打や脅迫による場合も強盗罪が認められる場合があるからである（後述③(1)）。

　また，凶器といっても，銃や刃物だけでなく，凶器に模した靴べら[9]や毛抜き[10]を用いても強盗手段とされることがある。さらに，異臭のするコーラを浴びせかける行為も，反抗を抑圧する暴行に当たるとされる[11]。

　他方，凶器を用いても強盗手段に当たらないとされる場合もある。アベックの男性に対し，刃渡り約10cmのナイフを被害者の膝の辺りに触れたり，ブラブラさせたりしながら金品を交付させる行為[12]や，実母A（70歳）に対し，台所から持ち出した包丁を示して金を要求する等する行為[13]について，脅迫は反抗抑圧程度とはいえないとし，恐喝罪にとどまるとした。

　いずれも，周囲の状況や被害者の人数，行為者と被害者の関係等を考慮した総合的な判断がなされており，凶器の有無だけで反抗抑圧の有無が決まる

---

(7)　長井＝田中＝安永・前掲注(2)78頁。
(8)　西田眞基「恐喝と強盗の区別」刑事事実認定50選（下）18頁参照。
(9)　東京高判昭和41・9・12判タ200号166頁。クロームメッキ製の靴べらを胸部に突きつけ，刃物を突きつけられたと思った被害者から腕時計を奪った事案。
(10)　東京高判平成23・10・19裁判例集未登載（石川さおり「強盗罪における暴行・脅迫の程度」研修772号63頁以下参照）。弁当店に入り，金属製の毛抜きを，その先が少し出るようにして握って女性従業員に突きつけ，その者が逃げた隙にレジ内の現金を奪った事案。
(11)　自転車前カゴに現金を入れて夜間金庫に運ぶ途中のパチンコ店の男性従業員2名に対し，2名の行為者（男性）が，アンモニア臭のするキンカンの入ったコーラを浴びせかけ，刃物で襲われるのではないかと恐れた被害者から現金を強取した事案（東京高判平成7・11・14東高刑時報46号84頁）。
(12)　東京高判昭和37・10・31東高刑時報13巻10号267頁。同じ行為者らが，海岸にいた少年3名にナイフを突きつけて時計を取る行為についても「相手方の自由意思を制圧しその抵抗を抑圧するに足るものである」とはいえないとして，恐喝罪が成立するにとどまるとした。

わけではないことを示している。

3 凶器を用いない場合
(1) 暴行の程度

これに対し，凶器を用いずに素手で暴行を加える場合でも，暴行の態様・強度によっては強盗手段に当たる。特に行為者の体格が勝っている場合，複数による犯行の場合には，強取とされることが多い。

近年の例では，男性2名（格闘技経験者含む）・女性2名が，28歳男性被害者の肩を摑んでしゃがみ込ませる暴行を加えて財布を奪う行為[14]，男性2名（レスリング経験者含む）が，66歳男性被害者の首を絞めてバッグを奪う行為[15]，男性2名（空手経験者含む）が，26歳男性の顔面や胸部を手拳で殴打し，腹部等を膝蹴りにする等した行為（未遂）[16]などがある。

素手での暴行による場合についても，単に暴行の程度だけではなく周囲の状況等を考慮すべきであることは当然である。千葉地判平成15・3・5判例集未登載（LEX/DB 28085534）は，午前2時頃，人通りのない路上で，3名の行為者が被害者（20歳男性）を取り囲み，手拳で被害者の顔面を殴打したり腹部を足蹴りにする暴行を加えて1週間の傷害を負わせたものの，被害者が逃走したために財物を奪うに至らなかった事案について，「本件当時の時間的・場所的状況，犯人である被告人ら（3名）と被害者（1名）の人数の差，被告人らの脅迫，暴行の態様及び程度等を総合考慮すると，被告人らの判示脅迫及び暴行は，反抗を抑圧するに足りる程度のものであった」としている[17]。

---

(13) 横浜地判平成24・11・30判例集未登載（LEX/DB25445180）。実母A（70歳）に対し，台所から持ち出した包丁を示して金を要求したり，実弟にライター用オイルをかけることにより実母を脅すことにより，合計4,000万円余りを交付させた行為について，包丁をAに突きつけたりしていないこと等を踏まえて，脅迫の程度として強いとはいえないとし，恐喝罪にとどまるとした。
(14) 大阪地判平成22・11・1裁判所ウェブサイト，長井＝田中＝安永・前掲注(2)93頁参照）。
(15) 松山地判平成21・6・24裁判所ウェブサイト，長井＝田中＝安永・前掲注(2)94頁参照）。
(16) 大阪地判平成20・10・24裁判所ウェブサイト，長井＝田中＝安永・前掲注(2)94頁参照）。

(2) 脅迫による場合

　有形力の行使がなされなくとも，反抗を抑圧する程度の脅迫が用いられれば強取に当たる。もっとも，暴行が用いられていない場合と比べ，どのような態様・程度の脅迫が反抗抑圧程度といえるかの判断は必ずしも明白ではない。

　この態様・程度に関しては，強盗罪が特に重く処罰されている理由が人の死傷につながり易い犯罪類型という点にあるとして，「財物の奪取を妨害したり交付要求を拒絶したりすると財物を奪われるより重大な危害（生命，身体または自由に対する重大な危害）を加えられると思わせるに十分なもの」（（　）は筆者）であることを要するとする指摘がある[18]。具体的には，男性行為者が，銀行窓口で業務担当の女性職員（23歳）に対し，にらみつけながら「金を出せ」と語気強く言う行為等が強盗に当たるとされた例がある[19]が，暴行を用いた場合に比べれば，相対的に恐喝が認められやすいといえよう[20]。

(3) 被害者への影響と反抗抑圧の有無

　強取行為には，暴行・脅迫の態様により，「身体抑圧型」と「意思抑圧型」があるとの指摘がある。「身体抑圧型」は物理的に抵抗できない場合であり，

---

[17]　原審判決が強盗罪の成立を認めたのに対し，控訴審判決が恐喝にとどまるとしたものとして東京高判平成13・9・12東高刑時報52巻1=12号47頁がある。店舗の21歳の男性被害者に対し複数の行為者が侵入して，殴り殺すと脅し，顔面を手拳で殴打したり，腕をねじ上げる等の暴行を加えたが，被害者が，金がないので明日取りに来るように言ったところ，行為者らが出て行ったという事案について，暴行の継続時間が5～6分間であること，店舗内に他の女性従業員がいたこと，被害者も外に携帯電話で連絡を取ろうとしていたこと，本当は金があったのにないと言って店舗から退出させていることなどを勘案し，被害者の反抗を抑圧する程度の暴行・脅迫いは当たらないとした。

[18]　長井＝田中＝安永・前掲注(2)79～80頁参照。現実に客観的に死傷のおそれがあることが要求されるので，被害者が非常に臆病な性格であり，犯人がそのことを知って，反抗抑圧程度に至らない暴行・脅迫を用いたとしても，強盗手段には当たらないとする。同81頁。

[19]　東京高判昭和62・9・14判時1266号149頁。

[20]　長井＝田中＝安永論文は，暴行・脅迫行為の態様に応じた判例分析がなされているが，凶器を用いずに脅迫のみを加えた事案で，かつ反抗抑圧程度と認められた裁判例は非常に数が少ない。長井＝田中＝安永・前掲注(2)96頁参照。

例えば紐で縛り上げる等がこれに当たるが，現実の裁判例の数は少ないとされる[21]。「意思抑圧型」は，財物奪取を妨害したり交付要求を拒絶すれば，生命，身体又は自由に対して重大な危害を加えられると思わせるに足りる暴行・脅迫を意味するとされる[22]。凶器を用いた場合や，暴行を加える場合，さらに当然のことながら脅迫的言辞が用いられる場合も「意思抑圧型」に当たることになる。「被害者の意思」の抑圧が問題となるものの，客観的に判断されることから，被害者が非常に臆病な性格であり，犯人がそのことを知って，一般人であれば反抗抑圧程度に至らない暴行・脅迫を用いたとしても，強盗手段には当たらない[23]。

たしかに，反抗抑圧の有無は一般人を基準に判断されるものではあるが，判断要素として行為者と被害者の関係を考慮すべきであることは争いがない。そうであれば，当該暴行・脅迫が，当該被害者に対してどのような影響を及ぼしたかという個別的・具体的な事情も，客観的・外部的に一般人から見て了解しうる範囲では考慮される。靴べらを凶器に模して示した事案（前掲・東京高判平成23年10月19日）であっても，「一人で店番をしている62歳の小柄な女性」に対する行為としては，反抗抑圧する程度の脅迫に当たることになる[24]。あくまでも客観的な判断ではあるものの，個別的・具体的な判断が重要である。

III 強姦罪における暴行・脅迫について

1 自由に対する罪と「暴行・脅迫」要件

刑法上の自由に対する罪として，逮捕・監禁罪（身体の自由），脅迫・強要罪（意思決定の自由），略取・誘拐罪（行動の自由），そして強姦罪（準強姦罪）・強制わいせつ罪（準強制わいせつ罪）（性的自由）[25]が規定されている。

---

(21) 長井＝田中＝安永・前掲注(2)82頁参照。
(22) 長井＝田中＝安永・前掲注(2)80頁参照。
(23) 長井＝田中＝安永・前掲注(2)81頁参照。
(24) 石川・前掲注(10)72頁。

Ⅲ　強姦罪における暴行・脅迫について

そのうち，条文上，暴行・脅迫手段が要件とされているのは強要罪と強姦罪・強制わいせつ罪である。もっとも，略取・誘拐罪の「略取」は暴行・脅迫を手段とするものであり，逮捕罪も人の身体に対する直接的な拘束を加えることが必要となるから，自由に対する罪といっても一定の有形力の行使や脅迫手段が要求されている。

　自由に対する罪のうち，暴行・脅迫手段が明示的に要求されている強要罪においても，その暴行・脅迫は，狭義の暴行・脅迫で足りるとされている。これに対し，より強い暴行・脅迫を要求するのが性的自由に対する罪としての強姦罪（177条）と強制わいせつ罪（176条）である。もっとも，暴行・脅迫の程度については，強姦罪では，より強度の「反抗を著しく困難とする暴行・脅迫」が必要であるとされているのに対し，強制わいせつ罪では，「意思に反してわいせつ行為を行うに足りる程度」の暴行であれば足り，「力の大小強弱は必ずしも問わない」とされる。つまり，「わいせつ行為を行うに必要な程度に抗拒を抑制するもので足りる」のである[26]。その理由は，例えば，すれ違いざまに被害者の身体に触るといった行為のように，被害者の隙を突いて行うことができる強制わいせつ罪と，抵抗されれば姦淫の目的を達するのが困難となる強姦罪との罪質の相違によるとされる[27]。

　もっとも，強姦罪においても暴行・脅迫の強弱自体が独立して問題とされることはほとんどない。後述のように，たとえ，それのみを取り出せばさほど強い暴行・脅迫ではなくとも，その他の事情と相まって被害者の反抗を困難にするものであれば，強姦罪の成立は肯定されるからである。

　本稿では，強盗罪との比較の観点から，主として強姦罪の暴行・脅迫について取り上げることとする。

---

(25)　ただし，強姦罪を性的自由に対する罪と解することの問題性について，拙稿「強姦罪の理解の変化」曹時55巻9号1頁以下参照
(26)　名古屋高判平成15・6・2判時1834号161頁。電気の調査である等と偽り住居に立ち入った上，被害女性をトイレに押し込み，着衣の上から女性の臀部をなで回した行為について，強制わいせつ罪の成立を認めた。
(27)　条解刑法499頁。葛原力三「強姦罪」法時85巻1号43頁。

2 同意の有無と暴行・脅迫

　暴行・脅迫の要件については，強姦罪を純粋に自由に対する罪であると理解すべきであるとする見解から，そもそも手段として暴行・脅迫を要件とする必要はないはずであるとの批判がある[28]。自由に対する罪と捉えれば，被害者の「意思に反する」ことのみが要件とされるべきであって，暴行・脅迫を伴わなくとも「意思に反する」場合には処罰すべきだとされるからである。

　しかし，「意思に反する」か否か，すなわち承諾の有無について，被害者の主観のみで判断することは実際には困難である。被害者が「同意がなかった」と主張すれば，すべて犯罪が成立することになってしまうからである。そこで，現実には，その場に置かれた一般人を基準に，承諾の有無を判断せざるを得ない。その結果，事実上，何らかの暴行・脅迫を伴う場合に「承諾がない」とされることが多くなると考えられる[29]。

　承諾の有無の立証の困難性について参考となるのが，イギリス2003年性犯罪法（The Sexual Offences Act 2003）である[30]。イギリスでは，強姦罪は「同意していない他人に対し，性交を行うこと」と定義され，暴行・脅迫を要件としていない[31]。そこで，被害者の「同意」の有無，及びそれについての行為者の認識が犯罪の成否を分けてきたが，同意の有無が争われる事案が増加し，有罪率が極端に低下したことから[32]，2003年性犯罪法では，同意について広範な推定規定を設けることとなった。その結果，暴行・脅迫を伴う場合に同意を否定する規定（同法75条）及び，欺く行為等が用いられ

---

(28) 岩井宜子「性犯罪規定の見直し」神奈川法学43巻1号131頁以下参照。
(29) ただし，承諾の有無とは別に，暴行・脅迫の程度を検討する裁判例もある。後述3(2)参照。
(30) 2003年性犯罪法について，拙稿「性犯罪の法的規制と性的自由に対する罪」町野古稀（上）445-447頁参照。
(31) 主観面も，「他人が同意していないことの認識，ないし他人が同意しているか否かについて不注意であること」が要件であった（1976年性犯罪法1条(2)項(a)号(b)号）。
(32) HOME OFFICE,PROTECTING THE PUBLIC (Cm5668) (Home Office,2002), at 9. 横山潔「イギリス『2003年性犯罪法』の成立」比較法雑誌38巻2号325頁以下参照。

たために被害者が抵抗困難な状態にある場合に同意を否定する規定（76条）[33]が設けられたが，前者は我が国の強姦罪，後者は準強姦罪に当たる。このような立法をみれば，仮に，我が国の現行法の条文から暴行・脅迫要件を削除したとしても，実際の解釈に当たっては，現行法の条文と同様の範囲で処罰されることとなる可能性が高いと考えられる。

3　反抗を著しく困難にする程度

強姦罪における暴行・脅迫は，「反抗を著しく困難にする程度」のものであることを要するとされるが，そのリーディング・ケースが，最判昭和24・5・10刑集3巻6号711頁である。夜8時頃，女子中学生（15歳）を畑の中に連れ込み，顔面を殴打する等の暴行を加えて強姦した事案について，最高裁は，意思活動の自由を失わしめることまでは必要ではなく，「相手方の抗拒を著しく困難ならしめる程度」のもので足りるとした[34]。注目すべきなのは，一般に，暴行・脅迫は同意の存否を判断する一要素として扱われているとされているが，最高裁は，あくまでも「抵抗が困難であったか否か」を判断している点である。「その暴行または脅迫の行為は，単にそれのみを取り上げて観察すれば右の程度には達しないと認められるようなものであつても，その相手方の年令，性別，素行，経歴等やそれがなされた時間，場所の四囲の環境その他具体的事情の如何と相俟つて，相手方の抗拒を不能にし又はこれを著しく困難ならしめるものであれば足りる」のである[35]。これは，強盗における反抗抑圧の有無の判断と（性別の要素を除けば）ほぼ同様の判断である。前述2との関係では，強姦罪についてのみ「同意の有無」を取り

---

(33)　我が国でもしばしば問題となる，治療と仮装して姦淫行為を行う行為は，本条により同意がなかったものとみなされる。
(34)　本判決以前に，小野清一郎博士が，暴行・脅迫の程度を「抗拒不能」ではなく，「被害者の抗拒を著しく困難にする程度」で足りると主張したとする指摘がある（佐々木和夫「強姦罪における暴行・脅迫の程度」岩井古稀392頁）。
(35)　最判昭和33・6・6裁判集刑126号171頁。午後8時から午前2時頃まで，被告人4名らが被害者である少女に付きまとって帰宅を妨げ，生命身体に危害を加えるかも知れないという脅迫的態度を暗示して脅迫したという事案であった。

上げる必要があるのかは，疑問の余地がある。いかに「性的自由に対する罪」とはいえ，他の「自由に対する罪」では「同意の有無」を構成要件段階で議論することは殆どないことにも留意する必要があろう。

(1) 被害者の抵抗の有無

強姦罪の暴行・脅迫の有無に関し，裁判員に説明すべき事項としては，①暴行・脅迫の内容，程度，被害者の言動や抵抗の程度，②行為の時刻，場所（四囲の環境），③被害者の年齢，経歴等，④その他の具体的事情（被告人と被害者の関係，性交に至る経緯等）が挙げられている[36]。被害者の抵抗の有無が問題とされているが，ここでいう「抵抗」は，被害者の心理状態も含めた非常に幅広い判断であることに注意すべきである。「被害者が現実に反抗しようとしたかどうかは暴行脅迫の程度の認定に直結するものではない」[37]からである。具体的には，万引きを暴露すると脅して姦淫に応じさせた場合[38]，特に拒絶を受けずに犯行現場に連行したが，被害者が若年（16歳）であった場合[39]も強姦罪に当たる[40]。また，無差別に電話をかけた相手に対し，言葉巧みに自分と肉体関係を持たなければ被害者ないし被害者の知人がひどい目に遭うと脅して呼び出して強姦した事案（名古屋地判岡崎支判平成9年11月17日）でも，被害者が抵抗しなかったことは，「むしろ，同女が犯人

---

[36] 村田健二＝福島直之＝三浦隆昭「強姦罪等」判タ1391号92頁参照。さらに，磯邉衛「強姦の成否」刑事事実認定（下）122-123頁参照。
[37] 川合昌幸「強姦の成否(2)」刑事事実認定50選（上）347頁。
[38] 高松高判昭和47・9・29刑集25巻4号425頁。
[39] 東京高判昭和34・10・30東高刑時報10巻10号411頁。
[40] このほか，スーパーマーケットの経営者が，万引きの事実を警察に通報すると脅し，万引き事件から2週間後に姦淫行為に及んだ事例（高松高判昭和27・9・29判タ291号276頁），心臓病で抵抗できない被害者を，病気であると知りながら姦淫した場合（東京高判昭和60・10・14判例集未登載，磯邉・前掲注[36]25頁参照），暴力団員である等と脅したため，被害者が事件後も呼び出しに応じ，複数回肉体関係を持った場合（東京高判昭和51・7・15判例集未登載，磯邉・前掲注[36]126頁参照），アパートの隣人宅に侵入し，被害者の要求に応じて避妊具を付けて姦淫した場合（東京高判昭和58・2・24判例集未登載。磯邉・前掲注[36]126頁参照），被害者にたばこを吸わせたり，トイレに行かせたりした場合（東京高判昭和62・1・26判例集未登載）。磯邉・前掲注[36]128頁参照）は，いずれも強姦罪の成立を認めている。拙稿「性的自由に対する罪」現刑5巻11号100頁参照。

に抵抗する気力さえ全く失っていた」からであるとしている。

性的自由を形式的に重視し，同意の有無を強調することは，「抵抗しない限り同意が認められ，犯罪が成立しない」という方向に用いられる危険性がある(41)。最決平成23・7・25裁判集刑304号139頁の古田佑紀裁判官の反対意見は，「容易に逃げたり助けを求めることができる状況があるのに被害者がこれらの行動に出ないのは不自然である，あるいは抵抗を試みていないのは不自然であるというような考えは，一見常識的に見えるものの，この種犯罪の実態から乖離したものであって，現実の犯罪からはそのような経験則や原則が導かれるものではない。」と指摘するが，まさに正鵠を射たものといえよう(42)。

(2) **同意が否定された事例と「暴行・脅迫の程度」**

強姦罪を，同意の有無だけではなく，「抵抗が困難な状態での姦淫」と理解すると，同意があったとはいえないとしつつ，暴行・脅迫の程度が弱いとして強姦罪の成立が否定されることがあり得，実際にこのように解する裁判例もある。

例えば，以前から恋慕の情を抱いていた被告人が，知人に依頼して虚偽の事実を申し向けさせて被害者を呼び出した上，自動車内で姦淫した行為に関する広島高判昭和53・11・20判時922号111頁は，「帰らせて欲しい」という被害者（夫に先立たれた40歳の女性で，子ども2人を養育していた）に対し執拗に言い寄った事案であったが，「被告人および被害者の年令，経験，体力ならびに当該行為のなされた時間，場所等諸般の具体的事情一切を総合して判断すべき」とした上で，「被告人が右通常の性交の場合において用いられる

---

(41) 拙稿・前掲注(40)98参照。
(42) 被害者（14歳）が，小学生の時の同級生（13歳少年）から，小学生時代のいじめを暴露する等と脅され，性交（未遂）に応じた事案について，特に嫌がったり抵抗したりした様子がないとしつつ，強姦罪の成立を認めたものとして広島高決平成23・4・4家月63巻9号90頁がある。現実の被害者アンケートの結果からも、被害の現場では抵抗することすらできなかった被害者が強姦で46%，強制わいせつで20%に上る（内山絢子「性犯罪被害者の実態(1)」警論53巻3号91頁参照)。同決定は，少年には強姦の故意がなかったとの主張も否定している。

程度の有形力の行使以上の力を用いたと断ずるまでの証拠は見出し難」いとして，強姦罪の成立を否定している。

　また，大阪地判平成20・6・27裁判所ウェブサイトは，24歳の被告人が通学途中の被害者（14歳の中学生）に声をかけ，その後携帯電話で連絡を取り合って会った上で，被告人の車内で姦淫行為が行われた事案について，被害者が性交に同意していなかったことが認められるとしつつ，被告人が被害者の足を開いたり覆い被さる行為は，反抗を著しく困難にする程度の有形力の行使とはいえないとして強姦罪の成立を否定した。加えて，被告人は，被害者が性交を消極的ながら受け入れていたと誤信していた疑いは払拭できないとして，強姦罪の故意がないとしている。

　しかし，前掲・広島高裁昭和53年判決については，欺罔により呼び出された上，突然車内で肉体関係を迫られたという状況を考えると，抵抗することにより身体に危害を加えられることを避けざるを得なかったと解す余地があるように思われる。判旨においても「子どものためにもひたすら身の安全を願う気持ちが強かった」と認定されている被害者にとって，抵抗することができなかった，その意味で行動が著しく制限された状況であったとも推測される[43]。

　また，前掲・大阪地裁平成20年判決でも，被害者の年齢を考慮すれば，抵抗が困難な状況であったとする余地があるように思われる。前述のように，強制わいせつ罪も同じく「暴行・脅迫」を要件としつつ，「意思に反してわいせつ行為を行うに足りる程度」の暴行であれば足り，「力の大小強弱は必ずしも問わない」とされている。強姦罪は，姦淫を行う必要があるために，通常は物理的により強度の暴行・脅迫が必要であるとされているようであるが，形式論に過ぎよう[44]。強姦罪についても，「姦淫を行うに足りる程度」の暴行であれば足りるとすることも十分に可能である。

---

(43) 同判決について，裁判官により判断が分かれる場合があり得ると指摘し，さらに，女性を被害者とする性犯罪の実態に関する社会の理解の深化にも留意すべきであるとするものとして，川合・前掲注(37)347-348頁。

以上のように理解すると，当該被害者にとって抵抗することが困難な状況におかれたという事情があれば，被害者はとりあえず身の安全を図ることを考えるのであって，類型的にみて「性的自己決定」を行うゆとりは存在しないと解すべきである。暴行ないし脅迫手段により行動の自由を奪うような状況が認められれば，「自ら進んで応じた」といえるような特段の事情の立証のない限りは強姦罪の成立を認めるべきである。強姦罪における暴行・脅迫は，必ずしも物理的に反抗を困難にする程度のものが必要であると解す必要はないのである。

Ⅳ　まとめにかえて

　強盗罪，強姦罪の暴行・脅迫の要件は，強弱に相違はあるものの，その判断基準はほぼ同様であるとされてきた。たしかに，強盗罪は恐喝罪という，より法定刑の軽い犯罪類型があるものの，強姦罪についても強制わいせつ罪，更には特別法上の性犯罪類型がある。相対的により強度の法益侵害性が求められるという点で，強盗罪と強姦罪の手段には類似性があるといってよい。

　しかし，たとえ判断基準が同様であったとしても，結果として認められる暴行・脅迫の程度が異なることは十分にあり得る。特に，性犯罪被害の中心が10代の女子であることを考慮すれば，結果的により弱い「暴行・脅迫」でも十分に抵抗ができない状況を作り出すことが可能だと考えられるからである。さらに，性犯罪については，平成11年の児童買春等処罰法の制定，平成12年の告訴期間制限の撤廃，さらに平成16年の強姦罪の法定刑の引き上げなどの一連の改正も重要である。これらは性犯罪に対する社会の理解が大きく変化したことの表れであり，そのような変化が強姦罪の解釈にも影響を及ぼすことは当然である。女性の尊厳に関する，最近の国民の意識の変化も反映されることになる。

　そして，何より重要なのは，あくまでも客観的・外部的に了解される範囲

---

(44)　葛原・前掲注(27)44頁参照。

で判断されるものの、個別・具体的な事情が結論に大きく影響するという点である。特に、強姦罪では、顔見知りによる犯行も多いとされるが[45]、行為者と被害者の関係は無視できない。ただし、知っているからこそ、より抵抗できないという場合もあり得るのであり（ＤＶ被害者の場合等）、個々の事案に応じた個別・具体的な判断が必要とされるのである。

（きむら・みつえ）

---

[45] 少なくとも警察に届出がなされた強姦罪、強制わいせつ罪の被害者は、多くの場合に加害者とは面識がない（強姦罪の71.3％、強制わいせつ罪の84.2％は面識を欠いている。内山・前掲注(42)85頁参照）。ただし、顔見知りによる場合は、そうでない場合以上に届出がなされないとも考えられる。また、平成23年2月に内閣府が実施した「パープルダイヤル（性暴力・DV相談電話）」の相談に関する集計結果をみると、加害者が知り合いである割合が57.4％であったとされる（内閣府男女共同参画会議・女性に対する暴力に関する専門調査会『「女性に対する暴力」を根絶するための課題と対策』〈2012年〉77頁参照）。

事 項 索 引

【あ】

アレインメント……………………365
荒れる法廷……………………………10

【い】

異 議…………………………………84
イギリス 2003 年性犯罪法……………494
一事不再理効………………………450
著しく長期にわたる事件等の対象事件から
の除外…………………………………45
違法薬物の認識……………………400
因果関係……………………………381

【う】

打ち合わせメモ……………………371
うつ病………………106, 108, 110, 111,
113, 114, 120, 121

【お】

大坂南港事件………………………386
青梅事件………………………………17

【か】

介在事情……………………………383
回収措置に関する経験則…………407
係書記官制度………………………370

核心司法………………………24, 179, 362
覚せい剤輸入罪の故意……………399
かすがい理論（作用）……………452
加重主義……………………………465
可知論………………………………107
家庭裁判所への移送決定…………344
鹿沼クレーン車事故………………381
亀岡暴走事故………………………381
簡易公判手続………………………365
間接事実………………………………69
　－による総合認定………………414

【き】

危険運転致死傷罪……………469, 482
危険の現実化………………………391
逆転現象……………………………156
客観的併合……………123, 143, 153
客観的謀議説………………………440
旧旧刑訴法……………………………5, 6
旧刑訴法………………………………5, 7
求釈明…………………………………68
吸収一罪……………………………455
境界型人格障害…………113, 114, 115
恐喝罪………………………………486
凶器の有無…………………………489
競合論………………………………449
供述経過……………………………204
供述者の利害関係…………………192
供述証拠……………………………190
　－の証拠能力……………………190
　－の証明力……………………191

501

事項索引

―の信用性…………………………192
供述態度……………………………207
供述内容……………………………203
共同正犯の認識（正犯者意思）………435
脅迫…………………………………491
共犯者間の刑の均衡………144, 148, 150,
　　　　　　　　　　　　154, 155, 158
共謀概念……………………………443
共謀共同正犯………………………433
業務…………………………………480
業務上過失致死傷罪………………480

【く】

区分審理制度………………………127

【け】

経験則…………………………313, 374
経験則・論理法則違反説…………275
警察官・鑑定人等の供述…………210
刑事補償………………………………12
刑の均衡……………………………154
刑法46条の法意……………………466
刑法47条の法意……………………465
顕著な特徴…………………………223
憲法秩序……………………………176
牽連犯………………………………455

【こ】

行為責任………………………………71
行為責任主義………………………179
強姦罪…………………………485, 492
更新手続……………………………333

控訴審……………………………25, 373
強盗罪……………………………485, 488
口頭主義……………………………32, 453
公判審理……………………………372
広汎性発達障害と「精神の障害」…431
広汎性発達障害と責任能力の判断……432
公判前整理手続……21, 30, 55, 60, 332
　　　　　　　　　　　　　　　　367
公判中心主義………………33, 59, 412
合理性基準説………………………290
合理的疑い…………………………184
国民の規範意識……………………474
個別的量刑説………………………465
混合的包括一罪……………………460

【さ】

災害時における辞退事由……………51
最狭義の暴行・脅迫………………486
再審……………………………………25
罪数決定基準………………………450
罪数論………………………………449
裁判員補候補者に対する同種被害体験の有
無等に関する質問…………………164
裁判員裁判…………175, 477, 478, 479
　―と被害者参加…………………167
　―における被害者の証人尋問に当たっ
　ての注意点………………………166
　―の判決書………………………245
　―の評議…………………………181
裁判員裁判実施状況の検証報告書………27
裁判員制度……………………21, 176
「裁判員制度に関する検討会」取りまとめ
報告書…………………………………28
裁判員選任手続………………………29

裁判員に対する被害者参加制度の説明……
　　　　……169
裁判員法の改正案………………………44
裁判員らの精神的負担軽減……………180
裁判官による事前準備…………………371
裁判の理由………………………………187

【し】

死　刑……………………………………233
事後審……………………………………269
自己の犯罪………………………………436
自己矛盾供述……………………………98
事実誤認…………………274, 277, 374
　－の意義………………………290, 311
　－の審査の方法………………………312
　－の判示の在り方……………………309
事実審査…………………………………374
事実認定の不合理性の判断基準………306
事実認定の補足説明……………………255
事実の取調べの運用……………………319
事前準備…………………………………359
自然法……………………………………176
実質的客観説……………………………434
児童買春…………………………………499
自動車の運転により人を死傷させる行為等の処罰に関する法律（自動車運転死傷行為等処罰法）……………470, 481, 482, 483
児童福祉法………………………………487
司法官の淘汰……………………………6
社会記録の取扱い………………………352
社会的実体………………………………251
遮断効……………………………457, 462
自由意思…………………………………176
自由心証主義……………………………185

集団的公安事件……………………9, 14
集中審理方式……………………………10
柔道整復師事件…………………………391
重要な役割………………………………434
主観的併合………………144, 148, 151, 152
主観的謀議説……………………………441
主張明示義務……………………………57
首都圏連続不審死事件…………………41
守秘義務…………………………………182
準強姦・準強制わいせつ………………487
条件関係…………………………………383
証拠開示…………………………………23
証拠調べ請求の制限……………………58
証拠の朗読………………………………362
情状事実…………………………………71
証人尋問…………………………………77
少年被告人に対する配慮………………349
少年法の特則規定………………………343
証明予定事実…………………66, 67, 68
書記官と裁判官との協働………………369
職権証拠調べ……………………………91
神経症……………………………………111
進行を制御することが困難な高速度……
　　　　475, 477
心証優先説（心証比較説）………275, 278, 290
真相解明型………………………………20
　－審理……………………………24, 25

【す】

随伴行為…………………………………455
スワット事件……………………437, 438

事項索引

【せ】

税関検査……………………………409
制御困難運転致死傷罪……470，475，479
青少年保護育成条例………………487
正常な運転が困難な状態…………471，474
精神医学……………………………187
精神障害……………………………106
精神病質……………………………111
精神分裂病…………………………115
精神分裂病質………………………111，116
精神の障害…………………………418
性的自己決定………………………499
性的自由に対する罪………………493
正犯意思……………………………436
性犯罪の被害者の供述等の取調べ方法
　　　　　　　　……………………165
精密司法……………14，16，24，179，360
責任刑主義…………………………151
責任能力……………………………187，417
　――の判断方法…………………421
説示…………………………………177
全件送致・家裁先議主義…………342
全体的量刑説………………………465

【そ】

総合刑………………………………465
捜査の可視化，透明化……………180
争点顕在化措置……………………34
相当因果関係説（客観説・折衷説）…382
即決裁判手続………………………366

【た】

第一審強化方策協議会……………357
第一審強化方策地方協議会………357
第一審地方協議会…………………357
大菩薩事件…………………………13
他の証拠との符合…………………200
弾劾証拠……………………………97
担当書記官による事前準備………369

【ち】

知覚や記憶の条件…………………198
治罪法………………………………5
知情性に関する間接事実…………402
証書裁判……………………………267，272
直接主義……………32，265，272，355

【つ】

罪となるべき事実…………………247

【て】

帝人事件……………………………7
TDS検査……………………………411
適応障害……………………………110
手続二分論的運用…………………228
てんかん（癲癇）…………………106

【と】

同意…………………………………494，497
統一刑………………………………464，465
統合失調症…………………………106，107
統合失調症型人格障害……………112
当事者追行主義……………………68，69

事項索引

東大事件……………………………10
答弁取引……………………………15
東名高速事故………………………473
道路交通法…………………………480
道路の状況に応じて………………476
鳥取連続不審死事件………………41

【な】

永山判決……………………………234
名古屋大学生ひき逃げ死亡事故…481

【に】

2号書面……………………………101
二重処罰………………………458, 466
二重評価……………………………457
二重利用……………………………458
日石土田邸事件……………………16
人証化………………62, 64, 147, 149

【ね】

練馬事件……………………………439

【は】

パーソナリティ障害（人格障害）…113
　―と責任能力……………………427
破棄自判……………………………328
破棄判決の拘束力…………………336
破棄率………………………………325
判決書試案…………………………251
反抗抑圧程度の暴行・脅迫………488
反抗を著しく困難にする程度……495

【ひ】

被害者参加がなされた場合の評議……173
被害者参加が見込まれる場合の公判前整理
　手続の在り方……………………168
被害者参加人等による証人尋問・被告人質
　問について………………………169
被害者参加人等の事実または法律の適用に
　関する意見陳述，被害者等の心情に関する
　意見陳述について………………170
被害者特定事項の保護……………52
被害者特定事項秘匿決定がなされた場合の
　裁判員等選任手続………………160
被害者の抵抗………………………496
被告人質問…………………………79
非裁判員事件………………………355
非常災害時における呼出をしない措置……
　……………………………………51
1人殺害の場合……………………238
評価型審理…………………………24
評議の在り方………………………181
評議の感想…………………………175
評議の準則…………………………176
評議の準備…………………………177
評議のまとめ………………………188
広島暴走事故………476, 478, 479, 481

【ふ】

不可知論…………………………106, 107
福岡3児死亡事故……………471, 479
付箋紙法……………………………183
不定期刑……………………………343

505

事項索引

分裂病質人格障害……………………115

【へ】

平成の司法制度改革…………………21
併合の利益………………453, 464, 465
併合の不利益……………………453, 466
米兵ひき逃げ事件……………………393
弁論の併合……………………………123

【ほ】

包括一罪………………………………455
法感情…………………………………475
暴行の程度……………………………490
法の支配………………………………176
法理……………………………………451
補充裁判員……………………………183

【ま】

松川事件…………………………17, 440

【む】

無罪率……………………………………24
無謀……………………………………483

【め】

明示機能…………………457, 458, 416
メーデー事件………………………4, 10
酩酊運転致死傷罪………………470, 471

【も】

妄想性人格障害…………………109, 116

【や】

薬物の隠匿態様………………………402
やむを得ない事由……………………280

【ゆ】

有罪認定の審査と無罪認定の審査……315
誘導尋問…………………………………85

【よ】

要旨の告知……………………………372
余罪……………………………453, 464
予断排除………………………………368

【り】

立証趣旨の拘束力……………………373
立証制限…………………………………90
量刑規範……………………461, 462
量刑検索システム……………………253
量刑審査………………………………376
量刑の均衡………………145, 148, 150
量刑の逆転現象………………………157
量刑の理由……………………………247
量刑不当………………………………279

【る】

類型証拠の開示…………………………63
類似性…………………………………224

【れ】

連続企業爆破事件……………………13
（連続的）包括一罪………………453

【ろ】

ロッキード事件……………………18
論理・経験則違反説………………290
論理則…………………………………313
論理則・経験則等……………306，310
　－の用い方………………………308

判例索引

大判明治 43・10・27 刑録 16 輯 1764 頁 ……………………………………458
大判大正 7・4・17 日刑録 24 輯 329 頁 ……………………………………440
大正大正 7・11・25 刑録 24 輯 1425 頁 ……………………………………458
大判大正 11・2・25 刑集 1 巻 79 頁 ……………………………………440
大判大正 15・12・23 刑集 5 巻 584 頁 ……………………………………440
最（三小）判昭和 22・11・14 刑集 1 巻 6 頁 ……………………………………387
最判昭和 23・6・26 刑集 2 巻 7 号 748 頁 ……………………………………488
最判昭和 23・11・18 刑集 2 巻 12 号 1614 頁 ……………………………………488
最（二小）判昭和 24・2・8 刑集 3 巻 2 号 75 頁 ……………………………459, 488
最判昭和 24・5・10 刑集 3 巻 6 号 711 頁 ……………………………………495
最（二小）判昭和 25・3・31 刑集 4 巻 3 号 469 頁 ……………………………………387
最（一小）判昭和 26・9・20 刑集 5 巻 10 号 1937 頁 ……………………………………386
高松高判昭和 27・9・29 判タ 291 号 276 頁 ……………………………………496
最（一小）決昭和 29・5・27 刑集 8 巻 5 号 741 頁 ……………………………………452
最（二小）決昭和 29・7・30 刑集 8 巻 7 号 1231 頁 ……………………………………418
最大判昭和 31・7・18 刑集 10 巻 7 号 1147 頁 ……………………………319, 327
最（一小）判昭和 31・10・25 刑集 10 巻 10 号 1455 頁 ……………………………………458
最（三小）判昭和 32・2・26 刑集 11 巻 2 号 906 頁 ……………………………………387
最（一小）決昭和 32・3・14 刑集 11 巻 3 号 1075 頁 ……………………………………387
最大判昭和 33・5・28 刑集 12 巻 8 号 1718 頁 ……………………………………439
最判昭和 33・6・6 裁判集刑 126 号 171 頁 ……………………………………495
最（三小）判昭和 33・6・24 刑集 12 巻 10 号 2301 頁 ……………………………………458
仙台高判昭和 34・2・26 高刑集 12 巻 2 号 77 頁 ……………………………………460
最大判昭和 34・8・10 刑集 13 巻 9 号 1419 頁 ……………………………………441
東京高判昭和 34・10・30 東高刑時報 10 巻 10 号 411 頁 ……………………………………496
最（二小）決昭和 36・1・25 刑集 15 巻 1 号 266 頁 ……………………………………387
最（三小）決昭和 36・11・21 刑集 15 巻 10 号 1731 頁 ……………………………………387
最（一小）決昭和 37・4・13 裁判集刑 141 号 789 頁 ……………………………………156
東京高判昭和 37・10・31 東高刑時報 13 巻 10 号 267 頁 ……………………………………489
最（一小）判昭和 38・9・12 刑集 17 巻 6 号 661 頁 ……………………………………17
最（一小）判昭和 38・10・17 刑集 17 巻 10 号 1795 頁 ……………………………………190

静岡地判昭和40・4・22下刑集7巻4号623頁……………………………………215
最大判昭和41・7・13刑集20巻6号609頁……………………………………464
東京高判昭和41・9・12判タ200号166頁……………………………………489
最（一小）判昭和41・11・10裁判集刑161号325頁………………………………36
最（三小）決昭和41・11・22刑集20巻9号1035頁，判時467号65頁，判タ200号135頁
　　　　　……213，215
最（三小）決昭和42・10・24刑集21巻8号1116頁………………………………393
東京高判昭和43・3・30判時515号30頁…………………………………………17
最（二小）判昭和43・10・25刑集22巻11号961頁……………99，291，317，337
最（二小）決昭和44・4・25刑集23巻4号248頁参照……………………………57
東京地判昭和45・1・28判時579号86頁…………………………………………11
東京高判昭和45・8・11高刑集23巻3号524頁…………………………………458
最（一小）判昭和46・6・17刑集25巻4号567頁………………………………387
高松高判昭和47・9・29刑集25巻4号425頁……………………………………496
東京地決昭和47・10・6判タ285号242頁…………………………………………12
東京高判昭和47・11・21高刑集25巻5号479頁……………………………………12
最大判昭和49・5・29刑集28巻4号114頁………………………………………451
最大判昭和49・5・29刑集28巻4号151頁………………………………………480
東京地判昭和49・6・10刑月6巻6号651頁………………………………………13
最（三小）決昭和49・7・5刑集28巻5号194頁………………………………387
最（一決）昭和49・7・18裁判集刑193号145頁…………………………………124
東京高判昭和50・2・4東高刑事時報26巻2号19頁……………………………444
最（三小）決昭和50・5・27刑集29巻5号348頁………………………………451
福岡高那覇支判昭和50・11・5判決速報1219号…………………………………456
東京高判昭和51・7・15判例集未登載………………………………………………496
東京高判昭和52・6・30判時886号104頁…………………………………………445
宮崎地判昭和53・2・16判時900号118頁…………………………………………456
最（三小）判昭和53・7・28刑集32巻5号1068頁………………………………462
広島高判昭和53・11・20判時922号111頁…………………………………497，498
東京地判昭和54・11・12刑月11巻11号1383頁……………………………………13
最（一小）判昭和57・1・28刑集36巻1号67頁…………………………………317
最（一小）決昭和57・3・22刑集32巻2号381頁…………………………………459
最一小決昭和57・7・16刑集36巻6号695頁…………………………434，437
大阪地判昭和57・7・27判時1058号158頁，判タ524号273頁……………………111
東京高判昭和57・10・29高刑集35巻3号194頁……………………………………13

509

判例索引

東京高判昭和 57・11・4 判時 1087 号 149 頁………………………………456
東京高判昭和 58・2・24 判例集未登載………………………………………496
東京地判昭和 58・3・24 判時 1098 号 3 頁…………………………………17
東京地判昭和 58・5・19 判時 1098 号 211 頁………………………………17
最（二小）判昭和 58・7・8 刑集 37 巻 6 号 609 頁…………………………179
最（三小）決昭和 58・9・13 裁判集刑 232 号 95 頁………………………418
最（三小）判昭和 58・12・13 刑集 37 巻 10 号 1581 頁……………………38
最（三小）判昭和 59・4・24 刑集 38 巻 6 号 2196 頁………………………18
最（三小）決昭和 59・7・3 刑集 38 巻 8 号 2783 頁………………………421
最（一小）決昭和 59・9・20 刑集 38 巻 9 号 2810 頁………………………320
最（一小）決昭和 59・11・30 刑集 38 巻 11 号 3008 頁……………………12
東京高判昭和 60・10・14 判例集未登載……………………………………496
東京高判昭和 60・12・13 刑月 17 巻 12 号 1208 頁…………………………17
最（一小）決昭和 61・11・18 刑集 40 巻 7 号 523 頁………………………460
東京高判昭和 62・1・26 判例集未登載……………………………………496
最（二小）決昭和 62・2・23 刑集 41 巻 1 号 1 頁…………………………450
最（三小）判昭和 62・3・24 裁判集刑 245 号 745 号，判時 1228 号 22 頁………13
東京高判昭和 62・5・25 判タ 646 号 216 頁…………………………………456
東京高判昭和 62・9・14 判時 1266 号 149 頁………………………………491
最（二小）判昭和 63・1・29 刑集 42 巻 1 号 38 頁…………………………18
最（一小）決昭和 63・5・11 刑集 42 巻 5 号 807 頁………………………391
最（二小）判平成元・4・21 裁判集刑 251 号 657 頁………………………195
最（二小）判平成元・4・21 裁判集刑 251 号 697 頁，判時 1319 号 39 頁，判タ 702 号 90 頁
　　　　　　　　　　　　　　　　　　　　　　　　　　　　　　　……18, 211
最（一小）判平成元・6・22 刑集 43 巻 6 号 427 頁………………194, 201, 317
最（一小）判平成元・10・26 裁判集刑 253 号 167 頁，判時 1331 号 145 頁，判タ 712 号 75 頁
　　　　　　　　　　　　　　　　　　　　　　……19, 196, 199, 203, 208
最（二小）決平成 2・2・9 裁判集刑 254 号 99 頁……………………………400
最（三小）決平成 2・11・20 裁判集刑 44 巻 8 号 837 頁……………………386
東京高判平成 4・2・18 判タ 797 号 268 頁…………………………………464
水戸地下妻支判平成 4・2・27 判時 1413 号 35 頁…………………………215
東京地判平成 4・4・21 判時 1424 号 141 頁………………………………460
最（三小）判平成 4・6・25 刑集 46 巻 4 号 51 頁……………………………18
最（二小）決平成 5・10・29 刑集 47 巻 8 号 98 頁…………………………450
東京高判平成 5・12・13 高刑集 46 巻 3 号 312 頁……………………………456

最（一小）判平成 6・12・22 裁判集刑 264 号 487 頁……………………196, 198
東京地判平成 7・1・31 判時 1559 号 152 頁……………………………………455
最大判平成 7・2・22 刑集 49 巻 2 号 1 頁………………………………………18
最（一小）判平成 7・7・17 裁判集刑 266 号 811 頁……………………194, 202
東京高判平成 7・11・14 東高刑時報 46 号 84 頁………………………………489
最（二小）判平成 8・9・20 刑集 50 巻 8 号 571 頁……………………………238
東京高判平成 8・10・3 高刑集 49 巻 3 号 434 頁………………………………487
最（一小）判平成 10・4・23 判タ 972 号 151 頁………………………………239
東京地八王子支判平成 10・10・26 判時 1660 号 159 頁………………………110
東京高裁平成 11・3・12 判タ 999 号 297 頁……………………………………475
最（一小）判平成 11・10・21 裁判集刑 276 号 579 頁…………………196, 206
最（二小）判平成 11・12・10 刑集 53 巻 9 号 1160 頁…………………239, 240
最（一小）判平成 11・12・16 裁判集刑 277 号 283 頁、判タ 1019 号 108 頁…………153
東京高判平成 13・1・12 判時 1738 号 37 頁、判タ 1064 号 218 頁……………473
大阪地判平成 13・3・14 判時 1746 号 159 頁……………………………………444
東京高判平成 13・9・12 東高刑時報 52 巻 1 =12 号 47 頁………………………491
東京高判平成 13・10・4 東高時報 52 巻 1 =12 号 66 頁…………………………458
岡山地判平成 14・5・28 判例集未登載（LLI/DB05750653）……………………114
東京高判平成 14・12・25 判タ 1168 号 306 頁……………………………………462
千葉地判平成 15・3・5 判例集未登載（LEX/DB 28085534）…………………490
最（一小）決平成 15・5・1 刑集 57 巻 5 号 507 頁………………………437, 439
名古屋高判平成 15・6・2 判時 1834 号 161 頁……………………………………493
東京高判平成 15・6・4 刑集 60 巻 5 号 446 頁……………………………………450
最（一小）判平成 15・7・10 刑集 57 巻 7 号 903 頁……………………………465
最（二小）決平成 15・7・16 刑集 57 巻 7 号 950 頁……………………………390
最（二小）決平成 15・11・4 刑集 57 巻 10 号 1031 頁…………………………450
最（二小）決平成 16・2・17 刑集 58 巻 2 号 169 頁……………………………390
甲府地判平成 16・4・28 判例集未登載（LLI/DB05950639）……………………113
千葉地判平成 16・5・7 判タ 1159 号 118 頁……………………………………481
大阪地裁平成 16・10・1 判時 1882 号 159 頁……………………………………465
最（二小）判平成 16・10・13 判タ 1174 号 258 頁……………………………239
東京地判平成 17・3・23 判タ 1182 号 129 頁……………………………………459
最（一小）判平成 17・4・14 刑集 59 巻 3 号 283 頁……………………………455
大阪高裁平成 17・6・28 判タ 1192 号 186 頁……………………………………215
釧路地北見支判平成 17・7・28 判タ 1203 号 300 頁……………………………478

判例索引

最（一小）決平成 17・11・29 集刑 288 号 543 頁··439
東京高判平成 17・12・26 判時 1918 号 122 頁··452
広島高松江支判平成 18・9・25 判タ 1233 号 344 頁··109
最（三小）決平成 18・11・7 刑集 60 巻 9 号 561 頁··97
最（二小）決平成 19・3・22 刑集 61 巻 2 号 81 頁··466
最（二小）決平成 19・9・8 刑集 61 巻 5 号 576 頁··455
最（一小）決平成 19・10・10 裁判集刑 292 号 265 頁，判時 1988 号 152 頁········292, 306
最（一小）判平成 19・10・16 刑集 61 巻 7 号 677 頁，判タ 1253 号 118 頁·········184, 277
福岡地判平成 20・1・8 刑集 65 巻 7 号 1220 頁··472
松山地判平成 20・1・17 判タ 1291 号 311 頁··478
最（二小）決平成 20・2・29 判タ 1265 号 154 頁··239
東京高判平成 20・3・26 判タ 1272 号 329 頁··96
広島高岡山支判平成 20・4・16 高刑速平成 20 年 193 頁······································91
最（二小）判平成 20・4・25 刑集 62 巻 5 号 1559 頁··································211, 421
名古屋高金沢支判平成 20・6・5 判タ 1275 号 342 頁··································98, 100
最（三小）決平成 20・6・18 刑集 62 巻 6 号 1812 頁，判時 2097 号 158 頁············187
大阪地判平成 20・6・27 裁判所ウェブサイト··498
大阪地判平成 20・10・24 裁判所ウェブサイト··490
最（二小）判平成 20・11・10 裁判集刑 295 号 341 頁··································194, 202
東京高判平成 20・11・18 高刑集 61 巻 4 号 6 頁··95
広島高判平成 20・12・9 刑集 63 巻 8 号 1012 頁··98
東京高判平成 21・3・19 東高刑時報 60 巻 41 頁··92
最（三小）判平成 21・4・14 刑集 63 巻 4 号 331 頁，判タ 1303 号 96 頁········196, 204,
　　　　　　　　　　　　　　　　　　　　　　　　　　　　　　　　　　275, 291, 306, 314
東京高判平成 21・4・28 東高刑時報 60 巻 48 頁··97
福岡高判平成 21・5・15 刑集 65 巻 7 号 1260 頁··472
松山地判平成 21・6・24 裁判所ウェブサイト··490
東京高判平成 21・7・6 判タ 1319 号 277 頁··112
最（二小）決平成 21・7・7 刑集 63 巻 6 号 507 頁······································451, 463
東京高判平成 21・8・6 東高刑時報 60 巻 119 頁··95
最（二小）判平成 21・9・25 裁判集刑 297 号 301 頁，判時 2061 号 153 頁，判タ 1310 号
123 頁··194, 206, 317
最（二小）判平成 21・10・16 刑集 63 巻 8 号 937 頁··69
最（二小）判平成 21・10・19 判タ 1311 号 82 頁··439
最（一小）決平成 21・10・21 刑集 63 巻 8 号 1070 頁··451

512

判例索引

東京高判平成 22・2・24 東高刑時報 61 巻 1～12 号 43 頁……………………404
最（二小）決平成 22・3・17 刑集 64 巻 2 号 111 頁………………………453, 455
大阪地判平成 22・3・24 判例集未登載（LLI/DB06550204）………………112
東京地判平成 22・4・22 判タ 1344 号 249 頁………………………………133
大阪地判平成 22・4・26 判例集未登載（LLI/DB06550651）………………140
最（三小）判平成 22・4・27 刑集 64 巻 3 号 233 頁，判時 2080 号 135 頁、判タ 1326 号 137 頁 ……70, 184
東京高判平成 22・5・26 判タ 1345 号 249 頁………………………………281
最（一小）判平成 22・6・3 裁判集刑 300 号 319 頁………………194, 202
東京高判平成 22・6・16 東高刑時報 61 巻 125 頁…………………………461
千葉地判平成 22・6・22 刑集 66 巻 4 号 549 頁……………………………293
東京高判平成 22・6・29 判タ 1387 号 380 頁………………………………280
最（一小）決平成 22・7・26 裁判集刑 301 号 33 頁………………196, 204
東京高判平成 22・9・30 東高刑時報 61 巻 220 頁…………………………95
広島高判平成 22・10・19 高検速報 22 年 10 号……………………………134
最（一小）決平成 22・10・26 刑集 64 巻 7 号 1019 頁……………………392
大阪地判平成 22・11・1 裁判所ウェブサイト………………………………490
東京高判平成 22・11・16 東高刑時報 61 巻 282 頁…………………………461
岡山地判平成 22・12・7 刑集 67 巻 2 号 14 頁………………………………218
東京高判平成 22・12・9 東高刑時報 61 巻 1～12 号 321 頁………………405
東京高判平成 22・12・10 判タ 1375 号 246 頁………………………………477
鹿児島地判平成 22・12・10 裁判所ウェブサイト……………………185, 233
最（三小）決平成 22・12・20 刑集 64 巻 8 号 1312 頁……………………451
大阪地判平成 23・1・28 刑集 68 巻 3 号 207 頁……………………………301
東京高判平成 23・3・29 判タ 1354 号 250 頁………………………328, 331
東京高判平成 23・3・30 刑集 66 巻 4 号 559 頁………………278, 293, 331
広島高決平成 23・4・4 家月 63 巻 9 号 90 頁………………………………497
東京高決平成 23・4・20 東高刑事報 62 巻 1～12 号 43 頁…………………136
千葉地判平成 23・6・17 刑集 67 巻 7 号 853 頁……………………………299
東京地決平成 23・6・30 家月 64 巻 1 号 92 頁………………………………348
東京地判平成 23・7・1 刑集 67 巻 4 号 632 頁………………………………296
広島地判平成 23・7・14 刑集 68 巻 3 号 543 頁……………………………304
最（二小）判平成 23・7・25 裁判集刑 304 号 139 頁，判時 2132 号 134 頁，判タ 13258 号 79 頁 ……196, 204, 497
長崎地判平成 23・9・2 判例集未登載（LLI/DB06650488）………………140

513

判例索引

広島高判平成23・9・14刑集67巻2号113頁··218
東京高判平成23・10・19判例集未登載··489, 492
最（三小）決平成23・10・31刑集65巻7号1138頁···471
仙台高判平成23・11・15判例集未登載（LEX/DB25480035）···························479
最大判平成23・11・16刑集65巻8号1285頁···243, 478
東京高判平成23・12・8刑集67巻4号637頁···296, 331
最（一小）決平成23・12・12判タ1367号113頁··234
宇都宮地判平成23・12・19判例集未登載（LEX/DB25480381）························381
仙台地判平成23・12・20判例集未登載（LLI/DB06650798）··························140
東京高判平成23・12・26東高刑時報62巻155頁··94
東京高判平成24・1・30判タ1404号360頁··95
最（三小）決平成24・2・8刑集66巻4号200頁··392
最（一小）判平成24・2・13刑集66巻4号482頁・判タ1368号69頁······211, 275,
　　　　　　277, 278, 292, 293, 301, 310, 311, 315, 317, 325, 331, 405, 408, 414
最（一小）決平成24・2・22裁判集刑307号509頁・判時2155号119頁，判タ1374号
107頁　　　　　　　　　　　　　　　　　　　　　　　　　　　　　······197, 202
大阪高判平成24・3・2刑集68巻3号267頁···301, 310
東京地判平成24・3・12判例集未登載（LLI/DB06730064）····························406
名古屋地判平成24・3・12判例集未登載（LEX/DB25480821）························391
千葉地判平成24・3・23判例集未登載（LLI/DB06750168）····························140
東京高判平成24・4・4刑集67巻7号858頁····································299, 331, 403, 406
徳島地判平成24・4・9判例未登載（LEX/DB25481205）································479
広島高判平成24・4・10刑集68巻3号549頁···304, 310
さいたま地判平成24・4・13判例集未登載··41
名古屋地判平成24・5・8判例集未登載（LEX/DB25481714）··························479
青森地判平成24・7・18判例集未登載（LEX/DB25482409）···························479
最（二小）判平成24・9・7刑集66巻9号907頁，判時2164号45頁，判タ1382号85
頁　　　　　　　　　　　　　　　　　　　　　　　······214, 216, 222, 328, 331
さいたま地判平成24・10・9判例集未登載（LLI/DB06750583）·······················401
東京高判平成24・11・1判タ1391号364頁··452
千葉地判平成24・11・5判タ1396号377頁··401
最（二小）決平成24・11・6刑集66巻11号1281頁···463
横浜地判平成24・11・30判例集未登載（LEX/DB25445180）··························490
鳥取地判平成24・12・4判例集未登載··41
最（二小）判平成24・12・14裁判集刑309号205頁·································234, 239

514

東京高判平成 25・1・10 判例集未登載 …………………………………………216
最（一小）判平成 25・2・20 刑集 67 巻 2 号 1 頁, 判時 2180 号 142 頁……214, 217, 222
東京高判平成 25・3・14 判例集未登載 …………………………………………283
千葉地判平成 25・3・15 判例集未登載（LLI/DB06850132）………………………140
最（一小）決平成 25・3・18 刑集 67 巻 3 号 325 頁……………………………………57
最（三小）決平成 25・4・16 刑集 67 巻 4 号 549 頁, 判タ 1390 号 158 頁……186, 276, 292, 295, 311, 314, 319, 326, 331
仙台高判平成 25・4・25 判例集未登載（LLI/DB06820267）…………………………135
東京高判平成 25・5・13 判例集未登載（LLI/DB06820288）…………………………479
千葉地判平成 25・5・23 裁判所ウェブサイト ……………………………………478
東京高判平成 25・5・28 高刑集 66 巻 2 号 1 頁……………………………………331
東京地判平成 25・5・28 判例集未登載（LLI/DB06830254）…………………………401
東京高判平成 25・6・20 高刑集 66 巻 3 号 1 頁, 判時 2197 号 136 頁……234, 239, 240, 281
札幌高判平成 25・7・11 判例集未登載（LEX/DB25503243）…………………………463
東京高判平成 25・7・16 高検速報 3500 号 ………………………………………224
大阪高判平成 25・9・30 判例集未登載（LEX/DB25502069）…………………………481
東京高判平成 25・10・8 高刑集 66 巻 3 号 42 頁……………………237, 239, 240, 281
最（一小）決平成 25・10・21 刑集 67 巻 7 号 755 頁……276, 292, 299, 308, 311, 319, 331, 403, 407
広島地判平成 25・11・7 判例集未登載（LEX/DB25504229）…………………………476
東京高判平成 25・12・11 判例集未登載（LLI/DB06820736）…………………………311
福岡高判平成 26・2・14 判例集未登載（LEX/DB25503173）…………………………479
最（一小）決平成 26・3・10 刑集 68 巻 3 号 87 頁, 判タ 1401 号 167 頁……194, 202, 292, 302, 307, 311, 314
最（一小）判平成 26・3・20 刑集 68 巻 3 号 499 頁……196, 208, 210, 292, 304, 307, 314, 315
最（三小）判平成 26・4・22 刑集 68 巻 4 号 730 頁, 判時 2227 号 127 頁, 判タ 1402 号 64 頁 …………………………………………………………………………34
最（一小）判平成 26・7・24 刑集 68 巻 6 号 925 頁……………………………………415
福岡高判平成 26・2・14 判例集未登載（LEX/DB25503173）…………………………479

あ と が き

　わたしたちが敬愛する安廣文夫先生は，2014年8月に古稀を迎えられ，2015年3月に中央大学大学院法務研究科を定年退職されました。
　安廣文夫先生は，40年余りにわたる裁判官としてのキャリアの大部分を刑事裁判官として過ごされ，幾多の難事件をはじめとする多数の事件を担当されました。とりわけ，1993年6月から約5年間にわたる東京地方裁判所の部総括の時期と2000年1月から9年余りにわたる東京高等裁判所の部総括の時期には，事件の処理はもとより，陪席裁判官の指導，育成にも力を注がれました。安廣先生は，幅広い教養に裏打ちされた見識と事件に対する深い洞察を示されるとともに，適切な比喩とユーモアあふれる話術により，陪席裁判官を巧みにリードされ，当事者に対しても柔軟な対応力を発揮されて，適切な事件処理へと導かれました。
　また，安廣先生は，裁判官在職中から理論家としても令名が高く，日本刑法学会でも正当防衛に関する発表をされたほか，最高裁判所調査官時代には，数多くの重要判例の形成に寄与されました。安廣先生の執筆された判例解説は，実務家にとっての指南書となるとともに，研究者からも高く評価されています。安廣先生の執筆された著作は，必ずしも多くありませんが，大コンメンタール刑法や大コンメンタール刑事訴訟法をはじめ，そのいずれもが，実務と理論を架橋するものとして，光彩を放っています。このように，安廣先生は，実務と理論の両面にわたって刑事裁判をリードしてこられ，多くの後輩裁判官にとって目標となる存在でした。
　安廣先生は，2009年8月に裁判官を定年退官された後，中央大学大学院法務研究科教授に迎えられ，法曹養成教育に携われました。法科大学院における安廣先生の講義が懇切丁寧で極めて分かりやすいものであったことは，安廣先生の教えを受けた司法修習生が異口同音に述べるところです。法科大学院における教育活動においても，安廣先生は大きな足跡を残されたといえます。
　この度，古稀を迎えられた安廣先生への感謝とお祝いの念を込めて，かつての陪席裁判官が中心となって，論文集を刊行することになり，現職の裁判官をはじめ，中央大学大学院法務研究科の同僚，かつて先生が非常勤講師を務められた東京都立大学（現首都大学東京）の研究者の方々にお声を掛けたところ，多数の方々のご賛同をいただき，発刊の運びとなりました。

安廣先生のご希望もあって，従来型の古稀祝賀論文集の体裁を採らず，安廣先生ご自身にも編集代表として加わっていただき，実務家や研究者はもとより，司法修習生や法科大学院生等にとっても有益な参考書となることを目指しました。今日の刑事裁判における最大の課題が裁判員裁判の適正な運用であることは，異論のないところですが，制度の施行から約6年間が経過して，手続法上，実体法上の様々な問題点が浮かび上がってきています。こうした事情を踏まえて，本書においては，裁判員裁判をめぐる手続法上，実体法上の様々な問題を取り上げ，執筆者の方に論じていただきました。本書が裁判員裁判の制度施行から6年を経た時点で，実務上，理論上の様々な問題点を俯瞰するとともに，その解決に向けての手掛かりを提供するものとして，類書にない特長を有しているのではないかと思われます。

　本書の刊行に当たっては，成文堂の阿部耕一会長、阿部成一社長に出版を快諾していただき，編集部の田中伸治氏には編集，校正を含めて大変お世話になりました。ここに紹介させていただき，併せて御礼を申し上げます。最後に，安廣先生には，世話人の不手際により本書の刊行が遅れましたことを心よりお詫び申し上げます。

　安廣先生には、これまでのご指導に感謝申し上げるとともに、先生の益々のご健勝とご活躍を心よりお祈り申し上げる次第です。

　2015年5月吉日　　　　　　　　　　世話人　金谷　　暁
　　　　　　　　　　　　　　　　　　　　　　小西　秀宣
　　　　　　　　　　　　　　　　　　　　　　只木　　誠
　　　　　　　　　　　　　　　　　　　　　　朝山　芳史
　　　　　　　　　　　　　　　　　　　　　　中里　智美

【編著者紹介】

安廣　文夫（やすひろ・ふみお）

[経歴]

　昭和19年8月生まれ，昭和42年3月東京大学法学部卒業，同年4月司法修習生（21期），昭和44年4月東京地方裁判所判事補，昭和49年〜昭和50年米国で在外研究，昭和50年7月徳島地方・家庭裁判所判事補，昭和53年4月那覇地方裁判所判事補，昭和54年4月那覇地方・家庭裁判所判事，昭和55年4月東京地方裁判所判事，昭和58年7月最高裁判所調査官，平成元年4月大阪高等裁判所判事，平成4年4月東京高等裁判所判事，平成5年6月東京地方裁判所判事・部総括，平成10年4月東京高等裁判所判事，同年7月松山家庭裁判所長，平成12年1月東京高等裁判所判事・部総括，平成21年8月定年退官，同年9月中央大学法科大学院教授，平成27年3月定年退職，中央大学法科大学院フェロー。

[主要著作]

　共著　大塚仁ほか編『大コンメンタール刑法〔第2版〕第5巻』（1999年，青林書院），河上和雄ほか編『大コンメンタール刑事訴訟法〔第2版〕第7巻』（2012年，青林書院）等。

　論文　「警察官の命令等に対する不服従に関する諸問題」判例タイムズ284号282頁（1973年），「包括一罪の一部についての勾留の可否」判例タイムズ296号180頁（1973年），「上告理由としての判例違反」松尾浩也ほか編『刑事訴訟法の争点〔新版〕』250頁（1991年），「正当防衛・過剰防衛に関する最近の判例について」刑法雑誌35巻2号240頁（1996年），「被告人の証人尋問権」平野龍一ほか編『新実例刑事訴訟法Ⅲ　証拠・裁判・上訴』231頁（1998年），「刑事証拠法の実質化に向けての若干の覚書—裁判員制度の円滑な運用のために」小林充先生・佐藤文哉先生古稀祝賀『刑事裁判論集 下巻』564頁（2006年），「判例との関わりを振り返っての雑感」中央ロージャーナル12巻2号（2015年予定）等。

【執筆者紹介】

安廣　文夫（中央大学法科大学院フェロー・元東京高等裁判所判事大学院法務研究科教授）
椎橋　隆幸（中央大学法科大学院教授）
朝山　芳史（高知地方・家庭裁判所長・判事）
三好　幹夫（上智大学法科大学院教授）
地引　広（東京家庭・地方裁判所立川支部判事）
山口　雅髙（松山地方裁判所長・判事）
平塚　浩司（福岡地方裁判所判事）
山田　敏彦（横浜地方裁判所小田原支部長・判事）
西川　篤志（司法研修所教官・判事）
大谷　吉史（川越簡易裁判所判事・松山家庭裁判所長）
小森田恵樹（千葉地方裁判所判事）
野口　佳子（前橋地方裁判所判事）
前田　雅英（日本大学大学院法務研究科教授）
中里　智美（東京地方裁判所判事）
小西　秀宣（弁護士・元東京高等裁判所判事）
中谷雄二郎（大阪高等裁判所判事）
金谷　暁（松戸簡易裁判所判事・元東京高等裁判所判事）
髙麗　邦彦（広島高等裁判所判事）
松尾　昭一（東京簡易裁判所判事・元大阪高等裁判所判事）
平木　正洋（最高裁判所事務総局刑事局長・判事）
安東　章（東京地方裁判所判事）
前澤久美子（名古屋地方裁判所豊橋支部判事）
亀井源太郎（慶應義塾大学法学部教授）
只木　誠（中央大学法学部教授）
星　周一郎（首都大学東京 都市教養学部法学系教授）
木村　光江（首都大学東京 法科大学院教授）

（掲載順）

裁判員裁判時代の刑事裁判

2015 年 5 月 21 日　　初版第 1 刷発行

　編 著 者　　安　廣　文　夫
　発 行 者　　阿　部　成　一

〒 162-0041　東京都新宿区早稲田鶴巻町 514
発 行 所　　株式会社　成 文 堂
電話 03（3203）9201（代）Fax 03（3203）9206
http://www.seibundoh.co.jp

製版・印刷・製本　恵友印刷
☆乱丁・落丁本はおとりかえいたします☆
©2015 Fumio Yasuhiro　　Printed in Japan
ISBN978-4-7923-5154-0

定価（本体 5500 円 + 税）